BEITRÄGE ZUR HISTORISCHEN THEOLOGIE
HERAUSGEGEBEN VON JOHANNES WALLMANN

69

Die Schrift als Zeuge des Evangeliums

Untersuchungen
zur Verwendung und zum Verständnis
der Schrift bei Paulus

von

Dietrich-Alex Koch

J.C.B. Mohr (Paul Siebeck) Tübingen 1986

CIP-Kurztitelaufnahme der Deutschen Bibliothek

Koch, Dietrich-Alex:
Die Schrift als Zeuge des Evangeliums: Unters. zur Verwendung u. zum Verständnis d. Schr. bei Paulus / von Dietrich-Alex Koch. – Tübingen: Mohr, 1986.
   (Beiträge zur historischen Theologie; 69)
   ISBN 3-16-144990-8
   ISSN 0340-6741

NE: GT

© J.C.B. Mohr (Paul Siebeck) Tübingen 1986

Das Werk einschließlich aller seiner Teile ist urheberrechtlich geschützt. Jede Verwertung außerhalb der engen Grenzen des Urheberrechtsgesetzes ist ohne Zustimmung des Verlages unzulässig. Das gilt insbesondere für Vervielfältigungen, Übersetzungen, Mikroverfilmungen und die Einspeicherung und Verarbeitung in elektronischen Systemen.

Satz von JW Filmsatz, Passau. Druck von Gulde-Druck, Tübingen. Einband von Großbuchbinderei Heinrich Koch, Tübingen.

Printed in Germany.

Dem Gedenken meines Vaters

Vorwort

Die vorliegende Arbeit wurde 1983 vom Fachbereich Evangelische Theologie der Johannes-Gutenberg-Universität in Mainz als Habilitationsschrift angenommen. Sie ist für den Druck im Anmerkungsteil erheblich gekürzt und im Textteil stellenweise überarbeitet worden. Aus Raumgründen war es nur in Ausnahmefällen möglich, die seit der Fertigstellung im Jahre 1982 erschienene Literatur zu berücksichtigen.

Meine Beschäftigung mit den Problemen der Schriftanführungen in den Briefen des Paulus reicht zurück bis 1968. Damals war ich in Göttingen als Hilfskraft bei meinem Lehrer Hans Conzelmann tätig. Nach Promotion, Vikariat und über dreijährigem Dienst im Pfarramt erhielt ich ab 1977 an der Universität in Mainz, zunächst als Wissenschaftlicher Mitarbeiter, dann als Hochschulassistent, die Gelegenheit, diese Fragen erneut aufzugreifen und weiterzuverfolgen. Hier hat Professor Dr. Egon Brandenburger das Entstehen der Arbeit in doppelter Weise gefördert – zum einen durch die Gewährung eines großzügigen sachlichen und zeitlichen Freiraums für eigenständiges Arbeiten und zum anderen durch gleichzeitige kritische und anregende Begleitung. Ihm und Professor Dr. Dr. Otto Böcher habe ich auch für die Referate, deren Anfragen und Hinweise der Druckfassung zugute gekommen sind, zu danken.

Für die in Kapitel II verhandelten Fragen der Septuaginta-Vorlage der paulinischen Schriftzitate bin ich in besonderer Weise Herrn Professor Dr. Dr. Dr. h. c. Robert Hanhart (Göttingen) zu Dank verpflichtet. Er hat sich der Mühe unterzogen, dieses Kapitel noch vor der Drucklegung zu lesen, und wesentliche Anregungen gegeben, durch die die Analyse und Darstellung dieses spröden Materials erheblich gewonnen hat. Dem Herausgeber der Reihe, Herrn Professor Dr. Johannes Wallmann, danke ich für die Aufnahme des Buches in die »Beiträge zur historischen Theologie«, dem Verleger, Herrn Georg Siebeck, für die Bereitschaft, das trotz erheblicher Kürzungen immer noch recht umfangreiche und schwierig zu setzende Manuskript so rasch wie möglich zu veröffentlichen.

Auch für das Gelingen der äußeren Form habe ich vielfältigen Dank abzustatten. Bei der Anfertigung des Literaturverzeichnisses, des Registers und beim Korrekturlesen waren mir Frau Claudia Growe-Josfeld, Frau Bonna van Hove, Frau Alice Neumann, Frau Monika Schöneberg und Herr Jochen Knöchel behilflich. Ihnen und den Mitarbeitern von Verlag und Druckerei sei für ihre Mühe sehr herzlich gedankt.

Münster, den 1. September 1985   Dietrich-Alex Koch

Inhaltsverzeichnis

Vorwort V
Zitierweise XI
Abkürzungen XII

I. *Einleitung: Problemstand und Fragestellung* 1

II. *Die Verwendung der Schrift (I): Die Textgrundlage der Schriftzitate des Paulus und Fragen der Zitiertechnik* 11

   1. Vorklärung: Zur Abgrenzung von Zitat, Paraphrase, Anspielung und Verwendung biblischer Sprache 11
      Anhang: Liste der Zitate in den Briefen des Paulus........... 21
   2. Gestalt und Funktion der paulinischen Zitateinleitungen 25
   3. Die unterschiedliche Häufigkeit in der Verwendung der einzelnen Bücher der Schrift durch Paulus..................... 32
      a) Die Verteilung der Zitate auf die einzelnen Bücher der Schrift 33
      b) Die Zuordnung der Zitate in Röm 13,9a und 15,9......... 34
      c) Zitate mit unsicherer Herkunft...................... 35
         α) 1 Kor 1,31; 2 Kor 10,17 35
         β) 1 Kor 2,9................................... 36
         γ) 1 Kor 9,10b.................................. 41
         δ) Ergebnis..................................... 42
         Anhang: 1 Kor 15,33 42
      d) Das Fehlen von Zitaten aus den Büchern Jeremia, Ezechiel und Daniel.. 45
      e) Ergebnis.. 47
   4. Der Schrifttext des Paulus............................... 48
      a) Die Stellung des von Paulus vorausgesetzten Textes innerhalb der Textgeschichte der Septuaginta 48
         α) Jesaja 48
         β) Pentateuch 51
         γ) Zwölfprophetenbuch............................ 54
         δ) Psalmen..................................... 55
         ε) Die übrigen Bücher der Schrift 56

b) Vorpaulinische Septuagintarezensionen in den Zitaten des
Paulus 57
α) Jesaja 59
1. Jes 8,14 (Röm 9,33) 59
2. Jes 25,8 (1 Kor 15,54) 61
3. Jes 28,11 f (1 Kor 14,21) 63
4. Jes 52,7 (Röm 10,15) 66
Anhang: Jes 28,16 (Röm 9,33) 69
β) Hiob 71
1. Hiob 5,13 a (1 Kor 3,19 b) 71
2. Hiob 41,3 a (Röm 11,35). 72
γ) III Regum 73
1. III Reg 19,10 (Röm 11,3) 74
2. III Reg 19,18 (Röm 11,4) 75
δ) Die übrigen Bücher der Schrift 77
ε) Ergebnis 78
c) Zur Textvorlage von Jes 52,7 und Jes 10,22 f. 81
α) Jes 52,7 (Röm 10,15) 81
β) Jes 10,22 f (Röm 9,27 f). 82
d) Zur Herkunft von ΚΥΡΙΟΣ in den Schriftzitaten des Paulus . 84

5. Die Verteilung der Schriftzitate auf die einzelnen Briefe 88

6. Zur Zitiertechnik des Paulus............................ 92

III. Die Verwendung der Schrift (II): Wörtlichkeit und Freiheit in der Zitatwiedergabe durch Paulus...................... 102

1. Abänderungen der Wortfolge 103
   a) Umstellungen zur Hervorhebung eines Zitatteils 104
   b) Umstellungen als Mittel der rhetorischen Steigerung 106
   c) Umstellungen in zweigliedrigen Zitaten 107
   d) Umstellungen als Abänderung einer ungewöhnlichen Wortfolge. 109
   e) Ergebnis.. 109

2. Abänderungen von Person, Numerus, Genus, Tempus und Modus 110
   a) Änderungen der Person und des Genus von Pronomen 110
   b) Änderungen der Person von Verben.................... 111
   c) Änderungen des Numerus von Pronomen und Substantiven . 112
   d) Änderungen des Tempus, Genus und Modus von Verben.... 114

3. Auslassungen 115
   a) Auslassungen als Mittel der Straffung 115
   b) Auslassungen als Mittel der Akzentuierung 118
   c) Auslassungen als Mittel der Neuinterpretation 122

4. Zufügungen 132

5. Austausch von Zitatteilen durch eigene Formulierungen 139
   a) Änderungen des Wortbestandes als Angleichung an den eigenen Sprachgebrauch 140
   b) Änderungen des Wortbestandes als Mittel der Akzentuierung 143
   c) Änderungen des Wortbestandes als Mittel der Neuinterpretation 149

6. Austausch von Zitatteilen durch Formulierungen aus anderen Schriftstellen (Mischzitate) 160

7. Zusammenfügung mehrerer Schriftworte (Zitatkombinationen) . 172

8. Ergebnisse und Schlußfolgerungen 186

9. Vergleich mit der zeitgenössischen Zitierpraxis 190

IV. Das Verständnis der Schrift (I): Die zeitgenössische Schriftexegese und ihre Bedeutung für das Schriftverständnis des Paulus 199

1. Die Bedeutung der zeitgenössischen Auslegungsmethoden für die Schriftexegese des Paulus 199
   a) Die Voraussetzungen 199
   b) Allegorische Schriftauslegung bei Paulus 202
      α) 1 Kor 9,9 203
      β) Gal 4,21–31 204
      γ) 1 Kor 10,1–13 211
   c) Typologische Schriftauslegung bei Paulus 216
   d) Die Anwendung zeitgenössischer Auslegungsregeln 221
   e) Strukturen von Homilie und Midrasch in der paulinischen Schriftauslegung 224
   f) Pescher-Kommentierungen 227
   g) Ergebnis 230

2. Frühchristliche Schriftverwendung vor Paulus 232
   a) Der Schriftbezug im vorpaulinischen Traditionsgut 232
   b) Die Verwendung einzelner Schriftstellen vor Paulus 239
   c) Zur Frage vorpaulinischer Anthologien und Florilegien von Schrifttexten 247
   d) Ergebnis 255

V. *Das Verständnis der Schrift (II): Literarische Funktion, thematische Zuordnung und zeitliches Verständnis der Schriftzitate in den Briefen des Paulus* 257

   1. Die literarische Funktion der Schriftzitate: Die Rolle der Schriftzitate in der Argumentation des Paulus und im Aufbau seiner Briefe 257

      a) Die argumentative Funktion der Schriftzitate............. 258
         α) Schriftzitate mit illustrativer Funktion................ 258
         β) Schriftzitate mit rein bestätigender Funktion.......... 260
         γ) Schriftzitate als Verdeutlichung und Fortführung einer eigenen Aussage des Paulus...................... 261
         δ) Schriftzitate als eigenständige Argumente 264
         ε) Schriftzitate anstelle von eigenen Aussagen des Paulus ... 269
         ζ) Schriftzitate als Gegenstand der Interpretation 271
      b) Schriftzitate mit einer besonderen kompositorischen Funktion 273
         α) Schriftzitate mit Eröffnungs- oder Abschlußfunktion in ringförmigen Kompositionen...................... 273
         β) Einzelzitate, Zitatkombinationen und Zitatenketten als Abschluß nicht ringförmig komponierter Briefteile 277
      c) Ergebnis... 284

   2. Die thematische Zuordnung der Schriftzitate 285
      a) Christologie... 285
      b) Δικαιοσύνη Θεοῦ und Gesetz – die Berufung der Gemeinde aus Juden und Heiden und die Erwählung Israels 288
      c) Paränese.. 296
      d) Weitere Themen..................................... 298
      e) Schlußfolgerungen 299

   3. Das Zeitverständnis in der paulinischen Verwendung der Schriftzitate... 302
      a) Die Schrift bringt ein vergangenes Handeln Gottes zur Sprache, das heutiges Verstehen ermöglicht.................. 302
      b) Die Schrift bringt ein vergangenes Handeln Gottes zur Sprache, das für die gegenwärtige Gemeinde begründende Funktion hat 307
        Exkurs 1: Ἐπαγγελία bei Paulus 309
        Exkurs 2: Zur Debatte zwischen U. Wilckens und G. Klein über Röm 4 und Gal 3 312
      c) Die Worte der Schrift betreffen unmittelbar die Gegenwart oder die Zukunft 315
         α) Eschatologische Schriftworte, die als Aussagen über ein künftiges Geschehen verwendet werden............... 315

β) Zeitlos konzipierte Schriftworte, die als Gegenwartsaussagen verwendet werden 315
γ) Eschatologische Schriftworte, die auf die Gegenwart bezogen werden 316
δ) Ursprünglich vergangenheitsbezogene Schriftworte, deren zeitliche Abständigkeit von Paulus ausgeblendet wird 317

VI. *Die Schrift als Zeuge des εὐαγγέλιον* 322
   1. Die Schrift als an die Gegenwart gerichtetes Wort 322
   2. Das εὐαγγέλιον als Voraussetzung für das Verstehen der Schrift (2 Kor 3,12–18)................................. 331
   3. Die Schrift als Zeuge des εὐαγγέλιον 341

Literaturverzeichnis................................... 354
   I. Quellen 354
   II. Hilfsmittel 358
   III. Sekundärliteratur............................... 358

Register... 377
   I. Stellen 377
   II. Verfasser 402

Zitierweise

1. Selbständige Veröffentlichungen werden jeweils mit dem Verfassernamen und einem Titelstichwort angegeben, Kommentare mit der Abkürzung der kommentierten Schrift.
2. Aufsätze werden mit dem Verfassernamen und dem Fundort (also ohne Titelstichwort) zitiert.
3. Ausgaben der Septuaginta werden einheitlich mit dem Namen des Herausgebers und dem Zusatz »LXX« (bei Teilausgaben mit dem Hinweis auf den betreffenden Teil, also: »LXX^{Gen}«) angegeben.
4. Wörterbücher werden einheitlich mit dem Namen des Verfassers und dem Zusatz »Wb.« angegeben.

Abkürzungen

Die verwendeten Abkürzungen entsprechen dem Abkürzungsverzeichnis der TRE, ergänzt durch die Abkürzungen des ThWNT, der RGG³, von BAUER, W., Griechisch-Deutsches Wörterbuch zu den Schriften des Neuen Testaments und der übrigen urchristlichen Literatur, Berlin ⁵1958, VII–XV und BURCHARD, Ch., Bibliographie zu den Handschriften vom Toten Meer. II, BZAW 89, Berlin 1965, 313–356. Zusätzlich bzw. abweichend werden verwendet:

a) Quellen (und Textausgaben)

BHS	Biblia Hebraica Stuttgartensia (hg. von ELLIGER, K. – RUDOLPH, W.)
BHK	Biblia Hebraica (hg. von KITTEL, R.)
'A	Aquila
Σ	Symmachus
Θ	Theodotion
TgFrag	Fragmententargum
TgCN	Pentateuchtargum des Codex Neofiti I
TR	Tempelrolle
NTGR²⁵	Novum Testamentum Graece 25. Aufl.
NTGr²⁶	Novum Testamentum Graece 26. Aufl.
NHC	Nag Hammadi Codex

b) Reihen, Hilfsmittel, Sonstiges

BBET	Beiträge zur biblischen Exegese und Theologie, Frankfurt/M. 1,1976ff
BDR	BLASS, F. – DEBRUNNER, A. – REHKOPF, F., Grammatik des neutestamentlichen Griechisch, Göttingen ¹⁵1979
CRINT	Compendia Rerum Iudaicarum ad Novum Testamentum, Assen 1,1974ff
EWNT	Exegetisches Wörterbuch zum Neuen Testament. I–III, (hg. von BALZ, H. – SCHNEIDER, G.) Stuttgart 1980–1983
FS	Festschrift
KB,Wb.	KÖHLER, L. – BAUMGARTNER, W., Lexikon in Veteris Testamenti libros, Leiden 1953.1958 bzw. Hebräisches und Aramäisches Lexikon zum Alten Testament, Lfg. I–III, ³1967ff
LSJ,Wb.	LIDDELL, H.G. – SCOTT, R. – JONES, H.S., A Greek-English Lexicon, I–II, Suppl., Oxford ⁹(1940) 1948.1968
MPG/MPL	MIGNE, J.P. (Ed.), Patrologiae Cursus Completus. Series Graeca/Series Latina, Paris 1, 1857ff/1,1841ff
NHS	Nag Hammadi Studies, Leiden 1,1971ff
ÖTK	Ökumenischer Taschenbuchkommentar, Gütersloh/Würzburg 1977ff
PIOSCS	Proceedings (später: Bulletin) of the International Organization for Septuagint and Cognate Studies, Toronto, Ont.
SNTU	Studien zum Neuen Testament und seiner Umwelt, Linz 1,1976ff

I. Einleitung:
Problemstand und Fragestellung

Gegenstand der folgenden Untersuchung ist die Verwendung und das Verständnis des Alten Testaments bei Paulus – genauer gesagt: seine Verwendung und sein Verständnis der »Schrift«. Denn für die Urchristenheit war das, was wir unter der Bezeichnung ›Altes Testament‹ als *Teil* der Schrift kennen, *die* Schrift schlechthin.[1] Dabei befand sich Paulus in der Situation, daß die gleiche ›Schrift‹ sowohl in der jüdischen Synagoge als auch in den frühchristlichen Gemeinden gelesen wurde, jedoch oft in sehr unterschiedlicher Weise. In der jüdisch-hellenistischen Synagoge hatte Paulus die Schrift kennengelernt, und als Pharisäer war ihm die dort praktizierte Schriftauslegung vertraut. Seine Bekehrung, die er als Begegnung mit dem lebendigen κύριος und als Beauftragung zur Heidenmission verstand, führte ihn in christliche Gemeinden mit jüdisch-hellenistischem Hintergrund, in denen es offenbar bereits Ansätze für ein eigenes Verständnis der Schrift gab. Und als Prediger des Evangeliums sah sich Paulus vor die Aufgabe gestellt, über die vorhandenen Ansätze hinaus einen neuen, dem Evangelium gemäßen Umgang mit der Schrift zu finden. Der literarische Niederschlag dieser Bemühungen sind die zahlreichen Schriftzitate, die sich in seinen Briefen finden.

Immer wieder ist aufgefallen, daß Paulus zwar häufig die Schrift verwendet, um seine theologischen Aussagen zu begründen und zu entfalten, daß er aber dabei mit dem Wortlaut der Schrift z. T. äußerst frei verfährt. Dieser Anstoß ist schon in der alten Kirche bemerkt worden[2] und hat seit der Reformation zu einer recht kontinuierlichen Beschäftigung mit diesem Thema geführt.[3] Im Verlauf

---

[1] Zur Entstehung des (zweiteiligen) christlichen Kanons vgl. v. CAMPENHAUSEN, Entstehung; zur Fortgeltung und Verwendung der Schrift im vorpln Urchristentum s. u. S. 232–256.

[2] So bietet Hieronymus, Epistula LVII, CSEL 54, 503–526 eine ganze Reihe von Beispielen, in denen die ntl Schriftsteller in ihren Zitaten vom Wortlaut der Schrift (insbesondere dem der LXX) abweichen. Als Beispiele aus den Briefen des Pls führt er neben Röm 9,33 (Jes 8,14) auch das Zitat in 1 Kor 2,9 an, das er für eine freie Wiedergabe des HT von Jes 64,3 (Vg: 64,4) hält: »apostolus non uerbum expressit e uerbo, sed παραφραστικῶς eundem sensum aliis sermonibus indicauit« (aaO 520,9–11).

[3] Kurze Überblicke über die Geschichte der Forschung enthalten VOLLMER, Citate 6–9; MICHEL, Paulus 1–7 und ELLIS, Use 2–5. Über den gegenwärtigen Stand der Forschung informiert (in bezug auf das NT insgesamt) PLÜMACHER, TRE VI, 1980, 8–22.

der Untersuchungen wurde es immer deutlicher, daß die Spannungen zwischen den von Paulus zitierten Schriftaussagen und den zugrundeliegenden Schrifttexten keineswegs nur den Wortlaut als solchen betreffen. Aus den hieraus sich ergebenden Fragen hat sich in der neueren Forschung eine weitverzweigte Diskussion mit mehreren eigenständigen Schwerpunkten entwickelt.

1. Das älteste – jedoch noch keineswegs abgeschlossene – Problem ist die Frage nach der Textvorlage der paulinischen Schriftzitate. Nachdem grundsätzlich Einigkeit erzielt worden war, daß Paulus die Schrift in der griechischen Übersetzung der Septuaginta zitiert,[4] wurde versucht, genauer zu bestimmen, welchen Septuaginta-Handschriften die Zitate des Paulus am nächsten stehen[5] und wie die Nähe einiger Zitate zu den späteren Übersetzungen von Aquila, Symmachus bzw. Theodotion zu beurteilen ist.[6]

Neue Perspektiven haben sich hierfür durch die Fortschritte in der Septuaginta-Forschung ergeben,[7] zum einen durch die genauere Erforschung der Textgeschichte einzelner Bücher der LXX; zum anderen hat sich das Bild der Überlieferungsgeschichte der LXX für das 1. nachchristliche Jahrhundert durch Funde vorchristlicher LXX-Fragmente verändert. Diese Textfunde zeigen, daß den sog. ›späteren‹ Übersetzungen bereits jüdische Revisionen bzw. Teilrevisionen einzelner Bücher der LXX vorausgegangen sind, die auf eine größere Übereinstimmung mit dem hebräischen Text abzielten.[8]

2. Ein weiteres Thema der Forschung ist der Zusammenhang der exegetischen Methoden des Paulus mit denen der zeitgenössischen jüdischen und hellenistischen Exegese. Umstritten ist vor allem, ob Paulus primär von der palästinisch-rabbinischen Schriftauslegung beeinflußt ist oder der Exegese des hellenistischen Diasporajudentums nähersteht.[9] Neue Anstöße hat die Diskussion durch

---

[4] Grundlegend hierfür war die Untersuchung von E. KAUTZSCH, De Veteris Testamenti locis a Paulo Apostolo allegatis; Leipzig 1869.

[5] Vgl. H. VOLLMER, Die Alttestamentlichen Citate bei Paulus textkritisch und biblisch-theologisch gewürdigt; Freiburg 1895; eine das ganze NT betreffende Gegenüberstellung der Schriftzitate und -anspielungen mit dem Wortlaut des MT, der LXX sowie von 'A, Σ und Θ bot (auf dem damaligen Stand der Texteditionen) W. DITTMAR, Vetus Testamentum in Novo I.II, Göttingen 1899.1903 (Pls: 171–238).

[6] Vgl. dazu RAHLFS, ZNW 20, 1921, 182–199; LIETZMANN, Gal 32 (Exkurs zu Gal 4,31: »Pls und das AT«).

[7] Einen Überblick über den Stand der LXX-Forschung bieten WEVERS, ThR NF 22, 1954, 85–138. 171–190; ders., ThR NF 33, 1968, 18–76; JELLICOE, Septuagint und BROCK, TRE VI, 1980, 163–172; vgl. außerdem HANHART, TU 125, 1981, 293–303; ders., ZThK 81, 1984, 395–416.

[8] Dies ermöglicht eine neue Beurteilung der dem HT näherstehenden Zitate aus Jes und Hi und der ebenfalls von der LXX abweichenden Vorlage der Zitate aus III Reg; s. u. S. 57–81.

[9] Die Übereinstimmung mit der rabbinischen Exegese betonen (z. T. einseitig) MICHEL, Paulus 91–111; BONSIRVEN, Exégèse (vgl. bes. 348–350); JEREMIAS, FS M. Black, 1969, 88–94. Kontrovers ist vor allem, ob Pls stärker der (hellenistischen) Allegorese oder typologisch-heilsgeschichtlichem Denken verpflichtet ist; dazu s. u. S. 202–220.

Problemstand und Fragestellung 3

die Entdeckung der Schriften von Qumran mit ihren spezifischen Auslegungsmethoden erhalten.[10]

3. Zusätzlich stellt sich die Frage nach dem Zusammenhang des paulinischen Schriftgebrauchs mit der im Urchristentum vor und neben Paulus praktizierten Schriftverwendung. In der älteren Forschung ist die Debatte vor allem von der Florilegien- bzw. Testimonienbuch-Hypothese bestimmt worden, die ihre klassische Form durch *R. Harris* erhalten hat.[11] Ausgehend von Cyprians »Testimoniorum libri tres«[12] rechnet *Harris* mit einer apologetisch ausgerichteten christlichen Sammlung von Schriftzitaten, die nicht nur Justins »Dialog mit dem Juden Tryphon« und dem Barnabasbrief, sondern auch den paulinischen Briefen – und zwar in schriftlicher Form – zugrunde gelegen habe. Diese These hat vor allem in der angelsächsischen Forschung recht weite Verbreitung gefunden[13] und ist von *C. H. Dodd* in veränderter Form erneuert worden:[14] Nicht eine feste Zusammenstellung von Einzelzitaten sei im Urchristentum in Gebrauch gewesen, vielmehr habe man sich auf eine Auswahl längerer Abschnitte der Schrift, vor allem aus den Propheten und den Psalmen, gestützt,[15] die *Dodd* geradezu als »the bible of the early church« bezeichnet.[16] Diese Abschnitte, deren Auswahl und Aneignung *Dodd* bereits für das vorpaulinische Urchristentum voraussetzt, hätten jeweils in ihrer Gesamtheit als ›testimonia‹ des urchristlichen Kerygmas gedient.[17]

Neue Anstöße hat die Diskussion durch die Entdeckung eines Florilegientextes in Qumran (4Q Test) erhalten.[18] Aufgrund dieses Fundes wird gegenwärtig vielfach die Möglichkeit in Erwägung gezogen, daß Paulus einzelne, aus einer begrenzten Anzahl von Schriftstellen bestehende Florilegien benutzt habe.[19]

---

[10] Vgl. BRAUN, Qumran II 301–325 und ELLIS, Use 39–45. 139–147.

[11] R. HARRIS, Testimonies I.II; Cambridge 1916. 1920; zu den Vorläufern vgl. aaO 1–3 sowie MICHEL, Paulus 37–43; zur Forschungsgeschichte insgesamt vgl. STENDAHL, School 207–217; ELLIS, Use 98–107; RESE, Motive 217–223 und LUZ, Geschichtsverständnis 95–99.

[12] Cyprian, CChr.SL 3, 3–179; HARRIS aaO I 5 stützt sich auf die ersten beiden Bücher, in denen Schriftbelege für die christliche Sicht des jüdischen Volkes und seiner Institutionen sowie für christologische Themen zusammengestellt sind.

[13] Vgl. z. B. HUNTER, Paul 58–64; kritisch dagegen MICHEL, Paulus 37–54.

[14] C. H. DODD, According to the Scriptures; London 1965 (zuerst: 1952).

[15] Zusammenstellung: DODD aaO 107f.

[16] DODD aaO 61ff.

[17] Das hätte erhebliche Konsequenzen für die Pls-Exegese: Zumindest bei den als traditionell anzusehenden Schriftzitaten des Pls wäre dann sowohl für Pls als auch für seine Leser der gesamte ursprüngliche Kontext des Zitats präsent gewesen und müßte dann in der heutigen Interpretation genauso wie das Zitat selbst berücksichtigt werden (zur Kritik s. u. S. 253ff). – DODDS Ergebnisse werden vorausgesetzt von LINDARS, Apologetic und ELLIS, Use (vgl. 104–107).

[18] Bei 4QFlor, das in diesem Zusammenhang zumeist ebenfalls genannt wird, handelt es sich – trotz der Bezeichnung – nicht um ein Florilegium; s. u. S. 252 A 33.

[19] Vgl. dazu FITZMYER, Aufs. 59–89; BRAUN, Qumran II 304f; 325; LUZ, Geschichtsverständnis 95–99; MICHEL, Paulus 213–215 (Nachtrag zum Neudruck 1972).

Auch bei vollständiger Berücksichtigung der Methoden der damaligen Schriftinterpretation ist es offensichtlich, daß Paulus – auch nach den Maßstäben seiner Zeit – oftmals dem zitierten Schrifttext nicht gerecht wird.[20] Sofern dieser Sachverhalt nicht doch durch Hinweise auf die jüdische oder vorpaulinisch-christliche Schriftexegese überspielt wird,[21] besteht die Neigung, diesen Umgang des Paulus mit der Schrift entweder als pneumatisch-charismatischen Vorgang zu interpretieren[22] – und ihn damit im Grunde nur zu entschuldigen, ohne ihn zu erklären – oder als theologisch nicht mehr ernst zu nehmend zu übergehen.[23] Damit führt die Diskussion über die konkrete Schriftverwendung des Paulus zur Frage nach dem zugrundeliegenden Schriftverständnis und nach der Funktion der Schrift für die paulinische Theologie überhaupt.

4. Zunächst fällt auf, daß die Verwendung der Schrift in den einzelnen Briefen des Paulus sehr unterschiedlich ist. Hierauf hat betont *A. v. Harnack* hingewiesen:[24] In den kleineren Briefen kommen Schriftzitate gar nicht (1 und 2 Thess, Kol, Phil) oder nur beiläufig (Eph) vor.[25] Textanführungen, auf deren Herkunft aus der Schrift Paulus auch ausdrücklich hinweist, finden sich nur im 1. und 2. Korinther-, im Galater- und im Römerbrief. In diesen Briefen sei jedoch – nach *Harnack* – die Verwendung der Schrift durch die judaistische Gefährdung der Gemeinde (Gal), durch die judenchristliche Empfängerschaft (Röm) bzw. durch die spekulativen Neigungen in der Gemeinde (1 und 2 Kor) veranlaßt. Aber auch innerhalb dieser Briefe ist die Verwendung der Schrift keineswegs gleichmäßig, sondern auf bestimmte Briefteile beschränkt. Zudem hat *Harnack* den Eindruck, daß die Schriftzitate und deren Interpretation von Paulus als

---

[20] So sind z. B. die Zitatumgestaltungen von Dtn 30,12–14 in Röm 10,6–8 (mehrfache Auslassungen, die zur völligen Eliminierung der Gesetzesthematik führen, s. u. S. 129–132) und von Jes 28,16 in Röm 9,33 (Abänderung durch Einbeziehung von Jes 8,14, die erst ein für Pls verwendbares Zitat ergibt; vgl. Koch, ZNW 71, 1980, 178–184; s. auch u. S. 161f) ohne ausreichende Analogie in der zeitgenössischen Exegese. Gleiches gilt überhaupt für das Verfahren, Zitate durch andere Schriftstellen umzuformen oder aus mehreren Schriftworten neue ›Zitate‹ zu bilden; s. u. S. 190–198.

[21] So Ellis, Use 139–149, der zunächst den Abstand zur damaligen Exegese so weit wie möglich verringert und dann zwischen ›Wortlaut‹ und ›Bedeutung‹ eines Zitats unterscheidet, wobei die pln Exegese beim grammatisch-historischen Wortlaut eines Textes ihren Ausgangspunkt nehme und dann zu dessen ›Bedeutung‹ im Rahmen einer »proper interpretation of OT history as a whole« (aaO 148) gelange.

[22] So Michel, Bibel 104–106. 132. 134. 156 u. ö.; vgl. dagegen Dietzfelbinger, Paulus 41: »Man mag sein Verfahren als charismatische oder prophetische Exegese bezeichnen, sollte mit solcher Charakteristik aber vorsichtig sein; denn im Grunde ist mit ihr über die Methodenfrage nichts ausgesagt.«

[23] Vgl. Braun, ZThK 59, 1962, 16–31, der die Sinnverschiebungen in den ntl Schriftzitaten konstatiert (Beispiele aus den Pls-Briefen: 20.22f.26.29) und feststellt, daß die Schriftzitate im NT in der Regel nicht beweisen, was sie beweisen sollen; s. auch u. S. 350.

[24] A. v. Harnack, Das Alte Testament in den Paulinischen Briefen und in den Paulinischen Gemeinden; SPAW.PH 1928/XII, 124–141.

[25] Harnack aaO 125 (mit A 1) hält auch Kol, Eph und 2 Thess für pln.

neue, den Empfängern bisher nicht bekannte Belehrungen mitgeteilt werden. Daraus folgert *Harnack*, »daß Paulus das A.T. nicht als das christliche Quellen- und Erbauungsbuch von vornherein den jungen Gemeinden gegeben, sondern daß er Mission und Lehre zunächst ganz und gar auf das Evangelium selbst gegründet... hat«.[26] Während für Paulus selbst (nämlich für seine persönliche Frömmigkeit) die Schrift weiterhin hervorragende Bedeutung gehabt habe, habe sie in der Mission und Lehre des Paulus nur eine beiläufige und untergeordnete Rolle gespielt. *Harnacks* Versuch, den Befund in den ›großen‹ Briefen des Paulus als für seinen Schriftgebrauch untypisch anzusehen, ist mit Recht abgelehnt worden,[27] aber eine überzeugende Erklärung für die Diskrepanz zwischen dem 1. Thessalonicherbrief einerseits und dem Römerbrief andererseits ist damit noch nicht gefunden.

5. Während *Harnack* eine positive Funktion der Schrift für die Theologie des Paulus faktisch verneint, ist von verschiedenen Ausgangspunkten her versucht worden, ein geschlossenes Bild der Schriftverwendung des Paulus und seines Schriftverständnisses zu gewinnen. Die Antworten, bei denen selbstverständlich auch die eigenen Aussagen des Paulus über die Bedeutung der Schrift eine wichtige Rolle spielen (Röm 1,2; 3,31; 4,23f; 15,4; 1 Kor 9,10; 10,11; 2 Kor 3), sind ausgesprochen unterschiedlich ausgefallen.

a) Nach *O. Michel*[28] ist die Schrift für Paulus »eine Sammlung geheimnisvoller Gottesworte, die paulinische Glaubenssätze beweisen, und eine Offenbarung einer geheimnisvollen typologischen Heilsgeschichte«[29] sowie »eine Sammlung göttlicher Lebensnormen«.[30] Dabei beschreibt *Michel* den Umgang des Paulus mit der Schrift als pneumatisch-charismatischen Vorgang,[31] der sich offenbar weiterer theologischer Nachfrage entzieht.

b) Mit Hilfe eines umfassenden Begriffs von ›Typologie‹ als einer heilsgeschichtlich orientierten Verstehensweise der Schrift versucht *L. Goppelt*,[32] die Bedeutung der Schrift für Paulus zu erfassen. Er definiert ›Typologie‹ als Deutung »geschichtliche(r) Fakta, d. h. (von) Personen, Handlungen, Ereignisse(n) und Einrichtungen«, sofern »sie als von Gott gesetzte vorbildliche Darstellungen d. h. ›Typen‹ kommender, und zwar vollkommenerer und größerer Fakta aufgefaßt werden«.[33] Zwar sind – auch nach *Goppelt* –

---

[26] HARNACK aaO 137.
[27] So bereits von MICHEL, Paulus 114–129; vgl. auch LUZ, Geschichtsverständnis 42f.
[28] O. MICHEL, Paulus und seine Bibel; Gütersloh 1929 (Nachdruck: Darmstadt 1972; mit einem Nachtrag).
[29] MICHEL aaO 153.
[30] MICHEL aaO 158.
[31] MICHEL aaO 128f, vgl. 132.
[32] L. GOPPELT, Typos. Die typologische Deutung des Alten Testaments im Neuen; Gütersloh 1939 (Nachdruck: Darmstadt 1969); ders., Apokalyptik und Typologie bei Paulus, ThLZ 89, 1964, 321–344 (abgedruckt in: ders., Typos [1969] 257–299); ders., Art. τύπος κτλ, ThWNT VIII, 1969, 246–260 (bes. 251–253.256).
[33] GOPPELT, Typos 18f; vgl. aaO 270.

Typologien bei Paulus rein zahlenmäßig begrenzt,[34] »aber sie sind für den gesamten Schriftgebrauch (des Paulus) charakteristisch und setzen vor ihn ein Vorzeichen: Paulus sieht die ganze Schrift in einem von diesen Typologien gegebenen Rahmen«.[35]

c) Anknüpfend an die Untersuchungen von *Michel* und *Goppelt* versucht *E. E. Ellis*, die theologischen Voraussetzungen und exegetischen Verfahrensweisen der paulinischen Schriftverwendung genauer zu klären.[36] Paulus interpretiere die Schrift im Bewußtsein des eschatologischen Charakters der Gegenwart, »in which OT history and prophecy have become realised and fulfilled in Christ«.[37] Zugleich hebt *Ellis* die Bedeutung des typologischen Denkens für Paulus hervor und beschreibt die paulinische Schriftauslegung als ›New Covenant Exegesis‹,[38] für die inhaltlich die Konzeption der Kirche als dem ›wahren Israel‹[39] und methodisch die ›Midrasch-Pescher-Interpretation‹[40] von besonderer Wichtigkeit seien.[41]

d) Eine radikal entgegengesetzte Position bezieht – ausgehend von Harnack – *H. Ulonska*.[42] Er bestreitet nicht nur jede heilsgeschichtliche Perspektive in der paulinischen Schriftverwendung (z. B. in der Form typologischer Schriftauslegung), sondern verneint auch, daß Paulus die Schriftzitate überhaupt zum Zweck einer theologischen Begründung oder Beweisführung benutze.[43] Vielmehr seien die Schriftzitate durchweg als aktuelle Anreden an die Gemeinden zu verstehen, wobei »die Autorität der Quelle, die benutzt wird, ... nicht reflektiert, noch ausgesprochen (wird)«.[44] Gegenüber Heidenchristen hätten die Schriftzi-

---

[34] Vgl. GOPPELT, Typos 154.
[35] GOPPELT, Typos 280. Zur Diskussion vgl. einerseits AMSLER, Testament 55–60, andererseits die kritischen Beiträge von BULTMANN, Aufs. 369–380 und GALLEY, Heilsgeschehen 8–10. 54–57 sowie LUZ, Geschichtsverständnis 52–60, der sich um eine präzisere Beschreibung ›typologischer‹ Exegese bemüht.
[36] E. E. ELLIS, Paul's Use of the Old Testament; Edinburgh 1957.
[37] ELLIS, Use 135.
[38] ELLIS, Use 135.
[39] ELLIS, Use 136–139.
[40] ELLIS, Use 139–147; vgl. auch die Weiterführungen in ELLIS, Prophecy 147–220.
[41] Die Untersuchung von ELLIS wird dadurch in ihrem Wert erheblich gemindert, daß sie von dem Bestreben geleitet ist, die Anstößigkeit des Umgangs mit der Schrift bei Pls weitgehend zu beseitigen. Charakteristisch ist z. B. die Analyse von Röm 1,17, bei der die entscheidende Zitatveränderung durch Pls einfach übergangen wird (dazu s. u. S. 128 A 40), oder auch die Tatsache, daß die interpretierende Umgestaltung von Ex 34,34a in 2 Kor 3,16, die keineswegs als Ausnahmefall ausgeklammert werden kann, bei ELLIS überhaupt nicht berücksichtigt ist (s. u. S. 126 A 30).
[42] H. ULONSKA, Paulus und das Alte Testament; o. O. (Brackwede) o. J. (1964).
[43] Kriterium für Heilsgeschichte ist bei ULONSKA die theologische Konzeption des Lk, Maßstab für das Vorliegen eines Schriftbeweises das Schema von Weissagung und Erfüllung im Sinne des Mt. Vgl. seine Ausgangsfrage: »Hat Paulus heilsgeschichtlich im Sinne des Lukas und im Interpretationsschema von Weissagung und Erfüllung nach Matthäus das Alte Testament entfaltet?« (aaO 12). Ergebnis einer derart unzulänglichen Fragestellung kann natürlich nur sein, das Pls eben nicht Lk oder Mt ist.
[44] ULONSKA aaO 207.

tate lediglich den Charakter von ›Goldenen Worten‹,[45] gegenüber Judenchristen handele es sich nur um die Verwendung »ihrer Sprache«.[46] Da Paulus ganz von der Parusieerwartung bestimmt sei und sich völlig an der Situation der Briefempfänger orientiere, fehle bei Paulus jegliche Reflexion über seinen Schriftgebrauch.[47]

e) *U. Luz* untersucht im Zusammenhang mit der Frage nach dem Geschichtsverständnis des Paulus auch dessen Verwendung und Verständnis der Schrift.[48] *Luz* stellt fest, daß für Paulus die eschatologisch qualifizierte Gegenwart als »Interpretationshorizont der Schrift« leitend ist[49] – nicht nur weil Paulus die Schrift in seiner eigenen Sprache hört,[50] sondern vor allem weil sie für Paulus »Gottes Wort (ist), das durch Christus und den Geist erschlossen ist. Für Paulus ist das Erste, daß das Alte Testament spricht; sein Sprechen ent-spricht der Souveränität Gottes, der sich in seiner Geschichte schenkt«.[51] Dabei folge Paulus keiner bestimmten Hermeneutik, die Voraussetzung für das Verstehen der Schrift wäre.[52] Die Funktion der Schrift ist nach *Luz* im Gesamtrahmen der dialektischen Interpretation der Vergangenheit durch Paulus zu sehen: Auf der einen Seite stehe das Gesetz als die »abgetane«, in Christus überwundene Vergangenheit,[53] auf der anderen Seite die »Verstehen schaffende, lebendige, ›gegenwärtige‹ Vergangenheit (Gottes)«[54] – Verstehen schaffend »nämlich insofern als Gott von ihr her zu uns redet«;[55] und die Schrift gehöre (fast) ganz auf diese Seite der ›gegenwärtigen‹ Vergangenheit.[56]

f) *H. Conzelmann*[57] sieht die Notwendigkeit der Schrift gerade auch für die

---

[45] ULONSKA aaO 128f. 207f.
[46] ULONSKA aaO 207.
[47] Vgl. ULONSKA aaO 207f. 212. ULONSKA geht durchweg davon aus, daß die seiner Ansicht nach völlig situationsbezogene und -bedingte Schriftverwendung des Pls keine weitergehende theologische Reflexion voraussetze und daher auch nicht auf etwaige systematische Voraussetzungen befragt werden dürfe (vgl. aaO 211f). Zur Kritik vgl. die Schlußbemerkung in der Besprechung durch RESE, VF 12/2, 1967, 97: »Es sei nur noch gefragt, warum eine Situationsbezogenheit von Aussagen dogmatisches Fragen verbietet.«
[48] U. LUZ, Das Geschichtsverständnis des Paulus; München 1968, 41–135: Kapitel II: »Die gegenwärtige Vergangenheit: Das Gotteswort des Alten Testaments«.
[49] LUZ aaO 89f.
[50] LUZ aaO 89.
[51] LUZ aaO 135.
[52] LUZ aaO 135. Dies ist nach Luz sachgemäß, denn: »Die Freiheit, mit der das Alte Testament in Christus Verstehen setzt, wäre dann eingeschränkt, wenn eine bestimmte Hermeneutik zur Bedingung des Verstehens würde« (ebd.).
[53] LUZ aaO 136ff.
[54] LUZ aaO 134.
[55] LUZ aaO 134.
[56] Nur das Zitat von Lev 18,5c in Röm 10,5 und Gal 3,12 ist für LUZ aaO 93 (mit A 274) nicht gegenwärtiges Gotteswort, da hier das Gesetz, die ›abgetane‹ Vergangenheit, zu Wort kommt.
[57] H. CONZELMANN, Fragen an Gerhard von Rad, EvTh 24, 1964, 113–125, vgl. auch ders., Grundriß der Theologie des Neuen Testaments; München, 2. Aufl. 1968, 187–191 (»Die Verwendung des Alten Testaments«).

paulinische Theologie darin begründet, daß in den urchristlichen Credo-Sätzen die wichtigste unausgesprochene Voraussetzung die ist, »daß der Gott, der Jesus erweckte, der Gott Israels, des AT ist«.[58] Für die paulinische Theologie, die *Conzelmann* als theologische Aneignung und Entfaltung des urchristlichen ›Credos‹ versteht,[59] lehnt er eine einseitige heilsgeschichtliche Interpretation als unzureichend ab.[60] Dies gelte auch für den Umgang des Paulus mit der Schrift. Wie neben den (heilsgeschichtlichen) christologischen Titel des ›Messias‹ der $\varkappa\acute{\upsilon}\varrho\iota\text{o}\varsigma$-Titel trete (und diesen ablöse),[61] so interpretiere Paulus die Gegenüberstellung von ›Altem und Neuem Bund‹ (in 2 Kor 3) »durch die zeitlose Begrifflichkeit von Buchstabe und Geist«.[62] Theologisches Zentrum des Schriftverständnisses des Paulus ist nach *Conzelmann* die Dialektik der paulinischen Lehre vom Gesetz:[63] Paulus kann gerade deshalb an der Schrift festhalten, weil in der durch Christus eröffneten Glaubensgerechtigkeit das Gesetz, das an sich gut ist (Röm 7,12), als Heilsweg abgetan ist (Röm 10,4) – und gerade so in seinem eigentlichen Sinn theologisch zur Geltung kommt (Röm 3,31).

Ähnlich wie *Conzelmann* – und im Anschluß an diesen – bestimmt *Ph. Vielhauer*[64] die Funktion der Schrift bei Paulus: »Nicht die Kontinuität der Geschichte, sondern die Identität Gottes ist es, was die Einheit der Schrift mit der Heilsoffenbarung in Christus konstituiert«,[65] wobei er die ›Selbigkeit des handelnden Gottes‹[66] im Sinne des Paulus als »die Selbigkeit Gottes, der den Gottlosen gerecht spricht«,[67] bestimmt.

g) Auch *E. Käsemann*[68] interpretiert – ausgehend von der paulinischen Antithese von $\gamma\varrho\acute{\alpha}\mu\mu\alpha$ und $\pi\nu\varepsilon\tilde{\upsilon}\mu\alpha$ (2 Kor 3) – das paulinische Schriftverständnis im Rahmen der Rechtfertigungslehre des Paulus: »Geist und Buchstabe treten ... im Zeichen der Rechtfertigungsbotschaft auseinander«.[69] *Käsemann* versteht den Umgang des Paulus mit der Schrift als Prozeß der ›Unterscheidung der Geister‹ gerade auch gegenüber der Schrift selbst.[70] Dabei komme dem ›Geist‹ hermeneutische Funktion zu, was jedoch gerade nicht zu theologischer Willkür führe. Denn die »durch die Rechtfertigungslehre interpretierte Christo-

---

[58] CONZELMANN, EvTh 24, 1964, 124.
[59] Vgl. CONZELMANN, Aufs. 141 und ders., Grundriß 186f.
[60] CONZELMANN, Grundriß 190f.
[61] CONZELMANN, EvTh 24, 1964, 125.
[62] CONZELMANN, Grundriß 191.
[63] CONZELMANN, EvTh 24, 1964, 122f; ders., Grundriß 191.
[64] PH. VIELHAUER, Paulus und das Alte Testament (1969), Aufs. II 196–228.
[65] VIELHAUER, Aufs. II 219.
[66] Vgl. CONZELMANN, EvTh 24, 1964, 124.
[67] VIELHAUER, Aufs. II 227.
[68] E. KÄSEMANN, Paulinische Perspektiven; Tübingen 1969, 237–285; vgl. auch ders., Röm 119–121 (zu Röm 4,23f), wo sich Käsemann zur Frage der Typologie bei Pls äußert.
[69] KÄSEMANN, Perspektiven 261.
[70] KÄSEMANN aaO 267.

logie ist das Kriterium zwischen Geist und Buchstabe, die beide aus der Schrift abgeleitet werden können«.[71]

Bei den dargestellten Lösungsversuchen fällt auf, daß gerade diejenigen Analysen, die die Breite des in Frage kommenden Materials bewußt aufnehmen (*Michel, Ellis, Ulonska*, aber auch *Goppelt* und *Luz*), zu besonders divergierenden Ergebnissen gelangen. Dies ist ein Hinweis darauf, daß das zu analysierende ›Material‹, also die Gesamtheit der Schriftzitate selbst und die Äußerungen des Paulus über die Bedeutung der Schrift, durchaus komplexer Natur ist und daher zu kontroversen Interpretationen Anlaß gibt. Dabei sind die unterschiedlichen Gesamtergebnisse nicht nur von der jeweiligen Interpretation einiger weniger zentraler Texte (z. B. Röm 4; 9-11; Gal 3; 2 Kor 3) abhängig, sondern auch mit der häufig divergierenden Beurteilung zahlreicher literarischer und historischer Einzelfragen verbunden. Zu nennen sind hier die Frage nach der jeweiligen Textvorlage und Textabänderung in den zahlreichen abweichenden Zitatwiedergaben durch Paulus, die Florilegienhypothese und überhaupt die Frage nach der von Paulus bereits vorausgesetzten Verwendung der Schrift im Urchristentum, der Zusammenhang des paulinischen Schriftgebrauchs mit der palästinisch-rabbinischen und der jüdisch-hellenistischen Exegese und die Bedeutung der jeweiligen Methoden für die Schriftexegese des Paulus.

Auf der anderen Seite zeigen die stärker systematisch verfahrenden Lösungsvorschläge (*Conzelmann, Vielhauer, Käsemann*), daß die Bestimmung des paulinischen Schriftverständnisses eng mit dem jeweiligen Gesamtverständnis der paulinischen Theologie verknüpft ist. Doch macht diese Einsicht, die auf den notwendigen Horizont jeder Untersuchung der paulinischen Schriftverwendung hinweist, eine Erhebung des Gesamtbefundes sowie die Klärung der damit verbundenen Einzelfragen keineswegs überflüssig. Denn jede Gesamtkonzeption wird sich daran messen lassen müssen, ob sie der vielfältigen Verwendung der Schrift bei Paulus insgesamt gerecht wird. Daher erscheint es angebracht, das in Betracht kommende Material möglichst vollständig zu erfassen, also zunächst den konkreten Umgang des Paulus mit der Schrift anhand seiner Schriftzitate und Zitatinterpretationen zu erheben, sodann nach der formalen und inhaltlichen Verwendung der einzelnen von Paulus aufgenommenen Schriftworte zu fragen, dabei sein Vorgehen in den Rahmen der zeitgenössischen Schriftauslegung einzuordnen und schließlich seine eigenen Aussagen über die Bedeutung und das Verständnis der Schrift auszuwerten. Auf diese Weise wird es möglich sein, nach dem Gesamtverständnis der Schrift bei Paulus zu fragen, ohne dabei einzelne Momente zu isolieren und einseitig in den Mittelpunkt zu stellen.

---

[71] KÄSEMANN ebd.; vgl. auch BLANK, FS E. Käsemann, 1967, 37–56. Auch BLANK spricht in bezug auf 2 Kor 3 von den »Anfängen einer theologisch reflektierten christlichen Hermeneutik« (aaO 55), deren inhaltliches Zentrum in der Umwertung der Tora zu sehen ist.

Nicht thematisiert werden soll dagegen die traditionsgeschichtliche Verankerung einzelner Themen der paulinischen Theologie (Gerechtigkeit [Gottes], Glaubensbegriff, Sünde, Gesetz, Gericht u. a.) im alttestamentlich-jüdischen Erbe und die dabei sichtbar werdende Kontinuität bzw. Diskontinuität der Problemstellungen und Lösungsversuche. Zwar ist es für viele traditionsgeschichtliche Fragestellungen von erheblicher Bedeutung, ob und in welcher Weise Paulus in bestimmten Zusammenhängen auf die Schrift zurückgreift. Doch stellen für traditionsgeschichtliche Analysen die ausdrücklichen Anführungen aus der Schrift immer nur einen Teilaspekt dar, so daß sich auch das Problem des Verhältnisses zur Schrift in der Regel nicht direkt stellt. Zum anderen hat jedoch – angesichts der intensiven Zitierpraxis (mit technisch gebrauchten Einleitungsformeln), der mehrfachen Äußerungen über die Bedeutung der Schrift insgesamt (Röm 1,2; 3,31; 4,23f; 15,4; 1 Kor 9,10; 10,11) und der ausdrücklichen Reflexion über das Verstehen der Schrift in 2 Kor 3 – die Frage nach der Verwendung und dem Verständnis der Schrift bei Paulus ihr eigenes Recht.[72]

---

[72] Daher geht die Kritik von H.-J. KRAUS, Theologie 378 A 42 an einer gesonderten Untersuchung der Schriftverwendung des Pls ins Leere.

II. Die Verwendung der Schrift (I):
Die Textgrundlage der Schriftzitate des Paulus
und Fragen der Zitiertechnik

1. Vorklärung: Zur Abgrenzung von Zitat, Paraphrase, Anspielung und Verwendung biblischer Sprache

Ein *Zitat* stellt die bewußte Übernahme einer fremden schriftlichen (seltener: mündlichen) Formulierung dar, die von einem Verfasser in seiner eigenen Schrift reproduziert wird und als solche erkennbar ist. Das Zitat ist also in erster Linie eine literarische Technik, die daher auch in mündlichen Gattungen (Hymnen, Gebeten, liturgischen und katechetischen Formeln) in der Regel keinen Ort hat.[1] Sie begegnet in der Antike nicht nur in der im engeren Sinne exegetischen Literatur,[2] sondern grundsätzlich überall dort, wo ein Verfasser positiv oder kritisch auf eine fremde literarische Äußerung Bezug nehmen will.[3]

---

[1] Charakteristisch ist der Befund in den Hymnen von Qumran: Einerseits begegnet eine breite Aufnahme biblischer Sprache und Überlieferung, andererseits fehlt jedes echte, vom Kontext abgehobene Zitat. Der analoge Befund liegt in Phil 2,6–11 vor. In V 10f wird deutlich Jes 45,23^{LXX} aufgenommen (zur Verwendung des LXX-Textes vgl. Koch, ZNW 71, 1980, 176f A 11). Doch ist der übernommene Wortlaut voll in den Hymnus einbezogen (Wengst, Formeln 149–152 spricht daher von ›Zitatanspielung‹). Auch in den Erzählungsschlüssen des Gleichnisses Mk 4,26–29 und der Wundererzählung Mk 7,31–37 ist der Rückgriff auf die jeweilige Schriftstelle (Joel 4,13 bzw. Jes 35,5f) nicht kenntlich gemacht. – Anders ist natürlich der Befund in denjenigen synoptischen Schul- und Streitgesprächen, in denen einzelne Schriftworte als direktes Mittel der Argumentation verwendet werden bzw. Gegenstand der Auseinandersetzung sind (vgl. Mk 10,2–12.17–22; 12,18–27.28–34.35–37).

[2] Vgl. die Kommentierung der ›klassischen‹ Literatur (Dichtung, Philosophie) im Hellenismus, beginnend mit den alexandrinischen Grammatikern (vgl. Schmid-Stählin, Geschichte II/1 198–210); im hellenistisch-jüdischen Bereich: Aristobul, Philo; die Sammelwerke der jüdisch-rabbinischen Literatur (Mischna, Tosefta) sind von ihrer Anlage her weithin riesige Zitatenkompendien.

[3] Allerdings war für griechisches Stilempfinden allzu häufiges Zitieren nicht unproblematisch, da es dem Ziel einer möglichst weitgehenden Stileinheitlichkeit widersprach; vgl. Norden, Kunstprosa I 89. Doch war das Ausmaß, in dem man sich diesem Stilprinzip verpflichtet fühlte und es auch beachtete, natürlich sehr unterschiedlich. So galten etwa in der am mündlichen Vortrag orientierten Diatribe andere Gesetze (zur Verwendung von Zitaten in der Diatribe vgl. Bultmann, Stil 42–46; Capelle, RAC III, 1957, 992f). Aber in gehobener Prosa, wie z. B. der Geschichtsschreibung, wurde allzu umfangreiches Zitieren zu vermeiden versucht. Dies führte zu der häufigen Praxis, längere Texte nicht wörtlich wiederzugeben, sondern sie – der eigenen Darstellung angepaßt – zu referieren.

Ein Zitat erfüllt seine Funktion nur, wenn der Verfasser damit rechnen kann, daß der Zitatcharakter des übernommenen Wortlauts dem Leser deutlich ist. Das eindeutigste Mittel zur Kennzeichnung eines Zitats war sowohl in der jüdischen wie in der hellenistischen Literatur die Verwendung klar erkennbarer Einleitungsformulierungen. Doch wirkte sich ein allzu häufiger Gebrauch derartiger Zitateinleitungen störend auf den Gesamtablauf der Darstellung aus. Deshalb wurde im hellenistischen Bereich vielfach versucht, die Einleitungswendungen so zu formulieren, daß sie sich möglichst glatt in den Zusammenhang einfügen, oder es wurde auch nur beiläufig auf den Zitatcharakter hingewiesen. Bei Zitaten, die der Verfasser bei seinen Lesern als bekannt voraussetzen konnte, wurde oft überhaupt auf jede Einleitungsformulierung oder Zitatandeutung verzichtet; dies war insbesondere bei solchen Zitaten möglich, die sich in Stil und Sprache so deutlich vom Kontext abhoben, daß sie von selbst als übernommen erkennbar waren.[4]

Zitate ohne eindeutige Einleitungsformulierung begegnen vor allem in der außerjüdischen hellenistischen Literatur, im jüdischen Bereich in wesentlich geringerem Umfang, und zwar gelegentlich bei Philo,[5] vereinzelt in den Schriften von Qumran[6] und praktisch überhaupt nicht in der rabbinischen Literatur.[7] Dagegen ist für Paulus durchaus mit der Möglichkeit von Zitatanführungen ohne Verwendung eindeutiger Einleitungsformulierungen zu rechnen. Dies zeigt sich daran, daß Paulus mehrfach das gleiche Schriftwort sowohl mit als auch ohne eine ausdrückliche Einleitung zitiert.[8] Damit stellt sich die

---

[4] Dies gilt z. B. für die zahllosen Homer-Zitate. Als Beispiel für ein Prosazitat ohne Einleitungsformulierung sei Epict Diss I 4,24 (Zitat aus Plat Crito 43 D) genannt: Die Anspielungen im Kontext (Gefängnis, Schierling) und die Erwähnung des Kriton im Zitat selbst genügen, um den Zitatcharakter kenntlich zu machen.

[5] Doch ist bei Philo der Zitatcharakter in der Regel auch in diesen Fällen ohne weiteres deutlich, vgl. z. B. Leg all I 8 (Anführung von Gen 49,15, lediglich durch ein eingefügtes γάρ hervorgehoben, doch ist unmittelbar zuvor Issachar erwähnt); II 106 (Gen 3,1 mit vorangestelltem καὶ γάρ); in III 9 (Gen 18,22 f) ist dagegen οὐχ ὁρᾷς ὅτι als frei formulierte Zitateinleitung anzusehen.

[6] Eindeutig ohne jede Einleitungsformulierung ist unter den 40 Schriftzitaten in CD, 1 QS und 1 QM (zur Zählung s. u. S. 194 A 21) lediglich die Anführung von Num 21,18 in CD 6,3; doch geht aus der harten Wortfolge in 6,3a und der in 6,4–11 folgenden Interpretation hinreichend deutlich hervor, daß hier ein vorgegebener Text zitiert wird. Gelegentlich ist außerdem die Grenze zwischen freier Zitateinleitung und Zitierung ohne jede Einleitung fließend, so CD 4,21; 1 QM 10,2 a; 10,2 b.3.

[7] Vgl. BONSIRVEN, Exégèse 27 f.

[8] So Hab 2,4 b: ausdrücklich eingeleitet in Röm 1,17 b, ohne eindeutige Zitateinleitung in Gal 3,11 b; Lev 18,5 c: in Röm 10,5 b mit, in Gal 3,12 b ohne Einleitungsformulierung; ebenso wird in 2 Kor 10,17 das Zitat von 1 Kor 1,31 (zur Herkunft s. u. S. 35 f) ohne Einleitung angeführt. – Dabei sind in einigen Fällen noch die Gründe für das Fehlen einer Zitateinleitung erkennbar. So ist in Gal 3,10–14 das erste und letzte Zitat dieses Abschnitts (Gal 3,10 b und 3,13 c) jeweils ausdrücklich eingeleitet, die Zitate in 3,11 b und 3,12 b dagegen nicht. Hier ist der Zitatcharakter nur beiläufig angedeutet (durch ὅτι bzw. ἀλλά). Eine viermalige Verwendung von γέγραπται γάρ o. dgl. hätte ungemein störend gewirkt.

Aufgabe, neben den eindeutig gekennzeichneten Zitaten die nicht von vornherein eindeutigen Zitierungen festzustellen und sie von den – ebenfalls bei Paulus vorkommenden – freien Paraphrasen biblischer Texte, den Anspielungen und der bloßen Verwendung biblischer Sprache abzugrenzen.

Beim Fehlen einer eindeutigen Einleitungsformulierung wird man nur dann sicher von einem Zitat sprechen können, wenn hinreichend deutlich ist, daß der Verfasser hier bewußt einen ihm vorgegebenen Wortlaut reproduziert, und wenn zugleich angenommen werden kann, daß der Leser den Wortlaut als übernommen erkennen konnte (bzw. daß der Verfasser offenbar damit rechnete). Die Absicht des Zitierens wird man auf Seiten des Verfassers in der Regel dann voraussetzen können, wenn er einen längeren vorgegebenen Wortlaut weitgehend wörtlich wiedergibt.[9] Daß ein nicht ausdrücklich gekennzeichnetes Zitat vom Leser dennoch als solches erkannt werden konnte, wird man voraussetzen können,

a) wenn das gleiche Zitat im engeren Kontext bereits ausdrücklich zitiert wurde (so Röm 4,22);[10]

b) wenn der Verfasser durch eine sich anschließende interpretierende Aussage deutlich macht, daß er nun vom Zitat zu dessen Interpretation übergeht (so 1 Kor 15,27 a/b und 2 Kor 3,16/17);[11]

c) wenn der fragliche Wortlaut syntaktisch nicht in den Kontext integriert ist, so daß erkennbar wird, daß er nicht erst für den jetzigen Zusammenhang formuliert worden ist (so Röm 9,7b; 10,18; Gal 3,6.12b);[12]

Ebenso fehlen bei denjenigen Schriftworten, die Pls als unmittelbar gültige Weisungen anführt (Dtn 17,7c in 1 Kor 5,13b und auch Prv 25,21.22a in Röm 12,20) die Zitateinleitungen, da diese Zitate an die Stelle einer von Pls selbst formulierten Weisung treten.

[9] Bei Zitaten ohne Einleitungsformulierung ist natürlich keine größere Wörtlichkeit zu erwarten als bei den ausdrücklich eingeleiteten Zitaten desselben Verfs. Immerhin sind bei Pls zwei Fälle vorhanden, in denen man den Unterschied zwischen einer echten Zitierung und einer freien, nicht zitatartigen Wiedergabe desselben Textes kontrollieren kann: In Röm 4,3 zitiert Pls ausdrücklich Gen 15,6, in 4,9b gibt er den Inhalt des Zitats in eigenen Worten (zugleich inhaltlich zugespitzt; s. u. S. 15f) wieder; ebenso wird in Röm 4,18b (εἰς τὸ γενέσθαι κτλ.) der direkt zuvor in 4,17a zitierte Text von Gen 17,5c frei wiederholt.

[10] In Röm 4,3 ist der Text von Gen 15,6 bereits vollständig und mit ausdrücklicher Einleitungsformulierung zitiert worden. In 4,22 genügt daher die verkürzte Anführung und die Hervorhebung durch διό [καί].

[11] In 1 Kor 15,27a ist der Zitatbeginn (Ψ 8,7b) lediglich durch das eingefügte γάρ angedeutet. Aus der dann folgenden interpretierenden Bemerkung ὅταν δὲ εἴπῃ ὅτι »πάντα« ὑποτέτακται geht jedoch klar hervor, daß Pls hier eine ihm vorgegebene Aussage wiedergibt, aus der er nun ein einzelnes Wort herausgreift, um es zu erläutern. Analog ist der Befund in 2 Kor 3,16f: Auf das nicht ausdrücklich gekennzeichnete Zitat von Ex 34,34a folgt eine interpretierende Klarstellung eines einzelnen Begriffs (κύριος) aus dem übernommenen Text (s. auch u. S. 272 A 1).

[12] In Röm 9,7b ist die im Zitat (Gen 21,12c) enthaltene Anrede (κληθήσεταί σοι) durch die ausschnittartige Zitierung ohne Bezug im neuen Kontext, so daß deutlich ist, daß der Text einem anderen Zusammenhang entnommen ist. – Röm 10,18: Im Text von Ψ 18,5a.b

d) wenn der fragliche Wortlaut sich stilistisch deutlich vom jetzigen Kontext abhebt (so Röm 10,18; 11,34; 12,20; 1 Kor 10,26; 15,32b; 15,33; 2 Kor 9,10).

Ganz eindeutig ist dies in 1 Kor 15,32b.33 der Fall: Die Texte aus Jes 22,13d und Menander heben sich von dem stark argumentativ gestalteten Kontext (V 29: ἐπεὶ τί ...; εἰ ..., τί ...; V 30: τί καὶ ...; V 32: εἰ ..., τί ...; εἰ ...) durch ihren Charakter als selbständige Sentenzen mit rhythmischer Gestaltung deutlich ab.

Durch seine sentenzenartige, in sich abgeschlossene Formulierung, die durch das Fehlen der Kopula noch verstärkt wird, unterscheidet sich auch die Anführung von Ψ 23,1a in 1 Kor 10,26 vom jetzigen Kontext.

Röm 10,18: Mit Röm 10,14 geht Pls in den Stil der Diatribe mit kurzen, kettenartigen Fragen (V 14), Einschränkungen (V 16) und Schlußfolgerungen (V 17) sowie Selbsteinwänden (V 18a) über. Die beiden kurzen Zitate in V 15b und V 16b sind jeweils ausdrücklich eingeleitet. Von diesem an der mündlichen Rede orientierten Stil unterscheidet sich der Parallelismus membrorum von V 18 (zweizeiliger Aufbau, bewußte Variation der Wortwahl bei identischem Inhalt) erheblich.

Röm 12,20: Auf die jeweils sehr kurz formulierten paränetischen Aufforderungen[13] von Röm 12,9–19b folgt in V 19c ein kurzes (eindeutig eingeleitetes) Zitat (Dtn 32,35a). Davon unterscheidet sich klar V 20 durch den dreizeiligen Aufbau bei strengem Parallelismus der beiden ersten Zeilen. Eine erneute Einleitungsformulierung hätte sehr schwerfällig gewirkt und auch der Funktion des Zitats als direkt gültiger Weisung widersprochen. Dennoch ist V 19c.20 nicht – auch nicht im Sinne des Paulus – als ein einziges (kombiniertes) Zitat zu werten. Das Zitat von Dtn 32,35a in V 19c wird durch das hinzugefügte λέγει κύριος abgeschlossen, und der Neueinsatz in V 20 ist durch ἀλλά angedeutet.

In Röm 11,33–36 liegt ein von Pls selbst gestalteter hymnenartiger Abschluß von Röm 9–11 vor, in dem er in V 34f auf Jes 40,13a.b und Hi 41,3a zurückgreift. Der Stil macht – wie in Phil 2,10f – die Einfügung einer Zitateinleitung praktisch unmöglich. Der Zitatcharakter ist höchstens mit γάρ angedeutet. Die stilistische Differenz zu V 33 und V 36 ist nicht sehr groß (da auch V 33.36 bewußt stilisiert sind), aber immerhin vorhanden: Beide Verse heben sich durch die Frageform, das dreimalige τίς und die parallele Zeilenstuktur von V 33 und bes. von V 36 ab. In V 33 liegen im Unterschied zu V 34f keine Zitate, sondern allenfalls ›Anklänge‹ an einzelne Schriftstellen vor.[14]

In 2 Kor 9,10 fällt die Gottesprädikation ὁ δὲ ἐπιχορηγῶν σπόρον τῷ σπείροντι καὶ ἄρτον εἰς βρῶσιν aus dem sonstigen, keine bildhafte bzw. vergleichende Rede verwendenden Kontext heraus und gibt sich durch den Parallelismus im Aufbau als vorgeprägte Formulierung zu erkennen.

---

ist das doppelte αὐτῶν ohne Anhalt am (pln) Kontext. In Frage käme allenfalls (οἱ πόδες) τῶν εὐαγγελιζομένων aus 10,15 (ebenfalls Schriftzitat – von Jes 52,7a.b). Doch wäre nach V 16b (Jes 53,1a) ἡμῶν zu erwarten. – In Gal 3,6 wird der mit καθώς beginnende Vergleichssatz nicht zuendegeführt (s. u. S. 106). Vielmehr folgt in V 7 eine interpretierende Schlußfolgerung; d. h. das Zitat hat ein derartiges Eigengewicht, daß der übergeordnete syntaktische Zusammenhang zerbricht. – Auch in Gal 3,12b ist der Textausschnitt aus Lev 18,5 nicht dem neuen Kontext angeglichen. Subjekt von Gal 3,12a ist ὁ νόμος, der inhaltliche Bezug von αὐτά und αὐτοῖς im Zitat ist nach V 10b (πᾶσιν τοῖς γεγραμμένοις) zwar einigermaßen verständlich, aber die Unausgeglichenheit gegenüber V 12a bleibt bestehen.

[13] Zum Stil (häufig lediglich Partizipien anstelle echter Imperative) vgl. BDR § 468.2b mit A 5.

[14] BORNKAMM, Aufs. I 71 nennt Prv 8,18 (3,16); Hi 5,9; 9,10. Doch sind derartige Stellenverweise problematisch: Pls formuliert in Sprache und Stil atl-jüdischer Weisheit.

Die Erkennbarkeit eines Zitats kann man außerdem in Erwägung ziehen,
e) wenn der Verfasser mit einer leichten sprachlichen Hervorhebung (z. B. mit μενοῦνγε,[15] ὅτι,[16] ἀλλά[17] oder einem eingefügten γάρ[18] oder δέ[19]) den übernommenen Wortlaut zumindest beiläufig als solchen markiert;
f) wenn es sich um einen Satz, Ausspruch o. dgl. handelt, der zum gemeinsamen Bildungs- und Überlieferungsgut von Verfasser und Lesern gehörte.

Entscheidungen über den Zitatcharakter eines übernommenen Wortlauts aufgrund der beiden zuletzt genannten Kriterien sind naturgemäß unsicher, vor allem weil nicht genau abzuschätzen ist, welche Schriftkenntnis Paulus (zu Recht oder auch nicht) bei seinen Adressaten voraussetzte.

Vom Zitat als bewußter Übernahme eines vorgegebenen Wortlauts ist – trotz gewisser Übergänge – die *Paraphrase*, d. h. die freie Wiedergabe eines fremden Textes, zu unterscheiden. Sie kann zum einen gewählt werden, um die Darstellung von überlangen oder allzu häufigen Zitaten zu entlasten. Zum anderen bietet die Paraphrase die Möglichkeit, den so wiedergegebenen Text im Sinne des Verfassers zu straffen und zu interpretieren. Innerhalb einer längeren Paraphrase können wichtig erscheinende Punkte zusätzlich durch einzelne ausdrückliche Zitate hervorgehoben werden.[20]

Freie Textwiedergaben liegen bei Paulus eindeutig in Röm 4,9b.18b vor. Jeweils paraphrasiert Paulus ein kurz zuvor als Zitat angeführtes Schriftwort (Gen 15,6 bzw. 17,5c). Er vermeidet so eine erneute formelle Zitierung und kann zugleich das Zitat in dem von ihm gemeinten Sinn interpretieren.

In Röm 4,9b macht schon die Einleitung durch λέγομεν γάρ anstelle des technischen καθὼς γέγραπται (oder einer freien, jedoch eindeutigen Zitateinleitung wie in Röm 4,3) deutlich, daß hier keine erneute Schriftanführung, sondern eine eigene Aussage des Pls

---

[15] Röm 10,18 – auch stilistisch und sprachlich im jetzigen Kontext als Zitat erkennbar; s. o. S. 14.
[16] So Gal 3,11b. Auch ohne ausdrückliche Zitateinleitung, die unmittelbar nach 3,10b sehr störend gewesen wäre, ist Gal 3,11b eindeutig als Zitat erkennbar. Nach ὅτι ... δῆλον, ὅτι kann der Leser nur eine Begründung für die in V 11a von Pls vorgetragene These erwarten, und d. h. nach den Zitaten von 3,6.8b.10b: wiederum durch ein Schriftzitat.
[17] Röm 9,7b; 12,20 und Gal 3,12b; in diesen Fällen geht der Zitatcharakter auch aus der Inkongruenz mit dem Kontext (s. o. S. 13) bzw. aus dem gegenüber dem Kontext wechselnden Stil hervor (s. o. S. 14).
[18] a) Zur Kennzeichnung des Zitatbeginns bei nachgestelltem καθὼς γέγραπται: Röm 2,24; b) bei anderweitig hervorgehobenen Zitaten: Röm 11,34f (s. o. S. 14); 1 Kor 10,26 (s. o. S. 14); 15,27a (s. o. S. 13); c) in anderweitig nicht kenntlich gemachten Zitaten: Röm 10,13 (Joel 3,5a); 1 Kor 2,16a (Jes 40,13a.c); 2 Kor 8,21 (Prv 3,4); 9,7b (Prv 22,8c^{LXX}).
[19] So 2 Kor 10,17 (vgl. 1 Kor 1,31 – dort ohne δέ, jedoch mit ausdrücklicher Zitateinleitung; zur Herkunft s. u. S. 35f); Zufügung von δέ bei gleichzeitiger Verwendung einer Einleitungsformulierung: Röm 4,3.
[20] Für Josephus ist z. B. die paraphrasierende Wiedergabe der Schrift charakteristisch, vgl. SCHLATTER, Theologie 61–72 (zu den ganz vereinzelten Schriftzitaten: 61 mit A 2) und COHEN, JQR NS 54, 1963/64, 311–332.

folgt.[21] Inhaltlich bietet die Paraphrase Pls die Möglichkeit, das Verständnis von Gen 15,6 in seinem Sinne sicherzustellen. Er verkürzt die zweigliedrige parataktische Zitataussage zu einer eingliedrigen Formulierung, so daß der für ihn untrennbare Zusammenhang von πίστις und δικαιοσύνη wesentlich schärfer zum Ausdruck kommt, als dies im Zitat selbst der Fall war.

In Röm 4,18b liegt das interpretierende Moment nicht in der Paraphrase selbst, sondern in der direkten Verknüpfung der Verheißung des Zitats Gen 17,5c mit der πίστις (ἐπίστευσεν εἰς κτλ., vgl. die gleiche Tendenz, die in der Abfolge 4,17a/17b vorliegt), die im Zitat selbst – und dessen Kontext – nicht vorgegeben ist.

Ebenso sind Röm 4,11 (vgl. Gen 17,1–14, bes. 17,10). 19f (vgl. Gen 17,15–22, bes. 17,17); 1 Kor 10,1–10;[22] 2 Kor 4,6 (vgl. Gen 1,3)[23] und Gal 4,22 (vgl. Gen 16f; 21) als Paraphrasen einzelner Schriftstellen bzw. Zusammenfassungen größerer Schriftabschnitte zu werten.[24] Auf der Grenze zum (nicht ausdrücklich eingeleiteten) Zitat steht die freie Wiedergabe von Ex 34,33b (vgl. 34,35b) in 2 Kor 3,13.

Ex 34, 33b	Ex 34, 35b	2 Kor 3, 13
ἐπέθηκεν ἐπὶ τὸ πρόσωπον αὐτοῦ κάλυμμα.	περιέθηκεν Μωϋσῆς κάλυμμα ἐπὶ τὸ πρόσωπον ἑαυτοῦ.	καὶ οὐ καθάπερ Μωϋσῆς ἐτίθει κάλυμμα ἐπὶ τὸ πρόσωπον αὐτοῦ πρὸς τὸ μὴ ἀτενίσαι τοὺς υἱοὺς Ἰσραὴλ εἰς τὸ τέλος τοῦ καταργουμένου.

In καὶ οὐ καθάπερ Μωϋσῆς ἐτίθει liegt eine unvollständige Satzkonstruktion vor.[25] Zwar kann man diese syntaktische Störung als Hinweis auf ein Zitat werten, aber die

---

[21] Anders MICHEL, Röm 166 (unter Verweis auf BACHER, Die älteste Terminologie der jüdischen Schriftauslegung, 1899, 9 [= Terminologie I 6]): Es liege eine in der rabbinischen Literatur durchaus geläufige Zitateinleitung vor. Doch gibt es hierfür bei Pls keine weiteren Parallelen, und die Differenz im Wortlaut zeigt, daß eine eigenständige Paraphrase vorliegt. Zudem ist MICHELS Berufung auf BACHER unzutreffend: Die von BACHER angeführten Belege für אמר in der 2. Pers. Sing. betreffen (als unrichtig abgewiesene) Einwände, die Beispiele für אמר in der 1. Pers. Sing. leiten eigene Aussagen des Auslegers, jedoch keine Schriftanführungen ein.

[22] Vgl. zu 1 Kor 10,1–4: Ex 13f; 16f (s. auch Num 20f); zu 1 Kor 10,5–10: Ex 32; Num 14; 21; 25; zur Sicht des Exodus als Geschichte des fortdauernden Ungehorsams des Volkes vgl. Ps 78; 106.

[23] Daß Pls hier nicht Gen 1,3 direkt zitiert, ist inhaltlich bedingt: Vom ›Aufleuchten‹ des Lichtes ἐκ σκότους, auf das es Pls hier ankommt, ist dort nicht die Rede. Zu den traditionsgeschichtlichen Voraussetzungen dieser Wiedergabe von Gen 1,3 vgl. SCHWANTES, Schöpfung 32–42; vgl. auch CONZELMANN, ThWNT IX, 1973, 337f, der mit Einwirkung von Jes 9,1 oder II Reg 22,29 rechnet (aaO 337 A 292); vgl. außerdem Ψ 111,4.

[24] Bei den Zusammenfassungen größerer Überlieferungskomplexe (Gal 4,22; 1 Kor 10,1–10) fügt Pls zudem jeweils ein direktes Zitat hinzu (Gal 4,30: Gen 21,10; 1 Kor 10,7b: Ex 32,6b) und markiert so den ihm bes. wichtigen Aspekt der Überlieferung.

[25] BDR § 482.2 (mit A 4) versteht sie als Aposiopese (gemeint sei: »wir machen es nicht so«, d. h. wie Mose, der . . .).

bruchlose Fortsetzung mit εἰς τὸ μὴ κτλ., die Pls ohne jede Grundlage in Ex 34 anfügt, legt es nahe, 2 Kor 3,13 eher als (erweiternde) Paraphrase anzusehen.[26]

Bei einer *Anspielung* verwendet ein Verfasser eine einzelne traditionelle Formulierung, die jedoch völlig in die eigene Darstellung integriert ist. Die Aufnahme der jeweils vorgeprägten Wendung erfolgt, um den mit ihr verknüpften Bedeutungs- oder Assoziationsgehalt beim Leser wachzurufen. Die Anspielung hat also Verweischarakter, ohne daß der Rückverweis breiter ausgeführt wird. Anspielungen setzen daher voraus, daß der Leser ohne weiteren Hinweis den in ihnen enthaltenen Rückbezug erkennt, also bereits weiß, daß es sich bei einer bestimmten Formulierung des Verfassers um eine vorgeprägte Wendung handelt. Anspielungen liegen dann sicher vor, wenn a) eine analoge Formulierung im jeweiligen Überlieferungsgut vorhanden ist und wenn b) die Kenntnis des weiterreichenden Bedeutungs- oder Assoziationsgehalts dieser vorgeprägten Formulierung für das Verständnis der vorliegenden Aussage des Verfassers notwendig ist.[27] Ein deutliches Beispiel für eine Anspielung – und zwar auf die Sinaigesetzgebung – liegt bei Paulus in 2 Kor 3,3.7 vor.

In 2 Kor 3,3 folgt auf die Gegenüberstellung von (ἐπιστολὴ) ἐγγεγραμμένη οὐ μέλανι ἀλλὰ πνεύματι θεοῦ ζῶντος die sich anschließende Aussage οὐκ ἐν πλαξὶν λιθίναις ausgesprochen überraschend und wird auch durch die Gegenüberstellung ἀλλ' ἐν πλαξὶν καρδίαις σαρκίναις keineswegs klarer.[28] Verständlich wird diese Aussage erst, wenn die Erwähnung der πλάκες λίθιναι als Anspielung auf die Tafeln der Sinaigesetzgebung (vgl. Ex 31,18; 34,1) erkannt ist. Allerdings stellt auch so 2 Kor 3,3 einen Vorgriff dar, der erst ab 3,6 durch die Antithese von γράμμα und πνεῦμα Konturen gewinnt. In 3,7 folgt dann mit ... ἐν γράμμασιν ἐντετυπωμένη λίθοις eine zweite, noch deutlichere Anspielung auf das Sinaigeschehen, das jedoch als solches beim Leser als bekannt vorausgesetzt wird.

Methodisch besonders schwer zu erfassen ist die in jüdischer und christlicher Literatur häufig begegnende *Verwendung der Sprache der Schrift* – bei Paulus: die der Septuaginta. Dabei ist sowohl die Übernahme einzelner Wörter und Begriffe als auch die (bewußte oder selbstverständliche) Formulierung im ›Stil‹ der Schrift, d. h. die Verwendung von in der Schrift vorgegebenen syntaktischen Strukturen, zu beobachten. Im Falle vorgeprägter Wendungen ist der Übergang zur (beabsichtigten) Anspielung oft nicht exakt fixierbar. Bei umfangreicheren Formulierungen ist dagegen die Grenze zu den nicht ausdrücklich eingeleiteten Zitaten z. T. fließend, insbesondere wenn eine bestimmte Schriftstelle – direkt

---

[26] Anlehnungen an den Wortlaut der Schrift begegnen auch in 1 Kor 10,1–10, bes. V 5f. 10.

[27] Dies unterscheidet die Anspielung grundsätzlich von der reinen Verwendung vorgeprägter Sprache, auch wenn im konkreten Einzelfall die Abgrenzung oft schwierig ist.

[28] Im Gegenteil: Das Bild von den καρδίαι σάρκιναι als πλάκες ist völlig unanschaulich und bleibt – falls nicht zuvor der Anspielungscharakter von πλάκες λίθιναι erkannt ist – rätselhaft. Die Gegenüberstellung von ἐν πλαξὶν λιθίναις und ἐν πλαξὶν καρδίαις σαρκίναις ist nicht in Ez 11,19; 36,26 und erst recht nicht in Jer 31 (LXX: 38), 33 vorgegeben; s. u. S. 45.

oder indirekt – eingewirkt hat. Hierher gehören rund 10 Grenzfälle, von denen vier mit einiger Vorsicht als Zitate angesehen werden können, und zwar Röm 2,6 (Ψ 61,13b); 9,20b (Jes 29,16b); 1 Kor 5,13b (Dtn 17,7c) und 2 Kor 13,1b (Dtn 19,15c). Die Zitierabsicht auf seiten des Paulus ist hier jeweils klar erkennbar. Außerdem handelt es sich um relativ geläufige Schriftaussagen, die – in gleicher oder ähnlicher Form – in der Schrift mehrfach begegnen, so Ψ 61,13b (Röm 2,6), vgl. Prv 24,12d; Jes 29,16b (Röm 9,20b), vgl. Jer 18,6; Dtn 17,7c (1 Kor 5,13b), vgl. Dtn 17,19; 21,21; 22,21.24; 24,7. Für Dtn 19,15c (2 Kor 13,1b) zeigt die von Pls unabhängige Anführung in Mt 18,16 die Verbreitung dieses Schriftwortes.[29]

Dagegen ist für Röm 3,20a; 11,2a; 12,16c.17b; 1 Kor 14,25c; 15,25b und Gal 2,16d der Zitatcharakter eher zu verneinen. Jeweils ist der Bezug zu den als Grundlage in Frage kommenden Schriftstellen wesentlich lockerer als bei den zuvor diskutierten Fällen. Auch bei deutlicher Einwirkung einer einzelnen Schriftstelle (so Röm 12,17b, vgl. 2 Kor 8,21) liegen selbständige Aneignungen vor, durch die aus der jeweiligen Schriftstelle nicht nur eine genuin pln Aussage geworden ist, sondern die auch nahtlos in den neuen Kontext integriert ist.

Der Unterschied wird deutlich, wenn man die Anführung von Prv 3,4 in 2 Kor 8,21 mit Röm 12,17b vergleicht:

Prv 3,4	2 Kor 8,21	Röm 12,17b
καὶ προνοοῦ	προνοοῦμεν γὰρ	προνοούμενοι
καλὰ	καλὰ	καλὰ
	οὐ μόνον	
ἐνώπιον κυρίου	ἐνώπιον κυρίου	ἐνώπιον
καὶ	ἀλλὰ καὶ ἐνώπιον	
ἀνθρώπων.	ἀνθρώπων.	πάντων ἀνθρώπων.

Noch lockerer ist der Bezug von Röm 12,16c zu Prv 3,7a und von 1 Kor 14,25c zu Jes 45,14d. Interessant ist die Aufnahme von Ψ 142,2b in Gal 2,16 und Röm 3,20: In beiden Fällen begegnen die gleichen Abwandlungen (πᾶσα σάρξ anstelle von πᾶς ζῶν) und jeweils auch die (auch sprachlich identisch formulierte) Anwendung auf die ἔργα νόμου. Etwas enger schließt sich Pls in Röm 11,2a an Ψ 93,14a (vgl. I Reg 12,22a) an:

Ψ 93,14a	I Reg 12,22a	Röm 11,2a
ὅτι οὐκ ἀπώσεται	ὅτι οὐκ ἀπώσεται	οὐκ ἀπώσατο
κύριος	κύριος	ὁ θεὸς
τὸν λαὸν αὐτοῦ.	τὸν λαὸν αὐτοῦ	τὸν λαὸν αὐτοῦ
	διὰ τὸ ὄνομα	ὃν προέγνω.
	αὐτοῦ τὸ μέγα.	

Doch hat Röm 11,2a von der Stellung im Kontext her keine Zitatfunktion: Die Begründung aus der Schrift *für* die Aussage von 11,2a folgt ja erst in 11,2b – 4 (mit jeweils ausdrücklich eingeleiteten Zitaten).

---

[29] S. u. S. 117f.

Von besonderem Interesse ist in diesem Zusammenhang die Beurteilung von 1 Kor 15,25, wo oft eine Anführung von Ψ 109,1 angenommen wird.[30] Es läge dann hier die früheste Verwendung dieses später häufig zitierten Textes vor.

Ψ 109,1	1 Kor 15,25
εἶπεν ὁ κύριος τῷ κυρίῳ μου·	
κάθου ἐκ δεξιῶν μου,	δεῖ γὰρ αὐτὸν βασιλεύειν
ἕως ἂν θῶ	ἄχρι οὗ θῇ
τοὺς ἐχθρούς σου	πάντας τοὺς ἐχθροὺς
ὑποπόδιον τῶν ποδῶν σου.	ὑπὸ τοὺς πόδας αὐτοῦ.

Der Bezug von 1 Kor 15,25b (ἄχρι οὗ κτλ.) zu Ψ 109,1b (ἕως ἂν κτλ.) ist jedoch ausgesprochen locker; zudem ist 1 Kor 15,25b voll in die Darstellung des Paulus integriert und in keiner Weise als vorgegebener Text erkennbar.[31] Ein Zitat von Ψ 109,1b kann man hier nur annehmen, wenn man voraussetzt, daß Ψ 109,1 *insgesamt* ein im Urchristentum derart bekanntes Schriftwort war, daß Paulus dessen Kenntnis bei seinen Lesern als selbstverständlich voraussetzen konnte.[32] Doch ist zu berücksichtigen:

1. Ψ 109,1 gehört zwar in der Tat zu den im NT am häufigsten verwendeten Schriftstellen. Aber in 1 Kor 15,25b wird aus Ψ 109,1 allenfalls V 1b (ἕως ἂν κτλ.) aufgegriffen,[33] während an allen anderen Stellen des NT, an denen eine Verwendung von Ψ 109,1 in Frage kommt, entweder V 1a allein[34] oder V 1

---

[30] So Luz, Geschichtsverständnis 343f; Hahn, Hoheitstitel 291; Wilcke, Problem 101; Gourgues, A la droite 195f; Ellis, Use 153 und Hay, Glory 36 werten 1 Kor 15,25 vorsichtiger als »allusion«.
[31] Anders ist dies bei der Anführung von Ψ 8,7b in 1 Kor 15,27a; s. o. S.13 A 11.
[32] So z. B. Luz aaO 343f; eine darüber hinausgehende Begründung für die Annahme eines Zitats von Ψ 109,1b in 1 Kor 15,25b gibt auch Luz nicht.
[33] Anders Hay aaO 36 A 6 und Loader, NTS 24, 1978, 208: Pls habe κάθου ἐκ δεξιῶν μου (Ψ 109,1 aβ) durch δεῖ γὰρ αὐτὸν βασιλεύειν ersetzt, und »Paul probably thought of the rule as carried out ›at God's right hand‹« (Hay aaO 61; vgl. auch Gourgues aaO 199). Natürlich ist an das βασιλεύειν des Erhöhten gedacht. Nur ist die Erhöhungsvorstellung nicht ursprünglich mit Ψ 109,1 verknüpft, wie Phil 2,9-11 zeigt (zu Hahn, Hoheitstitel 126-132 vgl. die Kritik von Vielhauer, Aufs. I 167-175; vgl. auch ders. aaO 115-117). Daher ist auch nicht jeweils Ψ 109,1a stillschweigend zu substituieren.
[34] So in Mk 14,62 (parr. Mt 26,64; Lk 22,69); Röm 8,34; Eph 1,20; Kol 3,1; Hebr 1,3; 8,1 (diese Stellen werden in NTGr[26] 756 als Anspielungen auf Ps 110,1 aufgeführt). Ob an allen diesen Stellen tatsächlich eine Bezugnahme auf Ψ 109,1 vorliegt, kann hier durchaus offen bleiben; in Frage kommt jeweils höchstens V 1aβ. Dieser Befund ist kein Zufall. Für die Erhöhungsvorstellung, die die gegenwärtige himmlische Herrschaft Christi proklamieren will (vgl. Phil 2,9-11!), war der in Ψ 109,1b enthaltene Aspekt der (noch existierenden!) Feinde nicht verwendbar.

vollständig aufgenommen bzw. angeführt wird.³⁵ Anführungen von V 1 b allein begegnen dagegen nirgends.³⁶

2. 1 Kor 15,25 ist völlig als pln Formulierung verständlich, und zwar ohne Rückgriff auf Ψ 109,1 b. In V 25 a (δεῖ γὰρ αὐτὸν βασιλεύειν) nimmt Pls V 24 b (ὅταν παραδιδῷ τὴν βασιλείαν κτλ.), d. h. die ihm als Tradition vorgegebene Vorstellung einer zeitlich begrenzten βασιλεία Christi,³⁷ auf und akzentuiert sie in charakteristisch pln Weise.³⁸ Ebenso ist die – in der Tat biblisch wirkende – Formulierung von V 25 b als pln verständlich, nämlich als Hinführung zu V 26 und V 27 a.

Mit πάντας τοὺς ἐχθρούς bereitet Pls die Einführung des ἔσχατος ἐχθρός in V 26 vor,³⁹ außerdem korrespondiert πάντας dem πάντα des Zitats von Ψ 8,7 b in V 27 a; ebenso ist ὑπό⁴⁰ τοὺς πόδας αὐτοῦ V 27 a entnommen.⁴¹

---

[35] So Mk 12,36 (parr. Mt 22,44; Lk 20,42 f); Act 2,34 f; Hebr 1,13 (ohne V 1 aα); 10,12 f (kein Zitat, sondern Paraphrase von V 1 aβ.b). Dabei liegt das inhaltliche Interesse in Mk 12,36 parr.; Act 2,34 f und auch Hebr 1,13 jeweils deutlich auf V 1 a. Nur in Hebr 10,12 f wird V 1 b ausgewertet. Doch ist hier keine alte Auslegungstradition anzunehmen, sondern eher eine eigenständige Exegese des Textes (in 1,13 ja vollständig zitiert) durch den Vf. selbst.

[36] Das gilt auch für 1 Petr 3,22. In der Formulierung hat 1 Petr 3,22 c überhaupt keinen Bezug zu Ψ 109,1 b, und in der Sache ist nicht die künftige Unterwerfung der Feinde des Messias (bzw. des Erhöhten) *durch Gott* (vgl. Ψ 109,1 b: ἕως ἂν θῶ κτλ.) gedacht; anders GOPPELT, 1 Petr 261, doch vgl. BROX, 1 Petr 179 f.

[37] Vgl. CONZELMANN, 1 Kor 331 f; gegen WILCKE, Problem 98 f.

[38] Vgl. LUZ, Geschichtsverständnis 343. Daß in V 24 b Tradition vorliegt, die Pls in V 24 c kommentiert, geht schon aus dem auffälligen Nebeneinander der beiden ὅταν-Sätze hervor. Hinzu kommen auch sprachliche Gründe: καταργεῖν begegnet außer Lk 13,7 nur im Corpus Paulinum und zur Aufzählung der Mächte vgl. Röm 8,38 f; zur inhaltlichen Ausrichtung vgl. CONZELMANN, 1 Kor 330.

[39] Dies ist wesentlich wahrscheinlicher als die umgekehrte Annahme, die Bezeichnung des Todes als (ἔσχατος) ἐχθρός in V 26 sei V 25 b entnommen (und V 25 b dann Rückgriff auf Ψ 109,1 b). Zwar begegnet die Bezeichnung des Todes als ἐχθρός bei Pls nur hier, aber der θάνατος »als ein persönliches Wesen, als eine Macht« (BRANDENBURGER, Adam 164 unter Verweis auf Röm 5,12.14.17; 6,9; 8,2; 1 Kor 15,26.54 f), dieses Verständnis ist für Pls charakteristisch.

[40] Zu ὑπό anstelle von ὑποκάτω (so Ψ 8,7 b) s. u. S. 140.

[41] Der nicht mit V 26.27 a übereinstimmende Wortbestand ist gering und bietet ebenfalls keinen Anlaß, einen Rückgriff auf Ψ 109,1 b anzunehmen: ἄχρι οὗ (Ψ 109,1 b: ἕως ἄν!) ist gut pln, vgl. Röm 11,25; 1 Kor 11,26 (zur pln Herkunft vgl. CONZELMANN, 1 Kor 239. 245 f); Gal 3,19. Und mit τίθημι allein ist kein Zitatnachweis zu führen.

Liste der Zitate in den Briefen des Paulus 21

Anhang
Liste der Zitate[42] in den Briefen des Paulus[43]

Nr.	Briefstelle[44]	Zitierter[45] Text[46]

1. Zitate mit eindeutiger Einleitungsformulierung

1	Röm 1,17	Hab 2,4b
2	2,24	Jes 52,5c
3	3,4	Ψ 50,6c.d
4	3,10–18	Ψ 13,1c.2b.3; 5,10c.d; 139,4b; 9,28a (MT: 10,7a); Jes 59,7.8a; Ψ 35,2b
5	4,3	Gen 15,6
6	4,7f	Ψ 31,1.2a
7	4,17	Gen 17,5c
8	4,18	Gen 15,5d
9	4,23	Gen 15,6b
10	7,7	Dtn 5,21a (bzw. Ex 20,17a)
11	8,36	Ψ 43,23
12	9,9	Gen 18,14b.c (+ 18,10a.b)
13	9,12	Gen 25,23d
14	9,13	Mal 1,2d.3a
15	9,15	Ex 33,19b
16	9,17	Ex 9,16
17	9,25f	Hos 2,25b.c; 2,1b (Ziegler: 2,23b.c; 1,10b)
18	9,27f	Jes 10,22f (+ Hos 2,1a [Ziegler: 1,10a])
19	9,29	Jes 1,9
20	9,33	Jes 28,16 (+ 8,14b)
21	10,5	Lev 18,5c
22	10,6–8	Dtn 8,17a bzw. 9,4a; 30,12–14
23	10,11	Jes 28,16c
24	10,15	Jes 52,7a.b
25	10,16	Jes 53,1a
26	10,19	Dtn 32,21c.d
27	10,20	Jes 65,1a.b
28	10,21	Jes 65,2a
29	11,3	III (MT: I) Reg 19,10 (vgl. 19,14)
30	11,4	III (MT: I) Reg 19,18a.b
31	11,8	Dtn 29,3 [Wevers: 29,4] (+ Jes 29,10a)
32	11,9f	Ψ 68,23f
33	11,26f	Jes 59,20.21a; 27,9c
34	12,19	Dtn 32,35a
35	13,9a	Dtn 5,17–19.21a (vgl. Ex 20,13–15.17a)

Fußnoten am Schluß der Tabelle

II. Textgrundlage der Schriftzitate und Zitiertechnik

Nr.	Briefstelle[44]		Zitierter[45] Text[46]
36		13,9c	Lev 19,18b
37		14,11	Jes 49,18c; 45,23c
38		15,3	Ψ 68,10b
39		15,9	Ψ 17,50 (vgl. II Reg [MT: 2 Sam] 22,50)
40		15,10	Dtn 32,43c (MT: 32,43a)
41		15,11	Ψ 116,1
42		15,12	Jes 11,10a–c
43		15,21	Jes 52,15c.d
44	1 Kor	1,19	Jes 29,14b
45		1,31	? (vgl. Jer 9,22f [Ziegler: 9,23f] und I Reg 2,10b–g^{LXX})
46		2,9	? (vgl. Jes 64,3 [Ziegler: 64,4])
47		3,19	Hi 5,13a
48		3,20	Ψ 93,11
49		6,16	Gen 2,24c
50		9,9	Dtn 25,4
51		9,10	?
52		10,7	Ex 32,6b
53		14,21	Jes 28,11f
54		15,45	Gen 2,7c
55		15,54f	Jes 25,8a; Hos 13,14b
56	2 Kor	4,13	Ψ 115,1a (MT: 116,10a)
57		6,2	Jes 49,8a.b
58		8,15	Ex 16,18a
59		9,9	Ψ 111,9a.b
60	Gal	3,8	Gen 12,3c (+18,18b)
61		3,10	Dtn 27,26a.b (+29,19b)
62		3,13	Dtn 21,23c (+27,26a)
63		3,16	Gen 13,15b (bzw. 17,8a oder 24,7c)
64		4,27	Jes 54,1
65		4,30	Gen 21,10
66		5,14	Lev 19,18b

2. Im Kontext bereits ausdrücklich angeführte Zitate

| 67 | Röm | 4,22 | Gen 15,6b (vgl. Röm 4,3) |

3. Durch nachträgliche Interpretation hervorgehobene Zitate

| 68 | 1 Kor | 15,27 | Ψ 8,7b |
| 69 | 2 Kor | 3,16 | Ex 34,34a |

Fußnoten am Schluß der Tabelle

Liste der Zitate in den Briefen des Paulus 23

Nr.	Briefstelle[44]		Zitierter[45] Text[46]

4. Mit dem Kontext inkongruente Zitate

70	Röm	9,7	Gen 21,12c
71		10,18	Ψ 18,5a.b
72	Gal	3,6	Gen 15,6
73		3,12	Lev 18,5c

5. Zitate mit stilistischer Differenz zum Kontext

74	Röm	11,34f	Jes 40,13a.b; Hi 41,3a
75		12,20	Prv 25,21.22a
76	1 Kor	10,26	Ψ 23,1a
77		15,32	Jes 22,13d
78		15,33	Menander Frgm 187 (Thais?)
79	2 Kor	9,10	Jes 55,10c

6. Lediglich indirekt markierte Zitate

80	Röm	10,13	Joel 3,5a (Ziegler: 2,32a)
81	1 Kor	2,16	Jes 40,13a.c
82	2 Kor	8,21	Prv 3,4
83		9,7	Prv 22,8c^{LXX} (Rahlfs: 22,8a)
84		10,17	? (vgl. Jer 9,22f [Ziegler: 9,23f] und I Reg 2,10b – g^{LXX})
85	Gal	3,11	Hab 2,4b

7. Völlig ungekennzeichnete Zitate

86	Röm	2,6	Ψ 61,13b
87		9,20	Jes 29,16b
88	1 Kor	5,13	Dtn 17,7c (u. ö.)
89	2 Kor	13,1	Dtn 19,15c

---

[42] Aufstellungen der Schriftzitate finden sich auch bei MICHEL, Paulus 12f und ELLIS, Use 150–152. Die hier vorgelegte Liste entspricht im wesentlichen den Angaben in NTGr[26] (und zwar den kursiv gesetzten Textteilen, den dazugehörigen kursiven Stellenangaben sowie den kursiven Stellenverweisen im Register III »Loci citati vel allegati« 739–775). Allerdings sind auch im 7. Abdruck des NTGr[26] gelegentlich noch Fehler festzustellen: a) zu Röm 3,15 ist der Verweis auf Prv 1,16 kursiv gesetzt (anders im Reg. aaO 757); b) zu Ps 119,32 ist im Reg aaO 756 der Verweis auf 2 Kor 6,11 kursiv gesetzt (richtig, d. h. nicht kursiv, dagegen im Text); c) schließlich ist für Röm 11,3f die Angabe der zitierten Texte zu ungenau: Die Angaben für V 3 und V 4 wären zu trennen (vgl. NTGr[25]); dies gilt auch für das Reg. aaO 750. – Abweichend von NTGr[26] sind als Zitate gewertet: Röm 4,22; 1 Kor 15,33 und 2 Kor 8,21. Umgekehrt sind Röm 11,2a; 1 Kor 14,25c und 15,25b nicht als Zitate aufgenommen.

[43] Als ›Pls-Briefe‹ gelten im folgenden nur die unbestritten echten Briefe bzw. Briefteile, d. h. Röm (ohne 16,25–27); 1 Kor; 2 Kor (ohne 6,14–7,1); Gal; Phil; 1 Thess und Phlm.

[44] Zählung und Angabe der jeweiligen Briefstelle beziehen sich auf die bei Pls vorliegende Endgestalt der Zitate (ohne Rücksicht auf die Anzahl der zitierten Schriftstellen). Daher sind Anführungen, in denen verschiedene Schriftstellen zu einem einzigen Zitat miteinander verbunden sind (so z. B. Röm 11,26f, aber auch Röm 3,10–18), im Unterschied zu bloßen Zitatzusammenstellungen (z. B. Röm 15,9–12 oder 1 Kor 3,19f) lediglich jeweils als *ein* Zitat angeführt. Umgekehrt ist die Anführung von Jes 65,1 a.b und 65,2a in Röm 11,3/4 getrennt genannt, da Pls für Jes 65,2a eine neue Zitateinleitung verwendet. Dagegen ist Röm 10,6–8 als ein einziges Zitat gewertet, da in V 6c und V 7b das Zitat von Dtn 30,12–14 lediglich unterbrochen, jedoch nicht beendet wird, was für den Leser auch durchaus erkennbar ist (vgl. den Rückbezug von V 8a: ἀλλὰ τί λέγει; auf die Zitateinleitung in V 6a: ἡ δὲ ἐκ πίστεως δικαιοσύνη οὕτως λέγει).

[45] Die Stellenangaben folgen aus Gründen der Einheitlichkeit grundsätzlich der Kapitel- und Verseinteilung von Rahlfs, LXX. Abweichende Einteilungen im MT (d. h. BHK³ bzw. BHS) sowie bei Ziegler, LXX^Jes; ders., LXX^Jer; LXX^XII bzw. Wevers, LXX^Dtn sind (abgesehen von den reinen Kapitelverschiebungen in LXX^Ψ gegenüber dem MT) jeweils hinzugefügt. Der Zusatz »LXX« ist nur verwendet, wenn der angegebene Text keine Entsprechung im MT besitzt. – Bei *Zitatkombinationen* (d. h. Anführungen, die bei Pls ein einziges Zitat bilden, jedoch aus Zitatbestandteilen verschiedener Herkunft bestehen, wobei diese lediglich aneinandergefügt sind) wird die Herkunft der einzelnen Zitatteile in der Reihenfolge innerhalb des Zitats (durch Semikolon getrennt) angegeben. Bei *Mischzitaten* (d. h. Anführungen, in denen ein zitierter Text durch einen anderen Schrifttext verändert worden ist) wird jeweils zuerst der Haupttext angegeben und die Herkunft der Zitatveränderung in Klammern hinzugefügt.

[46] Unterschiedlich beurteilt wird gegenüber NTGr[26] die Zitatherkunft von 1 Kor 1,31 und 2 Kor 10,17 (NTGr[26]: Jer 9,22; hier: Zitat fraglicher Herkunft [mit zusätzlichem Verweis auf Jer 9,22f und I Reg 2,10b-g^LXX]; s. u. S. 35f), von 1 Kor 2,9 (NTGr[26]: Apc Eliae; hier: Zitat fraglicher Herkunft), von 1 Kor 3,19b (NTGr[26]: Hi 5,12f; hier: Hi 5,13) und von Gal 3,10 (NTGr[26]: Dtn 27,26 mit zusätzlichem [nicht kursivem] Verweis auf Dtn 28,58; 30,10; hier: Dtn 27,26 [+ Dtn 29,19]). – Außerdem werden in NTGr[26] mehrfach zusätzliche Texte als direkte Quelle angegeben, so für Röm 2,6 (Prv 24,12); 3,10 (Eccl 7,20); 10,7 (Ps 107,26); 10,15 (Nah 2,1); 14,11 (Jer 22,24; Ez 5,22).

2. Gestalt und Funktion der paulinischen Zitateinleitungen

Funktion einer Zitateinleitung ist es zunächst, einen übernommenen Wortlaut auch für den Leser eindeutig als solchen zu kennzeichnen. Sofern ein Verfasser dabei eine frei formulierte Wendung gebraucht, ergibt sich außerdem die Möglichkeit, dem Leser bereits zu Beginn anzudeuten, in welcher Weise er das Zitat verstanden wissen will. Aber auch stereotype Einleitungsformeln können Hinweise darauf enthalten, welche Bedeutung die so zitierten Texte für den Verfasser haben.

Von den 66 ausdrücklich eingeleiteten Zitaten weisen insgesamt 34 eine Einleitungsformulierung auf, in der γράφειν verwendet ist. Dabei ist der Gebrauch von γέγραπται (29mal) ausgesprochen formelhaft; und zwar erscheinen allein καθὼς γέγραπται (ὅτι) 18mal[1] und γέγραπται γάρ (ὅτι) 6mal.[2] Die Formelhaftigkeit von γέγραπται zeigt sich auch daran, daß es in keiner von Paulus frei formulierten Zitateinleitung begegnet.[3] Wesentlich variationsreicher sind dagegen die insgesamt 27 Einleitungswendungen,[4] die mit Hilfe von λέγειν, ὁ λόγος u. dgl. gebildet sind. In ihnen begegnet 19mal formelhaftes λέγει (ἡ γραφή), Ἠσαΐας λέγει u. ä.[5] sowie viermal die Bezeichnung eines Schriftzitats

---

[1] a) καθὼς γέγραπται: Röm 1,17; 2,24 (nachgestellt); 3,4; 9,13.33; 10,15; 11,8.26; 15,9; 2 Kor 8,15; 9,9; b) καθὼς γέγραπται ὅτι: Röm 3,10; 4,17; 8,36; c) ἀλλὰ καθὼς γέγραπται: Röm 15,3.21; 1 Kor 2,9; d) ἵνα καθὼς γέγραπται: 1 Kor 1,31. – In Röm 3,4; 9,13; 10,15 und 11,8 ist zwar jeweils καθάπερ γέγραπται als v. l. belegt, doch ist die Bevorzugung von καθὼς γέγραπται in NTGr[26] (im Unterschied zu NTGr[25]) jeweils durch Gewicht und Anzahl der Textzeugen gerechtfertigt.
[2] a) γέγραπται γάρ: Röm 12,19; 14,11; 1 Kor 1,19; 3,19; Gal 4,27; b) γέγραπται γὰρ ὅτι: Gal 3,10. – Außerdem erscheint zweimal γέγραπται mit einem Verweis auf die Herkunft des Zitats (ἐν τῷ νόμῳ [Μωϋσέως]: 1 Kor 9,9; 14,21) sowie je einmal ὥσπερ γέγραπται (1 Kor 10,7), οὕτως καὶ γέγραπται (1 Kor 15,45) und ὅτι γέγραπται (Gal 3,13). Die sonstige Verwendung von γράφειν (außer γέγραπται) ist begrenzt: Röm 10,5 (γράφει – mit Angabe des Vf. s) Röm 4,23 und 1 Kor 9,10 (ἐγράφη [...] ὅτι); 2 Kor 3,13 (κατὰ τὸ γεγραμμένον); 1 Kor 15,54 (ὁ λόγος ὁ γεγραμμένος).
[3] Nicht formelhaft gestaltete Zitateinleitungen mit γράφειν (jedoch nicht mit γέγραπται) liegen in Röm 4,23 (οὐκ ἐγράφη δὲ δι' αὐτὸν μόνον ὅτι . . . ἀλλὰ κτλ. vgl. auch 1 Kor 9,10) und 1 Kor 15,54 (τότε γενήσεται ὁ λόγος ὁ γεγραμμένος) vor.
[4] Dabei ist nochmals 1 Kor 15,54 (ὁ λόγος ὁ γεγραμμένος) berücksichtigt.
[5] a) Formelhaft ist vor allem die Verwendung von λέγει γὰρ ἡ γραφή (bzw. τί λέγει ἡ γραφή;): Röm 4,3; 9,17; 10,11; 11,2 und Gal 4,30 (z. T. mit Angabe des ursprünglichen Adressaten), vgl. Röm 11,4: τί λέγει αὐτῷ ὁ χρηματισμός; b) absolutes λέγει (z. T. ebenfalls mit Herkunfts- oder Adressatenangabe) begegnet in Röm 9,15.25; 15,10; 2 Kor 6,2 und Gal 3,16. Dabei ist entweder lediglich ein unbestimmtes Subjekt vorausgesetzt (»es heißt«), so in Röm 15,10 (vgl. 15,9: γέγραπται) und Gal 3,16b (vgl. 3,16a: ἐρρέθησαν). In Röm 9,15 ist trotz der 1.Pers. Sing. des Zitats eher ἡ γραφή als ὁ θεός Subjekt (vgl. 9,17!). Analog sind Röm 9,25 und 2 Kor 6,2 zu beurteilen. c) Hinzu kommen Verwendungen von λέγειν mit Angabe des Sprechers bzw. Vf. s: Röm 4,6; 10,16.19.20(f); 11,9; 15,12, vgl. auch Röm 7,7 und 10,6. d) Ebenfalls technisch-formelhaften Charakter haben ἐρρέθη . . . ὅτι (Röm 9,12), φησίν (1 Kor 6,16) und κατὰ τὸ εἰρημένον (Röm 4,18).

als ὁ λόγος.⁶ Häufig sind λέγει bzw. ὁ λόγος dabei jedoch in freier gestaltete Zitateinleitungen einbezogen.⁷ Von den übrigen Zitatkennzeichnungen haben πάλιν (zur Zitatanreihung)⁸ und das bloße τό⁹ rein technische Funktion, während in der Verwendung von προευαγγελίζειν,¹⁰ προειπεῖν¹¹ und κράζειν¹² das inhaltliche Moment deutlich hervortritt.

Die Verwendung von λέγειν ist im Blick auf die benachbarte jüdische und außerjüdische Literatur nicht überraschend.¹³ Wendungen mit λέγειν oder φησί¹⁴ bzw. אמר (oder seltener: דבר)¹⁵ bilden hier sogar die weit überwiegende Zahl der Zitateinführungen. Daher lassen sich für nahezu jede paulinische Einleitungsformulierung, in der λέγειν verwendet wird, zahlreiche Parallelen sowohl aus der jüdischen als auch aus der hellenistischen Literatur beibringen, insbesondere auch für die Gewohnheit, Verfasser bzw. Sprecher,¹⁶ Fund-

---

⁶ Röm 9,9; 13,9b; 1 Kor 15,54; Gal 5,14, vgl. auch Röm 4,18 (κατὰ τὸ εἰρημένον).
⁷ Vgl. Röm 4,6; 9,9; 11,2; 13,9b; 1 Kor 15,54; Gal 3,16; 5,14.
⁸ Röm 15,11; 1 Kor 3,20; außerdem (zusammen mit λέγει) Röm 15,10.12.
⁹ Röm 13,9a, vgl. auch 13,9b und Gal 5,14.
¹⁰ Gal 3,8.
¹¹ Röm 9,29.
¹² Röm 9,27.
¹³ Zu den Zitateinleitungen in der benachbarten Literatur im Verhältnis zu denen des Pls vgl. MICHEL, Paulus 68-71; SCHRENK, ThWNT I, 1933, 742-749; KITTEL, ThWNT IV, 1942, 110-113; ELLIS, Use 22-25. 48f; zur rabbinischen Lit. vgl. außerdem BACHER, Terminologie I; AICHER, Testament 41-44; BONSIRVEN, Exégèse 29-32; METZGER, Aufs. 52-63; zu Qumran vgl. FITZMYER, Aufs. 7-16; zu Philo vgl. THYEN, Stil 68-74; zur hellenistischen Diatribe vgl. BULTMANN, Stil 94-96.
¹⁴ Belege zur Verwendung von λέγειν und φησίν s. bei LSJ, Wb. 1926 s. v. φημί III 1; MOULTON-MILLIGAN, Wb. 372 s. v. λέγω; BAUER, Wb. 927 s. v. λέγω I 6; 1693 s. v. φημί; BULTMANN, Stil 45; zu Philo vgl. THYEN, Stil 69. Beispiele zu geben wäre angesichts der Überfülle der Belege wenig sinnvoll.
¹⁵ BACHER aaO I 5 zu אמר: »Ein besonders häufig angewendetes Verbum«; ders., aaO I 6: »Die passivische Ausdrucksweise נאמר, ›es ist gesagt worden‹, ist die häufigste Form der Citirung von Bibelstellen. So besonders in der Verbindung von שנאמר, für die es keiner Beispiele bedarf.« Ebenso METZGER, Aufs. 54: »By far the majority of quotations in the Mishnah are introduced by the verb אמר.« Vgl. auch AICHER aaO 41 und BONSIRVEN aaO 29f. Zu דבר vgl. BACHER aaO 17f und METZGER aaO 54f. – Ähnlich ist das Bild in Qumran: Von den 40 Zitaten in CD, 1QS und 1QM werden 17 mit אמר und 5 unter Verwendung von דבר, jedoch nur 12 mit כתב eingeleitet.
¹⁶ Angabe des Vf.s bzw. Sprechers bei *Paulus:* Δαυὶδ λέγει (Röm 4,6; 11,9); Μωϋσῆς γὰρ γράφει (Röm 10,5; 10,19: Μ. λέγει); Ἡσαΐας λέγει (Röm 10,20; 15,12, vgl. auch Röm 9,27.29). – Aus der jüdischen und hellenistischen Literatur können jeweils nur beliebig ausgewählte Beispiele gegeben werden; *Epictet:* ὡς λέγει Πλάτων (Diss I 28,4); λέγει ὁ ποιητής (sc. Ὅμηρος, III 1,38); τί λέγει ὁ ποιητής (III 10,4); καθάπερ καὶ ὁ Κλεάνθης ἔλεγεν (IV 1,173). *Philo:* διὸ Μωϋσῆς φησιν (Leg all II 34); Ἰακὼβ φησιν (Leg all II 89); ὡς ὁ Ἰὼβ φησιν (Mut nom 48); auch ὁ νόμος begegnet als ›Sprecher‹: Deus imm 99. Vgl. auch die Vf.angaben in 4 Makk 18,14-18 (Jesaja, David, Salomo, Ezechiel, Mose). – *Qumran:* אמר ומשה (CD 5,8, vgl. 8,14) und ישעיה אמר אשר (CD 6,7f). Daneben begegnet auch Gott selbst mehrfach als Sprecher eines Schriftwortes, wofür es bei Pls keine Entsprechung gibt, so CD 3,21; 4,13f; 6,13; 8,9; charakteristisch ist CD 4,13f: כאשר דבר

ort[17] oder Adressaten[18] eines Zitats anzugeben.[19] Ebenso begegnen frei formulierte Einleitungswendungen nicht nur in der hellenistischen Literatur, die um stilistische Variation der Zitateinführungen und um Integration der Zitate in die

אל ביד ישעיה הנביא בן אמוץ לאמר. – In der *Mischna* ist dagegen die Angabe des Vf.s offenbar kaum verbreitet: BACHER aaO I 5f nennt überhaupt keine Belege (anders ders., Terminologie II 9f für die Zitierweise des Talmud); vgl. die wenigen Stellen, die METZGER, Aufs. 58 angibt, von denen nur San VI 2b (Josua als Sprecher) eine tatsächliche Entsprechung darstellt. Dagegen begegnet – analog zu Philo – אמרה תורה (BACHER aaO I 5); dazu vgl. Röm 7,7: ὁ νόμος ἔλεγεν. Als ›Sprecher‹ eines Zitats begegnet bei Pls außerdem ἡ ἐκ πίστεως δικαιοσύνη (Röm 10,6); zu λέγει ἡ γραφή s. u. S. 30 A 36.

[17] Schon die Angabe des Vf.s (bzw. Sprechers) stellt häufig einen deutlichen Hinweis auf den Fundort dar; doch kann dieser auch direkt angegeben werden. *Paulus:* ὡς καὶ ἐν τῷ Ὡσηὲ λέγει (Röm 9,25); ἐν Ἠλίᾳ τί λέγει ἡ γραφή; (Röm 11,2; gemeint ist der von Elia handelnde Teil von III Reg; ähnlich am Inhalt orientierte Wendungen in der rabbinischen Literatur: vgl. Bill III 228); ἐν γὰρ νόμῳ Μωϋσέως γέγραπται (1 Kor 9,9); in 1 Kor 14,21 verweist ἐν τῷ νόμῳ γέγραπται faktisch nur auf die Schrift als solche (zum Problem, daß hier eine Prophetenschrift als ›νόμος‹ bezeichnet wird, s.u. S. 249 A14). – Dazu vgl. *Diogenes Laertius* 1,23: Καλλίμαχος ... λέγων ἐν τοῖς Ἰάμβοις οὕτως; 1,62: Κρατῖνος ἐν τοῖς Χείρωσί φησιν und *Philo* Leg all III 174: λέγει δὲ καὶ ἐν Δευτερονομίῳ, und Conf ling 52: ὡς καὶ ἐν ὕμνοις που λέλεκται. Daneben auch allgemein παρὸ καὶ ἐν ἱεραῖς γραφαῖς λέγεται (Philo, Her 159). – *LXX:* καθὼς γέγραπται ἐν βιβλίῳ νόμων Μωϋσῆ (IV Reg 14,6, vgl. MT: כתוב בספר משה) und κατὰ τὸ γεγραμμένον ἐν τῷ νόμῳ Μωϋσῆ (Bar 2,2). – *Qumran:* CD 3,21; 4,14 (Text: s. A 16); 19,12; 1QM 10,6; vgl. auch CD 7,10; 19,7. – Aus der *Mischna* können nur beliebig ausgewählte Beispiele genannt werden: וכן הוא אומר בדוד (Av 3,7a; gemeint ist 1 Chr 29,14); ועליו הוא מפורש על ידי יחזקאל שנאמר (Mid 4,2a); HOLTZMANN, Middot 90: »In solchen Anführungen ist הוא der durch die Schrift redende Gott: αὐτός, die höchste Autorität.« Anders BACHER aaO I 5: הוא vertritt הכתוב.

[18] Angabe des (ursprünglichen) Adressaten bei *Paulus:* ἐρρέθη αὐτῇ (sc. ̔Ρεβέκκᾳ, Röm 9,12); τῷ Μωϋσεῖ γὰρ λέγει (Röm 9,15); λέγει γὰρ ἡ γραφὴ τῷ Φαραώ (Röm 9,17); πρὸς δὲ τὸν Ἰσραὴλ λέγει (sc. Ἠσαΐας, Röm 10,21); τί λέγει αὐτῷ (sc. τῷ Ἠλίᾳ) ὁ χρηματισμός; (Röm 11,4); ἡ γραφὴ ... προευηγγελίσατο τῷ Ἀβραάμ (Gal 3,8). – Für die *hellenistische Literatur* vgl. Epict Diss III 22,108: τί καὶ ὁ Ἕκτωρ λέγει τῇ Ἀνδρομάχῃ; Plut II (Mor) 28 F: ὁ Ἀχιλλεὺς πρὸς τὸν Ἀγαμέμνονα λέγει; Philo, Leg all II 78: ἔλεγον (sc. οἱ Ἰσραηλῖται) Μωϋσῇ. – *Qumran:* ואשר אמר משה לישראל (CD 19,26f); ואשר אמר לדויד (4QFlor I 7). *Mischna:* יהושע (sc. Achan) שאמר לו (San VI 2b), vgl. die häufige Wendung עליו הכתוב אומר / עליהם (s. BACHER aaO I 5).

[19] Das gilt nicht in gleichem Maße für die Verwendung von λόγος (zu Pls s. o. A 6), da hier die unterschiedliche Stellung zu dem zitierten ›Wort‹ in der jüdischen und außerjüdischen Literatur deutlicher zu Tage tritt, vgl. z. B. Epict Diss IV 5,37: τὸ περὶ Λακεδαιμονίων λεγόμενον, Philo, Ebr 143: ὡς ὁ ἱερὸς λόγος φησίν (daneben auch τὸ λεγόμενον Leg all I 7. 64; τὸ εἰρημένον Gig 17; τὸ λεχθέν Deus imm 82). Bemerkenswert ist CD 19,7: הנביא בבוא הדבר אשר כתוב ביד זכריה; dazu vgl. 1 Kor 15,54: τότε γενήσεται ὁ λόγος ὁ γεγραμμένος. In der rabbinischen Literatur wurde דברות zum term. techn. für den Dekalog, vgl. BACHER, Terminologie I 19f. – Dagegen begegnet λέγει bzw. אמר ohne Angabe des Vf.s oder Sprechers unterschiedslos in der gesamten zeitgenössischen Literatur (zu Pls s. o. A 5). Ob dabei jeweils ein Subjekt aus dem Kontext ersichtlich ist oder λέγει – wie φησίν – derart unpersönlich gebraucht ist, daß die Ergänzung eines Subjekts nicht sinnvoll ist, hängt vom Einzelfall ab. Auch in Qumran und der Mischna begegnet subjektloses אמר bzw. אומר (vgl. CD 7,8), das – bes. in Fortsetzung unpersönlicher Einleitungsformeln wie שנאמר (vgl. z. B. Av VI 7ff) – mit »es heißt« wiederzugeben ist.

fortlaufende Darstellung bemüht war. Freie Zitateinleitungen sind auch in der jüdischen Literatur überall dort zu finden, wo es sich nicht – wie in den Pescher-Kommentaren von Qumran und der rabbinischen Literatur weithin – um den Niederschlag schulmäßiger Exegese mit jeweils fester exegetischer Terminologie handelt.[20] Auch in anderer Hinsicht entspricht die Terminologie, die Paulus bei der Wiedergabe der Zitate verwendet, dem im jüdischen wie außerjüdischen Bereich Üblichen, so die Verwendung eines bloßen τό als Zitateinleitung,[21] eines aufreihenden πάλιν[22] und von τοῦτ' ἔστιν zur Einleitung einer Zitatinterpretation[23].

Auffällig ist dagegen bei Paulus der häufige Gebrauch von γράφειν, insbesondere die breite Verwendung des formelhaften γέγραπται. In der außerjüdischen Literatur begegnet γράφειν als Zitateinleitung ausgesprochen

---

[20] Zur Variationsbreite der Zitateinleitungen in den Schriften von Qumran vgl. FITZMYER, Aufs. 15 f; s. CD 1,13; 3,21; 4,14; 7,10; 1QM 10,1.2; 11,11 f. METZGER, Aufs. 61 führt die – im Vergleich zur Mischna – erheblich größere Anzahl verschiedenartiger Zitateinleitungen im NT darauf zurück, daß das NT sehr unterschiedliche literarische Gattungen enthalte. Dies reicht jedoch als Erklärung für den Befund bei Pls nicht aus und wird auch bei einem Vergleich mit Qumran fraglich: Gerade innerhalb von CD sind sehr unterschiedliche Zitateinleitungen festzustellen.

[21] Als Zitateinleitung wird τό (zu ergänzen: λεγόμενον) sowohl absolut (Plut II [Mor] 21 A; 36 A; bes. bei Zitatanreihungen, vgl. z. B. 18 D/E: καὶ τό ... καὶ τό ... καὶ ...) als auch mit Angabe des Vf.s (Epict Diss IV 6,32: τὸ τοῦ Πυθαγόρου; Plat Resp IV 441 B: τὸ τοῦ Ὁμήρου) verwendet. Zahlreiche Beispiele finden sich auch bei Philo: Leg all I 20; 27; 67; II 35 u. ö.

[22] Vgl. Epict Diss I 29,18; Plut II (Mor) 20 D; Philo, Leg all I 51; II 4 u. ö. (vgl. THYEN, Stil 69); Aristobul Frgm. 5 (Eus Praep Ev XII 12,13–16 [GCS 43/2, 196 f]): Hier begegnet bei der Anführung von insgesamt acht Zitaten ein breites Spektrum von Einleitungswendungen – 'Ἡσίοδος μὲν οὕτως / καὶ πάλιν λέγει / Ὅμηρος δὲ οὕτω λέγει / καὶ πάλιν / καί / Λίνος δέ φησιν οὕτως / καὶ πάλιν / καί. Ein ähnliches Bemühen um Variation der Einleitungswendungen bei der Abfolge mehrerer Zitate ist bei Pls in Röm 15,9–12 zu beobachten: καθὼς γέγραπται / καὶ πάλιν λέγει / καὶ πάλιν / καὶ πάλιν Ἡσαΐας λέγει.

[23] Bei Pls wird τοῦτ' ἔστιν zur Einleitung einer Zitatinterpretation dreimal in Röm 10,6–8 verwendet; vgl. Röm 9,8, doch bezieht sich V 8 auf V 7 insgesamt und hat eine stärker folgernde Funktion. – In Qumran dient das demonstrativ gebrauchte Personalpronomen der 3. Pers. Sing. oder Plur. (הוא, היא oder הם) der Einleitung von Zitaterläuterungen, so 1QS 8,15; CD 4,2; 6,4–9; 7,15–20 u. ö. MICHEL, Röm 328 f A 16 will einseitig von hier aus den pln Gebrauch von τοῦτ' ἔστιν erklären: »τοῦτ' ἔστιν stammt nicht aus der hellenistischen Rhetorik, sondern aus der exegetischen Terminologie des Judentums. Entscheidend ist, daß man seine *exegetische* Bedeutung erkennt. Das griech. τοῦτ' ἔστιν kann eine Deutung, eine Näherbestimmung oder eine Ergänzung einführen. Hier bei Paulus leitet es eine exegetische Deutung ein« (Hervorhebung i. O.). Doch ist der behauptete Unterschied zur hellenistischen Literatur nicht vorhanden, da auch hier exegetisch gebrauchtes τοῦτ' ἔστιν belegt ist, so z. B. Plut II (Mor) 19 C, wo das κακῶς ἐφίει des Zitats Hom Il I 24 durch τουτέστιν ἀγρίως καὶ αὐθάδως καὶ παρὰ τὸ προσῆκον erklärt wird; ebenso II 12 E/F, vgl. auch 36 A/B. Überhaupt bietet Plutarchs Schrift ›Quomodo adulescens poetas audire debeat‹ (II 14 A–37 C) eine Fülle von Zitaten und charakteristischen Zitatinterpretationen. – Häufig begegnen Zitaterläuterungen mit τοῦτ' ἔστιν auch bei Philo, so Leg all I 16; 27; 52; 98; II 55 u. ö., vgl. THYEN, Stil 81.

selten, etwa bei der Wiedergabe eines Briefes, dessen Abfassung direkt berichtet wird.[24]

Immerhin ist bemerkenswert, daß bei Plutarch vereinzelt Zitateinleitungen vorliegen, in denen die Verwendung von γράφειν nicht durch die Erzählsituation bedingt ist.[25] Sogar eine formelhafte Verwendung von γέγραπται bzw. τὰ γεγραμμένα ist im hellenistischen Bereich belegt,[26] allerdings beschränkt auf Vertrags- und Gesetzestexte. Doch dient dort γέγραπται nicht zur Einleitung direkter Zitate, sondern meist zum Verweis auf den vorangegangenen Wortlaut des Gesetzestextes selbst.[27] Daß in einem Vertrag ein anderer Gesetzestext ausdrücklich zitiert und mit γέγραπται eingeleitet wird, ist äußerst selten.[28] Aus dieser auf den juristischen Bereich beschränkten Verwendung ist die häufige Verwendung von γέγραπται in den paulinischen Briefen – und zwar zur Einleitung ausdrücklicher Zitate – nicht ausreichend erklärbar.[29]

Dagegen ist γέγραπται bzw. כתוב als Zitateinleitung in der jüdischen Literatur, wenn auch mit charakteristischen Schwerpunkten, durchaus geläufig. So begegnet καθὼς γέγραπται bereits IV Reg 14,6 (als Wiedergabe von ככתוב),[30] und in den Schriften von Qumran ist כאשר כתוב u. dgl. relativ verbreitet, wenn auch die Verwendung von אמר gegenüber כתב deutlich

---

[24] Verwendung von γράφειν bei der Einlage eines Briefes: Plut II (Mor) 174 E; 191 B; 206 E; 219 D u. ö.; Diog L I 51; VI 78 (Anfertigung einer Inschrift, deren Text dann mit καὶ ἐπέγραψαν οὕτω zitiert wird).

[25] Plut II (Mor) 17 C: ἔγραψαν (sc. Homer, Pindar und Sophokles); 21 F: περὶ τῶν μυστηρίων ταῦτα γράψας (sc. Sophokles); 32 D: Αἰσχύλος ... γράφων; 155 F: τὰ ποιήματα ἐν οἷς γέγραφεν (sc. Solon); vgl. auch Epict Diss I 17,12: γράφει Ξενοφῶν ὅτι (es folgt eine Paraphrase von Xenoph Mem IV 6,1).

[26] Hierauf weist Deissmann, Bibelstudien 108–111 und Neue Bibelstudien 77f hin.

[27] So Ditt Syll ³II 736,43 f (Inschrift aus Messina: Gesetz über einen Mysterienkult): ἂν δέ τις τῶν ῥαβδοφόρων μὴ ποιεῖ καθὼς γέγραπται ... (es folgt die Strafandrohung); aaO 736, 58 f: καθὼς ἐπάνω γέγραπται; aaO 578,38 f: καθάπερ ἐπάνω γέγραπται. Entsprechend wird auf den vorangegangenen Text als τὰ γεγραμμένα verwiesen, so aaO 736,81 f: ὁ δὲ ποιῶν παρὰ τὰ γεγραμμένα, vgl. Ditt Syll ³III 1016,6 f. Gelegentlich wird auch allgemein auf andere Gesetze verwiesen, so Ditt Syll ³I 340,40: καθὰ καὶ ἐν τοῖς νόμοις γέγραπται.

[28] Einziges mir bekanntes Beispiel: die Entlassungsurkunde eines römischen Veterans aus Fajum (94. n. Chr.) – Text und Übersetzung bei Deissmann, Licht 383–386 –, in der ein Edikt Domitians von 87/88 n. Chr. direkt zitiert wird (unter genauer Angabe, wo sich die Tafel mit dem Text befindet); die Einleitung des Zitats lautet: »(tabula) in qua scriptum est, et id quod infra scriptum es[t]« (Kol. II 9; Deissmann aaO 383).

[29] Anders Deissmann, Bibelstudien 108–111 und Neue Bibelstudien 77f, der in der juristischen Verwendung von γέγραπται eine direkte Parallele zu den pln Zitateinleitungen sieht und damit rechnet, daß dieser juristische Sprachgebrauch die Verwendung von γέγραπται im hellenistischen Judenchristentum und Urchristentum zumindest begünstigt hat. Doch vernachlässigt Deissmann dabei, daß – wie er selbst feststellt – in den angeführten Inschriften mit γέγραπται »stets auf einen verbindlichen Passus der betr. Urkunde verwiesen wird« (Bibelstudien 110), d. h. auf den unmittelbaren Kontext und – von wenigen Ausnahmen abgesehen – nicht auf eine mit der Urkunde nicht identische Schrift. Wie wenig gebräuchlich im hellenistischen Bereich das bei Pls häufige γέγραπται als Zitateinleitung ist, zeigt die zurückhaltende Verwendung bei Philo und Josephus (dazu s. u. A 33).

[30] IV Reg 14,6: καθὼς γέγραπται ἐν βιβλίῳ νόμων Μωϋσῆ, ὡς ἐνετείλατο κύριος

dominiert.[31] Gleiches gilt für die Mischna.[32] Auch im jüdisch-hellenistischen Bereich ist γέγραπται als Zitateinleitung durchaus bekannt, wie die vereinzelte Verwendung bei Philo zeigt, doch benutzt er es – offenbar unter dem Einfluß griechischer Stiltradition – ebenso wie γράφειν überhaupt ausgesprochen selten.[33]

Absolut gebrauchtes γέγραπται, wie es bei Paulus begegnet, setzt – ebenso wie eine Zitateinleitung mit λέγει ἡ γραφή – voraus, daß es für Verfasser und Leser eine bestimmte schriftliche Aufzeichnung gab, die in besonderer Weise als γραφή galt und daher nicht mehr näher bezeichnet zu werden brauchte.[34] Eine derartige technische Verwendung ist z. Zt. des Paulus bei Philo für αἱ ἱεραὶ γραφαί nachweisbar,[35] und ist aufgrund des Befundes bei Paulus auch für ἡ γραφή vorauszusetzen[36] – als Bezeichnung für die dem Judentum ›heiligen Bücher‹.[37]

λέγων (es folgt Dtn 24,16; MT: ככתיב בספר משה אשר צוה יהוה לאמר); vgl. auch Bar 2,2: κατὰ τὸ γεγραμμένον ἐν τῷ νόμῳ Μωϋσῆ. Häufiger dagegen ist auch in LXX die Verwendung von γράφειν zur Einführung eines Briefes, so IV Reg 10,6; 1 Makk 8,31; 11,57; 2 Makk 1,7; 9,18 und der Gebrauch von γέγραπται und τὰ γεγραμμένα zum Verweis auf andere Quellen, so III Reg 11,41; 14,29; 15,7.23 u. ö. bzw. zum Hinweis auf die inhaltliche Übereinstimmung mit dem (als schriftlich vorausgesetzten) Gesetz, so II Par 23,18; Dan 9,13ᶿ; II Esr 3,4; 18,15; 20,35.37.

[31] S. o. A 15. In Qumran meist in der Form כאשר כתוב, so 1QS 5,17; 8,14; CD 7,19; 4QFlor 1,2.12, vgl. CD 1,13: אשר היה כתוב, s. auch 4QFlor 1,15. CD 7,10 und 19,7: הדבר אשר כתוב. CD 11,18 und 1QS 5,15: כי כן כתוב, CD 11,20: כי כתוב, was CD 19,1 sogar mit »כב« abgekürzt wird; vgl. außerdem CD 5,1; 9,5.

[32] Vgl. BACHER, Terminologie I 88f sowie o. A 15.

[33] Γέγραπται γάρ: Sacr 60; Post 102; 179; γέγραπται ὅτι: Post 24; γέγραπται γὰρ ὅτι: Post 176; γέγραπται: Her 277; Congr 126 sowie Her 102 (erweitert); vgl. auch Decal 47: ὁ νόμος, ἐν ᾧ γέγραπται. Daneben findet sich auch gelegentlich ἔγραψεν u. dgl., so Sobr 68; Congr 137. – Josephus verwendet γράφειν häufiger (jedoch nicht γέγραπται), und zwar bes. bei der Anführung außerjüdischer Quellen, so z. B. Ap I 74 (οὕτως δὴ τοίνυν ὁ Μανέθως . . . ταῦτα περὶ ἡμῶν γράφει); I 112; 117 u. ö; daneben auch bei paraphrasierenden Wiedergaben biblischer Texte, so Ant III 74; IV 326. Häufiger ist bei Josephus jedoch die Verwendung von ἀναγράφειν, sowohl bei direkten Zitaten (Ant XI 99: βιβλίον, ἐν ᾧ τάδε ἦν ἀναγεγραμμένα) als auch bei selbständigen Referaten (so Ant VIII 129; IX 28; X 271 u. ö.). – In den Fragmenten von Aristobul wird kein Schriftzitat mit γράφειν eingeleitet, in 4 Makk findet sich zwar ἡ Ἡσαΐου γραφὴ ἡ λέγουσα (18,14), jedoch nicht γέγραπται.

[34] Vgl. den absoluten Gebrauch von ›ὁ ποιητής‹ im griechischen Bereich; s. o. A 16.

[35] Vgl. Her 106; 159; 286; Spec leg I 214 u. ö. Daneben begegnet zuweilen auch bloßes αἱ γραφαί (so Abr 236). Der (seltene) Sing. ἡ γραφή meint dagegen in erster Linie die einzelne Schriftstelle, so Her 266; Abr 131, in Vit Mos II 84 eher das einzelne Buch (hier: Ex) als die Gesamtheit der ›γραφαί‹. Ebenso ist ἡ Ἡσαΐου γραφὴ ἡ λέγουσα in 4 Makk 18,14 zu beurteilen. Bemerkenswert ist dagegen EpArist 168 (und 155), wo ἡ γραφή absolut gebraucht ist und die ›Schrift‹ insgesamt (hier identisch mit ὁ νόμος) meint. – In der Mischna ist dann der technische Gebrauch von הכתוב für die »h. Schrift als Ganzes« (BACHER aaO I 90) voll ausgebildet (vgl. BACHER aaO 90–92). In Qumran ist dagegen zwar absolutes כאשר כתוב (s. o. A 31), jedoch nicht הכתוב אומר belegt. Vgl. auch SCHRENK, ThWNT I, 1933, 750–752.

[36] Für Pls zeigt Gal 3,22 (συνέκλεισεν ἡ γραφὴ τὰ πάντα ὑπὸ ἁμαρτίαν) eindeutig, daß

Ebenso aufschlußreich wie die Übereinstimmungen der paulinischen Zitateinleitungen mit den Einleitungsformulierungen der benachbarten Literatur sind die – ebenfalls durchaus vorhandenen – Unterschiede. Von den Zitateinführungen der Mischna unterscheidet sich Paulus durch das fast völlige Fehlen der dort besonders häufigen Einleitungswendung שנאמר (lediglich in Röm 9,12b begegnet ἐρρέθη). Völlig ohne Entsprechung bei Paulus ist dagegen eine technische Formel wie תלמוד לומר.[38] Umgekehrt fehlt in der Mischna weitgehend die bei Paulus keineswegs regelmäßige, aber selbstverständliche Angabe des Verfassers bzw. Sprechers eines zitierten Schriftwortes.[39]

Gegenüber den Schriften von Qumran ist besonders bemerkenswert, daß in den paulinischen Zitateinleitungen nirgends Gott als Sprecher des Schriftwortes begegnet, auch dort nicht, wo dies an sich zu erwarten wäre.

Dieser Sachverhalt ist um so auffälliger, als Pls eine beträchtliche Anzahl von Schriftworten zitiert, in denen – nach ihrem eigenen Wortlaut – Gott eindeutig der Sprecher ist (so Röm 4,17; 9,9.13.15.17.25.33; 10,19.20.21; 11,4; 12,19; 14,11; 1 Kor 1,19; 14,21; 2 Kor 6,2, vgl. auch Röm 4,18).[40] Dennoch verwendet Pls auch in diesen Fällen durchgängig unpersönliche Zitateinleitungen (zumeist καθὼς γέγραπται o. dgl.) oder nennt allgemein ›die Schrift‹ (Röm 9,17),[41] ja sogar Mose bzw. Jesaja als Sprecher (Röm 10,19–21)! Selbst in Röm 9,15.25 umgeht Pls die Zitateinführung durch ὁ θεὸς λέγει,[42] und man wird aufgrund des übrigen Befundes auch hier nicht stillschweigend ὁ

---

hier ein Gesamtbegriff der ›Schrift‹ vorhanden ist (so auch SCHRENK aaO 753). Dem entsprechen die Zitateinleitungen in Gal 3,8 und Röm 11,2b. In Gal 3,8 ist die Schrift personifiziert: προϊδοῦσα δὲ ἡ γραφή . . . προευηγγελίσατο τῷ Ἀβραὰμ ὅτι κτλ. Die Wahl von ἡ γραφή ist sicher auch dadurch bedingt, daß Pls schlecht προϊδὼν ὁ θεὸς ὅτι ἐκ πίστεως δικαιοῖ τὰ ἔθνη ὁ θεός formulieren konnte. Ähnlich ist in Röm 11,2b ἐν Ἠλίᾳ τί λέγει ἡ γραφή; (es folgt ein Zitat, in dem Elia selbst Sprecher ist, vgl. den harten Übergang ὡς ἐντυγχάνει κτλ.) zunächst dadurch veranlaßt, daß Pls kaum ἐν Ἠλίᾳ τί λέγει Ἠλίᾳ; sagen konnte. Aber in beiden Fällen ist ἡ γραφή als umfassende Größe gemeint, aus der jeweils ein Einzelzitat angeführt wird. Ähnlich personifiziert wie in Gal 3,8 ist ἡ γραφή auch in Röm 9,17 gebraucht.

[37] Zum Gebrauch von αἱ ἱεραὶ βίβλοι bei Philo und Josephus vgl. SCHRENK, ThWNT I, 1933, 614f.

[38] BACHER aaO I 200: תלמוד לומר besagt: »es liegt eine Lehre (eine Belehrung) der Schrift in dem, was sie sagt« (vgl. auch AICHER aaO 42–44 und METZGER, Aufs. 57) und »leitet das den Gegenstand der Auslegung oder der exegetischen Deduction bildende Textwort ein«. Die damit vergleichbare exegetische Bemerkung in Gal 3,16 ist einfacher formuliert: οὐ λέγει . . . ἀλλ᾽. . . .

[39] S. o. A 16.

[40] In Röm 12,19; 14,11 und 1 Kor 14,21 fügt Pls sogar λέγει κύριος als Teil des Zitats hinzu; s. u. S. 139.

[41] Unzureichend ist daher die Erklärung von MICHEL, Röm 308f, in Röm 9,17 fehle ὁ θεός, weil ein Heide angeredet sei. Anders HÜBNER, Ich 45: »Dem ›Pharao‹ aber, sprich: der Majorität der Juden, wird eben jene Schrift entgegengehalten, auf die sie sich selbst berufen.« Aber damit ist die Struktur des Geschichtsrückblicks von Röm 9,6–18 verkannt; s. u. S. 302–305.

[42] Ebenso 2 Kor 6,2; vgl. auch Röm 11,4: Auf die Klage von Röm 11,3 (III Reg 19,10), die sich ausdrücklich an den κύριος richtet, folgt (als Einführung der Antwort Gottes!) ἀλλὰ τί λέγει αὐτῷ ὁ χρηματισμός.

θεός ergänzen dürfen.⁴³ Hieraus ist sicher nicht auf eine von Pls beabsichtigte Relativierung der Autorität der angeführten Zitate zu schließen,⁴⁴ aber für ihn steht offenbar die Schrift als vorgegebener Text im Vordergrund, in dem jetzt Gottes Wort zugänglich ist.

Umgekehrt fehlt in Qumran eine Entsprechung zur Zitateinleitung durch λέγει ἡ γραφή.⁴⁵ Im Vergleich zu Philo und der hellenistischen Literatur insgesamt ist das fast völlige Fehlen des unpersönlichen φησί (bei Paulus nur 1 Kor 6,16b) bemerkenswert; überhaupt keine Entsprechung in den Briefen des Paulus hat die in der hellenistischen Literatur und auch bei Philo verbreitete Sitte, ein Zitat mit εὖ, ἀληθῶς, καλῶς u. dgl. zu charakterisieren oder seinen Fundort allgemein mit ἐν ἑτέρῳ, που u. dgl. anzugeben.⁴⁶

Die paulinischen Zitateinleitungen zeigen somit – zumindest für diesen speziellen Bereich – deutlich die Herkunft des Paulus aus einem ›durchschnittlichen‹ hellenistischen Diasporajudentum, bei dem zwar die allgemeinjüdischen Elemente klar zu Tage treten, aber die jeweils charakteristischen Merkmale der rabbinischen, der jüdisch-alexandrinischen und der in Qumran entwickelten Exegese fehlen.⁴⁷ Andererseits weisen die paulinischen Zitateinleitungen durch die Bevorzugung von γράφειν, vor allem durch die formelhafte Verwendung von γέγραπται, auch ein eigenständiges Profil auf. Die besondere Betonung des schriftlichen Charakters der zitierten Texte ist wohl kaum als Zufall zu bewerten und am ehesten verständlich, wenn man für Paulus einen eigenen Umgang mit der ›Schrift‹ auch in schriftlicher Gestalt voraussetzt.⁴⁸

3. Die unterschiedliche Häufigkeit in der Verwendung der einzelnen Bücher der Schrift durch Paulus

Es ist immer wieder gesehen worden, daß Paulus einige Bücher der Schrift, so Jesaja und die Psalmen, besonders häufig zitiert,¹ andere dagegen nur selten

---

⁴³ So jedoch pronociert Hübner, Ich 42f, ohne allerdings zuvor den Gesamtbefund bei Pls zu erheben.

⁴⁴ Umgekehrt ist für die Zitate, die als direkte Gottesaussagen formuliert sind, kein gegenüber den übrigen Schriftanführungen größeres Gewicht im Rahmen der Argumentation des Pls vorauszusetzen; so jedoch Hübner, Ich 42–45 u. ö.

⁴⁵ S. o. A 35.

⁴⁶ Jeweils genügt es, einige beliebig ausgewählte Beispiele anzuführen: zu εὖ vgl. Philo, Leg all I 6; II 78; Op mund 32; ἀληθῶς / ἀληθές: Philo, Leg all I 7; II 81; Epict Diss II 18,32; σοφῶς: Philo, Ebr 56; Plut II (Mor) 1 B; καλῶς: Plut II (Mor) 3 F; 9 E; ὀρθῶς: Plut II (Mor) 1 C; 25 A; 75 F; που: Philo, Deus imm 74; Agr 51; Ebr 61; Plant 90; 108; Epict Diss II 17,6.

⁴⁷ Ein einseitiges Bild vermittelt Ellis, Use 48f, der pauschal »the extensive agreement between the IF (i. e. Introductory Formulas) in Paul und Jewish writings« (49) konstatiert, dabei jedoch ›Jewish writings‹ auf Qumran und rabbinisches Schrifttum beschränkt und auch nicht die Frage nach den jeweiligen Unterschieden stellt.

⁴⁸ Dazu s. auch u. S. 92–101.

¹ Vgl. z. B. Michel, Paulus 8–13.

oder gar nicht. Aber schon die Frage, welche Bücher Paulus überhaupt nicht heranzieht, ist umstritten, zumal die Herkunft einiger Zitate unterschiedlich beurteilt wird. Erst recht ungeklärt ist die Frage, aus welchem Grund Paulus bestimmte Bücher der Schrift – und zwar nicht nur Numeri, Josua, Richter, 1 und 2 Samuel, 2 Könige, Ruth, Hoheslied, Kohelet, Klagelieder, Esther, Esra, Nehemia sowie 1 und 2 Chronik, sondern auch Jeremia, Ezechiel und Daniel – völlig übergeht.[2]

a) Die Verteilung der Zitate auf die einzelnen Bücher der Schrift

Buch	Anführungen[3]	Zitierte Texte[4]
1 Jes	28 (23)	25 (21)
2 Ps	20 (15)	20 (15)
3 Dtn	15 (13)	13 (11)
4 Gen	15 (13)	12 (12)
5 XII[5]	8 (6)	6 (5)
Hos	4 (4)	3 (3)
Hab	2 (1)	1 (1)
Mal	1 (1)	1 (1)
Joel	1 (0)	1 (0)
6 Ex	5 (4)	5 (4)
7 Lev	4 (3)	2 (2)
8 Prv	3 (0)	3 (0)
9 III Reg	2 (2)	2 (2)
10 Hi	2 (1)	2 (1)
11 --	4 (3)	3 (3)
Gesamt	106 (83)	93 (76)

---

[2] Außerdem auch alle weiteren Schriften, die über den hebräischen Kanon hinaus zur LXX gerechnet werden, also 3 (Rahlfs: 1) Esr, Jdt, OrMan, Tob, 1–4 Makk, Sap, Sir, PsSal, Bar, EpJer sowie ZusDan und ZusEst.

[3] Aufgeführt ist die Gesamtsumme der Anführungen, einschließlich der in Zitatkombinationen und Mischzitaten verwandten Texte (s. o. S. 24 A 45). Dadurch ergibt sich eine höhere Gesamtzahl als in der Aufstellung S. 21 ff. Die erste Angabe bezieht sich auf die Gesamtheit der Zitate, in Klammern ist das Ergebnis für die ausdrücklich eingeleiteten Zitate (s. o. S. 21f Nr. 1–66) hinzugefügt. Ebenso ist in der Spalte »Zitierte Texte« verfahren. – Röm 13,9a und 7,7 sind als Dtn-Zitate, Röm 15,9 als Ps-Zitat gewertet; dazu s. u. S. 34f.

[4] Ausgeklammert sind damit also die Doppel- bzw. Mehrfachzitierungen von
Gen 15,6 (Röm 4,3.22.23; Gal 3,6);   Dtn 27,26 (Gal 3,10.13);
Lev 18,5 (Röm 10,5; Gal 3,12);   Jes 28,16 (Röm 9,33; 10,11);
Lev 19,18 (Röm 13,9c; Gal 5,14);   Jes 40,13 (Röm 11,34; 1 Kor 2,16);
Dtn 5,21 (Röm 7,7; 13,9a);   Hab 2,4 (Röm 1,17; Gal 3,11).
Jeweils als ein einziger Text ist die in beiden Fällen unmittelbar benachbarte Anführung von Jes 65,1/2 in Röm 10,20/21 und Hos 2,1b/1a in Röm 9,26/27 gewertet.

[5] Die im Vergleich zu Jes, Jer oder Ez wesentlich kürzeren Bücher der 12 sog. ›kleinen‹

b) Die Zuordnung der Zitate in Röm 13,9a und 15,9

In zwei Fällen, Röm 13,9a und 15,9, sind die von Paulus angeführten Zitate in nahezu identischer Form doppelt in der Schrift enthalten, so daß die genaue Herkunft der Zitate zu klären ist.

In Röm 13,9a stimmt Paulus in der Reihenfolge des Dekalogs mit einem Teil der LXX-Überlieferung von Dtn 5,17–19 überein, und zwar mit

B V: οὐ μοιχεύσεις· οὐ φονεύσεις· οὐ κλέψεις.

Diese Lesart ist gegenüber

A F M: οὐ φονεύσεις· οὐ μοιχεύσεις· οὐ κλέψεις

zweifellos als ursprünglicher anzusehen, da in A F M Angleichung an die hebräische Textform vorliegt.[1] Dagegen besteht keine Übereinstimmung zwischen Röm 13,9a und den beiden wichtigsten Lesarten von Ex 20,13–15^{LXX}:

B: οὐ μοιχεύσεις· οὐ κλέψεις· οὐ φονεύσεις

A F M: οὐ φονεύσεις· οὐ μοιχεύσεις· οὐ κλέψεις.[2]

Paulus zitiert also in Röm 13,9a den Dekalog in der (ursprünglicheren) Textform von Dtn 5,17–19^{LXX}.[3]

Der von Paulus in Röm 15,9 zitierte Text findet sich in nahezu identischer Form in Ψ 17,50 und II Reg 22,50:

Ψ 17,50	II Reg 22,50	Röm 15,9
διὰ τοῦτο ἐξομο-	διὰ τοῦτο ἐξομο-	διὰ τοῦτο ἐξομο-
λογήσομαί σοι	λογήσομαί σοι,	λογήσομαί σοι
ἐν ἔθνεσιν,	κύριε,	ἐν ἔθνεσιν[4]
κύριε,	ἐν τοῖς ἔθνεσιν,	
καὶ τῷ ὀνόμα-	καὶ ἐν τῷ ὀνόμα-	καὶ τῷ ὀνόμα-
τί σου ψαλῶ.	τί σου ψαλῶ.	τί σου ψαλῶ.

Zwar ist in einem Teil der Überlieferung II Reg 22,50 sekundär an Ψ 17,50 angeglichen,[5] aber es ist fraglich, ob diese Angleichung bereits als vorpaulinisch

---

Propheten sind schon im 2. Jh. v. Chr. als zusammengehörig angesehen worden, wie aus Sir 49,10 hervorgeht; und der Fund von 8HevXIIgr zeigt, daß im 1. Jh. n. Chr. die Schriften der ›12 Propheten‹ in einer einzigen Rolle tradiert wurden.

[1] Beide Lesarten werden außerdem jeweils von einer erheblichen Anzahl von Minuskeln unterstützt; wie B V lesen auch die Minuskel-Gruppen b d n (mehrheitlich) und t (der Gruppierung liegt die Einteilung von WEVERS, LXX^{Gen} bzw. LXX^{Dtn} zugrunde), während O C f s y z (sowie ein Teil der Gruppe n) A F M folgen.

[2] Nach BROOKE-MCLEAN, LXX vertreten in Ex 20,13–15 lediglich die Minuskeln 57 und 75 die Reihenfolge von Dtn 5,17–19 LXX^{BV}, was bei einer so geringen Bezeugung als vorpln Textform ausgeschlossen werden kann. Die Mehrheit der Minuskeln liest – soweit aufgrund von Brooke-Mclean erkennbar – wie A F M, während der LA von B nur eine geringere Anzahl (so die Handschriftengruppe b) folgt.

[3] Dementsprechend ist Röm 7,7d ebenfalls als Zitat von Dtn 5,21 zu werten.

[4] Zur Auslassung von κύριε in Röm 15,9 s. u. S. 87.

[5] So lesen M V und die Mehrzahl der Minuskeln ἐν ἔθνεσιν, doch ist der von A B 55, 56,

angesehen werden kann, zumal auch Rückwirkung von Röm 15,9 nicht auszuschließen ist. Da Paulus die Psalmen ausgesprochen häufig zitiert, während er I–IV Reg nur sehr selten heranzieht (II Reg sonst gar nicht!), ist auch für Röm 15,9 davon auszugehen, daß hier ein Zitat von Ψ 17,50 vorliegt.

c) Zitate mit unsicherer Herkunft

α) 1 Kor 1,31; 2 Kor 10,17

In 1 Kor 1,31 bezeichnet Paulus mit der Einleitungsformulierung ἵνα καθὼς γέγραπται die dann folgende Aussage ὁ καυχώμενος ἐν κυρίῳ καυχάσθω ausdrücklich als Zitat. Dennoch findet sich keine Textstelle, die als direkte Textbasis dieses Zitats gelten könnte. Meist wird auf Jer 9,22f hingewiesen:[1]

Μὴ καυχάσθω ὁ σοφὸς ἐν τῇ σοφίᾳ αὐτοῦ,
καὶ μὴ καυχάσθω ὁ ἰσχυρὸς ἐν τῇ ἰσχύι αὐτοῦ,
καὶ μὴ καυχάσθω ὁ πλούσιος ἐν τῷ πλούτῳ αὐτοῦ,
ἀλλ' ἢ ἐν τούτῳ καυχάσθω ὁ καυχώμενος,
συνίειν καὶ γινώσκειν ὅτι ἐγώ εἰμι κύριος
ποιῶν ἔλεος καὶ κρίμα καὶ δικαιοσύνην ἐπὶ τῆς γῆς.[2]

Es käme aber auch der mit Jer 9,22f weitgehend identische Einschub in I Reg 2,10^LXX in Frage:

Μὴ καυχάσθω ὁ φρόνιμος ἐν τῇ φρονήσει αὐτοῦ,
καὶ μὴ καυχάσθω ὁ δυνατὸς ἐν τῇ δυνάμει αὐτοῦ,[3]
καὶ μὴ καυχάσθω ὁ πλούσιος ἐν τῷ πλούτῳ αὐτοῦ,
ἀλλ' ἢ ἐν τούτῳ καυχάσθω ὁ καυχώμενος,
συνίειν καὶ γινώσκειν τὸν κύριον
καὶ ποιεῖν κρίμα καὶ δικαιοσύνην ἐν μέσῳ τῆς γῆς.

Die Übereinstimmung von 1 Kor 1,31 – und 2 Kor 10,17, wo Paulus das gleiche Zitat ohne Einleitungswendung anführt – mit Jer 9,22f und I Reg 2,10 ist jeweils ausgesprochen locker: Die drei ersten parallelen Zeilen fehlen völlig, die Übereinstimmung mit den beiden Schlußzeilen beschränkt sich auf das Stich-

---

426 und 509 gebotene Text ἐν τοῖς ἔθνεσιν als ursprünglicher anzusehen (so auch RAHLFS, LXX). Eine weitere Angleichung an Ψ 17,50 liegt in 44 52 53 106 130 u. a. vor, die τῷ ὀνόματι lesen, während ἐν τῷ ὀνόματι von A B M V 15 55 56 75 121 344 u. a. vertreten wird.

[1] So z. B. LIETZMANN, 1 Kor 11; BULTMANN, ThWNT III, 1938, 649; CONZELMANN, 1 Kor 74: »Anspielung auf Jer 9,22f«; doch handelt es sich um ein ausdrückliches Zitat.

[2] Die Varianten der Textüberlieferung enthalten keine Hinweise auf eine 1 Kor 1,31 / 2 Kor 10,17 näher stehende Textform. Lediglich in 1 Klem 13,1 erscheint eine Zitatform, in der nicht nur Bestandteile von Jer 9,22f und I Reg 2,10 miteinander verbunden sind, sondern auch Zeile 4 durch das in 1 Kor 1,31 begegnende Zitat ersetzt ist. Doch ist dies auf pln Einfluß zurückzuführen, vgl. HAGNER, Use 203f und LINDEMANN, Paulus 182.

[3] Die Minuskeln 19 82 108 und 135 lesen μὴ καυχάσθω ὁ σοφὸς ἐν τῇ σοφίᾳ αὐτοῦ, καὶ μὴ καυχάσθω ὁ ἰσχυρὸς ἐν τῇ ἰσχύι αὐτοῦ, was als Angleichung an Jer 9,22 zu beurteilen ist.

wort ›κύριος‹, das mit der aus Zeile 4 übernommenen Formulierung ὁ καυχώμενος καυχάσθω ἐν ... verbunden ist. Durch diese Verkürzung hat das Zitat den Charakter einer isoliert verwendbaren Sentenz erhalten. Als paulinische Verkürzung von I Reg 2,10 bzw. Jer 9,22f ist das Zitat besonders in 1 Kor 1,31 nur schwer zu erklären. Jedenfalls ist kein Grund sichtbar, warum Paulus – nach seinen Aussagen über die σοφία τοῦ θεοῦ als Ende der σοφία τοῦ κόσμου bzw. σοφία τῶν σοφῶν in 1 Kor 1,18–25.26ff – gerade auf μὴ καυχάσθω ὁ φρόνιμος ἐν τῇ φρονήσει αὐτοῦ (I Reg 2,10)[4] oder gar auf μὴ καυχάσθω ὁ σοφὸς ἐν τῇ σοφίᾳ αὐτοῦ (Jer 9,22) verzichtet haben sollte.[5] Andererseits ist die Vermutung, »daß dieser Spruch eine zwar von Jer. abhängige, aber doch selbständige Existenz gehabt habe – in irgendeinem Apokryphon«,[6] aus dem Paulus zitiere, eine Notlösung. Wesentlich wahrscheinlicher ist die Annahme, »daß Paulus das geprägte Wort dem lebendigen Gebrauch, nicht aber einer schriftlichen Quelle in irgendeiner Form entnommen hat. Es wird in der jüdischen oder christlichen Paränese in dieser Gestalt als Schriftzitat gebraucht worden sein.«[7]

β) 1 Kor 2,9

Mit der für Schriftzitate üblichen Formel καθὼς γέγραπται führt Paulus in 1 Kor 2,9 einen Text an, dessen unklare Herkunft eine umfangreiche Debatte ausgelöst hat:

ἃ ὀφθαλμὸς οὐκ εἶδεν καὶ οὖς οὐκ ἤκουσεν
καὶ ἐπὶ καρδίαν ἀνθρώπου οὐκ ἀνέβη,
ἃ[8] ἡτοίμασεν ὁ θεὸς τοῖς ἀγαπῶσιν αὐτόν.

Es stehen sich zwei Erklärungsmöglichkeiten gegenüber: Die Herleitung des Zitats aus Jes 64,3 und die Annahme eines Zitats aus einer (nicht mehr erhaltenen) apokryphen Schrift.[9] Diese Vermutung geht auf Origenes zurück,

---

[4] Und auf μὴ καυχάσθω ὁ δυνατὸς ἐν τῇ δυνάμει αὐτοῦ – nach οὐ πολλοὶ δυνατοί (1 Kor 1,26)!

[5] Das übersieht MICHEL, Paulus 78f, der mit pln Verkürzung rechnet.

[6] WEISS, 1 Kor 43 A 1.

[7] HOLTZ, ThLZ, 91, 1966, 326.

[8] Die LA ὅσα wird lediglich von A B pc vertreten und ist als Versuch zu werten, Z. 3 von Z. 1f abzuheben. Syntaktisch fungiert ἃ[1] in Z. 1 als Objekt, für Z. 2 jedoch als Subjekt, während ἃ[2] relativische Funktion hat (CONZELMANN, 1 Kor 76 A 4 und 5 bevorzugt daher ὅσα); zum demonstrativen Gebrauch des Relativums vgl. BDR § 293.3c.

[9] Für eine Herleitung von Jes 64,3 treten ein VOLLMER, Citate 44–48; BACHMANN, 1 Kor 129; OEPKE, ThWNT III, 1938, 989f; ELLIS, Use 35. 174f; PRIGENT, ThZ 14, 1958, 416–429; HANSON, Interpretation 43–69. Häufig wird auch mit zusätzlichem Einfluß von Jes 65,16 gerechnet. Außerdem wird z. T. die Verwendung eines vorpln Florilegiums (so VOLLMER), das Einwirken jüdischer Auslegungstradition von Jes 64,3 (so OEPKE, HANSON) oder freie synagogale Verwendung (so PRIGENT) erwogen. – Mit der Zitierung aus einer apokryphen Schrift (und zwar der Apk Eliae) rechnen SCHÜRER, Geschichte III 361; WEISS, 1 Kor 58f; MICHEL, Paulus 33–37; LIETZMANN, 1 Kor 13; WILCKENS, Weisheit 75–80; vorsichtiger CONZELMANN, 1 Kor 88: »Das Zitat kann weder im AT noch im außerkanonischen jüdischen Schrifttum nachgewiesen werden.«

der dieses Zitat »in secretis Eliae prophetae« gefunden hat,[10] eine Angabe, die – widerwillig genug – von Hieronymus bestätigt wird.[11] Allerdings enthält die jetzt vollständig bekannte Elia-Apokalypse[12] keinen mit 1 Kor 2,9 vergleichbaren Text. Es muß sich also um eine andere ›Elia‹-Schrift handeln, deren Alter und Einheitlichkeit nicht mehr zu beurteilen sind. Als Quelle des Paulus ist daher diese unbekannte Schrift nicht positiv in Anspruch zu nehmen.

Selbst bei deren vorpln Herkunft ist – wie sich in AscJes 11,34[lat] zeigt[13] – eine nachträgliche Interpolation nicht auszuschließen. Aber auch ohne Hinweise auf eine Interpolation wäre damit diese Schrift immer noch nicht als Quelle des Pls erwiesen, da weitere literarische Beziehungen zu ihr völlig fehlen. Vielmehr wäre dann für diese Schrift ihrerseits nach der Herkunft des Zitats zu fragen.[14]

Die älteste nichtchristliche (wenn auch nicht vorpaulinische) Anführung dieses Zitats, die hinreichend sicher datierbar ist, liegt in Ps-Philo, LAB 26,13 vor:[15] (vom geheimen Aufbewahrungsort der Gesetzestafeln und der 12 heiligen Steine, der erst am Ende der Tage enthüllt wird)
»Et tunc accipiam ... et istos ..., ex quo
quod oculus non vidit nec auris audivit,
et in cor hominis non ascendit
quousque tale fieret in seculum.«
Vgl. auch die Fortsetzung in 26,14: »Et surrexit Cenez et dixit: Ecce quantum bonum fecit Deus hominibus«.

---

[10] Origenes, Comm Series 117 (zu Mt 27,9f), GCS 38, 250,4–6: »apostolus scripturas quasdam secretorum profert, sicut dicit alicubi ›quod oculus non vidit nec auris audivit‹; in nullo enim regulari libro hoc positum invenitur, nisi in secretis Eliae prophetae.« Vgl. Origenes, Comm Series 28 (zu Mt 23,37–39), aaO 50,6ff, wo auch deutlich wird, daß Origenes mit dem Hinweis auf Pls die eigene Verwendung apokrypher Schriften verteidigen will; vgl. auch HARNACK, Ertrag 42–50 (bes. 43 A 1) und OEPKE, ThWNT III, 1938, 994.
[11] Hieronymus, Comm in Is XVII (zu Jes 64,4f), CChr.SL 73 A: Pls zitiere Jes 64,3 aufgrund des hebräischen Textes und gebe ihn nicht wörtlich, sondern sinngemäß wieder; »unde apocryphorum deliramenta conticeant, quae ex occasione huius testimonii ingerentur ecclesiis Christi. ... Ascensio enim Esaiae et Apocalypsis Eliae hoc habent testimonium.« Ähnlich (wenn auch kürzer) Epistula LVII, CSEL 54, 519f. Zu weiteren patristischen Erwägungen der ›Apk Eliae‹, der neben 1 Kor 2,9 z. T. auch das Zitat in Eph 5,14 zugeschrieben wird, vgl. ZAHN, Geschichte II/2 801–810; SCHÜRER, Geschichte III 361–366.
[12] In vollständiger Übersetzung jetzt zugänglich bei SCHRAGE, JSHRZ V/3, 193–288 (zur Diskussion über 1 Kor 2,9 vgl. 196).
[13] Es handelt sich um eine christliche Interpolation (vgl. TISSERANT, Ascension 211; HAMMERSHAIMB, JSHRZ II/1 17–19), die Hieronymus bereits voraussetzt.
[14] Vgl. PRIGENT, ThZ 14, 1958, 422: »même si la citation se trouvait dans une apocalypse d'Elie encore inconnue de nous, qui peut assurer que ce soit là sa patrie natale?«
[15] Als Abfassungszeit wird zumeist der Zeitraum zwischen 70 und 132 n.Chr. angenommen; vgl. DIETZFELBINGER, JSHRZ II/2, 95f; eine sekundäre Einfügung des Zitats – etwa im Zuge der (christlichen) Übersetzung ins Lateinische – kann wohl ausgeschlossen werden, da sonstige Anzeichen für eine christliche Überarbeitung fehlen (vgl. DIETZFELBINGER aaO 98; HANSON, Interpretation 60).

Diese Verwendung von »quod oculus non vidit etc.« ist offensichtlich sekundär.[16] Der Verf. nimmt hier also eine vorgegebene Formulierung auf, die zweizeilig aufgebaut ist und von der er u. U. auch eine dritte Zeile kennt (vgl. 26,14), die er jedoch in 26,13 nicht verwenden kann.[17] Da literarische Abhängigkeit auszuschließen ist, muß man entweder eine gemeinsame ältere Quelle annehmen, wofür es jedoch ebenfalls keinerlei Anzeichen gibt, oder man muß – und das ist dann wesentlich wahrscheinlicher – damit rechnen, daß beide Verf. unabhängig voneinander ein frei umlaufendes Wanderlogion aufgegriffen haben. Dafür spricht nicht nur der logienartige Aufbau des Zitats selbst, sondern auch die weite Verbreitung dieses Zitats im jüdischen, christlichen und christlich-gnostischen Traditionsbereich sowie die dabei festzustellenden Abwandlungen des Wortlauts.

Als (relativ) frühe Texte sind außer Ps-Philo zu nennen:[18]
a) jüdisch: (kopt) TestJak[19]
b) christlich: 1 Clem 34,8; 2 Clem 11,7; 14,5; MartPol 2,3; ActPetr 39; Clemens Alex, Prot X 94,4 (vgl. auch XII 118,4); ConstAp VII 32,5;[20]
c) gnostisch: EvThom 17; Oratio Pauli (NHC I 143,23–31); ActThom 36.[21]

Inhaltlich war dieses Logion aufgrund der Allgemeinheit seiner Formulierung sehr verschieden anwendbar. Die zusätzlich festzustellenden Differenzen im Wortlaut sind häufig durch die jeweilige Verwendung bedingt; z. T. liegt auch Annäherung an Jes 64,3 vor. Außerdem ist zu beobachten, daß das Logion in den verschiedenen Traditionsbereichen seine eigene Anwendungsgeschichte gehabt hat. Hinweise auf eine von 1 Kor 2,9 abweichende vorpaulinische

---

[16] Als Aussage über den unzugänglichen Aufbewahrungs*ort* ist nur »quod oculus non vidit« sinnvoll, allenfalls noch »nec auris audivit«, aber keinesfalls »et in cor hominis non ascendit«.

[17] Hier wird also keine ursprünglich zweigliedrige Fassung des Zitats sichtbar.

[18] Die Texte sind zusammengestellt bei BERGER, NTS 24, 1978, 271–277.

[19] Die weiteren von BERGER ebd. genannten Belege sind durchweg spät. Auch Alter und Herkunft von TestJak sind umstritten. Das Urteil ist von der Datierung von TestAbr (und TestIsaak) abhängig (DENIS, Introduction 36 zu TestAbr: 1. Jh. n. Chr.; DELCOR, Testament 73–77: 1. Jh. v.–1. Jh. n. Chr.; JANSSEN, JSHRZ III/2, 198: »römische nachchristliche Zeit«). Für die Annahme einer jüdischen Grundschrift aus dem 1. Jh. n. Chr. in TestJak tritt v. NORDHEIM, ZNW 65, 1974, 112–120 ein, der TestJak sogar für die direkte Quelle des Pls hält; dagegen vertreten K. H. KUHN, JThS NS 8, 1957, 277; HOFIUS, ZNW 66, 1975, 140–142 und SPARKS, ZNW 67, 1976, 269–276 eine rein christliche Herkunft.

[20] Schon 1 Clem 34,8 ist durch Pls vermittelt; 1 Clem kennt und benutzt 1 Kor; eine von 1 Kor 2,9 unabhängige Fassung wird nicht sichtbar, da die Abweichung in Z. 3 Angleichung an Jes 64,3 ist. Die unterschiedliche Anwendung (die HAGNER, Use 206 zu Unrecht bestreitet) spricht nicht gegen 1 Kor 2,9 als Quelle; vgl. auch LINDEMANN, Paulus 187f. – Von 1 Clem 34,8 ist seinerseits offenbar 2 Clem 11,7 abhängig, vgl. LINDEMANN aaO 265–267.

[21] Es fehlt grundsätzlich die 3. Zeile. Sie ist schon in EvThom 17 durch die Eingangswendung »Ich werde euch geben, was ...« ersetzt. Die gleichzeitige Zufügung »und was keine Hand berührt hat« in EvThom 17 soll die totale Jenseitigkeit des Heils betonen, das nicht dinglich zu fassen ist (vgl. EvThom 3); anders MÉNARD, Evangile 35.

Formung (etwa als lediglich zweigliedriges Logion) ergeben sich aus den durchweg späteren literarischen Zeugnissen nicht.[22]

Angesichts der häufigen Abwandlung von Z. 3 ist allerdings zu fragen, ob auch in 1 Kor 2,9c mit einer paulinischen Umgestaltung zu rechnen ist. Doch ist οἱ ἀγαπῶντες τὸν θεόν geläufige LXX-Wendung,[23] die bei Paulus selbst dagegen nur in Röm 8,28 begegnet, und dort ist sie Teil einer vorgegebenen Tradition.[24]

Dennoch bleibt zu fragen, ob – und vor allem: in welchem Sinne – eine Beziehung zwischen 1 Kor 2,9 und Jes 64,3 besteht, zumal Paulus das Logion offensichtlich als Schriftzitat ansieht.

	Jes 64,3[MT]	Jes 64,3[LXX]
1	ומעולם לא שמעו	ἀπὸ τοῦ αἰῶνος οὐκ ἠκούσαμεν
2	לא האזינו	
3	עין לא ראתה	οὐδὲ οἱ ὀφθαλμοὶ ἡμῶν εἶδον
4	אלהים זולתך	θεὸν πλὴν σοῦ
5		καὶ τὰ ἔργα σου,
6	יעשה למחכה לו׃	ἃ ποιήσεις τοῖς ὑπομένουσιν ἔλεον.

Die LXX-Wiedergabe zeigt – abgesehen von den Schwierigkeiten des HT selbst[25] – ein verändertes Verständnis des Textes: Betont sind die ἔργα Gottes (Z. 5 ist frei hinzugefügt!), und der Übersetzer sieht in Jes 64,3 eine Aussage über das künftige Heilshandeln Gottes (Z. 6: ποιήσεις!). Die gleichen Merkmale

---

[22] Anders BERGER, NTS 24, 1978, 270–283, der eine 1 Kor 2,9 vorausliegende Entstehungs- und Verwendungsgeschichte des Zitats mit insgesamt 6 Phasen konstruiert. Doch ist Bergers Vorgehen, aus einer Vielzahl nachpln (und oft sehr später) Belege einen vorpln Traditionsprozeß zu erheben, methodisch fragwürdig und führt auch zu einem inhaltlich wenig überzeugenden Ergebnis, z. B. hinsichtlich der Verwendung des Zitats im Zusammenhang der Himmelsreise des Offenbarungsempfängers. Die Tatsache, daß diese Verbindung sekundär ist und auch bei Pls fehlt, erklärt Berger mit der Annahme, daß diese Verknüpfung nicht nur vorpln sei, sondern bereits vor Pls wieder ›verblaßt‹ sei – womit sich die Konstruktion insgesamt erübrigt. Zudem fragt Berger überhaupt nicht, ob die Anführung des Wanderlogions durch Pls ihrerseits nicht auch – jedenfalls im christlich-kirchlichen und christlich-gnostischen Bereich – traditionsbildend gewirkt hat.
[23] Vgl. Ex 20,6; Ψ 96,10; 144,20; Sir 1,10; PsSal 4,25; 6,6; 10,3; 14,1. J. B. BAUER, ZNW 50, 1959, 108–110 sieht in οἱ ἀγαπῶντες τὸν θεόν pln Korrektur, mit der sich Pls gegen die rabbinische Deutung von Jes 64,3 auf die Gesetzestreuen und -kundigen wende. Doch ist dazu diese Wendung kaum geeignet (vgl. PsSal!).
[24] Vgl. MICHEL, Röm 275f; V. D. OSTEN-SACKEN, Römer 8, 63–67; PAULSEN, Überlieferung 154f; WILCKENS, Röm II 151.163. Schon WEISS, 1 Kor 58 bemerkt: »Auch an unserer Stelle würde er wohl gesagt haben ἃ ἡτοίμασεν ὁ θεός τοῖς ἐκλεκτοῖς (oder τοῖς ἁγίοις) αὐτοῦ, wenn er nicht eben ein Zitat brächte.« Auch ἑτοιμάζειν gehört nicht zum theologischen Vokabular des Pls und wird auch in V 10ff von Pls nicht weiterverwendet. Daher ist auch für V 9c nicht mit pln Umgestaltung oder gar Herkunft zu rechnen (gegen LINDEMANN, Paulus 187 A 98).
[25] Zum MT vgl. DUHM, Jes 471; MARTI, Jes 397; VOLZ, Jes 266; WESTERMANN, Jes 310.

begegnen auch in der Wiedergabe in TgJon, in der außerdem ein glatter Parallelismus »kein Ohr hat gehört ..., kein Auge hat gesehen« erscheint. In Sifre Num 27,12 (Dtn 3,26) § 135 wird darüber hinaus Jes 64,3 als Aussage über die jenseits schon bereitstehenden Heilsgüter verstanden.[26]

Damit zeigen sich einerseits Differenzen zwischen 1 Kor 2,9 und Jes 64,3 (in allen Textfassungen):

1. Gegenüber dem MT, der LXX und TgJon ist die Reihenfolge von ›Hören‹ und ›Sehen‹ umgekehrt.[27]

2. Ohne Entsprechung ist in MT, LXX und TgJon die 2. Zeile des Zitats.[28]

3. Recht locker ist auch das Verhältnis zwischen Z. 3 und Jes 64,3c (in allen Fassungen). So ist die Wahl von ἑτοιμάζειν[29] – und zwar im Aorist – völlig von dem vorausgesetzten Gesamtverständnis bestimmt. Auch τοῖς ἀγαπῶσιν zeigt die Eigenständigkeit gegenüber Jes 64,3.

Als Zitat von Jes 64,3 ist daher 1 Kor 2,9 nicht zu bewerten, selbst als freie Abwandlung dieses Textes kann das Zitat kaum gelten. Andererseits sind die Bezüge zu Jes 64,3 nicht zu leugnen:

1. Es bestehen auffällige Übereinstimmungen mit dem MT und TgJon:

a) ὀφθαλμὸς οὐκ εἶδεν entspricht direkt dem MT;

b) der Parallelismus ὀφθαλμὸς οὐκ εἶδεν / οὖς οὐκ ἤκουσεν entspricht TgJon;

c) τοῖς ἀγαπῶσιν αὐτόν entspricht deutlich dem MT (למחכה לו; LXX dagegen: τοῖς ὑπομένουσιν ἔλεον).

2. Inhaltlich berührt sich dagegen 1 Kor 2,9 mit dem Verständnis von Jes 64,3 in LXX (und TgJon), insofern hier jeweils Gottes eschatologisches Handeln zugunsten der auf ihn Harrenden (bzw. ihn Liebenden) im Mittelpunkt steht.[30]

---

[26] Vgl. K. G. KUHN, Sifre 558 (mit A 20).

[27] Die Vorordnung des Sehens entspricht der Ausrichtung des Zitats (nicht seiner pln Anwendung) auf die verborgenen, dann aber sichtbaren Heilsgüter.

[28] Es handelt sich um geläufiges LXX-Griechisch (עלה על לב), vgl. IV Reg 12,5; Ieρ 3,16; 28 (MT: 51),39; 39 (MT: 32),35; 51 (MT: 44),21; Ez 38,10 und Jes 65,16^{LXX}. Zur Zusammenordnung von Herz, Ohr und Auge als umfassender Beschreibung der Möglichkeit menschlichen Verstehens vgl. Jes 6,10. Eine Identifizierung von V 9b mit einer dieser Stellen (z. B. Jes 65,16) ist nicht erforderlich.

[29] Ἑτοιμάζειν wird in der LXX vor allem im Zusammenhang von Aussagen über Gottes Schöpfungshandeln verwendet (Ψ 92,2; 102,19; Prv 8,27 u. ö.; vgl. GRUNDMANN, ThWNT II, 1935, 702–704), und in Mt 25,34.41 wird es als Schöpfungsterminus eschatologisch verwendet; vgl. dazu BRANDENBURGER, Recht 57f.

[30] Vgl. CONZELMANN, 1 Kor 89; eine rein weisheitliche Herkunft des Zitats vertritt FEUILLET, Christ 37–57. Doch zeigt das Verständnis von ἑτοιμάζειν, daß es speziell apokalyptische Weisheit ist, die hier zur Sprache kommt; vgl. auch BRANDENBURGER, Verborgenheit 197. Die spätere gnostische Verwendung besagt natürlich nicht, daß das Logion gnostischen Ursprungs ist (Z. 3 fehlt gerade in den gnostischen Anführungen!), vgl. CONZELMANN aaO 88 (mit A 78); L. SCHOTTROFF, Glaubende 207; anders WILCKENS, Weisheit 80.

3. Der – allerdings erst in Sifre Num greifbaren – Auslegung von Jes 64,3 auf die jenseitig schon bereitstehenden Heilsgüter entspricht deutlich die aoristische Schlußaussage von 1 Kor 2,9: »was Gott bereitet *hat* ...«.
1 Kor 2,9 ist daher als eigenständige Bildung anzusehen, deren Entstehung jedoch nicht ohne Kenntnis und bewußte Orientierung an Jes 64,3 verstehbar ist. Die ursprüngliche Pointe des Zitats ist Z. 3 zu entnehmen, der Aussage über die Heilsgüter, die für die ›Gott Liebenden‹ schon bereitstehen und deren unvergleichlicher Wert durch die negativen Formulierungen von Z. 1 f nachdrücklich hervorgehoben wird. Zugleich wird durch die Betonung der totalen Verborgenheit der Heilsgüter die Schlußaussage des Zitats als Offenbarung himmlischer Weisheit und Einsicht charakterisiert.

In 1 Kor 2,9 handelt es sich also um eine vorpaulinische Bildung, deren Entstehung nicht unabhängig von Jes 64,3 erfolgt ist und deren Formung als selbständig tradierbarem Logion auch die Annahme mündlicher Entstehung und Weitergabe wahrscheinlich macht. Es ist also auch unter Berücksichtigung der Beziehung zu Jes 64,3 naheliegend, daß Paulus das Logion aus mündlicher Verwendung kennt. Daß er es als Schriftwort ansieht und zitiert, ist aufgrund der Nähe zu Jes 64,3 verständlich, zumal die von Jes 64,3 abweichenden Bestandteile bewußt in biblischer Sprache formuliert sind.

γ) 1 Kor 9,10 b

In 1 Kor 9,10 wird

ὀφείλει ἐπ' ἐλπίδι ὁ ἀροτριῶν ἀροτριᾶν
καὶ ὁ ἀλοῶν ἐπ' ἐλπίδι τοῦ μετέχειν

von Paulus als Schriftzitat angeführt.[31] Dies geht schon aus der Einleitungswendung δι' ἡμᾶς γὰρ ἐγράφη ὅτι hervor. Außerdem weist der zweigliedrige parallele Aufbau (ὁ ἀροτριῶν / ὁ ἀλοῶν sowie zweimaliges ἐπ' ἐλπίδι) darauf hin, daß Paulus hier eine vorgegebene Formulierung wiedergibt. Schließlich bestehen auch deutliche Differenzen zum Kontext: Gegenüber V 9 ist die erste Zeile überschüssig, und in V 11 wechselt Paulus von ἀροτριᾶν und ἀλοᾶν zu σπείρειν und θερίζειν. Die gegenteilige Annahme, 1 Kor 9,10 b sei von Paulus selbst formuliert (und zwar als Auslegung des Zitats in 1 Kor 9,9) ist daher nicht überzeugend. In V 10 b folgt auch keineswegs eine Auslegung des in V 9 zitierten Textes aus Dtn 25,4 auf ›uns‹, sondern eine zweite metaphorisch verstandene Aussage, durch die Paulus zunächst sein Verständnis von Dtn 25,4 als Aussage vom Menschen – und nicht vom Ochsen – sichert. Erst in V 11 zieht er dann aus

---

[31] So WEISS, 1 Kor 237; vgl. auch LIETZMANN, 1 Kor 41 und CONZELMANN, 1 Kor 191; als Zitat ist 1 Kor 9,10 b jetzt auch in NTGr[26] gewertet; anders dagegen HEINRICI, 1 Kor 250; ROBERTSON-PLUMMER, 1 Kor 185 (»To take ἐγράφη as referring to what follows, and introducing another quotation, is a most improbable construction: there is no such Scripture« – doch ist das keine ausreichende Begründung); BACHMANN, 1 Kor 323f; HÉRING, 1 Kor 72; BARRETT, 1 Kor 206, die δι' ἡμᾶς γὰρ ἐγράφη auf V. 9.10a beziehen und ὅτι in explanatorischem Sinn verstehen.

Dtn 25,4 – sowie dem Zitat von V 10b – mit εἰ ἡμεῖς κτλ. die beabsichtigte Schlußfolgerung.[32]

In 1 Kor 9,10b liegt also ein eindeutig eingeleitetes und klar erkennbares Zitat vor. Die zweigliedrige sentenzenartige Form legt auch hier die Annahme nahe, daß Paulus das Zitat aus mündlicher Verwendung kennt; und angesichts der biblischen Sprache des Zitats[33] ist es nicht verwunderlich, daß Paulus es als Schriftwort anführt.

δ) Ergebnis

Die drei Zitate in 1 Kor 1,31 (+ 2 Kor 13,10); 2,9 und 9,10b, die Paulus als Schriftworte anführt, sind aus der mündlichen Überlieferung übernommen, d. h. am ehesten aus der Predigt der hellenistischen Synagoge oder des vorpaulinischen hellenistischen Urchristentums, wo sie offenbar bereits als Aussagen der Schrift in Umlauf waren. Die Analogiebildung von Zitaten und deren irrtümliche Zuschreibung zu einem bestimmten Verfasser oder einer bestimmten Quelle sind in der Antike (und auch in der Neuzeit) ein keineswegs seltener Vorgang. Dennoch ist es durchaus bemerkenswert, wenn ein Schriftsteller ein irrtümlich zugeschriebenes Zitat übernimmt. Denn dies zeigt, daß der Autor keine derart vollständige Kenntnis der in Frage kommenden Texte hat, daß er die Unrichtigkeit der Zuschreibung erkennen kann. Eine solche lückenlose Kenntnis des gesamten Wortlauts der Schrift ist, wie sich aus diesen unrichtig der Schrift zugeschriebenen Zitaten ergibt, bei Paulus nicht vorhanden – und angesichts des Umfangs der ›Schrift‹ auch gar nicht zu erwarten.

Im übrigen sind die Schwierigkeiten, die sich einem antiken Schriftsteller bei der Überprüfung eines mündlich vermittelten Zitats stellten, nicht zu unterschätzen. Hierfür geeignete Hilfsmittel, wie z. B. Konkordanzen, waren nicht vorhanden, so daß die einzige Möglichkeit der Kontrolle in der vollständigen Durchsicht der Quelle bestand – ein Weg, der für Paulus sicher nicht gangbar war. Doch ist für Paulus ohnehin davon auszugehen, daß ihm die Zugehörigkeit der in 1 Kor 1,31 (+ 2 Kor 13,10); 2,9 und 9,10b angeführten Zitate zur ›Schrift‹ überhaupt nicht fraglich war.

Anhang: 1 Kor 15,33

In 1 Kor 15,33 liegt mit

φθείρουσιν ἤθη χρηστὰ ὁμιλίαι κακαί

das einzige Zitat des Paulus vor, das er nicht der ›Schrift‹ entnommen hat. Zwar fehlt eine ausdrückliche Zitateinleitung, doch machen der sentenzenhafte

---

[32] S. auch u. S. 203f.
[33] Vgl. Jes 28,24^{LXX}: μὴ ὅλην τὴν ἡμέραν μέλλει ὁ ἀροτριῶν ἀροτριᾶν; Jes 28,28^{ΣΘ}: ἀλλ' οὐκ εἰς τὸν αἰῶνα ἀλοῶν ἀλοήσει. Jes 45,9^{LXX}: μὴ ὁ ἀροτριῶν ἀροτριάσει τὴν γῆν; zu ἐπ' ἐλπίδι vgl. Jdc 18,7^B; 18,10^B; 18,27^B; Ψ 4,9; 15,9; Zeph 2,15. Hier ist ἐπ' ἐλπίδι jeweils Wiedergabe von לבטח bzw. בטח, hat also zunächst die Bedeutung von »sicher, sorglos«. Doch ist zumindest in Ψ 15,9 (vgl. V. 10), aber auch Ψ 4,9 die ›ἐλπίς‹ auch auf die Zukunft gerichtet; zum Zusammenhang von Hoffnung und Vertrauen, die in der Wiedergabe von בטח durch ἐλπίς zum Ausdruck kommt, vgl. BULTMANN, ThWNT II, 1935, 518f.

Charakter und die rhythmische Gestaltung[34] hinreichend deutlich, daß es sich hier um eine fremde, von Paulus übernommene Formulierung handelt.[35]
Die Zuweisung dieser Sentenz zu Menander[36] findet sich bei Hieronymus,[37] Euthalius[38] und Photius.[39] Dagegen wird die Angabe des Sokrates Scholasticus, das Zitat stamme von Euripides,[40] von keinem weiteren altchristlichen Schriftsteller unterstützt.[41] Zwar ist nicht völlig auszuschließen, daß Menander diesen Vers von Euripides übernommen hat,[42] aber wahrscheinlich gemacht werden kann dies kaum.[43] Aber auch in diesem Falle wäre damit zu rechnen, daß diese Gnome durch Menander ihre weite Verbreitung gefunden hat.

Daß das einzige Zitat bei Paulus, das nicht zur ›Schrift‹ gehört, gerade von Menander stammt, ist kaum zufällig. Menander war – besonders aufgrund

---

[34] HEINRICI, 1 Kor 472f: jambischer Trimeter (bei Elision zu χρήσθ' ὁμιλίαι); ebenso Hieronymus, Comm in Gal p 471 (zu Gal 4,24); MPL 26, 416C.

[35] Gleiches gilt für die Anführung von Jes 22,13d in 1 Kor 15,32b. Das Fehlen einer Einleitungswendung ist durch die direkte paränetische Verwendung bedingt: Nach μὴ πλανᾶσθε hätte selbst ein neutrales φησίν eine störende Unterbrechung dargestellt.

[36] Zur Herkunft des Zitats vgl. KOCK, CAF III 62, Frgm. 218; KOERTE-THIERFELDER, Menander II 74, Frgm. 187 und NAUCK, Euripides III 282, Frgm. 1013.

[37] Hieronymus, Epistula LXX 2,3; CSEL 54 (ed. I. Hilberg), 701,14f; ebenso Comm in Gal p 471 (zu Gal 4,24); MPL 26, 389C/390A und Comm in Tit p 707 (zu Tit 1,12ff); MPL 26, 572B; vgl. auch Comm in Eph p 647s (zu Eph 5,14); MPL 26, 525B.

[38] Euthalius, Editio epistolarum Pauli (Elenchus Divinorum testimoniorum); MPG 85, 722A.

[39] Photius, Ad Amphilochium Quaestiones 151; MPG 101, 813C.

[40] Sokrates Scholasticus, Hist Eccl III 193; MPG 67, 424A.

[41] Clemens Alex, Strom I Cap. XIV 59,4; GCS 52 (ed. L. Früchtel), 38,3f bezeichnet das Zitat als ἰαμβεῖον τραγικόν, was sich jedoch nur auf das – auch in der sog. Neuen Komödie durchaus geläufige – Versmaß bezieht. – Keine zusätzliche Stütze für die Zuweisung zu Euripides stellt P. Hibeh 7 (250–210 v. Chr.; ed. GRENFELL-HUNT, Hibeh Papyri I 35–39) dar. Dort ist in Z. 94 φθείρουσιν ηθ erhalten, was die Herausgeber im Sinne von 1 Kor 15,33 ergänzen. Da der Papyrus in Z. 10–22 ein Exzerpt aus Euripides (Elektra) enthält und Z. 91–93 »certainly suggest tragedy rather than comedy« (so GRENFELL-HUNT aaO 39), halten GRENFELL-HUNT die Sentenz ebenfalls für einen Teil eines Euripidesexzerpts. Doch stellt P. Hibeh 7 eine Anthologie dar, die nicht nur Euripidestexte enthielt (vgl. GRENFELL-HUNT aaO 35f). Zudem sind auch die Z. 91–93, auf die sich Grenfell-Hunt stützen, sehr lückenhaft erhalten, so daß es fraglich ist, auf dieser Basis den Text Menander abzusprechen – zumal die ›Neue Komödie‹ Menanders außer von Aristophanes auch stark von Euripides geprägt ist; vgl. W. KRAUS, KP III, 1969, 286f.

[42] So KOCK, CAF III 62, der mit der Richtigkeit beider Angaben rechnet: »mutuatus est ut solebat versum Menander ab Euripide«. Ähnlich KOERTE-THIERFELDER aaO II 74: »Versum Euripidi deberi, a Menandro in Thaidem translatum esse paene certum est«. Vgl. auch NAUCK aaO III 282, der das Zitat für Euripides in Anspruch nimmt.

[43] Daß die Herkunft von Euripides nur durch Sokrates Scholasticus vertreten wird, ist doch eine recht schmale Basis. Nicht auszuschließen ist zudem, daß für Sokrates, der Beispiele für den Gebrauch griechischer Dichter und Philosophen im NT geben will (und dies mit 1 Thess 5,21 begründet, vgl. Hist Eccl III 192; MPG 67, 421A–D), die Verwendung von Euripides durch Pls wesentlich angemessener erschien als die Zitierung eines Komödienschreibers.

seiner zahlreichen sentenzenhaften Formulierungen – sehr beliebt, und die einzelnen Aussprüche aus seinen Komödien wurden intensiv benutzt.[44] Daher kann man auch aus 1 Kor 15,33 nicht auf eine umfassendere literarische Bildung des Paulus schließen,[45] ja es ist sogar wahrscheinlich, daß Paulus das Zitat lediglich als anonyme Sentenz, ohne Kenntnis des Verfassers, geläufig war.[46] Andererseits kann man durchaus davon ausgehen, daß Paulus sich dessen bewußt war, hier nicht aus der Schrift, sondern aus dem allgemeinen Bildungsgut seiner Zeit zu zitieren.[47]

Dagegen ist die üblich gewordene Zuweisung zu Menanders Komödie »Thais«[48] wesentlich unsicherer: Sie beruht offenbar lediglich auf der Randnotiz einer einzigen mittelalterlichen Acta- und Paulus-Handschrift, die zudem verschollen ist.

Als erster hat offenbar *H. Stephanus* 1569 auf diese Randnotiz hingewiesen: Er berichtet, »(se) in uno ex vetustis exemplaribus N.T. legere haec verba margini adscripta Μενάνδρου τοῦ κωμικοῦ γνώμη ἐν Θαδίᾳ, ubi tamen merito quis suspicetur scribendum potius Θαΐδι«.[49] Allerdings gibt Stephanus nicht an, um welche HS es sich dabei gehandelt hat.[50] Doch findet sich diese Angabe dann bei *J. J. Wettstein:* »Schol. Cod. 10. Μενάνδρου τοῦ κωμικοῦ γνώμη ἐν Θάιδι«.[51] Eine genauere Datierung dieser Randnotiz ist

---

[44] Vgl. W. KRAUS, KP III, 1969, 1199–1202. Die Wirkung von Menander zeigt sich nicht nur in den zahlreichen Zitaten, sondern auch an den Papyrusfunden der neueren Zeit.

[45] So zutreffend CONZELMANN, 1 Kor 331 A 139.

[46] So begegnet die Sentenz, die Hieronymus, Comm in Tit p 707 (zu Tit 1,12ff; MPL 26, 572B) als »versus iambicus« bezeichnet, bei den altkirchlichen Autoren auch in der Regel ohne Verfasserangabe (s. die Belege bei NAUCK aaO III 282). Für die weite Verbreitung des Zitats spricht auch die Reminiszenz bei Diod Sic XVI 54,4 (von Philipp von Mazedonien): πονηραῖς ὁμιλίαις διέφθειρε τὰ ἤθη τῶν ἀνθρώπων.

[47] Die Verwendung einer ethischen Maxime, die außerhalb der Schrift formuliert ist, entspricht durchaus dem pln Verständnis der Paränese, wie es in Phil 4,8 deutlich wird.

[48] Vgl. z. B. die Kommentare und NTGr; ebenso KOCK, CAF I III 62 und KOERTE-THIERFELDER aaO II 74.

[49] H. STEPHANUS, Comicorum Graecorum Sententiae p. 351 (zitiert nach KOERTE-THIERFELDER ebd.).

[50] Kurze Zeit später, 1572, erklärt H. STEPHANUS, Thesaurus Graecae Linguae IV 598C (entspricht IX 1679D der Ausgabe von 1831–1865), daß diese Randnotiz sogar in mehreren HSS (die er aber ebenfalls nicht benennt!) vorgelegen haben soll. Doch ist diese Angabe sehr fragwürdig. H. STEPHANUS verweist auf ›vetera quaedam exemplaria‹, »quorum collationem pater meus in consilium adhibuit, quum Novum Test. excudit. Eorum enim nonnulla ascripta margini habebant haec verba, Μενάνδρου τοῦ Κωμικοῦ γνώμη ἐν Θαδίᾳ· pro quo Θαδίᾳ fortassis reponendum fuerit Θαΐδι.« H. STEPHANUS bezieht sich also in dieser späteren Angabe auf die Kollationen für die ›Editio Regia‹ von 1550, d. h. die Textbasis von 1572 ist keine andere als die von der ›Sententiae‹ von 1569, in denen er noch von nur einer HS sprach. Im übrigen müßten dann die Randnotizen in ›nonnulla exemplaria‹ jeweils genau den gleichen Schreibfehler enthalten haben!

[51] WETTSTEIN, Novum Testamentum II 130. Dabei dürfte es sich um dieselbe HS handeln, auf der auch die Angabe von H. Stephanus beruht, da diese HS auch in der ›Editio Regia‹ von R. STEPHANUS benutzt worden ist (dortige Zählung: ια, vgl. WETTSTEIN aaO II 12).

allerdings nicht mehr möglich, da diese Minuskel-HS inzwischen verschollen ist,[52] doch ist die Beurteilung der HS durch Stephanus als ›vetustum‹ mehr als fraglich.[53]

d) Das Fehlen von Zitaten aus den Büchern Jeremia, Ezechiel und Daniel

Im Vergleich zur späteren christlichen Literatur des 1. und 2. Jahrhunderts ist es besonders auffällig, daß in den Briefen des Paulus kein Zitat aus den Büchern Jeremia, Ezechiel und Daniel zu finden ist.

Dieser Tatbestand ist bislang kaum wahrgenommen worden. Er wird – jedenfalls in bezug auf Jeremia und Ezechiel – auch erst deutlich, wenn

1. 2 Kor 6,14–7,1 als unpaulinischer Einschub erkannt ist und nicht zur Erhebung des paulinischen Schriftgebrauchs herangezogen wird;[1]
2. für das Zitat in 1 Kor 1,31 (und 2 Kor 10,17) festgestellt ist, daß diese Anführung aufgrund mündlicher Schriftverwendung erfolgte, die sich von Jer 9,22f bzw. I Reg 2,10^{LXX} bereits erkennbar entfernt hat;[2]
3. 2 Kor 3,3 nicht als Jer- oder Ez-Zitat gewertet wird.

Zunächst ist deutlich, daß οὐκ ἐν πλαξὶν λιθίναις eine Anspielung auf Ex 31,18 bzw. 34,1 darstellt.[3] Darüber hinaus liegt in καρδίαι σάρκιναι zwar biblische Sprache vor, die auf Ez 11,19; 36,26 zurückgeht, eine Anspielung auf diese Stellen (oder gar ein Zitat) ist in 2 Kor 3,3 jedoch nicht festzustellen:[4] Während Ez 11,19; 36,26 vom Ersatz der (alten) καρδία λιθίνη durch die (neue) καρδία σαρκίνη sprechen, stellt Pls πλάκες λίθιναι und καρδίαι σάρκιναι (als ›Tafeln‹)[5] gegenüber. Noch größer ist der Abstand zu Jer 31(LXX: 38),33: Dort ist lediglich vom γράφειν ἐπὶ καρδίαις, jedoch nicht von καρδίαι σάρκιναι die Rede;[6]

4. der Begriff der καινὴ διαθήκη in 2 Kor 3,6 nicht auf unmittelbare Verwendung von Jer 31(LXX: 38),31 zurückgeführt wird.[7]

---

[52] Vgl. GREGORY, Prolegomena 617.653 (Zählung bei Gregory: Ac 8 bzw. P 10).

[53] Vgl. die kritischen Bemerkungen von WETTSTEIN aaO I 146; zum geringen textkritischen Wert von ›Cod. 10‹ vgl. ders. aaO I 141. II 12.

[1] Zur Diskussion über die Echtheit von 2 Kor 6,14–7,1 vgl. einerseits KÜMMEL, Einleitung 249f und andererseits VIELHAUER, Geschichte 153. Die gegen eine Echtheit sprechenden Argumente sind von Kümmel nicht überzeugend entkräftet worden, zumal wenn man nicht mehr an der ursprünglichen literarischen Einheit von 2 Kor festhält.

[2] S. o. S. 35f.

[3] S. o. S. 17.

[4] Anders als bei der Erwähnung der πλάκες λίθιναι ist es zum Verständis von καρδίαι σάρκιναι nicht erforderlich, den ursprünglichen Zusammenhang dieser Wendung zu kennen.

[5] Zur schwierigen Stellung von καρδίαις σαρκίναις nach ἐν πλαξίν vgl. LIETZMANN, 2 Kor 110f und BULTMANN, 2 Kor 77.

[6] Auch LUZ, EvTh 27, 1967, 322 rechnet nicht mit Rückgriff auf Jer 31 (LXX: 38), 31ff; vgl. auch die Entscheidung in NTGr^{26}; anders GALLEY, Heilsgeschehen 18f und HEGERMANN, EWNT I, 1980, 723, die Kenntnis und Benutzung von Jer 31,31ff voraussetzen und die Aussagen des Pls von dorther ergänzen.

[7] Zur Geschichte und Bedeutung von ברית / διαθήκη vgl. BEHM-QUELL, ThWNT II,

Ein direkter Rückgriff auf Jer 31(LXX: 38),31 ist kaum wahrscheinlich zu machen: Die Übereinstimmung beschränkt sich auf den Begriff der ›καινὴ διαθήκη‹, und dieser ist Pls aus der Abendmahlsüberlieferung (1 Kor 11,25) vorgegeben.[8]

Damit ist nicht nur für Daniel, sondern auch für Jeremia und Ezechiel davon auszugehen, daß Paulus nicht aus diesen Büchern zitiert. Dies ist in bezug auf Jeremia und Ezechiel besonders auffällig, da es sich hier um Schriften handelt, die nicht nur ausgesprochen umfangreich sind, sondern die auch für eine Verwendung durch Paulus durchaus geeignet gewesen wären.[9] Doch entspricht ihre Nichtbeachtung bei Paulus der offenbar recht geringen Rolle, die sie im zeitgenössischen Judentum gespielt haben. So werden – anders als Jesaja und das Zwölfprophetenbuch – Jeremia, Ezechiel und Daniel in der jüdischen Literatur vor 70 n. Chr. ausgesprochen selten zitiert.[10]

Auch in der frühchristlichen Literatur setzt erst nach 70 n. Chr. die Verwendung von Jer, Ez und Dan ein, wobei Ps, Jes, Dtn, Ex und XII weiterhin dominierend bleiben.[11]

1935, 105–137 und jetzt Kutsch, Testament (zu Jer 31,31–34: 37–46). – Der Begriff der ברית חדשה ist im zeitgenössischen Judentum nur in Qumran aufgenommen worden, und zwar (fast) ausschließlich in CD: 6,19; 8,21; 19,33; 20,12; außerdem ist wohl in 1QpHab 2,3 ברית vor חדשה zu ergänzen (vgl. Lohse, Texte 228). Dabei wird, wie in 2 Kor 3,6, lediglich der Begriff selbst verwendet und an keiner Stelle auf den Text von Jer 31,31 zurückgegriffen.

[8] Bei der Annahme eines direkten Rückgriffs auf Jer 31,31 ff müßte man eher fragen, warum Pls den Text nicht zitiert und auch inhaltlich gar nicht auswertet.

[9] Das gilt nicht nur für Jer 31,31 ff, sondern auch für die Gerichtsaussagen von Jer 4–7 und Ez 20–24 (vgl. die Jes-, XII- und Ps-Zitate in Röm 2,24; 3,10–18; 9–11) oder die Heilszusagen an Israel in Jer 30–33 und Ez 34 (vgl. die Jes-Zitate in Röm 11,26f; 15,12); d. h. Pls hat diese Fragenkreise mit Hilfe von Jes, Ps und XII durchdacht – und nicht mit Hilfe von Jer oder Ez.

[10] Für Jer hat dies C. Wolff, Jeremia (vgl. das Ergebnis 189–192) gezeigt: Ein Interesse an der Person Jeremias ist vor 70 n. Chr. – außerhalb der jüdischen Geschichtsschreibung, in der er natürlich nicht übergangen wurde – nur in der ägyptischen Diaspora feststellbar. Dies ändert sich erst in der Zeit nach 70 n.Chr., für die Jeremia als Prophet der Katastrophe und als Bußprediger stärkere Bedeutung erlangte. – Für Ez und Dan liegen keine vergleichbaren Untersuchungen vor, doch scheint hier die Lage ähnlich zu sein. Ez und auch Dan haben in Qumran nicht im Vordergrund gestanden (zitiert wird Ez nur zweimal, Dan überhaupt nicht; auch die impliziten Bezugnahmen auf Ez in CD und 1QH sowie auf Dan in 1QM sind wesentlich geringer als die auf Jes, XII und Ps. Analoges gilt für die Anzahl der gefundenen HSS dieser Bücher; s. A 14). Philo zitiert Ez und Dan überhaupt nicht.

[11] Im NT (ohne Pls; die Zählung beruht aus Gründen der Vergleichbarkeit auf den in NTGr[26] kursiv hervorgehobenen »loci citati«, vgl. aaO 739–775) liegen eindeutige Zitierungen von Jer 11mal, von Dan sogar 12mal, von Ez dagegen nur 4mal vor (neben den beiden Ez-Zitaten in 2 Kor 6,14–7,1 wird Ez nur noch in Apk aufgenommen); etwas anders ist das Bild in Barn und 1 Clem (Zählung der Zitate hier nach Funk-Bihlmeyer, Väter 151–157; ausgewertet wurden auch hier nur die ausdrücklichen Anführungen): Jer wird 10mal, Ez 8mal und Dan 5mal zitiert.

e) Ergebnis

1. Die Zitate des Paulus beschränken sich auf diejenigen Bücher, die nach 70 n. Chr. vom pharisäisch-rabbinischen Judentum endgültig als kanonisch anerkannt wurden.[12] Zitierungen aus Jesus Sirach oder der SapSal liegen nirgends vor.[13]

Die Zitate in 1 Kor 1,31 (und 2 Kor 10,17); 2,9 und 9,10b, die nicht in der Schrift nachweisbar sind, sind nicht einer – dann apokryphen – schriftlichen Quelle entnommen. Vielmehr sind sie als freie Weiterbildung von Schriftworten bzw. Analogiebildungen zu beurteilen, die Paulus aus mündlicher Überlieferung bekannt waren. Sie wurden auch von ihm aufgrund ihrer jeweiligen Nähe zur Schrift vorbehaltlos als Schriftworte angesehen und verwendet.

2. Die deutliche Bevorzugung einiger Schriften (Jes, Ps, Gen, Dtn, XII) und die gleichzeitige völlige Nichtbeachtung anderer Bücher (Jer, Ez, Dan) entspricht zeitgenössischer jüdischer Zitier- und Auslegungspraxis.[14]

3. Außerdem ist bei Paulus eine weitere Reduktion festzustellen. Zunächst ist die begrenzte Aufnahme der Gesetzesüberlieferung des Pentateuchs bemerkenswert. Hier steht für Paulus deutlich das Deuteronomium im Vordergrund. Aus Leviticus werden nur Lev 18,5 und 19,18 zitiert. Alles übrige findet – wie auch das gesamte Buch Numeri – keine Verwendung. Hierin zeigt sich eine – für das hellenistische Urchristentum insgesamt – charakteristische Verschiebung: Die konkreten Gesetzes- und Kultvorschriften treten in den Hintergrund.

Einen Wandel signalisiert auch das völlige Fehlen der Bücher Josua, Richter, 1 und 2 Samuel, 2 Könige sowie 1 und 2 Chronik unter den von Paulus herangezogenen Schriften: Die gesamte Geschichtsüberlieferung von der Landnahme über die vorstaatliche und staatliche Zeit Israels bis hin zum Exil und zur Rückkehr ist damit ausgefallen. Die beiden einzigen Anführungen aus 1 Könige

---

[12] Zur Entstehung des Kanons vgl. WANKE, TRE VI, 1980, 1–8 und die dort angegebene Lit.

[13] Auch in Röm 1,18–31 liegen keine literarischen Beziehungen zu Sap vor; vgl. LIETZMANN, Röm 33; WILCKENS, Röm I 96–100.

[14] Dies zeigt ein Vergleich mit Qumran und Philo. Von den 40 Schriftzitaten in CD, 1QS und 1QM entfallen auf XII: 10; Dtn: 9; Jes: 6; Num: 5; Lev: 4; Ez: 2; Gen, Ex, 1 Sam und Prv je 1; hinzu kommen die Zitate in 4QTest und 4QFlor (Dtn: 3; Ps: 2; Num und 2 Sam je 1). Dies Bild ist zu ergänzen durch die Anzahl der HSS, die von den einzelnen Büchern gefunden wurden. Vorhanden sind (nach BURCHARD, Bibliographie II 321–329; hebräische, aramäische und griechische Texte sind zusammengefaßt) von Dtn: 35; Ps: 32; Ex: 21; Gen: 17; XII: 16; Lev: 12; Dan: 9; Jes und Num je 8 HSS (bzw. Fragmente). Die übrigen Bücher sind mit einer geringeren Anzahl vertreten. Aufschlußreich ist auch, welche Bücher kommentiert wurden (also von besonderem Interesse waren). Pescher-Kommentare existieren von Jes (5), Ps (insgesamt 3), Hos (2), Mi, Nah, Hab und Zeph (je 1). – Auch bei Philo begegnen Ps-Zitate bes. häufig: Von den 43 Anführungen aus Büchern außerhalb des Pentateuchs (Zählung nach COHN-WENDLAND, Philo VII [Leisegang] 43) entfallen auf Ps 17, gefolgt von 8 Zitaten aus I Reg, je 4 aus Jer und XII, 2 aus Jes sowie je 1 Zitat aus Jos, Jdc und III Reg.

in Röm 11,3f bestätigen nur dieses Bild, da es sich um prophetische Überlieferung handelt. Daß dieser breite – und im Judentum z. Zt. des Paulus sehr wohl präsente – Traditionsbereich bei Paulus fehlt, wird man kaum als Zufall bewerten können. Zunächst kann man natürlich darauf verweisen, daß sich für das hellenistische Urchristentum allgemein, je stärker es über den judenchristlichen Bereich hinauswuchs, der Rückbezug auf die Geschichtsüberlieferung Israels lockerte. Aber für Paulus selbst ist diese Erklärung nicht ausreichend. Offensichtlich bot ihm dieser Bereich der Schrift nichts, was ihm zur Klärung der sich ihm stellenden theologischen Probleme hilfreich war.

4. Der Schrifttext des Paulus

a) Die Stellung des von Paulus vorausgesetzten Textes innerhalb der Textgeschichte der Septuaginta

Paulus setzt in seinen Schriftzitaten grundsätzlich den Text der LXX voraus. Zu fragen ist, ob sich darüber hinaus der von Paulus verwandte LXX-Text noch genauer in die Textgeschichte der LXX einordnen läßt.[1] Angesichts der unterschiedlichen Textgeschichte der LXX-Übersetzung der verschiedenen Bücher der Schrift ist diese Frage jeweils gesondert zu stellen. Sie kann zudem nur für diejenigen Bücher beantwortet werden, von denen eine größere Anzahl von Zitaten vorliegt.

α) *Jesaja*

In der LXX des Buches Jesaja werden die beiden dominanten Texttypen jeweils durch zwei wichtige Majuskeln repräsentiert, der (ältere) ›alexandrinische‹ Text durch A und Q, häufig auch durch S unterstützt, und der (spätere) hexaplarische Text durch B und V. Hinzu kommen die Lukian- und Catenen-Texte.[2] Innerhalb der von Paulus zitierten Jesaja-Texte treten diese Textgruppen an folgenden Stellen auseinander:[3]

---

[1] Mit der Zugehörigkeit des von Pls vorausgesetzten LXX-Textes zu den einzelnen HSS hat sich bereits VOLLMER, Citate 13–21 beschäftigt, ist jedoch – und dies ist nicht zufällig – nur für Jes zu einem klaren Ergebnis gekommen. Vollmers Resultate wurden von MICHEL, Paulus 61–63 und ELLIS, Use 13f übernommen.

[2] Vorausgesetzt ist die Analyse der Textgeschichte durch ZIEGLER, LXX^{Jes} 21–106.

[3] In der Aufstellung sind die Textgruppierungen von ZIEGLER, LXX^{Jes} 21–95 vorausgesetzt, jedoch sind die Angaben vereinfacht. Angeführt werden für die alexandrinische und die hexaplarische Textgruppe jeweils deren Hauptvertreter (A Q bzw. B V; S ist jeweils gesondert genannt). Wird eine LA von einer dieser Gruppen geschlossen vertreten, ist »al« bzw. »or« hinzugefügt. »L« und »C« bedeuten die Gesamtheit oder die Mehrheit des Lukian- bzw. Catenen-Textes. Abweichungen einer Minderheit werden bei L und C nicht notiert. Obelisierungen sind jeweils nicht berücksichtigt, d. h. als Zeugen *für* den Text gewertet.

a) Paulus stimmt mit der ältesten Textfassung überein:[4]
1. Jes 10,22: κατάλειμμα A Q al (Röm 9,27 ὑπό-)] + αὐτῶν S B V or L C
2. Jes 10,22: λόγον γάρ A Q al S V L C (Röm 9,28)] - γάρ B
3. Jes 28,16: ὁ πιστεύων ἐπ' αὐτῷ A Q al S L C (Röm 9,33; 10,11)] - ἐπ' αὐτῷ B V or
4. Jes 29,14: σοφῶν / συνετῶν A Q al S B C (1 Kor 1,19)] + αὐτοῦ L; + αὐτῶν V
5. Jes 29,16: τῷ πλάσαντι A Q al S L C (Röm 9,20)] + αὐτό B V or
6. Jes 40,13: σύμβουλος αὐτοῦ A Q (Röm 11,34)] αὐτοῦ σύμβουλος S B V L C
7. Jes 45,23: ἐξομολογήσεται A Q al S$^{c\,mg}$ (Röm 14,11)] ὀμεῖται S$^{c\,txt}$ (S* ομνιται; S$^{c\,a\,vid}$ ομιται) B V L C
8. Jes 45,23: τῷ θεῷ A Q al S^c (Röm 14,11)] τὸν θεόν B V L C; τὸν κύριον S*
9. Jes 52,5: ἐν τοῖς ἔθνεσιν A Q al S B L C (Röm 2,24)] fehlt in V
10. Jes 54,1: βόησον A Q al S B C (Gal 4,27)] + καὶ τέρπου V L
11. Jes 59,7: αἷμα A Q al S B C (Röm 3,15)] + ἀναίτιον V L
12. Jes 65,1: ἐγενόμην A S* L (Röm 10,20) ἐγενήθην S^c Q B V C
13. Jes 65,2: πρός A Q al S B V or C (Röm 10,21)] ἐπί L

b) Paulus stimmt mit einer wahrscheinlich schon vorpaulinisch veränderten Textfassung überein:[5]
14. Jes 10,23: κύριος B V (Röm 9,28)][6] ὁ θεός A Q al S L; κύριος κύριος δυνάμεων C
15. Jes 40,13: συμβιβάσει A Q^{mg} S$^{c\,a}$ V C (1 Kor 2,16)][7] συμβιβᾷ Q^{txt} S* B L

Stellt man Übereinstimmungen und Abweichungen der Majuskeln (sowie des Lukian- und Catenen-Textes) mit dem Jes-Text des Paulus zusammen, zeigt sich ein recht deutliches Ergebnis:[8]

---

[4] Als ›älteste Textfassung‹ ist der Text von ZIEGLER, LXX^{Jes} vorausgesetzt. Gründe, daß dieser bereits von Pls abhängig ist, liegen an keiner Stelle vor. Rein grammatische oder orthographische Varianten bleiben hier wie für die übrigen Bücher der LXX unberücksichtigt.

[5] Nicht berücksichtigt sind:
1. Jes 40,13: ἤ V C (Röm 11,34)] καί A Q al S B L
2. Jes 59,8: ἔγνωσαν A (Röm 3,17)] οἴδασι Q S B V L C
Jeweils ist die äußere Bezeugung recht begrenzt und pln Herkunft wahrscheinlich; s. u. S. 143.166; vgl. auch ZIEGLER, LXX^{Jes} 27 (zu den ntl. Einflüssen in A).

[6] MT: אדני יהוה צבאות. Κύριος ist zwar nur recht schmal bezeugt, doch ist pln Herkunft auszuschließen. Pls ändert in keinem weiteren Zitat θεός zu κύριος (s. u. S. 87) und verwendet außerhalb von Zitaten κύριος nur christologisch, während es hier Gottesbezeichnung ist (vgl. V 29 [Jes 1,9]: κύριος σαβαώθ und 9,14–29 insgesamt).

[7] Die Bezeugung ist relativ breit gestreut. Eine Änderung des seltenen ›attischen‹ Futurs -βιβᾷ (für συμβιβάζω in LXX nur noch Ψ 31,8: συμβιβῶ, jedoch mit v. l. -άσω; vgl. auch Ex 4,12) lag auch vor Pls nahe; vgl. THACKERAY, Grammar 229; HELBING, Grammatik 86.

[8] Angegeben ist zunächst die Gesamtzahl der Übereinstimmungen bzw. Abweichungen; in Klammern ist jeweils das Ergebnis für Nr. 1–13 hinzugefügt.

	Übereinstimmungen	Abweichungen
A	14 (13)	1 (0)
Q	12 (12)	3 (1)
S	9 (9)	6 (4)
B	6 (5)	9 (8)
V	4 (2)	11 (11)
L	5 (5)	10 (8)
C	9 (8)	6 (5)

Noch klarer wird das Bild, wenn man lediglich die alexandrinische und die hexaplarische Handschriftengruppe zum Vergleich heranzieht und die Gegenüberstellung auf diejenigen Fälle beschränkt, in denen beide jeweils geschlossen einen unterschiedlichen Text vertreten:

	Übereinstimmungen	Abweichungen
A Q al	11 (11)	1 (0)
B V or	1 (1)	3 (3)

Die Zugehörigkeit des von Paulus vorausgesetzten Jes-Textes zur frühen alexandrinischen Textform[9] ist damit eindeutig.[10] Die zahlreichen hexaplarischen Angleichungen an den hebräischen Text, die auch innerhalb der paulinischen Textausschnitte vorliegen, fehlen (fast) völlig, obwohl der Jes-Text des Paulus zugleich deutliche Spuren einer hebraisierenden Überarbeitung aufweist.[11]

Die einzige Übereinstimmung zwischen einer hexaplarischen Angleichung an den HT und dem pln Jes-Text liegt in Jes 10,23 vor, wo B V und einige weitere hexaplarische HSS – wie in Röm 9,28 – κύριος lesen.[12]

Der Abstand zur lukianischen Rezension und die größere Übereinstimmung mit dem Text der Catenen-Handschriften bestätigen das Gesamtbild, da in C – anders als in L – wieder stärker Elemente des alexandrinischen Textes enthalten sind.

Auf diesem Hintergrund ist auch in Röm 10,20 die Umstellung innerhalb von Jes 65,1 zu beurteilen. Gegenüber A (Q) al S (C):

ἐμφανὴς ἐγενόμην τοῖς ἐμὲ μὴ ζητοῦσιν,
εὑρέθην τοῖς ἐμὲ μὴ ἐπερωτῶσιν

---

[9] Die weitgehende Übereinstimmung der Jes-Zitate des Pls mit A bei gleichzeitiger Differenz zu B hatte bereits VOLLMER, Citate 20 (im Anschluß an KAUTZSCH, Locis 86) festgestellt.

[10] Der einzige Fall, in dem der Jes-Text des Pls auch geschlossen von B V or vertreten wird (Jes 65,2 = Nr. 13) bestätigt nur dieses Bild: Auch A Q al lesen πρός, ἐπί wird nur von lukianischen HSS vertreten.

[11] S. u. S. 57–69.78–81.

[12] Wobei für die Jes-Vorlage des Pls das Tetragramm vorauszusetzen ist; s. u. S. 84–88.

stellt (B V) or L:
   ἐμφανὴς ἐγενόμην τοῖς ἐμὲ μὴ ἐπερωτῶσιν,
   εὑρέθην τοῖς ἐμὲ μὴ ζητοῦσιν
eine Angleichung an den HT dar. Die Textform von Röm 10,20:
   εὑρέθην (ἐν) τοῖς ἐμὲ μὴ ζητοῦσιν,
   ἐμφανὴς ἐγενόμην τοῖς ἐμὲ μὲ ἐπερωτῶσιν
ist dagegen nicht als Angleichung an den HT erklärbar und am ehesten als Abänderung der LA von A etc. verständlich: als innergriechische Variante, bei der unabhängig vom HT die naheliegende Zuordnung von εὑρέθην und ζητοῦσιν vorgenommen wurde. Für diese rein stilistische Änderung ist pln wie vorpln Herkunft gleichermaßen möglich.

In zwei weiteren Fällen ist ebenfalls mit der Möglichkeit vorpln innergriechischer Textänderungen zu rechnen, obwohl diese nicht in den HSS bezeugt sind:
  1. Jes 10,22 κατάλειμμα] ὑπόλειμμα (Röm 9,27)
  2. Jes 65,1 εὑρέθην τοῖς (Röm 10,20 ℵ A C D¹ Ψ 𝔐)] εὑρέθην ἐν τοῖς (Röm 10,20 P⁴⁶ B D* F G 1506^vid)[13].

Umgekehrt sind auch Rückwirkungen pln Zitatformen auf die LXX-Überlieferung zu beobachten. Ein besonders deutliches Beispiel liegt in Jes 40,14 vor, wo A, die meisten alexandrinischen Minuskeln, S*, einige lukianische HSS und sämtliche Catenentexte Hi 41,3a (= Röm 11,35) anfügen. Schon die Zusammenstellung von Jes 40,13 und Hi 41,3a ist pln, zudem wird Hi 41,3a in der gleichen hebraisierenden Rezension angeführt, die lediglich in Röm 11,35 vorliegt.[14]

β) Pentateuch

In der LXX des Pentateuchs treten nicht, wie z. B. in der Jes-Übersetzung, zwei sich klar gegenüberstehende Textgruppen hervor. Die Übersetzung des ›Nomos‹ ist der älteste und wichtigste Teil der ›Septuaginta‹, und die Textüberlieferung weist hier eine größere Geschlossenheit auf als in den prophetischen und poetischen Büchern.[15] Dies spiegelt sich beim Vergleich des paulinischen Pentateuchtextes mit den einzelnen Majuskeln bzw. Minuskel-Gruppen deutlich wider.

Innerhalb der Pentateuchzitate des Paulus liegt an folgenden Stellen keine geschlossene Textüberlieferung vor:[16]

---

[13] In Röm 10,20 ℵ etc. dürfte eher die sekundäre LA vorliegen als umgekehrt. Die Einfügung von ἐν ist eine Erleichterung, um die beiden Dative voneinander abzuheben; sie kann pln, aber auch schon vorpln sein.

[14] S. u. S. 72f.178f.

[15] Der Rang der Pentateuchübersetzung geht auch daraus hervor, daß nur für diesen Teil der ›LXX‹ mit dem Aristeasbrief eine eigene Entstehungslegende vorliegt; zur Diskussion über EpArist vgl. die Zusammenfassung bei JELLICOE, Septuagint 29–58.

[16] Die Angaben der Majuskeln (A B F M V) und der (Minuskel-)Textgruppen (O C b–z) erfolgt nach WEVERS, LXX^Gen und ders., LXX^Dtn. D und die Papyri sind jedoch nicht angeführt, da deren fragmentarischer Zustand einen Vergleich mit dem pln Pentateuch-Text nicht zuläßt. Die Angaben von Wevers sind außerdem insofern vereinfacht, als auf die Nennung einzelner Minuskel-HSS grundsätzlich verzichtet wird und Minuskel-Gruppen auch nur angeführt werden, wenn sie die betreffende LA mit mindestens zwei Dritteln der vorhandenen Texte unterstützen. – Für Lev sind nur die Majuskeln genannt, da hier (wie für Ex) nur die Ausgabe von BROOKE-MCLEAN, LXX zur Verfügung steht, deren Angaben hinsichtlich der Minuskeln sich nicht mit denen von Wevers vergleichen lassen.

a) Paulus stimmt mit der ältesten Textfassung überein[17]
1. Gen 12,3: ἐνευλογηθήσονται M O C b d f n s t y z (Gal 3,8)] εὐλογηθήσονται A
2. Gen 21,10: κληρονομήσει A M d n s t y z (Gal 4,30)] κληρονομήσῃ C f
3. Dtn 5,17-19 B V b d n t (Röm 13,9 a)]
   Dtn 5,18.17.19 A F M O C f s y z
4. Dtn 19,15: δύω μαρτύρων A B F M V O C b f n s t y z (2 Kor 13,1)] δύω d
5. Dtn 19,15: καί A B F M V O C n s t y z (2 Kor 13,1)] ἤ b d
6. Dtn 19,15: σταθήσεται A F M V O C b d n s t y z (2 Kor 13,1)] στήσεται B
7. Dtn 27,26: ποιῆσαι A B F M V O C d f n s t y z (Gal 3,10)] ποιεῖν b
8. Dtn 30,14: ἐγγύς σού ἐστιν τὸ ῥῆμα A F M O C b d f s t y z (Röm 10,8 ἐγγύς σου τὸ ῥῆμά ἐστιν)] ἐστιν σου ἐγγὺς τὸ ῥῆμα B
9. Dtn 32,21 c: ἔθνει AB F O C d s t y z (Röm 10,19)] ἔθνη M V
10. Dtn 32,21 d: ἔθνει A B F V O C f n s t y z (Röm 10,19)] ἔθνη M b d

b) Paulus stimmt mit einer wahrscheinlich schon vorpaulinisch veränderten Textfassung überein[18]
11. Gen 21,10: οὐ γὰρ μή A O C b f n s t y (Gal 4,30)][19] οὐ γὰρ M d n
12. Lev 18,5: ποιήσας αὐτά F M (Gal 3,12; Röm 10,5)][20] ποιήσας A B V
13. Dtn 27,26: ὅς B F V C b s (Gal 3,10)] ὅστις A M d f n t y z
14. Dtn 27,26: τοῦ ποιῆσαι A F M O b d f s y (Gal 3,10)] ποιῆσαι B V t z

---

[17] Grundlage ist für Gen und Dtn WEVERS, LXX^{Gen} bzw. ders., LXX^{Dtn}, für Ex und Lev RAHLFS, LXX.

[18] Die vorpln Herkunft des pln Textes ist jeweils (relativ) sicher: Gründe für eine pln Änderung liegen nicht vor, und die jeweils recht breite Bezeugung spricht für ein recht hohes Alter der betreffenden LA.

[19] Vorpln Herkunft ist hier wahrscheinlicher als eine pln Zufügung von μή: οὐ μή ist bei Pls selten (außerhalb von Zitaten nur 1 Kor 8,13; Gal 5,16; 1 Thess 4,15; 5,3); zudem hat Pls in Röm 9,33 (Jes 28,16) οὐ μή in οὐ abgeändert (vgl. KOCH, ZNW 71, 1980, 181 A 30).

[20] Αὐτά wird von der überwiegenden Mehrheit der HSS vertreten; wie A B V lesen (nach BROOKE-MCLEAN, LXX) nur noch 55 121 und 129*. Doch ist die Zufügung von αὐτά nicht abhängig von der Abänderung von ἅ in ὁ, wie die von F* M 29 44 54 57 85 130 344 509 vertretene LA ἅ ποιήσας αὐτά zeigt.
Die Zufügung von αὐτά ist als Angleichung an den HT verständlich (MT: אשר יעשה אתם), während pln Herkunft nicht wahrscheinlich gemacht werden kann: Bei pln Zufügung wäre in Gal 3,12b nach V 12a (ὁ δὲ νόμος κτλ.) eher αὐτόν zu erwarten; in Röm 10,5 ist αὐτά nach τὴν δικαιοσύνην κτλ. noch störender (zum textkritischen Problem – αὐτά fehlt bei א* A D* 33* etc. – s. u. S. 293f). Dagegen ist für ὁ anstelle von ἅ eher pln Herkunft anzunehmen; s. u. A 28.

Daraus ergibt sich folgendes Bild:[21]

	Übereinstimmungen	Abweichungen
A	10 (8)	4 (2)
B	7 (6)	4 (2)
F	10 (7)	1 (1)
M	9 (7)	5 (3)
V	7 (6)	3 (1)
O	10 (8)	1 (1)
C	10 (8)	2 (2)
b	8 (5)	3 (3)
d	8 (7)	5 (3)
f	7 (5)	3 (2)
n	9 (8)	2 (0)
s	12 (9)	1 (1)
t	11 (10)	2 (0)
y	11 (9)	2 (1)
z	9 (9)	3 (1)

Der Pentateuchtext des Paulus weist somit im Verhältnis zu den Majuskeln die größte Nähe zu F, sodann zu A auf, während umgekehrt zu B ein größerer Abstand festzustellen ist.[22] Das Verhältnis zu den Minuskeln bestätigt dieses Ergebnis: Die Übereinstimmung mit der A besonders nahestehenden Gruppe y ist deutlich größer als mit der B nahestehenden Gruppe f.[23] Eine besondere Nähe zur hexaplarischen Rezension oder zum Catenen-Text liegt trotz der häufigen Übereinstimmungen nicht vor. Wo der Pentateuchtext des Paulus mit O oder C übereinstimmt, wird er auch von den Majuskeln (oder zumindest einem Teil von ihnen) vertreten.

Auch für den Pentateuchtext des Paulus ist mit sekundären Textentwicklungen zu rechnen, die Paulus bereits voraussetzt,[24] ebenso aber auch mit der

---

[21] Die Reihenfolge ist innerhalb der Majuskeln und der Minuskel-Gruppen jeweils alphabetisch. Die Gesamtsumme ist mehrfach niedriger als die Zahl der behandelten Textstellen, da einige HSS lückenhaft sind, die Minuskel-Gruppen nur bei klarer Bezeugung aufgeführt sind und zudem für Lev entfallen. Zugleich ergibt sich daraus, daß nicht die reine Zahl der Übereinstimmungen, sondern das Verhältnis von Übereinstimmungen zu Abweichungen von Bedeutung ist. – Genannt ist zunächst jeweils das Gesamtergebnis, in Klammern sind die Zahlen für Nr. 1–10 hinzugefügt.
[22] Schon VOLLMER, Citate 20 hatte festgestellt, daß die Pentateuchzitate des Pls mehrfach mit F (sowie mit A) übereinstimmen. Die jetzt mögliche Berücksichtigung der Gruppierungen der Minuskeln bestätigt und vervollständigt dies Ergebnis.
[23] Vgl. WEVERS, Text Genesis 112–129.139–157; das Bild wird noch klarer, wenn man die f am nächsten stehenden Gruppen b und d (vgl. WEVERS aaO 129) hinzunimmt.
[24] S. o. S. 52 Nr. 11–14. Aufgrund der auffällig großen Übereinstimmung zwischen dem pln Pentateuchtext und F ist die Möglichkeit nicht auszuschließen, daß sogar in Dtn

entgegengesetzten Entwicklung, nämlich der Entstehung von Varianten aufgrund paulinischer Zitatabänderungen.

Mit Rückwirkung pln Zitatveränderungen auf die LXX-Überlieferung ist zu rechnen in:
1. Gen 15,6: ἐπίστευσεν δέ b (Röm 4,3)[25]
2. Gen 21,10: παιδίσκην (ohne ταύτην) C b f z (Gal 4,30)
3. Gen 21,10: παιδίσκης (ohne ταύτης) A b (Gal 4,30)[26]
4. Ex 9,16: δύναμιν A M* 29 44 52 54 57 59 85ᶜ 106 121 130 134 135 509 (Röm 9,17)][27] ἰσχύν B Mᶜ 15 19 38 53 55 56 58 72 75 82 85* 108 120 129 314 344 426
5. Lev 18,5: ὁ ποιήσας 15 19 38 52 53 56 58 59 72 108 129ᵃ 134 314 407 426 (Gal 3,12; Röm 10,5)][28] ἃ ποιήσας A B F* M V 29 44 54 55 57 85 121 129* 130 344 509
6. Dtn 19,15: Auslassung von ἐπὶ στόματος² 381 618 767 (2 Kor 13,1)[29]
7. Dtn 19,15: Auslassung von μαρτύρων² b (2 Kor 13,1)
8. Dtn 21,23: πᾶς ὁ V d n t y (Gal 3,13)][30] πᾶς A B F M C b f
9. Dtn 30,12: Auslassung von ἡμῖν (v. l. ἡμῶν) 55 76 246 (Röm 10,6)[31]
10. Dtn 30,13: Auslassung von ἡμῖν b (Röm 10,7).

Sekundäre Angleichungen an pln Zitatformen liegen somit am häufigsten in der HSS-Gruppe b vor.

γ) Zwölfprophetenbuch

Im Zwölfprophetenbuch treten die LXX-HSS innerhalb der von Paulus zitierten Texte an folgenden Stellen auseinander:[32]

a) Paulus stimmt mit der ältesten Textfassung überein
1. Joel 3,5: ὃς ἂν A Q B V O L C (Röm 10,13)] ὃς ἐάν S
2. Mal 1,2: ἐμίμησα A Q B V O L C (Röm 9,13)] + λέγει κύριος S

b) Paulus stimmt mit einer wahrscheinlich schon vorpaulinisch veränderten Textfassung überein
3. Hos 2,1: ἐκεῖ κληθήσονται υἱοί A V (Röm 9,26)][33] κληθήσονται καὶ αὐτοὶ υἱοί B Q O C; αὐτοὶ κληθήσονται υἱοί L

30,14 die Auslassung von σφόδρα (bezeugt nur von F 53 664 = Röm 10,8) vorpln ist. Ob dagegen κημώσεις im Zitat von Dtn 25,4 (LXX geschlossen: φιμώσεις) in 1 Kor 9,9 bereits vorpln ist, muß offen bleiben; s. u. S. 142.

[25] S. u. S. 132 f.

[26] Die doppelte Auslassung des Demonstrativpronomens in Gal 4,30, die auf Pls zurückzuführen ist (s. u. S. 121), begegnet also nur in den HSS von b.

[27] S. u. S. 141.

[28] Die Abänderung war bei isolierter Anführung des Zitats naheliegend, zumal bei vorpln Zufügung von αὐτά (s. o. S. 52). Daß die Zufügung von αὐτά unabhängig (und zwar früher) erfolgt ist als die Abänderung von ἅ zu ὁ zeigt sich auch daran, daß alle HSS, die den Artikel bieten, auch αὐτά lesen, αὐτά sich aber auch in einem Teil der HSS findet, die das Relativpronomen haben.

[29] S. u. S. 117 f.

[30] Hier liegt Angleichung an Dtn 27,26 (Gal 3,10) vor; s. u. S. 132 A 2.

[31] S. u. S. 132.

[32] Zur Textgeschichte vgl. ZIEGLER, LXXˣᴵᴵ 30–102; S ist erst ab Joel erhalten, W sogar so lückenhaft, daß ein Vergleich mit der pln Textform nicht möglich ist.

[33] B Q etc. dürften hier den älteren Text bieten (so ZIEGLER, LXXᴶᵉˢ); RAHLFS, LXX bevorzugt dagegen die LA von A V etc., doch ist die LA von B etc. nicht als Änderung von A etc. erklärbar; s. u. S. 174.

4. Hos 2,25: τὴν οὐκ ἠγαπημένην B V (Röm 9,25)][34] τὴν οὐκ ἠλεημένην A Q O L C

Daraus ergibt sich:[35]

	Übereinstimmungen	Abweichungen
A	3 (2)	1 (0)
B	3 (2)	1 (0)
Q	2 (2)	2 (0)
S	0 (0)	2 (2)
V	4 (2)	0 (0)
O	2 (2)	2 (0)
L	2 (2)	2 (0)
C	2 (2)	2 (0)

Die geringe Anzahl der Schriftstellen erlaubt nur begrenzte Schlußfolgerungen. Nicht überraschend ist es, daß der XII-Text des Paulus nicht die Sonderlesarten von S teilt. Umgekehrt ist die Übereinstimmung mit V – insbesondere auch dort, wo Paulus einen bereits sekundär veränderten Text voraussetzt – am größten.

δ) Psalmen

Trotz der großen Anzahl von Psalm-Zitaten zeigt sich bei deren Vergleich mit den von *A. Rahlfs* ausgegrenzten Textgruppen[36] kein spezifisches Profil des paulinischen Ψ-Textes. Die wenigen Fälle, in denen die Textüberlieferung innerhalb der von Paulus zitierten Textstellen differiert, sind zumeist stilistischer bzw. grammatischer Natur[37] oder es handelt sich um reine Sonderlesarten.[38]

Die einzige bemerkenswerte inhaltliche Differenz liegt in Ψ 13,3b χρηστότητα B S U L A (Röm 3,12)] ἀγαθόν R Ga (vgl. Ψ 52,4b) vor. Pls stimmt hier mit der älteren Textform

---

[34] B V sind hier kaum ursprünglich; sekundär ist erst recht die jeweilige LA τὴν ἠγαπημένην in 1,6.8; 2,3 durch V 407 La^SW. Die Ausweitung von τὴν ἠγαπημένην in der Textüberlieferung ist sicher von Röm 9,25 gefördert worden. Dennoch ist τὴν ἠγαπημένην in 2,25 nicht auf Röm 9,25 zurückzuführen. Pls hat zwar den Beginn des Zitats erheblich umgestaltet (s. u. S. 104f), doch ist, wie die Verwendung von ἐλεεῖν und ἔλεος in Röm 9,15.18.23 zeigt, für Pls kein Grund vorhanden gewesen, ἐλεεῖν zu ersetzen, zumal ἀγαπᾶν (abgesehen vom Zitat in 9,13) im Kontext überhaupt nicht verwendet wird. – Nicht aufgenommen ist Hab 2,4b, da die von W* B S etc. abweichenden Lesarten Angleichungen an ntl Zitatformen sein dürften; s. u. S. 127ff.

[35] Die Majuskeln sind alphabetisch geordnet; zunächst ist die Gesamtzahl der Übereinstimmungen bzw. Abweichungen angegeben; in Klammern ist das Ergebnis für Nr. 1 und 2 hinzugefügt.

[36] RAHLFS, Text 219–237; ders., LXX^Ψ 21–71.

[37] So Ψ 68,10b ἐπέπεσαν B S R (Röm 15,3)] ἐπέπεσον L. – Ψ 43,23a ἕνεκεν A S 2013 (Röm 8,36)] ἕνεκα B R L (= RAHLFS, LXX^Ψ); die Abänderung ist wohl nicht erst auf Pls zurückzuführen, vgl. RAHLFS aaO zu Ψ 24,7.

[38] So Ψ 31,1b: ἐπεκαλύφθησαν B S A R L (Röm 4,7)] ἀπ- U.

überein. Umgekehrt ist für Ψ 68,23 ein bereits vorpln veränderter Text in Betracht zu ziehen, obwohl dieser nicht in den HSS bezeugt ist:[39]
Ψ 68,23a: ἐνώπιον αὐτῶν εἰς παγίδα] εἰς παγίδα καὶ εἰς θήραν (Röm 11,9a)
Ψ 68,23b: ἀνταπόδοσιν] ἀνταπόδομα (Röm 11,9b)

Andererseits liegt im LXX-Psalter die stärkste Rückwirkung einer paulinischen Zitatform auf die handschriftliche Überlieferung vor: Im Anschluß an Ψ 13,3a.b ist in die gesamte Überlieferung die Zitatkombination Röm 3,13–18 eingedrungen, die in Röm 3,10ff mit Ψ 13,1–3 einsetzt.

Die Zufügung fehlt in A 55 L (in Ga obelisiert), doch dürfte dies bereits eine sekundäre Korrektur darstellen.[40] Zwar trägt die Ergänzung kein »christliches Gepräge«,[41] doch weist die Zitatkombination insgesamt die gleiche Tendenz auf wie die pln Umgestaltung von Ψ 13,1–3: So wird in Röm 3,10–18 sowohl Ψ 13,1–3 als auch Jes 59,7f jeweils so verkürzt, daß das Thema der Torheit ausgeblendet ist.[42] Auch die Tatsache, daß alle übrigen Abänderungen der hier aufgenommenen Texte[43] ohne jede Abweichung sowohl in Röm 3,13–18 als auch in Ψ 13,3c–k begegnen, spricht eher dagegen, daß diese Ergänzung schon vor Pls zu Ψ 13,3a.b zugewachsen ist. Umgekehrt bestehen zwischen der Zitatkombination und dem pln Kontext keinerlei Spannungen, die auf eine vorpln Herkunft hinweisen könnten.[44]

ε) Die übrigen Bücher der Schrift

Für die Proverbienzitate des Paulus ist schon aufgrund der schmalen Vergleichsbasis eine genauere Einordnung in die (zudem noch keineswegs erschlossene) Textgeschichte dieses LXX-Buches nicht möglich.[45]

Für Prv 25,21a ist damit zu rechnen, daß Pls in Röm 12,20 einen sekundär veränderten Text voraussetzt: Prv 25,21a: ψώμιζε B 149 254 260 295 297 (Röm 12,20)] τρέφε A S V (+ ἄρτῳ) 68 106 109 147 157 159 161 248 252 253 261 296 Compl. Ald. Gegenüber τρέφε ist ψώμιζε als naheliegende Angleichung an πότιζε (Prv 25,21a) zu beurteilen. Pln Herkunft ist trotz 1 Kor 13,3 nicht anzunehmen.[46]

---

[39] S. u. S. 138.
[40] Vgl. RAHLFS, Text 42.229; ders., LXX^Ψ 20f; ebenso HANHART, ZThK 81, 1984, 411.
[41] HANHART, ZThK 81, 1984, 411, der daher für vorchristliche Herkunft eintritt.
[42] S. u. S. 119.
[43] S. u. S. 109.119.143.
[44] S. u. S. 182f. Weitere Rückwirkungen von Röm 3,10–18 liegen vor in Ψ 5,10 (sa: Zufügung von Röm 3,13c), Ψ 13,1c.2 (1221) und Ψ 13,3b (S 2019 U 1221: jeweils Zufügung des Artikels vor dem Partizip).
[45] Die einzige Textausgabe ist neben den Handausgaben von SWETE, LXX und RAHLFS, LXX immer noch die von HOLMES-PARSONS, LXX, auf der im folgenden die Angaben der Textzeugen beruhen.
[46] Das seltene ψωμίζειν (von ψωμός ›Brocken‹; Grundbedeutung ›[ein Kleinkind] füttern‹) wird sonst immer mit dem Akk. der Person (und z. T. zusätzlich mit dem Akk. der Sache) gebraucht (das gilt auch für die von CONZELMANN, 1 Kor 272 A 41 angeführten Stellen Pollux VI 33 [Bethe II 9] und Dan 4,32^LXX) und nicht mit dem Akk. der Sache allein (so jedoch 1 Kor 13,3), was zur Bedeutung ›zerteilen‹ bzw. ›verfüttern‹ führen würde (vgl. BAUER, Wb. 1768 s. v. und CONZELMANN aaO 272), die allerdings sonst nirgends belegt ist. Diese Unsicherheit in der einzigen selbständigen Verwendung von ψωμίζειν zeigt, daß es nicht zum eigenen Sprachgut des Pls gehörte, sondern ihm eher aus Prv 25,21 vermittelt sein dürfte.

Auf pln Einfluß ist dagegen in Prv 22,8 c ἀγαπᾷ A 68 106 109 147 149 157 161^txt 248 252 253 260 295 296 297 Compl. Ald.⁴⁷ (2 Kor 9,7)] εὐλογεῖ B S 159 254 261 161^mg sa ach⁴⁸ zurückzuführen.⁴⁹

Dagegen weichen die beiden Hiob-, aber auch die beiden III Reg-Zitate derart stark vom überlieferten LXX-Wortlaut ab, daß hier mit – allerdings sehr verschieden ausgerichteten – vorpaulinischen Rezensionen des LXX-Textes zu rechnen ist.

b) Vorpaulinische Septuagintarezensionen in den Zitaten des Paulus

Auch wenn Paulus grundsätzlich die als ›Septuaginta‹ bezeichnete griechische Übersetzung der Schrift voraussetzt, hat es doch immer Schwierigkeiten bereitet, sämtliche Zitate von dieser Übersetzung herzuleiten.¹ Mehrere Jes-Zitate und die beiden Hiob-Zitate des Paulus sind nicht der LXX entnommen; sie stehen dem MT wesentlich näher und zeigen z. T. auch deutliche Übereinstimmungen mit den (späteren!) Übersetzungen von Aquila, Symmachus und Theodotion.² Dies weist zugleich darauf hin, daß Paulus hier nicht eigenständig auf den hebräischen Wortlaut der Schrift zurückgreift, sondern an diesen Stellen eine dem HT angenäherte Vorlage verwendet.³

Dieser Sachverhalt ließ sich lange Zeit nur ungenügend in das Bild der Überlieferungsgeschichte der LXX einordnen.⁴ Die Funde von LXX-Fragmenten in Qumran und in der Wüste Juda haben hier zusätzliche Einblicke ermöglicht.⁵ Diese LXX-Texte aus dem 1. Jh. v. und n. Chr. sind das Ergebnis

---

⁴⁷ HOLMES-PARSONS, LXX notieren »Alex.«; hieraus ist A zu erschließen, vgl. RAHLFS, Verzeichnis 155. In V fehlt V 8c.

⁴⁸ Sa und ach haben (nach KOSACK, Proverbien) CMOY und nicht MEI bzw. ME (= ἀγαπᾶν, so auch sa und bo in 2 Kor 9,7).

⁴⁹ S. u. 140. Übrigens notieren weder SWETE, LXX noch RAHLFS, LXX diese LA.

¹ Den grundsätzlichen Nachweis, daß Pls die LXX voraussetzt, hat KAUTZSCH, Locis erbracht. Doch hat er, um ein möglichst klares Ergebnis zu erreichen, auch für Jes 8,14; 25,8; 28,11 f und 52,7 die Einwirkung einer anderen Übersetzung (bzw. des HT) bestritten und die pln Zitatform jeweils als rein pln Umgestaltung der LXX erklärt (aaO 95–106). Die Berührungen mit 'A, Σ und Θ bestreitet Kautzsch in diesen Fällen ebenfalls (die mit 1 Kor 15,54 wörtlich identische Fassung von Jes 25,8 a^Θ hält er aaO 104 A 1 sogar für eine irrtümliche Zuschreibung!). Nur für die beiden Hi-Zitate gesteht KAUTZSCH zu: »Apostoli allegationem ... non ad textum hebraicum, sed ad aliam Jobi versionem nobis ignotam referendam esse« (aaO 68 zu Röm 11,35; vgl. aaO 70 zu 1 Kor 3,19).

² Außerdem wird in den beiden pln Zitaten aus III Reg eine – jedoch primär nicht hebraisierende – Überarbeitung erkennbar; s. u. S. 73–77.

³ Die Ansicht, daß Pls in diesen Fällen direkt auf den HT zurückgreift und eine selbständige Übersetzung bietet, wird kaum noch vertreten. Eine Ausnahme bildet ELLIS, Use 15.19f.139–141; dazu s. u. S. 80.

⁴ Die stärker dem HT angenäherten (und z. T. sich auch mit Θ berührenden) Zitate bei Pls (und auch in anderen Teilen des NT) sowie der analoge Befund bei Justin hatten zu der Theorie eines ›Ur-Theodotion‹ geführt; dazu vgl. (kritisch) RAHLFS, ZNW 20, 1921, 182–199.

⁵ Vgl. dazu den zusammenfassenden Bericht von WEVERS, ThR NF 33, 1968, 47–51.68–

	Jes 8,13 fᴹᵀ	Jes 8,13 fᴸˣˣ	Röm 9,33	Jes 8,13 fᶻ	Jes 8,13 fᶿ	Jes 8,13 fᴬ
1	את יהוה צבאות	κύριον		κύριον τῶν δυνάμεων	τὸν [κύριον] τῶν δυνάμεων	τὸν [κύριον] τῶν δυνάμεων
2	אתו תקדישו	αὐτὸν ἁγιάσατε,		αὐτὸν ἁγιάσατε,	[................]	[................]
3	והוא מוראכם	καὶ αὐτὸς ἔσται		καὶ αὐτὸς ἔσται	....	....
4	והוא מערצכם:	σου φόβος.		φόβος δόξα σοφία ὑμῶν.	καὶ αὐτὸς φαραπαιαν ὑμῶν.	καὶ αὐτὸς φαραπαιαν ὑμῶν.
5		(14) καὶ ἐὰν ἐπ' αὐτῷ πεποιθὼς ᾖς,				
6	והיה למקדש	ἔσται σοι εἰς ἁγίασμα,		καὶ ἔσται εἰς ἁγίασμα,	[................]	καὶ ἔσται εἰς ἁγίασμα,
7		καὶ οὐχ ὡς				
8	ולאבן נגף	λίθου προσκόμματι	λίθον προσκόμματος	εἰς δὲ λίθον προσκόμματος	καὶ εἰς λίθον προσκόμματος	καὶ εἰς λίθον προσκόμματος
9		συναντήσεσθε αὐτῷ οὐδὲ ὡς				
10	ולצור מכשול	πέτρας πτώματι·	καὶ πέτραν σκανδάλου	καὶ εἰς πέτραν πτώματος	καὶ εἰς πέτραν πτώματος	καὶ εἰς στερεὸν σκανδάλου
11	לשני בתי ישראל	ὁ δὲ οἶκος Ἰακὼβ		τοῖς δυσὶν οἴκοις Ἰσραήλ,	τοῖς δυσὶν οἴκοις Ἰσραήλ,	τοῖς δυσὶν οἴκοις Ἰσραήλ,
12	לפח	ἐν παγίδι,		εἰς παγίδα	[................]	[................]
13	ולמוקש	καὶ ἐν κοιλάσματι		καὶ εἰς σκάνδαλον	εἰς] σκάνδαλον	...] εἰς σκῶλον
14	ליושב ירושלם:	ἐγκαθήμενοι ἐν Ἰερουσαλήμ.		τῷ οἰκοῦντι ἐν Ἰερουσαλήμ.	[................]	[................]

von Revisionen, die auf eine Angleichung der LXX an den jeweiligen HT abzielten. Im Unterschied zu Aquila, Symmachus und Theodotion handelt es sich dabei nicht um Neuübersetzungen, sondern um hebraisierende Überarbeitungen der LXX. Doch zeigen diese Funde, daß den späteren Neuübersetzungen jüdische Revisionsbemühungen vorausgegangen sind, die auf die späteren Übersetzungen eingewirkt haben.[6]

α) *Jesaja*

1. *Jes 8,14 (Röm 9,33)*

In seiner Anführung von Jes 28,16 ersetzt Paulus in Röm 9,33 den mittleren Teil des Zitats (λίθον [πολυτελῆ] ἐκλεκτὸν ἀκρογωνιαῖον ἔντιμον)[7] durch die aus Jes 8,14 stammende Wendung λίθον προσκόμματος καὶ πέτραν σκανδάλου. Zwar ist die Herkunft dieses Zitatteils aus Jes 8,14 nicht zu bestreiten, doch ist er in dem von Paulus zitierten Wortlaut nicht der LXX entnommen.

Der HT enthält eine deutliche Spannung zwischen והיה למקדש (Z. 6) und der Fortsetzung durch לאבן נגף und לצור מכשול (Z. 8.10).[8] Wahrscheinlich ist והיה למקדש als Glosse anzusehen, doch hat der LXX-Übersetzer diesen Text bereits gelesen. Diese Unstimmigkeit des HT hat den Übersetzer dazu veranlaßt, zur völlig freien Paraphrase (in inhaltlicher Fortsetzung von V 13) zu greifen, indem er den (an Jes 28,16 erinnernden) Bedingungssatz καὶ ἐὰν κτλ. (Z. 5) ohne Anhalt am HT hinzufügte und unter Verwendung von ולאבן נגף und ולצור מכשול einen selbständigen Satz bildete, dessen Sinn durch die Einfügung von

---

76. Bes. wichtig ist der Fund von 8 HevXIIgr, veröffentlicht von BARTHÉLEMY, Devanciers 170–178 (zur Datierung [zwischen 50 v. und 50 n. Chr.] vgl. KAHLE, Genisa 239f [mit Stellungnahmen von C. H. Roberts und W. Schubart]). Schon DEISSMANN, Septuaginta-Papyri 69f (vgl. auch ders., Paulus 80f) hatte aufgrund von P 919 auf die Möglichkeit hebraisierender LXX-Überarbeitungen vor 'A, Σ und Θ hingewiesen. In die gleiche Richtung weist auch die Textform von W (ebenfalls: XII; vgl. ZIEGLER, LXX^XII 33). Diese Ansicht hat sich jetzt bestätigt.

[6] Dies hat 8 HevXIIgr im Verhältnis zu 'A BARTHÉLEMY aaO 179–252 nachgewiesen. Zu den weiteren Fragen, die sich von hier aus ergeben, so dem Verhältnis dieser Revision zu I–IV Βασ, zu Θ und zur sog. Quinta, vgl. BROCK, TRE VI, 1980, 164f.168f.

[7] Zur pln Herkunft dieser Zitatumgestaltung vgl. KOCH, ZNW 71, 1980, 179f; s. auch u. S. 161f. Wie der Vergleich mit 1 Petr 2,6 (wo πολυτελῆ fehlt) zeigt, ist Jes 28,16 schon vor Pls im Urchristentum christologisch verwendet und dabei auch verändert worden; vgl. KOCH aaO 180f; s. auch u. S. 69ff.

[8] WILDBERGER, Jes I 335: »מקדש ist kein Parallelbegriff zu אבן נגף und צור מכשול«; MARTI, Jes 87 und PROCKSCH, Jes 137 halten מקדש für eine spätere Zufügung, DUHM, Jes 84 vermutet aufgrund von V 14b (Z. 13) מוקש als ursprünglichen Text, KAISER, Jes I 92, WILDBERGER ebd. und BHS schlagen dagegen מקשיר (WILDBERGER: »Verschwörung«; KAISER: »Grund der Verwicklung«) vor; vgl. auch K. MÜLLER, Anstoß 76. Für die Beibehaltung des MT setzt sich LOHFINK, BZ NF 7, 1963, 98–104 ein.

οὐχ ὡς (Z.7)⁹ und οὐδὲ ὡς (Z.9) eine dem HT direkt entgegengesetzte Richtung erhält.¹⁰

Es ist deutlich, daß die freie Paraphrase der LXX-Übersetzung weder sprachlich noch inhaltlich der Ausgangspunkt für die paulinische Verwendung von Jes 8,14 gewesen sein kann: Zum einen ist in den Constructus-Verbindungen אבן נגף und צור מכשול das Abhängigkeitsverhältnis gegenüber dem HT und Röm 9,33 vertauscht. Zudem hebt die LXX die Gerichtsdrohung, die im HT enthalten ist, auf, während Paulus sie voraussetzt.

Dagegen besteht ein wesentlich engeres Verhältnis von Röm 9,33 zu den Übersetzungen von Σ, Θ und 'A – und damit auch zum HT.¹¹ Mit λίθον προσκόμματος entspricht Röm 9,33 wörtlich 'A, Σ und Θ. Auch πέτραν σκανδάλου hat in 'A und Σ (πέτραν πτώματος)¹² sowie in 'A (στερεὸν σκανδάλου) eine wesentlich genauere Entsprechung als in LXX. Von besonderem Interesse ist natürlich die Frage, ob auch πέτραν σκανδάλου schon vorpaulinisch ist. Eine Abänderung von πέτραν πτώματος in πέτραν σκανδάλου durch Paulus ist angesichts des theologischen Gewichts, das dieser Begriff für ihn hat (vgl. 1 Kor 1,23; Gal 5,11) grundsätzlich in Rechnung zu stellen.¹³ Doch ist die Möglichkeit vorpaulinischer Herkunft mindestens ebenso wahrscheinlich, wie die Verwendung von σκάνδαλον bei 'A zeigt.¹⁴

Paulus setzt also für Jes 8,14 einen überarbeiteten LXX-Text voraus, in dem die von ihm zitierte Wendung anhand des HT korrigiert gewesen ist. Mit dieser Abänderung war aber eine Korrektur des gesamten syntaktischen Zusammenhangs von V 14^LXX zwangsläufig verbunden: λίθον προσκόμματος κτλ. ist in καὶ ἐὰν κτλ. (V 14^LXX) nicht zu integrieren, sondern setzt eine Umgestaltung der gesamten Satzkonstruktion (z. B. im Sinne von Σ) voraus.

---

⁹ ZIEGLER, Untersuchungen 95 sieht in οὐχ ὡς keine freie Zufügung des Übersetzers, sondern vermutet Dittographie von לאבן, also לא לאבן (ähnlich schon KAUTZSCH, Locis 101 A 1). Doch bleibt die Einfügung von οὐδὲ ὡς (Z. 9) bestehen.
¹⁰ Die syntaktisch völlig freie Gestaltung hat auch Auswirkung auf die Fortsetzung. Während im HT (vgl. Σ) Z. 11 ff noch von Z. 6 (והיה [Σ: καὶ ἔσται]) abhängig ist, setzt die LXX in Z. 11 syntaktisch neu ein.
¹¹ Die Rekonstruktion von Σ, Θ und 'A beruht auf ZIEGLER, LXX^Jes. Die eckigen Klammern markieren die Lücken in der Textüberlieferung.
¹² So der Text von Σ nach Prokop v. Gaza, Comm in Is 135f (zu Jes 8,11–15); MPG 87/2, 1988D; demgegenüber ist die bei Euseb, Theoph VI 67 (MPG 24, 641 B) überlieferte Fassung πέτραν σκανδάλου als sekundär zu beurteilen (so auch ZIEGLER, LXX^Jes), denn Σ verwendet (wie Θ) σκάνδαλον in V 14b.
¹³ Kein zusätzliches Argument für die pln Herkunft von σκάνδαλον in Röm 9,33 ist die gemeinsame Verwendung von πρόσκομμα und σκάνδαλον in Röm 14,13; sie dürfte Auswirkung von Röm 9,33 sein.
¹⁴ In LXX, bei Σ und Θ dient σκάνδαλον zwar hauptsächlich der Wiedergabe von מוקש – in LXX 8mal; bei Σ neben Jes 8,14 in Prv 13,14; 14,27; 22,25; 29,6; bei Θ neben Jes 8,14 in Jdc 8,27; Ψ 68,23; Prv 13,14; 14,27. Daneben begegnet σκάνδαλον aber auch gelegentlich für מכשול, sowohl in LXX (dreimal) als auch bei Σ (Ez 3,20; 7,19; Zeph 1,3) und Θ (Ez 3,20). Bei 'A ist dann σκάνδαλον festes Äquivalent für מכשול, vgl. REIDER-TURNER, Index 216 s. v.

2. Jes 25,8 (1 Kor 15,54)

In der Vision eines כל הגוים umfassenden Freudenmahls auf dem Zion von Jes 25,6ff heißt es in V 8a:

בלע המות לנצח

Die LXX, die bereits V 6f sehr frei wiedergibt, übersetzt:

κατέπιεν ὁ θάνατος ἰσχύσας.[16]

Die LXX spricht also im Unterschied zum HT[17] nicht von der künftigen Überwindung des Todes durch Gott, sondern von einem bereits erfolgten Handeln des Todes selbst. Der LXX-Übersetzer versteht dabei V 8 insgesamt als Aussage über den – bereits zurückliegenden! – Sieg des κύριος über seine Feinde, auf deren Vernichtung durch den ›θάνατος‹ er V 8 a bezieht.[18] Dieses veränderte Gesamtverständnis hat den Übersetzer auch veranlaßt, לנצח nicht mit εἰς τὸν αἰῶνα, sondern mit ἰσχύσας zu übersetzen.[19]

Dem HT wesentlich näher steht Aquila:

καταποντίσει τὸν θάνατον εἰς νῖκος.[20]

---

[15] »Er vernichtet für immer den Tod« (WILDBERGER, Jes II 959); nach BHS, PROCKSCH, Jes I 320; WILDBERGER aaO 960 ist ובלע, also Perf. cons. zu lesen (so auch einige MSS). Auch die Übersetzungen schwanken zwischen Aorist (LXX, Θ) und Futur ('A, Σ).

[16] »Mächtig geworden, verschlang der Tod«; ἰσχύσας ist adverbielles Partizip (zu κατέπιεν), vgl. im NT z. B. Lk 19,6; 2,16 (ebenfalls mit Nachstellung); s. BDR § 418.5 (mit A 7). 435 A 2.

[17] Jes 25,1–12 ist traditionsgeschichtlich keine Einheit: V 1–5 stellt ein (von Hause aus uneschatologisches) Danklied dar, das in die zusammengehörigen eschatologischen Texte 24,21–23 und 25,6–10a eingeschoben ist (V 10b–12 ist ein Nachtrag); vgl. die Analyse von WILDBERGER, Jes II 898–900.

[18] Der LXX-Übersetzer faßt 25,1–12 als zusammengehörig auf und versucht, in seiner Übersetzung einen einheitlichen Sinn zur Geltung zu bringen: Er versteht das eschatologische Mahl in V 6 als Folge des Sieges über die Feinde Zions, auf den in V 2.4a zurückgeblickt wird. Der erneute Tempuswechsel in V 8 macht deutlich, daß der Übersetzer auch in V 8 eine Schilderung des Sieges Gottes sieht (Tod – für die Feinde; Rettung – für Israel). Dabei besteht für ihn offenbar kein Widerspruch zwischen der Vernichtung der ἀσεβεῖς (V 2, vgl. V 8a) und dem πάντα τὰ ἔθνη geltenden Freudenmahl (V 6).

[19] לנצח hat in Jes 25,8 (wie auch sonst durchweg) die Bedeutung ›für immer‹; auch LXX übersetzt in der Mehrzahl der Fälle in diesem Sinne (εἰς τέλος, εἰς τὸν αἰῶνα u. dgl., vgl. RAHLFS, ZNW 20, 1921, 186). Das gilt auch für LXX^Jes, vgl. Jes 13,20; 28,28 und 33,20. Zugleich wird נצח aber auch in der Bedeutung ›Glanz‹ gebraucht und נצח (Pi) für ›leiten; Aufsicht haben (über)‹. Im Aramäischen erlangte נצח dann die Bedeutung ›hervorragen; übertreffen; (be)siegen«, vgl. LEVY, Wb. II 124 f s. v. Die Wiedergabe durch (κατ-) ἰσχύειν, die in LXX neben Jes 25,8 auch I Par 15,21 und Jer 15,18 begegnet, ist offensichtlich von diesem Bedeutungswandel beeinflußt. D. h. die Wahl von ἰσχύειν ist zwar erklärbar, naheliegend war sie jedoch nicht – ein Hinweis darauf, daß inhaltliche Gründe leitend waren.

[20] »Er wird den Tod versenken im Sieg«. Die Wahl von καταποντίζειν entspricht der üblichen Übersetzung von בלע bei 'A (nur Hab 1,13: καταπίνειν); vgl. REIDER-TURNER, Index 130 jeweils s. v.

Hier ist – wie im HT – V 8 a (α) als Aussage über Gottes künftigen Sieg über den Tod verstanden und der in LXX vorliegende Subjektwechsel gegenüber der Fortsetzung (LXX: καὶ πάλιν ἀφεῖλεν ὁ θεὸς κτλ.) vermieden. Die Wiedergabe von לנצח durch εἰς νῖκος entspricht zum einen der durchgängigen Übersetzungspraxis von 'A,[21] fügt sich aber auch in sein Verständnis von V 8 a voll ein.

Theodotion übersetzt:

κατεπόθη ὁ θάνατος εἰς νῖκος,[22]

stimmt also mit 'A in der Verwendung von εἰς νῖκος überein,[23] faßt jedoch (wie LXX) המות als Subjekt und בלע als Perfekt auf. Anders als LXX und 'A versteht Θ jedoch בלע als Passiv (also: בֻּלַּע) und gewinnt so einen dem HT durchaus adäquaten Sinn.

Symmachus übersetzt freier, aber durchaus sinngemäß:

καταποθῆναι ποιήσει τὸν θάνατον εἰς τέλος.[24]

---

[21] Der Einfluß der aramäischen Bedeutung von נצח (›siegen‹; s. o. A 19) macht sich schon in der LXX bemerkbar, in der in einigen Fällen לנצח sinnwidrig mit εἰς νῖκος übersetzt wird (II Reg 2,26; Am 1,11; 8,7; Jer 3,5; Thr 5,20; vgl. die Wiedergabe von נצח durch νίκη bzw. νῖκος in I Par 29,11; Thr 3,18). 'A übersetzt לנצח durchweg mit εἰς νῖκος, so außer Jes 25,8 auch Jes 13,20; 33,20; 34,10; 57,16 (weitere Stellen s. REIDER-TURNER, Index 163 s. v.; in Ψ 12,2 τέλεον [HT: נצח] liegt nach RAHLFS, ZNW 20, 1921, 187 A 3 eine irrtümliche Zuweisung zu 'A vor). – Eine zusätzliche Komplikation hat die phonetische und inhaltliche Nähe von νῖκος und νεῖκος (›Streit‹; vgl. LSJ, Wb. 1165 s. v. und LAMPE, Wb. 900 s. v.) verursacht (vgl. WALTERS, Text 34–36); νεῖκος lesen in 1 Kor 15,54 f jeweils P[46] B D* 088, vgl. Tert Cypr: contentio.

[22] »Verschlungen ist der Tod in den Sieg« – so der Text von Θ nach Q; Syh setzt dagegen κατέπιεν ὁ θάνατος εἰς νῖκος voraus. RAHLFS, ZNW 20, 1921, 183f hält Syh für ursprünglich (in Q liege Einwirkung von 1 Kor 15,54 vor): Die nur auf ἰσχύσας beschränkte Korrektur entspreche der Arbeitsweise von Θ. Doch ist auch die Überlieferung von Q voll als Korrektur von LXX verständlich: Bei der Abänderung von κατέπιεν in κατεπόθη sind Wortwahl und Tempus beibehalten, בלע ist lediglich als Passiv verstanden. Auch ZIEGLER, LXX[Jes] sieht in Q den ursprünglichen Text von Θ.

[23] Θ übersetzt לנצח sowohl mit εἰς τέλος bzw. εἰς τὸν αἰῶνα (so Jes 13,20; 28,28; Ψ 48,10; 73,1) als auch mit εἰς νῖκος (so außer Jes 25,8 auch Prv 21,28; Jes 33,20; Jer 27 [MT: 50],39; vgl. auch Jes 34,10; 63,6; Ψ 4,1 (εἰς τὸ νῖκος für למנצח) u. ö. – R. A. KRAFT, EIS NIKOS, in: R. A. Kraft (Hg.), Lexicography 153–156 vertritt unter Verweis auf die in der LXX begegnende Übersetzung von לנצח durch εἰς νῖκος (s. o. A 21) die Ansicht, daß im Übersetzungsgriechisch geübte Leser εἰς νῖκος im Sinne von ›für immer; dauernd‹ verstanden hätten. Diese Bedeutung habe εἰς νῖκος auch in 1 Kor 15,54. KRAFT übersetzt: »Death is swallowed up permanently! Where is your permanent success, Dath? ... Thanks to God who has given us success« (aaO 156). Vgl. auch MORISSETTE, RB 79, 1972, 162.169. Doch ist eine allgemeine Verbreitung von εἰς νῖκος im Sinne von ›für immer‹ reines Postulat (wirklich erforderlich ist diese Bedeutung nur Jer 3,5 und Am 8,7), vgl. auch die Skepsis von CAIRD, Lexicon, in: R. A. Kraft (Hg.), Lexicography 136. Zudem ist in 1 Kor 15,54 die Bedeutung von εἰς νῖκος durch den Kontext völlig eindeutig gesichert (V 55.57), und es sind keine Anzeichen dafür vorhanden, daß Pls mit einem möglichen Doppelsinn von εἰς νῖκος spielt.

[24] »Sie (die Salbung) wird bewirken, daß am Ende der Tod verschlungen wird«; Subjekt von 25,8a ist bei Σ ἡ χρῖσις (V 7c).

Nur bei Σ entspricht die Wiedergabe von לנצח Jes 25,8^HT.[25] Wiederum ist deutlich, daß Paulus bei der Anführung dieses Jes-Zitats weder sprachlich noch inhaltlich an die LXX-Übersetzung anknüpft, sondern eine Textfassung voraussetzt, die dem HT wesentlich näher steht. Die Nähe zu 'A (εἰς νῖκος) und auch zu Σ (καταποθῆναι), besonders aber die völlige Übereinstimmung mit Θ sind kaum als Zufall zu bewerten, sondern zeigen, daß Paulus hier weder frei variiert noch eigenständig ad hoc übersetzt. Vielmehr folgt er einer vorgegebenen, die LXX korrigierenden Vorlage, die auch auf die späteren Übersetzungen eingewirkt hat.[26]

3. Jes 28,11f (1 Kor 14,21)

Den sprachlich und inhaltlich recht undurchsichtigen Text von Jes 28,9ff gibt der LXX-Übersetzer z. T. sehr frei wieder, um zu einer einigermaßen verständlichen Aussage zu gelangen, während die Zitatform von 1 Kor 14,21 dem HT deutlich näher steht.

Jes 28,9–13^MT	Jes 28,9–13^LXX	1 Kor 14,21
את מי יורה	τίνι ἀνηγγείλαμεν	
דעה	κακὰ	
ואת מי יבין	καὶ τίνι ἀνηγγείλαμεν	
שמועה	ἀγγελίαν,	
גמולי	οἱ ἀπογεγαλακτισμένοι	
מחלב	ἀπὸ γάλακτος,	
עתיקי	οἱ ἀπεσπασμένοι	
משדים:	ἀπὸ μαστοῦ;	
כי צו לצו צו לצו	(10) θλῖψιν ἐπὶ θλῖψιν προσδέχου,	
קו לקו קו לקו	ἐλπίδα ἐπ' ἐλπίδι,	
זעיר שם זעיר שם:	ἔτι μικρὸν ἔτι μικρόν	
כי בלעגי	(11) διὰ φαυλισμὸν	(ὅτι)[27] ἐν ἑτερο-
שפה	χειλέων	γλώσσοις

---

[25] Σ übersetzt auch sonst לנצח zumeist mit εἰς τέλος, so auch in Jes 13,20; 33,20; 57,16; Ψ 67,17; 88,47; daneben in Jes 28,28 und Ψ 48,10: εἰς (τὸν) αἰῶνα; vgl. auch Jes 34,10: εἰς ἔσχατα ἐσχάτων. Doch begegnet auch εἰς νῖκος: Prv 21,28; Jer 27 (MT: 50),39; vgl. auch Jes 63,6 und Ψ 4,1 u. ö. (ἐπινίκιος für לנצח).

[26] Gegen RAHLFS, ZNW 20, 1921, 183f, der die Übereinstimmung mit Θ auf εἰς νῖκος beschränken will (s. o. A 22). Im Unterschied dazu VOLLMER, Citate 27: »Aber selbst wenn dem so wäre . . ., so bliebe immerhin noch das passivische καταποθῆναι des Symmachus und das εἰς νῖκος des Aquila und Theodotion bei der Vergleichung mit dem paulinischen Citate höchst auffällig, und mir scheinen thatsächlich diese vier Zeugen auf eine gemeinschaftliche griechische Quelle hinzudeuten, in welcher sich wie bei Paulus beides: Passivum und εἰς νῖκος fand.«

[27] Das einleitende ὅτι gehört im pln Zusammenhang eindeutig zu γέγραπται; doch entspricht es gleichzeitig dem כי im MT; so zutreffend CONZELMANN, 1 Kor 294 A 18.

Jes 28,9–13^MT	Jes 28,9–13^LXX	1 Kor 14,21
ובלשון	διὰ γλώσσης	καὶ ἐν χείλεσιν
אחרת	ἑτέρας,	ἑτέρων
ידבר	ὅτι λαλήσουσι	λαλήσω
אל העם הזה:	τῷ λαῷ τούτῳ	τῷ λαῷ τούτῳ
אשר אמר אליהם	(12) λέγοντες αὐτῷ·	
זאת המנוחה	τοῦτο τὸ ἀνάπαυμα	
הניחו לעיף	τῷ πεινῶντι	
וזאת המרגעה	καὶ τοῦτο τὸ σύντριμμα,	
ולא אבוא	καὶ οὐκ ἠθέλησαν	καὶ οὐδ' οὕτως
שמוע:	ἀκούειν.	εἰσακούσονταί μου,
והיה להם	(13) καὶ ἔσται αὐτοῖς	
דבר יהוה וגו'	τὸ λόγιον κυρίου τοῦ θεοῦ κτλ.	λέγει κύριος.

Der LXX-Übersetzer faßt V 10–12 zu einer einheitlichen Aussage zusammen, die (wie V 9) der Charakterisierung von ἱερεὺς καὶ προφήτης (V 7) dienen soll. Dabei besteht die Schuld von ›Priester und Prophet‹ für den Übersetzer offensichtlich in deren widersprüchlicher und eigennütziger Verkündigung.[28] In LXX beginnt erst mit V 13 das Gerichtswort, so daß διὰ φαυλισμὸν χειλέων διὰ γλώσσης ἑτέρας noch zur Darstellung von ›Priester und Prophet‹ gehört. Von dieser Übertragung unterscheidet sich der Wortlaut, mit dem Paulus in 1 Kor 14,21 Jes 28,11 f anführt, ganz erheblich. Diese Textfassung ist zu Beginn als Korrektur der ungenauen LXX-Wiedergabe von Jes 28,11 zu verstehen, in der deren Abweichungen von HT beseitigt sind: Die syntaktische Selbständigkeit und Einheit von V 11 ist wiederhergestellt, und V 11 ist – wie im HT – als Aussage über Gottes (richtende) Redeweise zu seinem Volk verstanden. Auch im Wortbestand liegt Wiederannäherung an den HT vor.

Ἐν ἑτερογλώσσοις ist als Korrektur von διὰ φαυλισμὸν χειλέων (MT: בלעגי שפה) zu verstehen.[29] Variiert ist gegenüber der LXX die Verwendung von χεῖλος, das jetzt als Wiedergabe von לשון (sonst in der Regel γλῶσσα) dient – offensichtlich um eine doppelte Verwendung von γλῶσσα zu vermeiden.[30] Zugleich zeigt der Vergleich mit dem MT, daß offenbar keine mechanische Angleichung erfolgt ist: Da der Korrektor לעגי שפה pluralisch übersetzt, setzt er auch לשון in den Plural um (falls er hier nicht einen anderen HT voraussetzt). Die substantivische Wiedergabe von אחרת durch ἑτέρων ist wohl als inhaltliche Verdeutlichung aufzufassen (oder liegt lediglich sprachliche

---

[28] Sie verkünden θλῖψις und ἐλπίς (V 10), ἀνάπαυμα und σύντριμμα. Jeweils war die hebräische Vorlage derart schwierig, daß der Übersetzer frei formulieren mußte.

[29] Ἑτερόγλωσσος ist sehr selten (vgl. die wenigen Belege bei BAUER, Wb. 622 s. v.), was gegen pln Herkunft spricht, und fehlt in der LXX völlig (worauf VOLLMER, Citate 28 m. R. hinweist), begegnet allerdings bei 'A und Θ, und zwar als Wiedergabe von נלעג לשון (Jes 33,19^Θ [nach ZIEGLER, LXX^Jes, während FIELD, Hexapla z. St. 'A angibt]) bzw. des mit לעג phonetisch und wohl auch inhaltlich ähnlichen לעז (Ψ 113,1^A).

[30] Es handelt sich also keineswegs lediglich um eine Abänderung der LXX-Wortfolge (so KAUTZSCH, Locis 98).

Variation vor?). Pln Abänderung ist jedenfalls nicht anzunehmen, da ἐν χείλεσιν ἑτέροις weit besser zur pln Verwendung passen würde.[31]

Daß Paulus hier nicht frei die LXX abändert, bestätigen die (indirekten) Nachrichten über die Übersetzungen von 'A, Σ und Θ. So schreibt Origenes: εὗρον γὰρ τὰ ἰσοδυναμοῦντα τῇ λέξει ταύτῃ ἐν τῇ τοῦ 'Ακύλου ἑρμενείᾳ κείμενα.[32]

Das umgekehrte Bild scheint sich bei einem Vergleich zwischen Jes 28,12^{LXX} und 1 Kor 14,21 b zu ergeben: Hier steht die LXX dem HT offenbar wesentlich näher als die paulinische Zitatform. Doch ist 1 Kor 14,21 b von Paulus nicht frei formuliert bzw. in lediglich lockerer Anlehnung an Jes 28,12 hinzugefügt, sondern als direkte Abänderung von Jes 28,12 durch Paulus zu verstehen: Paulus übernimmt aus V 12 lediglich die Schlußaussage (V 12 b β); die übrigen Bestandteile von V 12 waren für ihn (wie auch zuvor V 10 insgesamt) nicht verwendbar – gleich in welcher Übersetzung sie ihm vorlagen. Zusätzlich ist mit paulinischen Änderungen in καὶ οὐδ' οὕτως εἰσακούσονταί μου zu rechnen. So stammt das Futur in εἰσακούσονται sicher von Paulus, denn bei direktem Anschluß von V 12 b β an V 11 mußte er in beiden Zitathälften eine einheitliche Aussage sehen und V 12 b β an V 11 (λαλήσω) angleichen.[33] Ein lockeres Verhältnis zur Zitatvorlage ist allenfalls für das abschließende λέγει κύριος in bezug auf Jes 28,13 a gegeben, doch fügt Paulus auch in anderen Zitaten λέγει κύριος selbständig hinzu.[34]

Eine weitere paulinische Änderung ist zuvor in der Wiedergabe von Jes 28,11 festzustellen: Die Verwendung der 1. Pers. Sing. (λαλήσω) dürfte auf Paulus zurückgehen. Durch diese Änderung stellt das Zitat nicht mehr bloß eine Beschreibung der Redeweise Gottes zu seinem Volk dar, sondern es ist als direkte Aussage Gottes selbst verstanden. Da diese Zitatform der paulinischen Verwendung zumindest entgegenkommt und keinen Anhalt am MT hat,[35] ist hierin eher paulinische Abänderung als vorpaulinische Textentwicklung anzunehmen[36].

Sofern sich also der Text von Jes 28,11 f in 1 Kor 14,21 vom HT entfernt, ist dies als paulinische Zitatabänderung erkennbar, während seine Vorlage dem HT

---

[31] So die LA von P^{46} D^S K L P 365 630 1175 1881 2495 𝔐 lat sy co.

[32] Origenes, Philocalia 9,2 (SC 302, 352). Vgl. Hieronymus, Comm in Is IX (zu Jes 28, 9–13); CChr.SL 73, 361: »Symmachus, Theodotio et LXX de hoc Loco diuersa senserunt« – d. h. Σ und Θ stimmen ebenfalls nicht mit der LXX überein, was nicht überraschend ist. Direkt überliefert ist lediglich für Σ: γλώσσης ἀλλοίας (anstelle von γλώσσης ἑτέρας).

[33] Über die Herkunft der übrigen Bestandteile von 1 Kor 14,21 b sind nur Vermutungen möglich: οὕτως dürfte ebenfalls auf Pls zurückgehen (so auch CONZELMANN, 1 Kor 294 A 18); es hat keinen Anhalt am HT und dient der Verklammerung von V 21 b mit V 21 a. Zu εἰσακούειν s. u. S. 151.

[34] S. u. S. 139.

[35] Falls man nicht für die hebraisierende Vorlage des Pls einen anderen HT hier voraussetzt.

[36] So auch CONZELMANN, 1 Kor 294; s. auch u. S. 111 f.

entscheidend näher steht als die LXX. Paulus setzt also auch hier eine überarbeitete, und zwar an den HT angeglichene LXX-Fassung voraus.³⁷

4. Jes 52,7 (Röm 10,15)

Eine größere Nähe zum HT als zur LXX – bei gleichzeitigen Berührungen mit 'A und Σ – weist auch das Zitat von Jes 52,7 in Röm 10,15 auf.

Der LXX-Übersetzer gibt zunächst V 6 ausgesprochen wörtlich wieder. Das lediglich der Verstärkung von אני הוא dienende הנני³⁸ faßt er jedoch als selbständige Aussage auf,³⁹ die er daher von V 6 abtrennen muß. Diesem syntaktischen Neueinsatz mit πάρειμι ordnet der Übersetzer V 7 völlig unter, wodurch sich eine totale Auflösung von V 7^MT ergibt: ὡς ὥρα..., ὡς πόδες... und ὡς εὐαγγελιζόμενος... sind zu drei nebeneinandergeordneten Erläuterungen von πάρειμι geworden. Inhaltlich sind dadurch die Aussagen von V 7 als Vergleiche verstanden, die die Anwesenheit des κύριος verdeutlichen (ἐγώ εἰμι ὁ λαλῶν· πάρειμι ὡς...), während der HT direkt vom מבשר spricht.⁴⁰ Wiederum ist deutlich, daß die LXX-Übertragung weder sprachlich noch inhaltlich die Grundlage für die Anführung dieses Zitats durch Paulus gewesen sein kann. In Röm 10,15 ist (wie bei Σ und 'A)⁴¹ die syntaktische Struktur des HT wiederhergestellt: Mit ὡς (Z. 6) beginnt wieder ein selbständiger Satz, in dem נאוו/ὡραῖοι die Funktion des Prädikats hat; auch die Verwendung von ὡραῖος

---

³⁷ So auch (wenn auch unscharf) CONZELMANN, 1 Kor 294: »Paulus folgt weder dem hebräischen Text noch LXX, sondern einer anderen Übersetzung.« Vgl. auch schon VOLLMER, Citate 27f und WEISS, 1 Kor 332, die m. R. auf die Origenes-Nachricht von der Übereinstimmung mit 'A hinweisen – wie auch schon vor ihnen GROTIUS, Annotationes II/1, 459. Unzureichend dagegen ist hier KAUTZSCH, Locis 96–99, der die von Origenes festgestellte Übereinstimmung mit 'A auf »similia sive ex parte consona« reduzieren will. KAUTZSCH übersieht, daß nicht nur der Wortbestand, sondern auch die gesamte syntaktische Struktur von Jes 28,11^HT in 1 Kor 14,21 präziser wiedergegeben ist als in LXX.
³⁸ Vgl. DUHM, Jes 391.
³⁹ So auch (und dort zutreffend) in Jes 58,9.
⁴⁰ In LXX vollzieht sich der Übergang zur direkten Heilsankündigung erst in V 7d (Z. 12): ἀκουστὴν ποιήσω κτλ.
⁴¹ Der nur bei Euseb, Comm in Is II 41 (zu Jes 52,7); GCS [59], 331 überlieferte Text von Θ: ὡς εὐπρεπεῖς ἐπὶ τὰ ὄρη
πόδες τῶν εὐαγγελιζομένων ἀγαθά
ist problematisch. Es fehlt wie in Röm 10,15 Z. 9f; daher ist auch der Plural εὐαγγελιζομένων (ebenfalls nur in Röm 10,15) verdächtig. Zudem ist auch die Wiedergabe der an der gleichen Stelle bei Euseb angeführten Übersetzungen von Σ und 'A und sogar von Röm 10,15 selbst fehlerhaft. Σ wird mit ἀκοὴν (!) ποιοῦντος zitiert; im Referat von 'A fehlt (wie für Θ) Z. 9f, in Z. 8 heißt es εὐαγγελιζομένων, in Z. 11 ἀγαθά. Im Referat von Röm 10,15 ist nach (!) ἀγαθά noch τῶν εὐαγγελιζομένων εἰρήνην hinzugefügt. Für Σ und 'A ist jeweils die direkte Kontrolle durch Euseb, Dem Ev VI 24,4 (304b); GCS 23, 292f möglich, wo die Fehler aus Comm in Is, die wahrscheinlich der handschriftlichen Überlieferung zuzuschreiben sind, nicht begegnen. Auch ZIEGLER, LXX^Jes geht für Σ und 'A von Euseb Dem Ev aus.

Vorpaulinisch rezensierte LXX-Zitate: Jes 52,7 (Röm 10,15) 67

	Jes 52,6[MT]	Jes 52,6f[LXX]	Röm 10,15	Jes 52,6f[Σ]	Jes 52,7[A]
1	לכן ידע	διὰ τοῦτο γνώσεται		... γνώσεται	
2	עמי שמי [42]לכן	ὁ λαός μου τὸ ὄνομά μου		ὁ λαός μου τὸ ὄνομά μου	
3	ביום ההוא	ἐν τῇ ἡμέρᾳ ἐκείνῃ,		ἐν τῇ ἡμέρᾳ ἐκείνῃ,	
4	כי אני הוא	ὅτι ἐγώ εἰμι αὐτός		ὅτι ἐγώ αὐτός	
5	המדבר הנני:	ὁ λαλῶν· πάρειμι		ὁ λαλῶν ἰδού εἰμι.	...
6	מה נאוו	(7) ὡς ὥρα	ὡς ὡραῖοι	τί εὐπρεπεῖς	τί ὡραιώθησαν
7	על ההרים	ἐπὶ τῶν ὀρέων,		ἐπὶ τῶν ὀρέων	ἐπὶ τὰ ὄρη
8	רגלי מבשר	ὡς πόδες εὐαγγελιζομέ- νου	οἱ πόδες τῶν εὐαγγελιζο- μένων[43]	πόδες εὐαγγελιζομένου,	πόδες εὐαγγελιζομένου,
9	משמיע שלום	ἀκοὴν εἰρήνης,		ἀκουστὴν ποιοῦντος εἰ- ρήνην,	ἀκουτίζοντος εἰρήνην,
10	מבשר	ὡς εὐαγγελιζόμενος		εὐαγγελιζομένου	εὐαγγελιζομένου
11	טוב	ἀγαθά,	(τὰ)[44] ἀγαθά	ἀγαθά,	ἀγαθόν,
12	משמיע ישועה	ὅτι ἀκουστὴν ποιήσω τὴν σωτηρίαν σου		ἀκουστὴν ποιοῦντος σω- τηρίαν	ἀκουτίζοντος σωτηρίαν

---

[42] לכן ist zu streichen, vgl. BHS.
[43] א[2] D F G K L P Ψ 33 104 365 1175 1241 2464 2495 𝔐 lat sy fügen εἰρήνην τῶν εὐαγγελιζομένων ein, füllen also die Lücke von Z. 9 f in Anlehnung an LXX auf. Die Ergänzung fehlt in P[46] א* A B C 81 630 1506 1739 1881 pc a bo.
[44] Die Ursprünglichkeit von τά ist unsicher (vgl. die unterschiedliche Beurteilung in NTGr[25] und NTGr[26]); es fehlt in א[2] A B C D F G P 81 1506 1739 1881 2495 pc, ist dagegen in P[46] א* K L Ψ 33 104 365 630 1175 1241 2464 und 𝔐 enthalten. Die Zufügung ist – bei gleichzeitigem Fehlen von Z. 9 f (vgl. P[46] א*) – als Versuch einer präziseren Fassung des bloßen ἀγαθά verständlich; diese Ergänzung kann pln, aber auch erst nachpln sein.

selbst ist sachgemäß.[45] Durch die Streichung von ὡς vor πόδες (Z. 8) liegt wie im HT eine direkte Aussage über den (Paulus: die)[46] Freudenboten vor. Diese Umgestaltungen setzen die Kenntnis des HT voraus, an den die LXX-Übersetzung angeglichen worden ist.[47] Paulinische Herkunft ist für diese Korrekturen der LXX nicht anzunehmen. Vielmehr setzt Paulus den so revidierten Wortlaut von Jes 52,7 bereits voraus, den er seinerseits verändert: durch die Auslassung von ἐπὶ τῶν ὀρέων[48] und die Umsetzung von πόδες εὐαγγελιζομένου in den Plural. Im Vergleich zu Σ (und erst recht zu 'A) liegt in Röm 10,15 keine Neuübersetzung, sondern eine offenbar durchaus begrenzte Revision des LXX-Textes vor, in der in erster Linie die grundsätzlichen Störungen des HT in der LXX-Wiedergabe beseitigt worden sind. So ist in Z. 6 ὡς beibehalten (Σ und 'A: τί); auch die Abänderung von ὥρα in ὡραῖοι bleibt eng am LXX-Wortlaut (Σ: εὐπρεπεῖς).[49]

Von hier aus sind auch die zusätzlichen Differenzen zwischen Röm 10,15 einerseits und LXX, HT sowie Σ und 'A andererseits in Z. 8–10 zu beurteilen. Die doppelte Determination in Z. 8, für die der HT keinen Anlaß bot, dürfte im Zusammenhang mit der paulinischen Abänderung von πόδες εὐαγγελιζομένου stehen.[50] Nicht der hebraisierenden Rezension von Jes 52,7 ist außerdem die Auslassung von Z. 9f zuzurechnen, die ohne Anhalt am HT (sowie LXX, Σ und

---

[45] נאה (›schön, lieblich sein; sich ziemen‹) und נאוה (›schön, lieblich, sich ziemend‹) überträgt die LXX zumeist mit ὡραῖος bzw. ὡραιοῦσθαι (Cant 1,10; 2,14; 4,3; 6,4) oder πρέπειν (Ψ 32,1; 92,5). Daneben begegnen auch καλός (Cant 1,5), ἁρμόζειν (Prv 17,7) sowie οὐκ εἶναι (mit Dat.; Prv 26,1) und συμφέρειν (Prv 19,10); vgl. auch Sir 14,3; 15,9. Schon in der LXX beginnt die Übersetzung von נאה und נאוה die von נוה (›Weide, Wohnstatt‹) zu überlagern, vgl. Ψ 64,13; Joel 1,19f; Thr 2,2 (τὰ ὡραῖα) und II Reg 15,25 (εὐπρέπεια). – In Jes 52,7 konnte der LXX-Übersetzer weder ὡραῖος noch ὡραιοῦσθαι verwenden, da er, um einen Vergleich folgen lassen zu können, eine nominale Fortsetzung von ὡς benötigte. Er wählte daher mit ὥρα einfach das nächstliegende Substantiv. DELLING, ThWNT X, 1973, 677,36f vertritt die Ansicht, hier sei ὥρα in der Bedeutung von ›Jugendblüte, -kraft‹ verwendet. Aber eher schwebt wohl die Bedeutung ›Frühling(szeit)‹ vor (vgl. dazu DELLING aaO 676,25–27; 677 A 11). – Auch bei 'A, Σ und Θ wird נאה / נאוה (und z. T. auch נוה) neben εὐπρεπής durch ὡραῖος, ὡραιοῦσθαι bzw. ὡραιότης wiedergegeben (jedoch nicht durch ὥρα!), vgl. REIDER-TURNER, Index 260 jeweils s. v. und SCHENKER, Psalmenbruchstücke 215–220. – Die Abänderung von ὥρα in ὡραῖοι war also naheliegend und entspricht der Übersetzungspraxis von 'A, Σ und Θ.

[46] Zur pln Herkunft des Plurals s. u. S. 113f.

[47] Anders KAUTZSCH, Locis 95f: Der LXX-Text sei nicht mehr intakt und daher aufgrund von Röm 10,15 zu korrigieren. Doch ist dieser Vorschlag gewaltsam: Kautzsch muß nicht nur mit der Verkürzung von ὡραῖοι zu ὥρα rechnen, sondern zusätzlich mit der Abänderung von οἱ πόδες zu ὡς πόδες und schließlich die Einfügung von ὡς in Z. 10 annehmen. Doch bietet der LXX-Text zu einer solchen Operation keinen Anlaß, da er in sich durchaus verständlich ist.

[48] Zur pln Herkunft dieser Auslassung s. u. S. 122.

[49] Erst recht ist ἀγαθά beibehalten, während 'A in ἀγαθόν abändert.

[50] Dazu s. u. S. 114 A 9.

'A) ist.[51] Für diese ist in Z. 10 – in Fortsetzung von Z. 8 – εὐαγγελιζομένου (bei gleichzeitiger Streichung von ὡς) vorauszusetzen (vgl. auch Σ und 'A). Fraglich ist, ob im Zuge der vorpaulinischen Rezension auch Z. 9 – etwa im Sinne von Σ – abgeändert worden ist. Da es sich offensichtlich um eine begrenzte Korrektur der LXX und nicht um eine völlige Neuübersetzung handelt, wird eher anzunehmen sein, daß hier das ἀκοὴν εἰρήνης der LXX belassen worden ist.[52] Als wahrscheinlicher Wortlaut der hebraisierenden Rezension von Jes 52,7 ergibt sich damit:

ὡς ὡραῖοι ἐπὶ τῶν ὀρέων
πόδες εὐαγγελιζομένου ἀκοὴν εἰρήνης
εὐαγγελιζομένου ἀγαθά.[53]

Anhang: Jes 28,16 (Röm 9,33)

Kein derart eindeutiges Bild wie die bisher untersuchten Jes-Zitate bietet die Anführung von Jes 28,16 in Röm 9,33. Zunächst ist davon auszugehen, daß die in Röm 9,33 sich findende Fassung von Z. 3 und 4, λίθον προσκόμματος καὶ πέτραν σκανδάλου, die aus Jes 8,14 stammt,[54] von Paulus als Ersatz des ursprünglichen, ihm auch bekannten Wortlauts von Jes 28,16b eingesetzt worden ist.[55] Die von Paulus unabhängige Anführung von Jes 28,16 in 1 Petr 2,6,[56] die jedoch in Z. 1 und 2 wörtlich mit Röm 9,33 übereinstimmt, weist auf eine gemeinsame Tradition hin: auf eine bereits vorpaulinische christologische Verwendung dieses Zitats.[57] Daher kann angenommen werden, daß das Zitat in dem Wortlaut, den es in seiner Paulus vorgegebenen christologischen Verwendung hatte, in 1 Petr 2,6 unverändert wiedergegeben worden ist.[58]

---

[51] Doch liegen auch keine Anzeichen für eine bewußte Streichung durch Pls vor; s. auch u. S. 81f.
[52] Ἀκοήν ist als Wiedergabe des Part. Hif. משמיע zwar nicht so präzise wie ἀκουστὴν ποιοῦντος (Σ) oder ἀκουτίζοντος ('A), folgt aber dem HT wesentlich enger als die übrigen Bestandteile von Jes 52,7^{LXX}.
[53] Diesen Text bieten wörtlich die lukianischen HSS 22ᶜ 62 86ᶜ 90 93 130 311 403 456 (22ᶜ 93: οἱ πόδες); vgl. auch Syh (dazu s. ZIEGLER, LXX^{Jes} 59f). Doch ist fraglich, ob hier eine vorpln Texttradition wieder auftaucht. Eher dürfte es sich um eine Korrektur der LXX in Kenntnis sowohl von Röm 10,15 als auch des MT handeln.
[54] S. o. S. 58ff.
[55] Vgl. KOCH, ZNW 71, 1980, 179f; s. auch u. S. 161f.
[56] Zum Verhältnis zwischen Röm 9,33 und 1 Petr 2,6 vgl. KOCH aaO 178–184.
[57] Vgl. KOCH aaO 180–182.189–191; s. auch u. S. 241f.
[58] Vgl. KOCH aaO 181 (mit A 5). 'Α, Σ und Θ sind für Jes 28,16 nicht mehr rekonstruierbar: Überliefert ist lediglich, daß 'Α, Σ und Θ θεμελιῶν anstelle von ἐμβαλῶ εἰς τὰ θεμέλια und δόκιμον statt πολυτελῆ übersetzten. In Z. 5 ist außerdem (wohl für Θ, vgl. ZIEGLER, LXX^{Jes}) τεθεμελιωμένον nach αὐτῆς (vgl. MT) bezeugt.

	Jes 28,16^MT	Jes 28,16^LXX	1 Petr 2,6 (Röm 9,33)
1	הנני יסד	ἰδοὺ ἐγὼ ἐμβαλῶ	ἰδοὺ τίθημι
2	בציון אבן	εἰς τὰ θεμέλια Σιών	ἐν Σιὼν
3	אבן בחן	λίθον πολυτελῆ ἐκ-λεκτὸν	λίθον ἀκρογωνιαῖον
4	פנת יקרת	ἀκρογωνιαῖον ἔντιμον	ἐκλεκτὸν ἔντιμον[59]
5	מוסד מוסד	εἰς τὰ θεμέλια αὐτῆς,	
6	המאמין	καὶ ὁ πιστεύων ἐπ' αὐτῷ	καὶ ὁ πιστεύων ἐπ' αὐτῷ
7	לא יחיש:	οὐ μὴ καταισχυνθῇ.	οὐ μὴ καταισχυνθῇ.

Die Fassung von Jes 28,16 in 1 Petr 2,6 weist im Vergleich zu LXX und HT sowohl Angleichungen an den HT als auch Abweichungen vom HT und der LXX auf. Als Angleichung an den HT kann ἐν Σιών anstelle von εἰς τὰ θεμέλια Σιών (Z. 2) gewertet werden,[60] ebenso die Auslassung von πολυτελῆ (Z. 3).[61] Andererseits ist Z. 5 völlig übergangen; gegen eine planmäßige hebraisierende Überarbeitung spricht auch, daß der – für eine christologische Interpretation natürlich sehr wichtige – Zusatz der LXX ἐπ' αὐτῷ in Z. 6 beibehalten worden ist.[62] Ebenso fügt sich auch die Abänderung von ἐμβάλλειν in τιθέναι nicht glatt in das Bild einer hebraisierenden Überarbeitung ein: Als Korrektur aufgrund des HT wäre θεμελιῶν (so auch 'Α, Σ und Θ) und nicht τίθημι zu erwarten.[63]

---

[59] Der Text von 1 Petr 2,6 ist nicht einhellig überliefert. B C 69 1243 pc sa^ms bo lesen λίθον ἐκλεκτὸν ἀκρογωνιαῖον ἔντιμον (so auch NTGr[25]), dagegen vertreten P[72] א A K L P Ψ 33 81 323 614 630 1739 2495 lat sy^h sa^mss die oben wiedergegebene Wortfolge (so jetzt NTGr[26]). Diese LA ist nicht nur eindeutig besser bezeugt. Sie entspricht auch der Pls und 1 Petr vorgegebenen christologischen Verwendung des Zitats (Zusammenordnung von λίθον und ἀκρογωνιαῖον!), während in B C etc. Wiederannäherung an LXX vorliegt.

[60] Die Formulierung der LXX ist einerseits durch Z. 5 veranlaßt (vgl. ZIEGLER, Untersuchungen 67); zugleich erfolgt jedoch auch eine inhaltliche Verschiebung gegenüber dem HT. LXX spricht nicht mehr von der Grundlegung eines *neuen* Fundaments auf dem Zion, sondern von der Einfügung des λίθος in das (in seiner Sicht sicher als vorhanden vorausgesetzte) Fundament des Tempels. Zur Interpretation des HT vgl. KAISER, Jes II 199.201–203 und WILDBERGER, Jes III 1069f. 1075–1077.

[61] Es liegt Doppelübersetzung von בחן durch LXX vor, vgl. ZIEGLER, Untersuchungen 67; zur Deutung von אבן בחן vgl. die ausführliche Darstellung bei WILDBERGER, Jes III 1066f.

[62] In Jes 28,16^LXX ist ἐπ' αὐτῷ ursprünglich; vgl. KOCH, ZNW 71, 1980, 179 A 18; vgl. auch TgJon: וצידיא דהימינו באלין.

[63] Die geläufige und auch zutreffende Wiedergabe von יסד in der LXX ist θεμελιοῦν (bzw. θεμελίωσις etc.); vgl. KOCH, ZNW 71, 1980, 181 A 27. Gleiches gilt auch für 'Α (vgl. REIDER-TURNER, Index 109 jeweils s. v.), Σ (so Ex 9,18; Jes 44,28; 51,16; Prv 10,25) und Θ (Prv 10,25).

Schließlich ist auch die Abänderung der Wortfolge in Z. 3f nicht durch den HT veranlaßt.

Die Textfassung von Jes 28,16 in 1 Petr 2,6 und Röm 9,33 ist also nicht als Teil einer planmäßigen Revision der LXX anzusehen. Vielmehr ist festzustellen, daß Abänderungen des LXX-Textes – sowohl in Übereinstimmung mit dem HT als auch gegen diesen – nur soweit erfolgen, als sie für eine christologische Verwendung erforderlich sind. So dient die Abänderung von ἐγὼ ἐμβαλῶ εἰς τὰ θεμέλια Σιών in τίθημι ἐν Σίων und die Auslassung von Z. 5 der christologischen Interpretation des λίθος: Christus ist das von Gott auf dem Zion gelegte *neue* Fundament (vgl. die betonte Voranstellung von ἀκρογωνιαῖον),[64] und der Glaube an ihn (ἐπ' αὐτῷ ist gerade nicht gestrichen!) ermöglicht Hoffnung auf künftige Bewahrung.

Dies läßt den Schluß zu, daß diese Umgestaltung von Jes 28,16 zwar in Kenntnis des HT (oder einer aramäischen Fassung) erfolgte, jedoch erst im Zusammenhang mit der christologischen Aneignung dieses Jes-Wortes, d. h. in der mündlichen Schriftverwendung des Urchristentums.

β) Hiob

In den Briefen des Paulus sind zwar nur zwei Zitate aus dem Hiob-Buch enthalten, doch weichen beide bei gleichzeitiger Annäherung an den HT erheblich von der LXX ab und sind als Teil einer breiteren hebraisierenden Rezension der LXX des Hiob-Buches anzusehen. Für diese Schlußfolgerung stellen zwar zwei Einzelzitate eine sehr schmale Basis dar, doch sind analoge hebraisierende Rezensionen von LXX[Hi] auch in einem Papyrusfragment[65] und im TestHiob[66] nachgewiesen.[67]

1. Hiob 5,13 a (1 Kor 3,19 b)

Hi 5,13a[MT]	Hi 5,13a[LXX]	1 Kor 3,19b
לכד	ὁ καταλαμβάνων	ὁ δρασσόμενος
חכמים	σοφοὺς	τοὺς σοφοὺς
בערמם	ἐν τῇ φρονήσει	ἐν τῇ πανουργίᾳ αὐτῶν

---

[64] Das Verständnis der LXX von der *Einfügung* des λίθος in das vorhandene Fundament ist konsequent beseitigt. – In 1 Petr 2,6 ist λίθον ἀκρογωνιαῖον als ›Eckstein‹ (des Fundaments) zu verstehen, vgl. GOPPELT, 1 Petr 141f A 16 und BROX, 1 Petr 100; so auch für Jes 28,16[LXX] und die direkten Zitate dieser Stelle JEREMIAS, ThWNT I, 1933, 793; ders., ThWNT IV, 1942, 279; anders ist dagegen wohl Eph 2,20 zu verstehen, dazu vgl. ausführlich LINDEMANN, Aufhebung 185f (mit A 213).
[65] Berliner Papyrusfragment P 11778; vgl. die ausführliche Diskussion des Textes bei WEVERS, ThR NF 22, 1954, 133f.
[66] Vgl. SCHALLER, Bib. 61, 1980, 377–406; zum Alter von TestHiob vgl. ders., JSHRZ III/3, 309–312.
[67] Für die beiden Hi-Zitate des Pls hat SCHALLER, ZNW 71, 1980, 21–26 ebenfalls das Vorliegen einer hebraisierenden Rezension nachgewiesen. Schallers Analyse ist überzeugend, so daß im folgenden nur die wichtigsten Argumente genannt zu werden brauchen.

Die Wiedergabe des MT in 1 Kor 3,19b ist wesentlich genauer als in LXX.[68] Das trifft sowohl für die Übersetzung von לכד durch ὁ δρασσόμενος als auch von ערמה durch πανουργία zu,[69] ebenso für die Setzung des Possessivpronomens nach ἐν τῇ πανουργίᾳ.[70] Auf Paulus sind diese Textabänderungen nicht zurückzuführen: δράσσεσθαι gehört nicht zum paulinischen Wortschatz,[71] und ἐν τῇ φρονήσει wäre für Paulus wesentlich geeigneter gewesen als ἐν τῇ πανουργίᾳ.[72] Daher liegt hier eine vorpaulinische Rezension dieser Stelle vor.[73]

2. Hiob 41,3a (Röm 11,35)

Hi 41,3a^{MT}	Hi 41,3a^{LXX}	Röm 11,35
מי	ἢ τίς	ἢ τίς
הקדימני	ἀντιστήσεταί μοι	προέδωκεν αὐτῷ
ואשלם	καὶ ὑπομενεῖ;	καὶ ἀνταποδοθήσεται αὐτῷ;

Auch hier steht die Textform des Paulus dem MT wesentlich näher als die LXX.[74] Schon die Tempusänderung in Z. 2 kann als Korrektur aufgrund der

---

[68] Zum Charakter von LXX^{Hi} und deren Problemen vgl. JELLICOE, Septuagint 310 f.317; Fohrer, Hi 55 f; zur Textgeschichte vgl. ZIEGLER, LXX^{Hi} 60–161. Für Hi 5,13a und 41,3a sind 'Α, Σ und Θ nicht überliefert.

[69] Zum Einzelnachweis, der hier nicht wiederholt zu werden braucht, vgl. SCHALLER, ZNW 71, 1980, 24 f.

[70] Die Mehrzahl der lukianischen HSS (u. a. auch A) sowie co und aeth fügen ebenfalls αὐτῶν hinzu; αὐτῶν fehlt in B S, den hexaplarischen Texten und den Catenen-HSS. – Dagegen liegt in der Setzung des Artikels vor σοφούς eine Änderung gegen den MT vor; dazu s. u. S. 132 A 2.

[71] Δράσσεσθαι ist Hapaxlegomenon im NT! Andererseits gebraucht Pls λαμβάνειν durchaus analog zu Hi 5,13a^{LXX}, wie 2 Kor 12,16 zeigt: ἀλλὰ ὑπάρχων πανοῦργος δόλῳ ὑμᾶς ἔλαβον (vgl. auch 2 Kor 11,20). Auf Pls ist daher die Abänderung von ὁ καταλαμβάνων in ὁ δρασσόμενος nicht zurückzuführen.

[72] In der pln Kritik der σοφία τῶν σοφῶν bzw. σοφία τοῦ κόσμου spielt der Gesichtspunkt der πανουργία o. dgl. nirgends eine Rolle. Daß aber Gott die σοφοί an ihrer eigenen σοφία bzw. φρόνησις zu Fall kommen läßt, hätte als Zitataussage der pln Argumentation ab 1 Kor 1,18 (und auch dem Zitat in 3,20) voll entsprochen.

[73] Anders ELLIS, Use 144 A 3: »Paul's quotations from Job may follow the Hebrew simply because it is the most familiar text«. Ellis geht (wie VOLLMER, Citate 23 A 2) offenbar davon aus, daß z. Zt. des Pls noch keine griechische Übersetzung von Hi vorhanden war; doch ist dies unzutreffend, s. u. A 80. Außerdem versäumt es Ellis zu überprüfen, ob der Wortlaut dieser Übersetzung überhaupt dem pln Sprachgebrauch entspricht. Schon KAUTZSCH, Locis 70 hat gegen die Annahme einer Übersetzung durch Pls selbst die Frage gestellt, »quomodo apostolus in reddenda voce utissima in vocabulum minime usitatum inciderit«.

[74] Der LXX-Übersetzer hat versucht, dem für ihn sicher recht undurchsichtigen HT (zu diesem vgl. GRAY, Hi I 364 und FOHRER, Hi 527.529) einen auch dem Kontext entsprechenden Sinn abzugewinnen. Die Wiedergabe von הקדים (im Piel: ›vorangehen, zuvorkommen, entgegenkommen‹; Hifil nur noch Am 9,10, dort ebenfalls ›begegnen‹) durch ἀνθίστασθαι ist wohl durch V 2b veranlaßt: τίς γάρ ἐστιν ὁ ἐμοὶ ἀντιστάς; (weitere

hebräischen Vorlage verstanden werden.[75] Auch die Verwendung von προδιδόναι und ἀνταποδιδόναι ist als Versuch zu werten, den HT genauer wiederzugeben[76]. Die gleichzeitigen Differenzen zwischen dem MT und Röm 11,35 sind nicht einheitlich zu beurteilen: ἀνταποδοθήσεται setzt – wie ὑπομενεῖ in der LXX – וישלם als HT voraus.[77] Dagegen ist in Z. 2 in Übereinstimmung mit LXX und MT προέδωκέν *μοι* als Textvorlage des Paulus anzunehmen.[78] Für αὐτῷ in Z. 3 ist mit freier Zufügung durch Paulus zu rechnen.[79] Wiederum handelt es sich nicht um eine Neuübersetzung, sondern um eine hebraisierende Überarbeitung des LXX-Textes.[80]

γ) III Regum

Ein anderes Bild als bei den beiden Hiob-Zitaten – sowie den zuvor behandelten Jes-Zitaten – ergibt sich bei den ebenfalls zwei Stellen, die Paulus

---

Erklärungsmöglichkeiten: s. SCHALLER, ZNW 71, 1980, 25 A 21). Dementsprechend wählt der Übersetzer dann für שלם nicht ἀποδιδόναι (so Hi 22,27 und 34,11), sondern ὑπομένειν (so auch Hi 9,4 und 22,21; 21,19b. 31, wo ebenfalls שלם begegnet, fehlt in LXX[Hi]). Zur häufigen Verwendung von ὑπομένειν in LXX[Hi] (nicht nur zur Wiedergabe von שלם) vgl. FOHRER aaO 198.

[75] Sie ist zugleich mit einem veränderten inhaltlichen Verständnis verbunden, wie die Verwendung von προδιδόναι zeigt. In der LXX war das Futur durch die Fortsetzung veranlaßt.

[76] Für שלם ist dabei von der Bedeutung des Piel (›wiedererstatten, ersetzen‹) ausgegangen. Auch die Wiedergabe von הקדים durch προδιδόναι ist offenbar nicht einfach vom vermuteten Sinn her erfolgt, sondern entspricht späterem Sprachgebrauch; vgl. SCHALLER, ZNW 71, 1980, 26.

[77] Dies ist wahrscheinlicher als die Annahme, bei einer Korrektur der LXX aufgrund des HT sei zwar ὑπομένειν in ἀνταποδιδόναι abgeändert worden, aber eine Angleichung der 3. Pers. Sing. unterblieben (vgl. auch SCHALLER, ZNW 71, 1980, 25 A 21). Auch für den HT selbst ist וישלם als ursprünglicher Wortlaut anzunehmen; so GRAY, Hi I 364 und FOHRER, Hi 527 unter Verweis auf Hi 9,4b.

[78] In V 3a ist auch im MT das Personalsuffix einhellig überliefert (anders dagegen in V 2b). Die LXX setzt auch in V 2b. 3b jeweils mit dem MT die 1. Pers. Sing. voraus und dehnt dies sogar auf V 2a aus. Die Annahme einer hebräischen Vorlage mit dem Suffix der 3. Pers. Sing. in V 3a ist daher unbegründet (so auch GRAY, Hi I 363); anders FOHRER, Hi 527, doch vgl. WESTERMANN, Aufbau 120-124; s. auch u. S. 178 A 39. Andererseits war für Pls eine Abänderung von μοι in αὐτῷ nach Röm 11,34b (τίς σύμβουλος αὐτοῦ κτλ.) unumgänglich.

[79] Eine hebräische Vorlage mit Personalsuffix anzunehmen wäre reines Postulat. Eher wäre schon mit einer freien Ergänzung bereits vor Pls zu rechnen. Doch entspricht dies kaum dem Charakter einer hebraisierenden Überarbeitung.

[80] So m. R. SCHALLER, ZNW 71, 1980, 26, der auf die Beibehaltung von ἤ hinweist. KAUTZSCH, Locis 67-70 sah in 1 Kor 3,19 und Röm 11,35 keine Überarbeitung bzw. Abänderungen der LXX, sondern die Verwendung einer »alterius versionis graecae tunc florentis« (70). VOLLMER, Citate 23 A 2 ging davon aus, »dass zur Zeit des Apostels die Jobversion der Septuaginta noch nicht vorhanden war«. Doch vgl. dazu SCHALLER, Bib. 61, 1980, 401: LXX[Hi] ist gegen Ende des 2. oder Anfang des 1. Jh. v. Chr. anzusetzen. Damit sind auch aus chronologischen Gründen Revisionsversuche für diese ursprünglich vom HT erheblich abweichende Übersetzung nicht auszuschließen; zur Geschichte von LXX[Hi] vgl. auch die kurze Skizze bei SCHALLER, Bib. 61, 1980, 401-406.

aus dem 3. (MT: 1.) Königsbuch anführt. Der LXX-Wortlaut[81] beider Zitate lehnt sich ausgesprochen eng an den HT an, während das Verhältnis der paulinischen Zitatform zum HT jeweils wesentlich selbständiger ist.

1. *III Reg 19,10*[82] *(Röm 11,3)*

	I Reg 19,10^MT	III Reg 19,10^LXX	Röm 11,3
1	את מזבחתיך	τὰ θυσιαστήριά σου	τοὺς προφήτας σου
2	הרסו	κατέσκαψαν	ἀπέκτειναν,
3	ואת נביאיך	καὶ τοὺς προφήτας σου	τὰ θυσιαστήριά σου
4	הרגו	ἀπέκτειναν	κατέσκαψαν,
5	בחרב	ἐν ῥομφαίᾳ,	
6	ואותר אני	καὶ ὑπολέλειμμαι ἐγὼ	κἀγὼ ὑπελείφθην
7	לבדי	μονώτατος	μόνος
8	ויבקשו	καὶ ζητοῦσι	καὶ ζητοῦσιν
9	את נפשי	τὴν ψυχήν μου	τὴν ψυχήν μου.
10	לקחתה:	λαβεῖν αὐτήν.	

Klammert man zunächst die Auslassungen in Röm 11,3 gegenüber der LXX und dem MT aus (Z. 5 und 10), so ist nur die Umstellung zu Beginn des Zitats (Z. 1f/3f) als paulinische Änderung, die aus inhaltlichen Gründen erfolgte, zu erkennen.[83] Die übrigen Abweichungen von der LXX weisen einen anderen Charakter auf: Sie stellen im Vergleich zur LXX jeweils eine sprachliche Verbesserung der Übersetzung dar. Das gilt nicht nur für die Beseitigung der unsinnigen Superlativbildung μονώτατος in Z. 7, sondern auch für die Voranstellung von ἐγώ[84] in Z. 6 und die Verwendung des geläufigeren Aorists (ὑπελείφθην) anstelle des Perfekts (ὑπολέλειμμαι).

---

[81] Als Ausgabe steht neben RAHLFS, LXX nur die von BROOKE-MCLEAN zur Verfügung. Die Textgeschichte von I-IV Reg ist noch weitgehend ungeklärt. Auch neuere Untersuchungen (wie BARTHÉLEMY, Devanciers 34–41) beruhen immer noch auf THACKERAY, JThS 8, 1907, 262–278; ders., Grammar 10f und ders., Septuagint 16–28.

[82] Vgl. den nahezu identischen Wortlaut von III Reg 19,14; dort lediglich καθεῖλαν statt κατέσκαψαν (MT jeweils: הרסו).

[83] Außerdem stellt Pls κύριε voran; dazu s. u. S. 87. Der Vorwurf der Tötung der Propheten war als Anklage wesentlich geeigneter als die längst inaktuell gewordene Zerstörung der Altäre; vgl. auch STECK, Israel 278 A 2: »die Prophetentötung ist betont vorangestellt«. STECK ebd. meint, daß Pls hier ›nicht unmittelbar‹ in der ›Vorstellungstradition der deuteronomistischen Prophetenaussage‹ vom Wirken der Propheten und ihrer Abweisung in Israel stehe (vgl. STECK aaO 62f). Die pln Aussage sei vielmehr direkt der Schrift entnommen. Zutreffend ist, daß die Aussage über die Tötung der Propheten nur im Zitat begegnet. Auch fehlt, anders als in 1 Thess 2,15f (dazu vgl. STECK aaO 274–278; zur Echtheit von 1 Thess 2,13–16, die z. T. bestritten wird, vgl. KÜMMEL, Aufs. I 410–412; ders., Einleitung 224f), der Gesichtspunkt des Wirkens der Propheten (bzw. Apostel). Doch zeigt 1 Thess 2,15, daß Pls der Inhalt des Zitats in Röm 11,3 nicht erst durch die Lektüre von III Reg 19,10 vermittelt worden ist.

[84] Die LXX folgt hier einfach der hebräischen Vorlage.

Die Auslassung von ἐν ῥομφαίᾳ ist wohl eher Paulus zuzuschreiben,[85] während die Auslassung von λαβεῖν αὐτήν, das nach ζητοῦσι τὴν ψυχήν μου recht ungeschickt wirkt, auch vor Paulus erfolgt sein kann.[86]

2. III Reg 19,18 (Röm 11,4)

Hier tritt die Tendenz zur sprachlichen Verbesserung der LXX noch deutlicher hervor.

	I Reg 19,18[MT]	III Reg 19,18[LXX]	Röm 11,4
1	והשארתי	καὶ καταλείψεις	κατέλιπον ἐμαυτῷ
2	בישראל	ἐν Ἰσραὴλ	
3	שבעת אלפים	ἑπτὰ χιλιάδας ἀνδρῶν,	ἑπτακισχιλίους ἄνδρας,
4	כל הברכים	πάντα γόνατα,	
5	אשר לא כרעו	ἃ οὐκ ὤκλασαν γόνυ	οἵτινες οὐκ ἔκαμψαν γόνυ
6	לבעל	τῷ Βάαλ,	τῇ[87] Βάαλ.
7	וכל הפה	καὶ πᾶν στόμα,	
8	אשר לא נשק	ὃ οὐ προσεκύνησεν	
9	לו:	αὐτῷ.	

In der LXX-Übersetzung liegt in Z. 4f eine erhebliche sprachliche Unzulänglichkeit vor. Schon πάντα γόνατα ist als Apposition zu ἑπτὰ χιλιάδας ἀνδρῶν nicht sonderlich geschickt; ganz unzureichend formuliert ist jedoch die Fortsetzung πάντα γόνατα, ἃ οὐκ ὤκλασαν γόνυ.[88] Diese Anstöße sind in Röm 11,4 durch die Auslassung des inhaltlich nicht notwendigen πάντα γόνατα und den Anschluß von Z. 5 durch οἵτινες beseitigt. Eine klare Verbesserung der griechischen Ausdrucksweise stellt ebenfalls in Z. 5 die Abänderung von ὤκλασαν γόνυ in ἔκαμψαν γόνυ dar.[89] Als Angleichung an den gewöhnlichen

---

[85] Als Abänderung des instrumentalen ἐν (zu dessen Ausweitung unter dem Einfluß des hebräischen ב vgl. BDR § 195) wäre die Streichung von ἐν ausreichend gewesen.

[86] Vgl. die sprachlich bedingte Auslassung von πάντα γόνατα in III Reg 19,18 (Röm 11,4).

[87] Τῇ Βάαλ wird auch z. T. in III Reg 19,18 gelesen, und zwar von 19 52 82 92 93 106 107 108 120 127 130 134 314 372 und 554, während A B V 55 119 121 158 245 und 247 τῷ Βάαλ haben; ἡ Βάαλ geht auf die Praxis zurück, die Lesung des Götzennamens zu vermeiden und ihn durch בושת oder עבודה זרה zu ersetzen, vgl. DILLMANN, MPAW 1881, 601–620; Bill III 288. Von dorther ist die Femininform auch in die HSS eingedrungen. Eine andere Frage ist natürlich, ob dieser Grund noch jeweils bewußt war und tatsächlich bei einer Verlesung von III Reg 19,18 (oder gar Röm 11,4!) noch beachtet wurde.

[88] Vgl. auch die dürftige Übersetzung von Z. 7–9: πᾶν στόμα, ὃ οὐ προσεκύνησεν αὐτῷ.

[89] Ὀκλάζειν γόνυ begegnet nur hier und entspricht nicht der normalen Wortbedeutung von ὀκλάζειν (›hocken, sich niederkauern‹), das meist absolut gebraucht wird, so z. B. Plut II [Mor] 139B; 320D. Belegt ist daneben nur ἐς γόνυ ὀκλάζειν (Lucian, Dialogi Mortuorum 27,4); direkt vergleichbar wäre höchstens Xenoph Eq 11,3 (vom Pferd): τὰ ὀπίσθια (σκέλη [die Hinterläufe]) ὀκλάζειν. Auch in LXX ist ὀκλάζειν äußerst selten: neben III Reg 19,18 begegnet es nur noch III Reg 8,54 (ὀκλακὼς ἐπὶ τὰ γόνατα). Um so auffälliger ist die häufige Verwendung bei Σ; vgl. HATCH-REDPATH, Concordance II 985 s. v. –

griechischen Sprachgebrauch ist auch ἑπτακισχιλίους ἄνδρας anstelle von ἑπτὰ χιλιάδας ἀνδρῶν in Z. 3 zu werten.[90]

Auch in Röm 11,4 ist zusätzlich mit einer Zitatverkürzung durch Paulus zu rechnen: Die Auslassung von ἐν Ἰσραήλ, für die weder der HT noch die LXX einen Anlaß bieten, fällt aus der Linie der bisher festgestellten Abänderungen von III Reg 19,18[LXX] heraus.[91]

Beide Zitate aus III Reg 19 weisen in ihren Abweichungen von der LXX eine gemeinsame Tendenz auf: Es handelt sich jeweils um Verbesserungen des z. T. äußerst ungeschickten Übersetzungsgriechisch an diesen beiden Stellen. Die sprachlichen Verbesserungen führen jedoch in keinem Fall zu einer inhaltlichen Veränderung gegenüber dem HT. In III Reg 19,18 liegt mit κατέλιπον ἐμαυτῷ sogar eine klare Korrektur der LXX (καταλείψεις) aufgrund des HT vor.[92] Die Revision dieser beiden Zitate ist also in Kenntnis und im Rückgriff auf den HT erfolgt, steht ihm jedoch in der Übersetzungstechnik wesentlich selbständiger gegenüber als die LXX.

Paulinische Herkunft ist für die Überarbeitung dieser beiden Zitate nicht wahrscheinlich zu machen. Zum einen begegnet eine analoge Tendenz zur Revision von Zitaten aus sprachlichen Gründen bei Paulus sonst nirgends.[93]

Dagegen ist κάμπτειν γόνυ eine völlig unanstößige und feststehende Wendung, vgl. LSJ, Wb. 873 s. v. κάμπτω I. Die sprachliche Härte von ὀκλάζειν γόνυ hat auch zu Änderungen in den HSS geführt: 246 ändert in ἔκλιναν, 19 (93) 108 121 127 158 247 vertreten ἔκαμψαν; diese LA kann auf Röm 11,4 zurückgehen, aber sie lag auch unabhängig davon nahe. A B rell haben ὤκλασαν (V 55: ἔκλασαν).

[90] Ἑπτακισχίλιοι begegnet schon bei Herodot II 43 und ist auch in der LXX vertreten, so Num 3,22; 31,36. 43; IV Reg 24,16; 1 Chr 29,4 u. ö. Χιλιάδες wird zumeist gebraucht, um eine bes. große Zahl anzugeben, vgl. Herdot II 96: πολλὰς χιλιάδας ταλάντων (vgl. auch II 28); Luc Hermot 56: ἑκατοντάδας καὶ χιλιάδας βιβλίων. Für präzisere Angaben wird dagegen χίλιοι (in der Regel attributiv gebraucht) verwendet, vgl. Plat Critias 119b; Thuc II 80; Polyb III 33,10. Anders dagegen ist der Befund in I–IV Reg: Hier wird zwischen χίλιοι und χιλιάδες nicht differenziert und χιλιάδες wird einseitig bevorzugt (über 50mal, χίλιοι dagegen nur 8mal – in III Reg fehlt es sogar völlig). Κάμπτειν und ἑπτακισχίλιοι hat auch Justin, Dial 46,6 in seiner referierenden Wiedergabe von III Reg 19,18.

[91] Für Pls war dieser Zitatteil offenbar überflüssig; zu analogen Auslassungen durch Pls s. u. S. 115ff.

[92] Beide Änderungen (1. Pers. Sing. anstelle der 2. Pers. und Aorist anstelle des Futurs) sind aufgrund des HT erfolgt. Auch in den HSS ist hier geändert worden: καταλείψω lesen 19 33 108 127; καταλείψει 82; κατέλιπον in 56 ist auf Röm 11,4 zurückzuführen; καταλείψεις lesen A B V rell. – Unklar ist die Herkunft von ἐμαυτῷ. Die Selbständigkeit gegenüber dem HT, die die Bearbeitung beider Zitate aufweist, macht eine Zufügung im Zusammenhang mit der Abänderung in κατέλιπον durchaus denkbar, zumal es sich auch hier nicht um eine inhaltliche Verschiebung, sondern um eine durchaus sachgemäße Verdeutlichung handelt. Pln Herkunft dieser Verdeutlichung ist jedoch ebenfalls nicht auszuschließen.

[93] Die gelegentlich zu beobachtenden Angleichungen an den eigenen Sprachgebrauch haben einen viel geringeren Umfang; s. u. S. 140ff. Auch die völlige Umgestaltung von Ψ 13,1–3 in Röm 3,10–12 ist nicht vergleichbar. Hier werden keine sprachlichen Anstöße beseitigt, sondern Pls formuliert ein neues Eingangs-›Zitat‹ für Röm 3,10–18, das seiner

Zum anderen hätte Paulus in III Reg 19,10 mit ὑπολέλειμμαι eine überaus günstige sprachliche Assoziation an Röm 9,27 (τὸ ὑπόλειμμα σωθήσεται – Jes 10,22) selbst beseitigt.[94]

δ) *Die übrigen Bücher der Schrift*

Außerhalb der Jes-, Hi- und III Reg-Zitate begegnet nur noch eine Textanführung, die dem MT nähersteht als der LXX, das Zitat von Dtn 32,35a in Röm 12,19, das in gleicher Form auch in Hebr 10,30 vorliegt.

MT:	לי נקם ושלם[95]
LXX:	ἐν ἡμέρᾳ ἐκδικήσεως ἀνταποδώσω
Röm 12,19:	ἐμοὶ ἐκδίκησις, ἐγὼ ἀνταποδώσω[96]
Σ^Syh:	mihi ultio et retribuam
TgOnk:	קדמי פורענותא ואנא אשלים[97]
TgFrag:	דידי היא נקמתא ואנא הוא די משלים[98]

Als hebräische Vorlage setzt die LXX ליום anstelle von לי (MT) voraus,[99] d. h. zu Beginn liegt durchaus eine wörtliche Übersetzung vor. Dagegen entfernt sich die LXX, die mit V 35 eine neue syntaktische Einheit beginnen läßt, mit ἀνταποδώσω vom MT.[100] Diese Abweichung vom MT begegnet in allen späteren Textfassungen wieder, in denen jedoch der Beginn nach dem (wohl defekten) MT (לי)[101] abgeändert worden ist.[102] Als hebraisierende Revision dieser Stelle ist diese unvollständige Angleichung an den MT kaum zu bezeichnen. Zudem läßt die weite Verbreitung der paulinischen Zitatfassung auf deren mündliche Verwendung schließen. Dafür spricht auch, daß Dtn 32,35a in

---

Zielsetzung natürlich wesentlich besser entspricht als der vorgegebene Wortlaut von Ψ 13; s. u. S. 145.

[94] Zum Aufbau von Röm 9–11 und der Stellung von 9,30–10,21 zwischen 9,6–29 und 11,1 ff vgl. LUZ, Geschichtsverständnis 25–37; WILCKENS, Röm II 183 f. Dieser Stellung von Röm 9,30–10,21 entspricht der Rückbezug von 11,1 ff auf 9,6–29, bes. V. 25 ff, vgl. auch KÄSEMANN, Röm 289.

[95] MT vokalisiert וְשִׁלֵּם, doch ist – selbst wenn man an לי als ursprünglichem Text festhält (dazu s. gleich) – שלם nominal zu fassen, also: וְשִׁלֵּם, vgl. die Übersetzung von KÖNIG, Dtn 211: »Mir steht Rache und Vergeltung zu«.

[96] Pls fügt in Röm 12,19 λέγει κύριος hinzu, was Hebr 10,30 fehlt. Dies zeigt, daß das Zitat in Hebr 10,30 nicht durch Pls vermittelt ist; s. auch u. S. 139.

[97] SPERBER, Bible I 348; »vor mir ist die Bestrafung, ich will vergelten«.

[98] M. KLEIN, Fragment-Targums I 228; »Mine is vengeance, and it is I Who will requite« (II 185).

[99] Ebenso der Samaritanus; vgl. BHS.

[100] Auch unter der Voraussetzung eines verbalen Verständnisses von ושלם (s. o. A 95); dann wäre die 3. Pers. Sing. erforderlich.

[101] Vgl. auch die Fortsetzung mit לעת; s. auch STEUERNAGEL, Dtn 170; DRIVER, Dtn 374 f und v. RAD, Dtn 138; anders KÖNIG, Dtn 211, der an לי festhält.

[102] So zutreffend KATZ, ZNW 49, 1958, 219 f; die Verkürzung von ליום zu לי führt KATZ, Bib. 33, 1952, 525 A 3 (im Anschluß an B. J. Roberts) auf abgekürzte Schreibweise zurück, die später nicht mehr verstanden wurde.

dieser Gestalt die Form eines kurzen und sehr prägnanten Logions erhalten hat. Zugleich hat damit dieser Text eine bestimmte inhaltliche Interpretation erfahren:[103] Er ist zur Aussage über die Souveränität Gottes als dem allein Richtenden geworden, und in diesem Sinne wird das Zitat auch von Paulus in Röm 12,19 angeführt.

ε) Ergebnis

Sowohl für Jes als auch für Hi ist deutlich, daß der von Paulus vorausgesetzte LXX-Text bereits eine hebraisierende Überarbeitung erfahren hat. Die jeweiligen Angleichungen an den HT sind nicht auf Paulus zurückzuführen, und somit sind diese Zitate auch kein Anhalt für die Vermutung, Paulus habe neben der LXX auch direkt den HT benutzt.

Für die Rezension des Jes-Textes ist festzustellen, daß sie besonders in Texten begegnet, in denen die LXX sich nicht nur in der Wiedergabe einzelner Wörter gegenüber dem HT frei verhält, sondern auch die zugrundeliegende syntaktische Struktur umgestaltet hat. Hier hat diese hebraisierende Überarbeitung offenbar primär eingesetzt.[104] Umgekehrt sind innerhalb der von Paulus angeführten Jes-Zitate Jes 8,14; 28,11f und 52,7 auch diejenigen Texte, in denen am ehesten eine derartige Korrektur zu erwarten ist.[105] Dies läßt die Vermutung zu, daß diese Revision des Jes-Textes auch relativ konsequent erfolgt ist. Dafür spricht auch die Verteilung der überarbeiteten Zitate auf die Kapitel 8; 25; 28 und 52. Die Revision betraf also offenbar das Jes-Buch insgesamt.

Zum Gesamtbild des pln Jes-Textes gehört allerdings auch, daß in Jes 10,23 ὁ θεός bereits vor Pls im Sinne des HT abgeändert worden ist.[106] Hier liegt also neben den umfangreicheren Eingriffen in den LXX-Text eine Korrektur vor, die lediglich den Bestand eines einzelnen Wortes betraf. Allerdings paßt es durchaus zu einer hebraisierenden Revision, daß sie auch eine Abweichung hinsichtlich der Wiedergabe des Gottesnamens richtigstellte.

---

[103] So m.R. KATZ, ZNW 49, 1958, 220.

[104] So in Jes 8,14; 28,11f und 52,7; lediglich in Jes 25,8 (1 Kor 15,54) liegt keine Korrektur einer syntaktischen Abweichung vor. Hier wird die Wortbedeutung einzelner Textteile (insbesondere von לנצח) korrigiert, was aber ebenfalls mit einem veränderten Gesamtverständnis des so abgeänderten Textes verbunden ist; s. o. S. 61ff; zu Jes 10,23 s. gleich.

[105] Abweichungen im syntaktischen Verständnis liegen auch in Jes 11,10^{LXX} (Röm 15,12) und 59,20^{LXX} (Röm 9,26), jeweils mit charakteristischen inhaltlichen Verschiebungen verbunden, vor. Doch sind die Abweichungen in diesen Jes-Stellen nicht so gravierend wie in Jes 8,14; 28,11f und 52,7. Außerdem sind beide Zitate bei Pls nicht seiner LXX^{Jes}-Vorlage entnommen, sondern Pls aus ihrer mündlichen (und inhaltlich: christologischen) Verwendung im Urchristentum vermittelt; vgl. KOCH, ZNW 71, 1980, 184–189; s. auch u. S. 241f. Auch in den übrigen von Pls zitierten Jes-Texten liegen durchaus deutliche Abweichungen der LXX vom HT vor (so z. B. 10,22: τὸ κατά-/ὑπόλειμμα σωθήσεται; MT: שאר ישוב בו). Doch ist der Grad dieser Abweichungen erheblich geringer als in den bisher diskutierten Fällen.

[106] S. o. S. 50.

Einen anderen Charakter hatte offenbar die hebraisierende Hi-Rezension, die bei Paulus sichtbar wird. Hier waren es nicht syntaktische Abweichungen gegenüber dem HT, die die Überarbeitung veranlaßten. Die Korrektur betrifft jeweils die einzelne Wortwahl oder einzelne Wortformen, um den Abstand zwischen der LXX-Übersetzung und dem (in Hi besonders schwierigen) HT zu beseitigen. Zwar stellen die lediglich zwei Hi-Zitate des Paulus eine sehr schmale Grundlage für weitere Schlußfolgerungen dar. Doch ist bemerkenswert, daß beide Zitate aus ganz verschiedenen Teilen des Buches stammen. Zudem sind auch unabhängig von Paulus hebraisierende Revisionen des Hi-Buches festzustellen. Daher ist mit der Möglichkeit zu rechnen, daß die Revision des paulinischen Hi-Textes sich nicht auf die beiden gerade bei Paulus angeführten Texte beschränkte, also eine weitergreifende Rezension darstellte.

Deutlich verschieden von den vorpaulinischen Rezensionen sowohl von LXX^{Jes} als auch von LXX^{Hi} ist die vorpaulinische Überarbeitung der beiden Zitate aus III Reg. Hier ist eine doppelte Zielrichtung festzustellen: Zum einen sind, soweit überhaupt erforderlich, Abweichungen vom HT richtiggestellt; sämtliche sonstigen Abänderungen dienen jedoch dazu, das ungelenke Übersetzungsgriechisch der LXX in diesen beiden Zitaten zu glätten. Es liegt also eher eine ›gräzisierende‹ Überarbeitung vor, die jedoch unter gleichzeitigem Rückgriff auf den HT erfolgte. Schlußfolgerungen über den paulinischen III Reg-Text insgesamt sind allerdings von hier aus nicht möglich, da einerseits beide Zitate sehr dicht beieinander liegen und andererseits die Textgeschichte von I–IV Reg noch weitgehend ungeklärt ist.

In der von Paulus vorausgesetzten Textgestalt der übrigen Bücher der Schrift ist keine planmäßige Rezensionsarbeit feststellbar, die mit dem Befund in Jes und Hi sowie den beiden III Reg-Zitaten vergleichbar wäre. Das gilt auch für den Pentateuch, dessen LXX-Übersetzung im Vergleich zu Jes oder Hi ohnehin ein wesentlich engeres Verhältnis zum HT aufweist. Das einzige Pentateuchzitat, das deutlich vom HT beeinflußt ist, Dtn 32,35a (Röm 12,19), ist auch nur unvollständig an den MT angeglichen und, wie die von Paulus unabhängige Anführung in Hebr 10,30 sowie die Übereinstimmung mit Σ und TgOnk zeigt, auf mündliche Formung und Vermittlung zurückzuführen.

H. Vollmer verglich die jeweils dem HT näher stehenden Zitate des Pls einerseits mit der LXX, andererseits mit 'A, Σ und Θ und kam zu der Feststellung, daß Pls neben der LXX noch andere, mit 'A, Σ und Θ verwandte Versionen voraussetzte.[107] Dies führte zu der von *Vollmer* mit Recht als schwierig empfundenen Schlußfolgerung, daß Pls dann mehrere Texte des gleichen Buches nebeneinander benutzt haben müsse.[108] *Vollmer* löste diese Schwierigkeit durch die Annahme, daß Pls zumindest die von der LXX abweichenden Zitate doch einer gemeinsamen Quelle, nämlich einem vorpln Florilegium, entnommen

---

[107] VOLLMER, Citate 35.
[108] VOLLMER aaO 33: »Es ist a priori nicht eben recht glaubhaft, dass Paulus über mehrere Versionen des Alten Testaments verfüge, von denen er bald die eine, bald die andre aufgerollt hätte.«

II. Textgrundlage der Schriftzitate und Zitiertechnik

habe.[109] Doch wird diese These hinfällig, wenn erkannt ist, daß in dem zentralen Beweistext für die Florilegienhypothese, in Röm 9,33,

a) die Zusammenordnung von Jes 28,16 und 8,14 auf Pls zurückgeht;[110] und

b) Jes 8,14 und 28,16 eine deutlich verschiedene textgeschichtliche Entwicklung durchlaufen haben: Die Textgestalt von Jes 8,14 ist auf eine schriftliche Textrezension, die von 28,16 auf mündliche Aneignung und Umformung (und zwar im vorpln Urchristentum) zurückzuführen.[111]

E. E. *Ellis* hält dagegen »either an ad hoc rendering or an interpretative selection from various known texts« für möglich.[112] Dagegen spricht jedoch, daß Pls – gerade an den in Frage kommenden Stellen – keineswegs die für ihn geeignetste Übersetzung ›ausgewählt‹ hätte[113] und die vermeintlichen ›ad hoc renderings‹ dem pln Sprachgebrauch nicht entsprechen.[114]

Für die bei Paulus sichtbar werdenden Rezensionen seines Jes- und Hi-Textes sowie der beiden III Reg-Zitate ist jeweils jüdische Herkunft vorauszusetzen. Diese Rezensionen sind als Überarbeitungen des gebräuchlichen LXX-Textes nicht nur schriftlich entstanden, es kann auch mit hinreichender Wahrscheinlichkeit angenommen werden, daß sie – wie auch die Rezension von XII in 8 HevXIIgr – nur in schriftlicher Form existierten. Zwar sind sie bemerkenswerte Vorstufen für die späteren Übersetzungen von 'A, Σ und Θ, doch haben sie – anders als jene »Drei« – kaum weitere Spuren in der Textgeschichte der LXX hinterlassen. Daher ist nicht damit zu rechnen, daß sie im Gottesdienst der Synagoge, dem zentralen Ort mündlicher Schriftverwendung, den traditionellen LXX-Text nachhaltig beeinflussen oder gar verdrängen konnten.[115] Eine weitere Verbreitung haben nicht diese begrenzten Revisionsversuche, sondern erst die wesentlich konsequenteren Arbeiten von 'A, Σ und Θ gefunden.

Zugleich ist für Paulus auszuschließen, daß er mehrere Jes-, Hi- und III Reg-Texte nebeneinander benutzt hat. Die Verwendung schriftlicher Texte ist für Paulus zwar durchaus wahrscheinlich,[116] aber daß er sich um mehrere Texte z. B. von Jes mit unterschiedlicher Textform bemühte, diese auch erwarb und kritisch-abwägend benutzte, ist eine abwegige Vorstellung. Ein solches Verfahren ist z. B. für Origenes oder Euseb nachweisbar und dort auch verständlich, da es jeweils im Zusammenhang mit weit fortgeschrittener exegetischer Arbeit

---

[109] VOLLMER aaO 35–48; zu den weiteren Beobachtungen, die für die Annahme vorpln Florilegien geltend gemacht werden, s. u. S. 247–253.

[110] S. u. S. 161 f.

[111] S. o. S. 59 f. 69 ff.

[112] ELLIS, Use 139, vgl. auch aaO 19.

[113] So in 1 Kor 3,19 (Hi 5,13a; s. o. S. 72) und 1 Kor 14,21 (Jes 28,11 f; s. o. S. 65). Auch für 1 Kor 15,54 kann man sich fragen, ob der mit Θ übereinstimmende rezensierte Wortlaut von Jes 25,8 a wirklich der geeignetste war. Nach den Futura von 1 Kor 15,54a.b wäre eine futurische Übersetzung, wie sie 'A und Σ bieten, näherliegend gewesen.

[114] S. o. A 73.

[115] Das bedeutet aber auch, daß Pls zumindest diese acht Zitate unmittelbar einer schriftlichen Vorlage entnommen hat; zur weiteren Diskussion dieser Frage s. u. S. 92–101.

[116] S. u. S. 98–101.

stand. Bereits für Paulus ein derartiges exegetisch-philologisches Vorgehen anzunehmen, wäre jedoch anachronistisch.

Für Paulus ist es dagegen wesentlich wahrscheinlicher, 1. daß sein jeweiliger Jes-, Hi- und III Reg-Text alle feststellbaren vorpaulinischen Zitatkorrekturen enthielt, d. h. daß es sich jeweils um eine einzige, rezensierte Textfassung des betreffenden Buches handelte; 2. daß Paulus sich der Unterschiede zwischen seinem rezensierten Jes-, Hi- und III Reg Text und der unrezensierten Fassung dieser Bücher gar nicht bewußt war.

Aufgrund der vorchristlichen Rezensionsarbeit an der LXX warnt *R. Hanhart* vor »vorschnellen Erklärungen von Abweichungen alttestamentlicher Zitate von der LXX im neutestamentlichen Schrifttum aus dem Geist und aus der inneren Intention der neutestamentlichen Zeugen selbst«,[117] ja er ist der Meinung, »daß die neutestamentlichen Schriften in ihren alttestamentlichen Zitaten, auch dort, wo sie vom alten LXX-Text abweichen, auf vorgegebener jüdischer Überlieferung beruhen.«[118] Aber gerade wenn man der Meinung ist, daß der MT im 1. Jh. n. Chr. bereits faktisch stabilisiert war,[119] ist die Annahme einer rezensierten LXX-Vorlage mit hinreichender Sicherheit kontrollierbar und eine Abgrenzung gegenüber nicht-rezensionellen Änderungen nicht nur notwendig, sondern auch möglich.

c) Zur Textvorlage von Jes 52,7 und Jes 10,22f

In der Wiedergabe von Jes 52,7 in Röm 10,15 und auch im Zitat von Jes 10,22f in Röm 9,27f liegt jeweils – neben anderen, eindeutig paulinischen Abänderungen – eine Textauslassung vor, die weder als bewußte Verkürzung durch Paulus zu erklären ist noch auf eine vorpaulinische Rezension der betreffenden Texte zurückgeführt werden kann.

α) *Jes 52,7 (Röm 10,15)*

Paulus setzt hier einen rezensierten LXX-Text voraus (= Jes 52,7LXX^R).[1]

	Jes 52,7 LXX^R	Röm 10,15
1	ὡς ὡραῖοι	ὡς ὡραῖοι
2	ἐπὶ τῶν ὀρέων	
3	πόδες εὐαγγελιζομένου	οἱ πόδες τῶν εὐαγγελιζομένων
4	ἀκοὴν εἰρήνης	
5	εὐαγγελιζομένου	
6	ἀγαθά.	(τὰ) ἀγαθά.

Die Auslassung von Z. 4f ist nicht auf Paulus zurückzuführen: ἀκούειν ist Stichwort im Kettenschluß von Röm 10,14.15a, auf den das Zitat als Abschluß bezogen ist. Zudem erscheint dann in der Fortsetzung sogar ausdrücklich ἀκοή

---

[117] HANHART, TU 125, 1981, 296.
[118] HANHART ebd.
[119] Vgl. HANHART, ZThK 81, 1984, 400.
[1] S. o. S. 66–69.

als inhaltlich tragender Begriff (in V 16 im Zitat von Jes 53,1, aufgenommen in V 17), so daß eine bewußte Auslassung von ἀκοή im Zitat von Jes 52,7 durch Paulus auszuschließen ist. Zudem wäre – auch im Sinne des Paulus – die Wendung εὐαγγελίζεσθαι ἀκοὴν εἰρήνης als Beschreibung der Evangeliumsverkündigung wesentlich prägnanter gewesen als das bloße εὐαγγελίζεσθαι (τὰ) ἀγαθά.[2]

Auch unter der Voraussetzung von ἀκουστὴν ποιοῦντος εἰρήνην als vorpln Text in Z. 4 (vgl. Σ),[3] wäre eine Auslassung durch Pls schwer verständlich. Auch in einer derartigen Vorlage wären die für ihn wichtigen bzw. geeigneten Stichworte ἀκούειν und εἰρήνη enthalten gewesen.

Zu berücksichtigen ist, daß auch das nochmalige εὐαγγελιζομένου (Z. 5) fehlt. Ausgefallen ist damit ein Textteil von insgesamt 27 Buchstaben. Damit entspricht diese Textlücke in auffälliger Weise dem durchschnittlichen Umfang einer Textzeile in vorchristlichen jüdischen LXX-HSS.[4] Man kann also davon ausgehen, daß in einer Jes-HS, die Jes 52,7 in der vorpaulinisch rezensierten Form enthielt, das zweimalige ΕΥΑΓΓΕΛΙΖΟΜΕΝΟΥ in zwei Zeilen direkt oder (falls die Textzeilen einen etwas geringeren oder größeren Umfang hatten) nahezu direkt untereinander stand, wobei das in beiden Zeilen identische Wort jeweils mindestens die Hälfte der jeweiligen Zeile ausmachte. Dieses Schriftbild ist eine ausreichende und naheliegende Erklärung für die Entstehung dieser Textlücke: Es liegt keine absichtliche Verkürzung vor, sondern bei einer Abschrift dieses Textes ist die erste der beiden weitgehend identischen Textzeilen entfallen.[5]

β) Jes 10,22f (Röm 9,27f)

Auch die Verkürzung von Jes 10,22f in Röm 9,27f ist am ehesten als Haplographie verständlich.

---

[2] Zwar begegnet εὐαγγελίζεσθαι εἰρήνην erst Eph 2,17 (dort von Christus selbst), doch ist, wenn man z. B. Röm 5,1f berücksichtigt (δικαιωθέντες οὖν ... εἰρήνην ἔχομεν κτλ.), nicht begreiflich, was Pls an einer Übernahme von ἀκοὴ εἰρήνης gehindert haben sollte. Ein möglicher Grund für das Fehlen von (εὐαγγελιζομένου) ἀκοὴν εἰρήνης wird auch in den Kommentaren nicht genannt. WILCKENS, Röm II 228 f spricht von einem ›freien Zitat‹, KÄSEMANN, Röm 284 von ›Verkürzung‹, aber warum gerade *so* verkürzt wurde, bleibt ungeklärt. Auch SMITS, Citaten 493 f gibt keine Erklärung für die Textverkürzung.
[3] S. o. S. 69.
[4] Als Beispiele seien genannt: 4QLXXLev[b] (SKEHAN, VT.S 4, 1957, 157): 27 Buchstaben; 4QLevNum (SKEHAN aaO 155): 30 Buchstaben; 8HevXIIgr Kol. 13 (BARTHÉLEMY, Devanciers 168f): 26, Kol. 24: 22 Buchstaben.
[5] Zur Häufigkeit von Textauslassungen vgl. KENYON, Books 73: »Probably the most frequent single cause of error, apart from mere slips of pen, is the omission of a line (or more lines than one), whether on account of homoioteleuton or homoioarcton or merely by the accidental straying of the copyist's eye.«

	Jes 10,22f[LXX]	Röm 9,27f
1	τὸ κατάλειμμα σωθήσεται.	τὸ ὑπόλειμμα[6] σωθήσεται.
2	λόγον γὰρ συντελῶν καὶ συντέμνων	λόγον γὰρ συντελῶν καὶ συντέμνων[7]
3	ἐν δικαιοσύνῃ, (23) ὅτι	
4	λόγον συντετμημένον	
5	ποιήσει ὁ θεὸς	ποιήσει κύριος[8]
6	ἐν τῇ οἰκουμένῃ ὅλῃ.	ἐπὶ τῆς γῆς.

Das Fehlen von ὅτι λόγον συντετμημένον allein wäre durchaus als Verkürzung durch Paulus selbst erklärbar, und zwar als Auslassung eines für ihn überflüssigen Zitatteils, der lediglich eine Wiederholung des vorangegangenen Textes darstellt. Das gilt jedoch nicht für das Fehlen von ἐν δικαιοσύνῃ. Ein Grund für diese Auslassung ist in der paulinischen Verwendung des Zitats nicht zu erkennen. Daß die Erwähnung der δικαιοσύνη im Zusammenhang mit Gottes Gerichtshandeln[9] für Paulus einen inhaltlichen Anstoß dargestellt hätte, wird man schon angesichts von Röm 3,4–8 nicht behaupten können.[10] Da somit weder stilistische noch inhaltliche Gründe für die Verkürzung erkennbar sind, ist auch hier die Möglichkeit einer Haplographie in Rechnung zu stellen. Die unübersichtliche und weitgehend identische Wortfolge in Z. 2 und Z. 4 ist für diese Annahme ein ausreichender Grund.[11]

Von untergeordneter Bedeutung ist die Frage, ob die Haplographie in Jes 52,7 und 10,22f jeweils schon im Jes-Text des Pls vorgegeben war oder auf ihn selbst zurückgeht. Pln Herkunft ist allerdings etwas weniger wahrscheinlich. Die Gefahr derartiger Lesefehler ist bei der Abschrift längerer Texte eher gegeben als bei der Wiedergabe eng begrenzter Textausschnitte, wie dies bei Pls der Fall ist. Unabhängig davon ist deutlich, daß beide Auslassungen im Zuge der schriftlichen Textwiedergabe entstanden sind. Auch bei vorpln Herkunft sind beide Textverkürzungen nur durch den schriftlichen Text, den Pls benutzte, vermittelt.

---

[6] Ὑπόλειμμα ist möglicherweise vorpln; s. o. S. 51 und u. S. 142.
[7] κ²D F G K L P Ψ 33 104 365 630 1175 1241 2464 2495 𝔐 lat sy[h] ergänzen wörtlich nach LXX; 81 pc fügen lediglich ἐν δικαιοσύνῃ ein; den ursprünglichen Text vertreten P[46] κ* B 6 1506 1739 1881 pc m* sy[p] co.
[8] Zu κύριος s. o. S. 50.
[9] Zur inhaltlichen Verwendung von Jes 10,22f in Röm 9,27f s. u. S. 148f.
[10] Vgl. auch WILCKENS, Röm II 207 A 930: »ἐν δικαιοσύνῃ wäre im paulinischen Kontext nach V 14 durchaus brauchbar gewesen« und LUZ, Geschichtsverständnis 96 A 293: »unmotivierte Verkürzung«. Anders offenbar KÄSEMANN, Röm 265: Der drohende Sinn von συντελῶν καὶ συντέμνων (dazu s. u. S. 148f) »verträgt ... nicht die Ergänzung durch den ausgelassenen LXX-Text«. WILCKENS ebd. vermutet vorpln Verkürzung, LUZ ebd. rechnet mit der Benutzung eines Florilegiums. Doch wird dadurch die Herkunft der Textauslassung lediglich verschoben, aber nicht erklärt.
[11] Der ausgefallene Textteil umfaßt mit 33 Buchstaben sogar mehr als eine durchschnittliche Textzeile, doch stehen λόγον ... συντέμνων und λόγον συντετμημένον ausgesprochen eng beieinander. Mit der Möglichkeit einer Haplographie rechnet KÜHL, Röm 338, und zwar durch Pls selbst (vgl. auch ZAHN, Röm 446 A 44, der jedoch eher absichtliche Verkürzung durch Pls annimmt).

d) Zur Herkunft von ΚΥΡΙΟΣ in den Schriftzitaten des Paulus

Ein Sonderproblem stellt die Frage dar, in welcher Form der Gottesname יהוה in den jeweiligen LXX-Texten des Paulus vorauszusetzen ist.[1] Anders als die Wiedergabe von אלהים durch ὁ θεός ist die Beibehaltung oder ›Übersetzung‹ des Tetragramms in der griechischen Überlieferung der Schrift keineswegs eindeutig. Während in den christlichen LXX-HSS die Wiedergabe von יהוה durch κύριος selbstverständlich ist,[2] findet sich in den bislang bekannt gewordenen jüdischen LXX-HSS aus dem 1. Jh. v. und n. Chr. kein einziges Beispiel dafür.[3] Auch 'A, Σ und Θ haben, soweit sich dies erschließen läßt, יהוה nicht durch κύριος ersetzt. Statt dessen wurden folgende Möglichkeiten angewandt:

a) Phonetische Wiedergabe durch IAΩ: 4QLXXLev^b; doch ist dies z. Zt. des Paulus offenbar eher die Ausnahme.[4]

b) Beibehaltung von יהוה in hebräischer Schrift:[5] P. Fouad Inv. 266;[6]

---

[1] Im folgenden wird von der – für diese Frage sachlich schwierigeren – Voraussetzung ausgegangen, daß Pls einen erheblichen Teil seiner Zitate aufgrund eigener Benutzung eines schriftlich vorliegenden LXX-Textes anführt; s. auch u. S. 92–101.

[2] So in den Chester Beatty Papyri IV-X (2.–4. Jh. n. Chr.). In der LXX-Überlieferung ist (trotz des Schwankens der HSS an einzelnen Stellen) das ›Übersetzungs‹verfahren insgesamt relativ konstant (vgl. auch QUELL, ThWNT III, 1938, 79,6–14 und ders. aaO 1057,5–15): κύριος dient grundsätzlich der Wiedergabe von יהוה und אדוני/אדון; κύριος als Wiedergabe von אלוה/אל/אלהים ist ausgesprochen selten (lediglich in I-IV Reg, 1 und 2 Chr und Hi etwas häufiger; vgl. HATCH-REDPATH, Concordance II 800–838). Θεός dient der Wiedergabe von אלהים etc; θεός für יהוה begegnet etwas häufiger und auch breiter gestreut als κύριος für אלהים. Für die Beurteilung der nicht übereinstimmenden Fälle ist außerdem zu berücksichtigen, daß die LXX-Überlieferung gerade in diesen Fällen häufig gespalten ist und der vorausgesetzte HT nicht unbedingt mit dem MT identisch gewesen sein muß.

[3] Eine Übersicht über die Gottesnamen in den vorchristlichen griechischen Schriftfragmenten bietet FITZMYER, FS H. Conzelmann, 1975, 280–288. Dort finden sich auch reichliche Literaturangaben zu den Editionen der einzelnen Texte und deren Analyse, die daher hier nicht wiederholt zu werden brauchen. Vgl. außerdem KAHLE, Genisa 172.232.235f; zum Befund in den Qumrantexten vgl. STEGEMANN, in: M. Delcor (Ed.), Qumrân 195–217.

[4] Zu weiteren Belegen für IAΩ als Wiedergabe von יהוה (jedoch nicht in Schrifttexten!) vgl. QUELL, ThWNT III, 1938, 1067 und SKEHAN, PIOSCS 13, 1980, 28–31. Aufschlußreich sind die literarischen Zeugnisse: Diod S I 94,2: Mose führe die Gesetze auf τὸν IAΩ ἐπικαλούμενον θεόν zurück. Hieronymus, Commentarioli in Psalmos (zu Ps 8,2), CChr. SL 72, 191 (= Breviarium in Psalmos, MPL 26, 887C): »Prius nomen Domini apud Hebraeos quattuor litterarum est, iod, he, uau, he: quod proprie Dei uocabulum sonat, et legi potest Iaho, et Hebraei ἄρρητον, id est ineffabile opinantur.«

[5] Vgl. die Verwendung der althebräischen Schrift für יהוה (und auch für אל) in einem Teil der Qumranschriften; dazu vgl. STEGEMANN aaO 201f.206f und SKEHAN aaO 17.22–28; auch in der griechischen (!) HS 8HevXIIgr ist יהוה althebräisch geschrieben, vgl. BARTHÉLEMY, Devanciers 168.

[6] WEVERS, Dtn^LXX: 848; jetzt veröffentlicht von ALY, Rolls.

8 HevXIIgr sowie 'A und Σ; in der christlichen Überlieferung von 'A, Σ und Θ ist dann das Tetragramm mit ΠΙΠΙ ›transkribiert‹ worden.[7]

Solange keine weiteren Textfunde neue Gesichtspunkte erbringen, ist daher davon auszugehen, daß zumindest die *schriftliche* Wiedergabe des Tetragramms durch κύριος erst auf christliche LXX-Abschreiber zurückgeht.[8]

Wenn also die vorchristlichen LXX-HSS – einschließlich der von Paulus benutzten – grundsätzlich יהוה und nicht κύριος enthielten, dann stellt sich die Frage: a) Wie wurde in den griechischsprachigen Synagogen z. Zt. des Paulus das Tetragramm ausgesprochen?[9] b) Warum gaben die christlichen Abschreiber יהוה grundsätzlich mit κύριος wieder – und nicht z. B. ebenfalls durch ὁ θεός? Dabei ist diese Frage schon für die neutestamentlichen Autoren – und Paulus ist deren ältester! – als den ersten ›Abschreibern‹ der LXX zu stellen.[10]

Schon für Paulus ist festzustellen, daß die Verwendung von κύριος anstelle des Tetragramms eine selbstverständliche Praxis ist. Dafür spricht schon die allgemeine Überlegung, daß Paulus seinen (ja auch hellenistisch-judenchristlichen) Lesern die zitierten Schriftworte kaum in einer anderen als der ihnen geläufigen Form anführen konnte. Sodann fügt Paulus zweimal λέγει κύριος ohne Anhalt am MT oder der LXX zu einem Zitat hinzu.[11] Dies setzt voraus, daß diese Wendung – und zwar als Wiedergabe von נאם יהוה – im griechischsprachigen Judentum z. Zt. des Paulus geläufig war.[12] Schließlich ist zu berücksichtigen, daß Paulus außerhalb der Schriftzitate κύριος grundsätzlich nur in christologischem Sinn verwendet.[13] Ein von Paulus voraussetzungslos

---

[7] Belege: HATCH-REDPATH, CONCORDANCE SUPPL. 126.
[8] So KAHLE, Genisa 235f; SCHULZ, ZNW 53, 1962, 128–130; VIELHAUER, Aufs. I 149f; FITZMYER aaO 283f; vgl. auch SKEHAN aaO 38.
[9] FITZMYER aaO 288: »Man muß hier klar Transkription, Übersetzung und Aussprache unterscheiden. Was sagte also ein griechisch-sprechender Jude, wenn er die Bibel vorlas und in seinem griechischen Text das Tetragramm oder die Buchstabengruppe ΠΙΠΙ fand?« Dieselbe Frage stellte bereits WADDELL, JThS 45, 1944, 161 angesichts von P. Fouad 266.
[10] M. R. ist FITZMYER aaO 283–285 der Ansicht, daß mit dem Hinweis auf die christliche Herkunft von κύριος in den LXX-*Handschriften* das Problem noch nicht endgültig geklärt ist.
[11] Röm 12,19 (Dtn 32,35a); 1 Kor 14,21 (Jes 28,11f; s. auch o. S.65); vgl. auch die Voranstellung von Jes 49,18 in Röm 14,11; zur Frage einer vorpln Herkunft dieser Zitaterweiterungen s. u. S.139.
[12] In diese Richtung weist auch die vorpln mündliche Umformung von Jer 9,22f (bzw. I Reg 2,10^{LXX}), die Pls in 1 Kor 1,31 und 2 Kor 10,17 anführt (s. o. S. 35f): Jer 9,22f^{MT} enthält 3mal יהוה (LXX jeweils: κύριος); I Reg 2,10^{LXX} enthält 4mal κύριος, der MT 2mal יהוה (die beiden weiteren Fälle von κύριος gehören zum erweiterten LXX-Text, in dem Jer 9,22f aufgenommen ist), und für eine vorchristliche LXX-HS von I Reg 2,10 wäre daher ebenfalls jeweils das Tetragramm vorauszusetzen. – Zum Aufkommen von κύριος als Gottesbezeichnung im Judentum des ersten vor- und nachchristlichen Jh.s vgl. die Belege bei SCHULZ aaO 131–134 und FITZMYER aaO 285–287.
[13] Vgl. CERFAUX, Aufs. I 173f, gegen FOERSTER, ThWNT III, 1938, 1086,28, der als einzigen ›sicheren‹ pln Beleg für κύριος als Gottesbezeichnung 1 Kor 10,9 nennt. Doch ist

vorgenommener Austausch von יהוה durch κύριος z. B. in Jes 49,18 (Röm 14,11: ζῶ ἐγώ, λέγει κύριος) – im unmittelbaren Anschluß an βῆμα τοῦ θεοῦ (Röm 14,10) – wäre daher unerklärlich.[14]

Diese Beobachtungen sind nur unter der Annahme plausibel zu erklären, daß zwar die LXX-HSS z. Zt. des Paulus (zumindest in der Regel) das Tetragramm enthielten, sich aber doch eine selbstverständliche Lesepraxis herausgebildet hatte, den Gottesnamen *mündlich* durch κύριος zu ersetzen.[15]

Von hier aus sind auch die auffälligen Übereinstimmungen zwischen den Schriftzitaten des Paulus und den – zeitlich grundsätzlich späteren – christlichen LXX-HSS im Gebrauch von κύριος und ὁ θεός erklärbar. Bei einem Vergleich mit der LXX-Überlieferung und dem MT ergibt sich folgendes Bild:

1. 11mal entspricht ›κύριος‹ in den Zitaten des Paulus einem ›κύριος‹ in den LXX-HSS und einem יהוה im MT.[16]

2. 3mal entspricht ὁ θεός in den Zitaten des Paulus einem ὁ θεός in der LXX und einem אלהים o. dgl. im MT.[17]

3. Besonders interessant sind natürlich die Fälle, in denen keine glatte Übereinstimmung besteht:

a) Eine Übereinstimmung lediglich mit der LXX-Überlieferung liegt 6mal vor, wobei in 4 Fällen die LXX-Überlieferung vom MT abweicht[18] und in 2 weiteren Fällen die LXX ohne Textgrundlage im MT ist.[19]

b) Eine Übereinstimmung mit dem MT gegen die LXX-Überlieferung ist dagegen in keinem einzigen Fall festzustellen.

c) Abweichungen sowohl von der LXX-Überlieferung als auch vom MT liegen 4mal vor.

---

hier mit P[46] D F G K L Ψ 630 1739 1881 2495 𝔐 latt sy co Χριστόν zu lesen; so jetzt auch NTGr[26] und CONZELMANN, 1 Kor 201 A 8; dagegen tritt LIETZMANN, 1 Kor 47 für κύριον (so ℵ B C P 33 104 326 365 1175 2464 pc sy[hmg]) ein; vgl. auch METZGER, Commentary 560 und OSBURN, FS B. M. Metzger, 1981, 201–212. – Κύριος als Gottesbezeichnung findet sich somit ausschließlich in Schriftzitaten, aber nicht alle κύριος-Aussagen von Schriftzitaten sind – im Sinne des Pls – auf Gott zu beziehen. So ist κύριος in Röm 10,13; 1 Kor 1,31 und 2 Kor 3,16 eindeutig christologisch verstanden; vgl. CERFAUX aaO 173–188 sowie KRAMER, Christos 154–158.

[14] Gleiches gilt für κύριος σαβαώθ in Röm 9,29 (Jes 1,9).

[15] So auch SCHULZ aaO 132ff; STEGEMANN aaO 204–207.210; vgl. auch FITZMYER aaO 285–290.

[16] Röm 4,8 (Ψ 31,2); 9,28 (Jes 10,23 LXX[BV] [s. o. S. 50]); 9,29 ([κύριος σαβαώθ] Jes 1,9); 10,13 (Joel 3,5); 11,34 (Jes 40,13); 14,11 (Jes 49,18); 15,11 (Ψ 116,1); 1 Kor 2,16 (Jes 40,13); 3,20 (Ψ 93,11); 10,26 (Ψ 23,1); 2 Kor 3,16 (Ex 34,34).

[17] Röm 3,11 (Ψ 13,2); 3,18 (Ψ 35,2); 9,26 (Hos 2,1).

[18] 2 Kor 8,21 ([Prv 3,4] LXX: κύριος, MT: אלהים); Röm 4,3 und Gal 3,6 ([jeweils Gen 15,6] LXX: ὁ θεός, MT: יהוה). Auch in Röm 11,8 (Dtn 29,3 unter Verwendung von Jes 29,10) entspricht Pls der LXX-Überlieferung und nicht dem MT – LXX: κύριος ὁ θεός, MT lediglich: יהוה; Röm 11,8 lediglich: ὁ θεός, wobei die Verkürzung zu ὁ θεός als pln verständlich ist (s. u. mit A 20); auch die Berücksichtigung von Jes 29,10 (LXX: κύριος, MT: יהוה) ändert nichts an diesem Befund.

[19] Röm 10,16 (Jes 53,1[LXX]: κύριε ist LXX-Zufügung) und 2 Kor 9,7 (Prv 22,8c[LXX] [ὁ θεός] – V 8c ist insgesamt LXX-Zufügung).

Diese vier Differenzen gegenüber der LXX (und dem MT) sind jeweils als paulinische Änderung verständlich. In Röm 11,8 (Dtn 29,3) und 15,9 (Ψ 17,50) hat Paulus ›κύριος‹ gestrichen (d. h. das Tetragramm ersatzlos übergangen), offenbar um ein mögliches Mißverständnis von κύριος im Sinne von Χριστός von vornherein auszuschließen.[20] In Röm 2,24 (Jes 52,5) setzt Paulus das Personalpronomen des Zitats (τὸ ὄνομά μου) gerade nicht in κυρίου, sondern in τοῦ θεοῦ um.[21] Der umgekehrte Fall, daß Pls κύριος, und zwar als Gottesbezeichnung, einfügt, begegnet nur einmal, in Röm 11,3 (III Reg 19,10). Zu berücksichtigen ist jedoch, daß unmittelbar vor dem zitierten Text in III Reg 19,10 ebenfalls ›κύριος‹ bzw. יהוה erscheint und daß Pls hier in Analogie zu Jes 53,1[LXX] (kurz zuvor in Röm 10,16 zitiert) formuliert.[22]

Diese sehr weitgehende Übereinstimmung mit der (christlichen) LXX-Überlieferung wird kaum auf einem Zufall beruhen. Vielmehr stehen Paulus und die späteren LXX-Abschreiber, die dann ebenfalls – wie zuvor Paulus – den *schriftlichen* Wechsel von יהוה zu κύριος vollzogen, in einer gemeinsamen Text- und Wiedergabetradition. Ihre jüdischen LXX-Vorlagen stimmten hinsichtlich der Verwendung von יהוה und ὁ θεός (denen in der hebräischen Vorstufe יהוה und אלהים entsprachen) überein; übereinstimmend war ebenfalls die regelmäßige Wiedergabe des Tetragramms durch κύριος – entsprechend der bereits geläufigen mündlichen Praxis.

Für Paulus kann also von folgenden Feststellungen ausgegangen werden:

1. Paulus war die mündliche Wiedergabe des Tetragramms in der Schrift durch κύριος vertraut und selbstverständlich, so daß auch die schriftliche Verwendung von κύριος bei der Anführung von Schriftzitaten für ihn keine prinzipielle Neuerung darstellte und von seinen Lesern wahrscheinlich auch nicht als eine solche empfunden wurde.

2. Paulus war sich aber zugleich bewußt, daß in den von ihm unter direkter Verwendung von κύριος angeführten Zitaten im zugrundeliegenden Schrifttext יהוה zu finden war, also mit diesen Schriftaussagen Gott gemeint ist (vgl. das Fehlen von κύριος in den Zitaten in Röm 11,8 und 15,9 sowie die Verwendung von ὁ θεός in Röm 2,24).

3. Dennoch ist unbestreitbar, daß Paulus einige dieser Zitate eindeutig als christologische Aussagen versteht und anwendet, wie sich am deutlichsten in Röm 10,13 (Joel 3,5) zeigt.

Verstehbar wird dieser Vorgang nur, wenn zuvor bereits κύριος auch als christologischer Titel im Urchristentum in Gebrauch war und vor allem, wenn Paulus sich inhaltlich berechtigt und veranlaßt sah, Aussagen, die in der Schrift

---

[20] Zu Röm 11,8 vgl. die Ausgangsfrage in 11,2: οὐκ ἀπώσατο ὁ θεὸς κτλ.; in Röm 15,9 hat Pls κύριε, zumindest unmittelbar nach δοξάσαι τὸν θεόν, offenbar als störend empfunden.
[21] Obwohl der Kontext (Jes 52,5a.b) יהוה bzw. κύριος enthält.
[22] Pls hat als Gottesanrede nur noch ὁ πατήρ (Röm 8,15), was hier natürlich nicht passend war.

allein Gott zukamen, jetzt auch auf den ›κύριος 'Ιησοῦς‹ zu beziehen. Daß dieser Vorgang schon vor Paulus – und auch ohne die Brücke des κύριος-Titels! – einsetzte, zeigt Phil 2,10f. Hier ist der in der Schrift allein Gott vorbehaltene Hoheitsanspruch von Jes 45,23 auf den Erhöhten übertragen.[23]

5. Die Verteilung der Schriftzitate auf die einzelnen Briefe

Mit Nachdruck hatte *A. v. Harnack* 1928 auf das weitgehende bzw. völlige Fehlen von Schriftzitaten in den sog. ›kleinen‹ Paulus-Briefen hingewiesen und dies faktisch zum Normalfall der ›Verwendung‹ der Schrift durch Paulus erklärt.[1] Die Diskrepanz zwischen 1 Thess, Phil und Phlm einerseits und Röm, 1 und 2 Kor sowie Gal andererseits besteht in der Tat und bedarf einer Erklärung. Die Antwort, die *Harnack* selbst auf das von ihm aufgezeigte Problem gab, war jedoch unzureichend: Paulus habe bei seinen Gemeindegründungen »das A. T. nicht als das christliche Quellen- und Erbauungsbuch von vornherein den jungen Gemeinden gegeben, sondern ... Mission und Lehre zunächst ganz und gar auf das Evangelium selbst gegründet«.[2] Der Rückgriff auf die Schrift in den vier ›großen‹ Briefen sei lediglich durch äußere Faktoren, wie z. B. die judaistische Opposition, veranlaßt.[3] Nur für die eigene Frömmigkeit des Paulus habe die Schrift ihre volle Bedeutung behalten.[4]

Schon die Trennung zwischen persönlicher Frömmigkeit und öffentlicher Lehrtätigkeit ist eine Notauskunft.[5] Zudem sprechen sowohl die äußere Missionssituation als auch der Befund in den Briefen selbst gegen Harnacks These. Zwar läßt sich im einzelnen nicht mehr abschätzen, in welchem Umfang und vor allem in welcher Form (Zitat, Anspielung oder Paraphrase) Paulus jeweils in seiner Predigt- und Lehrtätigkeit auf die Schrift zurückgegriffen hat, und es ist auch nicht vorauszusetzen, daß Art und Umfang des Rückbezugs auf die Schrift immer gleich waren. Ein völliger Verzicht auf die Schrift ist jedoch ausgesprochen unwahrscheinlich. Adressaten der Mission des Paulus – wie der des hellenistisch-jüdischen Urchristentums insgesamt – waren die hellenisti-

---

[23] Der christologische Kyrios-Titel ist also keineswegs aus der Wiedergabe von יהוה durch κύριος in der LXX ›entstanden‹. Insofern bleibt die Kritik von VIELHAUER, Aufs. I 147–150 an HAHN, Hoheitstitel 67–74 berechtigt. Zu berücksichtigen ist auch, daß κύριος als christologischer Titel zugleich auch die Unterscheidung von ὁ θεός impliziert, wie sich in 1 Kor 8,6 deutlich zeigt (zur vorpln Herkunft der Differenzierung vgl. CONZELMANN, 1 Kor 178).

[1] HARNACK, SPAW.PH 1928/XII, 124–141; s. auch o. S. 4f.
[2] HARNACK aaO 137.
[3] HARNACK aaO 129–137; aber schon die Erklärung der durchaus nicht geringen Anzahl von Schriftzitaten in 1 Kor bereitet HARNACK Schwierigkeiten, vgl. LUZ, Geschichtsverständnis 42 A 4.
[4] HARNACK aaO 124.134.
[5] MICHEL, Paulus 112–130 lehnt sie m. R. ab.

schen Diasporajuden selbst und vor allem die am Rande der Synagogenverbände stehenden Φοβούμενοι τὸν θεόν.[6] An diese »Gottesfürchtigen«, die aus der Sicht des Judentums grundsätzlich ›Heiden‹ waren und blieben, ist in erster Linie zu denken, wenn in den Paulus-Briefen von τὰ ἔθνη die Rede ist.[7] Im Blick auf diese Adressaten war die Verwendung der Schrift in der Predigt nicht nur möglich, sondern auch erforderlich. Auch die Briefe des Paulus an die von ihm gegründeten Gemeinden in Korinth und Galatien vermitteln nicht den Eindruck, daß für sie die Zitierung der Schrift etwas prinzipiell Neues darstellt. An keiner Stelle in seinen Briefen sieht sich Paulus veranlaßt, grundsätzlich die Berechtigung der Schriftanführungen zu begründen. Dies zeigt, daß auch in den paulinischen Gemeinden die Geltung der Schrift als solche selbstverständlich gegeben war.[8]

O. *Michel* hat – in Auseinandersetzung mit Harnack – das Fehlen der Schriftzitate in den ›kleinen‹ Paulus-Briefen mit dem Hinweis auf ihren gegenüber den übrigen Briefen unterschiedlichen literarischen Charakter zu begründen versucht: Die ›kleinen‹ Briefe des Paulus seien »wirklich Gelegenheitsschriftstücke, die keinerlei schwierige theologische Einzeluntersuchungen zulassen«.[9] Die Vermutung, daß zwischen Schriftverwendung und literarischem Charakter eines Briefes ein Zusammenhang besteht, ist nicht abwegig. Doch ist die Kategorie der ›Gelegenheitsschreiben‹ ungeeignet, um den literarischen Unterschied zwischen den Briefen ohne jedes Schriftzitat und denjenigen, in denen Paulus ausgiebig die Schrift anführt, zu erfassen. Eine konkrete Veranlassung ist grundsätzlich für alle Briefe des Paulus gegeben, und der Anlaß von Gal war mindestens ebenso dringend wie der von 1 Thess. Auch der Verweis auf die unterschiedliche Thematik (etwa zwischen 1 Thess und Gal) ist – jedenfalls als Gesamterklärung – unzureichend, wie der Vergleich zwischen 1 Thess 4,13–18 und 1 Kor 15 zeigt: Bei grundsätzlich gleicher Themenstellung[10] zitiert Paulus in 1 Kor 15 dreimal die Schrift (unter Verwendung von vier

---

[6] Dazu vgl. KUHN-STEGEMANN, PRE. Suppl. IX, 1962, 1248–1283; SIEGERT, JSJ 4, 1973, 109–164; SIMON, RAC XI, 1981, 1060–1070.

[7] Lk zeichnet zwar in Act 13,13–52 u. ö. jeweils ein schematisiertes Bild der Missionspraxis des Pls (Anknüpfung in der Synagoge – Abweisung durch die Juden – Hinwendung zu den Heiden), doch zeigt 2 Kor 11,24, daß Pls tatsächlich häufiger auch in Synagogen aufgetreten ist. Aus 1 Thess 2,16 geht außerdem hervor, daß sich Pls mit seiner Missionstätigkeit in Konkurrenz zur Mission des Judentums befand, d. h. sich an die gleichen Adressaten richtete.

[8] Diese Feststellung umgeht HARNACK, wenn er – sehr gewunden – erklärt: In den Korintherbriefen »sind . . . die wichtigsten an die Schrift angeschlossenen Ausführungen vom Apostel als *neue* gegeben, ja selbst die ganze Betrachtung der Schrift unter dem Gesichtspunkt der typologischen νουθεσία und das ›δι' ἡμᾶς ἐγράφη‹ scheinen die Leser vom Apostel früher noch nicht so bestimmt gehört zu haben. Mindestens war ihnen das noch nicht geläufig« (aaO 138; Hervorhebung i. O.).

[9] MICHEL, Paulus 128; ähnlich auch LUZ aaO 42f.

[10] Auch die Argumentationsweise des Pls ist vergleichbar: Jeweils geht er vom christologischen Auferstehungskerygma aus, das er ausdrücklich zitiert (1 Thess 4,14; 1 Kor 15,3b-5) und zur Grundlage für die Klärung der jeweiligen Fragestellung macht.

verschiedenen Schriftstellen) – in 1 Thess 4,13–18 dagegen kein einziges Mal. Hinzu kommt, daß andererseits selbst kurze Empfehlungsschreiben,[11] wie 2 Kor 8 und 2 Kor 9, relativ häufig Zitate enthalten.[12]

Um hier zu einer Klärung zu gelangen, sind zunächst die seit der Diskussion zwischen *Harnack* und *Michel* gewonnenen Ergebnisse der Literarkritik zu berücksichtigen. Einerseits sind 2 Thess, Kol und Eph als deuteropaulinisch aus der Untersuchung auszuklammern;[13] andererseits ist davon auszugehen, daß in 2 Kor und wohl auch in Phil[14] Briefsammlungen vorliegen. Unter diesen Voraussetzungen ergibt sich folgendes Bild:

	Brief[15]	›Seiten‹[16]	Zitate[17]	Häufigkeit
1	1 Thess	6,5	—	—
2	Phil A: 1,1–3,1; 4,4–23	5,5	—	—
3	Phlm	1,5	—	—
4	Phil B: 3,2–4,3	1,5	—	—
5	»Versöhnungsbrief«: 2 Kor 1,1–2,13; 7,5–16; 13,11–13	4	—	—
6	»Tränenbrief«: 2 Kor 10,1–13,10	6	2 (0)	0,33 (0,0)
7	»Apologie«: 2 Kor 2,14–6,13; 7,2–4	5,5	3 (2)	0,55 (0,36)
8	1 Kor	28	18 (13)	0,64 (0,46)
9	»Kollektenbrief I«: 2 Kor 8	2	2 (1)	1,0 (0,5)
10	Gal	10	13 (10)	1,3 (1,0)
11	»Kollektenbrief II«: 2 Kor 9	1,5	3 (1)	2,0 (0,67)
12	Röm	30	65 (56)	2,17 (1,87)
	Gesamt	102	106 (83)	1,04 (0,81)

---

[11] Ausgehend von der Analyse von BORNKAMM, Aufs. IV 162–194 als dem bislang überzeugendsten Lösungsvorschlag für die literarkritischen Probleme von 2 Kor wird hier folgende Aufteilung vorausgesetzt: A »Apologie« (2,14–6,13; 7,2–4); B »Tränenbrief« (10,1–13,10); C »Versöhnungsbrief« (1,1–2,13; 7,5–16; 13,11–13); D »Kollektenbrief I« (Kap. 8); E »Kollektenbrief II« (Kap. 9). Für die Beurteilung von 2 Kor 8 als selbständigem Schreiben (die BORNKAMM aaO 186 ausdrücklich für möglich hält) sprechen: a) 1,1–2,13; 7,5–16 stellt offenbar ein spontanes Schreiben dar, unmittelbar nach dem Zusammentreffen mit Titus abgefaßt. Daß der Entschluß zur Wiederaufnahme der Kollekte, der 2 Kor 8 dient, ebenso spontan gefallen ist, ist durchaus fraglich, zumal auch die Abordnung einer Delegation (Titus und zwei ἀπόστολοι ἐκκλησιῶν; 8,23) der Vorbereitung bedurfte. b) In 1,1–2,13; 7,5–16 wird nirgends vorausgesetzt, daß Titus beim Eintreffen des Briefes ebenfalls in Korinth ist; 7,15 (ἀναμιμνῃσκομένου... ὡς... ἐδέξασθε αὐτόν) spricht eher dagegen.

[12] Auch hier ist gleichzeitig ein Gegenbeispiel vorhanden: Phlm!

[13] HARNACK aaO 125 (mit A 1) geht von ihrer Echtheit aus; MICHEL, Paulus 116 grenzt nur Eph aus.

[14] In Phil ist der Bruch zwischen 3,1 und 3,2 so stark, daß eine Teilungshypothese kaum zu umgehen ist; vgl. BORNKAMM, Aufs. IV 197–201; zur weiteren Diskussion vgl.

1 Thess und Röm markieren die beiden Extremmöglichkeiten hinsichtlich der Schriftverwendung in den Paulus-Briefen, und beide sind zugleich Anfangs- und Endpunkt der literarischen Tätigkeit des Paulus überhaupt. Das gilt nicht nur im chronologischen Sinne. 1 Thess stellt auch hinsichtlich der literarischen Technik des Paulus einen Anfang dar, während Röm sowohl in bezug auf die inhaltliche Bewältigung der behandelten Themen als auch in bezug auf deren literarische Gestaltung eindeutig die Spitzenstellung unter allen Paulus-Briefen einnimmt.[18] Dem entspricht in auffälliger Weise das Fehlen jeglicher Schriftanführungen in 1 Thess und die intensive Schriftverwendung in Röm, die auch über 1 Kor und Gal noch erheblich hinausgeht.

Damit stellt sich die Frage, ob a) in den Briefen des Paulus eine Entwicklung hinsichtlich der Verwendung der Schrift anzunehmen ist und b) ob eine derartige Entwicklung im Zusammenhang damit zu sehen ist, daß Paulus auch die literarische Gattung des Briefes überhaupt als Mittel der Gemeindeleitung und Missionsorganisation erst schrittweise erprobt und ausgestaltet hat.

Beantwortbar sind diese Fragen nur, wenn der Vorgang des Zitierens in den Briefen des Paulus auch in literarischer Hinsicht geklärt werden kann. Dabei ist zu untersuchen, a) ob Paulus seine Zitate in der Regel (bzw. mehrheitlich oder auch nur teilweise) aus dem Gedächtnis oder unter direkter Benutzung des Schrifttextes anführt und b) ob die materiale Basis der Schriftanführungen, sei es das gedächtnismäßig gespeicherte und jederzeit abrufbare, sei es das schriftlich verfügbare Textmaterial, als eine von Anfang an gegebene und konstante Größe anzusehen ist oder nicht.

VIELHAUER, Geschichte 160f. Weniger sicher ist die zusätzliche Abtrennung von 4,10–20 als einem selbständigen Dankschreiben. Doch verändern die Teilungshypothesen nicht die Beurteilung des Phil in der hier zu diskutierenden Frage: Phil enthält überhaupt kein Zitat, und der Befund wäre sogar noch eindrücklicher, wenn man von der Einheitlichkeit ausgehen könnte.

[15] Die Anordnung von Nr. 6–12 erfolgt nach der Häufigkeit der Schriftzitate; Nr. 1–5 sind in der Reihenfolge ihrer zeitlichen Entstehung angeführt.

[16] Als Vergleichsmaßstab ist der Umfang einer Druckseite in NTGr[26] (zu 28 Druckzeilen) gewählt, wobei unvollständige Zeilen nicht voll gerechnet sind.

[17] Zur Berechnung der Anzahl der Zitate s. o. S. 33 A 3.

[18] Charakteristisch ist, daß für 1 Thess 1–3 keine sachliche Disposition erkennbar ist (vgl. VIELHAUER, Geschichte 84); das Verhältnis zwischen Proömium und Briefcorpus ist noch nicht geklärt. Umgekehrt weist Röm die kunstvollste Disposition aller Pls-Briefe auf, die deutlich frühere Briefdispositionen voraussetzt und weiterentwickelt: Zum einen die zweiteilige Gliederung von Gal, aber auch die Technik der Ringkomposition, die bereits in 1 Kor 1,18–3,23 vorliegt und in Röm 1,16–3,31 (+ 4,1–25) in neuer Ausprägung wieder erscheint. Entsprechend setzt Pls in Röm die in Gal, 1 und 2 Kor erreichten theologischen Einsichten und Lösungen voraus und baut auf ihnen auf. Das gleiche Verhältnis zwischen 1 Thess und Röm wiederholt sich an einem charakteristischen Einzelaspekt: Das Präskript von 1 Thess weist zwar schon die für Pls typische Zweiteilung mit χάρις ὑμῖν καὶ εἰρήνη als selbständigem zweiten Teil auf, doch ist die volle Form des zweiten Teils, die in allen anderen Breifen vorliegt, hier noch nicht ausgebildet (vgl. DIBELIUS, 1 Thess 2; MARXSEN, 1 Thess 31). Umgekehrt ist das Präskript des Röm am breitesten ausgebaut.

6. Zur Zitiertechnik des Paulus

Äußerungen des Paulus zu seiner Zitiertechnik – wie auch zu seiner Technik der Briefabfassung überhaupt – fehlen völlig, so daß man darauf angewiesen ist, indirekte Beobachtungen und (möglichst plausible) Vermutungen miteinander zu verbinden.

Zunächst kann angenommen werden, daß Paulus eine gewisse in der hellenistischen Synagoge vermittelte Schriftkenntnis besaß. Diese Schriftkenntnis wird häufig sehr hoch eingeschätzt,[1] doch ist zwischen einer allgemeinen Vertrautheit mit den wichtigsten Überlieferungsinhalten der Schrift und einer sicheren Kenntnis des Textes einer nicht unbeträchtlichen Anzahl von Schriftworten zu unterscheiden, die ja erst die Anführung eines bestimmten Wortlauts aus dem Gedächtnis ermöglichte.[2] Dabei ist grundsätzlich davon auszugehen, daß die ›aktive‹ Kenntnis der Schrift, d. h. die Fähigkeit, für einen bestimmten Zusammenhang eine geeignete Schriftaussage heranziehen und auch im Wortlaut wiedergeben zu können, geringer war als die allgemeine Vertrautheit mit den zentralen Überlieferungsinhalten der Schrift. In welchem Umfang Paulus eine in diesem Sinne ›aktive‹ Schriftkenntnis besaß, kann man nur anhand von konkreten Beobachtungen in seiner Zitierweise klären. Unsachgemäß ist es jedenfalls, eine (positive) Entscheidung hierüber zur Voraussetzung für die Klärung seiner Zitierweise zu machen.

Häufig wird die Annahme, Pls könne seine Schriftzitate weitgehend aus dem Gedächtnis anführen, mit dem Hinweis auf seine intensive rabbinische Schulung begründet. Doch handelt es sich dabei um eine Vermutung, die lediglich auf Act 22,3 beruht, einer Aussage, die deutlich von lk Interesse bestimmt ist[3] und aus den eigenen Äußerungen des Pls keine Unterstützung erhält.[4] So bezeichnet sich Pls zwar als Ἑβραῖος ἐξ Ἑβραίων (Phil 3,5, vgl. 2 Kor 11,22), als Israelit ἐκ φυλῆς Βενιαμίν (Phil 3,5, vgl. Röm 11,1) und als Φαρισαῖος (Phil 3,5); er führt nicht nur seine περιτομή ›am achten

---

[1] So z. B. MICHEL, Paulus 71.73.80–82 und ELLIS, Use 15.

[2] Diesen Unterschied übersieht MICHEL, Paulus 71.73, der aus der Verwurzelung des Pls in Sprache und Frömmigkeit der LXX schlußfolgert, »daß Paulus in seinen Briefen in der Regel die Stellen der Schrift nur nach dem Gedächtnis zitiert, ohne seinen Codex ... vorher aufzuschlagen« (aaO 73; als Zitat von Bleek, Der Brief an die Hebräer, 1828, 243 übernommen).

[3] Zutreffend HAENCHEN, Apg 553: »Eine palästinische Herkunft (sc. des Pls) hätte Lukas zweifellos noch lieber berichtet, um Paulus als einen Urjuden zu erweisen«; γεγεννημένος ... ἀνατεθραμμένος ... πεπαιδευμένος ist ein festes literarisches Schema, vgl. v. UNNIK, Aufs. I 259–320; CONZELMANN, Apg 134; PLÜMACHER, Lukas 19–22.

[4] Das Bild, das Lk von Aufenthalt und Tätigkeit des Pls in Jerusalem vor seiner Bekehrung entwirft, widerspricht insgesamt der eigenen Darstellung des Pls in Gal 1,15–24, so bes. die Rolle des ›Saulus‹ bei der Steinigung des Stephanus in Act 7,58; 8,1a, die Verfolgung der Gemeinde in Jerusalem (sic!) in 8,3 (vgl. 8,1b) und die auf die Bekehrung folgende sofortige Reise zu den ›Aposteln‹ in Jerusalem (9,20–30); CONZELMANN, Apg 67: »Der historische Paulus wahrt seine Selbständigkeit, der lukanische wird an Jerusalem gebunden und dadurch legitimiert.« Dem entspricht das Bild von der ἀνατροφή und παιδεία in Jerusalem (vgl. auch 26,4).

Tage‹ (Phil 3,5), sondern auch sein ζῆλος in der Verfolgung der christlichen Gemeinden und seine Untadeligkeit im Gesetz an (Phil 3,6) – aber daß er auch γραμματεύς ist bzw. gewesen ist, das fehlt! Daß Pls diesen Hinweis in Phil 3,5f nur versehentlich vergessen hat, wird man schwerlich behaupten können.[5]

Für eine weitgehend aus dem Gedächtnis erfolgende Anführung der Zitate scheint das oft freie Verhältnis des Paulus zum Wortlaut der zitierten Schriftworte zu sprechen. Doch hält dieser Eindruck einer näheren Prüfung nicht stand.

a) Zunächst ist festzustellen, daß Paulus den Wortlaut eines erheblichen Teils der Zitate völlig wörtlich wiedergibt. So zitiert er in 37 von 93 Fällen den jeweils herangezogenen Text ohne jede Abweichung von der vorauszusetzenden Vorlage.[6] Zu diesen völlig wörtlich angeführten Texten gehören auch so umfangreiche Zitate wie die von Jes 54,1 in Gal 4,27, von Prv 25,21f in Röm 12,20 und von Ψ 31,1f in Röm 4,7f.[7]

b) Außerdem zeigt die Verwendung von κύριος und ὁ θεός in den Zitaten des Pls, daß Pls hier insgesamt sehr genau seiner Zitatvorlage folgt.[8] Geht man davon aus, daß die Zitatabweichungen bei Pls hauptsächlich auf ungenaue Anführungen aus dem Gedächtnis zurückgehen, wären hier vor allem Differenzen zu erwarten.

c) Umgekehrt entspricht der weitaus überwiegende Teil der Abweichungen vom vorgegebenen Wortlaut zugleich der paulinischen Verwendung des jeweiligen Zitats. Diese Abweichungen sind als Abänderungen durch Paulus verständlich, und die Annahme, hier liege jeweils ein reiner Gedächtnisirrtum vor, ist eine unbewiesene Vermutung,[9] die angesichts des häufig nahtlosen Zusammenhangs zwischen dem betreffenden ›Irrtum‹ und der entsprechenden Zitatverwendung fraglich wird.

d) In zwei Fällen ist außerdem das Verhältnis zwischen Textvorlage und Zitatwiedergabe dadurch kontrollierbar, daß Paulus den gleichen Text zweimal zitiert, ihn beim zweiten Mal jedoch nicht im gleichen Wortlaut anführt (Lev 18,5 in Röm 10,5 und Gal 3,11 sowie Jes 28,16c in Röm 9,33 und 10,11).[10] Beide Texte kann Pls durchaus wörtlich wiedergeben. Die zweite Anführung, die jeweils verändert ist, kann also nicht auf einen Gedächtnisirrtum zurückgeführt

---

[5] Auch nach BURCHARD, Zeuge 31–36 ist die Notiz über Gamaliel in Apg 22,3 (die er für historisch hält) nicht als Mitteilung über eine rabbinische Ausbildung des Pls auszuwerten.
[6] S. u. S. 102.186.
[7] Ähnlich umfangreich sind die Zitate von Ψ 18,5 (Röm 10,18); Hos 2,1b (Röm 9,26) und Jes 1,9 (Röm 9,29); vgl. außerdem Röm 3,4 (Ψ 50,6); 15,21 (Jes 52,15); 2 Kor 6,2 (Jes 49,8); Röm 8,36 (Ψ 43,23); 9,15 (Ex 33,19) und 3,13a.b (Ψ 5,10).
[8] S. o. S. 86f.
[9] Häufig wird versucht, mit der Annahme einer weitgehend aus dem Gedächtnis erfolgenden Zitatwiedergabe die Bedeutung der Zitatabänderungen bei Pls zu reduzieren; eine beachtliche Ausnahme stellt in dieser Hinsicht BONSIRVEN, Exégèse 337 (aufgenommen von ELLIS, Use 15) dar.
[10] In Röm 10,5 zitiert Pls Lev 18,5 entsprechend der LXX mit ποιήσας αὐτὰ ἄνθρωπος, in Gal 3,12 fehlt ἄνθρωπος; s. u. S. 120 (mit A 6). In Röm 9,33 gibt Pls Jes 28,16c unverändert wieder, in 10,11 fügt er πᾶς hinzu; s. u. S. 133f.

werden,[11] zumal die Abänderung in beiden Fällen der Zitierabsicht des Pls entspricht.

e) Auch die bei Paulus häufigen Zitatkombinationen und Mischzitate[12] sind kein positiver Hinweis auf eine in der Regel aus dem Gedächtnis erfolgende Anführung der Zitate.[13] Aufschlußreich ist hier besonders Röm 3,10–18, das umfangreichste Schriftzitat des Paulus, das aus mehreren Texten zusammengestellt ist. Daß die hier vorliegende Aneinanderreihung von insgesamt sechs verschiedenen Schrifttexten jeweils erst im Augenblick des Briefdiktats erfolgte, ist mehr als unwahrscheinlich. Dagegen spricht, daß diese Zitatenkombination einen genau überlegten Platz im Aufbau von Röm 1,16–3,31 besitzt, daß sie einen bewußt geplanten Aufbau aufweist und daß die Auswahl der einzelnen Zitatausschnitte und auch deren Abänderungen durchweg dem Aufbau von Röm 3,10–18 entsprechen.[14] Hier liegt eine planvolle Komposition vor,[15] deren Entstehung ohne die Annahme der Benutzung schriftlicher Texte nur schwer verständlich wird. Von hier aus wird man auch die Bildung der übrigen Zitatkombinationen und Mischzitate nicht von vornherein auf reine Gedächtnisassoziationen des Paulus zurückführen können.

Interessant ist auch die Kombination bzw. Verschmelzung von Hos 2,25 und Hos 2,1b in Röm 9,25f und von Hos 2,1a und Jes 10,22f in Röm 9,27f. In Röm 9,25f zitiert Pls den zweiten Text, Hos 2,1b, völlig wörtlich;[16] der erste Text, Hos 2,25, ist dagegen verändert, und zwar in Blick auf und unter Verwendung von Hos 2,1b,[17] so daß beide Texte jetzt eine in sich geschlossene – und der pln Anwendung voll entsprechende! – Schriftaussage darstellen. Anschließend greift Pls auf eine Einzelwendung aus dem zuvor nicht zitierten Textteil Hos 2,1a (ὁ ἀριθμὸς τῶν υἱῶν Ἰσραήλ) zurück, um dadurch im Zitat von Jes 10,22 (Röm 9,27) einen für ihn weniger geeigneten Ausdruck (ὁ λαὸς Ἰσραήλ) zu ersetzen.[18] Diese mehrfache Verwendung von Hos 2,1 macht es wahrscheinlich, daß Pls zumindest dieser Text in schriftlicher Form zur Verfügung stand. Außerdem ist für Jes 10,22f aufgrund der als Haplographie anzusehenden Textverkürzung mit Benutzung einer schriftlichen Vorlage zu rechnen.[19]

---

[11] Vgl. bes. das Nebeneinander von Röm 9,33 und 10,11.
[12] Zu dieser Unterscheidung s. o. S. 24 A 45.
[13] So jedoch MICHEL, Paulus 80f.
[14] S. u. S. 179–184.
[15] Das übersieht MICHEL, Paulus 80, wenn er die Zitatzusammenstellung von Röm 3,10–18 rein auf Gedächtnisassoziationen des Pls zurückführt: »Zunächst *denkt* der Apostel *an* Ps. 13,1–3. Er ändert und kürzt diesen Text ab. Dann *fließen* ihm die Worte Ps. 5,10 *zu*, die er ganz wörtlich wiedergibt. Ebenso hält er sich an den Wortlaut von Ps. 139,4. Dagegen *schweben* ihm die Worte von Ps. 9,28 nur undeutlich *vor*« (Hervorhebungen vom Vf.) Im übrigen hat MICHEL, Röm 142f selbst für Röm 3,10–18 die Annahme einer vom Pls rein aus dem Gedächtnis zusammengestellten Zitatkombination aufgegeben, wenn er jetzt diesen Text als »urchristlichen Psalm«, d. h. als vorpln Bildung, bezeichnet (aaO 143); dazu s. u. S. 183.
[16] S. u. S. 174.
[17] Pls ersetzt ἐρῶ durch καλέσω, καλεῖν ist jedoch in Hos 2,1b vorgegeben; s. auch u. S. 166f.
[18] S. u. S. 167f.
[19] S. o. S. 81f.

Weiterhin ist auch für die Verwendung von Jes 8,14 im Mischzitat von Röm 9,33 eine schriftliche Textgrundlage anzunehmen.[20] Positive Anzeichen für Gedächtnisanführungen von Textteilen aus Mischzitaten oder Zitatkombinationen liegen ebenfalls vor, und zwar für Jes 28,16 in Röm 9,33 und Jes 59,20f in Röm 11,26f.[21] In keinem Fall ist jedoch Gedächtnisanführung beider miteinander kombinierter oder verschmolzener Texte nachweisbar.

Es ergibt sich also, daß nicht durch globale Erwägungen, sondern nur durch eine Sichtung der einzelnen Zitate geklärt werden kann, ob Paulus aus dem Gedächtnis oder unter direkter Benutzung eines schriftlichen Textes die Zitate in seinen Briefen anführt – wobei nicht vorausgesetzt werden kann, daß für sämtliche Zitate jeweils die gleiche Zitierweise anzunehmen ist.

Zitierung aus dem Gedächtnis ist in folgenden Fällen nachweisbar oder zumindest hinreichend wahrscheinlich:

1. In 1 Kor 1,31 (= 2 Kor 10,17); 2,9 und 9,10 liegen Zitate vor, die Paulus als Schriftworte ansieht und als solche auch zitiert; sie sind jedoch nicht der Schrift entnommen, sondern stammen aus der mündlichen Schriftverwendung. Hier zitiert Paulus eindeutig nicht aufgrund einer schriftlichen Vorlage.[22]

2. Für die Zitate von Jes 11,10 (Röm 15,12); 28,16 (Röm 9,33; 10,11) und 59,20f (Röm 11,26f) ist eine christologische Interpretation nachweisbar, die Paulus bereits voraussetzt.[23] Diese Schriftworte kennt Paulus zumindest auch aus ihrer mündlichen Verwendung. Für Jes 28,16 und 59,20f gibt es außerdem direkte Anzeichen, daß Paulus sie in der ihm mündlich vermittelten Form, also aus dem Gedächtnis, zitiert.[24]

3. Für einige weitere Zitate kann ebenfalls angenommen werden, daß sie bereits vor Paulus im Urchristentum verbreitet und von dorther Paulus auch geläufig waren. Das gilt nicht nur für Dtn 5,17–21 (Röm 13,9a), sondern auch für Lev 19,18 (Röm 13,9c; Gal 5,14); Dtn 19,15 (2 Kor 13,1) und Dtn 32,35 (Röm 12,19).[25]

Umgekehrt kann für eine etwa gleich große Anzahl von Zitaten mit gleicher Sicherheit angenommen werden, daß Paulus sie aufgrund einer schriftlichen Textvorlage anführt:

---

[20] S. o. S. 80.
[21] Vgl. KOCH, ZNW 71, 1980, 178–184.186–190; s. auch o. S. 71 und u. S. 241f.
[22] S. o. S. 35f.
[23] Zum Einzelnachweis vgl. KOCH aaO 174–191.
[24] Für Jes 11,10 ist nicht entscheidbar, ob die Auslassung von ἐν τῇ ἡμέρᾳ ἐκείνῃ bereits vorpln ist (dann läge mündliche Vermittlung *und* Wiedergabe aus dem Gedächtnis vor) oder nicht. Umgekehrt ist Pls Jes 45,23 aus der Verwendung in Phil 2,10f zwar geläufig. Er zitiert diesen Text in Röm 14,11 jedoch unabhängig von Phil 2,10f (sowohl hinsichtlich des Umfangs als auch der inhaltlichen Anwendung; vgl. KOCH aaO 178). Nur in der Umstellung von ἐξομολογήσεται und πᾶσα γλῶσσα zeigt sich der Einfluß von Phil 2,10f.
[25] S. u. S. 239f; zu Dtn 32,35a s. o. S. 77f.

1. Für Jes, Hi und III Reg setzt Paulus jeweils einen bereits rezensierten LXX-Text voraus,[26] und zwar – zumindest für die acht Zitate mit rezensierter Textform – in schriftlicher Gestalt. Denn derartige Rezensionen sind nicht nur schriftlich entstanden, es kann auch kaum wahrscheinlich gemacht werden, daß sie – wie später dann 'A, Σ und Θ – eine weitere Verbreitung in den Synagogen Kleinasiens oder Syriens gefunden haben.[27] Nur so wäre ja eine mündliche Vermittlung und anschließende Wiedergabe aus dem Gedächtnis denkbar.

2. Sodann liegt in zwei Fällen – und zwar wiederum bei Zitaten aus Jes! – jeweils eine auffällige Textlücke vor (in Jes 10,22f [Röm 9,27f] und 52,7 [Röm 10,15]), die sinnvoll nur als Haplographie erklärt werden kann, also auf die Verwendung einer schriftlichen Vorlage zurückgeht.[28]

Für die Masse der übrigen insgesamt 74 Schriftworte ist die Zitierweise zwar grundsätzlich offen, doch zeigen die 9 nicht aus dem Gedächtnis angeführten Zitate, daß Paulus bei der Abfassung von 1 Kor der schriftliche Text von Jes und Hi, bei der Abfassung von Röm auch der von III Reg zur Verfügung stand. Daher wird man annehmen können, daß Paulus auch andere Jes-Zitate in 1 Kor und Röm aufgrund des ihm zugänglichen Jes-Textes anführt. In diesem Zusammenhang ist das völlige Fehlen von Schriftzitaten in den beiden (echten) Gefangenschaftsbriefen des Paulus, Phil A (1,1–3,1; 4,4–23) und Phlm, zu berücksichtigen. In Phlm kann man dies mit der Kürze des Briefes erklären.[29] Für Phil A ist dagegen diese Erklärung nicht möglich, wie der Vergleich mit der gleich langen »Apologie« 2 Kor 2,14–6,13; 7,2–4 zeigt. Dieser Befund wird sofort verständlich, wenn man davon ausgeht, daß Paulus nicht nur gelegentlich, sondern in der Regel unter direkter Benutzung schriftlicher Texte zitierte und dies bei den erschwerten Abfassungsbedingungen der Haft nicht möglich war,[30] während er den Hymnus von Phil 2,6–11, der ihm aus dem gottesdienstlichen Gebrauch bekannt war, ohne weiteres anführen konnte.[31]

Zitierungen unter unmittelbarem Rückgriff auf den Text der Schrift setzen eine erhebliche Vorarbeit voraus: einerseits eine gezielte Schriftlektüre zum Auffinden und Auswählen geeigneter Zitate, und zwar vor der endgültigen Abfassung des Briefes; andererseits ein zumindest in groben Umrissen bereits vorhandenes Gesamtkonzept des Briefes, für das geeignete Zitate auszuwählen sind. Daher ist es kein Zufall, daß in dem

---

[26] S. o. S. 57–81.
[27] S. o. S. 80.
[28] S. o. S. 81 ff.
[29] Doch zeigen 2 Kor 8 und 9, daß diese Erklärung fragwürdig ist.
[30] Die Haft des Pls wird häufig als ›leicht‹ bezeichnet. Ob das zutrifft, kann hier durchaus offenbleiben. Jedenfalls erlaubte die Haft offensichtlich zahlreiche persönliche Kontakte, bot aber sicher keine Ruhe für eine sorgfältig geplante Briefabfassung oder gar deren Vorbereitung unter Verwendung weiterer schriftlicher Unterlagen.
[31] Zugleich zeigt Phil 2,6–11, daß Phil A keineswegs zu ›persönlich‹ gehalten war, um Zitate zu verwenden.

Gefangenschaftsbrief Phil A – aus naheliegenden Gründen – beides fehlt: die sorgfältige literarische Disposition[32] und die dieser Disposition entsprechenden Zitate.

Das gegenteilige Bild bieten die »Apologie« von 2 Kor, 1 Kor, Gal und Röm. Alle diese Briefe weisen einen sorgfältig geplanten (jedoch keineswegs gleichförmigen!) Aufbau auf – bei gleichzeitiger bewußter Schriftverwendung, und zwar insbesondere an zentralen Punkten der Darstellung. Dies zeigt, daß der überwiegende Teil der Schriftzitate nicht auf spontane Gedächtnisleistungen des Paulus zurückgeht, sondern daß ihnen bewußte Arbeit am Text der Schrift vorausgegangen ist.

In dieses Bild fügt sich auch der Befund in Phil B (3,2–4,3), dem »Tränenbrief« (2 Kor 10,1–13,10) und dem »Versöhnungsbrief« (2 Kor 1,1–2,13; 7,5–16) ein. Die beiden polemischen Briefe sind offensichtlich unter dem unmittelbaren Eindruck akuter Gefährdungen der betreffenden Gemeinden, d. h. ohne längere Vorbereitungszeit, abgefaßt. Ebenso ist der »Versöhnungsbrief« als rasche Reaktion auf neue – hier jedoch positive – Nachrichten aus Korinth verständlich. Daher ist es nicht verwunderlich, sondern bestätigt das bisher gewonnene Ergebnis, wenn in Phil B und dem »Versöhnungsbrief« kein einziges Zitat begegnet, und die beiden Zitate des »Tränenbriefs«, die zudem nicht ausdrücklich eingeleitet sind (2 Kor 10,17 und 13,1), mit Sicherheit als Gedächtnisanführungen einzuordnen sind.[33]

Interessante Einblicke in die Arbeitsweise des Paulus ermöglicht die zweimalige Interpretation des Abrahambeispiels in Gal 3 und Röm 4. Paulus will jeweils anhand von Gen 15,6 den grundsätzlichen Zusammenhang von πίστις und δικαιοσύνη – und zwar in Entgegensetzung zum νόμος und den ihm entsprechenden ἔργα – aufweisen. Das Vorgehen ist jeweils analog: Zunächst wird Gen 15,6 als Ausgangstext zitiert und dann unter Verwendung weiterer Schriftzitate – sowohl aus der Abrahamüberlieferung als auch aus anderen Schriften (Gal 3: Lev, Dtn, XII; Röm 4: Ψ) entfaltet. Die konkrete Durchführung ist jedoch völlig verschieden gestaltet. Konstant geblieben ist in Röm 4 gegenüber Gal 3 lediglich das Zitat von Gen 15,6 selbst. Alle übrigen Zitate haben gewechselt.[34] Außerdem ist bemerkenswert, daß sich Paulus in Röm 4 auch außerhalb der Schriftzitate bewußt auf Gen 15–17 stützt (vgl. 4,9–12.19–21), so daß seine Argumentation in Röm 4 insgesamt wesentlich textnäher ist als in Gal 3 (vgl. dagegen Gal 3,19f!). Dies zeigt, daß Paulus zwischen der Abfassung

---

[32] Der Unterschied wird deutlich, wenn man Phil A mit der »Apologie« 2 Kor 2,14–6,13; 7,2–4 vergleicht. Der Aufbau von Phil A wird auch nicht übersichtlicher, wenn man 4,10–20 abtrennt (dazu s. o. S. 90 A 14).

[33] S. o. S. 35f und u. S. 117f.

[34] Anstelle von Gen 12,3 (+ 18,18 [Gal 3,8]) und Gen 13,15 (Gal 3,16) sind Gen 17,5 und 15,5 zitiert (Röm 4,17f); Dtn 27,26 (+ 29,19); Hab 2,4 und Lev 18,5 (Gal 3,10–12) sind durch Ψ 31,1f (Röm 4,7f) ersetzt, und statt des christologisch verwendeten Zitats von Gen 21,23 (+ 27,26 [Gal 3,13]) führt Pls in Röm 4,25 eine christologische Formel aus der Gemeindeüberlieferung an.

von Gal und Röm das Abrahamthema neu durchgearbeitet hat. Die Konzentration auf Gen 15–17 in Röm 4 weist darauf hin, daß Paulus dabei direkt auf den Text dieses Abschnitts zurückgegriffen hat.

Auch für weitere Abschnitte in den Paulus-Briefen läßt es sich wahrscheinlich machen, daß hier bereits vorformulierte Stücke in die Briefe einbezogen worden sind. Es handelt sich jeweils um relativ selbständige Partien, »die nicht unmittelbar auf den Briefzweck bezogen sind oder den Eindruck erwecken, sie seien erst nachträglich, durch Überarbeitung, zugeordnet (so daß eine gewisse Uneinheitlichkeit entstanden ist)«.[35]

H. Conzelmann, der auf derartige ›Einlagen‹ hinweist, nennt 2 Kor 3,7ff; 1 Kor 1,18ff; 2,6ff; 10,1ff; 11,2ff; 13 und Röm 1,18ff.[36] Zumindest für einen Teil dieser Texte ist deren Sonderstellung zwar unbestritten, doch wird daraus zumeist keine Folgerung für den literarischen Entstehungsprozeß der Pls-Briefe gezogen. *Conzelmann* fragt daher zu Recht, »ob nicht immer noch die Suggestion von Paulus als dem übersprudelnden Genie, das seine Briefe in erhobener Stimmung herausschleudert, in der Auslegung nachwirkt«.[37] Die gleiche Anfrage ist an die zumeist unreflektierte Annahme zu richten, die jeweiligen Schriftzitate in den Pls-Briefen seien als spontane Erinnerungen bzw. Assoziationen während des Briefdiktats selbst zu erklären, zumal eine Reihe dieser als ›Einlagen‹ in Frage kommenden Abschnitte an zentralen Stellen Schriftzitate enthalten (1 Kor 1,18ff; 2,6ff; 10,1ff; 2 Kor 3,7ff).

Man wird die literarischen Vorarbeiten des Paulus im Bereich der Schriftzitierung jedoch nicht auf derartige Texte (besser wohl: deren Entwürfe) und den Kreis der in ihnen enthaltenen Zitate beschränken können, sondern wesentlich breiter anzusetzen haben. Denn angesichts der großen Zahl der verbleibenden Zitate sind die Schwierigkeiten, die sich bei einer derart intensiven Zitierpraxis ergeben, auch dann nicht zu unterschätzen, wenn man nicht nur mit dem Besitz der in Frage kommenden Schriften, sondern auch mit ihrer kontinuierlichen Lektüre rechnet. Schon das Auffinden bzw. Wiederauffinden eines einzelnen Schriftwortes ist beim Fehlen von Kapitel- bzw. Kolumnen- und Verseinteilungen keineswegs einfach.[38] Zudem erfordert eine so breite Schriftverwendung wie die in Röm (aber auch 1 Kor und Gal) einen Überblick über eine beträchtliche Anzahl von Schriftzitaten, aus denen Paulus dann erst die jeweils geeigneten Schriftworte auswählen konnte. Ein solcher Überblick ist aber durch den bloßen Besitz einer größeren Anzahl von – durchaus umfangreichen! – Schriftrollen und deren Lektüre noch nicht gegeben. Diesen Überblick hat sich Paulus jedoch verschafft, wie die in vielen Fällen zu beobachtende Praxis zeigt, weit auseinanderliegende Zitate im gleichen Zusammenhang anzuführen.[39] Aller-

---

[35] CONZELMANN, Aufs. 181.
[36] CONZELMANN, Aufs. 181–190.
[37] CONZELMANN, Aufs. 180.
[38] Vgl. die unzureichenden Versuche, den Fundort eines Zitats z. B. mit ἐν τῷ Ὡσηέ (Röm 9,25) oder ἐν Ἠλίᾳ (Röm 11,2) anzugeben; s. o. S. 27 A 17.
[39] Das gilt nicht nur für Röm 3,10–18 und Röm 9–11 insgesamt, sondern z. B. auch für Röm 15,9–12; 1 Kor 3,19f; 15,54 oder Gal 3,6–18. Die Verwendung weit auseinanderlie-

dings hat er bei Abfassung von 1 Thess einen derartigen Überblick noch nicht besessen. Hier stand ihm offensichtlich kein einziges für ihn verwendbares Zitat zur Verfügung. In Röm sind es dagegen 59 verschiedene Schriftworte, die er anführen kann, von denen 53 gegenüber den bisherigen Briefen neu sind. Verständlich wird das unter der Annahme, daß Paulus im Zuge seiner eigenen Beschäftigung mit der Schrift auch dazu übergegangen ist, planmäßig geeignet erscheinende Schriftworte zu sammeln, auf die er dann bei Abfassung seiner Briefe zurückgreifen konnte.[40] Daß der ›Zitatenschatz‹ des Paulus keineswegs von Anfang an vorhanden gewesen ist, sondern Paulus sich diesen erst im Laufe der Zeit erarbeitet hat, und zwar in eigenständigem Umgang mit dem Text der Schrift selbst, das erklärt auch, warum er in den relativ spät anzusetzenden Briefen 2 Kor 8 und 2 Kor 9, die wahrscheinlich ohne besonders intensive Vorarbeiten verfaßt worden sind, nun durchaus Schriftworte anführen kann.[41]

Gegen die Annahme, Paulus benutze für seine Schriftanführungen in der überwiegenden Anzahl der Fälle den ihm direkt vorliegenden Text der Schrift (bzw. selbst erstellte Exzerpte aus den einzelnen Schriften), wird jedoch eingewandt, daß dies schon aus finanziellen Gründen unwahrscheinlich sei.[42] Doch stellt dies kein überzeugendes Gegenargument dar.

Privater Besitz von Rollen der ›Schriften‹ ist im 1. Jh. n. Chr. zwar sicher keine reine Alltäglichkeit, aber gewiß keine unwahrscheinliche Ausnahme gewesen. Dies zeigt sich in 4 Makk 18,10–19, wo die private Benutzung des schriftlichen Textes von insgesamt acht verschiedenen ›Schriften‹ Kennzeichen eines from-

---

gender Zitate im gleichen Zusammenhang bedarf nur dann keiner weiteren Erklärung, wenn man mit der Benutzung eines bereits vorpln urchristlichen Florilegiums (das jedoch recht umfangreich gewesen sein müßte!) rechnet; doch s. u. S. 247–253.

[40] Die Anfertigung von Exzerpten als Vorarbeiten für eigene Schriften war eine in der Antike geläufige Arbeitstechnik. Berühmtestes Beispiel, dessen Ausmaß natürlich die für Pls vorauszusetzenden Exzerpte von Einzelzitaten weit übersteigt, ist Plinius d. Ä., vgl. Plinius d. J., Ep III 5,10f.

[41] Daß dagegen die in der Haft verfaßten Briefe (Phil A; Phlm) keine Zitate enthalten, stellt die Annahme von selbst angefertigten Schriftexzerpten nicht in Frage. Auch eine bereits vorhandene Zitatensammlung stellt ja zunächst nur Arbeitsmaterial dar, das erst der inhaltlichen Aneignung und auch der Integration in Aufbau und Abfolge des neuen Zusammenhangs bedarf, wofür auch eine ›leichte‹ Haft kaum ausreichende Möglichkeiten geboten haben dürfte.

[42] HARNACK, SPAW.PH 1928/XII, 137 hält sogar den Besitz von Schriftrollen bei den pln Gemeinden überhaupt für unwahrscheinlich. MICHEL, Paulus 8 schließt dagegen den Besitz einer beschränkten Anzahl von Rollen nicht aus: »Ein paar Buchrollen – etwa Jesaja und der Psalter – waren vielleicht persönliches Eigentum des Apostels, das er auf seinen Reisen mitführte (2. Tim. 4,13), im übrigen war er darauf angewiesen, daß sein Gedächtnis ihn nicht im Stich ließ, daß der Besuch der nächsten Synagoge, vielleicht auch wichtiger christlicher Gemeinden, seine Kenntnis der heiligen Schriften verbesserte und erweiterte.« Angesichts des gespannten Verhältnisses zu den jeweiligen Synagogengemeinden während seiner aktiven Missionszeit, in die ja auch alle Briefe fallen, ist jedoch die Synagoge als Ort, an dem Pls in Ruhe die Schrift studieren konnte, auszuschließen.

men jüdischen Hauses ist.[43] Gleiches geht auch aus 2 Tim 4,13 hervor. Hier läßt der Verfasser von 2 Tim den Apostel um seinen Mantel bitten – und τὰ βίβλια μάλιστα τὰς μεμβράνας. Die Hervorhebung von Leder- bzw. Pergamentbüchern ist Absicht: Leder bzw. Pergament war als Buchmaterial im 1. Jh. n. Chr. außerhalb des Judentums noch völlig ungebräuchlich,[44] dort jedoch das Standardmaterial für die ›heiligen Schriften‹.[45] Damit ist für den Leser hinreichend deutlich, daß Paulus hier um die Rollen der ›Schrift‹ bittet,[46] die – jedenfalls für einen Apostel! – genauso notwendig sind wie sein Mantel. Natürlich zeichnet der Verfasser des 2 Tim damit ein Idealbild des Apostels, aber dieses Idealbild soll Leitfunktion für die Amtsträger der Gegenwart haben,[47] was nur möglich ist, wenn der Besitz der ›Schriften‹ eine grundsätzlich realisierbare Möglichkeit darstellt.[48]

---

[43] Es handelt sich um Gen, Num, Dtn, Ps, Prv, Jes, Ez und Dan. In bezug auf Texte aus der Genesis wird ausdrücklich von deren ἀνάγνωσις gesprochen (18,11). Auch die Zitateinleitung ἡ 'Ησαΐου γραφὴ ἡ λέγουσα (18,14) weist auf einen schriftlichen Text hin. Dementsprechend werden auch die übrigen Zitierungen aus der Schrift als direkte Textverlesungen gedacht sein; vgl. auch die zweimalige Charakterisierung des Schriftvortrags als διδάσκειν (18,11.19). Natürlich wird hier ein Idealbild eines bes. frommen jüdischen Hauses gezeichnet. Aber dieses Ideal konnte nicht formuliert werden, wenn privater Besitz einer Reihe von ›Schriften‹ nicht grundsätzlich im Bereich des Möglichen lag. Weiteres zum Privatbesitz von Schriftrollen (und zwar in talmudischer Zeit) s. bei BLAU, Studien 84–97.

[44] Vgl. BIRT, Buchwesen 46–126; KENYON, Books 40–47. 87–120.

[45] Das gilt generell für die in Qumran gefundenen hebräischen und aramäischen HSS der kanonischen Schriften; die Verwendung von Papyrus ist hier die seltene Ausnahme; vgl. die wenigen Hinweise auf Papyrus-HSS bei BURCHARD, Bibliographie II 321–328. Auch Ep Arist 176 werden die aus Jerusalem zur Verfügung gestellten Torarollen ausdrücklich als διφθέραι bezeichnet. Im Talmud ist dann diese Praxis verbindlich festgeschrieben worden, vgl. Bill IV/1, 128 f. Auch ein Teil der jüdischen LXX-HSS aus dem 1. Jh. v. und n. Chr. ist auf Leder bzw. Pergament geschrieben, so 4QLXXLev^a; 4QLXXNum und 8HevXIIgr. Mit dem Hinweis auf das auffällige Material sind also die βίβλια von 2 Tim 4,13 hinreichend deutlich als Rollen der ›Schrift‹ gekennzeichnet.

[46] Zu den Vermutungen über die Identität der βίβλια μάλιστα αἱ μεμβράναι vgl. die Aufzählung bei SPICQ, Past 393. Vorausgesetzt ist dabei durchweg die Echtheit von 2 Tim, so daß die Deutung zum historischen Ratespiel wird. Doch ist davon auszugehen, daß hier eine pseudepigraphische Aussage vorliegt. Es ist daher zu fragen, was der Vf. dem Leser hier mitteilen will, wenn er das außergewöhnliche Material der ›βίβλια‹ ausdrücklich erwähnt.

[47] Zur Funktion von 2 Tim 4,13 in den Past vgl. TRUMMER, BZ NF 18, 1974, 193–207: Die Bitte um den Mantel stellt Pls »als verpflichtendes Beispiel in der Unterhaltsfrage der nachapostolischen Amtsträger« (aaO 203) und die Bitte um die ›Schriften‹ »als lebendiges Beispiel und bleibendes Vermächtnis für dessen Umgang mit der Schrift dar« (aaO 205); vgl. ders., Paulustradition 78–88. – Zu φαιλόνης (hier wie gewöhnlich: »Mantel«, nicht: »Bücherfutteral«) vgl. DIBELIUS-CONZELMANN, Past 92 f.

[48] Zu den Preisen im antiken Buchwesen allgemein vgl. BIRT aaO 82–84.209.356. Die Nachrichten sind spärlich und beziehen sich grundsätzlich auf griechische und bes. römische Verhältnisse. Über die Preise für LXX-Rollen im hellenistischen Judentum gibt es überhaupt keine Informationen. Daraus ist jedoch nicht zu schlußfolgern, daß die Kosten für eine LXX-HS prinzipiell unerschwinglich waren.

Für Pls selbst ist durchaus damit zu rechnen, daß der Erwerb der von ihm benutzten ›Schriften‹ im Bereich des Möglichen lag.[49] Pls hat nicht nur für die Gemeinde in Jerusalem eine umfangreiche Kollekte organisiert, sondern auch für seine eigene Missionstätigkeit von seinen Gemeinden finanzielle Unterstützung erhalten. Die weitgespannten Aktivitäten, die er in Griechenland und Kleinasien entwickelte (bis hin zu seinen Reiseplänen bis nach Spanien), sind ohne ausreichende Finanzierung durch seine Gemeinde gar nicht denkbar.[50] Angesichts der zunehmenden Bedeutung der Schrift in seinen Briefen wäre es verwunderlich, wenn Pls seine finanziellen Mittel nur für organisatorische Zwecke und nicht auch für den Erwerb von Rollen der ›Schrift‹ eingesetzt hätte.

Mit dem Nachweis, daß der ›Zitatenschatz‹, den Paulus von vornherein mitbringt, recht begrenzt ist und er in der weitaus überwiegenden Zahl aller Fälle unter direkter Benutzung des Textes der Schrift (bzw. eigener Exzerpte aus ihr) zitiert, wird die Bedeutung der Schriftzitate für die theologische Argumentation des Paulus keineswegs reduziert. Im Gegenteil: Damit wird deutlich, daß Paulus erhebliche Mühe aufwendet, einerseits um ein angemessenes Verständnis der Schrift bzw. wichtiger Abschnitte (z. B. Gen 15–17) zu gewinnen, andererseits um seine eigenen Aussagen auch mit Hilfe ausdrücklicher Schriftanführungen zu begründen und zu entfalten. Je stärker Paulus sich veranlaßt sieht, seine eigene Position theologisch zu klären, desto intensiver wird zugleich auch die Beschäftigung mit der Schrift und ihre Verwendung in seinen Briefen. Theologische Reflexion, literarische Durchgestaltung seiner Briefe und Häufigkeit der Schriftzitate stehen in einem direkten Verhältnis zueinander.

Methodisch ist damit für die Analyse der paulinischen Schriftzitate zugleich geklärt, daß es möglich ist, den Wortlaut eines Zitats mit der jeweiligen Textvorlage (die nicht in allen Fällen mit dem überlieferten LXX-Wortlaut übereinstimmen muß!) zu vergleichen und nach den Veränderungen durch Paulus zu fragen.

---

[49] Zudem ist nicht auszuschließen, daß ihm einige Rollen auch von Gemeindegliedern zur Verfügung gestellt wurden.
[50] Vgl. CONZELMANN, Geschichte 77: Das Bild der ausschließlichen Finanzierung der Mission des Pls durch seine eigene Handarbeit, das Act zeichnet, ist zu idyllisch. »Aber mit seinem Lohn konnte er wohl nicht einmal seinen eigenen Aufwand finanzieren (es sei denn, er wäre ein kleiner Unternehmer gewesen): Reisekosten, Bücher, Schreibmaterial, Bezahlung von Stenographen. Und es reichte schon gar nicht für die Bezahlung der Mitarbeiter (wieder: mit Reisekosten usw.).«

III. Die Verwendung der Schrift (II): Wörtlichkeit und Freiheit in der Zitatwiedergabe durch Paulus

Von den insgesamt 90 verschiedenen Schrifttexten, die Paulus in seinen Briefen zitiert, stimmen 29 mit dem überlieferten Wortlaut der LXX in seiner ältesten erreichbaren Gestalt überein. Es handelt sich dabei um:

Gen	2,24c	(1 Kor 6,16)
	13,15 u. ö.	(Gal 3,16)
	15,5d	(Röm 4,18)
	17,5c	(Röm 4,17)
	21,12c	(Röm 9,7)
	25,23d	(Röm 9,12)
Ex	32,6b	(1 Kor 10,7)
	33,19b	(Röm 9,15)
Lev	19,18b	(Röm 13,9c; Gal 5,14)
Dtn	8,17a bzw. 8,4a	(Röm 10,6b)
	17,7c u. ö.	(1 Kor 5,13)
	32,43c	(Röm 15,10)
Ψ	5,10c.d	(Röm 3,13a.b)
	18,5a.b	(Röm 10,18)
	23,1a	(1 Kor 10,26)
	31,1.2a	(Röm 4,7f)
	43,23	(Röm 8,36)
	50,6c.d	(Röm 3,4)
	68,10b	(Röm 15,3)
	115,1a	(2 Kor 4,13)
	139,4b	(Röm 3,13c)
Joel	3,5a	(Röm 10,13)
Jes	1,9	(Röm 9,29)
	22,13d	(1 Kor 15,32)
	49,8a.b	(2 Kor 6,2)
	49,18c	(Röm 14,11aα)
	52,15c.d	(Röm 15,21)
	53,1a	(Röm 10,16)
	54,1	(Gal 4,27)

Allerdings hat sich gezeigt, daß der LXX-Text, den Paulus in den einzelnen Büchern der Schrift voraussetzt, gegenüber der frühesten erkennbaren Textgestalt z. T. bereits sekundäre Veränderungen aufweist. Dabei handelt es sich sowohl um Textentwicklungen, die in den LXX-HSS noch greifbar sind, als auch um solche, die nur aus den paulinischen Anführungen erschlossen werden können.

Eine zusammenhängende Untersuchung der Textdifferenzen zwischen dem ältesten erreichbaren LXX-Wortlaut und der jeweiligen Wiedergabe bei Paulus ist zunächst deshalb erforderlich, um – über die bisher bereits geklärten Fälle hinaus[1] – jeweils zu einer begründeten Beurteilung der Herkunft der einzelnen Textabweichungen zu gelangen. Bei den verschiedenen Arten der Textdifferenzen ist dabei nach Möglichkeit von den Fällen auszugehen, in denen eine paulinische Herkunft als sicher angenommen werden kann, um so auch weniger sichere Fälle besser beurteilen zu können. Zugleich ergibt sich so ein Gesamtbild der Tendenzen und Schwerpunkte in den paulinischen Zitatabänderungen.

Schließlich erbringt eine derartige Analyse direkte Aufschlüsse über das Verständnis des jeweiligen Zitats durch Paulus und die Funktion des betreffenden Schriftwortes für den jetzigen Zusammenhang.

Der Umfang der zu untersuchenden Textdifferenzen ist dabei erheblich größer als die Anzahl der vom überlieferten LXX-Wortlaut abweichenden Zitate. Denn in vielen Fällen weist ein einziger Text mehrfache Textabweichungen auf. Die Fülle der Zitatumgestaltungen läßt sich aufgliedern in:
1. Abänderungen der Wortfolge,
2. Abänderungen von Person, Numerus, Genus, Tempus und Modus,
3. Auslassungen,
4. Zufügungen,
5. Austausch von Zitatteilen durch eigene Formulierungen,
6. Austausch von Zitatteilen durch Formulierungen aus anderen Schriftstellen (Mischzitate),
7. Zusammenfügung mehrerer Schriftworte (Zitatkombinationen).

1. Abänderungen der Wortfolge

Die relative Freiheit des Griechischen in der Wortfolge[2] macht sich auch in der Wiedergabe der Schriftzitate durch Paulus bemerkbar. Reine Umstellungen

---

[1] Vgl. o. S. 57–81 die Analyse der bereits vor Pls an den HT angeglichenen Jes- und Hi-Zitate sowie der ebenfalls vor Pls bereits überarbeiteten III Reg-Zitate. Bei der Analyse der textgeschichtlichen Zuordnung des (nichtrezensierten) LXX-Textes der einzelnen Bücher (S. 48–57) wurde bereits jeweils auf weitere vorpln sekundäre Textentwicklungen hingewiesen. Doch setzt deren endgültige Beurteilung die Ergebnisse von Kap. III voraus. Eine Liste derjenigen Zitate, die gegenüber dem vorpln bereits veränderten LXX-Text keine weiteren Abänderungen aufweisen, folgt daher am Schluß von Kap. III (s. u. S. 186).
[2] Vgl. dazu BDR §§ 472–478.

innerhalb eines Zitats waren ein recht einfaches Mittel, um einen bestimmten Aspekt eines Zitats besonders zu betonen. Daneben sind auch stilistische und rhetorische Gründe als Ursachen für Umstellungen erkennbar; und zwar begegnen sowohl Abänderungen einer ungewöhnlichen Wortfolge als auch Umstellungen in der entgegengesetzten Richtung.

a) Umstellungen zur Hervorhebung eines Zitatteils

Liegt auf einem Satzteil ein besonderes Gewicht, wird dies am einfachsten durch dessen Voranstellung zum Ausdruck gebracht.[3] Hierauf ist ein erheblicher Teil der Umstellungen in den Schriftzitaten des Paulus zurückzuführen.

1. Ein deutliches Beispiel für eine Abänderung der Wortfolge, durch die der vorangestellte Zitatteil hervorgehoben wird, liegt in Röm 11,3 (III Reg 19,10) vor:

III Reg 19,10: τὰ θυσιαστήριά σου κατέσκαψαν
καὶ τοὺς προφήτας σου ἀπέκτειναν...,
καὶ ὑπολέλειμμαι ἐγὼ μονώτατος...
Röm 11,3: τοὺς προφήτας σου ἀπέκτειναν,
τὰ θυσιαστήριά σου κατέσκαψαν,
κἀγὼ ὑπελείφθην μόνος[4]...

Paulus stellt den als Anklage wesentlich wirkungsvolleren Vorwurf des Prophetenmordes voran,[5] während der Vorwurf der Zerstörung der Altäre, der z. Zt. des Paulus nur noch eine historische Reminiszenz darstellt, erst an zweiter Stelle folgt.

2. In mehrfacher Hinsicht ist Hos 2,25 b.c in der Wiedergabe in Röm 9,25 abgeändert:

Hos 2,25 b.c: ἀγαπήσω τὴν οὐκ ἠγαπημένην[6]
καὶ ἐρῶ τῷ οὐ λαῷ μου· λαός μου εἶ σύ.
Röm 9,25: καλέσω τὸν οὐ λαόν μου λαόν μου
καὶ τὴν οὐκ ἠγαπημένην ἠγαπημένην.

---

[3] Vgl. BDR § 472.2.

[4] Zur Textvorlage s. o. S. 74f; die Umstellung ist nicht der vorpln Rezension dieses Zitats zuzuweisen, da diese nicht frei den HT abändert.

[5] Vgl. MICHEL, Röm 339: »Im Vordergrund steht das Interesse an dem Prophetenmord«. Zur Traditionsgeschichte des Vorwurfs vgl. STECK, Israel (zu Röm 11,3: 278 A 2); s. auch o. S. 74 A 83.

[6] So B V; dieser Text ist nicht als ursprünglich anzusehen, doch setzt Pls diesen sekundär veränderten LXX-Wortlaut bereits voraus; s. o. S. 55 A 34.

Die grundlegende Umgestaltung von Hos 2,25 b.c besteht im Austausch von ἐρῶ durch καλέσω,[7] dem auch τὴν οὐκ ἠγαπημένην zugeordnet wird. Die syntaktisch beherrschende Funktion von καλέσω wird durch seine Voranstellung verstärkt. Doch wird nicht nur καλέσω, sondern Hos 2,25c insgesamt vorgeordnet.[8] Die Vorordnung der gesamten Zitatzeile – in der von Paulus abgeänderten Form – entspricht der Verwendung des Zitats im Zusammenhang von Röm 9,19 – 24. Die Erörterung von 9,19 – 24 gipfelt in der Aussage von 9,24, daß Gott ›uns‹ ἐκάλεσεν ... οὐ μόνον ἐξ 'Ιουδαίων ἀλλὰ καὶ ἐξ ἐθνῶν. Hieran schließt sich das Zitat von Hos 2,25 b.c mit dem vorangestellten καλέσω unmittelbar an.[9] Zugleich weist καλέσω aufgrund seiner dominierenden Stellung nachdrücklich auf die Bedeutung der Berufung als alleiniger Grundlage der Gemeinde hin. Die Vorordnung von τὸν οὐ λαόν μου λαόν μου ist nicht nur als Folge der Voranstellung von καλέσω zu bewerten; καλέσω τὸν οὐ λαόν μου κτλ. bringt für Paulus wesentlich klarer als (καλέσω) τὴν οὐκ ἠγαπημένην κτλ. die Berufung der ἔθνη zum Ausdruck:[10] Sie werden durch Gottes Berufung zu seinem λαός.

3. Voranstellungen, die der Betonung eines einzelnen Satzteils dienen, begegnen jedoch nicht nur dort, wo zwei parallele Satzglieder umgestellt werden.

Jes 52,5c: δι' ὑμᾶς διὰ παντὸς τὸ ὄνομά μου
             βλασφημεῖται ἐν τοῖς ἔθνεσιν.
Röm 2,24:   τὸ γὰρ ὄνομα τοῦ θεοῦ δι' ὑμᾶς
             βλασφημεῖται ἐν τοῖς ἔθνεσιν.

Die Voranstellung von τὸ ὄνομα gibt – zusammen mit der ausdrücklichen Setzung von τοῦ θεοῦ[11] – diesem Zitatteil ein besonderes Gewicht. Dies entspricht voll dem paulinischen Kontext. In Röm 2,23 steigert Paulus seine Anklage an die Adresse des 'Ιουδαῖος (vgl. 2,17) zu der Aussage: διὰ παραβάσεως τοῦ νόμου τὸν θεὸν (!) ἀτιμάζεις. Hieran fügt er das Zitat von Jes 52,5c unmittelbar an, und zwar so eng, daß er sogar die Einleitungsformel zunächst übergeht (lediglich γάρ ist eingeschoben) und diese ausnahmsweise am Schluß nachträgt.

4. Umstellungen, die der Hervorhebung des vorangestellten Zitatteils dienen, liegen ebenfalls in Röm 10,21 (Voranstellung von ὅλην τὴν ἡμέραν in

---

[7] Aus Hos 2,1b (κληθήσονται – Röm 9,26) entnommen; s. u. S. 167.
[8] Die Schlußstellung von τὴν οὐκ ἠγαπημένην ἠγαπημένην ist nicht allein aus der Vorordnung von καλέσω zu erklären. Es wäre durchaus möglich gewesen, diesen Zitatteil direkt an καλέσω anzuschließen.
[9] Die pln Herkunft von καλέσω und dessen Voranstellung ist unumstritten; vgl. MICHEL, Röm 316; KÄSEMANN, Röm 264; WILCKENS, Röm II 199.
[10] Vgl. F. W. MAIER, Israel 55 und KÄSEMANN, Röm 264.
[11] Dazu s. o. S. 87.

Jes 65,2 a),¹² Röm 11,9 b (Vorordnung von σκάνδαλον in Ψ 68,23 b) und auch in Röm 3,15 (Voranstellung von ὀξεῖς in Jes 59,7 a)¹³ vor.¹⁴

5. Als betonte Voranstellung ist auch die Umstellung innerhalb von Gen 15,6 in Gal 3,6 zu werten:

Gen 15,6: καὶ ἐπίστευσεν Ἀβράμ τῷ θεῷ...
Gal 3,6: καθὼς Ἀβραὰμ ἐπίστευσεν τῷ θεῷ...

Der Vergleich mit Röm 4,3 zeigt, daß Paulus die genaue Wortfolge des LXX-Textes durchaus bekannt ist. Bei der Beurteilung der Umstellung in Gal 3,6 ist zu berücksichtigen, daß Paulus das Zitat hier ohne Einleitungsformulierung anführt. Doch ist das vorangestellte καθώς nicht im Sinne von οὕτως aufzufassen.¹⁵ Eher ist damit zu rechnen, daß Paulus mit καθώς zunächst zu einem echten Vergleich ansetzt, dessen Fortsetzung (etwa durch οὕτως οἱ ἐκ πίστεως κτλ.) er jedoch durch die schlußfolgernde Zitatinterpretation von V 7 (γινώσκετε ἄρα ὅτι κτλ.) ersetzt.¹⁶ Zu diesem ursprünglich beabsichtigten Vergleich gehört auch die betonte Vorordnung von Ἀβραάμ.

b) Umstellungen als Mittel der rhetorischen Steigerung

Ein gängiges Kunstmittel der gehobenen Prosa ist die Trennung zusammengehöriger Satzteile, um so »das Getrennte in der Vereinzelung besser zur Geltung zu bringen«.¹ Auch Paulus wendet dieses Stilmittel gelegentlich an, um die Wirkung eines Zitats zu verstärken.

---

¹² Hervorgehoben wird dadurch die Unablässigkeit, mit der Gott sich um sein Volk gemüht hat. Zugleich ergibt sich damit – sicher nicht zufällig – eine Parallelität zum Zitat in Röm 10,18 (Ψ 18,5): εἰς πᾶσαν τὴν γῆν ἐξῆλθεν ὁ φθόγγος αὐτῶν κτλ.
¹³ Ὀξεῖς steht dabei anstelle von ταχινοί; s. u. S. 144.
¹⁴ Keine selbständige Umstellung, aber doch bewußte Entscheidung für die Voranstellung eines bestimmten Zitatteils liegt in Röm 11,8 vor, wo Pls das Zitat von Dtn 29,3 mit Hilfe von Jes 29,10a verändert:
Dtn 29,3: καὶ οὐκ ἔδωκεν κύριος ὁ θεὸς ὑμῖν καρδίαν
Jes 29,10a: πεπότικεν ὑμᾶς κύριος πνεύματι κατανύξεως
Röm 11,8: ἔδωκεν αὐτοῖς ὁ θεὸς πνεῦμα κατανύξεως
Pls übernimmt die Stellung des Personalpronomens zwischen Prädikat und Subjekt (zur gewöhnlicheren Abfolge Prädikat – Subjekt – Objekt vgl. BDR § 472) aus Jes 29,10a, so daß sich ein betont enger Bezug zu Röm 11,7 (οἱ δὲ λοιποὶ ἐπωρώθησαν) ergibt.
¹⁵ So LIETZMANN, Gal 18, der καθώς für ein »verlegene(s) Flickwort« hält; vgl. seine Übersetzung: »So hat Abraham ›Gott geglaubt...‹« (ebd.); ähnlich SCHLIER, Gal 126: »Es ist so: ›Abraham glaubte Gott ...‹«.
¹⁶ Vgl. BAUER, Wb. 773 s. v. καθώς 1. MUSSNER, Gal 213 f faßt καθὼς Ἀβραάμ als Ellipse auf: »Wie es bei Abraham der Fall war: er glaubte ...« (aaO 214). Damit würde das eigentliche Zitat erst mit ἐπίστευσεν beginnen, doch fehlt auch in diesem Fall der zweite Teil des Vergleichs.
¹ BDR § 473.

1. Ein besonders eindrückliches Beispiel hierfür liegt in 1 Kor 15,55 (Hos 13,14b) vor:

Hos 13,14b: ποῦ ἡ δίκη σου, θάνατε;
 ποῦ τὸ κέντρον σου, ᾅδη;
1 Kor 15,55: ποῦ σου, θάνατε, τὸ νῖκος;
 ποῦ σου, θάνατε, τὸ κέντρον;

Die außergewöhnlich weite Voranstellung des Possessivpronomens,[2] das jeweils durch den Vokativ θάνατε[3] vom Bezugswort getrennt ist, verleiht dem Zitat eine starke rhetorische Wirkung, was seiner Funktion als Schlußaussage von 1 Kor 15 insgesamt voll entspricht.

2. Als Mittel der rhetorischen Steigerung kann auch die Umstellung innerhalb von Dtn 30,14 in Röm 10,8 gewertet werden:

Dtn 30,14: ἐγγύς σού ἐστιν τὸ ῥῆμα...[4]
Röm 10,8: ἐγγύς σου τὸ ῥῆμά ἐστιν...

Die Voranstellung von ἐγγύς ist vorgegeben und entspricht der betonten Gegenüberstellung zu οὐδὲ μακρὰν ἀπὸ σοῦ ἐστιν (Dtn 30,11). Die in Röm 10,8 vorliegende Trennung der zusammengehörigen Prädikatsteile ἐγγύς und ἐστίν durch τὸ ῥῆμα ist in ihrer rhetorischen Wirkung zwar geringer als die Umstellung in 1 Kor 15,55, aber durchaus noch zu bemerken. Sie entspricht der Schlußstellung von Röm 10,8 als Abschluß des dreigliedrigen Zitats in 10,6–8 (vgl. die steigernde Einleitung: ἀλλὰ τί λέγει;).

c) Umstellungen in zweigliedrigen Zitaten

In zweigliedrigen Zitaten begegnen gelegentlich Umstellungen, die eine größere Parallelität der beiden Zitathälften zur Folge haben.

1. In der Wiedergabe von Mal 1,2d.3a in Röm 9,13 ist durch die Voranstellung von τὸν Ἰακώβ eine völlige Entsprechung in der Wortfolge beider Zitatteile hergestellt, wodurch die antithetische Aussage des Schriftwortes noch schärfer zur Geltung kommt:

Mal 1,2f: ἠγάπησα τὸν Ἰακώβ, τὸν δὲ Ἡσαῦ ἐμίσησα.
Röm 9,13: τὸν Ἰακώβ ἠγάπησα, τὸν δὲ Ἡσαῦ ἐμίσησα.

---

[2] Zur Normalstellung des Possessivpronomens vgl. BDR § 284.1a (»überwiegend nach dem mit dem Artikel verbundenen Substantiv«); unbetonte Voranstellung (vgl. BDR § 284.1b mit A 2) liegt nicht vor, da σου jeweils vom Substantiv getrennt ist.
[3] Zur zweimaligen Setzung von θάνατε, die ebenfalls eine rhetorische Steigerung bewirkt, s. u. S. 168.
[4] Pls setzt den Text von A F M u. a. voraus, was dem Gesamtbild im Pentateuch entspricht; s. o. S. 51–54. Aufgrund der HSS 29 55 320 552 (= Röm 10,8) ist keine vorpln Herkunft dieser LA zu postulieren.

2. Eine Umstellung, die zu einer völlig parallelen Wortfolge führt, liegt auch in 2 Kor 8,15 (Ex 16,18 a) vor:

Ex 16,18a: οὐκ ἐπλεόνασεν ὁ τὸ πολύ,
καὶ ὁ τὸ ἔλαττον οὐκ ἠλαττόνησεν.
2 Kor 8,15: ὁ τὸ πολὺ οὐκ ἐπλεόνασεν,
καὶ ὁ τὸ ὀλίγον οὐκ ἠλαττόνησεν.

Für diese Umstellungen in Röm 9,13 und 2 Kor 8,15 kann paulinische Herkunft zumindest als wahrscheinlich gelten. Die Verschärfung der Antithese in Mal 1,2f entspricht der Verwendung des Zitats durch Paulus (vgl. Röm 9,12a);[1] auch die Umstellung in Ex 16,18 fügt sich gut in den jetzigen Kontext ein[2] und lag bei isolierter Anführung dieses Textausschnitts nahe. Hinzu kommt, daß in beiden Fällen die LXX-Überlieferung (fast) geschlossen ist.[3]

Dagegen ist für die von Jes 65,1 LXX[AQS] abweichende Wortfolge in Röm 10,20, die zu einer völlig stimmigen Zuordnung von εὑρέθην / τοῖς ... ζητοῦσιν und ἐμφανὴς ἐγενόμην / τοῖς ... ἐπερωτῶσιν führt, paulinische wie vorpaulinische Herkunft gleichermaßen möglich.[4]

Die entgegengesetzte Änderung liegt in der Wiedergabe von Jes 45,23c in Röm 14,11 vor:

Jes 45,23c: ὅτι ἐμοὶ κάμψει πᾶν γόνυ
καὶ ἐξομολογήσεται πᾶσα γλῶσσα τῷ θεῷ.
Röm 14,11: ὅτι ἐμοὶ κάμψει πᾶν γόνυ
καὶ πᾶσα γλῶσσα ἐξομολογήσεται τῷ θεῷ.

Ein Grund für eine freie Abänderung durch Paulus ist nicht zu erkennen, andererseits ist auch die Annahme einer abweichenden LXX-Vorlage wenig wahrscheinlich.[5] Näherliegend ist es, in der Umstellung eine Einwirkung der freien Verwendung von Jes 45,23c in Phil 2,10f zu sehen.

---

[1] Die Voranstellung von τὸν Ἰακώβ fügt sich zudem glatt an das direkt vorangehende Zitat aus Gen 25,23 (Röm 9,12b): ὁ μείζων δουλεύσει τῷ ἐλάσσονι an.
[2] Unmittelbar zuvor hat Pls in 2 Kor 8,14 das Verhältnis zwischen Mangel und Überfluß in einer bewußt parallel gebauten zweigliedrigen Aussage formuliert.
[3] Lediglich in Ex 16,18 vertritt eine HS (75) die pln Wortfolge.
[4] S. o. S. 50f.
[5] Die LXX-Überlieferung ist völlig einheitlich, und Angleichung an den HT scheidet ebenfalls aus. Auch Justin, Apol 52,6 stellt keinen Hinweis auf eine abweichende LXX-Vorlage dar. Jes 45,23 ist hier in mehrfacher Hinsicht abgeändert:
καὶ πᾶν γόνυ κάμψει τῷ κυρίῳ,
καὶ πᾶσα γλῶσσα ἐξομολογήσεται αὐτῷ.
Die Setzung von κύριος (bei gleichzeitiger Streichung von ὁ θεός!) entspricht der christologischen Verwendung des Zitats bei Justin (vgl. 52,3). Die doppelte Änderung der Wortfolge entspricht der Aufnahme von Jes 45,23 in Phil 2,10f und ist, da sie auch Z. 1 betrifft, unabhängig von Röm 14,11 erfolgt.

d) Umstellungen als Abänderung einer ungewöhnlichen Wortfolge

Neben der Voranstellung von einzelnen Zitatteilen, die zu deren Hervorhebung dient, und rhetorisch bedingten Abänderungen der normalen Wortfolge begegnen gelegentlich auch Änderungen in der entgegengesetzten Richtung.

1. Im Zusammenhang mit weiteren Abänderungen von Ψ 9,28 a durch Paulus[1] ist in Röm 3,14 auch die Wortfolge vereinfacht:

Ψ 9,28a: οὗ ἀρᾶς τὸ στόμα αὐτοῦ γέμει καὶ πικρίας καὶ δόλου
Röm 3,14: ὧν τὸ στόμα ἀρᾶς καὶ πικρίας γέμει

Die Trennung der von γέμει abhängigen Objekte ἀρᾶς und πικρίας sowie die auffällige Voranstellung von ἀρᾶς sind aufgehoben.

2. Als Umstellung im Sinne einer normaleren Wortfolge ist auch die Änderung von Ψ 116,1a in Röm 15,11a zu werten:

Ψ 116,1a: αἰνεῖτε τὸν κύριον, πάντα τὰ ἔθνη
Röm 15,11: αἰνεῖτε, πάντα τὰ ἔθνη, τὸν κύριον

In der paulinischen Wiedergabe ist die Normalstellung des Vokativs – nach der Verbalform der 2. Person[2] – hergestellt.

3. Auch die Umstellung des Possessivpronomens von Jes 27,9c in Röm 11,27 entspricht der normalen Wortfolge:[3]

Jes 27,9c: ὅταν ἀφέλωμαι αὐτοῦ τὴν ἁμαρτίαν.
Röm 11,27b: ὅταν ἀφέλωμαι τὰς ἁμαρτίας αὐτῶν.

Da die Abänderung von τὴν ἁμαρτίαν und αὐτοῦ in den Plural auf Paulus zurückzuführen ist,[4] ist auch für die Umstellung paulinische Herkunft wahrscheinlich.[5]

e) Ergebnis

Die Analyse der Umstellungen innerhalb der paulinischen Schriftzitate ergibt somit, daß diese Abänderungen in der überwiegenden Zahl der Fälle mit hinreichender Wahrscheinlichkeit auf Paulus zurückzuführen sind. Zwar hat in

---

[1] S. u. S. 112.116.
[2] Vgl. BDR § 474.6 mit A 12.
[3] Vgl. BDR § 284.
[4] S. u. S. 113.
[5] Die pln Wortfolge (jedoch im Sing.) vertritt zwar ein Teil der hexaplarischen HSS (als Angleichung an den HT), doch reicht dies nicht aus, um hier eine vorpln hebraisierende Abänderung anzunehmen.

keinem Fall eine Änderung der Wortfolge eine prinzipielle Uminterpretation des zitierten Textes zur Folge. Durch reine Umstellungen ist es auch gar nicht möglich, ein grundsätzlich verändertes Verständnis eines vorgegebenen Textes zum Ausdruck zu bringen. Daher ist in mehreren Fällen die jeweilige Umstellung mit anderen, weiterreichenden Zitatumgestaltungen verbunden. Doch sind auch die Akzente, die Paulus lediglich durch Wortumstellungen setzt, beachtenswert, denn sie weisen vielfach auf das inhaltliche Interesse hin, das Paulus an dem zitierten Text hat. Zudem zeigen die Wortumstellungen in ihrer Gesamtheit eine durchaus bemerkenswerte Freiheit im Umgang mit dem Wortlaut der Schrift.

2. Abänderungen von Person, Numerus, Genus, Tempus und Modus

Abänderungen von Pronomen, Substantiven und Verben in bezug auf Person, Numerus und Genus bzw. Tempus, Genus und Modus sind z. T. durch die isolierte Anführung des jeweiligen Textausschnitts und dessen Einbeziehung in einen neuen Kontext bedingt. Häufig geht jedoch die Umformung über eine lediglich formale Angleichung hinaus und ist Teil einer inhaltlich veränderten Verwendung, die erst durch diese Zitatabwandlung möglich wird.[1]

a) Änderungen der Person und des Genus von Pronomen

1. In der Wiedergabe von Dtn 32,21 c.d in Röm 10,19 war die Änderung der Personalpronomen aufgrund des neuen Zusammenhangs unumgänglich:

Dtn 32,21 c.d: κἀγὼ παραζηλώσω αὐτοὺς ἐπ' οὐκ ἔθνει,
ἐπ' ἔθνει ἀσυνέτῳ παροργιῶ αὐτούς.
Röm 10,19: ἐγὼ παραζηλώσω ὑμᾶς ἐπ' οὐκ ἔθνει,
ἐπ' ἔθνει ἀσυνέτῳ παροργιῶ ὑμᾶς.

Nachdem im Zitat in Röm 10,18 (Ψ 18,5 a.b) mit ὁ φθόγγος αὐτῶν und τὰ ῥήματα αὐτῶν – im Sinne des Paulus – die Botschaft der christlichen Verkündiger bezeichnet worden war, muß Paulus in 10,19 αὐτούς jeweils in ὑμᾶς abändern, um den Bezug des Zitats von Dtn 32,21 auf Israel (vgl. Röm 10,19 a) sicherzustellen.

---

[1] Dem entspricht, daß Pls auch mehrfach darauf verzichtet hat, rein sprachliche Härten zwischen Zitatwortlaut und neuem Kontext durch Zitatabänderungen zu glätten. So sind in Röm 9,7b; 10,18 und Gal 3,12b die jeweils unverändert übernommenen Pronomen ohne Bezug im pln Kontext, was in diesen Fällen ein unzweideutiger Hinweis auf den Zitatcharakter des ohne Einleitungsformulierung angeführten Schrifttextes ist; s. o. S. 13.

2. Damit vergleichbar ist die formal umgekehrte Änderung von Dtn 29,3a bzw. Jes 29,10a in Röm 11,8a:[2]

Dtn 29,3a: καὶ οὐκ ἔδωκεν κύριος ὁ θεὸς ὑμῖν καρδίαν...
Jes 29,10a: πεπότικεν ὑμᾶς κύριος πνεύματι κατανύξεως...
Röm 11,8a: ἔδωκεν αὐτοῖς ὁ θεὸς πνεῦμα κατανύξεως...

Diese Änderung entspricht dem neuen Kontext des Zitats: Paulus spricht in Röm 11,1–12 durchweg in der 3. Person über Israel.[3] Erst in V 13 sagt er betont ὑμεῖς – an die Adresse der ἔθνη.

3. Auf Paulus ist auch προέδωκεν αὐτῷ (anstelle von μοι) in Röm 11,35 (Hi 41,3a) zurückzuführen.[4]

4. Eine Genusänderung aufgrund einer vorangegangenen Änderung des Wortbestandes liegt in Gal 3,10 (αὐτά anstelle von αὐτούς [Dtn 27,26]) vor.[5]

b) Änderungen der Person von Verben

1. Als rein stilistisch bedingt sind die Abänderungen von Ψ 61,13b in Röm 2,6 (ἀποδώσει statt -σεις) und Ψ 8,7b in 1 Kor 15,27 (ὑπέταξεν statt -ξας) zu beurteilen. In beiden Fällen war eine Abänderung der direkten Anredeform des Psalmtextes erforderlich, da Paulus die Zitate jeweils ohne Einleitungswendung anführt[1] und sie so übergangslos in seine eigene Darstellung einbezieht.[2]

2. Dagegen ist die Abänderung in dem ausdrücklich eingeleiteten Zitat von Jes 28,11f in 1 Kor 14,21 nicht aus stilistischen Gründen erfolgt. Als Vorlage ist hier ἐν ἑτερογλώσσοις καὶ ἐν χείλεσιν ἑτέρων λαλήσει κτλ. anzunehmen.[3] Die Abänderung in λαλήσω dürfte auf Paulus zurückzuführen sein; denn durch die

---

[2] Zur Einbeziehung von Jes 29,10a s. u. S. 170f.
[3] Vgl. auch das folgende Zitat von Ψ 68,23f in Röm 11,9f, in dem die 3. Person vorgegeben ist. Im unmittelbaren Kontext bezieht sich αὐτοῖς auf οἱ λοιποί (11,7); s. o. S. 106 A 14.
[4] S. o. S. 73.
[5] S. u. S. 163ff.
[1] Umgekehrt ist in dem ausdrücklich eingeleiteten Zitat von Ψ 50,6c.d in Röm 3,4 die 2. Person beibehalten.
[2] Ψ 8,7b ist erst durch die anschließende Interpretation als Zitat erkennbar; s. o. S. 13. Die Anführung von Ψ 61,13b erfolgt ohne jede Andeutung des Zitatcharakters; s. o. S. 18. – Für Röm 15,11b (Ψ 116,1b) ist dagegen die Annahme einer pln Änderung fraglich. In Röm 15,11 ist ἐπαινεσάτωσαν (so P⁴⁶ א A B C D etc.; ἐπαινέσατε F G L P 𝔐) als ursprünglich anzusehen. Das Zitat entspricht damit der LA von S La^R A 55 bo der LXX (ἐπαινέσατε R Ga 1219 lukian. HSS sa [= Rahlfs, LXX^v]). Auch die LA von S etc. ist gut bezeugt, und ein Grund für eine pln Änderung ist (nach den Imperativen der 2. Pers. Plur. in Röm 15,10 und 15,11a) nicht erkennbar.
[3] S. o. S. 65.

Umsetzung der prophetischen Ankündigung in direkte Gottesrede wird das Gewicht des Zitats, das Paulus zur kritischen Begrenzung der Glossolalie aufbietet, verstärkt.[4]

3. In der Wiedergabe von Ex 9,16 in Röm 9,17 verwendet Paulus nicht nur ἐξεγείρειν anstelle von διατηρεῖν. Außerdem ist in Röm 9,17 die 2. Person Singular Passiv der LXX (διετηρήθης) in die 1. Pers. Sing. Aktiv mit dem Personalpronomen der 2. Pers. Sing. als Objekt (ἐξήγειρά σε) abgeändert. Dies stimmt zwar mit dem MT (העמדתיך) überein, so daß eine dem HT angeglichene LXX-Vorlage (διετήρησά σε) nicht auszuschließen ist.[5] Doch entspricht diese Änderung[6] zugleich der Absicht des Paulus, mit diesem Zitat Gottes aktives Handeln zu beschreiben. Angesichts weiterer Abänderungen durch Paulus, die inhaltlich jeweils in die gleiche Richtung weisen,[7] ist auch hier die Annahme paulinischer Herkunft näherliegend.[8]

c) Änderungen des Numerus von Pronomen und Substantiven

1. Die veränderte Verwendung von Ψ 35,2b führt in Röm 3,18 zur Abänderung des Possessivpronomens in den Plural:

Ψ 35,2b

οὐκ ἔστιν φόβος θεοῦ ἀπ-
έναντι τῶν ὀφθαλμῶν αὐτοῦ.

Röm 3,18

οὐκ ἔστιν φόβος θεοῦ ἀπ-
έναντι τῶν ὀφθαλμῶν αὐτῶν.

In der Eingangsklage von Ψ 35 bezieht sich V 2b auf den als παράνομος bezeichneten Feind des Beters.[1] Paulus verwendet dagegen diesen Text nicht als Aussage über einen einzelnen oder über ›den‹ παράνομος, sondern im Rahmen der Zitatkombination Röm 3,10–18 als Aussage über ›Juden und Griechen‹ (vgl. 3,9), die im Sinne des Paulus alle παράνομοι sind. Entsprechend ist auch bereits Ψ 9,28a in Röm 3,14 von Paulus abgeändert worden.[2]

---

[4] Mit pln Herkunft dieser Änderung rechnen auch LIETZMANN, 1 Kor 73 und CONZELMANN, 1 Kor 294. Der 1. Pers. Sing. in 1 Kor 14,21a entspricht οὐδ' οὕτως εἰσακούσονταί *μου* am Schluß des Zitats, für das daher ebenfalls pln Herkunft anzunehmen ist.

[5] Mit einer derartigen Vorlage rechnet KAUTZSCH, Locis 74f; vgl. auch KÄSEMANN, Röm 258; unentschieden äußert sich SMITS, Citaten 487. – Kein Indiz für eine vorpln Herkunft dürfte die äußerst geringe Bezeugung dieser LA in den LXX-HSS (durch 85^mg 135 344^mg) sein.

[6] Sie lag auch angesichts der Fortsetzung (ἵνα ἐνδείξωμαι) nahe.

[7] S. u. S. 141.150f.

[8] So auch MICHEL, Bibel 76 und LUZ, Geschichtsverständnis 77 A 205.

[1] Zu Ps 36 vgl. H.-J. KRAUS, Ps I 432–436.

[2] Ψ 9,28a: *οὗ τὸ στόμα αὐτοῦ κτλ.*; Röm 3,14: *ὧν τὸ στόμα κτλ.* Bei der Umsetzung in den Plural ist das pleonastische αὐτοῦ entfallen. Zu den sonstigen Zitatabänderungen s. o. S. 109 und u. S. 116.

2. In Röm 11,27b ist sowohl das Objekt von Jes 27,9c, τὴν ἁμαρτίαν, als auch das dazugehörige Possessivpronomen in den Plural umgesetzt:

Jes 27,9c: ὅταν ἀφέλωμαι αὐτοῦ τὴν ἁμαρτίαν.
Röm 11,27:   ὅταν ἀφέλωμαι τὰς ἁμαρτίας αὐτῶν.

Die Abänderung des Possessivpronomens ist durch Röm 11,27a (Jes 59,21a): καὶ αὕτη αὐτοῖς ἡ παρ' ἐμοῦ διαθήκη veranlaßt. Der Plural τὰς ἁμαρτίας ist ebenfalls auf Paulus zurückzuführen: Paulus spricht entweder von ἡ ἁμαρτία absolut oder von αἱ ἁμαρτίαι ὑμῶν / αὐτῶν,[3] nie jedoch von ἡ ἁμαρτία αὐτῶν o. dgl.[4]

3. Eindeutig inhaltlich bedingt ist auch die Abänderung der Vorlage des Paulus in Röm 10,15 (Jes 52,7):[5]

Jes 52,7 LXX^R   Röm 10,15
ὡς ὡραῖοι ἐπὶ τῶν ὀρέων   ὡς ὡραῖοι
πόδες εὐαγγελιζομένου   οἱ πόδες τῶν εὐαγγελιζομένων
[ἀκοὴν εἰρήνης
εὐαγγελιζομένου] ἀγαθά.   (τὰ) ἀγαθά.

Den zur Proklamation des Herrschaftsantritts Gottes in Jes 52,7-10 gehörenden Jubelruf über die ›Füße des Freudenboten‹[6] verwendet Paulus in Röm 10,15 als Schlußpunkt des ›rückläufigen Kettenschlusses‹[7] von Röm 10,14f. Thema dieses Kettenschlusses ist die gegenwärtige Ausrichtung des Evangeliums, wobei Paulus in rhetorisch eindrucksvoller Weise den notwendigen Zusammenhang von Anrufung des κύριος, Glaube, Hören, Verkündigung und Sendung zur Verkündigung formuliert. In diesem Zusammenhang ist das Zitat von Jes 52,7, das sich an das letzte Glied des Kettenschlusses (πῶς δὲ κηρύξωσιν ἐὰν μὴ ἀποσταλῶσιν;) anschließt, mehr als nur ein »ornamentales Lob des Evangelistenberufes«.[8] Es hebt nachdrücklich die Bedeutung der Verkündigung hervor, die die notwendige Voraussetzung für die Anrufung des Herrn durch die Glaubenden darstellt. Da Paulus also das Zitat als Aussage über die heutige Verkündi-

---

[3] Vorgegeben in 1 Kor 15,3 und Gal 1,4, aber auch in selbständiger Formulierung: 1 Kor 15,17 und 1 Thess 2,16.
[4] Gerade weil ›ἁμαρτία‹ für Pls eine »transsubjektive Macht« (CONZELMANN, Grundriß 217) ist, kann er nicht ἡ ἁμαρτία, sondern höchstens αἱ ἁμαρτίαι mit dem Possessivpronomen verbinden.
[5] Zur Textvorlage s. o. S. 66ff; »LXX^R« meint die vorpln Rezension dieses Textes; der aufgrund von Haplographie ausgefallene Textteil ist eingeklammert.
[6] Zu Jes 52,7-10 vgl. WESTERMANN, Jes 201-203.
[7] Vgl. MICHEL, Röm 333; KÄSEMANN, Röm 283; LIETZMANN, Röm 101: »klimaxartige Satzbildung«.
[8] So LIETZMANN, Röm 101.

gung und ihre Träger verwendet, war er gezwungen, den vorgegebenen Singular in den Plural abzuändern.[9]

d) Änderungen des Tempus, Genus und Modus von Verben

1. Die weitreichendsten Tempus-, Genus- und Modusänderungen in einem Zitat begegnen in der Wiedergabe von Ex 34,34a in 2 Kor 3,16:

Ex 34,34a	2 Kor 3,16
ἡνίκα δ' ἂν εἰσεπορεύετο	ἡνίκα δὲ ἐὰν ἐπιστρέψῃ
Μωϋσῆς ἔναντι κυρίου	πρὸς κύριον,
λαλεῖν αὐτῷ,	
περιῃρεῖτο τὸ κάλυμμα.	περιαιρεῖται τὸ κάλυμμα.

Die Änderungen beider Verbalformen stehen im unmittelbaren Zusammenhang mit den weiteren Zitatumgestaltungen, der Auslassung von Μωϋσῆς und λαλεῖν αὐτῷ sowie dem Austausch von εἰσπορεύεσθαι durch ἐπιστρέφειν,[1] die eine gemeinsame Zielrichtung erkennen lassen: Übergangen oder geändert werden jeweils diejenigen Zitatteile, die den damaligen Vorgang während des Exodusgeschehens beschreiben. Analog wird im Temporalsatz ἡνίκα κτλ. der Indikativ des Imperfekts[2] (εἰσεπορεύετο) in den Konjunktiv des Aorists (ἐπιστρέψῃ) und im Hauptsatz das Imperfekt (περιῃρεῖτο) in das Präsens (περιαιρεῖται) abgeändert. Da zudem das Subjekt Μωϋσῆς fehlt, ist περιαιρεῖσθαι jetzt nicht mehr medial, sondern passivisch zu verstehen.[3] Mit

---

[9] Daher dürfte auch die doppelte Determination pln sein. – Anders KÄSEMANN, Röm 284: »Der Plural mag bereits durch den alttestamentlichen Kontext veranlaßt sein und begegnet auch so im Midrasch zu Ps 147,1«. Doch begegnet ein Plural erst in V 8 a: φωνὴ τῶν φυλασσόντων σε, und οἱ φυλάσσοντες und ὁ εὐαγγελιζόμενος sind auch in LXX nicht gleichgesetzt (auch die Textüberlieferung von Jes 52,7a^{LXX} enthält keine entsprechende Angleichung). Zudem ist gerade in einer hebraisierenden Rezension eine derartige Abweichung vom HT auszuschließen. Auch der Hinweis auf Midr zu Ps 147,1 ist nicht überzeugend. Hier wird Jes 52,7a unverändert mit רגלי מבשר zitiert (MTeh 147 § 2; ed. S. Buber S. 537); auch Jes 52,7^{TgJon} hat den Sing. Die Anwendung von Jes 52,7a in MTeh 147 § 2 erfolgt dann in der Tat im Plural: כל הן מבשרים, doch ist hier der Plural durch Ps 147,1 veranlaßt, zu dessen Interpretation Jes 52,7a herangezogen wird (diesen Hinweis verdanke ich Herrn Kollegen Günter Mayer [Mainz]).

[1] Dazu s. u. S. 151f.

[2] Das literarische ἡνίκα (bei Pls nur hier und in V 15) hat mit Konj. Präsens und Aor. jeweils iterativen Sinn (ʼsooft, jedesmal wennʼ), vgl. BAUER, Wb. 688 s. v.; in Ex 34,34 soll der Ind. Impf. den Iterativ der Vergangenheit zum Ausdruck bringen.

[3] Medium und Passiv sind jeweils formal nicht unterscheidbar. In Ex 34,34 liegt im Zusammenhang mit V 33 (ἐπέθηκεν ... κάλυμμα) und V 35 (Μωϋσῆς περιέθηκεν κάλυμμα) in περιῃρεῖτο Medium mit der Bedeutung des Aktivs vor (vgl. LSJ, Wb. 1368 s. v. περιαιρέω 1). In 2 Kor 3,16 fehlt Μωϋσῆς als Subjekt von ἐπιστρέψῃ (dazu s. u. S. 126f), und zu περιῃρεῖτο ist nach 3,14f jetzt τὸ κάλυμμα Subjekt, d. h. es ist passivisch zu verstehen; so auch WINDISCH, 2 Kor 123f; KÜMMEL, in: Lietzmann, 2 Kor 200.

diesen Änderungen ist die Zeitdifferenz eliminiert: Aus der Aussage über das vergangene Geschehen am Sinai ist die Beschreibung eines gegenwärtigen Vorgangs mit iterativem Sinn geworden. Nur in dieser Form war das Zitat auch im Kontext von 2 Kor 3,13–18 verwendbar. Paulus interpretiert ab V 14 das damalige κάλυμμα des Mose als gegenwärtigen Sachverhalt (V 14: ἄχρι γὰρ τῆς σήμερον ἡμέρας τὸ αὐτὸ [!] κάλυμμα ... μένει), nämlich als Verhüllung der Schrift bei ihrer ἀνάγνωσις, und das Zitat formuliert – in der von Paulus abgeänderten Gestalt – die heute gegebene Möglichkeit der Aufhebung dieser Verhüllung.[4]

2. Eine inhaltlich bedingte Tempusänderung liegt auch in 1 Kor 14,21 (Jes 28,12 b β: εἰσακούσονται [Futur]) vor,[5] während die Abänderung von Jes 28,16 c in Röm 9,33 und 10,11 (οὐ καταισχυνθήσεται anstelle von οὐ μὴ καταισχυνθῇ) rein stilistischen Charakter hat.[6] Auch die Abwandlung von Prv 3,4 (προνοοῦ καλὰ κτλ.) in 2 Kor 8,21 (προνοοῦμεν γὰρ καλὰ κτλ.) stellt keine inhaltliche Verschiebung dar.

3. Auslassungen

Eine besonders häufige Form der Zitatabänderung stellt die Auslassung kürzerer oder längerer Teile innerhalb des vorgegebenen Wortlauts dar. Schon die Ausgrenzung des jeweils angeführten Zitats aus seinem ursprünglichen Zusammenhang stellt einen Akt interpretierender Aneignung dar. Für Auslassungen innerhalb des zitierten Textes gilt dies in noch höherem Maße. Sie können der Straffung des zitierten Textes, der inhaltlichen Akzentuierung und sogar der Neuinterpretation eines Zitats dienen.

a) Auslassungen als Mittel der Straffung

1. Die umfangreichste Auslassung in einem Schriftzitat des Paulus, die der Straffung des zitierten Textes dient, liegt in 1 Kor 2,16 (Jes 40,13) vor:

Jes 40,13	1 Kor 2,16
τίς ἔγνω νοῦν κυρίου, καὶ τίς σύμβουλος αὐτοῦ ἐγένετο, ὃς συμβιβάσει[1] αὐτόν;	τίς γὰρ ἔγνω νοῦν κυρίου, ὃς συμβιβάσει αὐτόν;

---

[4] S. auch u. S. 337ff.
[5] S. o. S. 65.
[6] Pls verwendet οὐ μή sehr sparsam – außerhalb von Zitaten (Röm 4,8 und Gal 4,30) nur noch 1 Kor 8,13; Gal 5,16; 1 Thess 4,15; 5,3. Diese Stellen zeigen, daß Pls sich der emphatischen Wirkung der Verneinung durch οὐ μή (vgl. BDR § 365) durchaus bewußt ist.
[1] Zu συμβιβάσει s. o. S. 49.

III. Wörtlichkeit und Freiheit in der Zitatwiedergabe

In Röm 11,34 zitiert Paulus nochmals Jes 40,13, dort jedoch lediglich die beiden ersten Zeilen. Er kennt also den vollständigen Wortlaut des Zitats und läßt bei der jeweiligen Anführung eine der beiden weitgehend sinngleichen Schlußzeilen fort.

2. Weniger umfangreiche Auslassungen von Zitatteilen, die für die jetzige Verwendung lediglich überflüssig, aber weder störend sind noch dieser gar entgegenstehen, liegen vor in: Röm 2,24 (Jes 52,5 d: Auslassung von διὰ παντός);[2] Röm 3,14 (Ψ 9,28 a: Auslassung von καὶ δόλου);[3] Röm 3,15 (Jes 59,7 a: Auslassung von ἐπὶ πονηρίαν τρέχουσι);[4] Röm 9,9 (Gen 18,14 b.c + 18,10 a.b: Auslassung von πρὸς σέ und εἰς ὥρας);[5] Röm 11,3 (III Reg 19,10: Auslassung von ἐν ῥομφαίᾳ); Röm 11,4 (III Reg 19,18: Auslassung von ἐν Ἰσραήλ);[6] 2 Kor 9,9 (Ψ 111,9 b: Auslassung von τοῦ αἰῶνος).[7]

In diesen Fällen ist die Annahme einer paulinischen Herkunft der betreffenden Verkürzung jeweils wahrscheinlicher als die Annahme einer bereits vorpaulinisch verkürzten Textgestalt.

3. Die Auslassung von Dtn 5,20, des 8. Gebots, in Röm 13,9 ist offenbar nicht traditionsgeschichtlich vorgegeben,[8] sondern wohl durch Paulus ad hoc erfolgt. Daß er nur eine Auswahl der Gesetzesbestimmungen bietet, macht Paulus ja selbst sofort mit καὶ εἴ τις ἑτέρα ἐντολή deutlich. Er geht also nicht den

---

[2] Die Voranstellung von τὸ ὄνομα (LXX: μου / Pls: τοῦ θεοῦ) in Röm 2,24 zeigt die Spitze des Angriffs, den Pls mit Hilfe des Schriftzitats vorträgt: Gerade der Jude, der das Gesetz kennt, lästert durch seine Übertretungen des Gesetzes den Namen Gottes – und zwar, wie im Zitat zusätzlich ausgesagt wird, öffentlich, vor dem Forum der ἔθνη. Der zeitliche Aspekt war in diesem Zusammenhang entbehrlich.

[3] Nach ὧν τὸ στόμα ἀρᾶς καὶ πικρίας γέμει (zur Umstellung s. o. S. 109) war καὶ δόλου überflüssig, zumal Pls in V 13 b Ψ 5,10 d (ταῖς γλώσσαις αὐτῶν ἐδολιοῦσαν) zitiert hat.

[4] Aufgenommen ist aus der Anlage von Jes 59,7 nur das aussagekräftigere οἱ πόδες αὐτῶν ... ταχινοὶ ἐκχέαι αἷμα (zu ὀξεῖς statt ταχινοί s. u. S. 144), während das schwächere ἐπὶ πονηρίαν τρέχουσι fehlt; zur Auslassung von Jes 59,7 b s. u. S. 119.

[5] Sowohl Gen 18,10 als auch 18,14 enthalten πρὸς σέ und εἰς ὥραν. Für Pls waren beide Textbestandteile, die im Erzählzusammenhang von Gen 18 ihre selbstverständliche Funktion haben, entbehrlich. Allerdings ist damit – zumindest latent – auch eine gewisse inhaltliche Akzentuierung verbunden: Pls übergeht die konkreten Erzählbezüge des Zitats, eine Tendenz, die an anderer Stelle noch deutlicher hervortritt (so in Gal 4,30; s. u. S. 121).

[6] Auf die vorpln Rezension von III Reg 19,10.18 sind die Auslassungen von ἐν ῥομφαίᾳ und ἐν Ἰσραήλ nicht zurückzuführen; s. o. S. 75 f.

[7] Formal handelt es sich (wie beim Fehlen von καὶ δόλου in Röm 3,14) nicht um eine Auslassung, sondern um eine vorzeitige Beendigung des Zitats. Für pln Herkunft der Verkürzung spricht, daß Pls εἰς τὸν αἰῶνα τοῦ αἰῶνος überhaupt nicht, und εἰς τοὺς αἰῶνας τῶν αἰώνων auch nur sehr sparsam verwendet (nur Gal 1,5 und Phil 4,20, jeweils an exponierter Stelle innerhalb der Briefkomposition). Eine bereits vorpln Angleichung des Ψ-Textes an den HT (lediglich עד) ist daher weniger wahrscheinlich, zumal Indizien für analoge Änderungen im Ψ-Text des Pls fehlen; s. o. S. 55 f.

[8] Zur Traditionsgeschichte von Dtn 5,20 vgl. BERGER, Gesetzesauslegung 332–343; Parallelen für die Anführung von Dtn 5,17–21 ohne V 20 bietet Berger nicht.

ebenfalls möglichen Weg, Dtn 5,20 in Entsprechung zu 5,17–19 auf οὐ ψευδομαρτυρήσεις zu verkürzen (so Mk 10,19 parr), sondern läßt dieses Gebot völlig aus und fügt sofort das ihm besonders wichtige οὐκ ἐπιθυμήσεις (vgl. Röm 7,7!) an. In der Verkürzung von Dtn 5,21, durch die aus den beiden letzten Geboten des Dekalogs das Verbot des Begehrens überhaupt wird, ist Paulus dagegen hellenistisch-jüdischer Auslegungstradition verpflichtet.[9]

4. Dagegen ist für Röm 10,8 (Dtn 30,14: Auslassung von σφόδρα),[10] Röm 11,9 (Ψ 68,23a: Auslassung von ἐνώπιον αὐτῶν) und Röm 15,12 (Jes 11,10a: es fehlt ἐν τῇ ἡμέρᾳ ἐκείνῃ)[11] die Möglichkeit einer vorpaulinischen Verkürzung durchaus gegeben und für 2 Kor 13,1 (Dtn 19,15c) sogar als wahrscheinlich anzunehmen.

Bei der Beurteilung von 2 Kor 13,1 ist die Anführung des gleichen Zitats in Mt 18,16 zu berücksichtigen. Beide Wiedergaben weisen gegenüber der LXX und dem MT gemeinsame Abweichungen auf, sind aber kaum voneinander abhängig.[12]

Dtn 19,15c[MT]

על פי שני עדים
או על פי שלשה עדים
יקום דבר

Dtn 19,15c[LXX]

ἐπὶ στόματος δύο μαρτύρων
καὶ ἐπὶ στόματος τριῶν μαρτύρων
σταθήσεται πᾶν ῥῆμα.[13]

2 Kor 13,1
ἐπὶ στόματος δύο μαρτύρων
καὶ   τριῶν
σταθήσεται πᾶν ῥῆμα.

Mt 18,16
ἐπὶ στόματος δύο μαρτύρων
ἢ   τριῶν
σταθῇ πᾶν ῥῆμα.

Die Auslassungen betreffen jeweils Textteile, die inhaltlich entbehrlich sind. Sie führen zu einer wesentlich strafferen Fassung des Zitats, haben jedoch keine Sinnverschiebung

---

[9] Vgl. dazu ausführlich BERGER aaO 346f.
[10] Die Auslassung des inhaltlich überflüssigen σφόδρα ist an sich gut als pln erklärlich: Die Abänderung der Wortfolge zeigt, daß Pls ohnehin in den Text eingegriffen hat (s. o. S. 107). Andererseits fehlt σφόδρα auch in Dtn 30,14 LXX[F]. Angesichts der sonstigen Nähe des pln Pentateuch-Textes zu F (s. o. S. 53) ist daher eine vorpln Textform ohne σφόδρα nicht völlig auszuschließen.
[11] Die Verkürzung von Ψ 68,23a ist an sich nicht überraschend: Einen besonderen inhaltlichen Aspekt konnte Pls mit ἐνώπιον αὐτῶν nicht verbinden. Doch steht diese Auslassung offenbar im Zusammenhang mit der Zufügung von καὶ εἰς θήραν, für die vorpln Herkunft nicht auszuschließen ist; s. u. S. 138. – Jes 11,10 war ἐν τῇ ἡμέρᾳ ἐκείνῃ bei christologischer Verwendung überflüssig; doch ist diese bereits vorpln; vgl. KOCH, ZNW 71, 1980, 185f; s. auch u. S. 241f.
[12] So auch STENDAHL, School 139.
[13] Die HSS-Gruppen b und d (ohne 106) sowie 53 72 75 319 664 799 lesen – wie Mt 18,16 – lediglich ἢ anstelle von καὶ ἐπὶ στόματος; b 53 72 319 664 799 lassen außerdem (wie Mt 18,16 und 2 Kor 13,1) μαρτύρων² aus. Mit 2 Kor 13,1 stimmen lediglich die HSS 381 618 767 überein. Ob es sich hier um alte, vom NT unabhängige Textüberlieferung handelt (so für die HSS-Gruppe b GUNDRY, Use 139), ist sehr fraglich. Insbesondere die HSS-Gruppe b enthält zahlreiche Angleichungen an ntl Zitatformen; s. o. S. 54.

zur Folge. Dies gilt auch für die von 2 Kor 13,1 abweichende Abänderung von καί zu ἤ in Mt 18,16, die eine stilistische Verbesserung darstellt.[14] Da gegenseitige Abhängigkeit unwahrscheinlich ist und Dtn 19,15c auch in der jüdischen Literatur häufig herangezogen wird,[15] ist es am wahrscheinlichsten, die parallelen, aber nicht identischen Textfassungen in 2 Kor 13,1 und Mt 18,16 auf jeweils vorgegebene mündliche Verwendung dieses Schriftworts zurückzuführen.

b) Auslassungen als Mittel der Akzentuierung

Den Auslassungen von lediglich überflüssigen Zitatteilen benachbart sind Textverkürzungen, durch die die Zitataussage auf einen bestimmten, für die Zitierung wichtigen Aspekt konzentriert und dieser dadurch hervorgehoben wird.

1. In der Wiedergabe von Prv 22,8 c^{LXX} in 2 Kor 9,7 liegt eine Verkürzung vor, die zunächst als eine rein stilistische Verbesserung wirkt:

Prv 22,8 c^{LXX} 2 Kor 9,7

ἄνδρα ἱλαρὸν καὶ δότην   ἱλαρὸν γὰρ δότην
εὐλογεῖ ὁ θεός.   ἀγαπᾷ ὁ θεός.

Doch bewirkt die sprachlich dichtere Form, die durch die Auslassung von ἄνδρα ... καί entsteht, daß die Zitataussage auf den für Paulus wichtigen Gesichtspunkt konzentriert wird: die Freiwilligkeit der erbetenen Kollekte (vgl. 2 Kor 9,7a).

2. In der umfangreichsten Zitatkombination des Paulus, Röm 3,10–18, stellen Ψ 13,1–13 und Jes 59,7f die längsten zusammenhängend übernommenen Textstücke dar,[1] denen Paulus vier weitere, jedoch wesentlich kürzere Textausschnitte zuordnet. Die Auslassungen in den beiden längeren Texten weisen eine analoge inhaltliche Tendenz auf:

Ψ 13,1–3   Röm 3,10–12

(1) εἶπεν ἄφρων ἐν τῇ καρδίᾳ
                            αὐτοῦ·
οὐκ ἔστιν θεός.
διέφθειραν καὶ ἐβδελύχθησαν ἐν
                ἐπιτηδεύμασιν,

---

[14] Es liegt kaum Korrektur aufgrund des HT (אִ) vor, da gleichzeitig das gegenüber dem HT überschießende πᾶν beibehalten ist; die Abänderung in σταθῇ ist syntaktisch bedingt (ἵνα ...).

[15] Vgl. die Belege bei Bill I 790f; hinzu kommen TR 61,6f und Philo, Spec leg IV 53 (kein Zitat, sondern Paraphrase).

[1] Der mit Ψ 13,1–3 weitgehend parallele Wortlaut von Ψ 52,2–4 kommt als Textgrundlage von Röm 3,10–12 nur in Frage, wenn er bereits völlig an Ψ 13,1–3 angeglichen war.

Ψ 13,1–3
οὐκ ἔστιν ποιῶν χρηστότητα,
οὐκ ἔστιν ἕως ἑνός.
(2) κύριος ἐκ τοῦ οὐρανοῦ διέκυψεν ἐπὶ τοὺς υἱοὺς τῶν ἀνθρώπων
τοῦ ἰδεῖν
εἰ ἔστιν συνίων
ἢ ἐκζητῶν τὸν θεόν.
(3) πάντες ἐξέκλιναν
ἅμα ἠχρεώθησαν·
οὐκ ἔστιν ποιῶν χρηστότητα,
οὐκ ἔστιν ἕως ἑνός.

Röm 3,10–12
(10) οὐκ ἔστιν δίκαιος
οὐδὲ εἷς,

(11) οὐκ ἔστιν ὁ συνίων,
οὐκ ἔστιν ὁ ἐκζητῶν τὸν θεόν.
(12) πάντες ἐξέκλιναν
ἅμα ἠχρεώθησαν·
οὐκ ἔστιν ὁ ποιῶν χρηστότητα,
οὐκ ἔστιν ἕως ἑνός.

Jes 59,7f
(7) οἱ δὲ πόδες αὐτῶν ἐπὶ πονηρίαν τρέχουσι
ταχινοὶ ἐκχέαι αἷμα·
καὶ οἱ διαλογισμοὶ αὐτῶν διαλογισμοὶ ἀφρόνων,
σύντριμμα καὶ ταλαιπωρία ἐν
ταῖς ὁδοῖς αὐτῶν,
(8) καὶ ὁδὸν εἰρήνης οὐκ οἴδασι.

Röm 3,15–17
(15) ὀξεῖς οἱ πόδες αὐτῶν,

ἐκχέαι αἷμα,

(16) σύντριμμα καὶ ταλαιπωρία ἐν
ταῖς ὁδοῖς αὐτῶν,
(17) καὶ ὁδὸν εἰρήνης οὐκ ἔγνωσαν.

Die Auslassung von Ψ 13,2a (κύριος ἐκ τοῦ οὐρανοῦ κτλ.) ist im Zusammenhang mit dem erst in V 1c (οὐκ ἔστιν κτλ.) erfolgten Zitateinsatz durch Paulus zu sehen. Dadurch wird das Thema des ἄφρων (V 1a) ausgeblendet, so daß auch V 2a entfallen muß, denn hier wird genau das dargestellt, womit der ›Tor‹ nicht rechnet: Daß Gott sein Handeln keineswegs übersieht. Übernommen sind dagegen die grundsätzlichen Aussagen über das Fehlen jeder ›Einsicht‹ und jedes gerechten Tuns (χρηστότητα).[2] In der Anführung von Jes 59,7f wird ebenfalls das Thema der ›Torheit‹ (διαλογισμοὶ ἀφρόνων) übergangen. Aufgenommen sind aus den prophetischen Anklagen nur diejenigen Aussagen, die Tatsünden beschreiben (Jes 59,7a.c) oder ein grundsätzliches Verfehlen formulieren (Jes 59,8a: καὶ ὁδὸν εἰρήνης οὐκ οἴδασι). Mit dieser Konzentration der Anklagen von Ψ 13,1–3 und Jes 59,7f auf die im Tun des Menschen greifbaren Verfehlungen entsprechen die hier vorliegenden Zitatverkürzungen der Verwendung der gesamten Zitatkombination Röm 3,10–18, die dem Aufweis dient, Ἰουδαίους τε καὶ Ἕλληνας πάντας ὑφ' ἁμαρτίαν εἶναι (Röm 3,9).

---

[2] Zu χρηστότης vgl. K. WEISS, ThWNT IX, 1973, 478f.

120   *III. Wörtlichkeit und Freiheit in der Zitatwiedergabe*

3. In den beiden Schriftanführungen in Gal 3,10b und 3,12b (Dtn 27,26a.b und Lev 18,5c)[3] liegen Auslassungen vor, durch die der Wortlaut jeweils an das in Gal 3,13b folgende Zitat von Dtn 21,23c angeglichen wird:[4]

Dtn 27,26a.b
ἐπικατάρατος πᾶς ἄνθρωπος,
ὃς οὐκ ἐμμένει ἐν πᾶσιν
τοῖς λόγοις τοῦ νόμου *τούτου*
τοῦ ποιῆσαι αὐτούς.

Gal 3,10
ἐπικατάρατος πᾶς
ὃς οὐκ ἐμμένει πᾶσιν τοῖς
γεγραμμένοις ἐν τῷ βιβλίῳ τοῦ νόμου
τοῦ ποιῆσαι αὐτά.

Lev 18,5c
ἃ ποιήσας αὐτὰ ἄθρωπος
ζήσεται ἐν αὐτοῖς.

Gal 3,12
ὁ ποιήσας αὐτὰ
ζήσεται ἐν αὐτοῖς.

Dtn 21,23c
κεκατηραμένος ὑπὸ θεοῦ
πᾶς κρεμάμενος ἐπὶ ξύλου.

Gal 3,13
ἐπικατάρατος
πᾶς ὁ κρεμάμενος ἐπὶ ξύλου.

Die Folge der Auslassung von ἄνθρωπος sowohl in Dtn 27,26 als auch in Lev 18,5 ist eine deutliche Annäherung des Wortlauts der drei Zitate: πᾶς ὅς und πᾶς ὁ sowie ὁ ποιήσας und ὁ κρεμάμενος sind jeweils absolut gebraucht. Diese Annäherung im Wortlaut entspricht der inhaltlichen Verwendung der Zitate. Sie sind in Gal 3,10–13 eng aufeinander bezogen und sollen gerade so das Gegenüber von πίστις und ἔργα νόμου im Sinne des sich grundsätzlich ausschließenden Gegensatzes von Segen und Fluch interpretieren.[5] Die Auslassung von ἄνθρωπος in Lev 18,5 hat außerdem eine weitere Akzentuierung zur Folge: Subjekt ist jetzt allein das substantivierte Partizip ὁ ποιήσας. Damit verstärkt Paulus die Aussage von 3,10, daß das Wesen des νόμος in der Forderung des ποιεῖν liegt.[6]

---

[3] Zur Textvorlage von Dtn 27,26 und Lev 18,5 s. o. S. 52.
[4] Umgekehrt ändert Pls den Wortbestand von Dtn 21,23c aufgrund von Dtn 27,26; s. u. S. 165f.
[5] S. u. S. 265f.
[6] Die pln Herkunft der beiden Auslassungen ist offensichtlich: Sie sind Folge der Zusammenordnung der drei Zitate in Gal 3,10–13. Auch die vereinzelten Übereinstimmungen mit der LXX-Überlieferung stellen diese Beurteilung nicht in Frage. In Dtn 27,26 ist eine Auslassung von ἄνθρωπος (unter Beibehaltung von πᾶς) lediglich bei christlichen Schriftstellern belegt. Hier dürfte pln Einfluß vorliegen (zu Justin, Dial 95,1 vgl. SIBINGA, Text 95–99). Hebraisierende Korrektur liegt nicht vor, da πᾶς beibehalten ist (MT: ארור אשר לא). In Lev 18,5 fehlt ἄνθρωπος (nach BROOKE-MCLEAN, LXX) lediglich in der HS 53 und bei Philo (Congr 86); zu dieser mit Gal 3,12 identischen Fassung vgl. KATZ, Bible 38f; Katz wendet sich gegen die Ergänzung von ἄνθρωπος durch den Hg. und sieht in den Abweichungen von LXX eine sprachliche Glättung durch Philo, diskutiert jedoch nicht

Außerdem ist in diesem Zusammenhang auch die Auslassung von τούτου nach τοῦ νόμου in der Wiedergabe von Dtn 27,16 zu nennen.[7] Sie entspricht der durchweg absoluten Verwendung von ὁ νόμος in Gal 3: Für Paulus steht nicht die Summe der Forderungen, auf die sich Dtn 27,26 rückblickend bezieht, im Vordergrund, sondern es geht ihm um eine Aussage über das Wesen des Gesetzes überhaupt.

4. Im Anschluß an die Hagar-Sara-Allegorese in Gal 4,21–27 folgt in Gal 4,30 nochmals ein – in diesem Falle nicht allegorischer – Rückgriff auf Gen 21:

Gen 21,10

ἔκβαλε τὴν παιδίσκην ταύτην
καὶ τὸν υἱὸν αὐτῆς·
οὐ γὰρ μὴ κληρονομήσει
ὁ υἱὸς τῆς παιδίσκης ταύτης
μετὰ τοῦ υἱοῦ μου Ἰσαάκ.

Gal 4,30

ἔκβαλε τὴν παιδίσκην
καὶ τὸν υἱὸν αὐτῆς·
οὐ γὰρ μὴ κληρονομήσει
ὁ υἱὸς τῆς παιδίσκης
μετὰ τοῦ υἱοῦ τῆς ἐλευθέρας.

Die damalige Vertreibung Ismaels dient als Schriftbeleg dafür, daß ausschließlich ›wir‹ (vgl. Gal 4,31) legitime Träger der Abrahamverheißung sind.[8] Die Zeitdifferenz zwischen dem damaligen und dem heutigen Geschehen ist also nicht aufgehoben (vgl. 4,29; anders 4,24–26), doch hat das damalige Geschehen prinzipielle Bedeutung für die Gegenwart. Nicht die geschichtliche Person der Hagar steht für Paulus im Vordergrund, sondern Hagar *als* παιδίσκη – und als Stammutter der νῦν Ἰερουσαλήμ (4,25). Daher spricht Paulus in V 31 von ›der‹ παιδίσκη und läßt er bereits im Zitat ebenfalls das Demonstrativpronomen fort.

5. Eine weitere Textverkürzung, die zu einer stärkeren Akzentuierung der Zitataussage führt, liegt in Röm 9,25 (Hos 2,25: Auslassung von ἀγαπήσω) vor.[9]

6. Einen Sonderfall stellt das Fehlen von κύριος in Röm 11,8 (Dtn 29,3) und Röm 15,9 (Ψ 17,50a) dar. Paulus übergeht hier κύριος, offenbar um ein mögliches Mißverständnis von κύριος im Sinne von Χριστός zu vermeiden.[10]

---

die – m. E. nicht auszuschließende – Möglichkeit einer ntl. Beeinflussung der (christlichen!) Philo-Überlieferung. Unabhängig von der Beurteilung des Zitats bei Philo zeigt Röm 10,5 eindeutig, daß Pls in Gal 3,12 nicht aus Unkenntnis verkürzt.

[7] Die Auslassung ist nicht auf Einfluß der Parallelstellen in Dtn 28–30 (dazu s. u. S. 163f) zurückzuführen, da diese durchweg das Demonstrativpronomen enthalten. Die sehr schwach bezeugte Auslassung in Dtn 27,26 (16 127 799*) kann nicht als vorpln gelten.
[8] Zur Allegorese in Gal 4,24–26 und zur inhaltlichen Gesamtrichtung von 4,21–31 s. u. S. 204–211.
[9] S. o. S. 104f.
[10] S. o. S. 87.

c) Auslassungen als Mittel der Neuinterpretation

1. Eine Textverkürzung, die Voraussetzung für die jetzige Anwendung des Zitats ist, liegt in Röm 10,15 (Jes 52,7)[1] vor:

Jes 52,7 LXX[R]   Röm 10,15
ὡς ὡραῖοι ἐπὶ τῶν ὀρέων   ὡς ὡραῖοι
πόδες εὐαγγελιζομένου   οἱ πόδες τῶν εὐαγγελιζομένων
[ἀκοὴν εἰρήνης
εὐαγγελιζομένου] ἀγαθά.   (τὰ) ἀγαθά.

Thema des Paulus in Röm 10,14–18 ist der Aufweis, daß der (weitgehende) Unglaube Israels nicht dadurch entschuldbar ist, daß die Verkündigung des Evangeliums Israel nicht erreicht hätte. Dabei ist die Perspektive des ehemaligen Diasporajuden Paulus geographisch nicht auf Palästina beschränkt, sondern ›ökumenisch‹. Gerade weil die Verkündigung εἰς τὰ πέρατα τῆς οἰκουμένης gelangt ist (V 18, als Zitat von Ψ 18,5), hat auch ganz Israel sie hören können. Daher ist es nicht als Zufall zu bewerten, daß ἐπὶ τῶν ὀρέων, das in Jes 52,7 »fast das einzige konkret schildernde Wort« darstellt,[2] in Röm 10,15 fehlt.[3] Denn daß die Verkündigung des Boten in Jes 52,7 Zion (vgl. 52,7c) bzw. Jerusalem (vgl. 52,9) gilt, war auch für Paulus aus dem Kontext klar ersichtlich.[4] Damit war die in ἐπὶ τῶν ὀρέων vorliegende Anspielung auf Jerusalem[5] auch für Paulus klar genug vorhanden. Für eine mit der Zielrichtung von Röm 10,14–18 übereinstimmende Verwendung von Jes 52,7 war es daher erforderlich, ἐπὶ τῶν ὀρέων zu streichen.[6] Die hier vorliegende Textverkürzung ist somit Teil der Neuinterpretation dieses Zitats durch Paulus.

2. Auch die Auslassungen in Jes 28,11f bei der Wiedergabe in 1 Kor 14,21 sind im Zusammenhang mit der Neuinterpretation dieses Zitats durch Paulus zu verstehen:[7]

Jes 28,11f[MT]   Jes 28,11f[LXX]   1 Kor 14,21
כי בלעגי   διὰ φαυλισμὸν   (ὅτι) ἐν ἑτερο-
שפה   χειλέων   γλώσσοις

---

[1] Zur Textvorlage s. o. S. 66–69.
[2] WESTERMANN, Jes 202.
[3] Gegen die gesamte Textüberlieferung (MT, LXX, 'A, Σ).
[4] Das gilt unabhängig von der Frage, wie weit die in Röm 10,15 sichtbare hebraisierende Rezension von Jes 52,7 auch hier jeweils eingegriffen hat.
[5] Zu den Bergen ›rings um Jerusalem‹ vgl. auch Ψ 124,2a: Jerusalem – ὄρη κύκλῳ αὐτῆς.
[6] KÄSEMANN, Röm 285: Die »Beziehung auf den Zion ist kaum zufällig weggebrochen.«
[7] Zur Textvorlage s. o. S. 63–66; zur pln Herkunft der 1. Pers. (λαλήσω) und des Futurs εἰσακούσονται s. o. S. 111f.115.

Jes 28,11f^MT	Jes 28,11f^LXX	1 Kor 14,21
ובלשׁון	διὰ γλώσσης	καὶ ἐν χείλεσιν
אחרת	ἑτέρας,	ἑτέρων
ידבר	ὅτι λαλήσουσι	λαλήσω
אל העם הזה:	τῷ λαῷ τούτῳ	τῷ λαῷ τούτῳ
אשׁר אמר אליהם	(V 12) *λέγοντες αὐτῷ·*	
זאת המנוחה	*τοῦτο τὸ ἀνάπαυμα*	
הניחו לעיף	*τῷ πεινῶντι*	
וזאת המרגעה	*καὶ τοῦτο τὸ σύντριμμα,*	
ולא אבוא	καὶ οὐκ ἠθέλησαν	καὶ οὐδ' οὕτως
שׁמוע:	ἀκούειν.	εἰσακούσονταί μου.

Jes 28,11^MT stellt eine Gerichtsankündigung dar, der in V 12 der frühere Friedenswille Jahves gegenübergestellt wird.[8] Die LXX hat V 12 (wie auch V 11) noch als Schilderung des verwerflichen Treibens von ›ἱερεὺς καὶ προφήτης‹ (vgl. V 7) verstanden,[9] und zwar offenbar als höhnische Beschreibung ihrer ›Fürsorge‹ für den Hungernden. Weder in der Fassung der LXX noch in einem stärker dem HT angenäherten Wortlaut war V 12a.bα für Paulus verwendbar, da er das Zitat weder als Androhung eines Gerichtshandelns Gottes noch als Kritik an ›Priester und Prophet‹ versteht, sondern als Ankündigung der – grundsätzlich positiv gesehenen – Gabe der Glossolalie (vgl. 1 Kor 12,10). Diese Anwendung von Jes 28,11f ist erst durch die Streichung von V 12a.bα möglich geworden.

Auch die Auslassung von ἠθέλησαν in καὶ οὐκ ἠθέλησαν ἀκούειν (V 12bβ^LXX) entspricht der Uminterpretation des Zitats durch Paulus als Aussage über die Glossolalie.[10] Der kritische Gesichtspunkt, den Paulus gegen eine überzogene Bewertung der Glossolalie zur Geltung bringen will, ist der ihrer (weitgehenden) Unverständlichkeit,[11] und zwar sowohl nach innen (14,1–19) wie nach außen (14,22–26). Auch in ihrer Außenwirkung ist die Glossolalie begrenzt: Sie ist höchstens ein sehr ambivalentes σημεῖον (vgl. V 23!). Paulus macht auch in bezug auf die Außenstehenden nicht geltend, daß sie glossolalisches Reden nicht verstehen wollen, sondern daß sie es nicht verstehen können.[12] Daher ist auch das Fehlen von ἠθέλησαν als paulinische Verkürzung zu bewerten.[13]

---

[8] So WILDBERGER, Jes III 1055f.1060f; vgl. auch KAISER, Jes II 196.
[9] In der LXX beginnt die Gerichtsankündigung erst mit V 13; s. o. S. 64.
[10] Auf die hebraisierende Rezension von Jes 28,11f^LXX, die Pls hier voraussetzt, ist diese Verkürzung nicht zurückzuführen. V 12bβ^LXX weicht gerade nicht vom MT (ולא אבוא) ab.
[11] Und damit ihres begrenzten Beitrags für die οἰκοδομή der Gemeinde.
[12] Vgl. CONZELMANN, 1 Kor 294.
[13] CONZELMANN, 1 Kor 294 berücksichtigt nicht die Streichung von ἠθέλησαν und versteht das Zitat selbst als Aussage über das Nicht-Hören-Wollen, wodurch eine Spannung zwischen Zitat und Kontext entstehe.

3. Dem veränderten Verständnis des zitierten Textes entspricht auch die Auslassung von τῆς γῆς nach πάντα τὰ ἔθνη in der (durch Gen 18,18 abgeänderten) Wiedergabe von Gen 12,3 in Gal 3,8.[14] Die absolute Verwendung von τὰ ἔθνη in Gal 3,8a (vgl. auch 3,14) zeigt, daß Pls auch das πάντα τὰ ἔθνη des Zitats im Sinne von τὰ ἔθνη versteht, also nicht als Beschreibung der Vielzahl der einzelnen Völkerschaften der Erde (unter Einschluß der Juden), sondern als Bezeichnung für die Gesamtheit der Nichtjuden (›Heiden‹).

Πάντα τὰ ἔθνη begegnet bei Pls außer Gal 3,8 nur noch in Röm 15,11, wo es ebenfalls Teil eines Zitats ist (Ψ 116,1). Im Kontext von Gal 3,8 und Röm 15,11 gebraucht Pls jedoch konsequent nur τὰ ἔθνη. Eine scheinbare Ausnahme bildet Röm 1,5, wo πᾶσιν τοῖς ἔθνεσιν jedoch im Vorblick auf 1,13 (ἐν τοῖς λοιποῖς ἔθνεσιν) gesetzt ist. Die Fortsetzung durch Ἕλλησίν τε καὶ βαρβάροις in 1,14 (und nicht durch Ἰουδαίοις καὶ Ἕλλησίν; dies erst nach dem Neueinsatz in 1,16) zeigt, daß auch hier ἔθνη ausschließlich die ›Heiden‹ meint.[15] Τὰ ἔθνη τῆς γῆς fehlt bei Pls sogar völlig.

Für ein derartiges Verständnis von πάντα τὰ ἔθνη wäre der verallgemeinernde Zusatz τῆς γῆς nicht nur überflüssig, sondern auch störend gewesen.[16]

4. In Gal 3,13 begründet Paulus seine These, daß für die Glaubenden der Fluch des Gesetzes beseitigt ist, mit Hilfe der traditionellen Loskaufvorstellung. Der Fluch des Gesetzes trifft ›uns‹ nicht mehr, da er voll auf Christus gefallen ist, was Paulus zu der Aussage verdichtet, daß Christus ὑπὲρ ἡμῶν selbst zum ›Fluch‹ geworden ist[17] – und zwar aufgrund seines fluchbeladenen Todes. Daß Christus als Gekreuzigter verflucht ist, begründet Paulus, inhaltlich durchaus naheliegend,[18] mit Dtn 21,23, wo der Fluch über jeden, »der am Holz hängt«, ausgesprochen wird:

Dtn 21,23c

κεκατηραμένος ὑπὸ θεοῦ
πᾶς κρεμάμενος ἐπὶ ξύλου.

Gal 3,13

ἐπικατάρατος
πᾶς ὁ κρεμάμενος ἐπὶ ξύλου.

---

[14] Textgegenüberstellung: S. u. S. 162; πάντα τὰ ἔθνη ist Gen 18,18 entnommen, doch enthalten sowohl Gen 18,18 als auch Gen 12,3 τῆς γῆς.

[15] Πάντα τὰ ἔθνη, und zwar im Sinne der gesamten, auch Israel einschließenden Menschenwelt, begegnet dagegen im nachpln Revelationsschema von Röm 16,25–27; dazu vgl. KAMLAH, Untersuchungen 57 und LÜHRMANN, Offenbarungsverständnis 122–124; anders offenbar SCHMITHALS, Römerbrief 121 f. Ebenso meint πάντα τὰ ἔθνη in Mt 24,9; 25,32 und 28,19 ›alle Völker‹ (und nicht: ›alle Heiden‹), vgl. BRANDENBURGER, Recht 102–119.

[16] So auch BURTON, Gal 160.

[17] In V 13a liegt eine selbständige pln Aussage – im Anschluß an traditionelle Formulierungen – vor; so auch LUZ, Geschichtsverständnis 152 A 66, vgl. auch H.-W. KUHN, ZThK 72, 1975, 35, gegen G. JEREMIAS, Lehrer 134; ohne definitive Entscheidung: BETZ, Gal 150f.

[18] Auch wenn sich Dtn 21,23 selbst natürlich nicht auf die – damals noch gar nicht praktizierte – Hinrichtungsart der Kreuzigung bezog (vgl. BERTRAM, ThWNT III, 1938, 915; G. JEREMIAS aaO 131); doch vgl. die Aufnahme von Dtn 21,23 in TR 64,12 (dazu vgl. YADIN, Temple Scroll I 373–379).

Die Auslassung von ὑπὸ θεοῦ steht im unmittelbaren Zusammenhang mit dieser Anwendung. Paulus spricht in V 13a betont von der κατάρα τοῦ νόμου, was auch nach Gal 3,10ff gar nicht anders zu erwarten ist.[19] Doch liegt hier nicht nur die Auslassung eines lediglich überflüssigen Zitatteils vor. Daß die Kreuzigung eine Verfluchung Christi durch Gott darstellt, wäre für Paulus – zumindest ohne eine interpretierende Klarstellung[20] – eine unmögliche Aussage gewesen.[21] Erst durch die Auslassung von ὑπὸ θεοῦ war Dtn 21,23 für Paulus in diesem Zusammenhang christologisch verwendbar.[22] Dieser Neuinterpretation des Zitats als Aussage über den Fluch des Gesetzes (und nicht: den Fluch Gottes), der Christus getroffen hat, entspricht die Tendenz von Gal 3,19f, das Gesetz von Gott selbst abzusetzen und ihm, da es von den ἄγγελοι angeordnet und von einem μεσίτης überbracht worden ist, eine niedrigere Herkunft – und damit inhaltlich einen niedrigeren Rang – zuzuweisen.[23]

Nicht überzeugend ist die Annahme, die Auslassung von ὑπὸ θεοῦ sei auf zeitgenössische jüdische Interpretationen von Dtn 21,23 zurückzuführen.

a) In Sanh VI 6 wird Dtn 21,23 nicht als Aussage über die Verfluchung des Hingerichteten durch Gott, sondern als Verfluchung Gottes durch den Hingerichteten interpretiert: Der Verurteilte wird nach der Hinrichtung aufgehängt, »weil er dem ›Namen‹ geflucht hat«;[24] d. h. hier wird אלהים nicht ersatzlos ausgelassen, sondern קללת אלהים (»Fluch Gottes«) insgesamt anders verstanden. Das gleiche Verständnis liegt Dtn 21,23^Σ zugrunde: ὅτι διὰ βλασφημίαν θεοῦ ἐκρεμάσθη.[25] Von hier aus ist die Verwendung von Dtn 21,23 in Gal 3,13, wo vom Fluch *über* den Gekreuzigten die Rede ist, nicht zu erklären.

b) In der Tempelrolle, in der für den (politischen!) Tatbestand des Verrats die Kreuzigung ausdrücklich vorgesehen ist, wird Dtn 21,23 wie im MT und der LXX als Verfluchung des Hingerichteten *durch Gott* (und die Menschen!) verstanden: מקוללי אלוהים ואנשים תלוי על העץ (TR 64,12);[26] אלהים ist hier also keineswegs übergangen.

c) Dagegen liegt in 1QpNah I 8 keine Anführung von Dtn 21,23 – und damit auch keine Verkürzung des Zitats – vor.[27]

---

[19] Vgl. auch das absolute κατάρα in V 10 – und nicht κατάρα θεοῦ.
[20] Etwa im Sinne von 2 Kor 5,21.
[21] So MUSSNER, Gal 233; vgl. auch schon BURTON, Gal 174 und OEPKE, Gal 107; s. außerdem H.-W. KUHN aaO 36 A 155; gegen HÜBNER, Gesetz 144 A 94, der jedoch keine positive Erklärung für die Textverkürzung gibt, und ORTKEMPER, Kreuz 13, der nur von einer ›geringfügigen Änderung‹ spricht.
[22] So auch WEDER, Kreuz 191; gleichzeitig ist er jedoch der Meinung, daß Pls das Zitat in V 13 (und zwar anders als die übrigen Zitate in V 6–14!) »in seinem eigentlichen Sinn« verwende (186).
[23] Zur Diskussion über Gal 3,19f vgl. MUSSNER, Gal 244–250 und BETZ, Gal 162–173.
[24] Übersetzung: KRAUSS, Sanhedrin 199; weitere Belege für diese Interpretation von Dtn 21,33 s. Bei Bill III 544f.
[25] Dagegen 'A und Θ: κατάρα θεοῦ κρεμάμενος.
[26] YADIN aaO II 422. III pl. 79; »Verfluchte Gottes und der Menschen sind ans Holz Gehängte« (MAIER, Tempelrolle 64).
[27] Anders ALLEGRO, JBL 75, 1956, 91; G. JEREMIAS aaO 128 A 14, doch vgl. H.-W. KUHN aaO 34.

d) Auch die Annahme einer polemischen Verwendung von Dtn 21,23 seitens des Judentums bereits vor Pls[28] führt nicht weiter: Bei einer solchen Verwendung wäre die Verfluchung durch Gott ja gerade die Spitze des Angriffs gewesen. Doch ist eine derartige Annahme ohnehin unwahrscheinlich.[29]

5. Im Zusammenhang seiner Feststellung von 2 Kor 3,14, daß ἄχρι τῆς σήμερον ἡμέρας die ›Decke‹ des Mose auf der Verlesung des ›Alten Bundes‹ liegt (variiert wiederholt in V 15), zitiert Paulus in 2 Kor 3,16 Ex 34,34.[30] Dabei ist Paulus nicht an Mose als einer Gestalt aus der Vergangenheit Israels interessiert, auch nicht im Sinne eines τύπος τοῦ μέλλοντος (vgl. Röm 5,14 – dort in bezug auf Adam), sondern an der heutigen ἀνάγνωσις Μωϋσέως. Daher beseitigt Paulus alle Bestandteile aus Ex 34,34, die zur damaligen Situation des Textes, nach dem Abstieg vom Sinai, gehören:

Ex 34,34a

ἡνίκα δ' ἂν εἰσεπορεύετο
Μωϋσῆς ἔναντι κυρίου
λαλεῖν αὐτῷ,
περιῃρεῖτο τὸ κάλυμμα.

2 Kor 3,16

ἡνίκα δὲ ἐὰν ἐπιστρέψῃ
πρὸς κύριον,

περιαιρεῖται τὸ κάλυμμα.

Die Auslassung des Subjekts Μωϋσῆς hat – zusammen mit den weiteren Zitatveränderungen[31] – zur Folge, daß das Zitat zur Beschreibung eines heutigen, nicht mehr an ›Mose‹ gebundenen Geschehens wird. Da Paulus Μωϋσῆς nicht durch ein neues Subjekt innerhalb des Zitats ersetzt, ist es aus dem paulinischen Kontext zu ergänzen. Am ehesten kommt hierfür die unmittelbar zuvor genannte καρδία αὐτῶν (d. h. der Israeliten) in Frage.[32] Deren ›Umkehr‹ zum κύριος ist jetzt Inhalt des Zitats. Analog ist die Auslassung von λαλεῖν αὐτῷ zu beurteilen: Wiederum beseitigt Paulus aus dem Zitat einen Bezug auf die vergangene Situation, die Gottesbegegnung des Mose in der

---

[28] So schon FEINE, Evangelium, 18, der mit einem früheren polemischen Gebrauch dieses Zitats durch Pls selbst rechnet; diese These wurde von G. JEREMIAS aaO 134f erneuert, auf den sich seinerseits STUHLMACHER, Aufs. 181 A 32 sowie 15 A 14 stützt; vgl. auch H.-W. KUHN aaO 35.
[29] Vgl. die ausführliche Diskussion bei FRIEDRICH, Verkündigung 122–130.
[30] Zum Zitatcharakter s.o. S. 13. Dagegen übergeht ELLIS, Use 150–153 2Kor 3,16 völlig.
[31] S. o. S. 114f und u. S. 151f.
[32] So ALLO, 2 Kor 92f; KÜMMEL, in: Lietzmann, 2 Kor 200; HUGHES, 2 Kor 113. HEINRICI, 2 Kor 132 und PLUMMER, 2 Kor 101 setzen lediglich τις als Subjekt voraus; vgl. auch LIETZMANN, 2 Kor 112f. Doch spricht Pls zuvor ausdrücklich von den υἱοὶ Ἰσραήλ (V 13), was in V 14f durch τὰ νοήματα αὐτῶν und ἐπὶ τὴν καρδίαν αὐτῶν fortgeführt wird. WINDISCH, 2 Kor 123 und BULTMANN, 2 Kor 92 setzen daher ›Israel‹ als Subjekt voraus, was inhaltlich zutreffend ist. Abwegig ist es, trotz der Auslassung Μωϋσῆς weiterhin als Subjekt vorauszusetzen; vgl. dazu die Kritik von WINDISCH aaO 124, die von ULONSKA, Paulus 139 jedoch nicht zur Kenntnis genommen wird, da sie seiner Sicht von der »paränetische(n) Funktion der ... Person des Mose« widersprechen würde.

σκήνη μαρτυρίου (vgl. Ex 33,7). Für beide Änderungen, die nicht aus der Textgeschichte des HT oder der LXX erklärt werden können,[33] ist deutlich, daß sie im Zuge der tiefgreifenden Neuinterpretation dieses Zitats durch Paulus erfolgt sind.[34]

6. Eine in ihrem Umfang relativ begrenzte, inhaltlich aber weitreichende und für Paulus aufschlußreiche Textverkürzung liegt in der Anführung von Hab 2,4b in Gal 3,11 und Röm 1,17 vor.

Hab 2,4b[MT]	Hab 2,4b[LXX]	Gal 3,11/Röm 1,17
וצדיק	ὁ δὲ δίκαιος	ὁ [δὲ][35] δίκαιος
באמונתו	ἐκ πίστεώς μου	ἐκ πίστεως
יחיה:	ζήσεται.	ζήσεται.

Als ursprünglicher Wortlaut der LXX kommt nur dieser von W*vid B Q S V etc. überlieferte Text in Betracht. Für die übrigen Lesarten kann eine vorpln Herkunft nicht wahrscheinlich gemacht werden. Das gilt schon für die mit Hebr 10,38 (ὁ δὲ δίκαιός μου ἐκ πίστεως ζήσεται) übereinstimmende LA von A etc. und erst recht für die sehr schmal und spät bezeugte LA von 763* pc, die Röm 1,17/Gal 3,11 entspricht. Beide Textfassungen sind als Rückwirkungen der ntl Anführungen zu beurteilen.[36]

Während der HT von der Treue des צדיק als Bedingung und Unterpfand seiner Bewahrung sprach, hat der LXX-Übersetzer den Akzent auf die Bewahrung des Gerechten durch *Gottes* Treue verlagert.[37] Eine derartige Aussage war jedoch weder in Gal 3,11 noch in Röm 1,17 verwendbar. In Gal 3,1–5 stellt Paulus antithetisch die ἔργα νόμου und die ἀκοὴ πίστεως gegenüber, ab 3,6 überführt er diese Antithese in die Entgegensetzung von οἱ ἐκ πίστεως und ὅσοι ἐξ ἔργων νόμου (3,9f). Paulus beschreibt also mit πίστις[38] nicht Gottes Verhalten zu dem Gerechten, seine Treue ihm gegenüber, sondern mit ἐκ πίστεως und ἐξ ἔργων νόμου die jeweilige Zugehörigkeit des Menschen, sei es die zum Gesetz und dem ihm inhärenten Fluch (3,10), sei es die zu Christus,

---

[33] Gegen WINDISCH, 2 Kor 123: Im LXX-Text des Pls »könnte die ausdrückliche Nennung des Subjekts (Μωυσῆς) gefehlt haben«. Das ist eine erleichternde Vermutung, für die es – abgesehen von 2 Kor 3,16 selbst – keinen Anlaß gibt. Die pln Herkunft der Auslassung von λαλεῖν αὐτῷ wird allerdings auch von Windisch nicht bestritten.
[34] Unzutreffend daher MICHEL, Paulus 75, der 2 Kor 3,16 lediglich als »frei zitiert« bezeichnet und nicht (wie z. B. Röm 1,17 oder 3,10–12) als »absichtlich verändert«.
[35] In Gal 3,11 ausgelassen.
[36] Zur ausführlichen Darstellung und Diskussion des Textbefundes (einschließlich von 8 HevXII[gr], ᾽Α, Σ und Θ), die hier nicht wiederholt werden sollen, vgl. KOCH, ZNW 76, 1985, 68–85.
[37] Zum Verhältnis zwischen LXX und MT vgl. SCHRÖGER, Verfasser 183; IN DER SMITTEN, FS G. J. Botterweck, 1977, 291–300 und KOCH aaO 72–74.
[38] Zum Verständnis von πίστις bei Pls vgl. BULTMANN, ThWNT VI, 1959, 218–224; ders., Theologie 315–331; CONZELMANN, Grundriß 192–194; LÜHRMANN, Glaube 46–59; ders., RAC XI, 1981, 67–72.

die in der πίστις ergriffen wird.³⁹ Dem entspricht der Wortlaut von Hab 2,4b nur, wenn in ihm – wie es ja auch im paulinischen Kontext durchgehend der Fall ist – ἐκ πίστεως absolut verwendet wird. Die Auslassung von μου nach ἐκ πίστεως ist also die notwendige Voraussetzung für die Verwendung von Hab 2,4b durch Paulus. In dieser verkürzten Form⁴⁰ ist das Zitat jedoch ein wichtiger Bestandteil der Argumentation in Gal 3,10–13. Der Gegensatz von νόμος und δικαιοῦσθαι, den Paulus in Gal 3,11a thetisch formuliert, begründet er durch die beiden Schriftzitate in V 11b (Hab 2,4b) und V 12b (Lev 18,5c). Dabei zeigt Hab 2,4b – in der Verkürzung durch Paulus! – den direkten Zusammenhang von δικαιοσύνη und πίστις, und zwar ohne irgend eine Vermittlung der δικαιοσύνη durch die ἔργα νόμου bzw. eine Einbeziehung des νόμος in die πίστις.

Das gleiche Verständnis von Hab 2,4b liegt auch der Verwendung des Zitats in Röm 1,17 zugrunde, wo Paulus den Wortlaut daher mit der gleichen Verkürzung anführt. Als Bestätigung und Fortführung von Röm 1,16.17a ist es auch hier nur verwendbar, wenn es – wie zuvor die eigenständigen Formulierungen des Paulus (vgl. V 17a: ἐκ πίστεως εἰς πίστιν!) – ἐκ πίστεως absolut enthält.⁴¹

Gleichwohl ist zu fragen, ob vorgegebene jüdische oder christliche Auslegungstraditionen von Hab 2,4b zumindest Voraussetzungen für die paulinische Neuinterpretation dieses Textes und die hieraus resultierende Textverkürzung enthalten.⁴² Zu berücksichtigen sind vor allem die Interpretation von Hab 2,4 in 1 QpHab 8,1–3 und Hebr 10,38. In beiden Fällen liegt – wie auch bei Paulus – eine Inanspruchnahme des Textes im Horizont der eigenen Gegenwart und aufgrund des jeweiligen Verständnisses von אמונה/ πίστις vor. Aber jenseits dieser prinzipiellen Vergleichbarkeit besteht ein erheblicher Abstand im inhaltlichen Verständnis des Zitats. Dem entspricht, daß in 1 QpHab 8,1–3 und in Hebr 10,38 die paulinische Textverkürzung gerade nicht vorausgesetzt wird und sich auch dort nicht anbahnt.

So wird in 1 QpHab 8,2f zwar die אמונה von Hab 2,4b als אמנתם במורה הצדק interpretiert, aber damit ist nicht »ihr *Glaube an* den Lehrer der Gerechtigkeit« gemeint, sondern »ihre *Treue zu* dem Lehrer der Gerechtigkeit«,⁴³ und zwar zum Inhalt seiner Gesetzesauslegung. Dies geht aus der Einleitung der Interpretation von Hab 2,4b (1 QpHab 8,1: »Seine Deutung bezieht sich auf alle Täter des Gesetzes im Hause Juda«)

---

³⁹ Diese für Pls durchaus charakteristische Entgegensetzung von πίστις und ἔργα νόμου, der die von Χριστός und ὁ νόμος in 3,13 entspricht, ist bei LÜHRMANN, Glaube 52f (bedingt durch seine Kritik an einer anthropologischen Verengung des pln πίστις-Begriffs) übergangen.

⁴⁰ Sie wird bei ELLIS, Use 150 völlig übergangen; auch STROBEL, Untersuchungen und HEROLD, Zorn gehen auf die unterschiedlichen Textformen in Hab 2,4b im MT, der LXX und bei Pls nicht oder nur beiläufig ein.

⁴¹ S. auch u. S. 275ff.

⁴² Dies vertritt KÄSEMANN, Röm 28f.

⁴³ Die suffigierte Form אמנתם in der Auslegung zeigt, daß 1 QpHab באמונתו als HT voraussetzt (das Zitat selbst am Ende von 1 QpHab 7 fehlt).

und der Parallelisierung von אמנתם und עמלם ([um] ihrer Mühe [willen]) eindeutig hervor.⁴⁴

Auch in Hebr 10,38 wird auf Hab 2,4b in einem gegenüber Pls charakteristisch verschiedenen Problemzusammenhang zurückgegriffen. Zwar ist hier ebenfalls ἐκ πίστεως absolut gefaßt (μου steht voran), doch dient das Zitat hier der Ermahnung zur ὑπομονή (vgl. 10,32.36), und πίστις ist hier »eine Haltung, die charakterisiert ist durch Geduld und Standhaftigkeit, ist... Durchhalten im Blick auf die außerweltlichen Güter«.⁴⁵ Dieser Verwendung entsprechen die Zusammenstellung des Hab-Zitats mit Jes 26,20, der gegenüber Pls breitere Zitatausschnitt (Hab 2,3bβ.4b.4a [in dieser Reihenfolge!]) und die Eingriffe in den Hab-Text⁴⁶ selbst.⁴⁷

7. Eine charakteristische Zitatverkürzung begegnet auch in Röm 10,6–8 (Dtn 30,12–14):⁴⁸

Dtn 30,11–14

Röm 10,6–8

(6) ἡ δὲ ἐκ πίστεως δικαιοσύνη οὕτως λέγει·

(11) ὅτι ἡ ἐντολὴ αὕτη, ἣν ἐγὼ ἐντέλλομαί σοι σήμερον, οὐχ ὑπέρογκός ἐστιν οὐδὲ μακρὰν ἀπὸ σοῦ ἐστιν.
(12) οὐκ ἐν τῷ οὐρανῷ ἐστιν λέγων·
τίς ἀναβήσεται ἡμῖν εἰς τὸν οὐρανὸν
καὶ λήμψεται ἡμῖν αὐτήν;
καὶ ἀκούσαντες αὐτὴν ποιήσομεν.

μὴ εἴπῃς ἐν τῇ καρδίᾳ σου·
τίς ἀναβήσεται εἰς τὸν οὐρανόν;

---

⁴⁴ אמנתם ב ist daher in 1QpHab 8,2f auch nicht im Sinne von »Vertrauen auf...« (so SCHULZ, ZThK 56, 1959, 183 A 1) zu interpretieren. Dem ›Lehrer der Gerechtigkeit‹ eignet keine irgendwie geartete soteriologische Funktion; vgl. BECKER, Heil 182f; BRAUN, Qumran I 169–171; II 171f. Zum Ganzen vgl. auch G. JEREMIAS, Lehrer 142–144.

⁴⁵ LÜHRMANN, Glaube 76; grundlegend ist immer noch GRÄSSER, Glaube (zu Hebr 10,37f: 41–45. 102–105); zutreffend beschreibt GRÄSSER, FS E. Käsemann, 1976, 83 den unterschiedlichen Verstehensrahmen des Hab-Zitats bei Pls und im Hebr: Thema des Hebr »ist nicht die Rechtfertigung der Gottlosen, sondern die Vollendung der Gerechten«.

⁴⁶ Dazu vgl. ausführlich KOCH aaO 75–78.

⁴⁷ Vgl. auch das Ergebnis von LUZ, Geschichtsverständnis 101: Für Röm 1,17b / Gal 3,11b und Hebr 10,37f »ist eine gemeinsame Tradition nicht nachzuweisen«. – Völlig spekulativ verfährt dagegen STROBEL, Untersuchungen, der in Hab 2,3f einen ntl ›Kardinalbeleg‹ im Zusammenhang der Frage der Parusieverzögerung sieht (79–116. 173–202) und meint, Pls setze Hab 2,3 »zwischen den Zeilen (sic!)« (181, vgl. 201) bei seinen Anführungen von Hab 2,4b voraus. Zur Kritik vgl. STUHLMACHER, Gerechtigkeit 83f A 3 und KERTELGE, Rechtfertigung 92–94. Das Thema von Hab 2,3 das Ausbleiben der Offenbarung, spielt weder in Gal 3,10–14 noch in Röm 1,16f irgendeine erkennbare Rolle.

⁴⁸ Zur Bezeugung von σφόδρα s. o. S. 53 A 24. Eine Abweichung vom MT stellt die Zufügung von καὶ ἐν ταῖς χερσίν σου (V 14d) dar. Sie fehlt in einigen HSS (120 417 426 und ist in G und Syh^mg obelisiert – eine typische hexaplarische Korrektur. Dagegen ist αὐτὸ ποιεῖν (MT: לעשׂתו) einhellig überliefert.

130   *III. Wörtlichkeit und Freiheit in der Zitatwiedergabe*

Dtn 30,11-14	Röm 10,6-8
	τοῦτ' ἔστιν Χριστὸν καταγαγεῖν·
(13) οὐδὲ πέραν τῆς θαλάσσης ἐστὶν λέγων·	(7) ἤ·
τίς διαπεράσει ἡμῖν πέραν τῆς θαλάσσης	τίς καταβήσεται εἰς τὴν ἄβυσσον;
καὶ λήμψεται ἡμῖν αὐτήν; καὶ ἀκουστὴν ἡμῖν ποιήσει αὐτήν, καὶ ποιήσομεν.	
	τοῦτ' ἔστιν Χριστὸν ἐκ νεκρῶν ἀναγαγεῖν.
	(8) ἀλλὰ τί λέγει;
(14) ἐγγύς σού ἐστιν τὸ ῥῆμα [σφόδρα]	ἐγγύς σου τὸ ῥῆμά ἐστιν
ἐν τῷ στόματί σου καὶ ἐν τῇ καρδίᾳ σου	ἐν τῷ στόματί σου καὶ ἐν τῇ καρδίᾳ σου,
καὶ ἐν ταῖς χερσίν σου αὐτὸ ποιεῖν.	
	τοῦτ' ἔστιν τὸ ῥῆμα τῆς πίστεως ὃ κηρύσσομεν.

Aufgrund des erheblichen Abstands zu Dtn 30,11-14 wird z. T. sogar bestritten, daß in Röm 10,6-8 überhaupt ein Zitat vorliegt.[49] Doch ist trotz des Fehlens einer formelhaften Zitateinleitung in Röm 10,6a der Zitatcharakter der jeweils Dtn 8,17a (bzw. 9,4a); 30,12-14 entsprechenden Textteile von Röm 10,6-8 nicht zu bestreiten. Schon die Einführungswendung 10,6a bezieht sich antithetisch auf die Zitateinleitung in 10,5a zurück, was auf erneute Schriftanführung hinweist. Vor allem zeigen jedoch die drei mit τοῦτ' ἔστιν eingeleiteten interpretierenden Zwischen- bzw. Nachbemerkungen des Pls, daß er hier ein Wort der Schrift anführt und schrittweise auslegt. Der Unterschied zwischen übernommenem Zitat und eigener Interpretation ist also klar erkennbar.

Bemerkenswert ist schon, daß die Textanführung erst mit Dtn 30,12 einsetzt. Dadurch schneidet Paulus den für Dtn 30,12-14 konstitutiven Rückbezug auf 30,11, d. h. auf das Thema der ἐντολή (vgl. V 12b.13b: καὶ λήμψεται ἡμῖν

---

[49] So schon BENGEL, Gnomon 378: »Ad hunc locum (sc. Dtn 30,11-14[LXX]) haec quasi parodia suavissime alludit«; ähnlich ZAHN, Röm 477; vgl. auch VENARD, DBS II, 1934, 45 (in bezug auf Röm 10,6-8: 2,24; 11,1f.34): »Paul paraît bien n'avoir pas voulu faire l'exégèse précise du texte qu'il cite, mais simplement utiliser une phrase biblique, qui pouvait fournir une expression convenable à son propre pensée.« Ebenso SANDAY-HEADLAM, Röm 286.289 und jüngst HÜBNER, Ich 87-90. ULONSKA, Paulus 190f diskutiert noch nicht einmal die Möglichkeit eines Zitats von Dtn 30,12-14! Doch liegt in der Einleitungswendung Röm 10,6a (nach 10,5a!) ein sehr deutlicher Hinweis auf eine erneute Schriftanführung vor; und die drei mit τοῦτ' ἔστιν eingeleiteten Zwischen- bzw. Nachbemerkungen machen es dann endgültig eindeutig, daß hier ein vorgegebener Text zitiert und schrittweise interpretiert wird.

αὐτὴν κτλ.), ab. Paulus blendet also von vornherein das Thema des Gesetzes aus dem zitierten Text aus, weil er das Zitat als Aussage der – als persönlich redend eingeführten – ἐκ πίστεως δικαιοσύνη verwenden will, und zwar in betonter Gegenüberstellung zur δικαιοσύνη ἐκ (τοῦ) νόμου (Röm 10,5).[50] Die Loslösung des Wortlauts von Dtn 30,12–14 von 30,11 hat zur Folge, daß Paulus in 30,12 erst mit τίς ἀναβήσεται einsetzt und analog 30,13a übergeht.[51] Beides war notwendig, weil in Röm 10,6–8 der Sachverhalt, auf den hier die rhetorischen Fragen von Dtn 30,12f bezogen sind, jeweils erst nachträglich genannt wird, während in Dtn 30,11–14 das Thema – ἡ ἐντολὴ αὕτη – schon zu Beginn eingeführt worden ist. Das durch die Auslassung von Dtn 30,12a bezugslos gewordene λέγων ersetzt Paulus – durchaus geschickt – durch die aus Dtn 8,17a bzw. 9,4a übernommene Wendung: μὴ εἴπῃς ἐν τῇ καρδίᾳ σου.[52]

Dem bewußt erst in Dtn 30,12 erfolgenden Zitatbeginn entspricht, daß Paulus in Dtn 30,14 das Zitat genau an dem Punkt beendet, an dem der Bezug zum Gesetz wieder eindeutig hervortritt: καὶ ἐν ταῖς χερσίν σου αὐτὸ ποιεῖν.[53] Vom gleichen Interesse sind die jeweiligen Auslassungen von Dtn 30,12c.13c (ab καὶ λήμψεται ἡμῖν αὐτήν ...) geleitet. Wiederum ist es der Bezug auf das Gesetz, der zur Verkürzung des Zitats führt.

An die Stelle der ausgelassenen Zitatteile treten in Röm 10,6–8 keine Ergänzungen des Zitats durch andere Schriftaussagen,[54] sondern interpretierende Erläuterungen durch Paulus selbst, die durch τοῦτ᾽ ἔστιν deutlich vom Zitatwortlaut abgehoben sind. Auf diese Weise füllt Paulus die Lücken, die durch die konsequente Loslösung des Zitats vom Thema des Gesetzes entstanden sind. ›Nicht fern von dir‹ (Dtn 30,11) ist nicht das Israel gegebene Gesetz, sondern das ῥῆμα τῆς πίστεως ὃ κηρύσσομεν (Röm 10,8), und da dies die

---

[50] Vielfach wird der Unterschied zwischen der Zitateinleitung in Röm 10,5 (Μωϋσῆς γὰρ γράφει) und 10,6 (ἡ δὲ ἐκ πίστεως δικαιοσύνη οὕτως λέγει) in der Perspektive der Antithese von γράμμα und πνεῦμα interpretiert; so KÄSEMANN, Röm 276–278, aufgenommen von KLEIN, FS E. Dinkler, 1979, 279. Dagegen wendet sich LINDEMANN, ZNW 73, 1982, 239–241 (vgl. auch schon LUZ, Geschichtsverständnis 92 A 266 und WILCKENS, Röm II 226): Die Zitateinleitung in Röm 10,5 unterscheide sich nicht von Röm 9,15 oder 10,19, und Pls zitiere Lev 18,5 durchaus zustimmend – als Aussage über die δικαιοσύνη ἐκ τοῦ νόμου. Letzteres ist zutreffend. Dennoch formuliert Pls in Röm 10,5 eben nicht Μωϋσῆς γὰρ λέγει. Vgl. auch Gal 3,10, wo Pls im Zitat von Dtn 27,26 τοῖς λόγοις durch τοῖς γεγραμμένοις κτλ. ersetzt; s. u. S. 165.
[51] Pls ersetzt zwar τίς διαπεράσει κτλ. durch τίς καταβήσεται κτλ. (dazu s. u. S. 153–160), aber nicht οὐδὲ πέραν κτλ. durch οὐδὲ ἐν τῇ ἀβύσσῳ.
[52] In Röm 10,7 setzt Pls dann anstelle von λέγων (Dtn 30,13) einfach ἤ, und die abschließende Zitierung von Dtn 30,14 führt er – rhetorisch durchaus wirkungsvoll – mit ἀλλὰ τί λέγει; ein.
[53] Das Fehlen von καὶ ἐν ταῖς χερσίν σου wirkt wie eine Angleichung an den HT (vgl. die entsprechende Darstellung des Sachverhalts bei MICHEL, Röm 329 A 18), doch fehlt bei Pls auch das mit dem MT übereinstimmende αὐτὸ ποιεῖν!
[54] Abgesehen von der Verwendung von Dtn 8,17a bzw. 9,4a anstelle des in Dtn 30,12a (Röm 10,6) ausgefallenen λέγων; dazu s. u. S. 185f.

πίστις Ἰησοῦ Χριστοῦ meint, ist es für Paulus nur konsequent, wenn er bereits die verbliebenen Zitatausschnitte aus Dtn 30,12 f christologisch interpretiert.[55]

Formal handelt es sich in Röm 10,6–8 nicht um Auslassungen innerhalb eines fortlaufend zitierten Textes, sondern um drei einzelne, jeweils bewußt ausgegrenzte Zitatausschnitte. Doch bilden diese auch in der Wiedergabe durch Paulus eine Einheit, und ohne Kenntnis der Vorlage kann der Leser von Röm 10,6–8 der paulinischen Darstellung nicht entnehmen, daß den mit τοῦτ' ἔστιν eingeleiteten Erläuterungen entscheidende Textpartien von Dtn 30,12–14 entsprechen, die in Röm 10,6–8 fehlen.

Von geringerer Bedeutung ist demgegenüber die jeweilige Auslassung von ἡμῖν innerhalb des aus Dtn 30,12.13 übernommenen Textes.[56] Diese Verkürzung führt zunächst zu einer weiteren – zumindest stilistischen – Straffung des Zitats. Zu berücksichtigen ist außerdem, daß in den von Paulus ausgelassenen Zitatteilen Dtn 30,12c.13c (καὶ λήμψεται ἡμῖν αὐτήν; ...) das ἡμῖν aus Dtn 30,12b.13b wieder aufgenommen wird und ἡμῖν somit auch eine V 12b/c bzw. 13b/c verbindende Funktion hat. Auch diese Textbestandteile, die auf den nicht übernommenen Zusammenhang verweisen, werden also von Paulus gestrichen.

4. Zufügungen

Relativ begrenzt ist die Anzahl derjenigen Zitate, bei deren Anführung Paulus den vorgegebenen Wortlaut erweitert.

1. Stilistische Gründe hat die in Röm 3,11f (Ψ 13,2f) und Gal 3,13 (Dtn 21,23) vorliegende Zufügung des generischen Artikels zum substantivierten Partizip: ὁ συνίων, ὁ ἐκζητῶν, ὁ ποιῶν (Röm 3,11f)[1] bzw. ὁ κρεμάμενος (Gal 3,13).[2]

2. Eine formal ebenfalls sehr geringfügige Erweiterung stellt die Zufügung von δέ in der Anführung von Gen 15,6 in Röm 4,3 dar: ἐπίστευσεν (Röm 4,3: + δέ) Ἀβραὰμ τῷ θεῷ. Doch ist das hinzugefügte δέ nicht als lediglich stilistische Variante zu dem nicht zitierten καί vor ἐπίστευσεν zu bewerten.

---

[55] Dazu s. u. S. 153–160.
[56] Die Auslassung von ἡμῖν ist in einigen Fällen in die LXX-HSS eingedrungen; s. o. S. 54.
[1] Der Artikel wird jeweils auch von einigen LXX-HSS vertreten (s. o. S. 56), doch hat nach RAHLFS, LXX^Ψ keine einzige HS in allen drei Fällen den Artikel.
[2] Zugleich stellt Pls damit eine Angleichung von Dtn 21,23 an das Zitat aus Dtn 27,26 (Gal 3,10) her; s. o. S. 120. – Stilistische Angleichung an korrespondierende bzw. benachbarte Zitate (1 Kor 1,19 [Jes 25,14]; 3,20 [Ψ 93,11]) liegt auch in der Zufügung des Artikels τοὺς σοφούς in 1 Kor 3,19 (Hi 5,13a) vor.

Paulus führt Gen 15,6 an, um eine – so natürlich von ihm selbst formulierte – entgegengesetzte Interpretation der Abrahamüberlieferung zu widerlegen, daß nämlich Abraham ἐξ ἔργων ἐδικαιώθη (Röm 4,2). Dieser antithetische Rückbezug des Zitats auf Röm 4,2 wird durch die Einfügung von δέ unterstrichen. Dagegen lag in der (zeitlich früheren) Anführung von Gen 15,6 in Gal 3,6 kein Anlaß für eine derartige Zitaterweiterung vor.[3]

Gal 3,6 zeigt zugleich, daß Pls in Röm 4,3 δέ selbständig ergänzt und nicht eine sekundär veränderte Textvorlage voraussetzt. Die Zufügung von δέ bei Philo, Mut 177 ist als selbständige Erweiterung anzusehen,[4] während für Jak 2,23, Justin, Dial 92,9 sowie einige LXX-HSS, die ebenfalls δέ bieten,[5] Auswirkung von Röm 4,3 anzunehmen ist.[6]

3. Eine Zitaterweiterung, deren paulinische Herkunft offenkundig ist, liegt auch in Röm 10,11 vor:

Jes 28,16c

ὁ πιστεύων ἐπ' αὐτῷ
οὐ μὴ καταισχυνθῇ.

Röm 10,11

πᾶς ὁ πιστεύων ἐπ' αὐτῷ
οὐ καταισχυνθήσεται.

Diese Zitatveränderung ist besonders auffällig, da Paulus kurz zuvor, in Röm 9,33, Jes 28,16 bereits in umfangreicherer Form zitiert hat, ohne dort jedoch in Jes 28,16c πᾶς einzufügen. Paulus kennt also nicht nur den Text des Schriftwortes und ändert ihn bewußt ab, sondern er bemüht sich auch nicht, die Abänderung vor dem Leser zu verschleiern. Es handelt sich auch keineswegs um eine interpretierende Paraphrase des Schrifttextes: Mit der Einleitungswendung λέγει γὰρ ἡ γραφή bezeichnet Paulus das so veränderte Zitat ausdrücklich als ein Wort der Schrift.

Das inhaltliche Interesse, das zur Einfügung von πᾶς geführt hat, wird in Röm 10,12f sichtbar. Denn ohne diese Zufügung hat das Zitat zunächst nur die Funktion einer Bestätigung des zuvor von Paulus formulierten – und als exklusiv verstandenen – Zusammenhangs von πίστις und δικαιοσύνη bzw. σωτηρία (Röm 10,10). Πᾶς ist dagegen in Blick auf die Fortsetzung hinzugefügt. Hier zieht Paulus aus der Bindung des Heils ausschließlich an die πίστις die Schlußfolgerung: οὐ γάρ ἐστιν διαστολὴ Ἰουδαίου τε καὶ Ἕλληνος, und er begründet dies – analog zu Röm 3,29f – mit der Einheit bzw. Selbigkeit des

---

[3] Außerdem ist in Gal 3,6 Ἀβραάμ vorangestellt; s. o. S. 106.
[4] Dies legt nicht nur der Kontext nahe, in dem eine Hervorhebung von ἐπίστευσεν gut verständlich ist, sondern vor allem die Tatsache, daß in den beiden weiteren Anführungen von Gen 15,6 bei Philo (Migr 44 und Her 90) diese Zufügung fehlt.
[5] Die Zufügung findet sich ausschließlich in der HSS-Gruppe b (19 Bˢ 108 314), die auch an anderen Stellen sekundäre Einflüsse pln Zitate aufweist; s. o. S. 54.
[6] Zum Verhältnis von Jak 2,23 zu Röm 4 vgl. DIBELIUS, Jak 198–204.206–221 sowie LINDEMANN, Paulus 240–252 und BURCHARD, ZNW 71, 1980, 43f A 77. – Justin setzt so deutlich die pln Argumentation von Röm 4,10 voraus, daß eine Unabhängigkeit von Pls auszuschließen ist.

κύριος,[7] der der κύριος πάντων ist, πλουτῶν εἰς πάντας τοὺς ἐπικαλουμένους αὐτόν (10,12). Dem fügt Paulus als Schriftbegründung das Zitat von Joel 3,5 hinzu: πᾶς (!) γὰρ[8] ὃς ἂν ἐπικαλέσηται τὸ ὄνομα κυρίου[9] σωθήσεται (10,13). Damit stellt die Einfügung von πᾶς in das Zitat von Jes 28,16c in V 11 zugleich eine Angleichung an das Joel-Zitat in V 13 dar.[10] Beide Zitate rahmen und stützen jetzt die Aussage von V 12, und die Zufügung von πᾶς macht die Korrespondenz beider Zitate deutlich sichtbar.

4. Die umfangreichste Erweiterung eines vorgegebenen Textes begegnet in der Anführung von Gen 2,7c in 1 Kor 15,45:

Gen 2,7c
καὶ ἐγένετο ὁ ἄνθρωπος
εἰς ψυχὴν ζῶσαν.

1 Kor 15,45
ἐγένετο ὁ πρῶτος ἄνθρωπος Ἀδὰμ
εἰς ψυχὴν ζῶσαν,
ὁ ἔσχατος Ἀδὰμ
εἰς πνεῦμα ζῳοποιοῦν.

Dieses von Paulus mit οὕτως καὶ γέγραπται unzweideutig gekennzeichnete Zitat umfaßt – so wie Paulus es hier anführt – V 45 insgesamt und nicht nur V 45a. Der Zitatbeginn V 45a erfordert durch das eingeschobene πρῶτος mit Notwendigkeit die Fortsetzung durch V 45b, die jetzt ebenfalls unmittelbarer Bestandteil des Zitats ist.[11] Dem entspricht, daß die bis V 49 reichende Interpretation des Zitats erst mit V 46 einsetzt und sich durchweg auf V 45 insgesamt bezieht.[12]

---

[7] Die Argumentation von Röm 3,28–30 und 10,10–13 ist analog: Jeweils folgt aus der Bindung der δικαιοσύνη ausschließlich an den Glauben die Universalität der Geltung der δικαιοσύνη – παντὶ τῷ πιστεύοντι, was jeweils die Feststellung zur Folge hat, daß so die heilsgeschichtliche Schranke zwischen Juden und ›Heiden‹ bzw. Juden und Griechen aufgehoben ist.

[8] Die Einfügung von γάρ ist nicht als Texterweiterung, sondern als Ersatz für die hier fehlende Zitateinleitung zu werten; s. o. S. 15 A 18.

[9] Nach Röm 10,9.12 ist κύριος im Zitat von Pls eindeutig christologisch verstanden; s. auch o. S. 87f.

[10] Daß in Joel 3,5 πᾶς zum vorgegebenen Wortlaut gehört, hebt nicht auf, daß in Jes 28,16c (Röm 10,11) πᾶς eine Zufügung des Pls darstellt, mit der er in den Wortlaut der Schrift selbst eingreift. Es liegt ja keine Interpretation des (zunächst unverändert wiedergegebenen) Textes von Jes 28,16c mit Hilfe von Joel 3,5 vor (dies wäre das rabbinische Verfahren).

[11] Vgl. WEISS, 1 Kor 374: Es »muß auch zugegeben werden, daß P. die Worte ὁ ἔσχατος Ἀδὰμ εἰς πνεῦμα ζῳοποιοῦν als einen Teil des Schriftwortes behandelt«.

[12] Zum Verhältnis von V 46 zu V 44 bzw. V 45 einerseits und V 47ff andererseits vgl. WEISS, 1 Kor 375f; SCHMITHALS, Gnosis 159f; SCHWEIZER, ThWNT VI, 1959, 418; BRANDENBURGER, Adam 74f; CONZELMANN, 1 Kor 347f. Die Alternative, ob V 46 sich auf V 44 oder V 45 bezieht, ist m. E. künstlich. V 45 ist Schriftbeleg zur pln These von V 44, und V 46 zieht die – V 44 natürlich sichernde – Schlußfolgerung aus dem Zitat, zeigt also, worauf es Pls bei der Anführung des Zitats ankommt. Daher ist (gegen SCHWEIZER ebd.) in

Die Erweiterungen des zugrundeliegenden LXX-Textes bestehen aus der Einfügung von πρῶτος und Ἀδάμ[13] in den Zusammenhang von Gen 2,7c und der Anfügung von V 45b als Teil des Zitats, der jedoch ohne Textgrundlage in der LXX ist. Zur Beurteilung der Texterweiterungen sind folgende Beobachtungen wichtig:

a) Tragend für die Verwendung des Zitats in 1 Kor 15,44–49 sind jeweils diejenigen Textbestandteile, die über Gen 2,7c^{LXX} hinausgehen: die Entgegensetzung eines πρῶτος und eines ἔσχατος Ἀδάμ und die Charakterisierung des ἔσχατος Ἀδάμ als πνεῦμα ζῳοποιοῦν, durch die erst der für 1 Kor 15,45 bezeichnende Dualismus von ψυχή und πνεῦμα entsteht.[14]

b) Paulus führt beides, die Konzeption eines πρῶτος und eines ἔσχατος Ἀδάμ und auch die dualistische Entgegensetzung von ψυχή und πνεῦμα, nicht als etwas Neues ein, das etwa durch Exegese von Gen 2,7 erst zu sichern wäre. Vielmehr benutzt Paulus sofort den so erweiterten Text, um mit ihm seinerseits die Aussage von 15,44, die Zukünftigkeit des σῶμα πνευματικόν, zu begründen und zu sichern. Ein solches Vorgehen setzt voraus, daß Paulus mit dem so erweiterten Zitat an inhaltlich grundsätzlich bekannte Vorstellungen anknüpfen konnte.[15] Doch läßt das in Betracht kommende religionsgeschichtliche Vergleichsmaterial[16] nur sehr begrenzte Schlüsse auf die konkrete Gestalt der Paulus vorgegebenen Adam-Konzeption zu.

Zu nennen ist vor allem – schon aus zeitlichen Gründen, aber auch aufgrund der Verbindung mit Gen 1 f – die in Philos Auslegung von Gen 1 und 2 vorausgesetzte und von diesem bereits uminterpretierte Konzeption eines ersten (himmlischen) und eines zweiten (irdischen) Adam.[17] Nimmt man jedoch weitere Texte, wie z. B. die sog. Naassener-

---

V 46 gerade nicht σῶμα zu ergänzen, sondern die V 44 und V 45 gleichermaßen umgreifende Ausdrucksweise τὸ ψυχικόν / τὸ πνευματικόν als von Pls bewußt so gewählt zu verstehen; vgl. auch BRANDENBURGER aaO 75 A 1.

[13] Ἀ lautet nach Philoponus 273s (zitiert nach WEVERS, LXX^{Gen}): καὶ ἐγένετο ὁ Ἀδὰμ ἄνθρωπος εἰς ψυχὴν ζῶσαν, was formal der Einfügung von Ἀδάμ in 1 Kor 15,45 entspricht. Doch korrespondiert bei Pls dem πρῶτος Ἀδάμ ein ἔσχατος Ἀδάμ (ohne nochmaliges ἄνθρωπος). Bei Ἀ liegt dagegen Doppelübersetzung von אדם vor, die der Doppelfunktion von אדם als Kollektivum und als Eigenname in Gen 2 entspricht. Die Einfügung von Ἀδάμ bei Pls und bei Ἀ ist also unabhängig voneinander erfolgt.

[14] Auch ζῳοποιοῦν soll die qualitative Überlegenheit des πνεῦμα über die ψυχὴ ζῶσα zeigen.

[15] Vgl. BRANDENBURGER, Adam 72ff: Die zentrale pln These von 1 Kor 15,35ff ist in V 44b erreicht. Hieran schließt sich V 45-49 als Schriftbeweis an. Die ›Schlüssigkeit des Beweisverfahrens‹ beruht auf den Voraussetzungen, »daß es zwei entgegengesetzte Adam-Anthropoi gibt und ... daß unablöslich mit den beiden Adam-Anthropoi vorausgesetzt ist der Gegensatz von ψυχή und πνεῦμα, der sich wechselseitig bedingt« (74) – und daß dies »auch in Korinth anerkannt ist« (ebd.). Zum dualistischen Verständnis von ψυχή und ψυχικός vgl. auch ders., Fleisch 46f, 51f, 141f.

[16] Vgl. dazu umfassend BRANDENBURGER, Adam 75-157 (mit Analyse der einzelnen Texte). Zur religionsgeschichtlichen Frage vgl. außerdem CONZELMANN, 1 Kor 349-353; L. SCHOTTROFF, Glaubende 4-41 (außerdem 140-145 zu 1 Kor 15,44b-50) und die abweichende Analyse von SCHENKE, Gott passim.

[17] Philo, Op 134; Leg all I 31f; vgl. auch Quaest in Gen I 8.

Predigt,[18] hinzu, dann zeigt sich: Es handelt sich nicht um ein feststehendes Vorstellungs->System<; die Konstante dieser Spekulationen besteht weniger in den einzelnen Vorstellungsinhalten als in dem darin zum Ausdruck kommenden prä- oder frühgnostischen Welt- und Menschenverständnis.

Feststellbar ist immerhin:
a) Paulus setzt eine dualistisch geprägte Konzeption zweier sich antithetisch gegenüberstehender Adam-Anthropoi voraus, denen die seinsmäßige Dualität von ψυχή und πνεῦμα (V 45) bzw. von χοϊκός und ἐπουράνιος (V 48) entspricht.

b) Paulus setzt offenbar die Verbindung dieser Adam-Spekulation mit Gen 2 (bzw. Gen 1f) voraus.[19]

Dies läßt sich allerdings nur indirekt erschließen. Doch vollzieht Pls die Verbindung der dualistischen Vorstellung von den beiden >Adam< mit Gen 2,7 so selbstverständlich, daß an diesem Punkt noch nicht mit einem Schritt über die vorgegebene Anschauung hinaus zu rechnen ist. Zudem kann man voraussetzen, daß Pls die dualistische Adam-Konzeption durch Vermittlung des hellenistischen Judentums erhalten hat (was jedenfalls wahrscheinlicher ist als jede andere Möglichkeit); und hier war es schon vor Pls sachlich naheliegend, diese Vorstellung mit Gen 1f in Verbindung zu bringen. Dies zeigt nicht nur Philo selbst, sondern auch die von ihm in Quaest in Gen I 8 angedeutete Position. Wie diese für Pls vorauszusetzende Verbindung mit Gen 1f im einzelnen geformt war (mit Gen 1f allgemein als Schrifthintergrund? mit Gen 1,26f? oder mit 2,7?), läßt sich nicht mehr aufhellen.

c) Spezifisch für Paulus scheint dagegen zu sein, den πρῶτος Ἀδάμ als Repräsentanten der negativen Seinssphäre der ψυχή zu verstehen und statt dessen den ἔσχατος Ἀδάμ der Heilssphäre des πνεῦμα zuzuordnen. Diese Ausformung der dualistischen Adam-Konzeption ist – bislang jedenfalls – ohne Analogie in dem in Frage kommenden religionsgeschichtlichen Vergleichsmaterial,[20] entspricht jedoch voll der paulinischen Anwendung dieses Konzepts in 1 Kor 15,44–49 (vgl. V 44 und V 49 als Ausgangs- und Schlußaussage).

Diese offenbar spezifisch paulinische Form der vorgegebenen Vorstellung von den beiden >Adam< ist aber nicht nur in der Interpretation des Zitats (1 Kor 15,46–49), sondern in den Zitaterweiterungen selbst enthalten, die daher

---

[18] Hipp Ref V 6–11; Rekonstruktion: REITZENSTEIN, Studien 161–173.
[19] Sie ist natürlich nicht aus Gen 2,7 >entstanden<. Ebensowenig ist das Nebeneinander von Gen 1,27 und 2,7 für Philo der Grund für die Rede vom οὐράνιος ἄνθρωπος und dem γήϊνος ἄνθρωπος in Leg all I 31 f. Vielmehr ist die Verbindung der *zwei* ἄνθρωποι (mit der jeweiligen Zugehörigkeit zu zwei entgegengesetzten Seinssphären) mit Gen 1,27 und 2,7 deutlich sekundär; vgl. BRANDENBURGER, Adam 122. 125f; CONZELMANN, 1 Kor 351f (gegen SCHENKE, Gott 16–37. 120–143).
[20] Vgl. BRANDENBURGER, Adam 155–157; CONZELMANN, 1 Kor 353. Anders L. SCHOTTROFF aaO 142f; doch ist der Verweis auf ApkAdam (NHC V 5; Text und Übersetzung: BÖHLIG-LABIB, Apokalypsen 96–117) nicht weiterführend: Hier folgt zwar der himmlische Anthropos (Seth) auf den ersten (Adam), doch werden beide nicht in dualistischer Weise gegenübergestellt.

Zufügungen 137

ebenfalls auf Paulus zurückzuführen sind.[21] Paulus setzt also als Text durchaus Gen 2,7c[LXX] voraus, versteht ihn im Rahmen der von ihm umgeprägten dualistischen Adam-Konzeption und setzt dieses Verständnis so um, daß er es als Aussage der Schrift selbst zitiert.

5. Zwei verschiedene Zufügungen weist der Text von Ψ 68,23 in Röm 11,9 auf:

Ps 69,23[MT]	Ψ 68,23	Röm 11,9
יהי שלחנם	γενεθήτω ἡ τράπεζα αὐτῶν	γενεθήτω ἡ τράπεζα αὐτῶν
לפניהם לפח	ἐνώπιον αὐτῶν εἰς παγίδα	εἰς παγίδα καὶ εἰς θήραν
ולשלומים	καὶ εἰς ἀνταπόδοσιν	καὶ εἰς σκάνδαλον
למוקש:	καὶ εἰς σκάνδαλον.	καὶ εἰς ἀνταπόδομα αὐτοῖς.

Die Textumgestaltung von Ψ 68,23aβ ist als innergriechische Entwicklung verständlich: καὶ εἰς παγίδα wurde (bei gleichzeitiger Auslassung von ἐνώπιον αὐτῶν) durch das sinnverwandte καὶ εἰς θήραν ergänzt.[22] Ebenfalls unabhängig vom HT ist die Zufügung von αὐτοῖς nach ἀνταπόδομα erfolgt.[23]

Dagegen versucht *K. Müller* die Umgestaltung von Ψ 68,23aβ auf ein abweichendes Verständnis des HT zurückzuführen: לפניהם לפח sei in לפחם ולפח verlesen worden.[24] Diese Annahme wäre jedoch nur überzeugend, wenn der pln Wortlaut des Zitats weitere, und zwar eindeutige Merkmale einer hebraisierenden Korrektur enthielte, was jedoch nicht der Fall ist.[25]

Die Herkunft der Umgestaltungen von Ψ 68,23 ist nur mit einem gewissen Vorbehalt zu bestimmen. Immerhin zeigt die Vorordnung von σκάνδαλον in V 23b, daß Paulus in den Text eingegriffen hat.[26] Deshalb wird man auch für die übrigen Abänderungen die Möglichkeit einer paulinischen Herkunft prüfen müssen. Am ehesten ist dies für die Zufügung von αὐτοῖς wahrscheinlich zu machen. Zum einen entspricht αὐτοῖς in Röm 11,9b der analogen Zitatabände-

---

[21] Die an sich durchaus zu erwägende Möglichkeit, Pls habe das Zitat (wie z. B. das von 1 Kor 2,9) aus der mündlichen Schriftverwendung übernommen, kommt hier also nicht in Betracht.
[22] Die Zuordnung von παγίς und θήρα liegt auch in Ψ 34,8 vor, vgl. auch Prv 11,8f.
[23] Daß in NTGr[25] und NTGr[26] αὐτοῖς – anders als καὶ εἰς θήραν –als Teil des vorgegebenen Wortlauts behandelt wird, ist also unrichtig.
[24] K. MÜLLER, Anstoß 21–23.
[25] Schon daß das Personalsuffix des als Vorlage postulierten לפחם keine Entsprechung hat, spricht gegen eine hebraisierende Überarbeitung, ebenso die Beibehaltung von καί vor εἰς σκάνδαλον. Auch der Hinweis auf die Verwendung von ἀνταπόδομα anstelle von ἀνταπόδοσις ist nicht überzeugend. Im Pentateuch, Ψ und den prophetischen Büchern begegnen ἀνταπόδοσις und ἀνταπόδομα etwa gleich häufig. Nur Sir zeigt eine deutliche Vorliebe für ἀνταπόδομα. ᾿Α, Σ und Θ verwenden dagegen ganz selbstverständlich ἀνταπόδοσις.
[26] S. o. S. 106.

rung in Röm 11,8 (Dtn 29,3).²⁷ Zum anderen zeigt sich eine deutliche Übereinstimmung von εἰς σκάνδαλον ... αὐτοῖς mit der Verwendung von σκάνδαλον in 1 Kor 1,23: 'Ιουδαίοις μὲν σκάνδαλον. Σκάνδαλον beschreibt für Paulus die objektive Wirkung der Verkündigung des Gekreuzigten – und zwar an Israel.²⁸ Angesichts der betonten Setzung der Dative in 1 Kor 1,23f ('Ιουδαίοις / ἔθνεσιν / αὐτοῖς δὲ τοῖς κλητοῖς)²⁹ ist αὐτοῖς in Röm 11,9 als paulinische Zufügung voll verständlich. Inhaltlich ist in Röm 11,9 – schon weil Paulus hier einen vorgegebenen Text aufgreift – das für Israel bestehende σκάνδαλον anders gefaßt als in 1 Kor 1,23: Die Verblendung Israels (bzw. der verstockten »λοιποί« [Röm 11,7]) besteht darin, daß gerade das, worauf Israel seine Heilszuversicht in besonderer Weise gründet, die τράπεζα – und d. h.: der Kult³⁰ –, ihm zum Verhängnis wird.³¹

Nicht sicher zu beantworten ist dagegen die Frage, ob die Zufügung von καὶ εἰς θήραν (bei gleichzeitiger Auslassung von ἐνώπιον αὐτῶν) ebenfalls auf Paulus zurückgeht. Für Paulus wäre V 23a^LXX auch in unveränderter Form durchaus verwendbar gewesen, und ein besonderes inhaltliches Interesse an εἰς θήραν ist (anders als an εἰς σκάνδαλον ... αὐτοῖς) nicht erkennbar. Die stilistische Verbesserung, die diese Abänderung darstellt, ist auch als vorpaulinische Textentwicklung denkbar.³²

6. Die Erweiterung von Prv 3,4 in 2 Kor 8,21 entspricht der Verwendung des Zitats³³ durch Paulus:

---

²⁷ Dort hat Pls ὑμῖν durch αὐτοῖς ersetzt und vorangestellt; s. o. S. 111.
²⁸ Vgl. auch Röm 9,33, wo Pls – nach der Feststellung: 'Ισραήλ ... εἰς νόμον οὐκ ἔφθασεν (9,31) – in das Zitat Jes 28,16 den Zitatausschnitt aus Jes 8,14 einfügt und so Christus für Israel als πέτρα σκανδάλου bezeichnet. Der Aussage von Röm 9,31 entspricht Röm 11,7: ὃ ἐπιζητεῖ 'Ισραήλ, τοῦτο οὐκ ἐπέτυχεν.
²⁹ Vgl. dazu einerseits WILCKENS, Weisheit 21–23, andererseits CONZELMANN, 1 Kor 59–61.67f.
³⁰ Zur umstrittenen Interpretation von τράπεζα in Röm 11,8 vgl. MICHEL, Röm 342; KÄSEMANN, Röm 292; WILCKENS, Röm II 239 und K. MÜLLER, Anstoß 23–27. Fragt man nach dem pln Verständnis, ist die Beobachtung ausschlaggebend, daß Pls in 1 Kor 10,21 in eindeutig kultischem Sinn von der τράπεζα κυρίου und der τράπεζα δαιμονίων spricht. Daher ist im Sinne des Pls eher an den jüdischen Opferkult zu denken (so Käsemann, Wilckens) als an die Tischgemeinschaft allgemein (so Michel) oder die – verdienstliche – Tischgemeinschaft mit den Armen (dazu vgl. MÜLLER aaO 24–27).
³¹ Inhaltlich bleibt das jedoch unausgeführt, da Pls diesen Aspekt des Zitats ab 11,11 nicht weiterverfolgt. Daraus ist aber nicht zu schließen, daß für Pls Ψ 68,23 überhaupt keine inhaltliche Bedeutung hatte. Fragt man, wie Pls den Zusammenhang von Kult und σκάνδαλον inhaltlich gedacht hat, wird man die Aussagen von Röm 10,2f über Israels ζῆλος θεοῦ zu berücksichtigen haben.
³² LUZ, Geschichtsverständnis 98 führt die Zufügung von καὶ εἰς θήραν auf ein vorpln christliches Florilegium zurück (aufgenommen von KÄSEMANN, Röm 292 und WILCKENS, Röm II 238). Doch gibt es keine zusätzlichen Hinweise für eine derartige Annahme.
³³ Zum Zitatcharakter s. o. S. 15 (A 18).18.

Prv 3,4
καὶ προνοοῦ καλὰ
ἐνώπιον κυρίου
καὶ ἀνθρώπων.

2 Kor 8,21
προνοοῦμεν γὰρ καλὰ
οὐ μόνον ἐνώπιον κυρίου
ἀλλὰ καὶ ἐνώπιον ἀνθρώπων.

In dem Empfehlungsschreiben von 2 Kor 8 für Titus und die beiden »Brüder«[34] begründet Paulus deren Beauftragung mit der Absicht, μή τις ἡμᾶς μωμήσηται ἐν τῇ ἁδρότητι ταύτῃ τῇ διακονουμένῃ ὑφ' ἡμῶν (2 Kor 8,20). Dies ergänzt Paulus durch die Anführung von Prv 3,4. Dem μή τις μωμήσηται entspricht die Einfügung von οὐ μόνον ... ἀλλά: Die zusätzliche Beauftragung von Gemeindeabgesandten soll menschliche Mißdeutungen ausschließen.

7. In Röm 12,19 (Dtn 32,35) und 1 Kor 14,21 (Jes 28,11f) ist am Ende des Zitats jeweils λέγει κύριος hinzugefügt. Diese Erweiterung dient der Verstärkung der Zitataussage, die so ausdrücklich als direkte Gottesrede bezeichnet wird. Dies entspricht in 1 Kor 14,21 der Umsetzung des Zitats in die 1. Pers. Sing.[35] Daher wird man auch in Röm 12,19 die Zufügung von λέγει κύριος auf Paulus zurückführen können, zumal sie in der von Paulus unabhängigen Anführung von Dtn 32,35 in Hebr 10,30 fehlt.[36]

8. Eindeutig paulinisch ist die Voranstellung von κύριε in Röm 11,3 (III Reg 19,10), die in Analogie zu Jes 53,1 (Röm 10,16) erfolgte;[37] wahrscheinlich auf Paulus zurückzuführen ist auch die Zufügung von αὐτῷ in Röm 11,35 (Hi 41,3a – nach ἀνταποδοθήσεται),[38] während die Herkunft von ἐμαυτῷ in Röm 11,4 (III Reg 19,18) nicht sicher zu beurteilen ist.[39]

5. Austausch von Zitatteilen durch eigene Formulierungen

Neben den freien Zufügungen gehören die Abänderungen des Wortbestandes zu den auffälligsten Umgestaltungen in den Schriftzitaten des Paulus. Zunächst sind diejenigen Abänderungen zu analysieren, die nicht auf Einwirkung oder Benutzung anderer Schriftstellen zurückzuführen sind. Diese Abweichungen vom überlieferten LXX-Text entsprechen in der überwiegenden Zahl der Fälle so

---

[34] Zur literarkritischen Beurteilung von 2 Kor 8 s. o. S. 90 A 11.
[35] S. o. S. 111 f.
[36] Zur Zitatform, die auf mündliche Überlieferung hinweist, s. o. S. 77 f. In Röm 12,19 könnte die Zufügung von λέγει κύριος durch die Kürze des Zitats veranlaßt sein. Jedenfalls gewinnt Dtn 32,35a durch diese Ergänzung gegenüber dem wesentlich umfangreicheren Zitat, das in 12,20 folgt (Prv 25,21 f), ein eigenständiges Gewicht. Anders beurteilt ELLIS, Use 107–112; ders., Prophecy 182–187 die Zufügung von λέγει κύριος; dazu s. u. S. 246 f.
[37] S. o. S. 87.
[38] S. o. S. 73.
[39] S. o. S. 76 A 92.

präzise dem eigenen Sprachgebrauch des Paulus bzw. der Absicht, die bei der Anführung des Zitats leitend ist, daß der Rekurs auf eine abweichende LXX-Vorlage als Erklärung nicht ausreicht.

Versucht man, die Änderungen des Wortbestandes zu gruppieren, dann heben sich einige Fälle heraus, die als Angleichungen an den paulinischen Sprachgebrauch zu bewerten sind. Dem stehen Änderungen gegenüber, die Teil einer das ganze Zitat betreffenden Neuinterpretation sind und die jetzige Verwendung des Zitats überhaupt erst ermöglichen. Eine Mittelstellung nehmen diejenigen Umgestaltungen ein, in denen die jeweilige Abänderung des Wortbestandes als solche noch keine grundlegende Neuinterpretation, sondern höchstens eine Akzentuierung darstellt, die jedoch ebenfalls im Zusammenhang mit der Funktion des Zitats im paulinischen Kontext steht.

a) Änderungen des Wortbestandes als Angleichung an den eigenen Sprachgebrauch

1. Ohne jede Sinndifferenz ist der Austausch von ἕως τῆς ἡμέρας ταύτης (Dtn 29,3) durch ἕως τῆς σήμερον ἡμέρας in Röm 11,8 und von ὑποκάτω durch bloßes ὑπό bei der Anführung von Ψ 8,7 in 1 Kor 15,27. In beiden Fällen ist vorpaulinische Herkunft zwar grundsätzlich nicht auszuschließen. Doch ist die LXX-Überlieferung beider Zitate hier jeweils völlig einheitlich, und der geänderte Wortlaut fügt sich glatt in den paulinischen Sprachgebrauch ein.[1]

2. Auch für die Abänderung von Prv 22,8c^LXX in 2 Kor 9,7 wird man eher paulinische Herkunft anzunehmen haben:

Prv 22,8c

ἄνδρα ἱλαρὸν καὶ δότην
εὐλογεῖ[2] ὁ θεός.

2 Kor 9,7

ἱλαρὸν γὰρ δότην
ἀγαπᾷ ὁ θεός.

Als Handeln Gottes begegnet εὐλογεῖν bei Paulus nur in Gal 3,9 (und auch dort nur im Passiv!), wo es jedoch durch das vorangegangene Zitat Gen 12,3 (Gal 3,8) bedingt ist, während ἀγαπᾶν (bzw. ἀγάπη) für Paulus der angemessene Ausdruck für das gegenwärtige Handeln Gottes bzw. seine Heilstat in Christus ist.[3]

---

[1] Zu ἡ σήμερον ἡμέρα vgl. 2 Kor 3,14: ἄχρι τῆς σήμερον ἡμέρας. Ὑποκάτω fehlt bei Pls völlig. Auch für eine vorpln-christliche Herkunft der Abänderung von ὑποκάτω zu ὑπό in Ψ 8,7 sind keine Anzeichen vorhanden. Zwar führt Eph 1,22 Ψ 8,7 in wörtlich identischer Form mit 1 Kor 15,27 an, doch liegt hier keine von Pls unabhängige Verwendung vor. Die einzige weitere Anführung von Ψ 8,7 – Hebr 2,8 – hat ὑποκάτω. Von Mk 12,36 an ist zwar eine Beeinflussung von Ψ 109,1 durch Ψ 8,7 festzustellen (ὑποκάτω anstelle von ὑποπόδιον; ebenso Mt 22,44), doch wird auch in Ψ 109,1 an keiner Stelle bloßes ὑπό verwendet.

[2] Zum textkritischen Befund s. o. S. 57.

[3] Ἀγαπᾶν als Tun Gottes begegnet zwar ausdrücklich nur in Röm 9,13 (im Zitat von

3. In der Wiedergabe von Ex 9,16 in Röm 9,17 begegnen – neben anderen, inhaltlich bedingten Umgestaltungen[4] – zwei Änderungen des Wortbestandes, durch die das Zitat dem Sprachgebrauch des Paulus angenähert wird, jedoch z. T. auch eine begrenzte inhaltliche Akzentuierung erfolgt:

Ex 9,16   Röm 9,17
καὶ ἕνεκεν τούτου διετηρήθης,   εἰς αὐτὸ τοῦτο ἐξήγειρά σε,
ἵνα ἐνδείξωμαι ἐν σοὶ   ὅπως ἐνδείξωμαι ἐν σοὶ
τὴν ἰσχύν[5] μου...   τὴν δύναμίν μου...

Die Verwendung von δύναμις entspricht dem paulinischen Sprachgebrauch, in dem ἰσχύς völlig fehlt.[6] Da ἰσχύς im hellenistischen Griechisch nur noch selten gebraucht wird,[7] ist diese Abänderung primär als sprachliche Umgestaltung zu beurteilen.

Ähnlich ist der Austausch von ἕνεκεν τούτου durch εἰς αὐτὸ τοῦτο zu bewerten: ἕνεκεν τούτου fehlt bei Paulus völlig,[8] während εἰς αὐτὸ τοῦτο ebenfalls in Röm 13,6 und 2 Kor 5,5 begegnet.[9] Darüber hinaus entspricht die Verwendung des eindeutig finalen εἰς αὐτὸ τοῦτο anstelle des stärker kausalen ἕνεκεν τούτου den weiteren Zitatabänderungen, die aus inhaltlichen Gründen erfolgten.[10]

4. In Röm 9,9 zitiert Paulus Gen 18,14, wobei der Wortlaut von dem sachlich parallelen Text Gen 18,10 beeinflußt ist.[11] Unabhängig von der Frage nach der

---

Mal 1,2) und 1Thess 1,4 (ἀδελφοὶ ἠγαπημένοι ὑπὸ τοῦ θεοῦ), s. auch Röm 9,25 (daneben von der Tat Christi Gal 2,20 und Röm 8,37). Doch vgl. die mehrfach begegnende Wendung von der ἀγάπη τοῦ θεοῦ (Röm 5,5; 8,39; 2 Kor 13,13; s. auch Röm 5,8; daneben ἡ ἀγάπη τοῦ Χριστοῦ: Röm 8,35).

[4] S. u. S. 150f.
[5] So der Text von B M^c etc., während A M* etc. δύναμιν lesen (vollständige Anführung der Textzeugen: s. o. S. 54); ἰσχύν hat als der ursprünglichere Text zu gelten, da נס in der LXX in der weitaus überwiegenden Zahl aller Fälle mit ἰσχύς und nicht mit δύναμις wiedergegeben wird; vgl. GRUNDMANN, ThWNT II, 1935, 288.
[6] Mit pln Herkunft von δύναμις rechnet auch LUZ, Geschichtsverständnis 90 (mit A 258); vgl. auch SCHLIER, Röm 296.
[7] Vgl. GRUNDMANN, ThWNT III, 1938, 400; daher ist eine vorpln Änderung grundsätzlich nicht auszuschließen. Andererseits hat Pls noch mehrfach in den Text von Ex 9,16 eingegriffen, so daß die Annahme pln Herkunft näherliegend ist.
[8] Pls verwendet stattdessen διὰ τοῦτο (zur inhaltlichen Überschneidung vgl. BDR § 216 A 1; 222.2a), so Röm 1,26; 4,16; 5,12 u. a. (insgesamt 13mal).
[9] Vgl. auch die Verwendung von εἰς τοῦτο in Röm 14,9; 2 Kor 2,9; 1 Thess 3,3 und von αὐτὸ τοῦτο in 2 Kor 7,11; Gal 2,10; Phil 1,6.
[10] Der Unterschied zwischen einer eher begründenden und einer stärker finalen Interpretation des Handelns Gottes ist natürlich nur graduell. Dennoch ist bemerkenswert, daß Pls ἕνεκεν τούτου eben nicht durch διὰ τοῦτο (s. A 8) ersetzt. Zu den übrigen Zitatabänderungen s. u. S. 150f.
[11] S. u. S. 172 (mit Textgegenüberstellung).

142   *III. Wörtlichkeit und Freiheit in der Zitatwiedergabe*

Vorlage des Paulus (ἀναστρέψω [so Gen 18,14] oder ἥξω [so Gen 18,10]?) ist für ἐλεύσομαι paulinische Herkunft anzunehmen: Bei isolierter Anführung des Zitats war ἀνα(!)στρέψω funktionslos,[12] und ἥκω fehlt bei Paulus überhaupt.[13]

5. Neben diesen Änderungen, die eine Angleichung an den paulinischen Sprachgebrauch darstellen, sind in zwei anderen Fällen stilistische Gründe als Ursache für die Veränderung des Wortbestandes zu erkennen: In 2 Kor 8,15 verstärkt die Verwendung von ὀλίγον (Ex 16,18: ἔλαττον) die Parallelität der beiden Zitatglieder (2 Kor 8,15: ὁ τὸ πολύ – ὁ τὸ ὀλίγον),[14] und in Gal 3,12 bzw. Röm 10,5 ist die Abänderung des relativischen ἅ von Lev 18,5 (ἃ ποιήσας αὐτά[15] ἄνθρωπος) in den Artikel (ὁ [!] ποιήσας αὐτὰ [ἄνθρωπος]) durch die isolierte Zitierweise bedingt.[16]

6. Dagegen muß in Röm 9,27 (ὑπόλειμμα anstelle von κατάλειμμα [Jes 10,22]);[17] 9,33 (σκανδάλου anstelle von πτώματος [?; Jes 8,14]);[18] 11,9 (ἀνταπόδομα anstelle von ἀνταπόδοσις [Ψ 68,23]);[19] 1 Kor 9,9 (κημώσεις anstelle von φιμώσεις [Dtn 25,4])[20] und 2 Kor 9,10 (σπόρον anstelle von σπέρμα [Jes 55,10]) die Herkunft der Änderung des Wortbestandes offenbleiben.

---

[12] Auch die jetzt funktionslosen Zitatteile πρὸς σέ und εἰς ὥρας sind ausgelassen; s. o. S. 116.

[13] Abgesehen von dem Zitat Jes 59,20 in Röm 11,26; mit pln Herkunft von ἐλεύσομαι rechnet auch MICHEL, Röm 301.

[14] Dem entspricht die Vorordnung von ὁ τὸ πολύ. Wie für diese Umstellung (s. o. S. 108) so ist auch für die Verwendung von ὀλίγον pln Herkunft durchaus wahrscheinlich.

[15] Αὐτά ist schon vorgegeben; s. o. S. 52 A 20.

[16] S. o. S. 54 A 28.

[17] In Röm 9,27 ist trotz der breiten Bezeugung κατάλειμμα (lediglich א* A B 81 1739^vl lesen ὑπόλειμμα) als Angleichung an Jes 10,22^LXX, wo κατάλειμμα einheitlich überliefert ist, zu beurteilen. Ein Unterschied in der Verwendung ist schon in der LXX nicht feststellbar; vgl. Jes 14,22.30; Mi 4,7; 5,7f; s. auch SCHRENK, ThWNT IV, 1942, 199f.

[18] S. o. S. 60.

[19] In Röm 11,9 ist ἀνταπόδομα einheitlich bezeugt, während in Ψ 68,23 einheitlich ἀνταπόδοσις überliefert ist. Zur Verwendung von ἀνταπόδοσις und ἀνταπόδομα s. o. S. 137 A 25.

[20] In 1 Kor 9,9 lesen B* D* F G 1739 κημώσεις, während die gesamte übrige Überlieferung φιμώσεις hat. Dennoch ist φιμώσεις als Angleichung an den (völlig einheitlichen bezeugten) LXX-Text zu bewerten.
Κημοῦν (von κημός ›Maulkorb‹) ist unliterarisch (nur Xenoph Eq 5,3; dort zusammen mit κημός) und fehlt auch in der LXX. Φιμοῦν (von φιμός ›Knebel‹) ist etwas häufiger und wird gebraucht a) im Sinne von ›fesseln, binden‹, so Aristoph Nu 592; Sus 61; 4 Makk 1,35; technisch ist der Gebrauch in den Zauberpapyri (im Sinne von ›knebeln‹), so PREISENDANZ, Zauberpapyri II 168 (XXXI 164); vgl. auch II 42 (VII 966); II 51 (IX 4); b) allgemeiner im Sinne von ›zum Verstummen bringen‹ (Pass.: ›verstummen‹), so Josephus, Bell I 16.438; Mt 22,12.34; 1 Petr 2,15; auch Mk 1,25, 4,39 (dort neben σιωπᾶν) ist φιμοῦσθαι im Sinne von ›verstummen‹ verwendet; vgl. auch KOCH, Bedeutung 57 A 11. – Κημοῦν stellt also für den in Dtn 25,4 gemeinten Vorgang die präzisere Ausdrucksweise dar, doch ermöglicht dies keine Entscheidung über die Herkunft der Änderung.

b) Änderungen des Wortbestandes als Mittel der Akzentuierung

1. In der Anführung von Jes 52,5 in Röm 2,24 ersetzt Paulus τὸ ὄνομά *μου* durch τὸ ὄνομα *τοῦ θεοῦ*.[1] Eine derartige Zitatabänderung begegnet bei Paulus nur hier[2] und erfolgte, um den unmittelbaren Bezug des Zitats auf Röm 2,23 (διὰ τῆς παραβάσεως τοῦ νόμου τὸν θεὸν [!] ἀτιμάζεις) hervorzuheben. Jes 52,5 wäre selbstverständlich für Paulus auch im unveränderten Wortlaut der LXX verwendbar gewesen, aber die Umformulierung verdeutlicht, worauf es ihm bei der Anführung dieses Textes ankommt.[3]

2. Zwei verschiedene Änderungen des Wortbestandes, die eine Akzentverschiebung der Zitataussage zur Folge haben, liegen – neben anderen Umgestaltungen[4] – in der Wiedergabe von Jes 59,7f (Röm 3,15–17) vor:

Jes 59,7f

(7) οἱ δὲ πόδες αὐτῶν
ἐπὶ πονηρίαν τρέχουσι
ταχινοὶ ἐκχέαι αἷμα...
(8) καὶ ὁδὸν εἰρήνης οὐκ
οἴδασι.[5]

Röm 3,15–17

(15) *ὀξεῖς* οἱ πόδες αὐτῶν

ἐκχέαι αἷμα...
(17) καὶ ὁδὸν εἰρήνης οὐκ
ἔγνωσαν.

Ein inhaltliches Interesse kann für die Abänderung von οἴδασι in ἔγνωσαν angenommen werden. Zwar ist die Bedeutung von εἰδέναι und γινώσκειν häufig nicht scharf zu trennen,[6] doch sind unterschiedliche Schwerpunkte in der Verwendung durchaus vorhanden. Während bei εἰδέναι der Gesichtspunkt des inhaltlichen Wissens stärker im Vordergrund steht,[7] enthält γινώσκειν darüber hinaus das Moment der Anerkenntnis und des Gehorsams,[8] was der Zielrichtung der Zitatkombination Röm 3,10–18 insgesamt voll entspricht.[9]

---

[1] Und nicht durch τὸ ὄνομα τοῦ κυρίου, obwohl dies vom Kontext in Jes 52 her nahegelegen hätte; dazu s. o. S. 87.
[2] Sonst begegnen nur Abänderungen der Person oder des Numerus von Pronomen (s. o. S. 110–113). Umgekehrt ist in Röm 15,9 (Ψ 17,50) τῷ ὀνόματί σου (und ἐξομολογήσομαί σοι) unverändert beibehalten.
[3] Der gleichen Absicht dient die betonte Voranstellung von τὸ ὄνομα; s. o. S. 105.
[4] S. o. S. 106.116.119.
[5] A sowie einige alexandrinische und hexaplarische HSS lesen ἔγνωσαν, während οἴδασι von der Mehrheit der Textzeugen (u. a. P⁹⁶⁵ B S Q^xt V) vertreten wird.
[6] Vgl. SEESEMANN, ThWNT V, 1954, 120.
[7] Bes. deutlich bei Pls im häufigen Gebrauch von οἶδα / οἴδαμεν ὅτι und οὐκ οἴδατε ὅτι.
[8] Vgl. BULTMANN, ThWNT I, 1933, 696–700. 702–708. Ein instruktives Beispiel für das Nebeneinander und die Differenzierung von εἰδέναι und γινώσκειν (sowie γινώσκεσθαι!) bietet 1 Kor 8,1–4. Vgl. auch Röm 3,17 mit 3,19.
[9] Vgl. den Beginn mit οὐκ ἔστιν δίκαιος und den Abschluß οὐκ ἔστιν φόβος θεοῦ κτλ. Mit pln Herkunft von ἔγνωσαν (und Rückwirkung auf A etc.) rechnet auch ZIEGLER, LXX^Jes 27.

Dagegen ist für den Austausch von ταχινοί durch ὀξεῖς keine sichere Entscheidung möglich. Zwar stellt ὀξεῖς eine sprachliche Verstärkung dar,[10] die der paulinischen Verwendung zumindest entgegenkommt; zudem hat Paulus ὀξεῖς betont vorangestellt.[11] Doch begegnet ὀξύς bei Paulus nur hier,[12] so daß eine paulinische Herkunft nicht positiv begründbar ist.

3. In Röm 9,20 gibt Paulus das Zitat aus Jes 29,16 in einer am Schluß veränderten Form wieder:

Jes 29,16b   Röm 9,20

μὴ ἐρεῖ τὸ πλάσμα τῷ πλάσαντι·   μὴ ἐρεῖ τὸ πλάσμα τῷ πλάσαντι·
οὐ σύ με ἔπλασας;   τί με ἐποίησας οὕτως;

Die Abänderung in Röm 9,20 stellt gegenüber Jes 29,16[LXX] keine Sinnverschiebung dar, jedoch eine – im Sinne des Paulus – inhaltlich präzisere Fassung der Pointe des Zitats. Nach den Aussagen über Gottes Erwählungs- und Verwerfungsmacht in 9,14–18 will Paulus den Einwand abwehren, daß damit Gottes Gerichtshandeln die Grundlage entzogen ist. Gerade weil der Mensch Geschöpf Gottes ist, kann er so mit Gott nicht rechten (V 20a). Das unterstreicht Paulus durch die Anführung von Jes 29,16. Der Zitatschluß mit τί ... οὕτως bringt dabei deutlicher als der LXX-Wortlaut zum Ausdruck, daß das Geschöpf auch seine Geschöpflichkeit als solche Gott nicht entgegenhalten kann.[13]

In die gleiche Richtung weist die Verwendung von ἐποίησας anstelle von ἔπλασας. In Jes 29,16c ist ἐποίησας zwar wörtlich vorgegeben, und Paulus hat es von dorther übernommen.[14] Aber daß er bei der Umgestaltung von V 16b zusätzlich ἔπλασας durch ἐποίησας ersetzte, bewirkt eine Verdeutlichung des Zusammenhangs mit dem Schöpfungshandeln Gottes.[15]

---

[10] Ὀξύς (Hauptbedeutung: ›spitz, scharf‹) wird auch im Sinne von ›schnell‹ gebraucht, vgl. LSJ, Wb. 1236 s. v.; LXX: Am 2,15; Hab 1,8, wo es jeweils im Sinne äußerster Schnelligkeit verwendet ist.

[11] S. o. S. 106.

[12] Im NT begegnet ὀξύς sonst nur noch in Apk, dort jedoch ausschließlich in der Bedeutung ›spitz, scharf‹.

[13] Dies macht auch verständlich, warum Pls lediglich Jes 29,16b zitiert, diesen Textteil jedoch verändert und das Zitat nicht auf V 16c (... οὐ συνετῶς με ἐποίησας) ausdehnt, obwohl er – wie die Verwendung von ἐποίησας zeigt – auch V 16c gelesen hat. Τί ... οὕτως formuliert grundsätzlicher, daß hier die Geschöpflichkeit als solche – illegitimerweise – Gott gegenüber als Argument gebraucht wird. – Auf Jes 45,9 (τί ποιεῖς) braucht τί ἐποίησας in Röm 9,20 nicht zurückgeführt zu werden (vgl. BRAUN, ThWNT VI, 1959, 261), da bes. οὕτως nicht von dort her zu erklären ist.

[14] Die Übernahme von ἐποίησας aus V 16c zeigt zugleich, daß die Umgestaltung von V 16b auf Pls zurückgeht: Sie war erst bei isolierter Anführung von V 16b möglich, bei der ἐποίησας schon hier verwendet werden konnte.

[15] Πλάσσειν von Gottes Schöpfungshandeln begegnet bei Pls nur hier. Zum ποιεῖν Gottes bei Pls vgl. BRAUN, ThWNT VI, 1959, 462f.

4. Noch umfangreicher ist die Umgestaltung von Ψ 13,1 f in Röm 3,10 f:

Ψ 13,1 f

(1c) οὐκ ἔστιν ποιῶν χρηστότητα,
οὐκ ἔστιν ἕως ἑνός.
(2) κύριος ἐκ τοῦ οὐρανοῦ
διέκυψεν ἐπὶ τοὺς υἱοὺς τῶν ἀνθρώπων τοῦ ἰδεῖν
εἰ ἔστιν συνίων
ἢ ἐκζητῶν τὸν θεόν.

Röm 3,10 f

(10) οὐκ ἔστιν δίκαιος
οὐδὲ εἷς,

(11) οὐκ ἔστιν ὁ συνίων,
οὐκ ἔστιν ὁ ἐκζητῶν τὸν
θεόν.

Die Abänderung von ποιῶν χρηστότητα (Ψ 13,1 c) in Röm 3,10 ist zunächst stilistisch bedingt. In Röm 3,12 b.c übernimmt Paulus unverändert den mit Ψ 13,1 c völlig identischen Wortlaut von Ψ 13,3 b. Da er zugleich Ψ 13,2 erheblich verkürzt, war eine Umformulierung von Ψ 13,1 c kaum zu umgehen.[16] Nicht überraschend ist es, daß der von Paulus selbständig umgestaltete Zitatbeginn dem Gesamtzusammenhang von Röm 3,10-18 sehr genau entspricht. Οὐκ ἔστιν δίκαιος faßt programmatisch die Gesamtaussage von Röm 3,10-18 zusammen und korrespondiert sowohl der Ausgangsfeststellung von Röm 3,9 (᾿Ιουδαίους τε καὶ Ἕλληνας πάντας ὑφ᾿ ἁμαρτίαν εἶναι) als auch der Schlußfolgerung, die Paulus in 3,20 aus der Zitatkombination zieht: διότι ἐξ ἔργων νόμου οὐ δικαιωθήσεται πᾶσα σὰρξ ἐνώπιον αὐτοῦ.[17]

Die Abänderungen in der Wiedergabe von Ψ 13,2 b sind durch die Auslassung von Ψ 13,2 a bedingt. Bei der dadurch erforderlichen Umgestaltung geht Paulus einen sehr einfachen, rhetorisch jedoch recht wirkungsvollen Weg. Er gestaltet unter Aufnahme des in Ψ 13,1 c vorgegebenen οὐκ ἔστιν zwei kurze, zu 13,1 c parallele selbständige Sätze (Röm 3,11), so daß der Beginn der Zitatkombination Röm 3,10-18 in V 10-12 durch das insgesamt fünfmalige οὐκ ἔστιν eine erhebliche rhetorische Qualität gewinnt.[18]

5. Einen Grenzfall zwischen Akzentuierung der vorgegebenen Zitataussage und Neuinterpretation stellt die Abänderung von ἐν τῇ οἰκουμένῃ ὅλῃ in ἐπὶ τῆς γῆς bei der Wiedergabe von Jes 10,23 in Röm 9,28 dar:[19]

---

[16] In Ψ 13,1-3 ist die Doppelung von οὐκ ἔστιν ποιῶν χρηστότητα keineswegs störend. Diese verallgemeinernde Schlußfolgerung folgt jeweils auf konkretere Einzelaussagen (V 1 a.b / V 2.3 a), die bei Pls jedoch weitgehend fehlen (s. o. S. 118 f).
[17] Auf den Zusammenhang mit Röm 3,20 weist auch ZEHRER, Psalmenzitate 163 f hin.
[18] Umgekehrt hat Pls οὐκ ἔστιν ἕως ἑνός (Ψ 13,1 c) in οὐδὲ εἷς umgewandelt (Röm 3,10-in 3,12 dagegen beibehalten), so daß es zu keiner rein mechanischen Wiederholung von οὐκ ἔστιν kommt.
[19] Zur Textvorlage s. o. S. 82 f; zur Umgestaltung des Zitatbeginns s. u. S. 167 f.

Jes 10,22f^MT	Jes 10,22f^LXX	Röm 9,27f
כי אם יהיה	καὶ ἐὰν γένηται	ἐὰν ᾖ ὁ ἀριθμὸς
עמך ישראל	ὁ λαὸς Ἰσραὴλ	τῶν υἱῶν Ἰσραὴλ
כחול	ὡς ἡ ἄμμος	ὡς ἡ ἄμμος
הים	τῆς θαλάσσης,	τῆς θαλάσσης,
שאר	τὸ κατάλειμμα	τὸ ὑπόλειμμα
ישוב בו	σωθήσεται·	σωθήσεται·
כליון	λόγον γὰρ συντελῶν	(28) λόγον γὰρ συντελῶν
חרוץ	καὶ συντέμνων	καὶ συντέμνων
שוטף צדקה:	[ἐν δικαιοσύνῃ	
כי כלה	(23) ὅτι λόγον	
ונחרצה	συντετμημένον]	
אדני יהוה	ποιήσει ὁ θεὸς	ποιήσει
צבאות עשה	(B V: κύριος)	κύριος
בקרב כל הארץ:	ἐν τῇ οἰκουμένῃ ὅλῃ.	ἐπὶ τῆς γῆς.

Jes 10,20–23 ist als kritische Weiterführung des jesajanischen Restgedankens zu verstehen:[20] Aus Israel wird nur ein Rest verschont werden, nur dieser Rest wird umkehren und sich auf den »Heiligen Israels«, den »starken Gott« verlassen (V 20f). Diese Reduktion Israels auf einen geringen Rest wird in V 21f als Gerichtshandeln Jahves geschildert, das dieser »inmitten der ganzen Erde«[21] durchführen wird.

Die LXX-Übersetzung behält die Restaussagen durchaus bei, hebt jedoch den positiven Gesichtspunkt der Rettung des Restes hervor (vgl. V 22: τὸ κατάλειμμα σωθήσεται – als Wiedergabe von שאר ישוב בו). Diesem Verständnis entspricht die Wiedergabe des sprachlich schwierigen Textes von V 22c.23. Der LXX-Übersetzer sieht hierin keine V 20–22b abschließende Gerichtsankündigung, sondern eine Bekräftigung der Ankündigung von V 22a.b. Gott wird die Rettung des Restes in Kürze durchführen – und zwar, wie der Übersetzer aufgrund seiner Diasporasituation verdeutlichend sagt, ἐν τῇ οἰκουμένῃ ὅλῃ. Bis zu diesem Tage wird der ›Rest Israels‹ weiter wachsen (vgl. V 20^LXX). Der Übersetzer hebt also damit den weltweiten Rahmen des rettenden Handelns Gottes hervor.

Den Sinn von V 22c.23 mußte der LXX-Übersetzer z. T. erraten. כליון (›Vertilgung‹)[22] hat er offenbar von כלה (Kal: ›vollendet, fertig sein‹; Piel: ›vollenden‹) her verstanden und daher mit συντελεῖν wiedergegeben.[23] Auch חרץ ist ihm in der hier vorliegenden

---

[20] Zur Analyse und Interpretation von Jes 10,20–23 vgl. KAISER, Jes I 117f; WILDBERGER, Jes I 412–416.
[21] Dazu vgl. WILDBERGER, Jes I 415.
[22] Vgl. KB, Wb. ³II 456 s. v.; כליון begegnet nur noch Dtn 28,65.
[23] Vgl. die Verwendung von συντελεῖν in Jes 28,22.

Bedeutung ›festsetzen, beschließen‹ nicht vertraut,[24] wie die Wahl von συντέμνειν zeigt.[25] Λόγον ist dagegen freie Ergänzung des Übersetzers,[26] der andererseits שׁוטף nicht mehr in den Satz integrieren konnte und daher ersatzlos überging.[27] Die einmal gefundene Übersetzung wird dann in V 23 (und der verwandten Stelle 28,22)[28] weiterverwendet.[29]

Für das Verständnis des griechischen Textes ist davon auszugehen, daß die beiden Partizipien συντελῶν und συντέμνων, die hier anstelle von finiten Verben stehen, als inhaltlich nahe verwandt gebraucht sind. Gemeinsames Akkusativobjekt beider Partizipien ist λόγον.[30] Weder λόγον συντελεῖν (›eine Rede vollenden, zu Ende bringen, abschließen‹)[31] noch λόγον συντέμνειν (›eine Rede rasch beenden‹)[32] bieten besondere Schwierigkeiten,[33] und für (λόγον) συντετμημένον[34] in V 23 ist keine andere Bedeutung

---

[24] Auch diese Bedeutung ist selten; in Jes neben 10,22f nur noch 28,22.
[25] Zu erwägen ist, ob hier bereits der mittelhebräische und (babylonisch-)jüdisch-aramäische Sprachgebrauch (›eingraben‹) eingewirkt hat; vgl. die Derivate חרוץ in Dan 9,26 (›Stadtgraben‹); Jes 41,15 (›einschneidend‹); Jes 28,27; Am 1,3 und Hi 41,22 (›Dreschwagen‹) und Lev 22,22 (›verstümmelt‹); vgl. KB, Wb. ³I 342 s. v. I חרץ und 338 s. v. II–IV חרץ.
[26] Ebenso ist in der verwandten Stelle 28,22 πράγματα frei hinzugefügt; vgl. ZIEGLER, Untersuchungen 140. Für 10,22f rechnet ZIEGLER ebd. mit der Möglichkeit, daß in V 23 מלה (›Wort, Rede‹ – in Jes jedoch sonst nicht vorkommend) gelesen habe und in V 22 Doppelübersetzung (richtiger: Doppellesung – מלה/כלה) vorliege. Daß λόγον in V 23 auf מלה zurückgeht, ist erwägenswert (zumal sich so die Auslassung von כלה gut erklären ließe). Dies wäre auch eine ausreichende Erklärung für die Verwendung von λόγον in V 22.
[27] Obwohl ihm שטף geläufig war, vgl. 8,8 und 28,1 (συρεῖν) sowie 66,12 (ἐπικλύζειν).
[28] Λόγον συντελῶν καὶ συντέμνων ist also vom Übersetzer ad hoc gebildet und keine vorgegebene formelhafte Wendung. Dies zeigt sich auch an der gegenüber 10,22f eigenständigen Formulierung von 28,22.
[29] In V 23 ist an sich (λόγον) συντετελεσμένον καὶ συντετμημένον zu erwarten (vgl. 28,22); doch ist hier u. U. מלה anstelle von כלה vorausgesetzt; s. A 26.
[30] Für Jes 10,22^{LXX} ist der Zusammenhang von λόγον mit συντελῶν καὶ συντέμνων nicht zu bestreiten; zu Röm 9,28 s. u. S. 148f.
[31] Vgl. BAUER, Wb. 1568 s. v. συντελέω 1; ohne zeitlichen Aspekt: ›(etwas) ausführen, erfüllen‹.
[32] Vgl. LSJ, Wb. 1726 s. v. συντέμνω II; BAUER, Wb. 1568 s. v. συντέμνω. Der zeitliche Aspekt tritt auch in Verwendung des Adverbs συντόμως (›in kurzer Zeit, rasch, unmittelbar‹) deutlich hervor; vgl. LSJ, Wb. 1728 s. v. σύντομος II 2. Ohne den zeitlichen Aspekt meint συντέμνειν ›verkürzen, verringern, einschränken‹.
[33] BAUER, Wb. 1568 s. v. συντέμνω übersetzt λόγον συντελῶν καὶ συντέμνων ποιήσει (Röm 9,28): ›ein Wort zum Vollzug bringend und verkürzend wird er verfahren‹. Doch kommt diese Bedeutung von συντέμνειν in Jes 10,22 (und 10,23) nicht in Betracht – auch wenn man zusätzlich λόγος als ›Abrechnung‹ auffaßt (so KÄSEMANN, Röm 265 für Röm 9,28). Für den LXX-Übersetzer ist die Bewahrung des ›Restes‹ nicht Folge eines nicht konsequent durchgeführten Gerichts (eines nur ›verkürzt‹ durchgeführten Wortes), sondern rettende Tat Gottes, der das Vertrauen des ›Restes‹ ἐπὶ τὸν θεὸν τὸν ἅγιον τοῦ Ἰσραήλ entspricht (V 20). Zudem wird in LXX^{Jes} λόγος auch sonst nicht im Sinne von ›Abrechnung‹ (und damit als Ausdruck für Gottes Gericht) verwendet.
[34] Das Part. Perf. Pass. ist vom Übersetzer offenbar als Entsprechung zum Part. Nifal des HT gewählt; vgl. auch die Nachahmung der Part. in V 22c, die dazu führt, daß hier das Verbum finitum fehlt.

als in V 22 (für λόγον συντέμνειν) anzunehmen.[35] Die LXX-Übersetzung ist also wiederzugeben: »Denn er wird das Wort vollenden und rasch beenden in Gerechtigkeit, denn ein rasch beendetes Wort wird er auf der ganzen Welt durchführen.«[36]

Von diesem in der LXX vorgegebenen Verständnis von Jes 10,22 f geht Paulus aus, auch wenn sein LXX-Text sekundär verkürzt ist.[37] Die Rettung des ὑπόλειμμα zeigt für Paulus, daß Gottes Wort, die Israel geltenden ἐπαγγελίαι, tatsächlich nicht ›hingefallen‹ ist (vgl. Röm 9,4.6). Die Anfügung des Zitats von Jes 1,9 in 9,29 macht aber zugleich deutlich, daß für Paulus – anders als für den LXX-Übersetzer von Jes 10,20–23 – die Rettung eines ›Restes‹ bzw. die Bewahrung eines ›Samens‹ nur einen äußerst geringen Teil Israels umfaßt.[38] Dagegen ist für λόγον συντελῶν καὶ συντέμνων keine Akzentverschiebung gegenüber der LXX anzunehmen. Röm 9,28 ist am ehesten – wie in Jes 10,22 c.23[LXX] – als Bekräftigung der (für Paulus schon Wirklichkeit gewordenen) Ankündigung von 9,27 zu verstehen.[39]

Auch in Röm 9,28 führt der Versuch, συντέμνειν im Sinne von ›verkürzen, einschränken‹ zu verstehen[40] (und λόγον ... συντέμνων direkt auf die Begrenzung Israels auf einen geringen Rest zu beziehen), zu beträchtlichen Schwierigkeiten. Daß die Begrenzung Israels auf einen ›Rest‹ eine Einschränkung oder Verkürzung der Israel gegebenen ἐπαγγελίαι bedeutet,[41] ist auszuschließen. Gerade dagegen verwahrt sich Paulus in 9,6 energisch![42]

---

[35] Vgl. auch DELLING, ThWNT VIII, 1969, 65, der (unter Verweis auf Sap 14,14 u. a.) das Moment der zeitlichen Kürze betont. Auch der Vergleich mit Jes 28,22[LXX] führt zu keinem anderen Ergebnis. Dort ist ebenfalls für συντέμνειν in συντετελεσμένα καὶ συντετμημένα πράγματα die Bedeutung ›verkürzen‹ ungeeignet: Nicht die inhaltliche Verkürzung der Taten Gottes wird hier ausgesagt, sondern daß sie bei Gott bereits vollendet und beendet sind – und somit ihre Durchführung ›auf der ganzen Erde‹ unmittelbar bevorsteht.

[36] Vgl. dagegen den MT: »Vertilgung ist beschlossen, einherflutend in Gerechtigkeit. Wahrlich, fest beschlossene Vernichtung vollzieht der Herr, Jahve Zebaoth, inmitten der ganzen Erde« (nach WILDBERGER, Jes I 412).

[37] S. o. S. 82f; λόγον συντετμημένον in Jes 10,23 enthält keinen gegenüber 10,22c sachlich neuen Gesichtspunkt, so daß die Verkürzung zu keiner nennenswerten inhaltlichen Verschiebung führt.

[38] Die Zitatenkette Röm 9,25–29 schließt in erster Linie 9,6–24 ab und bezieht sich unmittelbar auf 9,24 (s. u. S. 279f). Doch setzt 9,30–10,21 natürlich 9,6–29 voraus, und in 9,31ff spricht Pls von Israel als Ganzem, das an dem λίθος προσκόμματος zu Fall gekommen ist. Dies wird in 9,27–29 durch die Betonung des geringen Umfangs des ›Restes‹ vorbereitet.

[39] So jetzt auch ZELLER, Juden 121 (mit A 164); vgl. auch H. W. SCHMIDT, Röm 170, der συντέμνειν im Sinne von ›beschleunigen‹ auffaßt. LIETZMANN, Röm 94 versteht συντελεῖν als ›vollenden‹ und συντέμνειν als ›zurichten‹, offenbar um die Übersetzung ›einschränken‹ zu vermeiden. Doch ist die Bedeutung ›zurichten‹ nicht belegt und von Lietzmann wohl ad hoc gewählt.

[40] So MICHEL, Röm 305. 318f A 33 und SCHLIER, Röm 294. 304f.

[41] So jedoch ausdrücklich SCHLIER, Röm 304f: V 28 besage, »daß ›der Herr‹, selbst seine Verheißung verkürzend, nur einen Rest retten wollte. Das ist in Erfüllung gegangen, indem Gott tatsächlich sein Wort (sein Heilsgeschehen) eingeschränkt erfüllt hat.« Ähnlich auch MICHEL, Röm 318f A 33.

[42] KÄSEMANN, Röm 265 und WILCKENS, Röm II 207 lehnen diese Deutung m. R. ab.

Künstlich ist auch der Versuch, λόγον lediglich als Objekt von ποιήσει zu verstehen[43] und von συντελῶν καὶ συντέμνων völlig abzutrennen.[44] Dies hat zur Folge, daß man συντελεῖν positiv als ›vollenden‹, συντέμνειν dagegen negativ als ›verkürzen, einschränken‹ fassen, also die Synonymität beider Ausdrücke aufheben muß.[45]

Diesem Verständnis von Jes 10,22 c.23 als Bekräftigung der Reduktion Israels auf einen geringen Rest (vgl. 9,6: οὐ γὰρ πάντες οἱ ἐξ ᾽Ισραὴλ οὗτοι ᾽Ισραήλ) stand jedoch ἐν τῇ οἰκουμένῃ ὅλῃ in Jes 10,23 entgegen. Hiermit wird ja – und so war es vom LXX-Übersetzer auch gemeint – der Gedanke eines zahlenmäßig besonders geringen Restes deutlich abgeschwächt. Deshalb ist es nur konsequent, wenn Paulus hier abändert, indem der ὅλη streicht und οἰκουμένῃ durch das neutralere γῇ ersetzt.[46]

c) Änderungen des Wortbestandes als Mittel der Neuinterpretation

1. Eine Abänderung des Wortbestandes, die formal zwar nur eine Verdeutlichung darstellt, inhaltlich jedoch Bestandteil einer umfassenden Neuinterpretation des Zitats ist, liegt in Gal 4,30 vor:

Gen 21,10	Gal 4,30
ἔκβαλε τὴν παιδίσκην ταύτην καὶ τὸν υἱὸν αὐτῆς· οὐ γὰρ μὴ[1] κληρονομήσει ὁ υἱὸς τῆς παιδίσκης ταύτης μετὰ τοῦ υἱοῦ *μου Ἰσαάκ.*	ἔκβαλε τὴν παιδίσκην καὶ τὸν υἱὸν αὐτῆς· οὐ γὰρ μὴ κληρονομήσει ὁ υἱὸς τῆς παιδίκης μετὰ τοῦ υἱοῦ *τῆς ἐλευθέρας.*[2]

---

[43] Für λόγον ποιεῖν kommt nur die Bedeutung ›ein Wort in die Tat umsetzen, verwirklichen‹ in Betracht, vgl. IV Reg 20,9; Ex 35,1; Lev 8,36; Dtn 12,28 u. ö. (s. WILCKENS, Röm II 207 A 931). Eine Bedeutung ›Abrechnung halten‹ (seitens des Richters), die KÄSEMANN, Röm 265 annimmt, ist nicht belegt.

[44] So KÄSEMANN, Röm 265 und WILCKENS, Röm II 207.

[45] So die immerhin in sich konsequente Auslegung von WILCKENS, Röm II 207: Gemeint sei mit 9,28:»Gott wird sein Wort verwirklichen, indem er seine Heilsabsicht voll erfüllt (nämlich in der Berufung der Christen V 24), aber nicht an allen Israeliten, sondern ihre Zahl ›verkürzend‹, nur an einem ›Rest‹.« KÄSEMANN, Röm 265 versucht dies zu umgehen, indem er συντελῶν καὶ συντέμνων unter Verweis auf Dan 5,27^{LXX}; 9,24$^\Theta$ als ›apokalyptische Formel‹ (mit drohendem Sinn) versteht, wobei er faktisch jedoch συντελῶν uninterpretiert läßt. Außerdem liegt in Dan 9,24$^\Theta$ sicher keine Formel vor (συντέμνεσθαι und συντελεῖσθαι stehen nicht parallel), und in Dan 5,27^{LXX} (wo συντέμνειν übrigens ebenfalls die Bedeutung ›rasch beenden‹ hat!) liegt eher eigenständiger Rückgriff auf Jes 10,22 (bzw. 28,22) vor.

[46] Pls steht damit inhaltlich dem HT näher als die LXX, jedoch nicht aufgrund eines Rückgriffs auf den HT, sondern aufgrund der eigenen inhaltlichen Zielsetzung bei der Verwendung dieses Zitats. Pls ersetzt nicht nur οἰκουμένῃ durch γῇ, was wie eine Angleichung an הארץ wirkt, sondern er läßt auch ὅλη aus. Daher ist auch nicht Einwirkung der verwandten Stelle Jes 28,22 (ἐπὶ πᾶσαν [!] τὴν γῆν) anzunehmen. Außerdem fehlt οἰκουμένῃ – abgesehen von Röm 11,18 (Ψ 18,5) – bei Pls überhaupt.

[1] Zur Textvorlage s. o. S. 52 A 19.

[2] D* F G it vg^{ms} korrigieren nach der LXX.

Daß Paulus hier Isaak als υἱὸς τῆς ἐλευθέρας versteht, stellt als solches noch keine Uminterpretation des Zitats dar, sondern ist in Gen 21 vorgegeben. Doch entspricht diese Umformulierung exakt der paulinischen Aneignung der Hagar-Sara-Überlieferung in Gal 4,21–31 insgesamt.[3] Paulus interpretiert hier das Gegenüber von Hagar und Sara als Entgegensetzung von δουλεία und ἐλευθερία. Das Ziel des (in V 24–26 allegorischen) Auslegungsverfahrens ist es, zu zeigen, daß ›ἡμεῖς‹ nicht der διαθήκη des Sinai unterstehen (V 24–26), sondern τέκνα τῆς ἐλευθέρας sind (V 31), die sich – anders als die παιδίσκη (vgl. V 25c) – mit ihren Kindern nicht in der δουλεία befindet. Die allegorische Interpretation von Sara als der ἄνω ᾽Ιερουσαλήμ sowie deren Charakterisierung als ἐλευθέρα und μήτηρ ἡμῶν (V 26) ist der Schlußpunkt der Allegorese von V 24–26. Das Ergebnis dieser allegorischen Auslegung ist inhaltlich vorausgesetzt, wenn Paulus im Zitat von Gen 21,10 ὁ υἱός μου ᾽Ισαάκ durch ὁ υἱὸς τῆς ἐλευθέρας ersetzt. Zugleich hat Paulus damit die Interpretation von Gen 21 so weit vorangetrieben, daß er in V 31 – in unmittelbarem Anschluß an das so veränderte Zitat – das beabsichtigte Gesamtergebnis formulieren kann.

2. Auf ein verändertes Verständnis des zitierten Textes weist in Röm 9,17 die Verwendung von ἐξεγείρειν anstelle von διατηρεῖσθαι (Ex 9,16) hin:

Ex 9,16

καὶ ἕνεκεν τούτου διετηρήθης,
ἵνα ἐνδείξωμαι ἐν σοὶ
τὴν ἰσχύν μου καὶ ὅπως
διαγγελῇ τὸ ὄνομά μου
ἐν πάσῃ τῇ γῇ.

Röm 9,17

εἰς αὐτὸ τοῦτο ἐξήγειρά σε,
ὅπως ἐνδείξωμαι ἐν σοὶ
τὴν δύναμίν μου καὶ ὅπως
διαγγελῇ τὸ ὄνομά μου
ἐν πάσῃ τῇ γῇ.

Thema des Paulus ist ab Röm 9,14 das souveräne Handeln Gottes in Erwählung und Verwerfung. Beide Seiten des Handelns Gottes zeigt Paulus mit Schriftbelegen aus dem Buch Exodus auf: Das erbarmende Handeln mit einem Mose geltenden Zitat (Ex 33,19/Röm 9,15) und das Verwerfen mit dem an Pharao gerichteten Zitat Ex 9,16.[4] Das Verwerfen als aktives Tun Gottes (vgl. Röm 9,18!) kommt im Zitat von Ex 9,16 allerdings erst durch die Verwendung von ἐξεγείρειν (zumal in der Form ἐξήγειρά σε)[5] hinreichend klar zum Ausdruck, so daß diese Abänderung über eine bloße Akzentuierung hinausgeht. Zugleich entspricht die Verwendung von ἐξεγείρειν nicht der Übersetzungspraxis der LXX bzw. von ᾽Α, Σ oder Θ,[6] so daß eine Korrektur der LXX aufgrund

---

[3] S. dazu ausführlicher u. S. 204–211.
[4] KÄSEMANN, Röm 258: 9,15f und 9,17f bilden einen »antithetischen Parallelismus«.
[5] Dazu s. o. S.112.
[6] עמד Hifil (›aufstellen, bestellen‹ u. a.) deckt sich zwar z. T. mit der Bedeutung von ἐξεγείρειν (hier: ›aufstellen, auftreten bzw. in Erscheinung treten lassen‹; vgl. BAUER, Wb. 542 s. v. ἐξεγείρω 4), doch wird עמד Hifil in dieser Bedeutung in der LXX in der

des HT ausscheidet. Die Abänderung ist daher auf Paulus zurückzuführen.[7] Durch das eindeutig finale ὅπως (nach ἐξήγειρά σε) anstelle von ἵνα[8] wird ebenfalls das Moment der Absicht in Gottes Handeln hervorgehoben.[9]

3. Teil einer das gesamte Zitat betreffenden Neuinterpretation ist die Umformulierung von Jes 28,12 b β in 1 Kor 14,21. Anstelle von καὶ οὐκ ἠθέλησαν ἀκούειν (so LXX)[10] zitiert Paulus: καὶ οὐδ' οὕτως εἰσακούσονταί μου. Diese Umgestaltung ist durch die Anwendung des Zitats auf die Glossolalie und die weiteren – damit unmittelbar verbundenen – Textänderungen bedingt.[11] Mit οὐδ' οὕτως verknüpft Paulus Jes 28,12 b β mit 28,11 und überbrückt so die Lücke, die durch die Auslassung von V 12 a.b α entstanden ist.[12] Da die Umsetzung in das Futur (εἰσακούσονται), die Zufügung von μου[13] und die Auslassung von ἠθέλησαν auf Paulus zurückgehen, ist auch für die Wahl des Kompositums εἰσακούειν paulinische Herkunft wahrscheinlich.[14]

4. Ein besonders instruktives Beispiel dafür, wie eine Abänderung des Wortbestandes die jetzige Zitatverwendung erst ermöglicht, stellt der Austausch von εἰσπορεύεσθαι durch ἐπιστρέφειν in 2 Kor 3,16 dar:

Ex 34,34a

ἡνίκα δ' ἂν *εἰσεπορεύετο*
Μωϋσῆς ἔναντι κυρίου
λαλεῖν αὐτῷ,
περιῃρεῖτο τὸ κάλυμμα.

2 Kor 3,16

ἡνίκα δὲ ἐὰν *ἐπιστρέψῃ*
πρὸς κύριον,

περιαιρεῖται τὸ κάλυμμα.

Regel durch ἱστάναι (rund 60mal), jedoch nie durch ἐξεγείρειν wiedergegeben. Gleiches gilt für 'Α, Σ und Θ, vgl. REIDER-TURNER, Index 85 s. v. ἐξεγείρειν; 119 s. v. ἱστάναι. Außerdem hat עמד Hifil in Ex 9,16 die Bedeutung ›bestehen lassen, bewahren, erhalten‹ (vgl. GESENIUS-BUHL, Wb. 599 s. v. עמד Hiph. 5), was die LXX mit διατηρεῖν durchaus zutreffend wiedergibt.

[7] So auch MICHEL, Bibel 76 und LUZ, Geschichtsverständnis 77 A 205.
[8] Zu ἵνα vgl. BAUER, Wb. 745–747 s. v. ἵνα II: »Sehr oft ist die finale Bed(eutung) verblaßt oder völlig verschwunden« (745).
[9] Auch im Zitatbeginn hat Pls ἕνεκεν τούτου durch das eindeutig finale εἰς αὐτὸ τοῦτο ersetzt; s. o. S. 141.
[10] Pls setzt zwar in 1 Kor 14,21 einen bereits an den HT angenäherten LXX-Text von Jes 28,11 f voraus (s. o. S. 63ff), doch gilt dies in erster Linie für Jes 28,11. In 28,12 bβ bestand dagegen kein Anlaß für eine hebraisierende Korrektur des LXX-Textes; s. o. S.123 A 10.
[11] Pls setzt Jes 28,11 in die 1. Pers. Sing. um (s. o. S. 111 f), läßt Jes 28,12 a.b α aus, streicht in V 12 b β ἠθέλησαν (s. o. S. 123) und gleicht das Tempus von (εἰσ-)ἀκούειν an 28,11 an (s. o. S. 115).
[12] S. o. S. 65 A 33.
[13] Das Personalpronomen ist im HT nicht vorgegeben. Die 1.Pers. Sing. entspricht der Abänderung von Jes 28,11 (λαλήσω). Auch durch die Zufügung von μου wird der Rückbezug von Jes 28,12 bβ auf 28,11 verstärkt.
[14] Die Wahl des Kompositums ist als Folge der Auslassung von ἠθέλησαν verständlich:

In seiner allegorischen Interpretation des κάλυμμα von Ex 34 will Paulus zeigen, daß erst ἐν Χριστῷ das κάλυμμα auf der ἀνάγνωσις τῆς παλαιᾶς διαθήκης aufgehoben wird (2 Kor 3,14 f).[15] Dementsprechend ändert Paulus die Tempora der Verben des Zitats, in das seine Interpretation von Ex 34 einmündet, so um, daß das Zitat zur Beschreibung eines heutigen Vorgangs wird.[16] Zugleich stellt die Auslassung von Μωϋσῆς[17] und die Verwendung von ἐπιστρέφειν πρός... anstelle von εἰσπορεύεσθαι ἔναντι... eine zusammenhängende Umgestaltung des Zitats dar, die die gleiche Zielrichtung aufweist:[18] Inhalt des Schriftwortes ist jetzt nicht mehr die damalige Gottesbegegnung des Mose während des Exodus, sondern Israels heutige Bekehrung[19] zum κύριος – d. h. zu Christus, wie 3,17 sofort klarstellt – als der einzigen Möglichkeit für die Beseitigung des κάλυμμα.

5. In der Ringkomposition von 1 Kor 1,18–3,23 verändert Paulus den Wortbestand des Ausgangs- und des Schlußzitats, um so eine tatsächliche Korrespondenz zwischen den Zitaten und der Thematik des gesamten Abschnitts zu erreichen:

Jes 29,14b

ἀπολῶ τὴν σοφίαν τῶν σοφῶν
καὶ τὴν σύνεσιν τῶν συνετῶν
κρύψω.

1 Kor 1,19

ἀπολῶ τὴν σοφίαν τῶν σοφῶν
καὶ τὴν σύνεσιν τῶν συνετῶν
ἀθετήσω.

Ψ 93,11

κύριος γινώσκει τοὺς διαλογισμοὺς τῶν ἀνθρώπων
ὅτι εἰσὶν μάταιοι.

1 Kor 3,20

κύριος γινώσκει τοὺς διαλογισμοὺς τῶν *σοφῶν*
ὅτι εἰσὶν μάταιοι.

Beide Zitate sollen im Sinne des Paulus die Verwerfung der σοφία τοῦ κόσμου (1 Kor 1,18; 3,20) aufzeigen. Dazu war in Jes 29,14 zwar ἀπολῶ τὴν σοφίαν τῶν σοφῶν voll geeignet, dagegen war die Fortsetzung, die lediglich vom ›Verbergen‹ der σύνεσις τῶν συνετῶν sprach, für Paulus unzureichend, so daß er κρύπτειν

Die Verkürzung verringert das Gewicht der Schlußaussage, was durch εἰσακούειν ausgeglichen wird.

[15] Dazu ausführlicher u. S. 331–341.
[16] S. o. S. 114f.
[17] S. o. S. 126.
[18] WINDISCH, 2 Kor 123 hält es für möglich, daß die LXX-Vorlage des Pls bereits ἐπέστρεφεν enthielt. Doch ist das angesichts der Geschlossenheit der LXX-Überlieferung unwahrscheinlich, zumal der HT (ושב אבנ) auch keinen Anlaß zu einer Änderung bot.
[19] Ἐπιστρέφειν wird von Pls nur noch 1 Thess 1,9 und Gal 4,9 verwendet, und zwar jeweils im Sinne von ›sich bekehren‹. Es liegt also der technische Gebrauch der Missionssprache vor; vgl. auch BERTRAM, ThWNT VII, 1964, 728. Was Pls inhaltlich mit Israels ἐπιστρέφειν πρὸς κύριον meint, wäre mit Hilfe von Röm 9,30–10,4 zu erläutern.

durch ἀθετεῖν ersetzt[20] und damit zu einer inhaltlich mit ἀπολῶ κτλ. tatsächlich parallelen Aussage gelangt.

In der Wiedergabe von Ψ 93,11 ist Paulus ebenfalls gezwungen, den Wortbestand zu ändern, damit das Zitat überhaupt zu einer Aussage über die σοφοί wird.[21]

6. Dtn 30,12–14 wird von Paulus in Röm 10,6–8 nicht nur in einem erheblich verkürzten Wortlaut zitiert, in dem alle Bezüge zum Gesetz konsequent gestrichen worden sind.[22] Innerhalb des Zitats ist außerdem Dtn 30,13 – soweit überhaupt übernommen – erheblich verändert:

Dtn 30,12–14

(12) ...
τίς ἀναβήσεται ἡμῖν εἰς τὸν οὐρανόν; ...

(13) ... τίς διαπεράσει ἡμῖν πέραν τῆς θαλάσσης; ...

(14) ἐγγύς σού ἐστιν τὸ ῥῆμα [σφόδρα] ἐν τῷ στόματί σου καὶ ἐν τῇ καρδίᾳ σου ...

Röm 10,6–8

(6) ἡ δὲ ἐκ πίστεως δικαιοσύνη οὕτως λέγει·
μὴ εἴπῃς ἐν τῇ καρδίᾳ σου·
τίς ἀναβήσεται εἰς τὸν οὐρανόν;
τοῦτ᾽ ἔστιν Χριστὸν καταγαγεῖν.
(7) ἤ· τίς καταβήσεται εἰς τὴν ἄβυσσον;
τοῦτ᾽ ἔστιν Χριστὸν ἐκ νεκρῶν ἀναγαγεῖν.
(8) ἀλλὰ τί λέγει;
ἐγγύς σου τὸ ῥῆμά ἐστιν
ἐν τῷ στόματί σου
καὶ ἐν τῇ καρδίᾳ σου,
τοῦτ᾽ ἔστιν τὸ ῥῆμα τῆς πίστεως ὃ κηρύσσομεν.

---

[20] Der Rekurs auf eine vorpln Übersetzungsvariante ist nicht möglich. סתר (hauptsächlich Nifal und Hifil) wird vorzugsweise – und völlig zutreffend – in der LXX mit κρύπτειν (bzw. dessen Komposita) wiedergegeben (rund 50mal), daneben durch ἀποστρέφειν (für Hifil; rund 30mal) und σκεπάζειν (7mal), nie jedoch durch ἀθετεῖν. Gleiches gilt auch für 'Α, Σ und Θ, vgl. REIDER-TURNER, Index 6 (s. v. ἀθετεῖν). 297. Umgekehrt gehört ἀθετεῖν zum pln Wortschatz, vgl. Gal 2,21; 3,15; 1 Thess 4,8. – In Jes 29,14 bieten lediglich die HSS 301 564^txt sowie Euseb ἀθετήσω. Eine vorpln Herkunft ist auf dieser Basis nicht anzunehmen. Es ist daher unzutreffend, wenn NTGr[25] und NTGr[26] ἀθετήσω (anders als σοφῶν in 1 Kor 3,20) als Teil des vorgegebenen Wortlauts auffassen.

[21] Dagegen war in Hi 5,13a (1 Kor 3,19) ein derartiger Eingriff nicht erforderlich. Mit formaler Logik will ZEHRER, Psalmenzitate 294 die Bedeutung dieser Änderung reduzieren: Es handle sich nur um eine Änderung »aus stilistischen Gründen«, mit der Pls eine »alle Menschen betreffende Wahrheit nur auf eine Gruppe, die ›Weisen‹, eingeengt« habe.

[22] S. o. S. 129–132.

Der unmittelbare Zusammenhang der Abänderung von Dtn 30,13b in Röm 10,7a mit der anschließenden christologischen Interpretation in Röm 10,7b ist offenkundig.[23] Weitgehend unumstritten ist auch, daß die Zitatabänderung in der vorliegenden Form erst auf Paulus zurückzuführen ist. Sehr unterschiedlich wird jedoch die Frage nach den traditionsgeschichtlichen Voraussetzungen, auf denen diese Zitatumgestaltung beruht, beantwortet. Als Möglichkeiten werden diskutiert:

a) Der Rückgriff auf ein vorgegebenes christologisches Schema, sei es das von Himmel- und Höllen-(bzw. Hades-)fahrt, sei es das von Abstieg und Aufstieg oder auch von Erniedrigung und Erhöhung;

b) die Aufnahme und Weiterführung jüdischer Auslegungstraditionen von Dtn 30,11–14; und

c) die Verwendung von Ψ 106,26

– wobei diese Möglichkeiten z. T. auch miteinander verbunden werden.

Die Antwort auf die Frage, ob in den christologischen Erläuterungen von Röm 10,6b.7b ein vorgegebenes christologisches Schema sichtbar wird, ist davon abhängig, wie man die Funktion der Fragen des Zitats und der kommentierenden Erläuterungen und deren gegenseitiges Verhältnis bestimmt. Da dies für Röm 10,6 kontrovers ist, bietet sich als Ausgangspunkt der zweite Teil des Zitats an, also die Anführung von Dtn 30,13b in Röm 10,7a (in der hier vorliegenden Form!) und die anschließende Erläuterung in Röm 10,7b.

Das Stichwort ἐκ νεκρῶν in Röm 10,7b verweist eindeutig auf das urchristliche Auferstehungskerygma, das Paulus dann in 10,9 auch ausdrücklich anführt. Die aus Dtn 30,13b übernommene Frage von Röm 10,7a wird also durch den Hinweis auf ein bereits geschehenes und nicht wiederholbares Ereignis, das von grundlegender Bedeutung für den gegenwärtigen Glauben und das künftige Heil ist, beantwortet. Auf diese Weise wird überzeugend aufgewiesen, warum die Frage, wie schon mit dem Zitatbeginn in V 6 (μὴ εἴπῃς ἐν τῇ καρδίᾳ σου) festgestellt worden ist, völlig unangemessen ist: Das in der Frage formulierte Vorhaben hätte eine ganz unsinnige Konsequenz, nämlich die Wiederholung eines längst eingetretenen christologischen Geschehens, jetzt aber auch noch von seiten des Menschen. Das ἀναγαγεῖν der Erläuterung (V 7b) beschreibt damit ein unsinniges *menschliches* Unterfangen. Gleiches gilt dann aber auch für das καταβαίνειν der Frage (V 7a). Wäre hier der Abstieg *Christi* in die ἄβυσσος gemeint, den der Mensch nicht mehr selbst zu vollziehen braucht, müßte die Antwort in V 7b Χριστὸς ἤδη κατέβη lauten.[24]

---

[23] Die Annahme von PLAG, Wege 27 A 91, ἄβυσσος sei Übersetzungsvariante für θάλασσα, ist unzutreffend. Weder die LXX noch ᾿Α, Σ und Θ verwenden ἄβυσσος zur Wiedergabe von ים; vgl. HATCH-REDPATH, Concordance I 1 s. v. und REIDER-TURNER, Index 1 s. v.

[24] Vgl. auch BIEDER, Vorstellung 74f: »Paulus ist an keinem Hadesaufenthalt Jesu interessiert. ... Nicht dass Christus dort war, sondern dass er nicht mehr dort ist, ist Paulus wichtig.«

Zugleich hat sich damit die logische Funktion der rhetorischen Frage gegenüber Dtn 30,13b verändert. Im Dtn-Text beschreiben die beiden rhetorischen Fragen zwei Vorgänge bzw. Vorhaben, die dem Menschen grundsätzlich *unmöglich* sind: Der Mensch kann gar nicht in den Himmel hinaufsteigen bzw. bis jenseits des Meeres, das hier als Grenze der Welt gedacht ist, fahren.[25] In Röm 10,7 steht dagegen nicht die Unmöglichkeit des Abstiegs in die ἄβυσσος im Vordergrund, sondern vor allem, daß dies *unnötig* ist: Christus aus der ἄβυσσος heraufholen zu wollen, wäre töricht, weil er bereits ἐκ νεκρῶν auferweckt worden *ist*.

Von hier aus ist über den Sinn von Röm 10,6 zu entscheiden. In Analogie zu V 7 kann das τίς ἀναβήσεται εἰς τὸν οὐρανόν; nur ein unsinniges, da unnötiges *menschliches* Unterfangen bezeichnen – und nicht die ἀνάβασις Christi in den Himmel; und das in der Antwort vorausgesetzte christologische Geschehen, das bereits erfolgt ist und jedes menschliche καταγαγεῖν Christi aus dem Himmel überflüssig macht, ist dann der Abstieg bzw. das Gekommensein des Präexistenten.[26]

Damit wird es fraglich, in Röm 10,6b.7b ein traditionelles christologisches Schema wiederzufinden, das auf eine bereits vorpln Aneignung von Dtn 30,12– 14 hindeuten könnte. Eine Deutung durch das Schema von Himmel- und Höllen-(bzw. Hades-)fahrt, das zudem vorpaulinisch überhaupt nicht belegt ist,[27] liegt jedenfalls nicht vor.[28] Eher kommt das Schema von Abstieg und Aufstieg bzw. von Erniedrigung und Erhöhung in Betracht. Doch ist auch hier der Abstand jeweils beträchtlich.

Für den Abstiegs- und Aufstiegsgedanken ist das räumliche Gegenüber von himmlischem und irdischem Bereich konstitutiv (vgl. Joh 3,13; Eph 4,8–10). In Röm 10,6f ist dagegen nicht von einer Rückkehr des Herabgestiegenen in den himmlischen Raum die Rede, sondern von seiner Auferweckung ἐκ νεκρῶν, und das räumliche Gegenüber ist das von οὐρανός und ἄβυσσος. Mindestens ebenso groß ist der Abstand zum Schema von

---

[25] Natürlich ist das Hinaufsteigen in den Himmel und das Fahren bis jenseits des Meeres im Sinne von Dtn 30, 11–14 auch unnötig. Aber in V 12f steht zunächst der Aspekt der Unmöglichkeit im Vordergrund.

[26] So LIETZMANN, Röm 96; LEENHARDT, Röm 153; BARRETT, Röm 199; SCHLIER, Röm 312; MUNCK, Christus 68f; BIEDER, Vorstellung 71–75; SCHWEIZER, Aufs. I 107. Da ein bereits abgeschlossenes Geschehen gemeint ist, ist die Annahme, Röm 10,6 beziehe sich auf die Parusie (als Möglichkeit von WILCKENS, Röm II 255f erwogen), auszuschließen.

[27] Zudem ist es auch für 1 Petr 3,18–22 noch fraglich, ob dort die Verbindung von Himmel- und Höllenfahrt bereits traditionell ist; selbst bei Annahme eines zusammenhängenden Hymnus in V 18–22 ist es unwahrscheinlich, diesem auch V 19 zuzuweisen; vgl. dazu WENGST, Formeln 161–164; DEICHGRÄBER, Christushymnus 170–173; GOPPELT, 1 Petr 240–242; BROX, 1 Petr 164–166. – Eph 4,8–10 scheidet völlig aus (gegen KÄSEMANN, Röm 279), da dort nicht von einem Abstieg in den Hades, sondern εἰς τὰ κατώτερα [μέρη] τῆς γῆς die Rede ist; vgl. auch BIEDER, Vorstellung 88f.

[28] Anders MICHEL, Röm 328 und KÄSEMANN, Röm 278f.

Erniedrigung und Erhöhung, wie es vorpaulinisch in Phil 2,6–11 vorliegt: In Röm 10,6 fehlt der Aspekt der Niedrigkeit, in 10,7 der der Erhöhung.[29]

Da andererseits im vorpaulinischen Traditionsbereich eine Verbindung von Präexistenz und Auferweckung ἐκ νεκρῶν nicht vorgegeben ist,[30] liegt Röm 10,6f kein traditionelles Schema zugrunde, sondern es handelt sich um eine Kombination ursprünglich eigenständiger christologischer Vorstellungen, die im Blick auf die Interpretation von Dtn 30,12f erfolgte.

Die Interpretation von Dtn 30,12–14 durch Paulus stellt gleichwohl – gerade auch im Vergleich zur sonstigen Praxis seiner Zitatverwendung – eine Ausnahme dar. Nirgends sonst begegnet eine schrittweise Kommentierung eines Zitats. Ebenso ungewöhnlich ist es, daß ein Schriftzitat, das selbst ohne jeden personalen Bezug ist, von Paulus ausdrücklich als Aussage über die Person Christi verwandt wird.[31] Dies provoziert die Frage, ob durch die Berücksichtigung jüdischer Auslegungstraditionen dieses Textes das Auslegungsverfahren des Paulus u. U. verständlicher werden kann. In Betracht kommen die weisheitliche Interpretation von Dtn 30,12f in Bar 3,29f und die Auslegung von Dtn 30,12–14 in der palästinischen Targum-Überlieferung.

In Bar 3,29–31 heißt es in deutlicher Aufnahme von Dtn 30,12f von der σοφία:

(29) τίς ἀνέβη εἰς τὸν οὐρανὸν καὶ ἔλαβεν αὐτὴν
 καὶ κατεβίβασεν αὐτὴν ἐκ τῶν νεφελῶν;
(30) τίς διέβη πέραν τῆς θαλάσσης καὶ εὗρεν αὐτὴν
 καὶ οἴσει αὐτὴν χρυσίου ἐκλεκτοῦ;
(31) οὐκ ἔστιν ὁ γινώσκων τὴν ὁδὸν αὐτῆς
 οὐδὲ ὁ ἐνθυμούμενος τὴν τρίβον αὐτῆς.

Der Rückgriff auf Dtn 30,12f ist in Bar 3,29f nicht zu übersehen, doch ist die Anwendung überraschend: Mit Hilfe von Dtn 30,12f (V 14 fehlt!) wird hier die

---

[29] Erst recht liegt kein christologisches Schema von Aufstieg (= Röm 10,6) und Abstieg (= Röm 10,7) vor (so jedoch KÄSEMANN, Röm 278f unter Verweis auf Joh 1,51; 3,13 und Eph 4,8). Röm 10,6a.7a meinen gar kein Handeln Christi, sondern ein (sinnloses) *menschliches* Vorhaben. Außerdem ist ein derartiges ›Schema‹ überhaupt nicht zu belegen: a) Joh 1,51 scheidet aus, weil hier überhaupt keine christologische Aussage vorliegt; b) in Joh 3,13 ist mit εἰ μὴ ὁ ἐκ τοῦ οὐρανοῦ καταβάς das καταβαίνειν des Offenbarers als der sachlich und zeitlich erste Schritt gekennzeichnet, der seinem ἀναβαίνειν vorausgegangen ist. Die Reihenfolge ἀναβαίνειν - καταβαίνειν ist also hier höchstens formal vorhanden; so m. R. SCHWEIZER, Aufs. I 107 A 15; c) in Eph 4,8–10 ist die Vorordnung von ἀναβαίνειν durch das zugrundeliegende Zitat Ψ 67,19 bedingt, während der Vf. inhaltlich von der umgekehrten Reihenfolge ausgeht; vgl. LINDEMANN, Aufhebung 218f.

[30] Den Todes- und Auferweckungsformeln liegt der Gedanke der Präexistenz völlig fern. Auch in Röm 1,3f ist die Präexistenz nicht im Blick; vgl. KRAMER, Christos 107; KÄSEMANN, Röm 9; WILCKENS, Röm I 58. Umgekehrt fehlt in Phil 2,6–11 die Auferweckung.

[31] Eigenständige christologische Zitatinterpretationen liegen bei Pls ohnehin nur in ausgesprochen begrenztem Umfang vor; s. u. S. 285–288.

radikale Verborgenheit der Weisheit und ihre Unerreichbarkeit für den Menschen formuliert. Diese Deutung ist nicht aus Dtn 30,11–14 entwickelt, sondern der Text ist sekundär in die Konzeption der verborgenen Weisheit einbezogen worden.[32] Für Paulus liegt dagegen der Zielpunkt des Zitats in Dtn 30,14, der Aussage über die Nähe des ›ῥῆμα‹. Dennoch kann für Paulus eine bereits weisheitliche Interpretation von Dtn 30,11–14 vorausgesetzt werden.[33] Darauf weist schon die personifiziert auftretende δικαιοσύνη als Sprecherin (Röm 10,6) hin.[34] Allerdings ist für Paulus eher eine – auch von Dtn 30,11–14 wesentlich näherliegende – weisheitliche Interpretation vorauszusetzen, in der Dtn 30,11–14 als Aussage über die Nähe der – mit dem Gesetz identifizierten – σοφία[35] interpretiert wurde. Ein derartiges weisheitliches Verständnis von Dtn 30,11–14 greift Paulus offenbar auf, gibt ihm aber eine charakteristisch andere Wendung: Nahe ist die Weisheit nicht als das Israel gegebene Gesetz, nahe ist das ῥῆμα τῆς πίστεως, dessen Zugänglichkeit durch Christus – als Gottes ›Weisheit‹ (vgl. 1 Kor 1,24.30) – hergestellt worden ist und das inhaltlich in unüberbrückbarem Gegensatz zum Gesetz steht, dessen Wesen darin besteht, vom Menschen das Tun seiner Forderungen zu verlangen (Röm 10,5).[36]

Gleichwohl bleibt ein Abstand zur paulinischen Verwendung von Dtn 30,12–14 bestehen: Die explizit personale Interpretation des Zitats ist allein auf dem Hintergrund eines weisheitlichen Verständnisses von Dtn 30,11–14 nicht ausreichend erklärbar.[37]

---

[32] Zur Gestalt der ›verborgenen Weisheit‹ vgl. MACK, Logos 21–29.49–60. – Bar 3,9–4,4 ist traditionsgeschichtlich ein sehr komplexes Gebilde. So wird die Unerreichbarkeit der Weisheit schon in 3,9–28 mehrfach variiert (vgl. 3,15.20–23.27). Der Hervorhebung der Unerreichbarkeit der Weisheit entspricht positiv ihre (nicht vom Menschen hergestellte) Einwohnung auf der Erde. Doch ist bemerkenswert, daß weder das Kommen der Weisheit zu den Menschen (bzw. Israel) noch ihre Identifizierung mit dem Gesetz mit Hilfe von Dtn 30,11–14 ausgesagt wird.

[33] Mit einer weisheitlichen Interpretation von Dtn 30, 11–14 als Vorstufe von Röm 10,6–8 rechnen u. a. WINDISCH, FS G. Heinrici, 1914, 224; CONZELMANN, Aufs. 188; FEUILLET, Christ 321–327; SUGGS, FS J. Knox, 1967, 299–312; LUZ, Geschichtsverständnis 92; KÄSEMANN, Röm 279f.

[34] Zur Nähe von σοφία und δικαιοσύνη vgl. allein das Nebeneinander in 1 Kor 1,30; vgl. auch die Bewahrung des Gerechten durch die σοφία in Sap (dazu s. MACK, Logos 78–95).

[35] Daß die Verwendung von Dtn 30,12f in Bar 3,29f als Aussage über die verborgene Weisheit die dominierende weisheitliche Auslegungstradition von Dtn 30,11–14 darstellt, ist durchaus fraglich. Sie läuft ja der Zielrichtung von Dtn 30,11–14 völlig entgegen. Zudem ist ohnehin unbestreitbar, daß Pls auf den Text von Dtn 30,11–14 selbst zurückgreift und auf die Schlußaussage 30,14 abzielt. – Zur Verwendung von Dtn 30,11–14 bei Philo vgl. MACK, Logos 129 (mit A 61). Zum Typ der ›nahen Weisheit‹, der hier viel näher liegt, vgl. MACK aaO 29–32.34–49.

[36] Völlig verfehlt dagegen SUGGS, FS J. Knox, 1967, 311: Pls setze Christus mit der als Tora interpretierten Weisheit gleich.

[37] Σοφία ist bei Pls kein christologischer Hypostasenbegriff; vgl. CONZELMANN, Aufs. 183; ders., 1 Kor 68.73. Die häufige Rede von einer ›Identifizierung‹ von Christus und σοφία verzeichnet daher den Befund bei Pls.

158 *III. Wörtlichkeit und Freiheit in der Zitatwiedergabe*

Ebensowenig ist die Textabänderung durch den bloßen Verweis auf die in weisheitlichen Texten mehrfach begegnende Zusammenordnung von οὐρανός und ἄβυσσος zu erklären. In Sir 24,5 bezeichnen οὐρανός und ἄβυσσος die äußersten Bereiche der Schöpfung, die die Weisheit umgreift, d. h. sie haben eine ganz andere Funktion als in Dtn 30,12f (und Röm 10,6f). Formal näher liegt dann schon Hi 28,14 (vgl. auch Sir 1,3), wo selbst ἄβυσσος und θάλασσα nicht der Aufenthaltsort der Weisheit sind. Ausgesagt ist damit jedoch (anders als in Dtn 30,11-14 in bezug auf die ἐντολή) die grundsätzliche Unerreichbarkeit der σοφία. Außerdem fehlt die Entgegensetzung von οὐρανος und ἄβυσσος. Eine Brücke zu den personalen Aussagen von Röm 10,6b.7b, die zudem die Nähe des ῥῆμα τῆς πίστεως begründen sollen, wird also auch hier nicht sichtbar.

Angesichts dieser Schwierigkeiten, das Interpretationsverfahren des Paulus in Röm 10,6-8 überzeugend zu erklären, verdient auch die Paraphrase von Dtn 30,12-14 im Fragmententargum (MSS V, N, L; jeweils 13. Jh.)[38] Interesse, auch wenn dessen Endredaktion erst dem 10.-12. Jh. zuzuweisen ist. Hier liegt eine ausdrücklich personale Interpretation von Dtn 30,12-14 vor:

»(12) Nicht im Himmel ist das Gesetz, so daß man sprechen müßte: O daß wir doch einen hätten wie Mose, den Propheten, der in den Himmel hinaufstiege und es uns bringen würde und uns die Gebote hören ließe, so daß wir sie tun könnten.

(13) Und nicht jenseits des großen Meeres ist das Gesetz, so daß man sprechen müßte: O daß wir doch einen hätten wie Jona, den Propheten, der in die Tiefe des großen Meeres hinabstiege und es uns bringen würde und uns die Gebote hören ließe, so daß wir sie tun könnten.

(14) Sondern sehr nahe ist euch das Wort, in eurem Mund, um darüber nachzusinnen, und in eurem Herzen, um es zu tun.«

Die Targum-Handschrift Codex Neofiti I (= CN),[39] die die gleiche Überlieferung bietet, enthält zusätzlich eine interessante Randglosse:

»(12) Wer wird für uns in den Himmel hinaufsteigen wie Mose, der Prophet?«
»(13) Wer wird für uns über das große Meer gehen wie Jona, der Prophet?«

Diese Paraphrase war – zumindest in bezug auf Dtn 30,12 – naheliegend.[40] Dtn 30,11-14 will paränetisch-werbend die Nähe und Erfüllbarkeit des Gesetzes nachdrücklich hervorheben und sie in direkter Anrede als Verheißung für den Leser formulieren. Daß das Gesetz angeblich fern im Himmel ist, wird in Dtn 30,12 jedoch durch die rhetorische Frage lediglich abgewehrt. In der Targum-Interpretation wird dagegen die Nähe des Gesetzes positiv begründet,

---

[38] Ausgabe: M. KLEIN, Fragment-Targums I 223 (Übersetzung: II 181); zur Datierung vgl. I 23-25.29-33. Diese Fassung von TagFrag ist bereits bei WALTON, Biblia Sacra Polyglotta IV, 1657, 376 als Randglosse zu TgPsJon abgedruckt (mit lateinischer Übersetzung), aber lange unbeachtet geblieben, da die Ausgabe von GINSBURGER, Fragmententhargum 65 nur eine Dtn 30,12 enthaltende Fassung bietet.

[39] Ausgabe: DÍEZ MACHO, Neophyti 1 (Dtn 30,12-14: Bd. V 225 [Text]; 417.554 [Übersetzungen]).

[40] TgOnk stimmt dagegen in Dtn 30,12-14 wörtlich mit dem MT überein, TgPsJon in Dtn 30,12f ebenfalls, bietet aber in V 14 eine inhaltlich aufschlußreiche Verdeutlichung: »Denn nahe ist euch das Wort in euren Lehrhäusern; öffnet euren Mund, um in ihm zu studieren, reinigt eure Herzen, um sie zu tun« (Bill III 279).

und zwar durch den Hinweis auf Mose, der ja schon längst in den Himmel gestiegen ist und das Gesetz gebracht hat, so daß es tatsächlich getan werden kann. Die Übereinstimmung mit dem paulinischen Verfahren ist deutlich: Jeweils wird auf diejenige Person verwiesen, deren ›Werk‹ grundlegende Bedeutung für die gegenwärtige Existenz der Leser hat, und jeweils ist dieses ›Werk‹ der Grund für die Nähe des ›Wortes‹.[41]

Dagegen sind die Berührungen zwischen dem abgeänderten Wortlaut von Dtn 30,13b in Röm 10,7a und der Wiedergabe von Dtn 30,13 in TgFrag bzw. CN lediglich formal. Paulus spricht vom Hinabsteigen in die ἄβυσσος und dem ἀναγαγεῖν ἐκ νεκρῶν, TgFrag und CN dagegen vom Hinabsteigen »in die Tiefe des großen Meeres«. ימה רבה meint hier das Mittelmeer, und eine zusätzliche Beziehung zur ἄβυσσος im Sinne von Röm 10,7 ist nicht vorhanden.[42] Außerdem zeigt die Randglosse von CN, daß die Einbeziehung des Jona keineswegs von vornherein die Abänderung von Dtn 30,13 im Sinne von TgFrag bzw. Röm 10,7 bedingt.[43] Schließlich ist sogar zu bezweifeln, ob überhaupt der Verweis auf Jona gleich ursprünglich ist wie der auf Mose.

In der vollen Form, in der die personale Interpretation von Dtn 30,11-14 in TgFrag vorliegt, ist diese sicher nicht als vorpaulinisch anzusehen. Als Ausgangspunkt kann eine Auslegung vermutet werden, in der lediglich auf Mose hingewiesen wurde, und zwar auf sein längst erfolgtes ›Hinaufsteigen‹ in den Himmel und die damit bereits längst erfolgte Gesetzesübermittlung. Eine derartige Auslegung von Dtn 30,11-14 ist bereits in paulinischer Zeit denkbar und würde das Vorgehen des Paulus in Röm 10,6-8 wesentlich verständlicher machen.[44]

Anders als die personale Interpretation von Dtn 30,12f als solche ist der Bezug zur Auferstehung, der in Röm 10,7 hergestellt wird, und auch die damit verbundene Textänderung von Dtn 30,13b ohne Rückgriff auf die Auslegungstradition von TgFrag bzw. CN voll verständlich.[45] Unverändert war Dtn 30,13b

---

[41] So McNamara, New Testament 70-78, der für Röm 10,6-8 mit literarischer (!) Abhängigkeit von TgCN (bzw. ›dem‹ palästinensischen Tg) rechnet und so dessen vorchristliche Herkunft erweisen will.

[42] So jedoch McNamara aaO 75 (mit A 17), was auf die Kritik von Fitzmyer, TS 29, 1968, 325 gestoßen ist. In seiner Replik verweist McNamara aaO 296 auf die in CN mehrfach begegnende Interpretation von ימה רבה im Sinne von ›the primordial waters‹ bzw. ›the waters of the beginning (or: creation)‹. Aber daraus ist kein konstanter Sprachgebrauch abzuleiten, der auch dann vorausgesetzt werden kann, wenn (wie an dieser Stelle) überhaupt kein Bezug zur Schöpfung vorliegt. Außerdem liegt auch in Röm 10,7 ein Bezug auf die Schöpfung völlig fern, vielmehr ist die ἄβυσσος als Todesbereich gedacht.

[43] Die Differenz zwischen Text und Randglosse von CN wird von McNamara aaO 70-78 überhaupt nicht berücksichtigt. Zur Einbeziehung von Jona vgl. auch Goldberg, BZ NF 14, 1970, 127-131, der hierin - aufgrund späterer Jona-Überlieferungen - eine antimystische Tendenz vermutet.

[44] Mit Einwirkung der in TgFrag bzw. CN überlieferten Auslegung von Dtn 30,12-14 rechnen u. a. Lyonnet, FS A. Robert, 1957, 501-505; Luz, Geschichtsverständnis 93; Black, NTS 18, 1972, 9; Käsemann, Röm 280.

[45] Gegen Lyonnet aaO 504; McNamara aaO 77; Hanson, Technique 153; ders., Interpretation 135f.

ohnehin nicht auf Christus anwendbar. Daß Paulus bei der unumgänglichen Umgestaltung Dtn 30,13b im Sinne der Auferweckung interpretierte, ist keineswegs überraschend. Nachdem in Röm 10,6 die rhetorische Frage von Dtn 30,12b mit dem Hinweis auf das bereits erfolgte Kommen des Präexistenten beantwortet worden ist, erforderte Dtn 30,13b die Interpretation durch einen gleichrangigen Akt des christologischen Heilsgeschehens. Für die konkrete Formulierung von Röm 10,7a ist es ausreichend, die geläufige Verwendung des Bildes vom Hinaufsteigen in den Himmel und dem Hinabsteigen in die Unterwelt (als extreme Beispiele für ein unmögliches Unterfangen) vorauszusetzen.[46]

Häufig wird auch auf Ψ 106,26 verwiesen,[47] wo die gefahrvolle Tätigkeit der Seefahrer beschrieben wird:
ἀναβαίνουσιν ἕως τῶν οὐρανῶν
καὶ καταβαίνουσιν ἕως τῶν ἀβύσσων,
ἡ ψυχὴ αὐτῶν ἐν κακοῖς ἐτήκετο.
Doch unterscheidet sich Ψ 106,26 von Röm 10,6f erheblich. Ψ 106,26 beschreibt gerade kein unmögliches Tun, sondern die durchaus reale Situation der Seefahrt. Deshalb ist auch nicht vom ἀνα/καταβαίνειν εἰς... die Rede, sondern es heißt jeweils: ἕως. In allen anderen Fällen, in denen Pls den Wortlaut eines Zitats unter Verwendung einer anderen Schriftstelle abändert, sind die sachlichen Bezüge zwischen beiden Texten erheblich enger,[48] so daß hier keine Einbeziehung von Ψ 106,26 anzunehmen ist.

6. Austausch von Zitatteilen durch Formulierungen aus anderen Schriftstellen (Mischzitate)

Wichtige Hinweise für den Umgang des Paulus mit dem Wortlaut der Schrift geben auch diejenigen Zitatabänderungen, bei denen ein Teil eines Schriftwortes unter Verwendung einer anderen Schriftstelle umgeformt worden ist. Fragt man nach den Sinnverschiebungen, die sich durch dieses Verfahren ergeben, in ihrem Verhältnis zur Zitatverwendung durch Paulus, so stehen auch hier neben einigen Abänderungen, die lediglich eine Akzentuierung der Zitataussage darstellen, mehrfach solche Umgestaltungen, die erst Voraussetzung für die Anführung des betreffenden Zitats durch Paulus sind. Umgekehrt läuft in keinem einzigen Fall die Veränderung der paulinischen Zitierabsicht entgegen.[1]

---

[46] Vgl. die Texte bei Bill III 281 und LIETZMANN, Röm 96.
[47] So z. B. JEREMIAS, ThWNT I, 1933, 9; KÄSEMANN, Röm 278; SCHLIER, Röm 311; ebenso NTGr[25] und NTGr[26].
[48] S. u. S. 160–172.
[1] In den folgenden Textgegenüberstellungen ist links jeweils der Text abgedruckt, der die Grundlage des Zitats bei Pls bildet; rechts vom pln Wortlaut steht der Text, der zur Veränderung des Ausgangstextes verwandt worden ist. Die Übereinstimmungen zwischen dem pln Zitat und dem zusätzlich herangezogenen Text sind durch Unterstreichung hervorgehoben. Abänderungen bzw. Abweichungen innerhalb des zusätzlich herangezogenen Textes sind durch Kursivdruck gekennzeichnet. Dagegen erfolgt kein Hinweis auf Differenzen zwischen dem Haupttext und der pln Anführung.

1. Ein besonders instruktives Beispiel für das Verfahren, durch Einbeziehung einer anderen Schriftstelle ein neues, in der Schrift so gar nicht enthaltenes ›Zitat‹ zu bilden, stellt Röm 9,33 dar.[2]

Jes 28,16[1 Petr 2,6]	Röm 9,33	Jes 8,14b[Σ (Θ)]
ἰδοὺ τίθημι	ἰδοὺ τίθημι	καὶ ἔσται
		[ὁ κύριος]
ἐν Σιὼν	ἐν Σιὼν	εἰς ἁγίασμα,
		εἰς δὲ (Θ: καὶ εἰς)
λίθον ἀκρογω-νιαῖον	λίθον προσκόμμα-τος	λίθον προσκόμματος
ἐκλεκτὸν ἔντι-μον,	καὶ πέτραν σκανδά-λου,	καὶ εἰς πέτραν πτώμα-τος
καὶ ὁ πιστεύων	καὶ ὁ πιστεύων	τοῖς δυσὶν οἴκοις
ἐπ' αὐτῷ	ἐπ' αὐτῷ	Ἰσραήλ, εἰς παγίδα
οὐ μὴ καται-σχυνθῇ.	οὐ καταισχυνθήσε-ται.	καὶ εἰς σκάνδαλον τῷ οἰκοῦντι ἐν Ἰερουσα-λήμ.

Paulus setzt einen in der christlichen Verwendung bereits veränderten Wortlaut von Jes 28,16 voraus, der auch in 1 Petr 2,6 sichtbar wird. In dieser Form im Urchristentum gebraucht, hatte das Zitat einen direkt christologischen Sinn: Christus wird als der von Gott in Zion gelegte kostbare Stein verstanden, der für den Glaubenden der Grund für seine künftige Bewahrung ist. Doch war damit Jes 28,16 noch nicht als Schriftaussage im Zusammenhang von Röm 9,30–32 geeignet. Paulus will zeigen, warum Israel, dessen ζῆλος θεοῦ er ausdrücklich feststellt (10,2), doch die Gerechtigkeit – und damit sogar das Gesetz selbst! – verfehlt hat (9,30f). Hierfür benötigt Paulus ein weiteres Zitat, das die positive christologische Aussage von Jes 28,16 ergänzt und zeigt, daß Christus zugleich für Israel zur Ursache des Unheils geworden ist.

Paulus findet das, was er in Röm 9,30ff formulieren will, in Jes 8,14 ausgesagt. Dabei besteht – jedenfalls in der Perspektive des Paulus – sachlich und sprachlich eine deutliche Nähe beider Zitate. Beide Schriftworte sprechen in metaphorischer Weise vom κύριος als λίθος, und Jes 8,14 enthält genau die Aussage, die für Paulus in Jes 28,16 zu ergänzen ist, daß nämlich der κύριος zum λίθος προσκόμματος und zur πέτρα πτώματος (bzw. σκανδάλου[3]) werden wird – und zwar für Israel![4] Erst die Einbeziehung von Jes 8,14b ergibt den

---

[2] Zu dem von Pls für Jes 28,16 vorausgesetzten Wortlaut s. o. S. 69ff; zur Vorlage von Jes 8,14, einer hebraisierenden LXX-Rezension dieser Stelle, s. o. S. 58ff.
[3] Ob σκανδάλου ebenfalls vorgegeben ist, muß offenbleiben; s. o. S. 60.
[4] Dies gilt unabhängig von der Frage, in welchem Umfang Jes 8,13f insgesamt in der Vorlage des Pls an den HT angeglichen war. Aus syntaktischen Gründen ist mit einer umfangreicheren Korrektur zu rechnen, die zumindest auch V 14a, wahrscheinlich aber

Schriftbeleg, den Paulus im Zusammenhang von Röm 9,30–32 benötigt. In dieser Umgestaltung bringt Jes 28,16 dann allerdings das Paradox der Sendung Christi in einer für Paulus charakteristischen Schärfe zum Ausdruck (vgl. 1 Kor 1,23 f). Bemerkenswert ist die Weise, in der Paulus beide Zitate einander zuordnet. Er begnügt sich nicht damit, beide Schriftworte nacheinander anzuführen und sie – etwa durch eine kurze erklärende Zwischenbemerkung – aufeinander zu beziehen. Vielmehr ersetzt er die positive (christologisch verstandene) Wendung λίθος ἀκρογωνιαῖος ἐκλεκτὸν ἔντιμον durch die Jes 8,14b entnommene Aussage über Christus als λίθος προσκόμματος und πέτρα πτώματος (bzw. σκανδάλου). Paulus verwendet hier zwar zwei Zitate, die sich sprachlich berühren und deren inhaltliche Zusammengehörigkeit in seiner Perspektive zweifellos gegeben war. Doch formt er aus beiden Zitaten eine Schriftaussage, die nicht nur formal, sondern auch inhaltlich erst das Ergebnis seiner eigenen Zitatumgestaltung ist.

Dagegen führt die Annahme einer vorpln Herkunft zu erheblichen Schwierigkeiten. Die getrennte Anführung von Jes 28,16 und 8,14b in 1 Petr 2,6.8 setzt nicht die in Röm 9,33 vollzogene Einbeziehung von Jes 8,14b in 28,16 voraus,[5] weist also nicht auf eine für Pls bereits traditionelle Zitatabänderung. Aber auch eine gemeinsame, wenn auch getrennte Überlieferung von Jes 28,16 und 8,14b vor Pls ist unwahrscheinlich, da beide Zitate eine textgeschichtlich ganz unterschiedliche Herkunft aufweisen.[6]

2. Die Abänderung von Gen 12,3 (bzw. 28,14) in Gal 3,8 erfolgt aufgrund der eng verwandten Schriftstelle Gen 18,18:[7]

Gen 12,3c (28,14)	Gal 3,8	Gen 18,18b
ἐνευλογηθήσονται	ἐνευλογηθήσονται	ἐνευλογηθήσονται
ἐν σοὶ	ἐν σοὶ	ἐν αὐτῷ
πᾶσαι αἱ φυλαὶ	πάντα τὰ ἔθνη.	πάντα τὰ ἔθνη
τῆς γῆς.		τῆς γῆς.

---

auch V 14c, umfaßte. Damit enthielt Jes 8,14 für Pls die klare Aussage, daß Israel (bzw. LXX: ›Jakob‹) und Jerusalem am ›κύριος‹ zu Fall kommen. Zugleich bot das Nebeneinander von ἁγίασμα und λίθος προσκόμματος für Pls die gleiche dialektische Aussage, auf die er auch in der Umgestaltung von Jes 28,16 abzielte.

[5] Vgl. DODD, Scriptures 43.

[6] In Jes 8,14 handelt es sich um einen rezensierten Text jüdischer Herkunft, der auf einer schriftlich vollzogenen Korrektur der LXX beruht, während Jes 28,16 der mündlichen Schriftverwendung des Urchristentums entnommen ist; s. o. S. 69 ff.

[7] Die Segensverheißung von Gen 12,3 wird (auch im MT) in wörtlich identischer Form in Gen 28,14 wiederholt. Nur hier ist die Verheißung als direkte Anrede gestaltet, jedoch ist jeweils vom Segen für πᾶσαι αἱ φυλαὶ τῆς γῆς die Rede. In den sekundären Aufnahmen dieser Verheißung in 18,18; 22,18 und 26,4 heißt es zwar jeweils πάντα τὰ ἔθνη τῆς γῆς, doch fehlt die direkte Anrede (18,18: ἐν αὐτῷ) bzw. ist die Segensankündigung mit der Nachkommenschaft Abrahams verbunden (22,18 und 26,4: ἐν τῷ σπέρματί σου). Die LXX entspricht damit jeweils wörtlich dem MT. Die Differenz zwischen Gen 12,3 (bzw. 28,14) und 18,18 (bzw. 22,18; 26,4) wird von SCHLIER, Gal 130 verwischt, wenn er nach der

Die Nähe beider Zitate ist so groß, daß man geneigt sein könnte, einen reinen Gedächtnisirrtum, sei es auf der Stufe der Textvorlage,[8] sei es durch Paulus selbst, anzunehmen.[9] Auffällig ist jedoch, daß mit der Auslassung von τῆς γῆς eine weitere Zitatabänderung vorliegt,[10] und daß beide Veränderungen sich glatt in die Verwendung von Gen 12,3 durch Paulus einfügen.

Das Zitat in Gal 3,8b dient als Schriftbeleg der Sicherung der Aussage von 3,8a, ὅτι ἐκ πίστεως δικαιοῖ τὰ ἔθνη ὁ θεός – ein Geschehen, von dem Paulus ausdrücklich sagt, daß es von der Schrift ›vorhergesehen‹ und ›vorherverkündigt‹ worden ist. Daher mußte Paulus an einer möglichst wörtlichen Übereinstimmung von eigener Aussage und Schriftbeleg interessiert sein.[11] Erst durch die Abänderung mit Hilfe von Gen 18,18 enthält Gen 12,3 die für Paulus erforderliche Zuspitzung: die Geltung des Abrahamsegens nicht nur für die neutral als πᾶσαι αἱ φυλαί bezeichnete Menschheit allgemein, sondern ausdrücklich für die ἔθνη.[12] Daher ist auch hier mit einer bewußten Textumgestaltung durch Paulus zu rechnen.[13]

3. Um seine Ausgangsthese von Gal 3,10a: ὅσοι γὰρ ἐξ ἔργων νόμου εἰσίν, ὑπὸ κατάραν εἰσίν, aus der Schrift zu belegen, führt Paulus Dtn 27,26 an. Dabei ist in Gal 3,10b ἐν πᾶσιν τοῖς λόγοις τοῦ νόμου τούτου durch πᾶσιν τοῖς γεγραμμένοις ἐν τῷ βιβλίῳ τοῦ νόμου ersetzt.[14] Die Wendung ›... γεγραμμένα ἐν τῷ βιβλίῳ τοῦ νόμου τούτου‹ begegnet mehrfach in den das Dtn insgesamt abschließenden Fluch- bzw. Strafankündigungen von Dtn 28–30.[15] Da es sich

---

Wiedergabe von Gen 12,3[LXX] schreibt: »Die paulinische Variante πάντα τὰ ἔθνη findet sich Gen 18₁₈; vgl. 22₁₈, 26₄«. – Zur Traditionsgeschichte von Gen 12,3 und Parallelen vgl. WESTERMANN, Genesis 12–50. 37–39; ders., Gen II 166–176.351.

[8] Doch sind in den HSS kaum Angleichungen zwischen Gen 12,3; 18,18 usw. festzustellen. Lediglich in 18,18 (25 646: πᾶσαι αἱ φυλαί) und 28,14 (53 664: πάντα τὰ ἔθνη) liegt Paralleleinfluß vor. Auch die Auslassung von τῆς γῆς begegnet sehr selten (22,18: A Sa^pt; 28,14: 53 664).

[9] Noch anders MUSSNER, Gal 220: Grundlage von Gal 3,8 sei nicht Gen 12,3, sondern 18,18, wobei Pls nach 12,3 geändert habe; ebenso LIETZMANN, Gal 19. Doch ist bei dieser Annahme nicht einzusehen, warum Pls ἐν αὐτῷ durch ἐν σοί ersetzt hat.

[10] S. o. S. 124.

[11] Mit Gen 12,3 kann Pls jedoch nur ὅτι ... δικαιοῖ τὰ ἔθνη ὁ θεός belegen. Für ›ἐκ πίστεως‹ bedarf es einer wesentlich umfangreicheren Herleitung aus der Schrift, die Pls dann in V 10–13 anfügt, um in V 14 das Ergebnis formulieren zu können; vgl. auch BERGER, MThZ 17, 1966, 50–54.

[12] Zum technischen Gebrauch von τὰ ἔθνη im Sinne von ›die Heiden‹ vgl. BERTRAM, ThWNT II, 1935, 362–366. Er ist schon in der LXX voll ausgebildet und wird von Pls als selbstverständlich vorausgesetzt; vgl. K. L. SCHMIDT, ebd. 368; ZELLER, Juden 13f; WALTER, EWNT I, 1980, 924–929.

[13] So auch BURTON, Gal 160; OEPKE, Gal 104; BETZ, Gal 142; ECKERT, Verkündigung 76 A 5; ZELLER, Juden 95.

[14] Das Fehlen von λόγοις zeigt, daß es sich nicht um eine reine Erweiterung handelt.

[15] Dtn 27,26 stellt den bewußt allgemein formulierten Abschluß der Fluchreihe von Dtn 27,15–25 dar und ist der jüngsten, redaktionellen Schicht des Dtn zuzurechnen; vgl. W. SCHOTTROFF, Fluchspruch 57 A 2.222. Zugleich leitet damit Dtn 27,26 zu Dtn 28–30

um eine formelhafte Wendung handelt, ist die genauere Herleitung dieser Abänderung von Dtn 27,26 in Gal 3,10b aus einer der in Frage kommenden Stellen (Dtn 28,58.61; 29,19.20; vgl. auch 29,26 und 30,10)[16] fraglich, aber auch von untergeordneter Bedeutung.

Der Abänderung von Dtn 27,26 in Gal 3,10b am nächsten steht Dtn 29,19 (bzw. 29,20):

Dtn 27,26a.b	Gal 3,10	Dtn 29,19b
ἐπικατάρατος πᾶς	ἐπικατάρατος πᾶς	...
ἄνθρωπος,		...
ὅς[17] οὐκ ἐμμενεῖ[18]	ὅς οὐκ ἐμμένει[19]	...
ἐν πᾶσιν	πᾶσιν	πᾶσαι αἱ ἀραὶ τῆς διαθήκης ταύτης
τοῖς λόγοις	τοῖς γεγραμμένοις ἐν τῷ βιβλίῳ	αἱ γεγραμμέναι ἐν τῷ βιβλίῳ
τοῦ νόμου τούτου	τοῦ νόμου	τοῦ νόμου τούτου
τοῦ[20] ποιῆσαι αὐτούς.	τοῦ ποιῆσαι αὐτά.	...

Für die Herkunft der Zitatabänderung aus Dtn 29,19 spricht zunächst die Übereinstimmung in der Wortfolge von γεγραμμένα (-αι) κτλ. Außerdem ist die Wendung dort ausdrücklich Teil einer Fluchformel, was der Form von Dtn 27,26 voll entspricht.[21] Zwar wird zumeist auf Dtn 28,58 (πάντα τὰ ῥήματα τοῦ νόμου τούτου τὰ γεγραμμένα ἐν τῷ βιβλίῳ τούτῳ) verwiesen, aber die Wortfolge ist hier variiert, und γεγραμμένα κτλ. ist auch nicht unmittelbar Teil einer Fluchankündigung.[22] Aufgrund des formelhaften Charakters des abgeän-

---

über. Ebenso ist der redaktionelle Charakter einer Wendung wie αἱ ἀραὶ ... αἱ *γεγραμμέναι* ἐν τῷ βιβλίῳ (!) τοῦ νόμου τούτου (!) evident.

[16] Nur in Dtn 30,10 handelt es sich um eine Segensankündigung.

[17] S. o. S. 52.

[18] RAHLFS, LXX und WEVERS, LXX^Dtn fassen εμμενει in Übereinstimmung mit dem MT als Futur auf, SWETE, LXX dagegen als Präsens. In Gal 3,10 liegt ein ausdrücklich futurisches Verständnis fern.

[19] Auch einige LXX-HSS lassen in Dtn 27,26 ἐν aus, was sicher nicht ursprünglich und auch kaum vorpln ist. Umgekehrt ergänzen in Gal 3,10 κ² A C D F G K L P 630 𝔐 ἐν, während ἐν bei P⁴⁶ κ* B Ψ 6 33 81 104 365 1175 1241ˢ 1739 1881 2464 (2495) fehlt. Eine Sinndifferenz ist mit der Auslassung von ἐν in Gal 3,10 nicht verbunden; ἐμμένειν im Sinne des Beachtens rechtlich verbindlicher Satzungen wird sowohl mit als auch ohne ἐν gebraucht; vgl. HAUCK, ThWNT IV, 1942, 581.

[20] S. o. S. 52.

[21] In Dtn 29,20 begegnet dann die gesamte Formulierung im Akkusativ. Dagegen sind die übrigen Stellen von Gal 3,10 stärker unterschieden. In Dtn 28,61 ist die Wendung abgewandelt (τὴν πληγὴν τὴν μὴ [!] γεγραμμένην κτλ.); in 29,26 ist sie verkürzt (τοῦ νόμου τούτου fehlt), berührt sich aber durch τὰς κατάρας τὰς γεγραμμένας κτλ. stärker mit Dtn 27,26.

[22] Die eigentliche Fluchankündigung beginnt erst in 28,59. Für eine Herleitung aus Dtn 28,58 scheint die Verwendung von τὰ ῥήματα zu sprechen (vgl. Dtn 27,26: τοῖς λόγοις). Doch fehlt in Gal 3,10 sowohl οἱ λόγοι als auch τὰ ῥήματα.

derten Wortlauts von Dtn 27,26 ist eine vorpaulinische Textentwicklung nicht auszuschließen, doch ist eine mit Gal 3,10 übereinstimmende Textfassung nur in Kirchenväterzitaten zu belegen.[23] Außerdem ist πᾶσιν τοῖς λόγοις nicht nur durch τοῖς γεγραμμένοις κτλ. erweitert, sondern zugleich ist auch τοῖς λόγοις ausgelassen. Diese gleichzeitige Textverkürzung ist nicht auf Paralleleinfluß zurückzuführen.[24] Daher ist auch die Möglichkeit einer paulinischen Herkunft der Zitatabänderung zu prüfen.

In Gal 3,10 will Paulus – in Entgegensetzung zum Zusammenhang von δικαιοσύνη und πίστις (3,8 und 3,11b.12) bzw. von πίστις und εὐλογία τοῦ Ἀβραάμ (3,9 und 3,14) – den Unheilscharakter des Gesetzes, genauer: den Zusammenhang von Gesetz und Fluch, aufzeigen. Dazu paßt die Aufnahme einer zusätzlichen Wendung, die in den weiteren Fluchformeln von Dtn 28–30 fest verankert ist. Durch die Einbeziehung von τὰ γεγραμμένα, den ausdrücklichen Verweis auf das βιβλίον τοῦ νόμου und die gleichzeitige Auslassung von οἱ λόγοι wird einseitig der schriftliche Charakter des Gesetzes hervorgehoben.[25] Das Gesetz wird damit als γράμμα interpretiert, und gerade als γράμμα ist es für Paulus die den Menschen in den Tod führende Instanz (2 Kor 3,6).[26] Somit kann auch hier eine paulinische Herkunft dieser Zitatveränderung als wahrscheinlich gelten.

4. In Gal 3,13 führt Paulus Dtn 21,23 in einem Wortlaut an, der an den kurz zuvor zitierten Text Dtn 27,26 angeglichen ist:

Dtn 21,23c	Gal 3,13	Dtn 27,26a
κεκατηραμένος ὑπὸ θεοῦ	ἐπικατάρατος	ἐπικατάρατος
πᾶς κρεμάμενος ἐπὶ ξύλου.	πᾶς ὁ κρεμάμενος ἐπὶ ξύλου.	πᾶς ἄνθρωπος, ὃς οὐκ ἐμμενεῖ ἐν πᾶσιν ...

---

[23] Das gilt auch für F: ὃς οὐκ ἐμμενεῖ ἐν πᾶσιν τοῖς λόγοις τοῦ βιβλίου τούτου. Von den patristischen Anführungen verdient Justin, Dial 95,1 Interesse. Der Wortlaut stimmt fast völlig mit Gal 3,10 überein. Die Differenzen zu Gal 3,10 (nach ἐμμένει steht ἐν; vor γεγραμμένοις fehlt πᾶσιν [doch wird es von Otto, Justin I/2, 344 und SIBINGA, Text 94f aufgrund des Kontextes ergänzt]) weisen auf keine von Gal 3,10 unabhängige Überlieferung. Daß Justin Dtn 27,26 zumindest auch in der Interpretation von Gal 3 kennt, wird Dial 96,1 deutlich, wo Justin – wiederum mit den gleichen Zitatabänderungen wie in Gal 3,13 – Dtn 21,23 zitiert; s. o. S. 120 A 6 und u. A 27. Mit Einwirkung von Gal 3,10 rechnet auch SIBINGA aaO 97–99; vgl. auch OSBORN, Justin 135f.
[24] In allen Parallelstellen ist γεγραμμέν- κτλ. auf ein unmittelbar vorangegangenes Substantiv bezogen. Auch von Dtn 28,58 her, der einzig neutrisch formulierten Wendung, ist die Auslassung von λόγοις nicht zu erklären: 28,58 lautet τὰ ῥήματα τὰ γεγραμμένα κτλ.
[25] Umgekehrt hat Pls in seiner Aufnahme von Dtn 30,11–14 in Röm 10,6–8 das ῥῆμα, das ›dir nahe ist‹, aus seiner inhaltlichen Ausrichtung auf das Gesetz herausgelöst und in Entgegensetzung zum νόμος als das ῥῆμα τῆς πίστεως interpretiert; s. o. S. 129–132.
[26] S. u. S. 339 – DEISSMANN, Neue Bibelstudien 76f weist außerdem darauf hin, daß

Für die Annahme einer vorpaulinischen Textentwicklung bestehen keine ausreichenden Gründe.[27]

Auch die Vermutung, Pls setze einen an den HT angenäherten Text im Sinne von 'A und Θ voraus, erklärt nicht die Zitatform von Dtn 21,23 in Gal 3,13.[28] 'A und Θ übersetzen: κατάρα θεοῦ κρεμάμενος. Bei einer derartigen Vorlage fehlen die für Pls entscheidenden Zitatteile πᾶς und vor allem ἐπὶ ξύλου. Außerdem wäre nicht erklärbar, warum Pls die wörtliche Entsprechung zu V 13a (Χριστὸς ... γενόμενος ... κατάρα) beseitigt haben sollte.

Dagegen ist die Abänderung von κεκατηραμένος in ἐπικατάρατος als paulinische Angleichung an den kurz zuvor in 3,10 zitierten Text Dtn 27,26 voll erklärbar. Paulus will aufweisen, daß die κατάρα, die nach Paulus allen gilt, ὅσοι ἐξ ἔργων νόμου εἰσίν (3,10a), für ›uns‹ durch Christus beseitigt ist (3,13a). Den Fluchcharakter des Gesetzes belegt Paulus mit Dtn 27,26 (3,10b), die Beseitigung des Fluches durch Christus mit Dtn 21,23 (3,13b).

Diese inhaltliche Beziehung zwischen beiden Zitaten unterstreicht Paulus durch die sprachliche Angleichung von Dtn 21,23 an Dtn 27,26. Die Identität des Fluches, der dem Gesetz als solchem innewohnt, mit dem Fluch, der Christus getroffen hat, kommt so auch sprachlich deutlich zum Ausdruck.[29]

5. In der Wiedergabe von Jes 40,13a.c in Röm 11,34 ist καὶ τίς σύμβουλος αὐτοῦ ἐγένετο in ἢ τίς κτλ. abgeändert. Dies ist offensichtlich aufgrund des von Paulus unmittelbar anschließend zitierten Wortlauts von Hi 41,3a (ἢ τίς προέδωκεν αὐτῷ κτλ. [Röm 11,35]) erfolgt, so daß beide Textausschnitte jetzt ein zusammenhängendes Zitat bilden.[30]

6. Dieses Verfahren, in einer Zitatkombination den ersten Text aufgrund des dann folgenden umzugestalten, um so die beiden ursprünglich selbständigen Schriftaussagen möglichst eng miteinander zu verzahnen, begegnet auch in Röm 9,25f. Allerdings führt hier die Angleichung an den anschließend zitierten Text gegenüber Röm 11,34 zu wesentlich weiterreichenden Umgestaltungen:

ἐμμένειν mit Partizip Dativ (mit oder ohne ἐν) häufig als juristische Formel in hellenistischen Rechtsurkunden aus Ägypten begegnet. Falls dieser Sprachgebrauch hier vorauszusetzen ist, läge zugleich eine Betonung der rechtlichen Verbindlichkeit der Forderungen des βιβλίον τοῦ νόμου vor.

[27] In Dtn 21,23 wird ἐπικατάρατος nur von Kirchenvätern vertreten; ältester Zeuge ist Justin, Dial 96,1, doch ist hier mit Einwirkung pln Überlieferung zu rechnen; s. o. A 23.

[28] So jedoch VOLLMER, Citate 29, aufgenommen von MICHEL, Paulus 65.75.

[29] Die gleiche Tendenz, die Zitate in Gal 3,10.12.13 aneinander anzugleichen, ist auch in den Auslassungen von ἄνθρωπος in Dtn 27,26 und Lev 18,5 (Gal 3,10.12) und der Zufügung des Artikels in Dtn 21,23 (Gal 3,13: πᾶς ὁ [!] κρεμάμενος) festzustellen; s. o. S. 120.132. Mit pln Herkunft von ἐπικατάρατος in Gal 3,13 rechnet auch SCHLIER, Gal 138.

[30] Zur pln Herkunft der Zitatkombination s. u. S. 178f; zur Textvorlage von Hi 41,3a in Röm 11,35 (ἢ ist vorgegeben) s. o. S. 72f (mit A 80).

Hos 2,25b.c	Röm 9,25f	Hos 2,1b
καὶ ἀγαπήσω τὴν		καὶ ἔσται ...
οὐκ ἠγαπημένην[31]		...
καὶ ἐρῶ	*καλέσω*	ἐκεῖ *κληθήσονται*
τῷ οὐ λαῷ μου·	τὸν οὐ λαόν μου	
λαός μου εἶ σύ.	λαόν μου	υἱοὶ θεοῦ ζῶντος.
	καὶ τὴν οὐκ ἠγαπη-	
	μένην ἠγαπημένην·	Hos 2,1b
	(26) καὶ ἔσται ἐν τῷ	
	τόπῳ οὗ ἐρρέθη αὐτοῖς·	τόπῳ οὗ ἐρρέθη αὐτοῖς·
	οὐ λαός μου ὑμεῖς,	οὐ λαός μου ὑμεῖς,
	ἐκεῖ κληθήσονται	ἐκεῖ[32] κληθήσονται
	υἱοὶ θεοῦ ζῶντος.	υἱοὶ θεοῦ ζῶντος.

Der Austausch von ἐρῶ (Hos 2,25) durch καλέσω entspricht der Verwendung dieses Zitats als Schriftbeleg für die eigene Aussage des Paulus in Röm 9,24 (οὓς καὶ *ἐκάλεσεν* ἡμᾶς ...). Doch ist dieser Austausch nicht voraussetzungslos erfolgt, sondern καλεῖν ist dem Text von Hos 2,1 b entnommen, den Paulus im Anschluß an den umgestalteten Wortlaut von Hos 2,25b.c (Röm 9,25) in Röm 9,26 unverändert anführt. Daß καλεῖν dadurch zweimal verwendet wird, verstärkt die Verbindung der beiden eng verwandten Texte zu einer neuen, geschlossenen Schriftaussage. Zugleich wird καλεῖν so zum zentralen Leitbegriff des gesamten Zitats Röm 9,25f, das jetzt exakt das formuliert, worauf Paulus abzielt: die Berufung der ἔθνη zum λαός Gottes.[33]

7. Der Wortlaut von Hos 2,1b ist in Röm 9,25 zur Umgestaltung von Hos 2,25 benutzt worden. In Röm 9,27 greift Paulus auf den in 9,26 nicht zitierten Beginn von Hos 2,1 zurück, um Jes 10,22a abzuändern:

Jes 10,22	Röm 9,27	Hos 2,1a
καὶ ἐὰν γένηται	ἐὰν ᾖ ὁ ἀριθμὸς	καὶ ἦν ὁ ἀριθμὸς
ὁ λαὸς Ἰσραὴλ	τῶν υἱῶν Ἰσραὴλ	τῶν υἱῶν Ἰσραὴλ
ὡς ἡ ἄμμος τῆς	ὡς ἡ ἄμμος τῆς	ὡς ἡ ἄμμος τῆς
θαλάσσης,	θαλάσσης,	θαλάσσης, ...
τὸ κατάλειμμα	τὸ ὑπόλειμμα	
σωθήσεται.	σωθήσεται.	

---

[31] S. o. S. 55.
[32] S. o. S. 54 und u. S. 174.
[33] Für die Annahme einer vorpln Herkunft dieser Zitatumgestaltung (z. B. aus einem vorpln Florilegium; so LUZ, Geschichtsverständnis 96–98) bleibt kein Raum. Zutreffend KÄSEMANN, Röm 264: »Die Kombination führt auf Pls zurück«; dies gilt ebenso für die Verwendung von καλέσω, die im Zusammenhang der Kombination von Hos 2,25b.c und

Die Nähe beider Texte ist aufgrund des verbal und inhaltlich identischen Vergleichs ὡς ἡ ἄμμος τῆς θαλάσσης evident. Doch stellt die Abänderung von ὁ λαὸς Ἰσραήλ in ὁ ἀριθμὸς τῶν υἱῶν Ἰσραήλ keineswegs eine lediglich zufällige (etwa gedächtnismäßig zu erklärende) Nachwirkung von Hos 2,1 oder ein Beispiel für die vermeintlich unbekümmerte Zitierweise des Paulus dar.[34] Durch die Verwendung von ὁ ἀριθμὸς τῶν υἱῶν Ἰσραήλ vermeidet es Paulus, Israel als Ganzes als λαός zu bezeichnen. Dies ist nach Röm 9,25f, wo Paulus mit Hilfe von Hos 2,25b.c und 2,1b die Berufung der ἔθνη vom οὐ λαός zum λαός formuliert, kein Zufall. ›Λαός‹ – und damit υἱοὶ θεοῦ ζῶντος – ist nicht mehr Israel in seiner Gesamtheit (vgl. Röm 9,6!), sondern, wie Paulus ja gerade durch dieses Zitat zeigen will, nur τὸ ὑπόλειμμα.

Die in der LXX fest ausgeprägte Unterscheidung zwischen τὰ ἔθνη und Israel als λαός[35] ist auch Pls geläufig. Λαός begegnet zwar bei Pls recht selten und auch nur in Schriftzitaten (neben Röm 9,25f noch in Röm 10,21; 15,10; 1 Kor 10,7 und 14,21) bzw. bei bewußter Aufnahme der Sprache der Schrift (Röm 11,1f), doch geht aus Röm 11,1f hervor, daß Pls die Selbstbezeichnung Israels als λαὸς θεοῦ vertraut ist.

Daher ist der Austausch von ὁ λαὸς Ἰσραήλ durch die rein beschreibende Wendung ὁ ἀριθμὸς τῶν υἱῶν Ἰσραήλ nicht als rein äußerliche Variation in der Ausdrucksweise, sondern als bewußte, aus inhaltlichen Gründen erfolgte Zitatveränderung durch Paulus zu beurteilen.[36]

8. Mit der Umgestaltung von Hos 2,25b.c in Röm 9,25 vergleichbar ist die Abänderung von Hos 13,14b in 1 Kor 15,55. In 1 Kor 15,54f sind Jes 25,8a und Hos 13,14b zu einem geschlossenen Zitat zusammengefügt. Während Jes 25,8a von Paulus offenbar unverändert wiedergegeben wird, weist Hos 13,14b Textangleichungen auf:

Jes 25,8a[Θ]	1 Kor 15,54f	Jes 25,8a[Θ]
κατεπόθη ὁ θάνατος εἰς νῖκος.	κατεπόθη ὁ θάνατος εἰς νῖκος.[37]	
Hos 13,14b		κατεπόθη ὁ θάνατος εἰς νῖκος.
ποῦ ἡ δίκη[38] σου, θάνατε; ποῦ τὸ κέντρον σου, ᾅδη;	ποῦ σου, θάνατε, τὸ νῖκος;[39] ποῦ σου, θάνατε,[40] τὸ κέντρον;	

2,1b erfolgte. Anders MICHEL, Röm 317: »Auf keinen Fall ist diese Zitatenkollektion (sc. von Röm 9,25–29 insgesamt) zufällig entstanden«. Das ist sicher zutreffend, besagt aber noch nichts über eine vorpln Herkunft. Zur Florilegienfrage insgesamt s. u. S. 247–255.

[34] So die weithin selbstverständliche ›Erklärung‹ dieser Zitatabänderung; vgl. z. B. KÄSEMANN, Röm 265: »In den Bedingungssatz Jes 10,22 fügen sich aus der gerade zitierten Aussage Hos 2,1 die Worte ὁ ἀριθμὸς τῶν υἱῶν ein.«

Die Herkunft der Abänderungen von Hos 13,14b ist offensichtlich: νῖκος anstelle von δίκη ist Jes 25,8 entnommen, das nochmalige θάνατε – anstelle von ᾅδη – der ersten Zeile des Hos-Zitats selbst. Auch hier ist es die nächstliegende Annahme, daß die Angleichung beider Schrifttexte und die Vereinheitlichung innerhalb von Hos 13,14b im Zuge der Zusammenfügung beider Schriftworte zu einem einzigen Zitat erfolgte. Durch diese Abänderungen liegt in 1 Kor 15,54f jetzt ein sehr geschlossenes, dreigliedriges Zitat vor: In jeder der drei Zeilen wird θάνατος verwendet, die beiden ersten Zeilen sind zusätzlich durch νῖκος miteinander verklammert, Zeile 2 und 3 durch die völlig parallele Wortfolge. In dieser Form bildet 1 Kor 15,54b.55 einen wirkungsvollen Abschluß von 1 Kor 15 insgesamt. Die Angleichungen des Wortlauts von Hos 13,14b sind somit als Abänderungen durch Paulus voll verständlich.[41]

Dagegen scheint R. *Hanhart* auch für Hos 13,14b (wie für Jes 25,8a) mit vorpln Herkunft von νῖκος (bzw. νίκη) zu rechnen:[42] Diese Stichwortübereinstimmung sei Voraussetzung der (vorpln) Zitatzusammenstellung gewesen. Doch ist eine vorpln Herkunft der LA νίκη in Hos 13,14b nicht wahrscheinlich zu machen;[43] auch liegt (anders als in Jes 25,8a) keine Angleichung an den HT vor. Für eine pln Zusammenordnung beider Textausschnitte war das gemeinsame Leitwort θάνατος und die (für Pls) gemeinsame Sachaussage voll ausreichend.

---

[35] Vgl. STRATHMANN, ThWNT IV, 1942 29–39; WALTER, EWNT I, 1980, 295f; zum Gebrauch von τὰ ἔθνη bei Pls s. o. S. 124.163 A 12.

[36] Zusätzlich hat Pls aus Hos 2,1a εἶναι anstelle von γίνεσθαι übernommen.

[37] P⁴⁶ B D* 088 lesen jeweils νεῖκος (vgl. Tert, Cypr: contentio); s. o. S. 62 A 21.

[38] NYBERG, Studien 104f tritt für die Ursprünglichkeit von νίκη ein, allerdings unter der Voraussetzung von גבר ()siegen<; hier als Inf. constructus) als Vorlage. Doch ist das reines Postulat, vgl. H. W. WOLFF, Hos 288. Der LXX-Übersetzer hat דבר (MT: דבריך mit v. l. דברך) als דָּבָר ()Wort, Rechtssache<) verstanden (ebenso 'A: ῥήματα; Σ dagegen πληγή, während Θ δίκη beibehält) und nicht als דֶּבֶר ()Pest<, bzw. – falls diese Bedeutung zu sichern ist –)Dorn<; vgl. KB, Wb. ³I 203f s. v. II דֶּבֶר; MAYER, ThWAT II, 1977, 133–135; WOLFF aaO 286; 288; 297).

[39] Die Abfolge νῖκος (bzw. νεῖκος) – κέντρον haben P⁴⁶ ℵ * A (doch fehlt hier aufgrund von Homoioteleuton V 55a) B C 088 0121a 0243 33 81 326 1175 1241⁸ 1739 2464 lat co; die Stellung von νῖκος und κέντρον vertauschen ℵ² A^c D^(c) F G K L P Ψ 075 104 365 630 1881 2495 𝔐 sy. Eine Einwirkung von Hos 13,14^LXX liegt nicht vor (gegen METZGER, Commentary 570): Die Stellung von κέντρον ist dort völlig einheitlich bezeugt. Die LA von ℵ² etc. ist dennoch als sekundär zu beurteilen. Die Fortsetzung 15,56 spricht für die Schlußstellung von κέντρον. In der Umstellung dürfte der Versuch einer weiteren stilistischen ›Verbesserung‹ (Abfolge: νῖκος / κέντρον / νῖκος) vorliegen.

[40] So P⁴⁶ ℵ * A* B C D^(c) F G 088 1739* pc lat co; die übrigen Textzeugen gleichen dagegen an LXX an und lesen ᾅδη.

[41] So auch WEISS, 1 Kor 380; vgl. auch CONZELMANN, 1 Kor 361. Ungenau dagegen ist die Beurteilung bei LIETZMANN, 1 Kor 87f: Pls benutze in 1 Kor 15,54f »nicht unsere LXX«. Das trifft jedoch nur für Jes 25,8 zu.

[42] HANHART, TU 125, 1981, 299f; ders., ZThK 81, 1984, 405f (mit A 26).

[43] Νίκη ist ausgesprochen spät bezeugt (lediglich durch die Catenen-Hss 130 311 534 sowie 22^c und Arm); νῖκος ist überhaupt nicht überliefert (die lukianischen HSS lesen διαθήκη).

Für eine paulinische Herkunft sprechen zusätzlich weitere Beobachtungen:
a) Die anschließende kettenartige Interpretation des Zitats in 1 Kor 15,56f zeigt ebenfalls das Interesse, das Paulus an den Stichworten θάνατος und νῖκος hat.

b) Die Abänderung von ᾄδη in θάνατε entspricht zugleich dem paulinischen Sprachgebrauch, in dem ᾄδης überhaupt nicht begegnet.[44]

Angesichts der breiten Verwendung in der LXX ist das völlige Fehlen von ᾄδης bei Pls nicht als Zufall anzusehen. Für Pls dominierend ist das Verständnis des Todes als einer den Menschen durch die Sünde beherrschenden Macht (vgl. 1 Kor 15,56 und 15,26).[45] Mit ᾄδης ist dagegen die Vorstellung eines räumlich gedachten Todesbereichs verbunden, die für Pls unwesentlich ist.[46]

c) Auch die Abänderung der Wortfolge in Hos 13,14b zeigt, daß Paulus in den Text eingegriffen hat.[47]

9. In Röm 11,8 zitiert Paulus Dtn 29,3 in einer stark abgeänderten Form. Ursache der Umgestaltung ist die Einbeziehung eines einzelnen Begriffs aus Jes 29,10:

Dtn 29,3	Röm 11,8	Jes 29,10
καὶ οὐκ ἔδωκεν κύριος ὁ θεὸς ὑμῖν καρδίαν εἰδέναι καὶ ὀφθαλμοὺς βλέπειν καὶ ὦτα ἀκούειν ἕως τῆς ἡμέρας ταύτης.	ἔδωκεν αὐτοῖς ὁ θεὸς πνεῦμα κατανύξεως, ὀφθαλμοὺς τοῦ μὴ βλέπειν καὶ ὦτα τοῦ μὴ ἀκούειν ἕως τῆς σήμερον ἡμέρας.	ὅτι πεπότικεν ὑμᾶς κύριος πνεύματι[48] κατανύξεως, καὶ καμμύσει τοὺς ὀφθαλμοὺς αὐτῶν κτλ.

---

[44] Anders dagegen Mt, Lk, Act und Apk; vgl. JEREMIAS, ThWNT I, 1933, 146–150 und BÖCHER, EWNT I, 1980, 73f.
[45] Vgl. BRANDENBURGER, Adam 164: Charakteristisch für Pls ist, daß bei ihm θάνατος »wie ἁμαρτία geradezu als ein persönliches Wesen, als eine Macht (erscheint), der das βασιλεύειν über alle zukommt«.
[46] Obwohl Pls eine derartige Vorstellung durchaus kennt, wie Röm 10,7 zeigt.
[47] S. o. S. 107.
[48] S 93 301 309 538 lesen πνεῦμα. Bei ποτίζειν ist der Akkusativ der Sache wesentlich gebräuchlicher als der (instrumentale) Dativ; vgl. HELBING, Kasussyntax 49; BDR § 155 A 7; BAUER, Wb. 1380 s. v. ποτίζω 1. Die LA von S etc. ist also unabhängig von Röm 11,8 verständlich. Andererseits ist sie nicht Voraussetzung für Röm 11,8, da διδόναι ohnehin den Akkusativ erforderte. Für πνεύματι als Vorlage des Pls spricht die Bezeugung durch A und Q; zur Nähe des pln LXX[Jes]-Textes zu A und Q s. o. S. 48ff.

Grundlage des Zitats in Röm 11,8 ist die Verstockungsaussage Dtn 29,3.[49] Sie ist Teil der deuteronomistischen Mahn- und Bußpredigt von Dtn 29.[50] Paulus löst diese Aussage von der ἕως τῆς ἡμέρας ταύτης andauernden Verstockung Israels aus der damaligen (fiktiven) Situation zu Beginn der Landnahme und bezieht sie auf seine eigene Gegenwart. Der Begriff πνεῦμα κατανύξεως, der in Röm 11,8 an die Stelle von καρδίαν εἰδέναι getreten ist,[51] begegnet nur noch in Jes 29,10 und ist dort ebenfalls Teil einer Verstockungsaussage.[52] Wiederum liegt also die Verwendung einer sachlich und sprachlich eng verwandten Schriftstelle vor.[53]

Auch hier liegt es näher, eher mit einer paulinischen Herkunft dieser Zitatabänderung als mit einer vorpaulinischen Textentwicklung zu rechnen.[54] Positive Gründe für eine Änderung durch Paulus sind allerdings nur indirekt vorhanden, da für ihn auch der unveränderte Text von Dtn 29,3 durchaus verwendbar gewesen wäre. Immerhin stellt die Einbeziehung von πνεῦμα κατανύξεως eine Verschärfung der Verstockungsaussage des Zitats dar. Damit entspricht diese Zitatänderung voll der Zitierabsicht des Paulus (vgl. Röm 11,7.9f).[55] Außerdem zeigen die Abänderung von ὑμῖν in αὐτοῖς und das Fehlen von κύριος, daß Paulus das Zitat auch in anderer Hinsicht verändert hat.[56]

10. Im Unterschied zu allen bisher untersuchten Mischzitaten ist die Abwandlung der Verheißung von Gen 18,14 in Röm 9,9, die aufgrund von Gen 18,10 erfolgt ist, in ihrem Umfang sehr begrenzt und ohne jede inhaltliche Auswirkung:

---

[49] So zutreffend v. DOBSCHÜTZ, ZNW 24, 1925, 306 f. K. MÜLLER, Anstoß 19 f bestreitet, daß in Röm 11,8 ein Mischzitat vorliegt: Röm 11,8 a sei ausschließlich Zitat von Jes 29,10, erst in 11,8 b folge Dtn 29,3 b. Doch muß er zunächst einen mit Röm 11,8 a identischen LXX-Text von Jes 29,10 postulieren, um zu diesem Ergebnis zu gelangen. Dabei erklärt er διδόναι (anstelle von ποτίζειν) als »einfache Wortvariante«, obwohl er selbst feststellt, daß נסך (›[aus]gießen‹) sonst nie mit διδόναι wiedergegeben wird.

[50] Zu Dtn 28,58–29,28 vgl. v. RAD, Dtn 127–130.

[51] Die Verwendung des negativen Begriffs πνεῦμα κατανύξεως hat die Aufhebung der Negation am Zitatbeginn (οὐκ ἔδωκεν) und die Negierung der Einzelaussagen in der zweiten Zitathälfte (βλέπειν, ἀκούειν) zur Folge.

[52] Zu Jes 29,9 f vgl. KAISER, Jes II 215 f und WILDBERGER, Jes III 1112–1117.

[53] Die sprachliche Nähe beruht zum einen auf der analogen Satzstruktur zu Beginn beider Schriftstellen; außerdem berührt sich καμμύειν τοὺς ὀφθαλμούς (Jes 29,10) mit οὐκ ἔδωκεν... ὀφθαλμοὺς βλέπειν (Dtn 29,3). Fraglich ist jedoch, ob man die Berührung beider Zitate auf die Erwähnung von οἶνος und σίκερα im jeweiligen Kontext (Dtn 29,5; Jes 29,9) ausdehnen darf. Die Verwendung ist jeweils doch sehr verschieden.

[54] Es handelt sich ja nicht um einen im LXX[Dtn] häufig zu beobachtenden Einfluß einer Parallelstelle aus dem Dtn selbst; dazu vgl. WEVERS, Text Deuteronomy 86–99. Die Textfassung von Röm 11,8 ist auch in der Textüberlieferung von Dtn 29,3 nicht belegt.

[55] Auch in Röm 11,9 (Ψ 68,23) verstärkt Pls durch Voranstellung von σκάνδαλον die Verstockungsaussage; s. o. S. 105 f.

[56] S. o. S. 111.121.

Gen 18,14b.c	Röm 9,9	Gen 18,10a.b
εἰς τὸν καιρὸν τοῦτον	κατὰ τὸν καιρὸν τοῦτον	ἐπαναστρέφων
ἀναστρέψω πρὸς σὲ	ἐλεύσομαι,	ἥξω πρὸς σὲ
		κατὰ τὸν καιρὸν
		τοῦτον
εἰς ὥρας,		εἰς ὥρας,
καὶ ἔσται	καὶ ἔσται	καὶ ἕξει υἱὸν
τῇ Σάρρᾳ υἱός.	τῇ Σάρρᾳ υἱός.	Σάρρα ἡ γυνή σου.

Die Wortfolge im Zitatbeginn und die wörtliche Übereinstimmung in der zweiten Zitathälfte zeigen, daß Gen 18,14 die Grundlage des Zitats darstellt. Die Übereinstimmung mit Gen 18,10 beschränkt sich auf die Verwendung von κατὰ τὸν καιρὸν τοῦτον anstelle von εἰς κτλ. Mit ἐλεύσομαι weicht Röm 9,9 von beiden Schriftstellen ab. Eine paulinische Herkunft ist unabhängig von der Frage nach der Vorlage des Paulus wahrscheinlich: ἀναστρέψω war bei isolierter Anführung des Zitats funktionslos, und ἥκω fehlt bei Paulus überhaupt. Ob die Vorlage des Paulus ἀναστρέψω oder ἥξω lautete, ist also nicht entscheidbar. Ebenso muß die Herkunft von κατὰ anstelle von εἰς offenbleiben.

7. Zusammenfügung mehrerer Schriftworte (Zitatkombinationen)

Von den Mischzitaten, in denen ein Teil eines Zitats durch eine Formulierung aus einer anderen Schriftstelle ersetzt worden ist, sind diejenigen Zitate zu unterscheiden, in denen zwei (oder mehrere) Schriftworte unmittelbar zusammengefügt, jedoch nicht ineinandergeschoben sind. Anders als bei den Zitatenketten, in denen die einzelnen Zitate jeweils durch eine eigene Einleitungsformulierung voneinander getrennt sind, ist bei diesen Zitatkombinationen für den Leser jedoch nicht zu erkennen, daß die als ein einziges Zitat angeführte Schriftaussage erst das Ergebnis einer nachträglichen Zusammenstellung ist.

Insgesamt liegen in den echten Paulusbriefen sieben derartige Zitatkombinationen vor: Röm 3,10–18; 9,25f; 10,6–8; 11,26f; 11,34f; 14,11 und 1 Kor 15,54f.[1] Das Gewicht der miteinander verbundenen Schriftworte ist in den einzelnen Zitatkombinationen recht unterschiedlich. In zwei Fällen bildet jeweils eine Schriftstelle die Grundlage des Zitats, während der zweite Text nur einleitende Funktion hat (Röm 10,6–8; 14,11). In den übrigen Fällen sind zwei (oder mehr) Texte von gleichem Gewicht zusammengefügt.[2] Für sämtliche

---

[1] Nicht berücksichtigt ist die nachpln Zitatkombination 2 Kor 6,14–18.
[2] Eine gewisse Ausnahme stellt lediglich Röm 11,26f dar. Hier ist an das wesentlich breitere Zitat Jes 59,20.21a ein kurzer Textausschnitt aus Jes 29,10 angefügt. Doch zeigt gerade diese Anfügung das Interesse, das Pls mit Jes 59,20.21a verbindet; s. u. S. 175ff.

Zitatkombinationen ist ein enger Zusammenhang zwischen der Zusammenfügung der verschiedenen Schrifttexte und der jetzigen Verwendung des so gewonnenen Zitats in den Briefen des Paulus erkennbar.

1. In Röm 9,25f fügt Paulus zwei inhaltlich eng verwandte und auch nah benachbarte Schriftaussagen aus Hos 2, nämlich Hos 2,25b.c und 2,1b (in dieser Reihenfolge!), zu einem einzigen Zitat zusammen.[3] Beide formulieren die Annahme des ›οὐ λαός‹ zum λαός Gottes bzw. als υἱοὶ θεοῦ ζῶντος, was Paulus als Aussage über die Berufung der ἔθνη versteht (vgl. Röm 9,24).[4]

Die Kombination beider Schriftworte zu einem einzigen Zitat verstärkt das Gewicht dieser für Paulus nach Röm 9,6–24 und vor 9,27–29 besonders wichtigen Schriftaussage. Das Thema von Röm 9–11, die Rechtfertigung Israels, stellt sich für Paulus ja nicht allein aufgrund der weitgehenden Ablehnung der δικαιοσύνη ἐκ πίστεως durch die Juden (vgl. Röm 10,2f), sondern erhält seine eigentliche Schärfe erst durch die παντὶ (!) τῷ πιστεύοντι, also Juden und Heiden gleichermaßen geltende Verkündigung des εὐαγγέλιον, bzw. der in ihm offenbarten δικαιοσύνη θεοῦ (Röm 1,16, vgl. 3,22.28–30). Erst dadurch wird Israels bleibende Berufung (vgl. Röm 9,6a – nach 9,4) tatsächlich zum Problem. Daher ist es sachgemäß, wenn Paulus in Röm 9–11 die Berufung der ἔθνη nicht übergeht, sondern gerade hier betont hervorhebt und in ständiger Konfrontation mit ihr das Geschick Israels zu klären versucht.

Diese Diskussionslage bestimmt bereits Röm 9,6–29. Der Bogen der Argumentation spannt sich von der Ausgangsfeststellung, οὐ γὰρ πάντες οἱ ἐξ Ἰσραὴλ οὗτοι Ἰσραήλ (9,6b), zur Schlußaussage: ἐκάλεσεν (sc. ὁ θεός) ἡμᾶς οὐ μόνον ἐξ Ἰουδαίων ἀλλὰ καὶ ἐξ ἐθνῶν (9,24). Der Bedeutung, die die Berufung der ἔθνη für die Israel-Thematik hat, entspricht die Verwendung eines kombinierten Zitats, in dem die beiden miteinander verbundenen Schriftworte sich gegenseitig ergänzen und verstärken. Bemerkenswert ist dabei, daß das Zitat – in seiner Verwendung durch Paulus – über die eigene Formulierung des Paulus in 9,24 hinausgeht. Durch die Umgestaltungen von Hos 2,25b.c in Röm 9,25, die zugleich zu einer engen Verbindung beider Zitatbestandteile führen, wird mit dem Zitat zunächst das Stichwort καλεῖν aus Röm 9,24 aufgenommen und fortgeführt.[5] Aber nur im Zitat wird ausdrücklich den ἔθνη die Israel reservierte Selbstbezeichnung als λαός Gottes und υἱοὶ θεοῦ zuerkannt.[6]

---

[3] Textgegenüberstellung: s. o. S. 167.
[4] Hos 2 selbst handelt natürlich durchgehend von Israel, vgl. allein Hos 2,1a (von Pls in Röm 9,27 verwendet [s. o. S. 167f]!) und 2,2; zu Hos 2,1–25 vgl. H. W. WOLFF, Hos 29–31.67. Auch die rabbinische Auslegung bezieht Hos 2,1 und 2,25 auf Israel, vgl. Bill III 273f.
[5] S. o. S. 166f; zur Umgestaltung innerhalb von Hos 2,25, durch die gleichzeitig auch τὸν οὐ λαόν μου λαόν μου nach vorn rückt, s. o. S. 104f.
[6] MICHEL, Röm 317: »Der eigentliche Angriff auf das Judentum liegt im Schriftzitat.« Zur Selbstbezeichnung Israels als Jahwes בנים bzw. υἱοὶ θεοῦ vgl. FOHRER, ThWNT VIII, 1969, 352f; SCHWEIZER ebd. 355; LOHSE ebd. 360f.

Nicht nur die einzelnen Zitatabänderungen, sondern auch die Kombination von Hos 2,25 b.c und 2,1 b ist also voll als paulinisch verständlich.[7]

Schwierigkeiten bereitet immer wieder die Frage, wie im pln Sinne die vorgegebene Formulierung ἐν τῷ τόπῳ οὗ (Hos 2,1 b) in Röm 9,26 zu interpretieren ist und ob ἐκεῖ κληθήσονται υἱοί[8] anstelle von κληθήσονται καὶ αὐτοὶ υἱοί[9] auf Pls zurückzuführen ist. Die Abänderung in ἐκεῖ κτλ. ist als innergriechische Variante verständlich: Die Auslassung des störenden καὶ αὐτοί war auch ohne Rückgriff auf den HT (gegenüber dem καὶ αὐτοί überschießt) möglich, und die Zufügung von ἐκεῖ[10] erfolgte in Fortführung von ἐν τῷ τόπῳ.[11] Zwar entspricht das Fehlen von καὶ αὐτοί der Verwendung des Zitats durch Pls, der Hos 2,1 b ausschließlich auf die Berufung der ἔθνη bezieht. Doch kann die gleichzeitige Zufügung von ἐκεῖ nicht auf Pls zurückgeführt werden: Ein positives Interesse des Pls an der lokalen Aussage von Hos 2,1 b^{LXX} ist nicht nachweisbar.[12] Für ἐν τῷ τόπῳ οὗ ... ἐκεῖ ... ist also ein lokaler Sinn vorauszusetzen, der für Pls jedoch keine positive Bedeutung hat.[13] Es ist Teil des vorgegebenen, sekundär bereits veränderten Textes, an dem Pls nicht aufgrund der lokalen Aussage, sondern aufgrund der Parallelität mit Hos 2,25 b.c und der zusätzlichen Aussage κληθήσονται υἱοὶ θεοῦ ζῶντος interessiert war.[14]

---

[7] So auch KÄSEMANN, Röm 264; anders MICHEL, Röm 317, doch s. o. S. 167f A 33.

[8] So A V und ein Teil der lukianischen HSS (die übrigen luk. HSS haben die eindeutig sekundäre LA αὐτοὶ κληθήσονται υἱοί).

[9] So S B Q (Q^c ÷ καί) und (fast) alle alexandrinischen Minuskeln und Catenen-HSS. Damit hat diese LA in der äußeren Bezeugung ein deutliches Übergewicht. Das Verhältnis zum HT ergibt keine zusätzlichen Hinweise für die Beurteilung, da beide Lesarten vom HT abweichen. Entscheidend ist, daß die LA von A V etc. als Abänderung von S B Q etc. verständlich ist, jedoch nicht umgekehrt.

[10] Ohne Grundlage im HT!

[11] Die LXX hat במקום אשר (›anstatt daß‹, vgl. KB, Wb.³II 592 s. v. מקום 2) lokal verstanden, vgl. KÖSTER, ThWNT VIII, 1969, 203 (mit A 110). Anders BAUER, Wb. 1629 s. v. τόπος 2 d, der die Bedeutung ›an Stelle, daß‹ vertritt. Verbreitet ist aber lediglich die Wendung εἰς τόπον τινός (›an seiner Statt, an Stelle von‹; vgl. KÖSTER aaO 190f), der jedoch eine nominale Fortsetzung folgt, während sich in Hos 2,1 ein Nebensatz, der zudem mit dem lokalen Relativum οὗ (vgl. BDR § 103 A 3; 293 A 4) eingeleitet wird, anschließt. Daher ist auch die vereinzelte Wendung ἐν τῷ τόπῳ ἐκείνῳ (Achmes [um 900 n. Chr.!]), die BAUER ebd. anführt, keine ausreichende Parallele. Inhaltlich ist es auch keineswegs überraschend, daß der LXX-Übersetzer במקום אשר im Vorblick auf Hos 2,2 lokal verstanden hat.

[12] Erwogen wird als Ort besonders Jerusalem, für das entweder auf die bevorstehende Übergabe der Kollekte durch die Vertreter der heidenchristlichen Gemeinden (so MUNCK, Christus 18.58 unter völlig abwegigem Hinweis auf Röm 11,26 [Jes 59,20]) oder auf das atl Motiv der Völkerwallfahrt (so MICHEL, Röm 318 A 30) verwiesen wird. Doch nennt Pls nirgends als Zweck (oder Folge) der Kollekte die (erst dann erfolgende) Berufung der ἔθνη, und das Motiv der Völkerwallfahrt spielt auch im Zusammenhang der Kollekte keine Rolle (vgl. LUZ, Geschichtsverständnis 391f und ZELLER, Juden 282–284).

[13] Daher ist der Versuch, ἐν τῷ τόπῳ als ›anstatt daß‹ zu verstehen, erklärlich. Doch ist das nach Röm 9,26 (vgl. ἐκεῖ κληθήσονται) nicht möglich. Von der Bedeutung ›anstatt daß‹ in Röm 9,26 gehen aus ZELLER aaO 284 (mit A 171) und SCHLIER, Röm 304; ebenso interpretiert KÄSEMANN, Röm 265, der aber gleichzeitig lokal übersetzt (aaO 263), während SCHLIER aaO 294 in der Übersetzung ἐκεῖ einfach übergeht.

[14] Anders WILCKENS, Röm II 206 A 926: ἐν τῷ τόπῳ οὗ ... ἐκεῖ sei »pointiert als theologische Ortsangabe: ›ebendort, wo‹« zu verstehen, doch bleibt unklar, an welchen ›theologischen‹ Ort – im Sinne des Pls – zu denken ist.

2. In 1 Kor 15,54c.55 verbindet Paulus die Aussage von Jes 25,8a über die Vernichtung des Todes mit Hos 13,14b. Wiederum gleicht Paulus die Schriftstellen aneinander an, so daß ein in sich geschlossenes Zitat entsteht.[15] In diesem Fall ist die Kombination beider Schriftworte nur dadurch möglich, daß Paulus Hos 13,14b losgelöst vom Kontext versteht. Hos 13,14 ist ursprünglich Teil einer Gerichtsansage an Ephraim (Hos 13,12) bzw. Samaria (14,1),[16] und die Frageform von V 14b ist keineswegs rhetorisch. Vielmehr wird damit in der Gerichtsankündigung die Vernichtung durch den Tod von Jahwe direkt herbeizitiert.[17] Auch Hos 13,12–14,1[LXX] läßt kein anderes Verständnis zu.[18] Erst durch die Ablösung vom Kontext und die Zusammenordnung mit Jes 25,8a wird Hos 13,14b zur rhetorischen Frage, die den Sieg über den Tod eindrucksvoll verkündet.

3. In Röm 11,26b.c.27 hat Paulus zwei Jes-Zitate miteinander verbunden, die sich schon im Wortlaut der LXX eng berühren:

Jes 59,20f	Röm 11,26f	Jes 27,9
καὶ ἥξει ἕνεκεν Σιὼν ὁ ῥυόμενος καὶ ἀποστρέψει ἀσεβείας ἀπὸ Ἰακώβ. (21a) καὶ αὕτη αὐτοῖς ἡ παρ' ἐμοῦ διαθήκη, εἶπε κύριος.	ἥξει ἐκ Σιὼν ὁ ῥυόμενος, ἀποστρέψει ἀσεβείας ἀπὸ Ἰακώβ. (27) καὶ αὕτη αὐτοῖς ἡ παρ' ἐμοῦ διαθήκη, ὅταν ἀφέλωμαι τὰς ἁμαρτίας αὐτῶν.	διὰ τοῦτο ἀφαιρεθήσεται ἡ ἀνομία Ἰακώβ, καὶ τοῦτό ἐστιν ἡ εὐλογία αὐτοῦ, ὅταν ἀφέλωμαι αὐτοῦ τὴν ἁμαρτίαν.

Jes 59,20f und 27,9 sind Heilsankündigungen, die die Aufhebung der ἀσέβεια bzw. ἀνομία ›Jakobs‹ zum Thema haben.[19] Paulus hat beide Texte auch in diesem Sinne verstanden und als Schriftbeleg für die Erwartung einer künftigen Errettung Israels als Ganzem verwendet (Röm 11,26a). Für Jes 59,20f ist davon auszugehen, daß dieser Text in dem hier zitierten Wortlaut bereits vor Paulus verwendet wurde.

---

[15] S. o. S. 168ff; dort auch die Gegenüberstellung der Texte.
[16] Vgl. H. W. Wolff, Hos 290.296–299.
[17] H. W. Wolff, Hos 297: »Befehlsfrage«; 299: »Kommandowort, das den Tod gegen die Schuldigen heranbefiehlt.«
[18] Zwar kann man V 14a auch als (dann positiven) Aussagesatz verstehen, aber schon V 14c ist in der Zielrichtung eindeutig: παράκλησις κέκρυπται ἀπὸ ὀφθαλμῶν μου, ebenso die Fortsetzung 13,15 und 14,1.
[19] Zu Jes 59,20f vgl. Westermann, Jes 274f. 279f; zu Jes 27,9 vgl. Kaiser, Jes II 181–183; Wildberger, Jes II 1014–1019.

Grundlage für diese Annahme ist die Abänderung von ἕνεκεν Σιών aus Jes 59,20 zu ἐκ Σιών in Röm 11,26. Für die Vermutung, hier liege eine vorpln LXX-Variante vor, gibt es keine ausreichenden Gründe: Der griechische Wortlaut selbst ist voll verständlich,[20] und eine Angleichung an den HT liegt nicht vor.[21] Die wenigen LXX-HSS, die ἐκ Σιών vertreten,[22] weisen auch an anderen Stellen Angleichungen an pln Zitatformen auf[23] und gehören außerdem nicht der alexandrinischen Textgruppe an, der die LXX[Jes]-Vorlage des Pls zuzurechnen ist.[24] Andererseits ist die Textänderung nicht auf Pls zurückzuführen, während sie sich als Resultat einer vorpln christologischen Aneignung dieses Schriftworts voll erklären läßt.[25] Auf dieser Stufe der Interpretation sprach das Zitat vom Kommen Christi, des ῥυόμενος, ›aus Zion‹ und von der Wirkung seines Kommens in bezug auf die Gemeinde, die sich als ›Jakob‹ bzw. ›Israel‹ versteht. Das Kommen des ›Retters‹ bedeutet hier inhaltlich die Wegnahme der ἀσέβεια und so die (Wieder?-)Errichtung der διαθήκη Gottes mit seinem Volk.[26]

Das Thema des Paulus in Röm 11,25.26a ist dagegen die künftige Errettung von Israel als Ganzem,[27] das – wie die Parallelität von πᾶς 'Ισραήλ und τὸ πλήρωμα τῶν ἐθνῶν zeigt – über die gegenwärtige Gemeinde weit hinausgreift. Dabei bezieht sich Jes 59,20f – auch in der Ergänzung durch Jes 27,9c – ausschließlich auf die Schlußaussage von Röm 11,25.26a: die Erwartung einer künftigen Errettung von πᾶς 'Ισραήλ.[28] Die Rettung Israels wird durch das aus

---

[20] Die LXX ist zwar recht frei (MT: ובא לציון גואל) doch trifft dies in noch stärkerem Maße für die Fortsetzung zu. Jeweils ist das Bestreben des Übersetzers erkennbar, das Heilshandeln Gottes zugunsten (!) Israels zu betonen.
[21] SCHALLER, FS J. W. Wevers, 1984, 201–206 vermutet dagegen, ἐκ Σιών könne aus εἰς Σιών verlesen sein und dieses eine Korrektur aufgrund des HT (לציון) darstellen. Doch wäre diese – ausdrücklich als Hypothese vorgetragene – Erwägung nur dann in Betracht zu ziehen, wenn sich in Röm 11,26f weitere Indizien für eine hebraisierende Überarbeitung von Jes 59,20f zeigen ließen. Dies ist jedoch, obwohl V 20b[LXX] noch stärker vom HT abweicht, nicht der Fall.
[22] Und zwar von 22ᶜ 93 407 534 564* bo sowie Epiph, Hil, Hier; dagegen lesen 965 A B Q S V, die große Mehrzahl der Minuskeln und sa (ETBE CIΩN [P. Bodmer XXIII]) ἕνεκεν.
[23] Und zwar in Jes 28,16: πᾶς ὁ πιστεύων 407 (= Röm 10,11); 29,14: κρύψω 564ᵗˣᵗ (= 1 Kor 1,19); 29,16: ἐποίησας 93 (= Röm 9,20); 40,13: ἤ 407 564 Bo Hier (= Röm 11,34); 40,14: + τίς προέδωκεν κτλ. 407 534 564 Bo (= Röm 11,35); 52,7: ὡραῖοι 22ᶜ 93 407 (= Röm 10,15); 52,7: οἱ πόδες 22ᶜ 93 (= Röm 10,15); 52,11: αὐτῶν 93 534 (= 2 Kor 6,17); 52,11: + καὶ 22ᶜ 93 564.
[24] S. o. S. 48ff.
[25] Vgl. KOCH, ZNW 71, 1980, 186–189; s. auch u. S. 241f.
[26] Die Begrenzung auf Jes 59,20.21a ist wahrscheinlich schon vorpln. Auch mehrere andere mündlich tradierte Schriftworte weisen einen dreizeiligen Aufbau auf (vgl. 1 Kor 2,9 [s. o. S. 38f] sowie Jes 28,16 [1 Petr 2,6 und Röm 9,33] und Jes 11,10 [Röm 15,12]; vgl. KOCH aaO 189f). Auch sachlich ist eine christologische Neufassung des Verständnisses von διαθήκη keineswegs erst für Pls anzunehmen, wie 1 Kor 11,25 zeigt.
[27] Zur Interpretation von Röm 11,25–27 vgl. außer den Kommentaren CHR. MÜLLER, Gerechtigkeit 42f; LUZ, Geschichtsverständnis 286–300; PLAG, Wege 55–61; STUHLMACHER, FS G. v. Rad, 1971, 555–570; ZELLER, Juden 245–267.
[28] Mit καὶ οὕτως wird die Schlußaussage des ›μυστήριον‹ von 11,25 eingeleitet, jedoch nicht auf καθὼς γέγραπται vorverwiesen; so zutreffend ZELLER aaO 251, gegen STUHLMACHER aaO 560; vgl. auch LUZ aaO 293f, der sich m. R. gegen die häufige Interpretation von καὶ οὕτως im Sinne von καὶ τότε wendet.

Jes 59,20f und Jes 27,9c zusammengefügte Zitat interpretiert:
a) als Tat des ›Retters‹ Christus;
b) als Wegnahme der ἀσέβεια Israels, und zwar ausschließlich als Tat Christi bzw. Gottes;[29] dieser Aspekt von Jes 59,20f wird durch die Anfügung von Jes 27,9c verstärkt und inhaltlich präzisiert: Die Rettung Israels aus seiner gegenwärtigen Schuld wird jetzt zweimal formuliert; außerdem beschreibt ἁμαρτίαι[30] für Paulus wesentlich angemessener als ἀσέβεια die gegenwärtige Situation Israels.[31]

Die Kombination des (traditionellen) Zitats Jes 59,20f mit Jes 27,9c ist somit Teil der paulinischen Neuinterpretation von Jes 59,20f. Zugleich führt diese nochmalige Neuinterpretation zu Spannungen zwischen Jes 59,20f (jedoch nicht Jes 27,9c!) und der jetzigen Verwendung:

a) Paulus versteht ἀποστρέψει in Entsprechung zu σωθήσεται (Röm 11,26a) als echtes Futur.[32] Dadurch wird die Bedeutung des Futurs von ἥξει, das Paulus beibehält, unklar, obwohl er, wie in 11,28–31 deutlich wird, nicht an ein künftiges Kommen des Retters als Voraussetzung der Errettung Israels denkt.[33]

b) Paulus behält die aus der vorpaulinisch-christologischen Interpretation stammende Änderung von ἕνεκεν Σιών in ἐκ Σιών bei, obwohl es für Röm 11,25 funktionslos ist;[34]

---

[29] Bei christlicher Verwendung ist ὁ ῥυόμενος zweifelsfrei christologisch verstanden worden (vgl. ZELLER aaO 259); dagegen ist bei ἡ παρ' ἐμοῦ διαθήκη weiterhin an Gott zu denken. Dieser Wechsel von Christus zu Gott ist zwar durch das Zitat vorgegeben, steht aber natürlich nicht in Spannung zur christologischen Interpretation des ›ῥυόμενος‹.

[30] Zum Plural (LXX: τὴν ἁμαρτίαν) s. o. S. 113.

[31] Ἀσέβεια hat zwar in der LXX eine starke Nähe zu ἀδικία (vgl. FOERSTER, ThWNT VII, 1964, 184–190), wird jedoch in der jüdisch-hellenistischen Literatur auch im Sinne von ›Gottlosigkeit‹ gebraucht und so zur Charakterisierung der ἔθνη verwendet. Dem entspricht der Sprachgebrauch des Pls. In Röm 1,18 charakterisiert Pls die Existenz der ἔθνη mit ἀσέβεια und ἀδικία, während er die Haltung des Judentums – abgesehen von Röm 11,26 – nirgends als ἀσέβεια beschreibt. Im Gegenteil: Die Juden haben durchaus ζῆλος θεοῦ, jedoch οὐ κατ' ἐπίγνωσιν (Röm 10,2); dagegen sind die ἔθνη diejenigen, τὰ μὴ εἰδότα τὸν θεόν (1 Thess 4,5).

[32] In der vorpln christologischen Verwendung waren die Futura – wie die von Jes 11,10 (Röm 15,12) – auf das bereits erfolgte Heilshandeln Christi bezogen worden, d. h. als Verheißungen der Schrift verstanden, auf deren Erfüllung die Gemeinde bereits zurückblicken konnte, bzw. die sich in der Gegenwart erfüllten.

[33] Vgl. LUZ aaO 294f; ZELLER aaO 259–261; KOCH aaO 187f; anders STUHLMACHER aaO 555–570; KÄSEMANN, Röm 301–307.

[34] Für Pls wäre der unveränderte LXX-Text (ἕνεκεν Σιών) wesentlich geeigneter gewesen: Schon die 1. Zeile des Zitats hätte eine deutlich soteriologische Ausrichtung gehabt. Dagegen wird Z. 1 durch ἐκ Σιών zu einer eigenständigen christologischen Aussage, in der ἐκ Σιών entweder als Anspielung auf die Davidssohnschaft oder als Hinweis auf Jerusalem als den Ort der Auferstehung gemeint ist (zu diesen beiden Verstehensmöglichkeiten vgl. KOCH aaO 189). An keinem dieser beiden Aspekte zeigt Pls sonst ein positives Interesse.

c) Paulus behält auch Jes 59,21 a bei, obwohl er sonst nie von einer (künftigen oder neuen) διαθήκη *mit Israel* spricht.

4. Den Mittelteil des Hymnus von Röm 11,33–36 bilden zwei Schrifttexte, Jes 40,13 a.b (V 34) und Hi 41,3 a (V 35).[35] Dem Stil des Hymnus entsprechend fehlt zwar eine Einleitungswendung, doch hebt sich V 34 f noch deutlich genug vom übrigen Bestand des Hymnus ab[36] und bildet in ihm einen eigenen, in sich geschlossenen Teil.[37] Andererseits steht die Zitatkombination nicht beziehungslos im jetzigen Zusammenhang, sondern ist mit den Stichworten des Hymnusbeginns verknüpft:[38]

(33) Ὦ βάθος πλούτου καὶ σοφίας καὶ γνώσεως θεοῦ· ...
(34) τίς γὰρ ἔγνω νοῦν κυρίου;
ἢ τίς σύμβουλος αὐτοῦ ἐγένετο;
(35) ἢ τίς προέδωκεν αὐτῷ, καὶ ἀνταποδοθήσεται αὐτῷ;

Wiederum handelt es sich um Ausschnitte aus zwei Texten, die hinsichtlich ihrer Gattung und des Inhalts nahe verwandt sind: Jeweils handelt es sich um ein in eine Streitrede umgesetztes Lob des Schöpfers.[39] Die Textausschnitte sind so ausgewählt, daß sich ein geschlossenes Zitat ergibt, dessen drei Zeilen jeweils mit τίς einsetzen.[40] Die Planmäßigkeit der Zitatkombination wird noch deutlicher, wenn man die Abfolge der drei Zitatzeilen mit der dreigliedrigen Eröffnungszeile des Hymnus V 33a vergleicht: Die einzelnen Zitatzeilen entsprechen in umgekehrter Reihenfolge der Abfolge von πλοῦτος (τίς προέδωκεν ...), σοφία (τίς

---

[35] Zur Textvorlage des Pls s. o. S. 72 f.
[36] S. o. S. 14. Im Unterschied zu Phil 2,10 f sind die zitierten Texte gegenüber dem neuen Zusammenhang syntaktisch noch selbständig, und der Beginn ist mit γάρ immerhin angedeutet.
[37] Zur Analyse und Interpretation von Röm 11,33–36 vgl. NORDEN, Theos 240–250; HARDER, Paulus 51–55; BORNKAMM, Aufs. I 70–73; DEICHGRÄBER, Gotteshymnus 61–64.
[38] Seit NORDEN aaO wird V 35 zumeist als zweigliedrig aufgefaßt; doch ist das fraglich. Zwar ist V 35 umfangreicher als V 34a oder V 34b, entspricht aber der Länge der 1. Zeile von V 33. Für eine dreizeilige Gliederung von V 34 f spricht der dreimalige Beginn mit τίς. Außerdem erfordert in V 35 ἢ τίς προέδωκεν αὐτῷ die unmittelbare Fortsetzung durch καὶ ἀνταποδοθήσεται αὐτῷ, stellt also keine in sich selbständige Aussage dar wie V 34a oder V 34b.
[39] Zur Gottesrede Hi 38–41 vgl. WESTERMANN, Aufbau 111–124; zu Jes 40,12 f vgl. WESTERMANN, Jes 42 f. HÖLSCHER, Hi 100 und FOHRER, Hi 527.529 vermuten zwar, daß Hi 41,2 b. 3 ursprünglich noch zu 40,25 ff gehörte, also auf den Leviatan zu beziehen ist, und konjizieren daher in V 3a das Personalsuffix der 3. Pers. Sgl. Damit trifft sich formal τίς προέδωκεν αὐτῷ in Röm 11,35. Doch versteht Pls Hi 41,3a als Aussage über Gottes Schöpfermacht, und αὐτῷ ist pln Änderung (vgl. Röm 11,34b: τίς σύμβουλος αὐτοῦ), die προέδωκέν μοι voraussetzt; s. o. S. 110.
[40] Daß Pls hier bewußt auswählt, zeigt der Vergleich mit 1 Kor 2,16, wo Jes 40,13 b anstelle von 40,13 c fehlt. Der Angleichung von Jes 40,13 a.b und Hi 41,3 a dient auch die Abänderung von καί zu ἢ in Jes 40,13 b (Röm 11,34 b); s. auch o. S. 166.

σύμβουλος ...) und γνῶσις (τίς ἔγνω ...).[41] Die Zitatkombination ist also für den jetzigen Zusammenhang geschaffen und daher auf Paulus zurückzuführen.

5. Einen Sonderfall innerhalb der Zitatkompositionen des Paulus stellt Röm 3,10-18 dar.[42] Während Paulus sonst jeweils lediglich zwei Schriftstellen zu einem einzigen Zitat verbindet, sind es hier insgesamt sechs verschiedene Texte bzw. Textausschnitte (Ψ 13,1 c.2 b.3; 5,10 c.d; 139,4 b; 9,28 a [MT: 10,7 a]; Jes 59,7.8 a; Ψ 35,2 b), die jetzt ein einziges Zitat darstellen.

Wiederum sind die einzelnen Schriftausschnitte sachlich weitgehend verwandt. Bei den Ψ-Texten handelt es sich um Schilderungen der Feinde des Beters, die im Klage- bzw. Bittpsalm des Einzelnen (Ψ 5; 9; 139) ihren festen Platz besitzen und sich von dort aus stark verselbständigt haben (Ψ 35);[43] Ψ 13,1-3 ist Teil einer prophetischen Klageliturgie,[44] und auch Jes 59,7f steht in der Tradition prophetischer Anklagen.[45] Daher ist es nicht verwunderlich, daß auch der Kontext der Zitate jeweils Berührungen mit den übrigen zitierten Texten aufweist und dort gleiche Stichworte begegnen.[46]

Die Abfolge der herangezogenen Schriftstellen läßt einen stilistisch bewußten Aufbau und auch eine gewisse inhaltliche Gliederung erkennen. Rhetorisch wirkungsvoll beginnt das Zitat mit einem fünfmaligen οὐκ ἔστιν (Röm 3,10-12),[47] das lediglich in 3,12a durch πάντες unterbrochen wird. Diesem Beginn entspricht der ebenfalls mit οὐκ ἔστιν einsetzende Abschluß in 3,18. Inhaltlich stellen Beginn und Abschluß der Zitatkomposition einander korrespondierende allgemeine Aussagen dar, die grundsätzlich feststellen, daß es keinen einzigen δίκαιος bzw. keinerlei φόβος θεοῦ gibt (3,10-12.18). In 3,13-16 werden dann diese grundsätzlichen Aussagen konkretisiert, wobei in 3,13f ›Wortsünden‹ und in 3,15f ›Tatsünden‹ im Vordergrund stehen.[48]

---

[41] So die überzeugende Beobachtung von BORNKAMM, Aufs. I 72f. Der Rückbezug von Jes 40,13a (τίς ἔγνω ...) auf βάθος ... γνώσεως ist evident; zum Zusammenhang von Jes 40,13b mit ›σοφία‹ vgl. Sap 8,9 (die σοφία als σύμβουλος). Hi 41,3a ist offensichtlich ausgewählt, um eine Entsprechung zu πλοῦτος anzufügen. Daß dieser Rückbezug nicht deutlicher ausgefallen ist, stellt keinen Einwand dar, sondern ist darauf zurückzuführen, daß ein geeigneteres Zitat sicher schwer zu finden war.
[42] Die einzelnen Textausschnitte sind dabei z. T. erheblich abgeändert. Nur Ψ 5,10c.d (Röm 3,13a.b) und Ψ 139,4b (Röm 3,13c) sind unverändert übernommen.
[43] Vgl. WESTERMANN, Lob 48-60; GERSTENBERGER, Mensch 120. 143-147.
[44] Vgl. Jö.JEREMIAS, Kultprophetie 114-117.
[45] WESTERMANN, Jes 274f.
[46] Ψ 5,10a; 35,4a: στόμα; Ψ 9,28b; 139,4a: γλῶσσα; Ψ 35,4a: δόλος; Ψ 35,4b: συνιέναι; vgl. die Verwendung von οὐκ ἔστιν in Ψ 5,10a und Jes 59,8; vgl. auch Ψ 9,25b.c mit Ψ 13,1a.2b. Bei der Zusammenfügung der einzelnen Schrifttexte kann dies durchaus auch eine Rolle gespielt haben, doch ist daraus nicht zu schlußfolgern, daß der jeweils nicht angeführte Kontext der Zitate ebenfalls für die Interpretation von Röm 3,10-18 zu berücksichtigen sei; so jedoch HANSON, Technique 20-29, der auf dieser fragwürdigen Basis ausgerechnet für Röm 3,10-18 eine christologische Interpretation nachweisen will; dazu vgl. die zutreffende Kritik von KECK, FS N. A. Dahl, 1977, 154 A 1.
[47] Dieser Zitatbeginn stellt eine bewußte Umgestaltung dar; s. o. S. 145.
[48] Vgl. ZAHN, Röm 165; MICHEL, Röm 143; SCHLIER, Röm 99; H. W. SCHMIDT, Röm 62; KÄSEMANN, Röm 81; KECK aaO 142-147.

Da hier ausschließlich vorgegebene Texte verwendet sind, darf man keine allzu große Konsequenz im Aufbau erwarten. So paßt Röm 3,12b nicht völlig in eine glatte Gliederung, doch ist die Stellung dieses Zitatteils (Ψ 13,3b) in Ψ 13,1–3 vorgegeben. Andererseits ist die Abfolge der Texte in Röm 3,15–18 sehr geschickt, da schon Jes 59,7f einen Übergang von den Einzelanklagen (ἐκχέαι αἷμα, σύντριμμα, ταλαιπωρία) zur verallgemeinernden Aussage (ὁδὸς εἰρήνης) enthielt.

O. Michel versucht darüber hinaus, eine strophische Gliederung durchzuführen:[49] 1. Strophe (3,10–12) zu 2mal 3 Zeilen, 2. und 3. Strophe (3,13f/15–18) zu je 2mal 2 Zeilen. Doch sind – abgesehen vom Übergang vom Singular, der in 3,10–12 dominiert, zum Plural ab 3,13 – keine Gliederungssignale erkennbar, die eine Stropheneinteilung begründen könnten.[50]

Neben dem Umfang und der unterschiedlichen Herkunft der einzelnen Schrifttexte zeigt somit auch der Aufbau von Röm 3,10–18, daß hier keine ad hoc erfolgte Bildung vorliegt.[51] Daher wird häufig vermutet, daß Paulus hier auf eine bereits vorgegebene Zusammenstellung dieser Texte zurückgreift. Für eine vorpaulinische Herkunft der Zitatkombination von Röm 3,10–18 werden zwei verschiedene Möglichkeiten diskutiert:

a) es handelt sich um ein in der Katechetik oder Apologetik des Urchristentums gebildetes Florilegium;

b) es handelt sich um eine liturgische Bildung des Urchristentums.

Für die Annahme eines Florilegiums[52] als Grundlage von Röm 3,10–18 wird vor allem auf die parallele Zitatkombination bei Justin, Dial 27,3 verwiesen:[53]

Röm 3,10–18	Justin, Dial 27,3
(10) οὐκ ἔστιν δίκαιος οὐδὲ εἷς,	
(11) οὐκ ἔστιν ὁ συνίων,	
οὐκ ἔστιν ὁ ἐκζητῶν τὸν θεόν.	… καὶ
(12) πάντες ἐξέκλιναν	πάντες γὰρ ἐξέκλιναν, βοᾷ,
ἅμα ἠχρεώθησαν·	πάντες ἄρα[54] ἠχρεώθησαν·
οὐκ ἔστιν ὁ ποιῶν χρηστότητα,	οὐκ ἔστιν ὁ συνίων,
οὐκ ἔστιν ἕως ἑνός (Ψ 13,1–3).	οὐκ ἔστιν ἕως ἑνός.

---

[49] MICHEL, Röm 142.

[50] Etwas anders teilt VAN DER MINDE, Schrift 55–57 ein, der mit einer vorpln Bildung rechnet, die allerdings erst in 3,11 einsetze. Da außerdem 3,12c nicht als selbständige Zeile zu werten sei, gelangt er zu drei Strophen, die aus jeweils 2mal 2 Zeilen bestehen. Doch sind die verschiedenen Zeilen z. T. sehr ungleichgewichtig (vgl. 3,11a mit 3,12b.c).

[51] Auch die Auslassungen innerhalb von Ψ 13,1–3 und Jes 59,7f weisen eine gemeinsame Zielrichtung auf; s. o. S. 118f.

[52] Sie wird vertreten von VOLLMER, Citate 40f; LUZ, Geschichtsverständnis 98; VIELHAUER, Aufs. II 203 A 28; KÄSEMANN, Röm 81; SCHLIER, Röm 98f; WILCKENS, Röm I 171; VAN DER MINDE, Schrift 54–58 und besonders ausführlich von KECK aaO 141–157.

[53] Text: GOODSPEED, Apologeten 121.

Röm 3,10–18	Justin, Dial 27,3
(13) τάφος ἀνεῳγμένος ὁ λάρυγξ αὐτῶν, ταῖς γλώσσαις αὐτῶν ἐδολιοῦσαν (Ψ 5,10), ἰὸς ἀσπίδων ὑπὸ τὰ χείλη αὐτῶν (Ψ 139,4)·	ταῖς γλώσσαις αὐτῶν ἐδολιοῦσαν, τάφος ἀνεῳγμένος ὁ λάρυγξ αὐτῶν, ἰὸς ἀσπίδων ὑπὸ τὰ χείλη αὐτῶν·
(14) ὧν τὸ στόμα ἀρᾶς καὶ πικρίας γέμει (Ψ 9,28),	
(15) ὀξεῖς οἱ πόδες αὐτῶν ἐκχέαι αἷμα,	
(16) σύντριμμα καὶ ταλαιπωρία ἐν ταῖς ὁδοῖς αὐτῶν,	σύντριμμα καὶ ταλαιπωρία ἐν ταῖς ὁδοῖς αὐτῶν,
(17) καὶ ὁδὸν εἰρήνης οὐκ ἔγνωσαν (Jes 59,7f).	καὶ ὁδὸν εἰρήνης οὐκ ἔγνωσαν.
(18) οὐκ ἔστιν φόβος θεοῦ ἀπέναντι τῶν ὀφθαλμῶν αὐτῶν (Ψ 35,2).	

Die Gegenüberstellung zeigt:
1. In Justin, Dial 27,3 sind zwei der insgesamt sechs Texte von Röm 3,10–18 überhaupt nicht verwendet (Ψ 9,28a = Röm 3,14; Ψ 35,2b = Röm 3,18).
2. Zwei Texte sind gegenüber Röm 3,10–18 kürzer wiedergegeben (Ψ 13,1c–3 = Röm 3,10–12; Jes 59,7.8a = Röm 3,15–17).
3. An keiner Stelle geht Justin, Dial 27,3 über die Anzahl oder den Umfang der in Röm 3,10–18 enthaltenen Texte hinaus.[55]
4. Zweimal begegnen Umstellungen (Ψ 13,2/3 = Röm 3,11/12; Ψ 5,10c/d = Röm 3,13a/b).
5. Die Abweichungen im Wortlaut sind gegenüber Röm 3,10–18 minimal.[56]
6. Dagegen teilt Justin, Dial 27,3, soweit ein Textvergleich möglich ist, die in Röm 3,10–18 enthaltenen Abänderungen der jeweiligen LXX-Vorlage.[57]

---

[54] So die handschriftliche Überlieferung; Otto, Justin I/2,92 konjiziert (nach LXX) ἅμα.
[55] In Justin, Dial 27,2f ist zwar eine aus Ψ 105,37; Jes 1,23.15c; 3,16 gebildete Zitatkombination vorangestellt, aber danach folgen ausschließlich die bereits in Röm 3,10–18 enthaltenen Schrifttexte. Die mit Röm 3,10–18 übereinstimmende Zitatkombination wird von Justin außerdem durch eine erneute Einleitungsformulierung von der vorangegangenen abgesetzt (βοᾷ, zusätzlich ist γάρ eingefügt). Der Übergang von der eigenen Zitatzusammenstellung zum vorgegebenen Material ist also noch erkennbar.
[56] Die einzige überhaupt vorhandene Differenz besteht in der Zufügung von πάντες vor ἠχρειώθησαν (Ψ 13,3a / Röm 3,12a). Doch ist dies lediglich Angleichung an πάντες ἐξέκλιναν und kein Hinweis auf eine eigene Texttradition. Zum Wechsel von ἀχρεοῦν zu ἀχρειοῦν vgl. Thackeray, Grammar 82.
[57] So liest Justin wie Röm 3,11 ὁ (!) συνίων und wie Röm 3,17 ἔγνωσαν; dazu s. o. S. 132.143.

Weder die Textform der einzelnen Schriftanführungen noch deren Umfang nötigen zu der Annahme, daß Justin eine von Röm 3,10-18 unabhängige Quelle verwendet hat. Auch der gegenüber Röm 3,10-18 geringere Zitatumfang ist ohne Schwierigkeiten als Verkürzung von Röm 3,10-18 verständlich.

Justin stellt der mit Röm 3,10-18 parallelen Zitatkombination in Dial 27,2f ein aus vier Ψ- und Jes-Texten gebildetes Zitat voran. Sowohl die Auslassungen gegenüber Röm 3,10-18 als auch die vorangestellte Zitatkombination weisen eine einheitliche Tendenz auf: Justin konzentriert sich auf möglichst konkrete Anklagen, um τὸ σκληροκάρδιον der Juden (27,2) zu erweisen.[58] Die zusätzlichen Umstellungen führen außerdem zu einem strafferen Aufbau der Zitatkombination.[59]

Auch Röm 3,10-18 selbst enthält keine Anzeichen dafür, daß Paulus hier auf ein bereits existierendes Florilegium zurückgreift. Umfangreichere Zitatumgestaltungen, die nicht auf Paulus zurückgehen, liegen nicht vor.[60] Ebensowenig deuten Textauswahl und -anordnung darauf hin, daß Paulus hier einer vorgegebenen Überlieferung folgt.[61]

Die gegenteilige Sicht vertritt L. E. Keck,[62] der Röm 3,10-18 als vorgegebenen Basistext des Pls auffaßt, als dessen Explikation Röm 1,18-3,9 zu verstehen sei. Zur Begründung führt er sachliche Differenzen zwischen Röm 1,18-3,9 und 3,10-18 an:
1. Die Anklagen gegen die Heiden von 1,18.26 (ἀσέβεια, ἀδικία, πάθη ἀτιμίας) hätten keine Entsprechung in 3,10-18.
2. Die Anklagen gegen die Juden von 2,21-24 (κλέπτειν, μοιχεύειν, ἱεροσυλεῖν) hätten ebenfalls keine Entsprechung in 3,10-18.
3. Umgekehrt sei 3,13-17 für den engeren Kontext überflüssig.

---

[58] Die in Dial 27,2f vorangestellte Zitatkombination enthält ausschließlich konkrete Vorwürfe, umgekehrt fehlen im anschließenden Zitat in 27,3 gegenüber Röm 3,10-18 hauptsächlich die allgemeineren Anklagen, nämlich Röm 3,10.11b.12b.18. So ist z. B. das Thema von Röm 3,11b.18 in Dial 27,2 wesentlich konkreter formuliert: μήτε τὰ τέκνα ὑμῶν τοῖς δαιμονίοις θύητε. Die Auslassung von Röm 3,14 (Ψ 9,28a) ist als reine Straffung zu beurteilen: Diese Zitatzeile war angesichts von Röm 3,13a-c (Ψ 5,10c.d; 139,4b) entbehrlich. – Dagegen sieht KECK aaO 150 keinen Grund, »why Justin would have abbreviated Rom 3: 10-18«, und rechnet daher mit einer von Röm 3,10-18 unabhängigen Vorlage.

[59] Vgl. die Beobachtungen von KECK aaO 150f. Zusätzlich führt die Voranstellung von Ψ 13,3a (Röm 3,12a) mit seinen konkreten Vorwürfen zu einem glatteren Anschluß an die vorangegangene Zitatkombination.

[60] Eine vorpln Textentwicklung ist allenfalls für die Verwendung von ὀξεῖς in Röm 3,15 (Jes 59,7) in Erwägung zu ziehen; s. o. S. 144. Doch kann diese Textabweichung nicht die Hypothese einer vorpln Entstehung der Text*zusammenstellung* von Röm 3,10-18 begründen.

[61] Geht man dagegen davon aus, daß Pls ein Florilegium in der Gestalt von Justin, Dial 27,3 benutzt hat, muß man annehmen, daß Pls es aufgrund von Ψ 13,1-3 ergänzte, dabei einerseits allerdings sehr frei vorging (in Ψ 13,1), andererseits aber in Ψ 13,3a das rhetorisch wirkungsvolle πάντες vor ἠχρεώθησαν aufgrund der LXX korrigierte und außerdem die in seinen eigenen Aufbau wenig passende Aussage von Ψ 13,3b bewußt einfügte.

[62] KECK aaO 145-147.151.154.

Doch lösen sich diese Widersprüche wieder auf, wenn man davon Abstand nimmt, Röm 1,18–3,9 als Entfaltung eines in 3,10–18 aufgenommenen Florilegiums zu interpretieren. Außerdem ist 3,13ff keineswegs überflüssig, sondern entspricht den Anklagen von 2,21f und verschärft diese sogar. Daß spezielle Anklagen gegen die Heiden fehlen, entspricht dem engeren Kontext: In 3,9 hat Pls bereits Ἰουδαῖοι und Ἕλληνες durch πάντες zusammengefaßt. Zugleich ergibt sich so für Pls die Möglichkeit, in 3,19 die gesamte Zitatkombination ausdrücklich auf die Juden zu beziehen.

Die Annahme einer liturgischen Entstehung[63] von Röm 3,10–18 kann sich allenfalls darauf stützen, daß die meisten der hier zusammengestellten Texte ursprünglich liturgische Funktion besaßen. Doch läßt sich keine liturgische Gattung angeben, der Röm 3,10–18 entsprechen könnte. Ein Bußgebet[64] liegt nicht vor, wenn Ich- bzw. Wir-Aussagen völlig fehlen. Ebensowenig handelt es sich um eine ›Gottesklage‹:[65] Gott ist nirgends Sprecher der Anklagen. Auch der Verweis auf die Gattung des Klagepsalms[66] ist nicht überzeugend.[67] Der (Eingangs-[?])Klage entspricht weder eine Erhörung noch ein abschließendes Lob. Außerdem läge hier ein Klagepsalm vor, in dem die Situation des bedrängten Beters überhaupt nicht zur Sprache kommt. Schließlich fehlen nicht nur im Urchristentum, sondern auch im zeitgenössischen Judentum (und zwar auch im Qumran) Analogien für eine liturgische Bildung,[68] die ausschließlich aus Schriftzitaten besteht.[69]

Sicher ist der Eindruck richtig, daß in Röm 3,10–18 kein Zufallsprodukt im Augenblick des Briefdiktats,[70] sondern eine geplante Komposition vorliegt. Röm 3,10–18 setzt zwar hinsichtlich der Textauswahl, -anordnung und -umgestaltung erheblich mehr Vorarbeit voraus, als dies für die Anführung eines Einzelzitats erforderlich war, entspricht aber hinsichtlich des Umfangs der

---

[63] Sie wird von MICHEL seit 1955 vertreten (Röm [10]1955, 83–86, entspricht [14]1978, 140–143; dagegen ders., Paulus [1929] 80: ad-hoc-Bildung durch Pls) und ist von SCHENKE, ThLZ 92, 1967, 886f und WILCKENS, Röm I 171 (der gleichzeitig aber mit einem Florilegium rechnet) akzeptiert worden.

[64] So MICHEL, Röm 143.

[65] So gleichzeitig MICHEL, Röm 142.

[66] So ebenfalls MICHEL, Röm 142: »feierliche Klage-Liturgie«; vorsichtiger aaO 143: »Das Ganze klingt wie (!) ein Klagelied«.

[67] Zur Gattung vgl. WESTERMANN, Lob 39–60.

[68] So sind die Hodayot von Qumran zwar intensiv von der Sprache der Schrift geprägt, aber sie sind keine Zitatenkollektionen.

[69] Von hier aus wird auch das an sich unerklärliche Schwanken von MICHEL, Röm 143 in der Beurteilung des Verhältnisses von Röm 3,10–18 zum Schrifttext verständlich. Zunächst bezeichnet er den Text als ein (vorpln) Stück, das »aus der Vielheit von Einzelzitaten zu einer kunstvollen Einheit zusammengewachsen ist« (143 Z. 4f). Doch dann folgt eine Charakterisierung, die nur zu einer freien Neubildung in der Sprache der Schrift passen würde: »Die einzelnen Wendungen (!) entsprechen (!) dem semitisch und alttestamentlich gefärbten Übersetzungsgriechisch« (143 Z. 20–22).

[70] Dies betont zutreffend WILCKENS, Röm I 171, doch die von ihm formulierte Alternative verkürzt: Röm 3,10–18 »ist kaum das Werk des Paulus im Augenblick des Diktierens, sondern ein vorgegebenes Traditionsstück«.

verwendeten Schrifttexte den Zitatenketten von Röm 9,25–29; 10,18–21 und 15,9–12. Löst man sich von der Annahme, daß die Briefe des Paulus insgesamt erst im Augenblick des Diktierens entstanden sind, und setzt man außerdem einen eigenständigen Umgang des Paulus mit dem Text der Schrift voraus, dann ist auch eine derart umfangreiche Zitatkomposition – jedenfalls im Römerbrief – nicht mehr überraschend.

6. In Röm 14,11 wird der Zitatausschnitt Jes 45,23c durch eine aus Jes 49,18 entnommene Wendung eingeleitet:

Jes 45,23	Röm 14,11	Jes 49,18c
κατ' ἐμαυτοῦ ὀμνύω·		
ἦ μὴν ἐξελεύσεται		
ἐκ τοῦ στόματός μου		
δικαιοσύνη,		
οἱ λόγοι μου οὐκ	ζῶ ἐγώ,	ζῶ ἐγώ,
ἐπιστραφήσονται,	λέγει κύριος,	λέγει κύριος,
ὅτι ἐμοὶ κάμψει	ὅτι ἐμοὶ κάμψει	ὅτι ...
πᾶν γόνυ,	πᾶν γόνυ,	
καὶ ἐξομολογήσεται	καὶ πᾶσα γλῶσσα ἐξ-	
πᾶσα γλῶσσα τῷ θεῷ.	ομολογήσεται τῷ θεῷ.	

Das Zitat aus Jes 45,23, das Paulus auch in seiner christologischen Anwendung im Hymnus von Phil 2,6–11 kennt, wird von Paulus als Schriftbeleg für Röm 14,10c – πάντες γὰρ παραστησόμεθα τῷ βήματι θεοῦ[71] – angeführt.[72] Paulus versteht – völlig sachgemäß – Jes 45,23c als Aussage über den unbedingten Herrschaftsanspruch Gottes. Doch ist die Perspektive gegenüber Jes 45,20–25 verändert:[73] Gottes uneingeschränkter Herrschaftsanspruch und sein Anspruch exklusiver Einzigartigkeit (45,22c) sind dort der Grund für Israels Heil (45,25) und aller, die sich zu ihm bekehren (45,22a.b). In Röm 14,10f steht dagegen nicht das Moment der Rettung im Mittelpunkt, sondern Gott in seiner Richtermacht. Dementsprechend zitiert Paulus lediglich Jes 45,23c und stellt diesem syntaktisch jetzt unvollständigen Zitatausschnitt die Schwurformel ζῶ ἐγώ, λέγει κύριος (ὅτι) voran,[74] die Jes 49,18 entnommen ist.

---

[71] So א* A B C* D F G 630 1506 1739 pc lat co, während ² C² L P Ψ 048 0209 33 81 104 365 1175 1241 1881 2495 𝔐 r vg^cl sy Χριστοῦ lesen (vgl. 2 Kor 5,10).

[72] Pls kennt also die christologische Interpretation, ist aber nicht an sie gebunden. Auf Phil 2,10f geht lediglich die Umstellung von ἐξομολογήσεται πᾶσα γλῶσσα zurück; s. o. S. 108.

[73] Zu Jes 40,20–25 vgl. Westermann, Jes 141–143.

[74] Ihr liegt die geläufige Schwurformel יהוה חי / ζῇ κύριος (I Reg 14,39. 45; 19,6 u. ö.) zugrunde; dazu vgl. H.-J. Kraus, Aufs. 5–12 und Kreuzer, Gott.

Zitatkombinationen: Röm 10,6–8 (Dtn 8,17a bzw. 9,4a + 30,12–14) 185

Zwar ist ζῶ ἐγώ, λέγει κύριος eine in den prophetischen Schriften häufig verwendete Formel, so daß man fragen kann, ob hier überhaupt die Anführung einer bestimmten Schriftstelle vorliegt. Doch begegnet ζῶ ἐγώ, λέγει κύριος in den von Pls benutzten Schriften recht selten: neben Jes 49,18 nur noch Zeph 2,9; besonders häufig ist dagegen diese Wendung bei Ez.[75] Außerdem wird nur in Jes 49,18 und Ιερ 26,18 der Inhalt des Schwures mit ὅτι angefügt.[76] Daher ist anzunehmen, daß ζῶ ἐγώ, λέγει κύριος (ὅτι) in Röm 14,11 durch Jes 49,18 vermittelt ist.

Eine Uminterpretation von Jes 45,23c ist damit nicht verbunden, da auch Jes 45,23 durch κατ' ἐμαυτοῦ ὀμνύω als Schwur formuliert ist. Doch wird durch ζῶ ἐγώ, λέγει κύριος der Charakter von Jes 45,23c als Gottesschwur deutlich verstärkt.

7. Einen neuen Zitatbeginn, der einer anderen Stelle der gleichen Schrift entnommen ist, hat Paulus auch der Anführung von Dtn 30,12–14 in Röm 10,6–8 vorangestellt:

Dtn 30,11f	Röm 10,6	Dtn 8,17a; 9,4a
ὅτι ἡ ἐντολὴ αὕτη ... οὐχ ὑπέρογκός ἐστιν οὐδὲ μακρὰν ἀπὸ σοῦ ἐστιν. (12) οὐκ ἐν τῷ οὐρανῷ ἐστιν λέγων·	ἡ δὲ ἐκ πίστεως δικαιοσύνη οὕτως λέγει·	
	μὴ εἴπῃς ἐν τῇ καρδίᾳ σου·	μὴ εἴπῃς ἐν τῇ καρδίᾳ σου ...
τίς ἀναβήσεται ἡμῖν εἰς τὸν οὐρανὸν ...;	τίς ἀναβήσεται εἰς τὸν οὐρανόν;	

In seinem Rückgriff auf Dtn 30,12–14 hat Paulus bewußt und auch konsequent alle diejenigen Bestandteile gestrichen, durch die der zugrundeliegende Schrifttext eine Aussage über das Gesetz darstellt.[77] Daher kann er auch die Textwiedergabe erst mit Dtn 30,12b beginnen lassen. Das Zitat ist damit nicht nur inhaltlich völlig aus seinem ursprünglichen Sachzusammenhang herausgelöst. Es stellt auch formal nur noch einen Torso dar, der mit τίς κτλ. einsetzt und daher einer neuen Rahmung bedarf. Der weggebrochene Zitatbeginn wird in Röm 10,6 durch die Dtn 8,17 bzw. 9,4 entnommene Wendung μὴ εἴπῃς ἐν τῇ καρδίᾳ σου[78] ersetzt, die inhaltlich völlig neutral ist und lediglich die anschlie-

---

[75] Insgesamt 13mal, vgl. ZIMMERLI, Ez I 135; außerdem Num 14,28; Ιερ 22,24; 26,18.
[76] In der Regel ist der Schwur syntaktisch nicht mit ζῶ ἐγώ, λέγει κύριος verbunden (so bes. deutlich Ez 14,18) und hat häufig eine zusätzliche Einleitung, so durch εἰ ([zu diesem Hebraismus vgl. THACKERAY, Grammar 54; BDR § 454.5] so z. B. Ez 14,16) oder ἦ μήν (so Num 14,28).
[77] S. o. S. 129–132.
[78] Natürlich kann man fragen, ob es bei einer so unspezifisch wirkenden Wendung

ßende Frage τίς κτλ. schon vorweg als unsachgemäß charakterisiert. Die Verbindung von Dtn 30,12-14 mit Dtn 8,17a bzw. 9,4a ist also die unmittelbare Folge der Verkürzung von Dtn 30,11-14 in Röm 10,6-8 und wie diese auf Paulus zurückzuführen.

8. Ergebnisse und Schlußfolgerungen

Die Analyse des Verhältnisses des Wortlauts der paulinischen Schriftzitate zum zugrundeliegenden LXX-Text einerseits und zu ihrer inhaltlichen Anwendung andererseits führt somit zu folgenden Ergebnissen:

1. Von den 93 verschiedenen Texten, die Paulus in seinen Briefen anführt,[1] sind 52 von Paulus abgeändert worden,[2] 37 Texte sind unverändert wiedergegeben, und in 4 Fällen ist die Herkunft der Textabweichung nicht sicher zu beurteilen.

Zu den 29 Schrifttexten, die Pls in wörtlicher Übereinstimmung mit der ältesten feststellbaren Textgestalt zitiert,[3] kommen 8 weitere hinzu, die ausschließlich solche Differenzen zum ältesten Wortlaut aufweisen, die nicht auf Pls zurückgehen;[4] dies sind

a) Zitate, deren Text schon vor Pls einer begrenzten Textentwicklung unterworfen waren: Prv 25,21.22a (Röm 12,20) und Hos 2,1b (Röm 9,26);

b) Zitate, deren Wortlaut auf eine hebraisierende Rezension zurückgeht: Jes 25,8a (1 Kor 15,54d);

c) Schriftworte, die in mündlicher Schriftverwendung umgestaltet worden sind: Dtn 19,15c (2 Kor 13,1) und Jes 59,20.21a (Röm 11,26b.c.27a);

d) Schriftworte, die in mündlicher Schriftverwendung entstanden sind; es handelt sich um die Zitate in 1 Kor 1,31 (= 2 Kor 10,17); 2,9 und 9,10.

Offenbleiben muß die Herkunft der Textdifferenz in Dtn 25,4 (1 Kor 9,9); Jes 8,14b (Röm 9,33); 11,10a-c (Röm 15,12) und 55,10c (2 Kor 9,10).

überhaupt sinnvoll ist, eine bestimmte Schriftstelle als Quelle anzunehmen. Doch spricht schon die Tatsache, daß Pls diese Wendung, als Teil eines Schriftzitats anführt, für die Annahme, daß ihm deren Herkunft aus der Schrift bewußt war. Zudem begegnet diese Wendung nur in Dtn 8,17 und 9,4. Bemerkenswert ist auch der sachliche Zusammenhang von μὴ εἴπῃς ἐν τῇ καρδίᾳ σου in Dtn 8,17 und 9,4: Jeweils handelt es sich um eine Warnung vor der Fehleinschätzung, die eigene Stärke (8, 17) bzw. die eigene δικαιοσύνη ([!] 9,4) sei der Grund für Israels Bewahrung (8,17) bzw. für die Verleihung des Landes (9,4).

[1] S. o. S. 33.
[2] Die Verwendung von Texten in Zitatkombinationen, bei der der betreffende Text als solcher nicht verändert worden ist, ist dabei noch nicht berücksichtigt.
[3] S. o. S. 102; die folgende Zusammenfassung setzt die Untersuchungen von Kap. II und III voraus. Um den Anmerkungsteil zu entlasten, ist hier auf Rückverweise auf die jeweiligen Einzelanalysen verzichtet. Die Begründungen für die Beurteilung der einzelnen Zitate sind jedoch durch das Stellenregister auffindbar.
[4] Vorpln sekundäre Textänderungen, die sich neben pln Umgestaltungen im gleichen Zitat finden, bleiben hier unberücksichtigt. Analoges gilt für die 4 nicht sicher zu beurteilenden Zitate.

2. Von den 52 abgeänderten Texten sind 30 sogar in mehrfacher Hinsicht umgestaltet worden. In einer Reihe von Fällen führt die Summe dieser Abänderungen zu einem ›Schrift‹-Zitat, das zwar voll der paulinischen Aussageabsicht entspricht, aber in der vorliegenden Form nur noch mit Mühe mit dem zugrundeliegenden Schrifttext identifiziert werden kann.

Besonders intensiv (dreifach oder noch häufiger) sind insgesamt 12 Texte abgeändert worden:

Ex	9,16	(Röm 9,17)
	34,34a	(2 Kor 3,16)
Dtn	21,23c	(Gal 3,13)
	27,26a.b	(Gal 3,10)
	29,3	(Röm 11,8)
	30,12–14	(Röm 10,6–8)
III Reg	19,10	(Röm 11,3)
Ψ	13,1–3	(Röm 3,10–12)
Hos	2,25b.c	(Röm 9,25)
Jes	28,11f	(1 Kor 14,21)
	52,5c	(Röm 2,24)
	59,7.8a	(Röm 3,15–17)

Rechnet man die Abänderungen in den mehrfach angeführten Schrifttexten[5] und die Bildung von Zitatkombinationen als Abänderungsvorgänge hinzu, ergibt sich eine Gesamtsumme von 125 verschiedenen Eingriffen des Paulus, die 59 von 93 Texten betreffen.[6]

3. Unter den Abänderungen dominieren ganz eindeutig die inhaltlich bedingten Umgestaltungen. Sie umfassen drei Viertel aller auf Paulus zurückgehenden Abweichungen von der jeweiligen Zitatvorlage.

Lediglich 15 Schrifttexte weisen ausschließlich stilistisch bedingte Änderungen auf:[7]

Gen	18,14b.c	(Röm 9,9)
Ex	16,18	(2 Kor 8,15)
Dtn	32,21c.d	(Röm 10,19)
	32,35a	(Röm 12,19)
III Reg	19,18a.b	(Röm 11,4)
Ψ	8,7b	(1 Kor 15,27)
	17,50	(Röm 15,9)

---

[5] Und zwar Gen 15,6 (Röm 4,3; Gal 3,6); Lev 18,5c (Röm 10,5; Gal 3,12); Hab 2,4b (Röm 1,17; Gal 3,11); Jes 28,16 (Röm 9,33; 10,11) und Jes 40,13 (Röm 11,34; 1 Kor 2,16).

[6] Berücksichtigt man die Bildung der Zitatkombinationen, sind auch diejenigen Texte miteinzubeziehen, die als solche unverändert übernommen worden sind, jetzt aber Bestandteil einer Zitatkombination sind; dies sind Dtn 8,17a bzw. 9,4a (Röm 10,6b); Ψ 5,10c.d (Röm 3,13a.b); 139,4b (Röm 3,13c); Hos 2,1b (Röm 9,26); Jes 25,8a (1 Kor 15,54c); 49,18c (Röm 14,11aα); 59,20f (Röm 11,26f).

[7] Die Grenze zu denjenigen Abänderungen, die auf ein inhaltliches Interesse zurückgehen, ist in einigen Fällen nicht scharf zu ziehen, da auch stilistische Änderungen inhaltliche Bedeutung haben können. Doch verändert eine unterschiedliche Beurteilung von Einzelfällen nicht das Gesamtbild.

	61,13 b	(Röm 2,6)
	111,9 a.b	(2 Kor 9,9)
	116,1	(Röm 15,11)
Prv	22,8 c^LXX	(2 Kor 9,7)
Hi	5,13 a	(1 Kor 3,19)
	41,3 a	(Röm 11,35)
Jes	40,13	(Röm 11,34; 1 Kor 2,16)
	45,23 c	(Röm 14,11)

Die Spannbreite der inhaltlichen Änderungen reicht von der Akzentuierung bzw. Verdeutlichung der vorgegebenen Schriftaussage bis zur inhaltlichen Uminterpretation, die die jetzige Verwendung des Zitats überhaupt erst ermöglicht.

4. Auffällig ist – auch im Vergleich mit der zeitgenössischen Zitierpraxis – das bei Paulus wiederholt zu beobachtende Verfahren, zwei (oder mehrere) Texte zu einem neuen, einheitlichen Zitat zusammenzufügen oder gar Teile eines Textes durch Bestandteile eines anderen zu ersetzen. Derartige Zitatkombinationen und Mischzitate liegen in 13 Fällen vor und betreffen insgesamt 28 Texte.[8] Solch weitreichende Umgestaltungen provozieren – ebenso wie Zufügungen und Abänderungen des Wortlauts durch eigene Formulierungen – die Frage nach den inhaltlichen Gründen. Aber auch ›leichtere‹ Änderungen, wie Auslassungen, Umstellungen oder ›bloße‹ Angleichungen an den Kontext, sind z. T. von erheblicher Tragweite für das Verständnis und die Verwendung des Zitats.[9] Selbst Änderungen, die formal lediglich stilistischer Natur sind, können Ausdruck einer inhaltlichen Neuinterpretation sein.[10]

5. Abänderungen begegnen sowohl bei ausdrücklich eingeleiteten Zitaten als auch bei denjenigen Anführungen, die keine Einleitungsformulierung aufweisen.[11] Ebensowenig ist eine Häufung von Abänderungen bzw. von wörtlichen Wiedergaben bei Zitaten einer bestimmten Schrift festzustellen.[12]

---

[8] In drei Fällen handelt es sich gleichzeitig um Mischzitate und Zitatkombinationen: Röm 9,25f (Hos 2,25 b.c; 2,1 b); 11,34f (Jes 40,13 a.b; Hi 41,3 a) und 1 Kor 15,54f (Jes 25,8 a; Hos 13,14 b).

[9] So z. B. die Abänderung des Numerus von Pronomen, Substantiven oder Partizipien; vgl. Röm 3,14 (Ψ 9,28 a); 3,18 (Ψ 35,2 b); 10,15 (Jes 52,7 a.b).

[10] So die gegenseitigen Angleichungen der Zitate in Gal 3,10.12.13.

[11] Von den insgesamt 37 unverändert wiedergegebenen Schrifttexten finden sich 7 in nicht ausdrücklich eingeleiteten Zitaten:

Dtn	17,7 c [u. ö.]	(1 Kor 5,13)	Prv	25,21.22 a	(Röm 12,20)
	19,15 c	(2 Kor 13,1)	Joel	3,5 a	(Röm 10,13)
Ψ	18,5 a.b	(Röm 10,18)	Jes	22,13 d	(1 Kor 15,32)
	23,1 a	(1 Kor 10,26)			

Mit 7 von 37 Texten ergibt sich nahezu der gleiche Anteil wie der aller nicht ausdrücklich eingeleiteten Texte an der Gesamtzahl der zitierten Schriftstellen (17 von 93): 19% bzw. 18%. Der Anteil an den besonders intensiv (dreifach oder häufiger) umgestalteten Texten liegt sogar noch darunter (von 12 Texten nur einer [Ex 34,34 a in 2 Kor 3,16], d. h. lediglich 8%).

[12] Auch unter den unverändert angeführten Schrifttexten sind Jes (9), Ψ (9), Gen (6) und Dtn (4) am häufigsten vertreten.

6. Eindeutig mündlich vermittelte Zitate sind keineswegs häufiger abgeändert als schriftlich übernommene Texte. Vielmehr ist festzustellen, daß mündlich vermittelte Schriftworte unterdurchschnittlich, schriftlich übernommene dagegen überdurchschnittlich oft umgestaltet worden sind.

Von den 9 Texten, bei denen es positive Hinweise auf eine schriftliche Vermittlung gibt,[13] sind 7 durch Pls abgeändert worden, und zwar:

        III Reg 19,10   (Röm 11,3)
                   19,18   (Röm 11,4)
        Hi   5,13a   (1 Kor 3,19)
                 41,3a   (Röm 11,35)
        Jes   10,22f   (Röm 9,27f)
                 28,11f   (1 Kor 14,21)
                 52,7a.b (Röm 10,15).

Ihr Anteil beträgt damit 78% (gesamt: 56% [52 von 93 Texten]),[14] der Anteil der mehrfach abgeänderten Texte beträgt 56% (5 von 9; gesamt: 32% [30 von 93]), der der dreifach oder noch häufiger abgeänderten 22% (2 von 9; gesamt: 13% [12 von 93]).

Umgekehrt sind von den 10 Schriftworten, für die mündliche Vermittlung angenommen werden kann,[15] nur drei durch Pls abgeändert worden: Dtn 5,17–21 (Röm 13,9a); 32,35a (Röm 12,19) und Jes 28,16 (Röm 9,33).

7. Daß gerade unter den sicher schriftlich übernommenen Texten eine überdurchschnittlich große Anzahl von Änderungen begegnet, macht deutlich, daß das Gesamtphänomen der Zitatabänderungen in den Paulusbriefen nicht auf Gedächtnisirrtümer zurückzuführen ist. Auch außerhalb derjenigen Schrifttexte, für die schriftliche Übernahme positiv nachweisbar ist, wird man daher mit einem hohen Anteil bewußt vorgenommener Texteingriffe zu rechnen haben.[16]

8. In die gleiche Richtung weist auch die Tatsache, daß der weitaus überwiegende Teil der Zitatabänderungen in einem direkten Zusammenhang mit der jetzigen Verwendung des jeweiligen Textes durch Paulus steht. Die häufig zu beobachtende exakte Entsprechung zwischen Zitatabänderung und Zitatverwendung schließt aus, daß hier ein bloßer Irrtum vorliegt. Auch die zahlreichen Mischzitate und Zitatkombinationen sind nicht auf ein ›Versehen‹ zurückzuführen, sondern stellen bewußte Textumgestaltungen dar.

---

[13] S. o. S. 95f.
[14] Rechnet man die Einbeziehung von an sich unveränderten Texten in Zitatkombinationen hinzu, ergibt sich ein Anteil von 89% (8 von 9 Texten; gesamt: 63% [59 von 93]).
[15] S. o. S. 95.
[16] Damit soll die Möglichkeit von Gedächtnisirrtümern keineswegs ausgeschlossen werden. Gedächtnisfehler sind grundsätzlich in Rechnung zu stellen für Abweichungen, die von begrenztem Umfang sind und für die kein inhaltliches Interesse aufweisbar ist. In Frage kommen hier in erster Linie diejenigen Textabweichungen, für die nicht entscheidbar ist, ob sie auf eine vorpln Textentwicklung oder auf Pls zurückgehen: Gen 18,14 (Röm 9,9: Einwirkung von Gen 18,10); Dtn 25,4 (1 Kor 9,9: κημώσεις); Ψ 68,23 (Röm 11,9: ἀνταπόδομα); Jes 10,22 (Röm 9,27: ὑπόλειμμα); Jes 55,10c (2 Kor 9,10: σπόρον) und Jes 59,7 (Röm 3,15: ὀξεῖς).

Damit bestätigt sich die Schlußfolgerung, die sich bereits aus der relativ kontinuierlichen Zunahme in der Zitierpraxis des Pls ergab, nämlich daß Pls in der Mehrzahl der Fälle die Schrift aufgrund eines eigenständigen Umgangs mit ihrem Wortlaut selbst anführt.[17]

Für die weitaus überwiegende Zahl der Zitate ist also davon auszugehen, daß Paulus den (zumeist schriftlich) vorgegebenen Wortlaut durchaus kennt und die Texte aufgrund dieser Kenntnis entweder wörtlich wiedergibt oder sie in Kenntnis ihres Wortlauts bewußt umgestaltet. Damit stellt sich die Frage, wie sich Paulus mit dieser Zitierweise in die zeitgenössische Zitierpraxis einordnet.

9. *Vergleich mit der zeitgenössischen Zitierpraxis*

Keine ausreichende Erklärung für die Zitierweise des Paulus stellt der Verweis auf die notorisch freie Zitierpraxis der Antike dar, der in dieser allgemeinen Form auch unzutreffend ist. Richtig ist, daß in der profanhellenistischen Literatur Zitate – auch solche aus ›Klassikern‹ wie Homer oder Platon – ausgesprochen frei, d. h. entweder ungenau oder bewußt verändert, wiedergegeben wurden. Dies war vielfach schon durch die oft unsichere Textüberlieferung bedingt,[1] beruhte jedoch vor allem auf einem im Vergleich zum Judentum ganz anderen Verhältnis zur jeweils verwendeten Literatur. Sie war im Hellenismus wichtiges literarisches, philosophisches und religiöses Erbe und das grundlegende Bildungsgut schlechthin, aber nicht normativ vorgegebene ›Schrift‹. Für die Zitierpraxis des Paulus kommt jedoch als Hintergrund und Vergleichsmaßstab in erster Linie das zeitgenössische Judentum in Frage, und hier kann von einer üblicherweise freien Zitierweise nicht geredet werden. Allerdings ist zwischen den verschiedenen Zweigen der jüdischen Literatur zu differenzieren, und die Beurteilung wird z. T. durch die schwierige Überlieferungslage kompliziert.

a) In der Literatur des hellenistischen Judentums ist – soweit in ihr die Schrift ausdrücklich zitiert wird[2] – die unveränderte Anführung des Schrifttextes der Regelfall. Das gilt sowohl für Aristobul und das 4. Makkabäerbuch als auch für Philo von Alexandrien.[3]

---

[17] S. o. S. 98–101.

[1] Doch sollte man nicht die Bemühungen der antiken Philologie, bes. in Alexandrien (Aristarch!), später auch in Rom (Valerius Probus), um gesicherte Textausgaben übersehen; dazu vgl. SCHMID-STÄHLIN, Geschichte II/1, 198–210 und PFEIFFER, Geschichte. Die Arbeit der alexandrinischen Philologen zeigt, daß der Zustand verwilderter Textüberlieferung keineswegs als selbstverständlich hingenommen wurde und man sich des Wertes verläßlicher Ausgaben durchaus bewußt war.

[2] Ausdrückliche Schriftzitate begegnen in exegetischen (Aristobul, Philo) und erbaulichen Schriften (4 Makk), während sie in historiographischen Schriften (Demetrius, Eupolemos, Josephus und auch EpArist), hellenistischer Stiltradition entsprechend, fehlen.

[3] Für Aristobul wird die Beurteilung des Wortlauts der Schriftzitate durch die indirekte Überlieferung erheblich erschwert. Aber auch für 4 Makk und Philo liegen natürlich keine

Von den 5 Schriftzitaten in den Fragmenten des Aristobul stimmen drei mit der Textform der LXX überein,[4] ein Zitat setzt offenbar einen an den HT angenäherten Text voraus,[5] und nur ein Zitat ist – aus rein stilistischen Gründen – verkürzt.[6]
Von den 8 Schriftzitaten in 4 Makk sind 5 wörtlich wiedergegeben,[7] zwei sind ohne Sinnveränderung verkürzt.[8] Lediglich in einem Fall ist eine den Textsinn berührende Änderung festzustellen.[9]
Eine besondere Schwierigkeit bietet Philos Pentateuch-Text. Hier ist aufgrund der Analyse von P. Katz anzunehmen, daß in einem Teil der Überlieferung der ursprünglich der Kommentierung vorangestellte Text durch eine rezensierte Textform ersetzt worden ist.[10] Hinsichtlich des ursprünglich der Kommentierung zugrundeliegenden Textes kann jedoch davon ausgegangen werden, daß Philo keine wesentlichen Änderungen an dem ihm vorgegebenen Wortlaut vorgenommen hat. Die Technik der allegorischen Auslegung bot ausreichende Möglichkeiten, auch auf der Basis des unveränderten Textes den intendierten Sinn zur Geltung zu bringen.

Autographen vor. Grundsätzlich kann mit einer doppelten Auswirkung dieser Überlieferungslage gerechnet werden: sowohl mit der Angleichung an den jeweils geläufigen LXX-Text als auch mit den normalen Fehlerquellen im Zuge der handschriftlichen Überlieferung. Dennoch sind Kriterien zur Beurteilung vorhanden. Einerseits ist (wie für Pls) nach dem Verhältnis zwischen Zitatwortlaut und Zitatverwendung zu fragen, andererseits ist zu prüfen, ob eine abweichende Textgestalt sich in die Textgeschichte der LXX einordnen läßt.

[4] Zum Verhältnis der Zitate des Aristobul zur LXX vgl. WALTER, Thoraausleger 32f: Aristobul setzt die LXX voraus und weist keine ungewöhnlichen Abweichungen auf. Prinzipiell ist nicht auszuschließen, daß die Übereinstimmung der Zitate mit der LXX erst eine sekundäre Angleichung darstellt. Doch gab auch Aristobuls Methode der Schriftauslegung, die allegorische Interpretation einzelner (anthropomorpher) Begriffe der Schrift, kaum Anlaß zu Eingriffen in die Zitate. Wörtlich sind die Anführungen von Ex 13,9 (bzw. 13,16; zu Beginn fehlt lediglich γάρ) und Dtn 4,11 (bzw. 5,23; 9,15) in Frgm. 2 (Euseb, Praep Ev VIII 10,8.13; GCS 43/1, 452f) sowie von Gen 1,3 (bzw. 1,6 u. ö.) in Frgm. 4 (Euseb l. c. XIII 12,3; GCS 43/2, 191).

[5] Ex 3,20 in Frgm. 2 (Euseb l.c. VIII 10,8; GCS 43/1, 452): Parataxe; ἀποστελῶ (LXX: καὶ ἐκτείνας; HT: ושלחתי); τὴν χεῖρά μου (LXX^{FM}; HT: ידי).

[6] Ex 9,3 in Frgm. 2 (s. A 5).

[7] 4 Makk 2,19 (Gen 49,7a); 17,19 (Dtn 33,3b); 18,15 (Ψ 33,20a); 18,19 (Dtn 32,39c); in 18,17 (Ez 37,3aβ) hat der Verf. eine notwendige (und sinngemäße) Ergänzung vorgenommen (τὰ ὀστᾶ τὰ ξηρά, vgl. Ez 37,2).

[8] 4 Makk 2,5 (Ex 20,17 bzw. Dtn 5,21) und 18,14 (Jes 43,2, mit zusätzlicher Abänderung der Wortfolge, die ebenfalls ohne inhaltliche Auswirkung ist).

[9] 4 Makk 18,16: . . . τοῖς ποιοῦσιν αὐτοῦ τὸ θέλημα anstelle von ξύλον ζωῆς ἐστιν (sc. ἡ σοφία) πᾶσι τοῖς ἀντεχομένοις αὐτῆς (Prv 3,18a). Das Zitat wird nicht als Aussage über die Weisheit, sondern über Gott verwendet. Daher ist das jetzt ungewöhnliche ἀντέχεσθαι (so nur noch Zeph 1,6) durch eine passendere Wendung ersetzt. Gleichzeitig fehlt πᾶσι (entspricht dem HT).
Keine Zitatumgestaltung liegt dagegen in 4 Makk 18,19 vor. DEISSMANN, in: Kautzsch, Apokryphen II 176 Anm o nimmt hier eine Zitatkombination aus Dtn 32,39 und Dtn 30,20 (ὅτι τοῦτο ἡ ζωή σου καὶ ἡ μακρότης τῶν ἡμερῶν σου) an. 4 Makk 18,19b (αὕτη ἡ ζωὴ ὑμῶν καὶ ἡ μακρότης τῶν ἡμερῶν) ist zwar in bewußter Anlehnung an Dtn 30,20 formuliert, doch ist V 19b nicht mehr als Teil des durch 18,18 eingeleiteten Zitats anzusehen, sondern als Abschluß der in 18,7 einsetzenden Rede der Mutter überhaupt, die sich hier – in der Sprache der Schrift – selbst an ihre Söhne wendet (vgl. die Umsetzung in den Plural).

[10] KATZ, Bible (95–121: Ergebnisse; 125–138: Forschungsgeschichte).

b) Weitgehend unergiebig ist der Vergleich mit der rabbinischen Literatur, und zwar nicht nur wegen ihrer zeitlich späteren Entstehung. Aufgrund ihrer langen Traditions- und Redaktionsgeschichte ist es von vornherein aussichtslos, anhand der vorliegenden Texte nach der Zitierweise auf einer bestimmten (und möglichst frühen) Stufe des Entstehungsprozesses zu fragen. Doch wird es nicht nur als Ergebnis späterer Redaktionstätigkeit zu bewerten sein, daß ungenaue oder gar absichtlich abgeänderte Zitate faktisch nicht begegnen.[11] Die stark schulmäßige Formung der rabbinischen Literatur und der in ihr verarbeiteten Tradition und auch die gleichzeitigen Bemühungen um einen stabilen Schrifttext machen es unwahrscheinlich, daß hier jemals eine mit dem Befund bei Paulus auch nur annäherungsweise vergleichbare Freiheit gegenüber dem Wortlaut der Schrift herrschte.[12] Hierauf weist auch das nahezu völlige Fehlen von Mischzitaten und Zitatkombinationen (nicht von Zitatenketten!) hin.[13]

Nicht mit den Zitatabänderungen bei Pls vergleichbar sind die sog. Al-Tiqre-Lesarten. Sie setzen gerade den unveränderten Text voraus und ergänzen ihn durch zusätzliche Textfassungen.[14]

c) Lohnender scheint dagegen ein Vergleich mit den Targumim zu sein. In der Tat ist hier eine z. T. sehr weitgehende Freiheit im Verhältnis zum (hebräischen) Schrifttext festzustellen. Doch weisen die Targumim – wie die LXX – als fortlaufende Übersetzungen der Schrift ein grundsätzlich anderes Verhältnis zum Schrifttext auf, als dies bei den Schriftzitaten des Paulus der Fall ist. In einer Übersetzung, auch wenn sie frei und paraphrasierend ist, tritt die sprachlich neue Fassung an die Stelle des ursprünglichen Textes, den sie – im Medium der neuen Sprache – ja vollgültig wiedergeben will. Auch für das Verhältnis einer einzelnen Formulierung einer Übersetzung zum Originaltext ist daher die An-

---

[11] Natürlich weist auch die rabbinische Literatur Schriftanführungen auf, die vom MT abweichen. Doch gehören diese Abweichungen zunächst in den Bereich der Textgeschichte (sowohl die der rabbinischen Literatur als auch die des MT); dazu vgl. die von APTOWITZER, Schriftwort I–V gesammelten Beispiele.

[12] Zutreffend BONSIRVEN, Exégèse 337: »Les libertés que S. Paul prend à l'égard de ses citations ne sont donc rabbiniques.« Zu den Bemühungen um eine Stabilisierung des (hebräischen) Wortlauts der Schrift, vgl. BARTHÉLEMY, Aufs. 91f und J. A. SANDERS, JBL 98, 1979, 13–15. In diesen Vorgang fügen sich die für die 1. Hälfte des 1. Jh. n.Chr. (und z. T. schon früher) nachweisbaren hebraisierenden LXX-Rezensionen glatt ein. Geht man davon aus, daß Träger dieser Entwicklung in erster Linie der zeitgenössische Pharisäismus war (vgl. BARTHÉLEMY aaO 109f), ist die Zitierweise des (früheren) Pharisäers Paulus um so bemerkenswerter.

[13] Vgl. BONSIRVEN aaO 336.

[14] Vgl. McCARTHY, Tiqqune 140: »Such alternative readings were never intended to be in competition with, or to supplant the official text; they were simply understood as additional meanings«. Zu den Methoden, mit denen derartige ›additional meanings‹ gewonnen wurden, vgl. dies. aaO 141–146. – Ebenfalls keine Textabänderungen stellen die sog. Tiqqune Soferim dar, vielmehr handelt es sich hier um eine frühe Stufe der Textkritik; vgl. dies. aaO passim.

wendung der Kategorie des Zitats sinnlos. Die freie Übersetzung einer einzelnen Schriftstelle in einem Targum ist daher von der (wörtlichen, aber auch von der veränderten) Wiedergabe der gleichen Schriftstelle zu unterscheiden, wenn diese (wie z. B. in der Damaskusschrift, aber auch bei Paulus) a) in der gleichen Sprache wie die Textvorlage angeführt und b) innerhalb eines eigenen Textes als vorgegebene Formulierung ausdrücklich zitiert wird.[15]

Daher ist es auch unsachgemäß, unter Verweis auf die Targumim (und Schriften wie 1 QGenAp) von einer z. Zt. des Pls noch bestehenden Variabilität des Schrifttextes zu reden.[16] Variabel war der Wortlaut der LXX in bestimmter Hinsicht schon: nämlich in Richtung auf eine größere Übereinstimmung mit dem HT. Doch war diese Variabilität Pls weder bekannt, noch erklärt sie seine Zitierweise.

d) Auch die Neufassungen haggadischer oder halachischer Überlieferungen der Schrift, wie sie in 1 QGenAp, Jub, Ps-Philo Ant Bibl oder der Tempelrolle vorliegen, sind in ihrer Schriftverwendung nicht mit Paulus – oder auch der Damaskusschrift – vergleichbar. Hier wird nicht eine eigenständig formulierte Aussage des Verfassers durch die Anführung eines autoritativen Textes begründet oder weitergeführt. Es wird auch nicht, wie bei Philo oder in den Pescher-Kommentaren von Qumran, ein vorgegebener Text ausgelegt. Theologie vollzieht sich hier vielmehr als Neuformulierung der alten Überlieferung. Dies macht verständlich, warum hier einerseits intensiv die Schrift benutzt werden kann,[17] andererseits eine ausdrückliche Schriftanführung nirgends begegnet. Das grundsätzliche Fehlen jeglicher Zitateinleitungen markiert den prinzipiellen Unterschied zur Schriftverwendung in den paulinischen Briefen.[18]

e) Vergleichbar sind dagegen Schriften, die – wie die Briefe des Paulus – in einem eigenständig formulierten Text ausdrückliche Schriftanführungen enthalten. Dies ist innerhalb der in Qumran entstandenen bzw. tradierten Literatur in

---

[15] Diese Unterschiede übergeht ELLIS, Prophecy 151f. 173–181 (vgl. ders., Use 139–147). 188–197 völlig. Zur Frage, ob Pls (zumindest in Einzelfällen) auf den HT zurückgegriffen hat, s. o. S. 72f.
[16] So J. A. SANDERS, JBL 98, 1979, 21.
[17] Zum jeweiligen Verhältnis zum Schrifttext vgl. für 1 QGenAp FITZMYER, Genesis Apocryphon 30–39; für TR J. MAIER, Tempelrolle 10–12.
[18] Außerdem schließt auch häufig die Darstellungsform ausdrückliches Zitieren aus. Jub und TR sind als direkte Offenbarungen an Mose auf dem Sinai gestaltet (vgl. BERGER, JSHRZ II/3 279; J. MAIER, Tempelrolle 13). 1 QGenAp ist zu einem erheblichen Teil im Ich-Stil gehalten (vgl. FITZMYER, Genesis Apocryphon 6f). Der Ich-Stil ist auch für die Testamenten-Literatur charakteristisch, ebenso für die Gattung der Apokalypsen (aethHen, 4 Esr, syrBar), die als Ich-Berichte des Offenbarungsempfängers abgefaßt sind. Offenbarungsstil und Ich-Stil des fiktiv erzählenden Patriarchen bzw. Offenbarungsempfängers dienen dazu, für die jeweilige Schrift eine zeitliche und sachliche Gleichrangigkeit mit den Ereignissen und Texten der Schrift herzustellen (wenn nicht sogar eine Vorrangigkeit; vgl. z. B. TR, dazu s. MAIER ebd.). Eine ausdrückliche Zitierung der Schrift würde diesem Ziel glatt zuwiderlaufen.

CD, 1 QS und 1 QM der Fall.[19] Hier begegnen auch mehrfach Abweichungen im Wortlaut der Zitate, die als bewußte Textänderungen zu beurteilen sind.[20]

Von den 40 ausdrücklichen Schriftanführungen in diesen Schriften[21] sind 18 völlig wörtlich[22] wiedergegeben,[23] in mindestens zwei weiteren Fällen ist mit einer vom MT abweichenden Textvorlage zu rechnen.[24] Bei 12 Zitaten liegen Abweichungen vom MT vor, die zumeist recht begrenzt sind und keine Bedeutung für die inhaltliche Verwendung des jeweiligen Textes besitzen. Hier ist die Möglichkeit einer abweichenden Vorlage wie die Möglichkeit einer ungenauen Zitierweise durch den Verfasser gleichermaßen in Rechnung zu stellen.[25] Auch ist – insbesondere für CD – im Einzelfall eine fehlerhafte Textüberlieferung nicht auszuschließen.[26] In den verbleibenden 8 Zitaten können die Abweichungen vom MT als bewußte Textabänderungen gewertet werden: In 1 QM 11,6–8 (Num 24,17–19) liegt eine stilistische Umgestaltung vor;[27] in CD 3,21–4,2 (Ez 44,15); 7,14f (Am 5,26f); 8,14f ([= 19,27f] Dtn 9,5; 7,8); 11,18 (Lev 23,38); 11,20f (Prv 15,8); 20,16f (Hos 3,4); 1 QM 10,1f (Dtn 7,21f) und wohl auch in CD 4,20 (Mi 2,6) sind die angeführten Texte aus inhaltlichen Gründen abgeändert.[28]

---

[19] Ausgeklammert sind hier zunächst die Pescher-Kommentare sowie 4QFlor und 4QTest; dazu s. u. S. 195.
[20] Dazu vgl. den immer noch instruktiven Überblick von FITZMYER, Aufs. 3–58.
[21] Die Zählung basiert auf FITZMYER, Aufs. 3–58; zu 1QM vgl. auch CARMIGNAC, RB 63, 1956, 234–260 (dort 235–239: »Citations explicites«). Die Aufstellung beschränkt sich – aus Gründen der Vergleichbarkeit – auf die ausdrücklichen Zitierungen unter Ausschluß aller Anspielungen, Paraphrasen und Reminiszenzen. Dabei werden nicht gezählt: a) doppelt überlieferte Zitate: CD 19,5 (= 7,8f); 19,22 (= 8,9f) und 19,26f (= 8,14f); b) das unvollständig erhaltene Zitat CD 14,1 (Jes 7,17; ebenfalls zitiert in CD 7,11f); c) zitatartige Anführungen ohne eindeutige Textgrundlage: CD 4,16; 9,9 und 16,10. Als ausdrückliche Anführungen sind jedoch gewertet: a) CD 3,7 (hier ist die Zitateinleitung unvollständig); b) CD 5,1 und 6,3f – jeweils fehlt eine Zitateinleitung, doch ist der Zitatcharakter der Anführung hinreichend deutlich (vgl. in 6,4 die sich anschließende Auslegung).
[22] Abgesehen von orthographischen Abweichungen und der häufig begegnenden Auslassung von יהוה.
[23] CD 3,7; 4,14.21; 5,2; 6,3f.8; 7,11f.19f; 8,9f; 9,2.5; 10,16f; 16,6f; 19,1f.7–9; 1 QS 5,17; 8,14; 1QM 11,11f.
[24] So für die Anführung von Ex 23,7 in 1 QS 5,15: מכול דבר (MT: מדבר), vgl. LXX: ἀπὸ παντὸς ῥήματος. Auch für die Textform von Am 9,11 in CD 7,16 (sowie 4QFlor 1,12) ist aufgrund der Berührungen mit Act 15,16 eine abweichende Textvorlage zu vermuten; vgl. DE WAARD, Study 24–26.
[25] So in CD 1,13f; 5,8; 6,13; 7,8f; 9,7f; 16,15; 19,15f; 1 QM 10,2–5.6–8. Für CD 5,1; 19,12 und 1 QM 10,1 ist eine freie Abwandlung durch den Verf. wohl eher wahrscheinlich.
[26] So beurteilt FITZMYER, Aufs. 18 לבנו anstelle von לבתה (Num 30,17) in CD 7,9 als »a curious mistake which has crept into the text of CD«.
[27] Durch Umstellung und Auslassungen ergibt sich ein klarer Aufbau des Zitats (2 Teile zu je 2 Doppelzeilen). Die Urteile in der Lit. gehen weit auseinander. CARMIGNAC, RB 63, 1956, 238f, vgl. ders., Règle 160 vermutet lediglich Lesefehler, während VAN DER WOUDE, Vorstellungen 116–124 mit inhaltlichen Gründen rechnet: Das Zitat solle den Ablauf des endzeitlichen Krieges schildern. Doch ist zu berücksichtigen, daß a) die Abweichungen vom HT exakt dort einsetzen, wo dieser offenbar nicht mehr in Ordnung ist (vgl. BHS und YADIN, Scroll of the War 310) und b) Num 24,17–19 als besonders häufig zitierter Text (vgl. CD 7,19f; 4QTest 9–13) u. U. bereits mündlich verwendet und zu der hier vorliegenden glatteren Form abgewandelt wurde.
[28] Zum Einzelnachweis vgl. FITZMYER, Aufs. 3–58, außerdem RABIN, Documents

Dagegen enthalten 4 QTest, 4 QFlor[29] und die Pescher-Kommentare (insbesondere auch 1 QpHab) keine ausreichenden Analogien für die rein inhaltlich bedingten Zitatabänderungen bei Paulus. In den Pescher-Kommentaren ist zwar immer wieder eine ausgesprochen gewaltsam verfahrende aktualisierende Auslegung festzustellen, doch ist der Schrifttext in seinem Wortlaut nicht von Umgestaltungen, die im Blick auf die Auslegung erfolgten, betroffen.[30] Die Textdifferenzen im Verhältnis zum MT, die z. B. in 1 QpHab begegnen, gehören in den Bereich der Textgeschichte, wie die häufigen Berührungen mit LXX, Tg, Sy, Vg oder auch 8 HevXIIgr zeigen.[31]

K. *Stendahl* hat diesen Befund dahingehend interpretiert, daß der Vf. von 1 QpHab unter den verschiedenen Lesarten jeweils die geeignetste auswählte.[32] Ob diese Annahme zutrifft, kann hier durchaus offenbleiben,[33] da für Pls jedenfalls ein derartiges Verfahren nicht feststellbar ist. So zitiert er die jeweiligen Zitate in Röm 11,26f (Jes 59,20f); 1 Kor 3,19 (Hi 5,13a) und 1 Kor 14,21 (Jes 28,11f) in einer von der LXX abweichenden Textgestalt, obwohl der unveränderte LXX-Wortlaut seiner Verwendung wesentlich besser entsprochen hätte.[34] In Röm 9,26 (Hos 2,1b) übernimmt er das störende (und in der LXX sekundäre) ἐκεῖ.[35] Er kennt also offensichtlich nicht den HT, dem gegenüber ἐκεῖ eine Zufügung darstellt.[36]

17.40.58; CARMIGNAC, Règle 140; KLINZIG, Umdeutung 23f. Es begegnen Auslassungen, Zufügungen, Änderung von Wortformen und des Wortbestandes; in einem Fall liegt eine Zitatkombination vor (CD 8,14f: Dtn 9,5a + 7,8a).

[29] Die Textverkürzung von 2 Sam 7,11b-14 in 4QFlor 1,10f ist als inhaltliche Raffung und nicht als Auslassung störender Zitatteile zu beurteilen: Zitiert werden nur diejenigen Textteile, die eine gegenüber 1,2-9 weiterführende Interpretation ermöglichen. Anders BROOKE, 4 Q Florilegium 166-168: Es fehlen alle Teile, die einer eschatologischen Auslegung entgegenstehen. Doch sind auch 2 Sam 7,13a (trotz 4QFlor 1,2f!) und 7,12a.b entfallen. Umgekehrt rechnet CARMIGNAC, Textes II 283 A 22-A 24 mit rein irrtümlichen Verkürzungen.

[30] Das gilt auch für 1 QpHab 11,2 (Hab 2,5), vgl. ELLIGER, Studien 56. Von »pesher-type moulding of the text« zu sprechen (so ELLIS, Use 139-147; vgl. ders., Prophecy, 175-182), ist daher unzutreffend.

[31] Vgl. STENDAHL, School 185-190. Auf die Berührungen mit 8 HevXIIgr weist GÄRTNER, StTh 8, 1955, 5 hin.

[32] STENDAHL aaO 183-202; er stützt sich dabei zusätzlich auf Beobachtungen von BROWNLEE, BA 14, 1951, 54-76, der an 5 Stellen, an denen die Textanführung von 1 QpHab vom MT abweicht, gleichzeitige Kenntnis des MT in der Kommentierung vermutet (sog. ›dual readings‹).

[33] Stendahls These ist nicht unwidersprochen geblieben, vgl. GÄRTNER aaO 1-24 (bes. 2-6); zur Kritik an Brownlee vgl. ELLIGER, Studien 132f, doch hält BROWNLEE, Text 118-123 an seiner Ansicht fest.

[34] S. o. S. 72.64f.176f. In Hi 5,13a und Jes 28,11f handelt es sich um schriftlich übernommene Zitate, in Jes 59,20f um ein mündlich vermitteltes Schriftwort.

[35] S. o. S. 174.

[36] Damit ist die Annahme von ELLIS, Use 139-147; vgl. ders., Prophecy 173-181, auch bei Pls lägen ›selective readings‹ vor, ohne Grundlage. Der bloße Verweis auf rezensierte Textformen einzelner Zitate ist solange unzureichend, wie nicht gezeigt werden kann, daß Pls sich in Kenntnis unterschiedlicher Lesarten für einen bestimmten Wortlaut eines Zitats (und damit gegen einen anderen!) entscheidet.

Damit führt der Vergleich der Zitierweise des Paulus mit der der Schriften von Qumran zu folgenden Ergebnissen:

1. Die in der Damaskusschrift vorliegenden absichtlich vorgenommenen und inhaltlich bedingten Zitatabänderungen sind grundsätzlich mit den analogen Zitatumgestaltungen bei Paulus vergleichbar. Doch ist zu berücksichtigen, daß derartige Zitatabänderungen fast ausschließlich in CD begegnen. Die hier festzustellende Zitierweise ist also nicht für die Schriften von Qumran in ihrer Gesamtheit charakteristisch.

2. Auch innerhalb von CD ist der Anteil der aus inhaltlichen Gründen abgeänderten Zitate deutlich geringer als bei Paulus, bei dem derartige Umgestaltungen doppelt so häufig wie in CD begegnen.[37]

3. Von den 88 Schriftzitaten des Paulus sind allein 13 Mischzitate bzw. Zitatkombinationen, in CD ist dagegen nur eine der 32 Schriftanführungen ein kombiniertes Zitat.[38]

Die Zitierweise des Paulus unterscheidet sich also von der damaligen schulmäßig betriebenen jüdischen Exegese, wie sie für den hellenistischen Bereich bei Aristobul und Philo und für Qumran in der dort entwickelten Form der Pescher-Kommentare vorliegt, erheblich, ebenso von der zeitlich späteren rabbinischen Schriftverwendung. Lediglich die Damaskusschrift stellt einen vergleichbaren Analogiefall dar. Doch gehen die Textumgestaltungen bei Paulus nicht nur quantitativ, sondern auch qualitativ über die Textabänderungen in CD hinaus, wie die häufige Bildung von Mischzitaten und Zitatkombinationen bei Paulus zeigt. Hinsichtlich der Zitierweise erweist sich damit die Schriftverwendung des Paulus formal als Exegese eher nicht-professionellen Typs. Dem entspricht, daß auch schulmäßige Textauslegungen bei Paulus relativ selten begegnen. Typisch ist vielmehr der unmittelbare Zugriff auf den Schrifttext, der in der Regel ohne zusätzliche Interpretation in die eigene Darstellung – sei es als Bestätigung, sei es als weiterführendes Argument – einbezogen wird. Bei einer derartigen Verwendungsweise war die möglichst enge Übereinstimmung zwischen angeführtem Text und neuem Kontext besonders wichtig.[39] Diese Übereinstimmung kann

---

[37] In CD, 1 QS und 1 QM liegen 8 inhaltlich bedingte Abänderungen vor; d. h. höchstens 20% der Zitate sind im Blick auf die jetzige Verwendung umgestaltet worden, bei Pls sind dies mehr als 40% (37 von 90 Texten; wie für Qumran [s. o. A 21] sind Zitate ohne eindeutige Textbasis ausgeklammert).

[38] CD 8,14f (= 19,27f); die Verbindung von Dtn 5,28f und Dtn 18,18f in 4QTest 1–8 ist auch im Samaritanischen Pentateuch (Ex 20,21) vorhanden (vgl. ALLEGRO, DJD V, 57; zuerst hat hierauf offenbar Skehan hingewiesen, vgl. CARMIGNAC, Textes II 275 A 1), ist also wohl schon vorgegeben.

[39] Bes. aufschlußreich ist die Abänderung von Gen 21,10 in Gal 4,30: Die Abänderung von μετὰ τοῦ υἱοῦ μου Ἰσαάκ in μετὰ τοῦ υἱοῦ τῆς ἐλευθέρας stellt zunächst lediglich eine Akzentuierung des Zitats dar, die für Pls zwar von unmittelbarer Bedeutung für die Anwendung des Zitats ist, aber durchaus dem ursprünglichen Textzusammenhang entspricht (s. auch o. S. 149f). Der unveränderte Wortlaut wäre daher für Pls durchaus verwendbar gewesen. Eine kurze interpretierende Zufügung hätte genügt, um die von Pls beabsichtigte Interpretation sicherzustellen. Doch ändert er den Wortlaut des Zitats selbst,

Paulus oft genug nur durch gravierende Eingriffe in den Wortlaut der zitierten Schriftaussagen herstellen.[40]

Sicher stellt ein Teil der Zitatabänderungen lediglich stilistische Umgestaltungen oder inhaltliche Verdeutlichungen dar, die zunächst einfach ein relativ freies Verhältnis zum Text der Schrift widerspiegeln. Doch hat ein erheblicher Teil der paulinischen Zitatabänderungen eine wesentlich größere Tragweite,[41] und diese Zitatumgestaltungen begegnen nicht zufällig dort, wo Paulus im Zusammenhang mit zentralen theologischen Themen (Christologie, Gesetz, Gerechtigkeit, Erwählung der Gemeinde aus Juden und Heiden) die Schrift heranzieht. Dabei ist zu berücksichtigen, daß Paulus nicht nur den Wortlaut der Schriftzitate, die er um ihrer inhaltlichen Anwendung willen verändert, kennt. Er war darüber hinaus auch in der jüdischen Gesetzesfrömmigkeit zu Hause und mit dem Schriftverständnis, das die Predigt der hellenistischen Synagoge vermittelte, vertraut.[42] Diesen ihm vorgegebenen Verstehensrahmen der Schrift hat Paulus verlassen.[43] Der neu gewonnene Verstehenshorizont führt nicht nur zu einer Umwertung grundlegender jüdischer Überlieferungsinhalte, wie z. B. Gesetz und Erwählung, sondern wirkt auch auf den Umgang mit dem Wortlaut des Schrifttextes zurück, insbesondere dort, wo Paulus sein neues Verständnis von Gesetz, Gerechtigkeit und Erwählung gerade auch mit Hilfe der Schrift formulieren will. Schulmäßige jüdische Exegese ist diesen Weg der inhaltlich bedingten Textabänderung, jedenfalls in größerem Umfang, nicht gegangen. Zum einen hatte sie methodisch differenziertere Möglichkeiten, einen Schrifttext ›produktiv‹ auszulegen. Zum anderen war sie – anders als Paulus z. B. in der für ihn zentralen Gesetzesthematik – nicht zu einem Bruch mit Inhalt und Wortlaut der Schrift gezwungen.

Der Zusammenhang mit der zeitgenössischen jüdischen Exegese und der gleichzeitige Abstand von ihr wird exemplarisch in der Anführung von Dtn 30,12–14 in Röm 10,6–8 deutlich. Vorausgesetzt werden kann für Paulus nicht nur die Kenntnis des Wortlauts selbst, sondern auch eine jüdische Auslegung, die Dtn 30,11–14 als Aussage über die als Gesetz nahe gekommene Weisheit interpretierte. Es ist außerdem mit der Möglichkeit zu rechnen, daß schon vor Paulus die Nähe des Gesetzes durch den Verweis auf den Gesetzesmittler Mose verdeutlicht wurde.[44] Die durchaus eigenständige Verwendung des

---

so daß es ohne zusätzliche Interpretation die von Pls beabsichtigte und für die Fortsetzung erforderliche Aussage enthält.

[40] Auch in CD begegnen inhaltlich bedingte Textabänderungen bes. bei denjenigen Textanführungen, auf die keine Pescher-Kommentierung folgt, so in 4,20; 8,14f; 11,18; 11,20f; 20,16f.

[41] Zumal beides ineinander übergehen kann, wie stilistische Änderungen zeigen, die inhaltlichen Zielen dienen; s. o. S. 188.

[42] Dagegen ist die Annahme einer schulmäßigen Ausbildung als γραμματεύς fraglich; s. o. S. 92f.

[43] Individuell-biographisch formuliert in Phil 3,5–7.

[44] S. o. S. 158ff.

Dtn-Textes in Bar 3,29f (wo jedoch nicht zitiert wird!) und die erweiternde Übersetzung in TgFrag bzw. CN zeigen den äußeren Spielraum, den die zeitgenössische Auslegung dieses Textes bot. In der jüdischen Exegese wurde dieser Spielraum inhaltlich durch den unumstrittenen – und vom Text her ja auch unbestreitbaren – Bezug zum Gesetz reguliert. Daher war es auch in der frei verfahrenden Übersetzung von TgFrag bzw. TgCN (wie auch in der von TgPsJon) nicht nötig, den Textbestand zu reduzieren. Bei Paulus entfällt dieser grundsätzliche Bezugsrahmen. Formal ist sein Verfahren, die Nähe des ›ῥῆμα‹ von Dtn 30,14 durch die Einbeziehung derjenigen Person zu begründen, deren ›Werk‹ grundlegende Bedeutung für die Leser hat, mit der jüdischen Auslegung dieses Textes durchaus vergleichbar, zumal Paulus die personale Interpretation als Texterläuterung vom Zitat selbst klar unterscheidet. Während jedoch in TgFrag bzw. CN durch die Einbeziehung von Mose die im Text vorgegebene Gesetzesthematik noch verstärkt wird,[45] geschieht bei Paulus das Gegenteil. Er begründet die Nähe des ›ῥῆμα‹, das er anschließend als das ῥῆμα τῆς πίστεως interpretiert, durch den Hinweis auf das Gekommensein Christi und seine Auferstehung.[46] Vorangegangen ist die Feststellung, daß Christus das τέλος τοῦ νόμου ist (Röm 10,4), die in Röm 10,6–8 positiv erläutert werden soll, und zwar ausgerechnet durch ein Zitat aus dem ›Νόμος‹, das die Nähe der ἐντολή formuliert. Paulus ist daher gezwungen, nicht nur eine inhaltlich völlig anders ausgerichtete Interpretation anzufügen (vgl. Röm 10,8b), sondern auch massiv in den Wortlaut des Textes selbst einzugreifen: Zum einen ist eine radikale Textverkürzung erforderlich, die sämtliche Textteile betrifft, die sich auf die ἐντολή von Dtn 30,11 beziehen; zusätzlich ist eine Wortlautänderung notwendig, die erst die Voraussetzung dafür schafft, in der Auslegung die Auferstehung miteinzubeziehen.[47] Die formal analoge personale Interpretation führt also aufgrund ihrer inhaltlich entgegengesetzten Ausrichtung nicht nur zu einer völlig konträren Zitatauslegung, sondern auch zu einer Umgestaltung des Textes selbst, die inhaltlich und auch methodisch so in der jüdischen Exegese nicht möglich war.[48]

Die Freiheit im Umgang mit dem Wortlaut der Schrift, mit der sich Paulus erheblich von der zeitgenössischen jüdischen Exegese abhebt, ist somit nicht vom Inhalt seiner Schriftinterpretation zu trennen und signalisiert einen grundsätzlichen Wandel im Verständnis der Schrift.

---

[45] Ebenso – ohne personale Interpretation – TgPsJon; s. o. S. 158 A 40.
[46] S. o. S. 153 ff.
[47] Dieses Verfahren ist von der freien Textübertragung in TgFrag bzw. CN (»... der in die Tiefe des großen Meeres hinabstiege«; s. o. S. 158) zu unterscheiden. Weder übersetzt Pls, noch paraphrasiert er, sondern er zitiert. Vergleichbar wäre nur ein Zitat des HT von Dtn 30,11–14 innerhalb eines ebenfalls hebräischen Textes, das eine TgFrag bzw. CN entsprechende Änderung enthielte. Ein derartiges Zitat von Dtn 30,11–14 fehlt jedoch in der rabbinischen Lit. nicht zufällig.
[48] Dies übersieht KÄSEMANN, Röm 275f im Unterschied zu WILCKENS, Röm II 225.

IV. Das Verständnis der Schrift (I): Die zeitgenössische Schriftexegese und ihre Bedeutung für das Schriftverständnis des Paulus

1. Die Bedeutung der zeitgenössischen Auslegungsmethoden für die Schriftexegese des Paulus

a) Die Voraussetzungen

In welcher Form und in welchem Umfang feste Auslegungsmethoden der zeitgenössischen jüdischen Exegese für Paulus vorgegeben waren, ist nur begrenzt aufzuhellen. Literarisch greifbar sind für die Zeit des Paulus nur die (jeweils sehr weitentwickelten) exegetischen Methoden von Alexandria und Qumran, und es wird nicht allein auf die Zufälligkeit des archäologischen Befundes bzw. der Überlieferungssituation zurückzuführen sein, daß aus der Zeit vor 70 n. Chr. eine besonders intensive und auch methodisch durchgeformte Schriftexegese gerade am Rande bzw. außerhalb des palästinischen Judentums festzustellen ist.

Alexandria war geistiges und theologisches Zentrum des größten und ältesten Teils des hellenistischen Diasporajudentums. Für die Diaspora konstitutiv war die (räumliche) Trennung vom Tempelkult in Jerusalem und damit die dominierende Rolle der Synagoge und ihres Gebets- und Predigtgottesdienstes.[1] Die Notwendigkeiten der synagogalen Predigt führten zur Übersetzung der Tora, später auch der übrigen Teile der ›Schrift‹, in die griechische Sprache, und diese Übersetzung ist nicht zufällig in Alexandria entstanden. Die kontinuierliche Verwendung dieser Übersetzung in der Synagoge hat ihrerseits die Rolle der Schrift im Diasporajudentum erheblich verstärkt. Hinzu kam ein anderer Aspekt der Diasporasituation, die Auseinandersetzung mit der Umwelt, bzw. positiv formuliert: die Notwendigkeit der Identitätssicherung einer religiösen Minderheit durch Öffnung und gleichzeitige kritische Abgrenzung gegenüber der sie umgebenden Mehrheit. Diese Situation hat in Alexandria schon relativ

---

[1] Zum synagogalen Gottesdienst vgl. SCHRAGE, ThWNT VII, 1964, 810–826; SAFRAI, CRINT I/2, 909–944; SCHÄFER, Gottesdienst, in: J. Maier u. J. Schreiner (Hg.), Literatur 391–413; zum archäologischen Befund vgl. SUKENIK, Synagogues; HÜTTENMEISTER, BRL², 1977, 331 f; KRAABEL, ANRW II, 19/1, 477–510.

früh zur Ausbildung einer eigenen, zunächst primär apologetischen Geschichtsschreibung und Schriftinterpretation geführt,[2] und hier ist mit einer Kontinuität schulmäßig betriebener Schriftauslegung zu rechnen,[3] deren Höhepunkt im Werk des Philo von Alexandria vorliegt. Zu berücksichtigen ist auch die dominierende Rolle, die Alexandria überhaupt – nicht zuletzt auf dem Gebiet der Exegese! – in der hellenistischen Welt spielte,[4] was sicher stimulierend auf die Entwicklung der dortigen jüdischen Exegese gewirkt hat.

Daher ist aber auch das für Alexandria zu gewinnende Bild nur begrenzt auf andere Bereiche des hellenistischen Diasporajudentums übertragbar. Die zentrale Rolle der Synagoge war zwar auch hier gegeben, ebenso die grundsätzliche Notwendigkeit einer apologetischen Auseinandersetzung mit der Umwelt. Exegetische Literatur ist in größerem Umfang jedoch offensichtlich nur in Alexandria entstanden. Sicher ist mit einer Ausstrahlung der alexandrinischen Exegese auf die übrige hellenistische Diaspora zu rechnen. Aber für den Predigt- und Schulbetrieb einer durchschnittlichen Synagoge Kleinasiens oder Syriens kann Alexandria nicht als Modell dienen.[5] Ein derart fortgeschrittenes Stadium der Schriftexegese, wie es bei Philo vorhanden ist, kann hier nicht angenommen werden und ist daher auch nicht als Hintergrund der paulinischen Exegese vorauszusetzen. Zudem ist für den syrisch-kleinasiatischen Bereich neben alexandrinischen Einflüssen mit Einwirkungen aus dem palästinischen Raum zu rechnen. Darauf weist schon die Tatsache hin, daß Paulus als Diasporajude aus Kleinasien zur Richtung der Pharisäer gehörte, auch wenn schwer abzuschätzen ist, welche Gestalt und welches Gewicht der Pharisäismus in der hellenistischen Diaspora hatte.[6] Allerdings dürften für die Ausbildung der Auslegungsmetho-

---

[2] Vgl. MAYER, RAC VI, 1966, 1203–1205; WALTER, Thoraausleger (bes. 124–148.187–198); ders., JSHRZ I/2, 89–163; III/2, 257–299.

[3] Vgl. WALTER, Thoraausleger 144–148; für die Bedeutung Alexandrias innerhalb der hellenistischen Diaspora spricht auch, daß die Mehrzahl der jüdisch-hellenistischen Exegeten und Historiker des 2. und 1. Jh. v.Chr., soweit sich ihre Herkunft bestimmen läßt, in Alexandria beheimatet ist; so neben dem Vf. von EpArist auch Aristobul, Artapanos, Demetrios, Ps-Hekataios I und Ps-Hekataios II.

[4] Vgl. SCHUBART, RAC I, 1950, 271–283.

[5] Die Quellenlage für die kleinasiatische Diaspora ist sehr begrenzt. Zur Verfügung steht neben den Nachrichten bei Josephus und gelegentlichen Erwähnungen bei nichtjüdischen Autoren nur archäologisches und epigraphisches Material; vgl. STERN, CRINT I/1, 143–155.

[6] Zur gegenwärtigen kontroversen Debatte über den Pharisäismus vgl. URBACH, Sages I.II; RIVKIN, Revolution; NEUSNER, Traditions I–III (bes. III: »Conclusions«); ders., Politics; zum methodischen Problem der Quellenauswertung vgl. NEUSNER, Use, in: W. S. Green (Hg.), Approaches 215–228; ders., ZThK 76, 1979, 292–309; STEMBERGER, Einleitung 55–64. – Über die Rolle des Pharisäismus in der Diaspora sind aufgrund der Quellenlage keinerlei gesicherte Aussagen möglich. Bekannt ist immerhin, daß sich der Pharisäismus auch um Einfluß in der Diaspora bemühte; vgl. J. MAIER, Geschichte 76f. Zu den Beziehungen zwischen Palästina und der Diaspora überhaupt vgl. SAFRAI, CRINT I/1, 184–215.

den die Impulse, die von Palästina ausgingen, begrenzt gewesen sein. Abgesehen von Qumran als einem Sonderfall waren hier die Notwendigkeiten und auch die Voraussetzungen für die Ausbildung einer methodisch betriebenen Schriftexegese nicht in gleichem Maße gegeben wie in der Diaspora und speziell in Alexandria. Der Legitimationsdruck der Minderheitssituation war nicht in gleicher Weise vorhanden, und fragloses Zentrum des religiösen Lebens war nicht die Synagoge mit ihrem Gebets- und Predigtgottesdienst,[7] sondern der Tempel und sein Kult.[8] Bemerkenswert ist auch, daß die Entwicklung der Halacha zunächst nicht als Schriftinterpretation, sondern unabhängig von dieser erfolgte und die systematische Verbindung beider einen sekundären Prozeß darstellt.[9] Als Urdatum palästinischer Auslegungsmethodik gilt in der Tradition die Einführung der ›Sieben Auslegungsregeln‹ durch Hillel,[10] und gerade diese sind deutlich der hellenistischen Rhetorik verpflichtet.[11] Die palästinische Schriftexegese befindet sich also im Bereich der halachischen Überlieferung z. Zt. des Paulus offenbar eher im Anfangs- als im Endstadium und ist hinsichtlich der Methoden zunächst eher rezeptiv gewesen. Daneben gab es natürlich in der Synagoge auch nichthalachische Schriftauslegung. Aber es ist eine offene Frage, wieweit aus der späteren palästinischen Literatur Strukturen der Homilie oder des Midrasch für die Zeit vor 70 n. Chr. zu erheben sind.[12] Sofern Paulus sich mit derartigen Strukturen in der späteren Midraschim-Literatur trifft, sind Rückschlüsse möglich, aber ein geschlossenes Bild ›der‹ palästinischen Exegese ist – wenn diese Verallgemeinerung nicht überhaupt in Zweifel zu ziehen ist – nicht zu gewinnen.

Deutlicher ist dagegen das Bild, das sich in Qumran bietet. Hier hat eine Sondergruppe des palästinischen Judentums eine eigene exegetische Literatur mit einer spezifischen Auslegungsmethodik entwickelt. Die Notwendigkeiten, die dazu führten, sind durchaus mit der Situation der Diaspora analog: Auch hier handelt es sich um eine Minderheitengruppe (hier jedoch um eine Minderheit im eigenen Volks- bzw. Religionsverband), die vom Tempelkult abgeschnitten war und vor der Notwendigkeit stand, ihre gegenüber der Mehrheit abwei-

---

[7] Womit jedoch nicht die Existenz von Synagogen im Palästina der Zeit von 70 n. Chr. bestritten werden soll; dazu vgl. jetzt STRANGE, ANRW II, 19/1, 656f und MEYERS, BA 43, 1980, 99. Zur Frage, ob vor 70 n. Chr. ein regelmäßiger liturgischer Gebrauch der Schrift in den Synagogen Palästinas nachweisbar ist, vgl. PORTON, ANRW II, 19/2, 116–118.

[8] Beides ändert sich grundlegend nach 70 (und 135) n. Chr., so daß auch für die Schriftverwendung hier mit einer erheblichen Zäsur zu rechnen ist; vgl. PORTON aaO 113–116, der zugleich mit guten Gründen vor einer Überschätzung der Rolle der Schrift im palästinischen Judentum vor 70 n. Chr. warnt. Zur (begrenzten) Rolle der Schrift in den pharisäischen Traditionen vgl. NEUSNER, Traditions III 39–43.62–64.

[9] Vgl. PORTON, ANRW II, 19/2, 115 (unter Verweis auf die Untersuchungen von Neusner). Die ursprüngliche Unabhängigkeit der Halacha von einer exegetischen Begründung zeigt sich noch in der Tradition, die die Einführung der ›Sieben Auslegungsregeln‹ (Middot) durch Hillel darstellt; vgl. STEMBERGER aaO 27.

[10] Dazu vgl. STEMBERGER aaO 26–28.

[11] Vgl. DAUBE, HUCA 22, 1949, 239–264 und MAYER, RAC VI, 1966, 1195–1199.

[12] Dazu vgl. PORTON aaO 118–128 und STEMBERGER aaO 225–227.

chende Stellung ausdrücklich zu legitimieren. Allerdings ist die Schriftexegese von Qumran aus der Perspektive des hellenistischen Diasporajudentums als Randphänomen zu beurteilen. Mit direkten Einwirkungen auf die Diaspora Kleinasiens ist kaum zu rechnen.

Für die Schriftauslegung in der Diaspora Kleinasiens sind also nur indirekte Hinweise vorhanden. Es sind nur die außerhalb liegenden Eckpunkte zu erheben, nicht die spezifische Gestalt selbst, die hier die Schriftauslegung hatte. Charakteristisch ist, daß der einzige literarische Zeuge dieses Teils der hellenistischen Diaspora Paulus selbst ist, und auch dieser erst, nachdem er mit der Zugehörigkeit zu ihr gebrochen hatte. Man ist daher hinsichtlich der für Paulus vorauszusetzenden Methoden der Schriftauslegung auf Rückschlüsse aus seinen eigenen Briefen angewiesen. Sofern sich dabei Berührungen mit den Auslegungsverfahren der alexandrinischen bzw. palästinischen Exegese zeigen, kann angenommen werden, daß Paulus hier nicht voraussetzungslos verfährt, sondern sich in sachlicher Kontinuität mit der Schriftauslegung der Diaspora des syrisch-kleinasiatischen Bereichs befindet.

b) *Allegorische Schriftauslegung bei Paulus*

Allegorische Interpretation vorgegebener Texte (Allegorese) hat in der griechischen Mythen- und Dichterauslegung ihren Ursprung,[1] wird seit Aristobul und dem Aristeasbrief in der Schriftauslegung des hellenistischen Diasporajudentums verwendet und hat hier in den Schriften des Philo von Alexandria ihre höchste Form erreicht. Auch im palästinischen Judentum ist die Allegorese rezipiert worden, hat dort jedoch nie die dominierende Stellung wie in der jüdisch-hellenistischen Exegese erlangt.[2] Grundvoraussetzung allegorischer Exegese ist, daß zwischen dem Wortlaut eines Textes und der tatsächlich gemeinten Sache zu unterscheiden ist. Die Anwendung differiert je nach dem Gegenstand der allegorischen Interpretation, der methodischen Durchführung des Verfahrens und vor allem nach dem vorgegebenen Verstehensrahmen, der für die Auffindung der ›gemeinten Sache‹ leitend ist. Entstanden als Versuch des Ausgleichs zwischen Mythos und Dichtung einerseits und (besonders der stoischen) Philosophie andererseits, ist es für die allegorische Exegese auch in ihrer Weiterentwicklung kennzeichnend geblieben, daß sie den mit dem Text eigentlich gemeinten Sinn, die ὑπόνοια bzw. das ἕτερον, in zeitlos gültigen, geschichtlich

---

[1] Zur Geschichte der Allegorie und der Allegorese vgl. JOOSEN-WASZINK, RAC I, 1950, 283-293; KLAUCK, Allegorie 32-115; zur jüdisch-hellenistischen Allegorese vor Philo vgl. außerdem WALTER, Thoraausleger 124-148; zu Philo vgl. außerdem SIEGFRIED, Ausleger 160-272; STEIN, Exegese; THYEN, Stil 79-84; CHRISTIANSEN, Technik.

[2] Vgl. HEINEMANN, Allegoristik; STEIN, EJ(D) II, 1928, 341-343; s. auch BACHER, Terminologie I, 61-63. 121f und Bill III 385-399; zur 26. Regel des Rabbi Eliezer (›Maschal‹ bzw. ›Homer‹) vgl. MAYER, RAC VI, 1966, 1202 und STEMBERGER, Einleitung 38.

nicht wandelbaren Wahrheiten findet.[3] Die Beispiele für allegorische Exegesen bei Paulus sind beschränkt und zugleich viel diskutiert. In Frage kommen 1 Kor 9,9; Gal 4,21–31 und auch 1 Kor 10,4.

α) *1 Kor 9,9*

Zur Begründung seines Anspruchs auf finanzielle Unterstützung durch seine Gemeinde verweist Paulus in 1 Kor 9 zunächst auf das Beispiel der λοιποὶ ἀπόστολοι, der ἀδελφοὶ τοῦ κυρίου und des Kephas (V 4–6).[4] Dann führt er drei Argumente ›κατὰ ἄνθρωπον‹ an (V 7, vgl. V 8 a), und in V 9 folgt die – offensichtlich entscheidende – Begründung aus dem ›νόμος des Mose‹. Paulus zitiert Dtn 25,4: οὐ κημώσεις[5] βοῦν ἀλοῶντα.

Ursprünglich im eigentlichen Sinne gemeint, nämlich als Bestimmung, auch einen βοῦς nicht rücksichtslos zu behandeln,[6] wendet Paulus das Zitat auf das Problem des Apostelamtes an. Er legt dabei den Text nicht mit Hilfe des Schlusses a minore ad maius aus,[7] sondern versteht das Zitat als Bildwort, d. h. als eine rein übertragen gemeinte Aussage, die sich auf einen anderen als den im Text selbst genannten Sachverhalt bezieht. Dabei ist sein Verständnis des als Bildwort aufgefaßten Gebots von Dtn 25,4 von der in der allegorischen Exegese entwickelten Verstehensweise uneigentlicher Rede geprägt. Dies zeigt sich in V 9 c.10 a, wo Paulus begründet, warum hier ein übertragenes Verständnis des Textes erforderlich ist: μὴ τῶν βοῶν μέλει τῷ θεῷ ἢ δι' ἡμᾶς πάντως λέγει; Hier ist der auch bei Philo begegnende Grundsatz wirksam, daß Gott sich um das Höhere kümmert.[8] Daß Dtn 25,4 nicht den Ochsen, sondern den Menschen meint, sichert Paulus außerdem durch die Anführung des ihm aus der mündlichen Schriftverwendung vorgegebenen Zitats in V 10 b,[9] das ausdrücklich vom Menschen handelt. Die Möglichkeit, dieses Zitat zur Interpretation von Dtn 25,4 zu verwenden, ist für Paulus zunächst durch die Stichwortübereinstimmung von ἀλοῶν gegeben. Sodann stellt das Zitat von V 10 b wie – nach seinem

---

[3] Vgl. die beiden auch bei Philo wiederkehrenden Haupttypen der allegorischen Interpretation, die moralische und die physikalische Allegorese. Doch wird man deshalb die Allegorese gegenüber anderen Auslegungsmethoden und Interpretationsverfahren nicht einseitig als ›geschichtslos‹ abwerten können. Enthistorisierend werden geschichtliche Überlieferungen auch dort interpretiert, wo – ohne jede Allegorese – die Vätergeschichte z. B. als Exempelsammlung moralischer Verhaltensweisen ausgelegt wird (so TestXII). Zu der gängigen Gegenüberstellung von ungeschichtlicher Allegorese und geschichtlicher Typologie (besser wäre: Typologese) vgl. die kritischen Bemerkungen von KLAUCK, Allegorie 123–125.
[4] Zu den Einzelfragen von 1 Kor 9,4–6 vgl. CONZELMANN, 1 Kor 188–190.
[5] Zu κημώσεις anstelle von φιμώσεις s. o. S. 142.
[6] Vgl. KÖNIG, Dtn 174; v. RAD, Dtn 110.
[7] So in der rabbinischen Exegese, vgl. Bill III 384 f.
[8] Vgl. Philo, Spec leg I 260 (hinsichtlich der Opfertiere): οὐ γὰρ ὑπὲρ τῶν ἀλόγων ὁ νόμος, ἀλλ' ὑπὲρ τῶν νοῦν καὶ λόγον ἐχόντων; vgl. auch EpArist 144.
[9] S. o. S. 41 f.

Verständnis – Dtn 25,4 eine übertragen gemeinte Aussage dar,[10] und beide Zitate weisen so eine inhaltlich analoge Zielrichtung auf. Schließlich unterstreicht Paulus die gegenseitige Beziehung beider Zitate durch die ausdrücklich wiederholte Feststellung, daß beide δι' ἡμᾶς gesprochen bzw. geschrieben sind.

Mit dem zweiten Zitat (V 10b) sichert Paulus also sein allegorisches Verständnis von Dtn 25,4, daß nämlich dieser Text vom ›dreschenden‹ Menschen spricht, wobei er die übertragene Bedeutung von ἀλοᾶν in V 10b auch auf Dtn 25,4 anwendet. Auf diese Weise kann Paulus gerade auch aus dem νόμος eine Begründung für seinen grundsätzlichen Anspruch auf Unterstützung durch die Gemeinde anführen.

β) Gal 4,21–31

Die umfangreichste und auch umstrittenste allegorische Schriftinterpretation liegt innerhalb von Gal 4,21–31 in 4,24–28 vor. Allerdings bezieht sich Paulus hier nicht auf einen einzelnen Schrifttext, sondern auf zwei Personen aus der Vätergeschichte und ihr gegenseitiges Verhältnis, nämlich auf das in Gen 21 dargestellte Nebeneinander von Hagar und Sara.[11] Zusätzlich werden jedoch in diese Interpretation der Überlieferung von Gen 21 zwei ausdrückliche Zitate (Jes 54,1 und Gen 21,10) einbezogen.

Thema der Schriftinterpretation von Gal 4,21–31 ist die sich aus dem Gegenüber von Israel (V 25b: ἡ νῦν Ἰερουσαλήμ) und der Gemeinde aus Juden *und* Heiden ergebende Frage nach der wahren Abrahamssohnschaft.[12] Wie in Röm 9,7f sieht Paulus die Legitimität der Nachkommenschaft Saras, und damit das Kennzeichen wahrer Abrahamssohnschaft überhaupt, darin, daß sie nicht Nachkommenschaft κατὰ σάρκα, sondern δι' ἐπαγγελίας ist (4,23). Zugleich hebt er bewußt den Unterschied zwischen den beiden Frauen als παιδίσκη und ἐλευθέρα hervor. Das Ziel dieser mit 4,21 begonnenen Exegese wird in 4,28–31 sichtbar: der Nachweis – und zwar betont aus dem νόμος (vgl. 4,21)! –, daß gerade diejenigen, die nicht unter dem am Sinai gegebenen νόμος stehen, κατὰ Ἰσαὰκ ἐπαγγελίας τέκνα (4,28), d. h. die wahren Nachkommen Abrahams und Erben der dieser Nachkommenschaft geltenden Verheißung sind, während die-

---

[10] Daß ἀλοᾶν im Zitat von V 10b übertragen gemeint ist, kann Pls angesichts der weiten Verbreitung der gesamten Saat-Ernte-Metaphorik als selbstverständlich voraussetzen.

[11] Namentlich genannt wird nur Hagar, und diese auch erst in V 24f. Die sofortige Gegenüberstellung der παιδίσκη und der ἐλευθέρα zu Beginn der Exegese wird aus der Fortsetzung verständlich: Pls geht zwar von der damaligen Rolle der beiden Frauen aus, zielt aber auf ihre jetzige Bedeutung für die Personengruppen, die er ihnen zuordnet.

[12] BARRETT, FS E. Käsemann, 1976, 1–16 nimmt an, daß sich die judaistischen Gegner des Pls in Galatien auf Gen 21 berufen haben und Pls so gezwungen war, hierauf einzugehen, obwohl er Gen 21 nur mit Mühe in seine eigene Theologie integrieren konnte. In der Tat muß Pls hier die vorgegebene Wertung von Sara und Hagar auf den Kopf stellen. Doch war die Auseinandersetzung mit der Abrahamüberlieferung und deren Neuinterpretation für Pls auch unabhängig von konkreten Gegnern notwendig, wie Röm 4 und 9,7–9 zeigen.

jenigen, die unter dem Gesetz sind (bzw. sein wollen! vgl. V 21), lediglich als die Nachkommenschaft einer ›Sklavin‹ anzusehen sind, also nicht als legitime Erben gelten können. Dieses Ziel seiner Exegese erreicht Paulus, indem er im Anschluß an die interpretierende Nacherzählung der Überlieferung von Gen 21 in Gal 4,22 f diese ausdrücklich als allegorisch gemeinte Rede bezeichnet (4,24 a)[13] und sie dementsprechend allegorisch interpretiert, um so die gegenwärtige Bedeutung der Überlieferung entfalten zu können.

Die allegorische Interpretation der beiden Frauen Abrahams, der παιδίσκη und der ἐλευθέρα, geschieht in mehreren Einzelschritten. Zunächst erfolgt deren Gleichsetzung mit ›zwei Bundesschlüssen‹ (V 24 b: αὗται γάρ εἰσιν δύο διαθῆκαι), sodann eine Näherbestimmung der einen διαθήκη als Sinaibund, der mit Hagar identifiziert wird (V 24 c: μία μὲν ἀπὸ ὄρους Σινᾶ..., ἥτις ἐστὶν Ἁγάρ). Nach der Zwischenbemerkung V 25 a folgt dann die letzte Gleichsetzung, die Identifikation der παιδίσκη Hagar mit dem ›jetzigen Jerusalem‹ (V 25 b: [Ἁγὰρ] συστοιχεῖ δὲ τῇ νῦν Ἰερουσαλήμ).[14]

Bemerkenswert ist, daß dieser Kette allegorischer Gleichsetzungen auf der einen Seite keine zusammenhängende allegorische Interpretation der Gegenfigur der ἐλευθέρα auf der anderen Seite entspricht. Nachdem Paulus in V 24 b beide Frauen als je einen Bundesschluß interpretiert hat, folgt ausschließlich eine allegorische Auslegung von ›Hagar‹. Die Aussage über die ἄνω Ἰερουσαλήμ *als* ἐλευθέρα und μήτηρ ἡμῶν (das eigentliche Ziel der Allegorese des Paulus!) erfolgt in V 26 lediglich durch Entgegensetzung zu ›Hagar‹ als dem ›jetzigen Jerusalem‹. Diese Ungleichgewichtigkeit in der Durchführung der Allegorese ist nicht nur als abgekürzte Darstellungsweise zu verstehen.[15] Ausgangspunkt ist zwar die gemeinsame allegorische Auslegung beider Frauen als δύο διαθῆκαι, aber daß der ›Hagar‹-Allegorese keine in sich ebenfalls zusammenhängende ›Sara‹-Allegorese gegenübersteht, hat auch inhaltlich Gründe. Die Zuordnung von zwei διαθῆκαι beruht nicht auf Inhalten aus der Väterüberlieferung,[16] sondern setzt die in der Abendmahlsparadosis von 1 Kor 11,23–25

---

[13] Ἀλληγορεῖν wird in doppelter Weise verwendet: a) ›allegorisch reden‹; b) ›allegorisch interpretieren‹; vgl. BÜCHSEL, ThWNT I, 1933, 260; BAUER, Wb. 77 f s. v. In Gal 4,24a liegt die erste Bedeutung vor: Die Erzählung von den beiden Söhnen Abrahams und ihren Müttern ›ist allegorisch geredet‹, woraus sich auch mit Notwendigkeit eine allegorische Auslegung ergibt; vgl. auch KLAUCK aaO 120 A 403, der die hermeneutische Bedeutung von ἀλληγορεῖν auch für Gal 4,24a betont.

[14] Zu συστοιχεῖν vgl. LIETZMANN, Gal 31 und DELLING, ThWNT VII, 1964, 669; es bedeutet wörtlich ›sich in der gleichen Reihe befinden‹ und ist als term. techn. bei Aristoteles belegt. Pls hat συστοιχεῖν offenbar als Fachausdruck der Allegorese aufgefaßt und verwendet ihn im Sinne von ›entsprechen‹. Wäre die ursprüngliche Vorstellung in συστοιχεῖν noch lebendig (so DELLING ebd.), wäre eher ᾗ συστοιχεῖ ἡ νῦν Ἰερουσαλήμ zu erwarten. Zu den untauglichen Versuchen, συστοιχεῖν im Sinne von ἰσοψηφεῖν (›denselben Buchstabenwert haben‹) aufzufassen, vgl. LIETZMANN aaO 31 f.

[15] So SCHLIER, Gal 221.

[16] Ausgeschlossen werden kann, daß Pls hinter den Sinaibund auf den Bundesschluß mit Abraham in Gen 15,17–21 bzw. Gen 17 zurückgreift, zumal der Bundesschluß von Gen 17

IV. Die Bedeutung der zeitgenössischen Schriftexegese

als vorpaulinisch belegte Konzeption einer christologisch begründeten καινὴ διαθήκη voraus. Diese neue διαθήκη ist aber für Paulus offensichtlich nicht in gleicher Weise ›lokalisierbar‹ wie die alte, so daß auch kein dem Sinai antithetisch korrespondierender Ort zur Verfügung stand, mit dem ›Sara‹ allegorisch identifizierbar gewesen wäre.[17]

Wenn auch die grundsätzliche Argumentationsrichtung von Gal 4,24–26 hinreichend deutlich ist, so bereitet doch die Begründung, die Paulus offenbar mit V 25a für die allegorische Gleichsetzung von ›Hagar‹ mit dem Sinaibund geben will, erhebliche Schwierigkeiten. Daß ›Hagar‹ die διαθήκη ›ἀπὸ ὄρους Σινᾶ‹ bedeutet, erläutert Paulus durch die Aussage: τὸ[18] δὲ Ἁγὰρ Σινᾶ ὄρος ἐστὶν ἐν τῇ Ἀραβίᾳ (V 25a).[19] Im Sinne allegorischer Argumentationsweise ist dies als Begründung[20] für die zuvor erfolgte Identifikation zu verstehen, wobei es auf den Aufweis übereinstimmender Momente zwischen dem vorgegebenen Text (bzw. Begriff) und dem ›ἕτερον‹ der allegorischen Deutung ankommt.[21] Da

---

mit der Beschneidung verbunden ist. Auch aus der jüdischen Exegese ist die Konzeption von zwei διαθῆκαι, die sich antithetisch gegenüberstehen wie Hagar und Sara, nicht herzuleiten. So setzt das Nebeneinander von drei Bundesschlüssen in Mek 23,19 (am Horeb, in den Steppen Moabs und an den Bergen Garizim und Ebal; vgl. Bill III 262) die Identität der jeweiligen Bundesschlüsse voraus. Kennzeichnend ist auch, daß Jer 31,31 ff in der rabbinischen Exegese eine ganz untergeordnete Rolle spielt; vgl. Behm, ThWNT II, 1935, 131. Nur in Qumran ist der Begriff des ›neuen Bundes‹ aufgenommen worden (s. o. S. 45f A 7), er ist dort aber ebenfalls nicht antithetisch entworfen, sondern besteht in der besonders radikalen Durchführung des alten Bundes; vgl. Luz, EvTh 27, 1967, 318.

[17] Auch für Kutsch, Testament 145, der die bei Pls fehlende Näherbestimmung der mit Sara identischen anderen διαθήκη zu ergänzen versucht, bleibt lediglich die Möglichkeit, »daß Paulus mit dieser zweiten διαθήκη eine ›Setzung‹ meint, die in Christus gegeben ist«. Aber aus diesem Grunde war eben eine zu ›Hagar‹ parallele allegorische Interpretation von ›Sara‹ so nicht möglich.

[18] Die Einleitung mit τό zeigt, daß Pls eine Begriffsdeutung geben will. Der Sinn ist also: Mit ›Hagar‹ ist der Berg Sinai in Arabien gemeint.

[19] Der Text ist unsicher, da offenbar schon früh der Sinn von V 25a als schwierig empfunden wurde:
I   τὸ δὲ Ἁγὰρ   Σινᾶ ὄρος ἐστίν   A B D 323 365 1175 2464 pc sy^hmg bo^pt
II   τὸ γὰρ Ἁγὰρ   Σινᾶ ὄρος ἐστίν   K L P Ψ 062 33 81 104 630 1881 2495 𝔐 sy bo^mss
III τὸ γὰρ   Σινᾶ ὄρος ἐστίν   ℵ C F G 1241^s 1739 pc lat (sa)
IV   τὸ δὲ   Σινᾶ ὄρος ἐστίν   P^46
Gegenüber δέ ist γάρ als sekundäre Verdeutlichung zu werten, durch die die begründende Funktion von V 25a stärker zum Ausdruck gebracht werden soll. Trotz der frühen Bezeugung ist das Fehlen von Ἁγάρ nicht als ursprünglich anzusehen. Doch wird es sich wohl nicht um Haplographie von ΓΑΡΑΓΑΡ (so Metzger, Commentary 596) handeln, da so die LA von P^46 nur schwer zu erklären wäre. Eher dürfte die sprachliche Härte von τὸ Ἁγάρ zur Auslassung geführt haben. Allerdings ergibt sich so eine rein geographische Zwischenbemerkung, die für den Fortgang der Allegorese funktionslos ist. Für LA I entscheiden sich Lietzmann, Gal 30; Oepke, Gal 149; Schlier, Gal 215; Betz, Gal 244; für LA III Lagrange, Gal 124f, für LA IV Mussner, Gal 322f.

[20] Auch wenn man in V 25a δέ als ursprünglich voraussetzt, hat V 25a begründende Funktion; vgl. Bauer, Wb. 340 s. v. δέ 2; BDR § 447.1.

[21] Um diesen Aufweis bemüht sich die schulmäßig betriebene Allegorese; vgl. die aus Philo bei Christiansen, Technik 48–77 zusammengestellten und analysierten Beispiele. In

τὸ δὲ Ἁγὰρ Σινᾶ ὄρος ἐστίν gegenüber V 24c (μία [sc. διαθήκη] μὲν ἀπὸ ὄρους Σινᾶ..., ἥτις ἐστὶν Ἁγάρ) keinen sachlich neuen Gesichtspunkt enthält, ist der argumentative Fortschritt, der im Sinne des Paulus die Äquivalenz beider Größen begründen soll, in ἐν τῇ Ἀραβίᾳ zu sehen. Warum die ›Ἀραβία‹ die Gleichsetzung von ›Ἁγάρ‹ und dem Σινᾶ ὄρος begründet, bleibt allerdings unausgeführt. Genannt ist nur die geographische Lage des Σινᾶ ὄρος, die ebenfalls traditionelle geographische Verknüpfung von Hagar (und Ismael) mit der Ἀραβία ist offenbar als selbstverständlich vorausgesetzt.[22]

Das Moment der Gemeinsamkeit zwischen ›Hagar‹ und dem Sinai besteht keineswegs darin, daß der Sinai außerhalb des heiligen Landes und inmitten von ›unterjochten Völkerschaften‹ liegt.[23] Die Arabia wird hier nicht in Entgegensetzung zu Palästina genannt, und unter römischer Fremdherrschaft stand z. Zt. des Pls gerade Palästina und nicht die Ἀραβία.

Die übrigen Erklärungsversuche von V 25a sind jeweils mit wesentlich größeren Schwierigkeiten verbunden:

a) Einige Erklärungen gehen davon aus, daß das arabische ›hadjar‹ die Bedeutung ›Stein, Fels‹ hat.[24] Pls hätte also aufgrund der phonetischen Nähe Ἁγάρ und ›hadjar‹ gleichgesetzt. Doch würde dies lediglich die Aussage τὸ δὲ Ἁγὰρ ὄρος ἐστίν begründen und das (vorangestellte!) Σινᾶ unerklärt lassen. Zudem müßte die keineswegs selbstverständliche Heranziehung einer fremden Sprache dem Leser deutlich gemacht werden. Dies ist jedoch nicht der Fall, denn ἐν τῇ Ἀραβίᾳ ist zunächst als geographische Aussage zu werten und nicht ohne weitere Indizien im Text mit ἀραβιστί oder ἐν τῇ τῶν Ἀράβων διαλέκτῳ gleichzusetzen.[25]

b) Daher wird z. T. das arabische ›hadjar‹ als geographischer Eigenname, und zwar als Bezeichnung eines Gipfels im Sinaigebiet, vorausgesetzt. Doch ist dies reines Postulat, und die dafür beigebrachten Beispiele[26] zeigen, daß ›hadjar‹ zwar häufig Bestandteil geographischer Eigennamen ist, aber nicht absolut als Eigenname gebraucht wird.

V 25a lediglich eine auf den Sinai bezogene geographische Angabe zu sehen, die keine inhaltliche Bedeutung für das allegorische Interpretationsverfahren besitzt, ist daher von vornherein auszuschließen (so auch LAGRANGE, Gal 124f, der gleichzeitig jedoch von der LA von κ etc. ausgeht). – Anders MUSSNER, Gal 323 (der daher die LA von P⁴⁶ bevorzugt): Pls müsse den Einwand widerlegen, daß der Sinai schon geographisch gar nicht mit Jerusalem identisch sei, sondern in der Ἀραβία liege. Diesen Einwand ›pariere‹ Pls mit der Aussage, daß sich das jetzige Jerusalem ebenfalls in der Sklaverei befinde. Aber das ist doch das Ziel der Allegorese insgesamt! Außerdem dürfte wohl von keiner Seite bestritten worden sein, daß sich (das jetzige) Jerusalem vom ›Sinai‹ her versteht.

[22] Vgl. Gen 25,12–18; auch für Josephus, Ant I 220f ist das Gebiet zwischen Euphrat und Rotem Meer der Sitz der Nachkommen Ismaels. Natürlich ist eine geographische Verknüpfung Hagars mit der Ἀραβία der beabsichtigten Gleichsetzung von Hagar mit der νῦν Ἰερουσαλήμ nicht besonders förderlich. Doch stellt V 25a nur ein Hilfsargument dar, die Hauptlinie der allegorischen Argumentation verläuft von V 24b zu V 25b. Allerdings dürfte dieser latente Widerspruch innerhalb der Auslegung der Grund dafür sein, daß Pls die Beziehung zwischen Hagar und der Ἀραβία nicht näher entfaltet. – Diese Deutung vertritt auch LAGRANGE, Gal 125, während LIETZMANN, Gal 30f skeptisch ist (ohne jedoch eine andere Deutung zu bevorzugen).

[23] Vgl. SCHLIER, Gal 219.
[24] So OEPKE, Gal 150; BETZ, Gal 245.
[25] So auch LIETZMANN, Gal 31.
[26] Vgl. OEPKE, Gal 150 (mit A 261).

c) Analoge Gründe sprechen gegen die Annahme, Pls gehe hier von dem hebräischen הַהֹר (›Berg‹) aus.[27]
d) Einen weiteren Vorschlag hat *H. Gese* gemacht.[28] Er vermutet den z. Zt. des Pls traditionellen Ort des ›Sinai‹ nicht auf der Sinaihalbinsel, sondern in NW-Arabien im Gebiet von Hegra.[29] Pls setze also die Übereinstimmung ῾Ἁγάρ‹ und ›Ἕγρα‹ voraus, ebenso die Nachbarschaft des ›Sinai‹ mit Hegra. Doch führt auch dies nicht zu einer Erklärung der Identifikation von Ἁγάρ und dem Σινᾶ ὄρος, da nur eine Stadt, aber kein Berg mit der Bezeichnung ›Hegra‹ nachweisbar ist.[30]

Paulus geht also in V 25a von der völlig unstreitigen Lokalisierung des Sinai in der Ἀραβία aus,[31] die er zudem auch ausdrücklich erwähnt, und setzt zusätzlich lediglich voraus, daß Hagar ebenfalls traditionell mit der Ἀραβία verknüpft ist. Die Verbindung dieser beiden vorgegebenen Sachverhalte, durch die die allegorische Gleichsetzung der παιδίσκη Hagar mit dem Sinaibund begründet wird, ist dagegen genuin paulinisch. Sie dient der eindeutigen und einseitigen Abwertung des Sinaibundes als dem Inbegriff des νόμος, denn die Identifikation des Sinaibundes mit Hagar zielt darauf ab zu zeigen, daß der Sinaibund zur δουλεία führt und daß das ›jetzige Jerusalem‹ – und d. h. das gegenwärtige, unter dem νόμος stehende Israel insgesamt – nicht auf die Seite Saras und ihrer (legitimen) Nachkommenschaft, sondern auf die Seite der παιδίσκη Hagar gehört und deren τέκνα darstellt.

Die zweite für die Allegorese von V 24f zentrale Gleichsetzung, die Identifikation von Hagar mit der ›νῦν Ἰερουσαλήμ‹ erfolgt ohne zusätzliche Begründung. Die Identifikation von ›Hagar‹ und Sinaibund war ja ausdrücklich vollzogen, und ein Nachweis des Zusammenhangs Israels mit dem Sinai erübrigte sich. Paulus geht in V 26 sofort zur beabsichtigten Entgegensetzung, der Feststellung, daß die ›ἄνω Ἰερουσαλήμ‹ ›unsere‹ Mutter ist, über.[32] Eine Herleitung dieser Aussage in Analogie zur allegorischen Interpretation von ›Hagar‹ fehlt zwar, weil hier der notwendige Zwischenschritt, die allegorische Auslegung von ›Sara‹

---

[27] So DOEVE, Hermeneutics 110 (aufgenommen von KLAUCK, Allegorie 118 A 396). Doch stellt sich die Übereinstimmung erst ein, wenn man eine zusätzliche Buchstabenänderung von הַהֹר zu הגר voraussetzt. Das wäre für den Leser des griechischen Textes erst recht unerkennbar gewesen.

[28] GESE, Aufs. 49–62.

[29] Zu Hegra vgl. TKAČ, PRE V/2, 1905, 2006.

[30] GESE, Aufs. 60f verweist darauf, daß im Gebiet von Hegra Lokaltraditionen nachweisbar seien, die mit der Gestalt der Hagar verbunden sind. Dazu vgl. die kritischen Anmerkungen von DAVIES, VT 22, 1972, 152–163.

[31] Nach Ptolemaeus, Geographia IV 5 (C. Müller-C. Fischer [Hg.] I/2, 683) und V 16 (I/2 993f) rechnet bereits die Sinaihalbinsel (abgesehen von dem nordwestlichen Teil zwischen Rhinocorura und dem Nordende des Sinus Heroopoliticus) zur Ἀραβία Πετραία. Somit ist aus der Lagebeschreibung ἐν τῇ Ἀραβίᾳ in Gal 4,25a für eine genauere Lokalisierung des Sinai (›Sinai‹-Halbinsel oder Ostküste des Sinus Arabicus) nichts zu entnehmen.

[32] Zu Frauen als Städten (insbesondere: Jerusalem) vgl. JosAs 15,7 u. ö. (Aseneth als πόλις καταφυγῆς; dazu vgl. BURCHARD, Untersuchungen 118–121; U. FISCHER, Eschatologie 115–123); IV Esr 9,38–10,49 (Zion als Mutter!); Apk 21,2.9f sowie Bill III 574.

als der ›anderen‹ διαθήκη sachlich nicht möglich war. Dennoch versucht Paulus, die implizit vorgenommene Gleichsetzung der ἐλευθέρα mit der ἄνω Ἰερουσαλήμ durch den Aufweis der Übereinstimmung zwischen Sara und ihrer Mutterschaft und dem ›oberen Jerusalem‹ als ›unserer‹ Mutter zu begründen. Der Nachweis erfolgt durch die Anführung von Jes 54,1 in V 27. Dieses Zitat ist für die jetzige Verwendung durchaus geschickt ausgewählt, denn es bezieht sich schon ursprünglich auf Israel,[33] war also leicht auch auf ›Jerusalem‹ anwendbar.[34] Gleichzeitig entspricht es dem in Gen 16 und 21 vorgegebenen Bild der Sara als στεῖρα.[35] Mit Hilfe dieses Zitats begründet Paulus aber nicht nur die implizit vorgenommene Gleichsetzung von Sara und der ἄνω Ἰερουσαλήμ, sondern auch die Aussage, daß sie μήτηρ ἡμῶν ist. Wie für Sara, so gibt es auch für die ἄνω Ἰερουσαλήμ keine Nachkommenschaft κατὰ σάρκα, ist also der mögliche Verweis auf den genealogischen Zusammenhang der νῦν Ἰερουσαλήμ und ihrer τέκνα mit Sara bzw. Abraham (vgl. Röm 4,1) irrelevant, während die Gemeinde aus Juden und Heiden, der als Ganzer diese Herkunft κατὰ σάρκα fehlt, sich zu Recht auf Sara als μήτηρ beziehen kann. Nach diesem Argumentationsgang kann Paulus als Ergebnis formulieren: ὑμεῖς δέ, ἀδελφοί, κατὰ Ἰσαὰκ ἐπαγγελίας τέκνα ἐστέ (V 28). Auf dem Wege der Allegorese hat Paulus also in V 24–28 Hagar – gegen jedes jüdische Selbstverständnis und auch gegen den offenkundigen Sinn der Väterüberlieferung selbst – als Stammutter der νῦν Ἰερουσαλήμ interpretiert, um im Gegenzug Sara als Stammutter der Gemeinde aus Juden und Heiden[36] in Anspruch nehmen zu können.[37] Allerdings ist es umstritten, welche Tragweite die Allegorese von Gal 4,24–28 für die Schriftauslegung in 4,21–31 insgesamt hat.

A. *Oepke* ist sogar der Meinung: »Nach dem heute geltenden Sprachgebrauch würde man hier eher von Typologie reden«,[38] denn »Ismael und Isaak dienen als Typen für das

---

[33] Vgl. WESTERMANN, Jes 218f.
[34] Auch Tg^Jon bezieht Jes 54,1 auf Jerusalem.
[35] Vgl auch die Zusammenordnung der sieben unfruchtbaren ›Frauen‹ Sara, Rebekka, Rahel, der Frau des Manoach, Hanna und Zion (!) in PesK 141ª,3 (Bill III 575).
[36] Anders GALLEY, Heilsgeschehen 41: Zwischen Isaak und den Christen bestehe lediglich eine Entsprechung. »Es ist weder hier [in V 31] noch in V. 28 gesagt, daß die Christen Saras Kinder seien« (41 A 12). Doch! Sonst wird der Anschluß von V 31 an das Zitat in V 30 (von Pls deshalb ja bewußt abgeändert!) sinnlos. Aber natürlich sind sie Kinder der allegorisch interpretierten ›Sara‹.
[37] Der Stammvatergedanke als solcher ist weder allegorisch noch typologisch. Er zielt nicht auf eine Gegenüberstellung damaliger und heutiger Personen, sondern auf die Bestimmtheit einer heutigen Personengruppe von ihrem Ursprung her. So findet sich in 1 Kor 15,45–49 neben der typologischen Gegenüberstellung des πρῶτος und des ἔσχατος Ἀδάμ die nicht typologisch konzipierte Rolle Adams als Stammvater der χοϊκοί (und die Christi als Stammvater der ἐπουράνιοι); vgl. BRANDENBURGER, Adam 69 A 1.104f.140–143.
[38] OEPKE, Gal 148.

ungläubige Israel und den wahren Abrahamssamen, die Gläubigen«,[39] und in Hagar und Sara sehe Pls »Typen von zwei göttlichen Bundesverfügungen«.[40]

Doch sind innerhalb von V 24–28 keine zusätzlichen Momente enthalten, die eine Beurteilung dieser Interpretation von Gen 21 als Allegorese in Frage stellen könnten. Zwar setzt die Zusammenordnung der δύο διαθῆκαι in V 24 die (zumindest implizit) typologische Konzeption einer καινὴ διαθήκη voraus, doch fällt dieses Stichwort bezeichnenderweise nicht. Vielmehr fehlen alle Elemente, die für eine typologische Auswertung der δύο διαθῆκαι wesentlich wären: die ausdrückliche Gegenüberstellung beider διαθῆκαι, die darauf beruhende Entfaltung des inhaltlichen Verhältnisses zwischen beiden (sei es korrespondierend oder antithetisch) und auch das zeitliche Nacheinander beider Größen.[41] Die Konzeption der δύο διαθῆκαι ist statt dessen völlig von dem allegorischen Auslegungsverfahren absorbiert, wie die Eliminierung jeglicher zeitlichen Differenzierung zeigt: Nicht nur der zeitliche Abstand zwischen Hagar und dem Sinaibund ist übergangen, auch die Zeitdifferenz, die zwischen den beiden διαθῆκαι vorauszusetzen wäre, ist ausgeblendet.[42] Beide διαθῆκαι sind genauso zeitlos gegenwärtig wie die νῦν und die ἄνω Ἰερουσαλήμ.[43] Daß Paulus hier nicht die naheliegende Gegenüberstellung der νῦν und der καινὴ Ἰερουσαλήμ verwendet, sondern das zeitliche Gegenüber in ein sachliches umbiegt,[44] bestätigt den grundsätzlich allegorischen Charakter des Interpretationsverfahrens in Gal 4,24–28.

Auch in 4,29–31 liegt keine typologische Schriftinterpretation vor. In V 29 tritt zwar der zeitliche Abstand zwischen den Ereignissen der Väterüberlieferung und der Gegenwart, der ab V 24 ausgeblendet war, wieder zu Tage: Den Vorgang aus der Isaak-Ismael-Überlieferung, den er in V 29 referiert,[45] stellt Paulus ausdrücklich als ein vergangenes Ereignis dar (ὁ κατὰ σάρκα γεννηθεὶς ἐδίωκεν κτλ.), um anschließend den Zusammenhang mit der Gegenwart zu formulieren. Doch geschieht dies nicht durch eine typologische Zuordnung von Ismael (der noch nicht einmal namentlich genannt wird) und dem jetzigen Israel, sondern Paulus beschränkt sich auf die Feststellung einer reinen Entsprechung zwischen damaligem und heutigem Geschehen (V 29: ὥσπερ τότε..., οὕτως καὶ νῦν).

---

[39] OEPKE, Gal 147.
[40] OEPKE, Gal 148.
[41] Dazu s. im einzelnen u. S. 216–220.
[42] Dies zeigt nochmals, warum nur die eine διαθήκη von V 24b allegorisch interpretiert werden konnte. Eine analoge Auslegung der anderen διαθήκη hätte deren zeitlichen Abstand vom Sinaibund und ihren eschatologischen Charakter berücksichtigen müssen und so die Allegorese gesprengt.
[43] Das gilt auch für die ἄνω Ἰερουσαλήμ: Diese *ist* ja jetzt schon ›unsere Mutter‹.
[44] Zur Herkunft und Ausprägung der Vorstellung eines himmlischen Jerusalems vgl. LIETZMANN, Gal 32f; Bill III 573; SCHLIER, Gal 221–225; K. L. SCHMIDT, ErJb 18, 1950, 207–248; BIETENHARD, Welt 192–204; LOHSE, ThWNT VII, 1964, 324f.
[45] Pls setzt hier offensichtlich eine haggadische Ausgestaltung von Gen 21 voraus, die auch in der rabbinischen Überlieferung mehrfach belegt ist; vgl. Bill III 575f.

Ebenso beruht die Verwendung des in V 30 ausdrücklich zitierten Textes von Gen 21,10 nicht auf einem typologisch geprägten Schriftverständnis. Vielmehr verbinden sich hier die mit Hilfe der Allegorese erreichte Interpretation Hagars als Stammutter des ›jetzigen Jerusalems‹ und der bereits in V 29 wirksame Entsprechungsgedanke. Der παιδίσκη und ihrem υἱός gilt – damals wie heute – der Befehl: ἔκβαλε...! Auf der Grundlage der durch die Allegorese von V 24–28 erreichten Ergebnisse formuliert Gen 21,10 damit den Ausschluß des ›jetzigen Jerusalems‹ aus der legitimen Nachkommenschaft Abrahams,[46] so daß Paulus in V 31 dann die positive Schlußfolgerung für die Gemeinde ziehen kann.

Grundlegend für die Schriftexegese in Gal 4,21–31 ist also einerseits das Verständnis der beiden Personen aus der Vätergeschichte als Stammütter heutiger Personengruppen, andererseits die allegorische Interpretation der παιδίσκη Hagar und, wenn auch begrenzt, der ἐλευθέρα. Denn nur auf dem Wege der Allegorese war der entscheidende Nachweis möglich, daß das jetzige, dem Gesetz folgende ›Jerusalem‹ die παιδίσκη Hagar – und nicht Sara! – zur Stammutter bzw. Ahnherrin hat.[47]

γ) 1 Kor 10,1–13

Auf dem Hintergrund allegorischer Schriftinterpretation ist auch die Aussage in 1 Kor 10,4 zu verstehen, daß die πέτρα, die den πατέρες in der Wüste nachfolgte, Christus gewesen sei. Doch liegt hier keine zusammenhängende allegorische Interpretation eines Schrifttextes oder eines größeren Überlieferungszusammenhangs aus der Schrift vor.

Die Zielrichtung des Paulus in 1 Kor 10,1–13 ist paränetisch: die Warnung an die Korinther vor dem Mißverständnis, sie seien durch den Besitz der Sakramente[48] der Gefahr künftiger Versuchungen enthoben. Für dieses Ziel zieht Paulus das Verhalten der Wüstengeneration und ihr Ergehen als warnendes Beispiel heran,[49] und er muß daher eine möglichst weitgehende Übereinstimmung zwischen der damaligen Situation während des Exodus und der heutigen Situation

---

[46] Um das Zitat von Gen 21,10 ohne zusätzliche Interpretation auf das gegenwärtige Verhältnis zwischen Israel und Gemeinde beziehen zu können, hat Pls μετὰ τοῦ υἱοῦ μου Ἰσαάκ in μετὰ τοῦ υἱοῦ τῆς ἐλευθέρας abgeändert; s. o. S. 149f. Auch die zweimalige Auslassung des Demonstrativpronomens ist Folge der Herauslösung des Zitats aus seinem ursprünglichen Erzähl- und Sachzusammenhang; s. o. S. 121.

[47] Anders MUSSNER, Gal 331–333 und KLAUCK, Allegorie 118f (vgl. auch BERGER, MThZ 17, 1966, 62): Die νῦν Ἰερουσαλήμ meine nicht das gegenwärtige Israel, sondern lediglich das Judenchristentum, dessen ›Vorort‹ Jerusalem hier sei. Aber der Sinai ist Kennzeichen Israels insgesamt und nicht nur des Judenchristentums.

[48] Zutreffend CONZELMANN, 1 Kor 204 A 21: »Die Zusammenstellung von Taufe und Abendmahl zeigt, daß Paulus eine übergreifende Vorstellung von ›Sakramenten‹ hat, wenn auch noch nicht ein Wort dafür.«

[49] Natürlich handelt es sich bei den ›Vätern‹ und deren Geschick nicht um ein beliebiges Beispiel. Das Gewicht der von Pls herangezogenen Ereignisse ist darin begründet, daß auch die heutige Gemeinde mit dem gleichen Gott konfrontiert ist.

der Gemeinde in Korinth herstellen.[50] Dies geschieht, indem Paulus sowohl zur Taufe als auch zum Herrenmahl ein analoges ›Sakrament‹ der Exodusgeneration aufzeigt. Die Entsprechung zur Taufe besteht für Paulus darin, daß die Väter ›unter der Wolke waren‹[51] und ›durch das Meer gingen‹[52] (V 1), was er in V 2 als εἰς τὸν Μωϋσῆν βαπτισθῆναι[53] interpretiert.[54] Mit dem Herrenmahl wird dann in V 3f das Speise- und Trankwunder von Ex 16 bzw. Ex 17,1–7 (vgl. auch Num 20,7–13) parallelisiert und von Paulus als πνευματικὸν βρῶμα bzw. πόμα bezeichnet.[55] Die Absicht des Paulus geht dabei über den Aufweis einer reinen Analogie erheblich hinaus. Ihm ist an einer tatsächlichen Übereinstimmung zwischen der damaligen und der heutigen Situation gelegen, die dann auch die paränetische Anwendung erst zwingend werden läßt.[56] Daher treibt Paulus die

---

[50] »Es ist zu beachten, daß von der gegenwärtigen Gegebenheit, der Taufe, ins Alte Testament zurückgedacht wird, nicht etwa umgekehrt die Taufe aus dem Alten Testament abgeleitet und gedeutet wird« (CONZELMANN, 1 Kor 203). Gleiches gilt auch für das Herrenmahl.

[51] Voraussetzung ist dabei nicht Ex 13,20f selbst (dort zeigt die Wolke den Weg, zieht also voran), sondern eine Tradition, in der die Wolke das Volk bedeckte (und damit schützte); vgl. Ψ 104,39 (die Wolke als σκέπη des Volkes; vgl. auch Sap 10,7; 19,7); s. auch die Wiedergabe von Ex 13,20f in Tg^{Jer1}, wo die Führungs- mit der Schutzfunktion der Wolke kombiniert ist (Bill III 405); vgl. auch Mek 13,21 (Bill ebd.): Sieben (bzw. 13) Wolken umgaben das Volk – auch von oben.

[52] Vgl. Ex 14,15–31; die Deutung auf die Taufe ist naheliegend (jedoch nicht im Sinne einer Todestaufe von Röm 6; so m. R. KÜMMEL, 1 Kor 181). Die Wolke war schon in Ex 13,21 Zeichen der göttlichen Gegenwart, konnte also im Taufvorgang mit dem Geist gleichgesetzt werden; vgl. CONZELMANN, 1 Kor 204 sowie (zur θάλασσα) LUNDBERG, Typologie 135–145.

[53] κ A C D F G Ψ 33 81 104 365 al lesen ἐβαπτίσθησαν [= NTGr²⁶], P⁴⁶ᶜ B K L P 1175 1739 1881 𝔐 dagegen ἐβαπτίσαντο [= NTGr²⁵] (P⁴⁶*: ἐβαπτίζοντο). WEISS, 1 Kor 250: Das mediale ἐβαπτίσαντο (im Sinne von ›sich taufen lassen‹, vgl. BAUER, Wb. 261 s. v.) sei ursprünglicher, da es jüdischem Taufverständnis entspreche. Doch ist hier auf jeden Fall von einem ›Taufen‹ im sakramentalen Sinne die Rede. Es kommt Pls ja gerade auf die Übereinstimmung zwischen damaligem und heutigem Vorgang an. Daher ist auch (das ohnehin besser bezeugte) Passiv zu bevorzugen. Zudem hat Pls sonst nie das Medium. Vgl. auch CONZELMANN, 1 Kor 201 A 1.

[54] Das εἰς τὸν Μωϋσῆν βαπτισθῆναι ist ohne jüdische Parallele! JEREMIAS, ZNW 28, 1929, 314–319 (vgl. ders., FS M. Black, 1969, 90f) sieht in 1 Kor 10,1f einen jüdischen Schriftbeweis für die Proselytentaufe. Daß dieser nur hier überliefert ist (zutreffend KÜMMEL, 1 Kor 180f: Die rabbinische Exegese war um einen solchen Schriftbeweis gerade in Verlegenheit!), erklärt Jeremias mit der völlig unbegründbaren Vermutung, daß a) dieser Schriftbeweis u. U. von Pls selbst, und zwar noch als Rabbinenschüler, formuliert worden sei und b) »daß man den Schriftbeweis eines Abtrünnigen nicht überliefern wollte« (ZNW 28, 1929, 319).

[55] Dabei wird es sich um geläufige Sakramentsterminologie handeln, die hier auf die Wüstenereignisse angewandt wird; vgl. Did 10,3; so auch KÄSEMANN, Aufs I 16; GOPPELT, 1959, 146.

[56] KÄSEMANN, Aufs. I 16: »Erst aus dem Aufweis der Identität vergangenen und gegenwärtigen Heilsgeschehens gewinnt die folgende Paränese ihre Nachdrücklichkeit und kann die gewichtige Konsequenz gezogen werden, daß selbst Sakramente das Heil nicht garantieren.«

Interpretation des Trankwunders von Ex 17,1–7 noch einen Schritt voran: ἔπινον γὰρ ἐκ πνευματικῆς ἀκολουθούσης πέτρας, ἡ πέτρα δὲ ἦν ὁ Χριστός (V 4b.c). Die Absicht, die für Paulus dabei leitend ist, tritt in V 9 deutlich zu Tage: μηδὲ ἐκπειράζωμεν τὸν Χριστόν,[57] καθώς τινες αὐτῶν ἐπείρασαν.

Zu beachten ist, an welcher Stelle Paulus bei der Gleichsetzung der damaligen und der gegenwärtigen Situation einhält: Das πειράζειν als solches wird jeweils als identisch angesehen, aber nur in bezug auf die Gegenwart heißt es ›ἐκπειράζειν τὸν Χριστόν‹ – und das, obwohl Paulus in V 4c auch für die damalige Situation von einer praesentia Christi geredet hat. Der zeitliche Abstand zum damaligen Geschehen wird also nicht übersprungen und die Exodusüberlieferung nicht in abstrakte Zeitlosigkeit umgesetzt. Doch wird – um der paränetischen Anwendung willen – der sachliche Abstand so weit wie möglich reduziert und nur die Übereinstimmung hervorgehoben. Diese gegenläufigen Momente stoßen in der Gleichsetzung der die Israeliten begleitenden πνευματικὴ πέτρα[58] mit Christus in V 4c zusammen: ἡ πέτρα δὲ ἦν (sic!) ὁ Χριστός. Einerseits ist das Bestreben, die zeitliche Dimension zu bewahren, deutlich zu erkennen. Andererseits soll der Gedanke einer möglicherweise geringeren Qualität der damaligen ›Sakramente‹ ausgeschaltet werden, indem auch für das damalige Speise- und Trankwunder die gleiche Anwesenheit Christi ausgesagt wird wie für das Herrenmahl der Gemeinde.[59] Voraussetzung dieser nicht näher erläuterten Gleichsetzung der πνευματικὴ πέτρα mit Christus ist die in der jüdischen Exegese von Ex 17,1–7 belegte und Paulus von dorther vorgegebene allegorische Interpretation der πέτρα als σοφία bzw. λόγος.[60] Für die Schriftauslegung in 1 Kor 10,1–13 ist dabei die Feststellung wichtig, daß die Allegorese auf diesen einen Punkt beschränkt bleibt und nicht auf die übrigen von Paulus herangezo-

---

[57] Zur textkritischen Frage s. o. S. 85f A 13.
[58] Daß der Fels von Ex 17,1–7 die Israeliten in der Wüste begleitete, ist jüdische Auslegungstradition; vgl. als ältesten Beleg Ps-Philo, Ant Bibl 10,7 (vgl. auch 11,15); zu den rabbinischen Parallelen vgl. Bill III 406f; zu deren Beurteilung vgl. ELLIS, Prophecy 209–212 und NEUENZEIT, Herrenmahl 50 f. – Doch ist zu fragen, warum die πέτρα auch als πνευματική bezeichnet wird. Natürlich ist dies zunächst in Fortsetzung von V 3.4a (πνευματικὸν βρῶμα / πόμα) erfolgt. Doch ist zu erwägen, ob hier nicht auch mitschwingt, daß eine πνευματικὴ πέτρα auch πνευματικῶς zu verstehen ist.
[59] Zutreffend LUZ, Geschichtsverständnis 122: V 4c »dient zur Verschärfung der Paränese. Denn wenn der Fels schon Christus war, dann hat die Gemeinde den Vätern nichts, aber auch gar nichts voraus, das ihr eine größere securitas gewährleistete, sondern steht genau so wie die Väter vor der Möglichkeit des Abfalls.«
[60] Vgl. Philo, Leg all II 86; Det 118; dazu vgl. WINDISCH, FS G. Heinrici, 1914, 220–223; FEUILLET, Christ 105f; SCHWEIZER Aufs. I 106f. In CD 6,4 wird übrigens der Brunnen von Num 21,18 auf das Gesetz gedeutet. Ebenfalls eng mit den Sophia-Vorstellungen verbunden ist die Präexistenzchristologie, die die sachliche Voraussetzung dafür ist, hier (zumindest auf dem Wege der Allegorese) von einer Anwesenheit Christi während des Exodus zu sprechen (vgl. HEINRICI, 1 Kor 273; CONZELMANN, 1 Kor 204). Allerdings ist die Identifikation von πνευματικὴ πέτρα und Χριστός nicht aus der Präexistenzchristologie *entwickelt* worden.

genen Überlieferungsinhalte ausgedehnt wird. Eine umfassende Allegorese der Exodusüberlieferung liegt also nicht vor. Vielmehr stellt sich die Frage, ob der hier vorliegenden Analogisierung der Gemeindesakramente mit den Rettungswundern des Exodus ein typologisches Verständnis des Exodusgeschehens zugrunde liegt. Dabei ist die Möglichkeit in Betracht zu ziehen, daß Paulus hier bereits auf eine vorgegebene frühchristliche Sakramentsinterpretation zurückgreift, so daß die Frage nach der typologischen Schriftauslegung in 1 Kor 10,1– 13 u. U. zu differenzieren ist.

Bemerkenswert ist zunächst die Selbstverständlichkeit, mit der Paulus damaliges und gegenwärtiges Geschehen miteinander in Beziehung setzt.[61] Sodann fallen gewisse Risse in der Darstellung auf: V 1 b – 5 sind gegenüber dem Kontext relativ selbständig,[62] V 6 hat deutlich eine überleitende Funktion, und erst ab V 7 wird das Ziel des Rückgriffs auf die Exodusüberlieferung erkennbar. Auch innerhalb von V 1 b – 5 sind Nähte vorhanden. So hinkt zumindest V 4c gegenüber V 3.4a.b nach. Ebenso wirkt V 2 mit der nochmaligen Erwähnung der νεφέλη und der θάλασσα wie eine nachträgliche exegetische Bemerkung.[63] Zugleich sind V 2 und V 4b diejenigen Textteile, in denen Paulus jeweils die (implizite) Analogisierung der Exodusereignisse mit Taufe und Herrenmahl im Sinne einer eindeutigen Identität interpretiert. Daher kann angenommen werden, daß Paulus hier auf einer bereits traditionellen Rückbeziehung der Gemeindesakramente auf die Rettungswunder des Exodus aufbaut. Für eine derartige vorgegebene Sakramentsinterpretation ist jedoch nicht die kritisch-paränetische Anwendung des Paulus vorauszusetzen, ebensowenig die allegorische Interpretation der nachfolgenden πέτρα als Christus, die ja der paränetischen Zuspitzung dient. Für das vorpaulinische Substrat, das so sichtbar wird, ist eine grundsätzlich typologische Grundstruktur anzunehmen, auch wenn die konkrete Ausformung dieser Sakramentstypologie nicht mehr genauer zu fassen ist, da sie nur in der Adaption durch Paulus vorliegt.[64]

---

[61] Aus der Eingangswendung οὐ θέλω γὰρ ὑμᾶς ἀγνοεῖν in V 1 ist nicht zu entnehmen, daß Pls hier ohne jeden Anhalt an vorgegebener Überlieferung formuliert. Das für Pls Wichtige, das er den Korinthern mitteilen will, ist ja auch nicht schon die sakramentale Interpretation der Rettungswunder des Exodus als solche, sondern die Schlußfolgerung, die er auf dieser Grundlage – und unter Hinzuziehung des Moments des Ungehorsams des Volkes und der Strafwunder – für die Gegenwart zieht.

[62] Vgl. LUZ aaO 118f. CONZELMANN, Aufs. 186; ders., 1 Kor 202 hält dagegen 1 Kor 10,1–13 insgesamt für einen (von Pls selbst) vorformulierten Abschnitt. Das ist keineswegs auszuschließen, denn auch V 1–13 insgesamt steht relativ selbständig im Kontext (vgl. den Neueinsatz in V 14). Lediglich V 7 weist voraus, hebt sich aber von den drei folgenden, völlig parallel gebauten Sätzen in V 8–10 deutlich ab. Doch ist es für V 1–13 nicht ausreichend, nur mit einer von Pls selbst stammenden ›Vorlage‹ und mit der Verwendung hellenistisch-jüdischer und palästinisch-jüdischer Auslegungstraditionen zu rechnen. Die deutliche Zäsur zwischen V 5 und V 6 weist darauf hin, daß hier zusätzlich eine immanente Schichtung vorliegt.

[63] Vgl. LUZ aaO 118f.

[64] Für die vorpln Tradition ist tatsächlich die ›Vorabbildung der Sakramente‹ als Thema

Die Sakramentstypologie, die in 1 Kor 10,1–5 wahrscheinlich als bereits traditionell vorausgesetzt ist, wertet Paulus allerdings nicht typologisch aus.[65] Die für eine Typologie charakteristische Zuordnung bzw. Gegenüberstellung von damaligem und heutigem (bzw. künftigem) Geschehen (bzw. Personen oder Sachverhalten) fehlt völlig. Vielmehr werden die biblischen Rettungswunder *als* sakramentales Geschehen interpretiert (πνευματικὸν βρῶμα bzw. πόμα; βαπτισθῆναι εἰς ...), ohne daß deren Verhältnis zu den gegenwärtigen Sakramenten entfaltet wird. Dementsprechend fehlt auch das Moment der Überhöhung, eben weil Paulus jeden (sachlichen) Abstand zwischen damaliger und heutiger Situation bewußt ausblendet.[66]

Zu fragen ist allerdings, ob sich dagegen in 1 Kor 10,11 ein wichtiges Grundelement typologischen Denkens zeigt, nämlich das einer Korrespondenz von Urzeit und Endzeit[67] (vgl.: εἰς οὓς τὰ τέλη τῶν αἰώνων κατήντηκεν). Daß die in V 8–10 referierten Strafwunder aus der Zeit des Exodus heute εἰς νουθεσίαν dienen sollen, setzt natürlich die Möglichkeit ihrer Wiederholung voraus. Doch ist es das Ziel des Rückgriffs auf diese Exodusereignisse, vor deren Wiederholung gerade zu warnen, und der Hinweis auf die τέλη τῶν αἰώνων unterstreicht die Dringlichkeit der Mahnung. Typologisch ist diese Aufnahme der Exodusüberlieferung nicht. Paulus steht vielmehr in der Tradition der kritischen Geschichtsrückblicke, wie sie in Ps 78; 106; Ez 20 und Neh 9 vorliegen. Dieser Rückblick erfolgt zwar bei Pls in eschatologischem Horizont, ist aber paränetisch ausgerichtet. Das Verhältnis von Urzeit und Endzeit ist nicht von selbständigem Interesse.

Von hier aus ist auch die Verwendung von Ex 32,6b in V 7b, dem einzigen Zitat innerhalb von 1 Kor 10,1–13, zu beurteilen. Zu berücksichtigen ist, daß mit V 7 die Reihe der Warnungen einsetzt, die Paulus dem Verhalten der πατέρες entnimmt und an die Gemeinde in Korinth richtet. Doch entspricht die Struktur von V 7 nicht dem jeweils völlig gleichartigen Aufbau der drei folgenden War-

---

vorauszusetzen, aber nicht für Pls; so jedoch CONZELMANN, Grundriß 190, was die berechtigte Kritik von VIELHAUER, Aufs. II 206 A 39 gefunden hat (aufgenommen von CONZELMANN, 1 Kor 202).

[65] Differenziert man nicht zwischen vorpln Sakramentstypologie und untypologischer Auswertung durch Pls, bleibt der Text undurchsichtig; vgl. die unklare Analyse bei NEUENZEIT, Herrenmahl 47: »Nicht primär (!) alttestamentliche Heilszeichen (!) und neutestamentliches Sakrament stehen sich gegenüber, sondern das libertinistische Verhalten Israels und der Gemeinde von Korinth«. Aber damit wird die Darstellung der Rettungswunder des Exodus als Sakramente heruntergespielt. Völlig unzureichend ist es, wenn NEUENZEIT aaO 46 von einer ›typologische(n) Gegenüberstellung der beiden Heilsvölker‹ spricht. Gerade dieses Gegenüber wird in 1 Kor 10,1–13 nicht thematisiert.

[66] Daher muß hier auch die mögliche Differenzierung zwischen damaliger und heutiger Sakramentsgabe fehlen. Anders CONZELMANN, 1 Kor 203 A 18: »Es ist gerade die Struktur der Typologie selbst, welche gegen die direkte Gleichsetzung: Sakrament hier – Sakrament dort spricht.« Aber der Verweis auf die zugrundeliegende ›Struktur‹ ist unzureichend, wenn sich die sachliche Differenzierung in der konkreten Durchführung der ›Typologie‹ nicht aufzeigen läßt. Auch V 2 zielt nicht darauf, den Unterschied zwischen damaligem und heutigem βαπτισθῆναι herauszustellen; dieser ist vorausgesetzt, wird aber gerade nicht betont. Von Interesse ist, daß trotz des Unterschieds hier und dort von einem βαπτισθῆναι gesprochen werden kann.

[67] S. u. S. 219 A 21.

nungen in V 8–10.[68] Andererseits stellt V 7 begrifflich und inhaltlich die einzige direkte Klammer mit dem Kontext dar. Mit der Warnung, nicht zu εἰδωλολάτραι zu werden, spitzt Paulus den in sich relativ selbständigen und geschlossenen Abschnitt auf die in Korinth vorliegende Problematik zu (vgl. den Neueinsatz in V 14: ... φεύγετε ἀπὸ τῆς εἰδωλολατρίας),[69] und es ist daher nicht als Zufall zu bewerten, daß Paulus hier anstelle der referierenden Darstellung ein ausdrückliches Zitat verwendet.

c) Typologische Schriftauslegung bei Paulus

Die Frage, ob und in welchem Umfang bei Paulus typologische Schriftauslegung vorliegt, ist zu einem erheblichen Teil von der Definition von ›Typologie‹ abhängig.[1] Zunächst ist festzustellen, daß ›τύπος‹ – anders als ἀλληγορία und ἀλληγορεῖν – z. Zt. des Paulus kein fester Terminus für eine Auslegungsmethode oder eine Verstehensweise der Schrift ist[2] und von Paulus, wie sein verschiedenartiger Gebrauch zeigt, auch nicht als solcher angewandt wird. So begegnet bei Paulus τύπος in der Bedeutung a) ›Vorbild‹: 1 Thess 1,7; Phil 3,17; b) ›Gestalt‹: Röm 6,17; c) ›Beispiel‹: 1 Kor 10,6; d) ›Typos‹ (als Vorausdarstellung eines kommenden Heilsereignisses): Röm 5,14.

Schwierig und umstritten sind vor allem Röm 6,17 und 1 Kor 10,6:
a) In Röm 6,17 ist τύπος διδαχῆς schon syntaktisch schwierig[3] und außerdem als Wendung im NT singulär. Eine technische Bedeutung im Sinne von ›Vorausdarstellung‹ liegt auf keinen Fall vor.[4] Ob ›Gestalt‹, ›Form‹, ›prägendes Bild‹ oder auch ›Inhalt‹ eher in Frage kommt,[5] kann hier offenbleiben.
b) In 1 Kor 10,6 werden (trotz des anknüpfenden ταῦτα)[6] nicht die Rettungswunder des Exodus als Vorausdarstellung der heutigen Sakramente bezeichnet, sondern, wie der

---

[68] Die Inkongruenz besteht nicht nur in der Verwendung eines Schriftzitats in V 7. Im Gegensatz zu V 8–10 fehlt in V 7 auch der Hinweis auf die Straffolge, die dem jeweils dargestellten Vergehen von ›einigen‹ der πατέρες entsprach.
[69] V 7 gehört also zur letzten, ›redaktionellen‹ Stufe innerhalb des Entstehungsprozesses von 1 Kor 10,1–13.
[1] Bestimmend für die Diskussion ist immer noch GOPPELT, Typos; vgl. auch ders., Apokalyptik und Typologie bei Paulus (1964), aaO 257–299 und ders., ThWNT VIII, 1969, 246–260 (bes. 251–253. 256); dazu vgl. BULTMANN, Aufs. 369–380 und GALLEY, Heilsgeschehen 8–10.54–57; zu weiteren Beiträgen zur Debatte und zu den in Frage kommenden Texten vgl. die materialreiche Darstellung bei LUZ, Geschichtsverständnis 52–56, die hier nicht im einzelnen wiederholt werden soll.
[2] Zur Bedeutungsbreite von τύπος vgl. LSJ, Wb. II 1835 s. v.; BAUER, Wb. 1642 s. v. und GOPPELT, ThWNT VIII, 1969, 246–248.
[3] Zur Frage, ob hier eine Glosse vorliegt, vgl. einerseits BULTMANN, Aufs. 283, andererseits KÄSEMANN, Röm 172 und WILCKENS, Röm II 35.
[4] Gegen WILCKENS, Röm II 35–37, der hier τύπος als ›Urbild‹ (und zwar: Christus) verstehen will.
[5] Vgl. GOPPELT, ThWNT VIII, 1969, 250f und die Hinweise bei BAUER, Wb. 1642 s. v. τύπος 4.
[6] Vgl. LUZ aaO 120.

Plural τύποι ... ἐγενήθησαν zeigt, sind die πατέρες selbst hier τύποι ἡμῶν;[7] d. h. sie dienen als (warnendes) Beispiel.[8]

Der untechnische Gebrauch von τύπος bei Paulus selbst[9] spricht zwar noch nicht von vornherein gegen dessen heutige Verwendung als Kategorie der Schriftinterpretation,[10] aber die Berechtigung dieser Kategorie muß sich daran erweisen, ob sie

a) gegenüber anderen Kategorien (wie der Allegorese, dem Wiederholungs- oder Entsprechungsgedanken u. a. m.) abgrenzbar ist;[11] und

b) ob sie positiv dazu verhilft, spezifische Textgegebenheiten angemessener als durch andere Kategorien zu erfassen.

Daher ist es methodisch angebracht, die Anwendung des Begriffs ›Typologie‹ auf die ausdrückliche Gegenüberstellung zeitlich früherer und späterer Personen, Ereignisse oder Sachverhalte zu beschränken, wobei dem früheren Ereignis eine auf das spätere Ereignis vorausweisende Funktion zukommt und das spätere Ereignis in Entgegensetzung zu dem früheren oder als dessen Überhöhung dargestellt wird.[12] Von der Allegorese unterscheidet sich ›Typologie‹ dann durch den Zeitfaktor der Gegenüberstellung, vom reinen Wiederholungs- bzw.

---

[7] Dem entspricht in V 11 ταῦτα τυπικῶς συνέβαινεν ἐκείνοις.

[8] Anders GOPPELT, Typos 173–176; ders., ThWNT VIII, 1969, der das Geschehen von V 1–5 als ›Typos‹ (= Vorausdarstellung) interpretiert. Daß der dann erforderliche Antitypos fehlt, wird dabei überhaupt nicht berücksichtigt, und daß daher auch das Moment der Überhöhung nicht enthalten ist, wird weginterpretiert: Aus der unterschiedlichen Zeit der Ereignisse (einerseits Wüstenzeit, andererseits Endzeit) »ergibt sich von selbst (!) die nicht besonders unterstrichene typologische Steigerung« (Typos 176). Vgl. auch die Kritik von GALLEY, Heilsgeschehen 55. – LUZ aaO 120 empfindet die Bedeutung ›Beispiel‹ als ungenügend. Doch handelt es sich nicht um beliebiges Illustrationsmaterial, sondern das ›Beispiel‹ erhält sein Gewicht auf dem Hintergrund von V 1b–5: Die Väter waren getauft und hatten πνευματικὸν βρῶμα und πόμα – und dennoch traf sie die Strafe als Folge des Ungehorsams!

[9] Auch später hat sich die ›Typologie‹ nicht zu einer mit der Allegorese gleichrangigen Methode entwickelt; vgl. KLAUCK, Allegorie 123f. So ist es kein Zufall, daß – im Unterschied zu ἀλληγορία und ἀλληγορεῖν – τυπολογία und τυπολογεῖν als Termini nicht belegt sind (bei LAMPE, Wb. 1418 fehlen beide Stichworte überhaupt!).

[10] Anders GALLEY aaO 56f, weil die (vermeintlich griechisch beeinflußte) Kategorie der Typologie für den ›Juden Paulus‹ (57) unangemessen sei.

[11] Trotz der exakt wirkenden Eingangsdefinition von ›Typologie‹ bei GOPPELT, Typos 18f fehlt in der Durchführung gerade eine bewußte Unterscheidung der ›Typologie‹ nicht nur vom Wiederholungsgedanken, sondern auch vom Vergleich und der Umprägung und Aneignung biblischer Sprache. Auf diese Weise gelangt Goppelt auch für Pls zu einer typologischen Gesamtschau der Schrift, obwohl er selbst sieht, daß ausgeführte typologische Gegenüberstellungen bei Pls selten sind.

[12] Diese Bestimmung von ›Typologie‹ deckt sich weitgehend mit der Definition bei LUZ aaO 52f. Kein Einwand gegen eine derartige eingrenzende Definition ist die Tatsache, daß ›Typologien‹, die dieser Definition voll entsprechen, bei Pls jedenfalls relativ selten begegnen und mehrfach die Momente einer typologischen Gegenüberstellung nur in modifizierter Form vorliegen. Modifikationen sind jedoch nur dann zu erfassen, wenn von einer klaren Definition ausgegangen wird.

Entsprechungsgedanken[13] durch das Moment der Überhöhung bzw. Entgegensetzung sowie die vorausweisende Funktion des ›τύπος‹, vom bloßen Vergleich und der Neuaneignung religiöser Sprache durch die Struktur der ausdrücklichen Gegenüberstellung.[14] Grenzt man den Begriff der ›Typologie‹ derart ab, sind bei Paulus zwei Gegenüberstellungen eindeutig als typologisch zu bezeichnen:

a) die Adam-Christus-Typologie in Röm 5,12–21; 1 Kor 15,21 f und 15,45–47;

b) die Gegenüberstellung der διακονία τοῦ θανάτου bzw. κατακρίσεως und der διακονία τοῦ πνεύματος bzw. τῆς δικαιοσύνης in 2 Kor 3,7–11.

Hinzu kommen ursprünglich typologisch konzipierte Gegenüberstellungen, die Paulus jedoch nicht typologisch auswertet:

a) die gemeinsame Nennung der δύο διαθῆκαι in Gal 4,24b, die einerseits die διαθήκη ἀπὸ ὄρους Σινᾶ (V 24c), andererseits die καινὴ διαθήκη im Sinne von 1 Kor 11,25 meint; Paulus entfaltet jedoch nicht das Gegenüber dieser beiden διαθῆκαι, sondern das der παιδίσκη und der ἐλευθέρα von Gen 21, das er auf dem Wege der Allegorese als das Gegenüber von Israel und Gemeinde interpretiert;[15]

b) die Interpretation der Rettungswunder des Exodus als Sakramente in 1 Kor 10,1–5, für die eine ausdrückliche Zuordnung damaliger und heutiger ›Sakramente‹, die dann in der Tat als ›Typologie‹ zu bezeichnen wäre, als Voraussetzung angenommen werden kann.[16]

c) Auch die Gegenüberstellung der νῦν und der ἄνω Ἰερουσαλήμ in Gal 4,25 f enthält – in gebrochener Form – eine typologische Gegenüberstellung, nämlich die der νῦν und der καινὴ Ἰερουσαλήμ, die Paulus aber hier bewußt vermeidet, indem er den Begriff der ἄνω Ἰερουσαλήμ zur Entgegensetzung verwendet, der nicht typologisch entworfen ist, sondern zur Gegenüberstellung von himmlischem und irdischem Jerusalem und damit zum Urbild-Abbild-Denken[17] gehört.[18]

---

[13] Der Entsprechungs- bzw. Wiederholungsgedanke liegt in Gal 4,29 und Röm 11,4f vor, jeweils durch οὕτως καὶ νῦν bzw. οὕτως οὖν ἐν τῷ νῦν καιρῷ klar formuliert.

[14] Dagegen nimmt GOPPELT, Typos 180.182 die übertragen gebrauchte Opfer- und Kultterminologie von Phil 2,17f und Röm 12,1 als Typologien in Anspruch. Natürlich kann man aufgrund derartiger Übertragungen religiöser Sprache Typologien entwickeln (vgl. Barn 7; 8), die jedoch erst vorliegen, wenn z. B. alter und neuer Kult einander gegenübergestellt werden.

[15] S. o. S. 204–211.

[16] S. o. S. 214f.

[17] Beides kann sich überschneiden, sofern das künftige Jerusalem als bereits jetzt jenseitig vorhanden gedacht ist; so syrBar 4,2–6. Aber beide Denkbewegungen sind zu unterscheiden, da die beiden Gegenüberstellungen nicht beliebig austauschbar sind, wie der bewußte Übergang von νῦν zu ἄνω – anstelle von καινή – in Gal 4,25 f zeigt.

[18] Dagegen liegt in der pln Verwendung des Begriffs der καινὴ κτίσις (2 Kor 5,17; Gal 6,15) keine Uminterpretation einer ursprünglich typologisch entworfenen Gegenüberstellung von ›alter und neuer Schöpfung‹ vor. Voraussetzung ist vielmehr das Verständnis der Bekehrung als Neuschöpfung (vgl. WOLTER, Rechtfertigung 66–69.76–78, der auf JosAs

Typologische Gegenüberstellungen beziehen sich also, soweit sie bei Paulus vorliegen, nicht auf Texte, sondern auf Überlieferungsinhalte;[19] d. h. in ihnen wird keine mit der Allegorese vergleichbare Methode der Textinterpretation greifbar. ›Typologie‹ ist also nur im weiteren Sinne als Verfahren der Schriftinterpretation zu bezeichnen, insofern in ihr bestimmte Inhalte der Schrift aktualisierend aufgenommen und interpretiert werden.

Typologische Textauslegungen – das hieße also: ›Typologesen‹ – finden sich bei Pls nicht. In Röm 5,12–21; 1 Kor 15,21f und 2 Kor 3,7–11 erfolgt die typologische Gegenüberstellung ohne Rückgriff auf den Text der Schrift. Lediglich 1 Kor 15,45–47 fällt aus diesem Bild heraus. Doch wird hier nicht ein untypologischer Text sekundär typologisch interpretiert. Vielmehr wird die typologische Gegenüberstellung von erstem und letztem Ἀδάμ durch Erweiterung des vorgegebenen Wortlauts von Gen 2,7 bereits im Zitat selbst verankert.[20]

Anders als bei der Allegorese wird im Zuge der typologischen Gegenüberstellung die zeitliche Differenz nicht eliminiert, aber es ist nicht der geschichtliche Zusammenhang, sondern die sachliche Korrespondenz, die bei der Zuordnung von ›Typos‹ und ›Antitypos‹ leitend ist. Dabei ist das den Typologien zugrundeliegende Zeitverständnis deutlich apokalyptisch geprägt und hat die Konzeption des Zwei-Äonen-Schemas bzw. den Grundgedanken der Entsprechung zwischen Urzeit und Endzeit[21] zur Voraussetzung.

›Typologie‹ liegt also, sofern sie nicht von anderen Verfahrensweisen eines aktualisierenden Umgangs mit der Schrift ununterscheidbar werden soll, bei Paulus nur in sehr begrenztem Maße vor. Sie ist bei ihm kein Verfahren der Textauslegung und darüber hinaus auch kein die Schrift und deren Überlieferungen insgesamt umgreifendes hermeneutisches Konzept. Für Paulus charakteristisch ist, daß die beiden einzigen ausgeführten typologischen Gegenüberstellungen ausschließlich und einseitig antithetisch strukturiert sind, während typologische Gegenüberstellungen, in denen der vergangene und der gegenwärtige Sachverhalt in positiver Weise einander zugeordnet sind (z. B. in der Typologie vom alten und neuen Bund), bei Paulus nur als Tradition erscheinen und von ihm in jeweils charakteristischer Weise abgeändert werden.

Streng antithetisch entworfen sind nicht nur die Adam-Christus-Typologien von Röm 5,12–21; 1 Kor 15,21f und 15,45–47,[22] sondern auch die Gegenüber-

---

49,21–50,3; 61,4f verweist; vgl. auch GALLEY aaO 60f und SCHWANTES, Schöpfung 26–31). – Erst recht unsachgemäß ist es, in Röm 4 eine Abraham-Christus-Typologie zu suchen (so KÄSEMANN, Röm 119–121).

[19] So auch LUZ aaO 53 A 55.
[20] S. o. S. 134–137.
[21] Vgl. die Materialverweise bei LUZ aaO 55f sowie als klassische Darstellung GUNKEL, Schöpfung passim (bes. 367–371); zu den Voraussetzungen in der Exilsprophetie vgl. LUZ aaO 54f. Will man antithetische und heilsgeschichtlich-positive Typologien beiden Denkschemata zuordnen, gehören die letzteren eher dem Denken in der Entsprechung von Urzeit und Endzeit, die ersteren eher dem Zwei-Äonen-Schema an.
[22] Zur Analyse der typologischen Struktur des Textes Röm 5,12–21, den man als Modell einer streng durchgeführten antithetischen Typologie ansehen kann, vgl. BRANDENBUR-

stellung der beiden διακονίαι in 2 Kor 3,7–11. Die Antithese der διακονία τοῦ θανάτου und der διακονία τοῦ πνεύματος ist als paulinische Abwandlung der typologischen Gegenüberstellung von altem und neuem Bund verständlich,[23] die ihm in der implizit typologisch entworfenen Konzeption einer christologisch begründeten καινὴ διαθήκη vorgegeben war.[24] Paulus wertet jedoch nicht den in dieser Zuordnung enthaltenen Aspekt des positiven Zusammenhangs (im Sinne des Gegenübers einer vorläufigen und endgültigen bzw. einer unvollkommenen und vollkommenen διακονία) aus, sondern ersetzt die Zuordnung der beiden διαθῆκαι durch das Gegenüber der beiden διακονίαι und interpretiert dieses mit Hilfe der Antithese von γράμμα und πνεῦμα – und d. h. als das Gegenüber von θάνατος und ζωή![25]

Dem entspricht umgekehrt das Verfahren des Paulus, das in 1 Kor 10,1–5 sichtbar wird. Die hier für Paulus vorauszusetzende Sakramentstypologie, die die Rettungswunder des Exodus als Vorausdarstellung von Taufe und Abendmahl verstand, wird von Paulus zu einer sakramentalen Interpretation des damaligen Geschehens selbst umgebogen, wobei er, um seine Uminterpretation zu begründen, sogar zur direkten Allegorese übergeht.[26] Das Moment des positiven Vorausverweises der Ereignisse aus der Väterzeit auf die Gegenwart ist damit entfallen.

Heilsgeschichtliche Kontinuität, wie sie auf dem Wege der Typologie – und zwar durchaus bei gleichzeitiger Differenzierung – aussagbar war, ist für Paulus offenbar nicht von Interesse. Vergangenheit kommt in den typologischen Gegenüberstellungen des Paulus nicht als positive Vorausdarstellung des Kommenden, sondern in Konfrontation mit der eschatologisch qualifizierten Gegenwart (vgl. 2 Kor 6,2!) nur als Unheilsgeschehen in den Blick.

GER, Adam 239–242; zu den inhaltlichen Unterschieden in der Ausformung der Adam-Christus-Typologie in Röm 5,12–21; 1 Kor 15,21 f und 15,45–47, die hier außer Betracht bleiben können, vgl. BRANDENBURGER aaO 69–77.238 f.245 f.

[23] Fast durchweg wird in der Literatur 2 Kor 3 als Typologie von altem und neuem ›Bund‹ interpretiert. Dabei wird übersehen, daß Pls diese Zusammenordnung zwar in der Tat voraussetzt, sie aber begrifflich gerade nicht vollzieht, sondern sie sofort in die (jetzt streng antithetische!) typologische Gegenüberstellung der beiden διακονίαι überführt.

[24] Daß sich Pls dieser Gegenüberstellung von alter und neuer διαθήκη in 2 Kor 3 bewußt war, zeigt die Verwendung des Gegenbegriffs der παλαιὰ διαθήκη in 3,14, die sich inhaltlich auf 3,7 (... ἐν γράμμασιν ἐντετυπωμένη) und über 3,7 auf 3,6 (διάκονοι καινῆς διαθήκης) zurückbezieht; s. auch u. S. 339.

[25] Versuche, zwischen den beiden διακονίαι aufgrund der hier und dort vorhandenen δόξα doch einen positiven Zusammenhang zu sehen, d. h. die διακονία ... ἐν γράμμασιν ἐντετυπωμένη damit als Vorausdarstellung der διακονία τοῦ πνεύματος zu interpretieren (so GALLEY, Heilsgeschehen 20–22), verfehlen die Intention von 2 Kor 3,7–11. Die aus Ex 34 vorgegebene δόξα des Mose greift Pls nur auf, um die unvergleichlich größere δόξα der διακονία τοῦ πνεύματος formulieren zu können (V 8.9 b.11). Für die δόξα des Mose selbst gilt a) daß sie vergänglich und b) daß sie die δόξα einer διακονία τοῦ θανάτου war. Eine positive Zuordnung beider διακονίαι stellt dies nicht dar, zumal wenn man die Klarstellung in V 10 beachtet.

[26] S. o. S. 211–216.

d) Die Anwendung zeitgenössischer Auslegungsregeln

Die hellenistische Rhetorik hat – insbesondere zur Interpretation juristischer Texte – Auslegungsregeln entwickelt, die als die ›Sieben Middot Hillels‹ auch Eingang in die halachische Exegese des palästinischen Judentums gefunden haben.[1] Bei Paulus begegnen zwei dieser Auslegungsregeln, der Analogieschluß und der Schluß aus dem Kontext.

Eine Anwendung des Analogieschlusses (σύγκρισις πρὸς ἴσον bzw. Gezera schawa)[2] liegt in der Interpretation von Dtn 25,4, zitiert in 1 Kor 9,9, durch das Zitat in 1 Kor 9,10b vor:[3] Mit Hilfe des zweiten Zitats, dessen metaphorischen Charakter er als selbstverständlich voraussetzt, begründet Paulus sein allegorisches Verständnis von Dtn 25,4, und zwar aufgrund der Stichwortübereinstimmung von ἀλοῶν, die es ihm ermöglicht, in Analogie zum zweiten Zitat ἀλοῶν auch in Dtn 25,4 in übertragenem Sinn aufzufassen.[4]

Als Anwendung des Analogieschlusses kann man auch die Anführung des Zitats von Ψ 31,1f verstehen, das Pls in Röm 4,7f zur Interpretation des in 4,3 angeführten Zitats von Gen 15,6 heranzieht.[5] In Röm 4 liegt eine der wenigen umfangreicheren Exegesen eines einzelnen Schrifttextes bei Paulus vor. Nachdem in 4,1f die Ausgangsfragestellung in charakteristisch paulinischer Weise formuliert ist, folgt in 4,3 die Anführung des Textes von Gen 15,6 und eine erste Interpretation (4,4f). Hier trennt Paulus mit der Entgegensetzung von ἐργάζειν und πιστεύειν gerade die Momente, die im jüdischen Abrahambild zusammengehören, Abrahams Gottestreue und deren tätige Bewährung im Gottesgehorsam. Für Paulus ist es dagegen die dem ἐργάζειν entgegengesetzte πίστις, die Abraham zur Gerechtigkeit ›angerechnet‹ wurde. Ein Zitat, das positiv dieses Verständnis von λογίζεσθαι εἰς δικαιοσύνην enthielt und von Paulus als analoge Schriftaussage zur Sicherung seiner Interpretation von Gen 15,6 herangezogen werden konnte, stand ihm jedoch nicht zur Verfügung. Das in

---

[1] Die 7 Middot Hillels charakterisiert STEMBERGER, Einleitung 27 zutreffend als »eine Zusammenstellung von damals üblichen Hauptarten des Beweisverfahrens«. Ob ihre Verknüpfung mit der Person Hillels zutreffend ist, wird unterschiedlich beurteilt; vgl. einerseits STEMBERGER aaO 28, andererseits MAYER, RAC VI, 1966, 1196. Zur Ausgestaltung der 7 Regeln Hillels in Form der 13 Middot des R. Jischmael und der 32 Middot des R. Eliezer ben Jose vgl. STEMBERGER aaO 30–40 und MAYER aaO 1198f.1201f. Zum Zusammenhang mit der nichtjüdisch-hellenistischen Exegese vgl. DAUBE, HUCA 22, 1949, 239–264 und MAYER aaO 1196–1198. Aufgrund der allgemeinen Verbreitung dieser Auslegungsregeln ist deren Verwendung bei Pls nicht als Hinweis auf eine spezifisch jüdisch-palästinische Prägung seiner Schriftauslegung oder gar auf eine hillelitische Schulbildung des Pls zu werten; so jedoch JEREMIAS, FS M. Black, 1969, 92–94.
[2] 2. Regel Hillels; vgl. BACHER, Terminologie I 13–16; STRACK, Einleitung 97; STEMBERGER aaO 28f; auch die 3. und 4. Regel Hillels (vgl. STEMBERGER aaO 29) sind Formen des Analogieschlusses. Doch kommt für 1 Kor 9,9f und Röm 4,3.7f nur die einfachere Form der 2. Regel in Betracht.
[3] Zur Herkunft des Zitats s. o. S. 41f.
[4] S. o. S. 203f.
[5] Vgl. JEREMIAS, Aufs. 271f; ders., FS M. Black, 1969, 92f.

V 7f angeführte Zitat aus Ψ 31,1f formuliert lediglich negativ: μακάριος ἀνὴρ οὗ οὐ μὴ λογίσηται κύριος ἁμαρτίαν. Dies Zitat besagt im Sinne des Paulus, daß das λογίζεσθαι εἰς δικαιοσύνην gerade nicht im ἐργάζειν des Menschen gründet, und stützt so – zumindest via negationis – die paulinische Interpretation von Gen 15,6. Allerdings ist das von Paulus beabsichtigte Verständnis von λογίζεσθαι bereits vor Anführung des zweiten Zitats erreicht, so daß dieses nicht mehr klärende, sondern nur noch nachträglich-bestätigende Funktion hat.[6]

Als Folgerung aus dem Zusammenhang[7] kann man die Interpretation von Gen 15,6 in Röm 4,10f verstehen.[8] Aus der zeitlichen Vorordnung der Gerechtigkeitszusage von Gen 15,6 vor der Beschneidung Abrahams in Gen 17 folgert Paulus die Gültigkeit der Aussage von Gen 15,6 – sowie des μακαρισμός Davids (Ψ 31,1f), den er in Röm 4,7f zitiert hat – für περιτομή und ἀκροβυστία.

J. Jeremias sieht in den Briefen des Pls eine wesentlich häufigere Verwendung der Auslegungsregeln Hillels,[9] und zwar
   a) des Kal-wachomer-Schlusses (bzw. ›a minore ad maius‹; 1. Regel Hillels) in Röm 5,15.17; 11,12; 2 Kor 3,7f.9.11; doch betrifft die Anwendung dieses Schlußverfahrens, das ohnehin Allgemeingut antiker Exegese war,[10] an keiner dieser Stellen die Auslegung eines Schriftzitats;[11]
   b) der 6. Regel Hillels (Erklärung nach einer ähnlichen Stelle)[12] in Gal 3,16: Pls verwende hier Gen 22,18, nachdem er in Gal 3,8 die ähnliche Stelle Gen 12,3 zitiert hat. Doch setzt Pls in Gal 3,16 .., τῷ Ἀβραάμ (bzw. σοί) καὶ (!) τῷ σπέρματί σου als Zitatwortlaut voraus, also nicht die Segensankündigung von Gen 22,18 (bzw. 26,4), die tatsächlich mit Gen 12,3 verwandt ist, sondern die Landverheißung von Gen 13,15 (πᾶσαν τὴν γῆν . . . σοὶ δώσω αὐτὴν καὶ τῷ σπέρματί σου) bzw. 17,8 oder 24,7.[13]
   c) der 7. Regel Hillels (Folgerung aus dem Zusammenhang) in Gal 3,17; doch ist der Rückgriff auf Ex 12,40 höchstens in einem sehr weiten Sinne als Schlußfolgerung aus dem Textzusammenhang des so interpretierten Zitats in Gal 3,16 (Gen 13,15 bzw. 17,8 oder 24,7) anzusehen.

---

[6] In Röm 4,9 wertet Pls Ψ 31,1f nochmals aus – unter der Fragestellung περιτομή / ἀκροβυστία. JEREMIAS, FS M. Black, 1969, 93 sieht hierin einen nochmaligen Analogieschluß. Doch wird dieser nicht ausgeführt. Ab V 10 ist allein Gen 15,6 und dessen Kontext Gegenstand der Interpretation.

[7] Cicero, De inventione II 40,117: ex superiore et ex inferiore scriptura docendum id, quod quaeratur, fieri perspicuum; dies entspricht der 7. Regel Hillels (Dabar ha-lamed meinjano); vgl. STEMBERGER aaO 30; auf den Cicero-Text weisen ausdrücklich DAUBE, HUCA 22, 1949, 257 A 63 und MAYER, RAC VI, 1966, 1197 hin.

[8] Vgl. JEREMIAS, FS M. Black, 1969, 94.

[9] JEREMIAS aaO 92–94.

[10] Übrigens begegnet auch in der hellenistischen Rhetorik der umgekehrte Schluß, vgl. DAUBE aaO 251, der auf Cicero, Topica 4,23 verweist: quod in re maiore valet valeat in minore . . . item contra: quod in minore valet valeat in maiore.

[11] Eher ist es bemerkenswert, daß Pls in 1 Kor 9,9f in der Auslegung von Dtn 25,4 nicht auf den Schluß a minore ad maius zurückgreift; s. o. S. 203f.

[12] Vgl. BACHER, Terminologie I 76; STEMBERGER aaO 31; zum Begriff vgl. auch DAUBE aaO 259f.

[13] So zutreffend DAUBE, New Testament 438f; vgl. auch BETZ, Gal 156f.

Die Anwendung der in der juristischen Exegese der Antike entwickelten Regeln der Textauslegung ist also bei Paulus äußerst begrenzt. Zudem stellt nur einer der drei in Frage kommenden Fälle, 1 Kor 9,9f, eine ›halachische‹ Exegese dar. Dementsprechend fehlt bei Paulus auch das der halachischen – wie der juristischen Exegese der Antike überhaupt – zugrundeliegende Schrift- bzw. Textverständnis,[14] nämlich die Sicht der Schrift als Gesetzeskorpus, das jedoch nur Teil einer umfassenderen Gesetzgebung ist (vgl. das sowohl hellenistische wie rabbinische Nebeneinander von νόμοι γεγραμμένοι und νόμοι ἄγραφοι), dessen Einzelbestimmungen exemplarischen Charakter haben und das daher von vornherein auf Interpretation angelegt ist, wobei auch inhaltliche Widersprüche durch Interpretation zu beseitigen sind. Dabei hat die durch Auslegung gewonnene neue gesetzliche Bestimmung grundsätzlich den gleichen Rang wie die vorgegebene Gesetzgebung selbst. Dieses Verständnis der Schrift ist bei Paulus nicht gegeben, weil die Schrift für ihn nicht Quelle neuer Halachot ist.

Daneben begegnen bei Paulus gelegentlich weitere Verfahrensweisen, die in der jüdischen Exegese häufig zu beobachten sind, so die Zuordnung von Tora- und Propheten- bzw. Ketubim-Zitaten. Für die rabbinische Exegese war die Ableitung einer Halacha aus der Tora das Nächstliegende, da ja die neu gewonnene (oder neu begründete) Halacha mit der Tora gleichwertig war. Zur Klärung des Sinns einer Torastelle konnte jedoch jederzeit eine Aussage aus den Propheten oder den Ketubim herangezogen werden, weil die ›Schrift‹ als Einheit gewertet wurde.[15] Für dieses Verfahren kann man ebenfalls auf Röm 4,3.7f verweisen: Gegenstand der Schriftinterpretation ist ein Zitat aus dem ›Nomos‹, Gen 15,6, zu dessen Auslegung Paulus ein Ψ-Zitat (Ψ 31,1f) heranzieht.

In diesem Zusammenhang ist auch die Praxis zu nennen, Zitatenketten aus Nomos-, Propheten- und Hagiographen-Stellen zu bilden. Dieses Verfahren ist nicht nur in der rabbinischen Literatur festzustellen,[16] sondern war auch in der jüdisch-hellenistischen Homilie üblich, wie die Zitatenzusammenstellung in 4 Makk 18,14–19 zeigt. Bei Paulus begegnen ebenfalls Zitatenketten, deren Bestandteile verschiedenen Teilen der Schrift entnommen sind, so in Röm 10,18–21 (Ψ-, Dtn- und Jes-Zitat); 11,8–10 (Dtn- und Ψ-Zitat);[17] 12,19f (Dtn- und Prv-Zitat) und 15,9–12 (Ψ-, Dtn-, Ψ- und Jes-Zitat).[18] Eine gewisse

---

[14] Vgl. DAUBE, HUCA 22, 1949, 246–251 und MAYER aaO 1197f.

[15] MAYER aaO 1195: »Die Ableitung einer religionsgesetzlichen Bestimmung (Halaka) aus einer Stelle des Pentateuchs verdient vor der Ableitung aus einer prophetischen Stelle den Vorzug, während, was den Sinn anbelangt, ein Vers aus Dtn. unbedenklich durch einen Vers aus Zach. erklärt werden kann.«

[16] Vgl. BACHER, Terminologie I 65 s. v. הרז; zu Pls vgl. VOLLMER, Citate 37f und MICHEL, Paulus 83f. 93–95.

[17] Dtn 29,3 ist unter Verwendung von Jes 29,10 abgeändert (s. o. S. 170f), doch liegt keine selbständige Anführung eines Prophetenzitats vor.

[18] MICHEL, Paulus 83 (vgl. die Liste aaO 12f) führt außerdem Röm 9,12f (Gen- und Mal-Zitat); 10,6–13 (Dtn-, Jes- und Joel-Zitat); Gal 4,27–30 (Jes- und Gen-Zitat) an. Ob bei diesen Zitatzusammenstellungen jeweils auch der Gesichtspunkt der unterschiedlichen

Vorrangstellung der Nomos-Zitate ist dabei erkennbar, doch ist ein festes Schema kaum feststellbar. Zudem liegen andererseits auch Zitatenketten vor, die überhaupt kein Zitat aus dem Nomos enthalten, so Röm 9,25–29 (nur Prophetenzitate) und 1 Kor 3,19f (nur Hagiographenzitate).[19]

Im Sinne eines exegetischen ›Verfahrens‹ ist auch die ausdrückliche Auswertung des Singulars von Gen 13,15b (bzw. 17,8a oder 24,7c) in Gal 3,16 zu werten: Paulus stellt fest, daß nach dem Wortlaut der Schrift die ἐπαγγελίαι zu Abraham ›καὶ τῷ σπέρματί σου‹ und nicht ›καὶ τοῖς σπέρμασιν‹ – gesagt worden sind. Dies interpretiert er nicht als generelle, sondern als individuell gemeinte Aussage und bezieht sie auf den *einen* ›Samen‹ Christus.[20]

e) Strukturen von Homilie und Midrasch in der paulinischen Schriftauslegung

Neben denjenigen Schriftzitaten, deren argumentative Reichweite auf den engeren Kontext beschränkt ist, begegnen bei Paulus auch größere, in sich geschlossene Kompositionen, in denen Schriftzitate eine tragende Rolle spielen. In zwei Fällen liegen sogar umfangreichere Exegesen eines einzelnen Schriftzitats vor (Röm 4 und Gal 3,6–14 – jeweils über Gen 15,6), in anderen Fällen ist nicht ein Einzeltext, sondern ein größerer Überlieferungszusammenhang Gegenstand der Interpretation (1 Kor 10,1–13; 2 Kor 3,7–18; Gal 4,21–31). Hier ist die Frage berechtigt, ob und inwieweit Paulus dabei auf Kompositionsstrukturen der jüdisch-hellenistischen Homilie und des Midrasch zurückgreift. Allerdings ist zu berücksichtigen, daß die zu vermutenden homiletischen Grundmuster bei Paulus in literarischer Umsetzung vorliegen und auch außerhalb der Paulusbriefe nur in literarisch verarbeiteter Form greifbar sind.[1] Auch der Vergleich mit den Midraschim, die in ihrer Entstehung ebenfalls der synagogalen Predigt (allerdings: Palästinas) verpflichtet sind, ist mit erheblichen Unsicherheiten verbunden. Einerseits sind zeitgenössische Midraschim nicht vorhanden, andererseits fehlen bei Paulus die für die – zeitlich durchweg spätere – Midraschim-Literatur charakteristischen Formen (Peticha, Jelammedenu-Midrasch) und sind auch für die Exegese einer durchschnittlichen hellenistischen Diasporasynagoge des 1. Jh. n. Chr. in deren Predigt- und Lehrbetrieb nicht vorauszusetzen.

Angesichts der Vielgestaltigkeit der Midraschim ist auch eine umfassende formgeschichtliche Bestimmung der Gattung ›Midrasch‹ nicht möglich.[2] Häufig

---

Herkunft eine Rolle gespielt hat, ist jedoch fraglich. Außerdem ist mit Röm 10,6–13 der Rahmen für eine derartige Zusammenstellung recht weit gefaßt.

[19] Vgl. auch die Zitatkombinationen Röm 3,10–18 (5 Texte aus Ψ und 1 Prophetentext) und 1 Kor 15,54f (nur Prophetentexte).

[20] Vergleichbare Fälle in der rabbinischen Literatur, in denen ein genereller Sing. individuell verstanden wurde, nennt DAUBE, New Testament 438–444.

[1] Vgl. THYEN, Stil 7; zum Aufbau jüdisch-hellenistischer Homilien äußert sich THYEN aaO 58–62 daher auch sehr vorsichtig.

[2] Zu der (sehr reichlichen) Literatur vgl. die zusammenfassenden Darstellungen von

begegnet daher in der Literatur eine Verwendung des Begriffs, bei der ›Midrasch‹ für jede aktualisierende Schriftinterpretation überhaupt gebraucht wird.[3] Da eine derartige Schriftverwendung bei Paulus natürlich ebenfalls vorliegt, kann man jede etwas umfangreichere Schriftverwendung oder -auslegung bei Paulus recht beliebig als ›midraschartig‹ bezeichnen, ohne daß damit für den Aufbau oder das exegetische Vorgehen innerhalb des betreffenden Paulus-Textes irgendetwas geklärt wäre. Sinnvoll ist die Verwendung des Begriffs ›Midrasch‹ in diesem Zusammenhang daher nur, wenn zuvor die jeweils gemeinte Midrasch-Gattung hinreichend klar bestimmt worden ist, um dann nach Entsprechungen bei Paulus fragen zu können. Mit Homilie und Midrasch allgemein treffen sich Röm 4 und Gal 3,6–14 insofern, als diese Schriftexegesen des Paulus von einem Einzeltext ihren Ausgang nehmen und sich auf dessen Auslegung konzentrieren. Von diesen beiden umfangreicheren Zitatinterpretationen weist Röm 4 einen ausgesprochen klaren Aufbau auf:

– V 1–5: Einleitung (V 1f), Ausgangstext (V 3: Gen 15,6) mit erster Interpretation (V 4f)
– V 6–8: Zusätzlicher Text, und zwar aus einem anderen Teil der Schrift (V 7f: Ψ 31,1f), der die bisherige Interpretation absichert
– V 9–21: Fortführung der Interpretation unter Verwendung weiterer Schriftzitate, die mit dem Ausgangstext thematisch verwandt sind (Gen 17,5; 15,5)
– V 22–25: Abschluß
  a) V 22: Abschließende (verkürzte) Anführung des inhaltlich nunmehr geklärten Ausgangstextes
  b) V 23–25: Applicatio des Textes auf ›uns‹ (V 23.24a), wobei zugleich der Standort der Interpretation deutlich wird (V 24b.25: ... τοῖς πιστεύουσιν ἐπὶ τὸν ἐγείραντα Ἰησοῦν τὸν κύριον ἡμῶν ...).

Für diesen klaren und auch formal geschlossenen Aufbau kann man annehmen, daß Paulus hier einem vorgegebenen homiletischen bzw. exegetischen Schema folgt.[4] Für die Annahme der bewußten Verwendung eines bereits

---

BLOCH, DBS V, 1957, 1263–1281; MILLER, JSJ 2, 1971, 29–82; PORTON, ANRW II, 19/2, 103–138 und STEMBERGER, Einleitung 222–225 (jeweils mit Literaturangaben).

[3] Vgl. die Kontroverse zwischen WRIGHT, CBQ 28, 1966, 105–138; 417–457, der den Versuch einer Gattungsbestimmung vorgelegt hat, und LEDÉAUT, Bib. 50, 1969, 395–413. Charakteristisch ist die ›Definition‹ von MILLER aaO 44: »I think the minimum requirement for the use of this term (i. e. ›Midrash‹) as a substantive will be the presence of a literary unit to which the biblical citations or allusions clearly belong as formative elements at some stage in the development of that literary unit«. Vgl. auch PORTON aaO 112, der den Midrasch bestimmt als »type of literature, oral or written, which has its starting point in a fixed, canonical text, ... in which this original verse is explicitly cited or clearly alluded to«. Vgl. auch VERMES, Aufs. 59–91, der ›Midrasch‹ durchweg in dem völlig allgemeinen Sinn von ›interpretation‹ oder ›exegesis‹ verwendet.

[4] Fraglich ist, ob sich dieses Grundmuster auch in der jüdischen Literatur nachweisen läßt. Die bislang herangezogenen Analogien sind jedenfalls unzureichend. Ein Proömien-Midrasch liegt nicht vor, und in den von BORGEN, Bread 28–58 analysierten Abschnitten aus Philo fehlt die Zuordnung eines Propheten- bzw. Ketubim-Textes zu dem Ausgangstext aus dem νόμος.

gängigen Grundmusters der Textinterpretation spricht auch, daß Paulus das Ausgangszitat Gen 15,6 mit Hilfe allgemein anerkannter Auslegungsregeln (Analogieschluß und Schluß aus dem Kontext) exegesiert, wodurch sich Röm 4 ebenfalls von seiner sonstigen Zitatverwendung unterscheidet.

Allerdings stellt Röm 4,1–25 innerhalb der paulinischen Briefe auch das einzige Beispiel dar, in dem ein derartig deutlich beschreibbares Grundmuster zu Tage tritt.[5] Schon Gal 3,6–14 weist keinen vergleichbar geschlossenen Aufbau auf.[6]

Für andere Einzelzüge in der kompositorischen Verwendung der Schriftzitate kann man ebenfalls vermuten, daß sie Paulus aus der Predigt der hellenistischen Synagoge vorgegeben sind, so für den Abschluß größerer thematisch geschlossener Abschnitte durch Zitatenketten[7] und für die Zusammenstellung von Beispielen aus der Vätergeschichte unter bestimmten thematischen Gesichtspunkten.[8]

Dagegen finden sich bei Paulus keine Analogien zu den späteren Midrasch-Formen der Peticha und des Jelammedenu-Midrasch.[9]

Für die ›Peticha‹ (oder: »Proömien-Midrasch«)[10] ist charakteristisch, daß der zu interpretierende Text – in der Regel der Anfangsvers der jeweiligen gottesdienstlichen Lesung – erst am Schluß erscheint. Als Beginn wird dagegen eine andere Schriftstelle verwendet, die aus einem anderen Teil der Schrift als der Lesungstext stammt[11] und zu diesem zunächst auch ohne erkennbaren Bezug

---

[5] Allenfalls kann man noch auf Röm 9,33–10,13 verweisen. Hier wird der im Eingangsteil vollständig zitierte Text Jes 28,16 in 10,11 nochmals (und zwar ebenfalls in verkürzter Form) herangezogen. Doch ist Röm 9,33–10,13 nicht als Exegese von Jes 28,16 gestaltet. Rückbezüge auf das Zitat fehlen innerhalb von 10,1–10, und die Funktion der Zitate in 10,5.6–8 ist nicht mit der von Röm 4,7f vergleichbar. Schließlich ist Röm 9,33–10,13 anders als Röm 4 keine in sich abgeschlossene Texteinheit, sondern, wie der enge Anschluß von 10,14ff zeigt, Teil des bis 10,21 reichenden Textabschnitts.

[6] Dies zeigt sich schon daran, daß nicht eindeutig anzugeben ist, wo die Exegese von Gen 15,6 tatsächlich beendet ist. Die eigentliche Auslegung von Gen 15,6 reicht zunächst nur bis Gal 3,14, wie der Neueinsatz in 3,15 zeigt. Doch setzt Pls inhaltlich in 3,15ff das Thema der Abraham geltenden ἐπαγγελίαι fort und zitiert in 3,16 auch eine weitere Schriftstelle aus der Abrahamüberlieferung, so daß 3,15–18 wie ein Anhang zur Auslegung von Gen 15,6 in Gal 3,6–14 wirkt. Schließlich lenkt Pls nach den Ausführungen über den νόμος in 3,19–25 abschließend nochmals auf das Thema der Abrahamverheißung und der (wahren) Abrahamssohnschaft zurück (3,29), ohne hier jedoch irgendeinen Schrifttext zu verwenden.

[7] Vgl. die Schlußstellung der Zitatenkette in 4Makk 18; zu Pls s. u. S. 277–284.

[8] So in Röm 9,7–13 und 1Kor 10,7–10.

[9] Diese beiden Midrasch-Gattungen werden von ELLIS, Prophecy 155–157.218f herangezogen.

[10] Vgl. STEMBERGER, Einleitung 231f; zur Frage, ob die Peticha lediglich als Proömium der eigentlichen Predigt anzusehen ist (so BACHER, Proömien, bes. 1–4), vgl. auch SCHÄFER, Kairos NF 12, 1970, 216–219.

[11] D. h. in der Regel aus den Propheten oder (und dies zumeist) aus den Ketubim.

ist. Die Auslegung dieses Eingangszitats ist dann so angelegt, daß sie als Abschluß zu dem Anfangsvers des Lesungstextes hinführt, der dann überhaupt erst genannt wird.[12]

Zwar begegnen auch bei Paulus geschlossene Textabschnitte, die mit einem Schriftzitat einsetzen und einem anderen Zitat schließen. Doch kann man diese Abschnitte deshalb noch nicht als Petichot bezeichnen. Die Peticha ist entworfen als kunstvolle Hinführung zum Lesungstext, der erst als Schlußpunkt des gesamten Midrasch erscheint. Die in Frage kommenden Abschnitte aus den Paulusbriefen (so Röm 9,6–29; 1 Kor 1,18–31) sind jedoch nicht in diesem Sinne als bloße Hinführung zu dem Abschlußzitat zu verstehen.[13] Bei Paulus haben die Abschlußzitate eine den gesamten Abschnitt zusammenfassende und z. T. auch weiterführende Funktion.[14] Dementsprechend fehlt bei Paulus auch das Moment der kunstvoll durchgeführten und für den Hörer überraschenden Zusammenführung zweier an sich weit voneinander entfernten Texte. Eingangs- und Abschlußtexte sind in den betreffenden Abschnitten bei Paulus auch nicht unter diesem Gesichtspunkt ausgewählt (vgl. z. B. 1 Kor 1,19 mit 1,31).

Erst recht lassen sich bei Paulus keine Analogien zur Form des Jelammedenu-Midrasch feststellen. Für diese Midrasch-Gattung ist charakteristisch: a) die Stilisierung als Schülerunterweisung; b) die Abfolge eines halachischen und eines haggadischen Teils.[15] Schon für diese Grundelemente gibt es keine Entsprechungen in den Briefen des Pls.

f) Pescher-Kommentierungen

Das hervorstechende Merkmal der Schriftauslegung in Qumran ist die sog. Pescher-Methode.[1] Sie ist entstanden aus dem Bestreben, die eigene endzeitliche

---

[12] So STEMBERGER ebd. und SCHÄFER ebd. Dagegen geht ELLIS, Prophecy 155f von der Analyse von BACHER, Proömien passim aus und setzt als Aufbau des ›Proömien‹-Midrasch voraus:
– Text der Tageslesung als Eingangstext
– ›Proömien‹-Text
– Auslegung (z. T. unter Verwendung weiterer Zitate)
– Abschlußtext, »usually repeating or alluding to the text for the day« (aaO 155).
Diesem Schema würde in den Pls-Briefen lediglich Röm 4 entsprechen, jedoch nicht die von ELLIS aaO 155f.213–218 selbst genannten Texte (Röm 9,6–29; 1 Kor 1,18–31; 2,6–16; Gal 4,21–31 und sogar Röm 1,17–4,25 und 1 Kor 1,18–3,20).
[13] Häufig wird in der Peticha das Abschlußzitat mit לכן נאמר (›deswegen heißt es‹) eingeleitet; vgl. SCHÄFER aaO 218 A 20. Bei Pls findet sich eine derartige Einleitung eines abschließenden Zitats (διὸ καί) ebenfalls, aber nicht in Röm 9,29 o. dgl., sondern in Röm 4,22!
[14] S. u. S. 277–284.
[15] Zur weiteren Analyse des Aufbaus der Jelammedenu-Midraschim vgl. BÖHL, Aufbau passim und die Rezension von MAYER, WO 11, 1980, 174f. Völlig unkritisch parallelisiert ELLIS, Prophecy 218f den Aufbau von Röm 9–11 mit dem Jelammedenu-Midrasch, ohne diesen zuvor ausreichend dargestellt zu haben.
[1] Zur ›Pescher‹-Methode vgl. BROWNLEE, BA 14, 1951, 54–76; ELLIGER, Studien 118–

Sicht der Gegenwart und die eschatologischen Erwartungen aus der Schrift zu begründen bzw. in ihr wiederzufinden. Hierzu sieht sich die Gruppe von Qumran insbesondere deswegen berechtigt, weil das für sie spezifische Verständnis von Gegenwart und Zukunft auf göttliche Offenbarung an den ›Lehrer der Gerechtigkeit‹ zurückgeführt wird, die sich ihrerseits auf den – bislang verborgenen – Sinn der Schrift bezieht (vgl. 1 QpHab 7,1–5).[2]

Der Durchführung der konsequenten Aktualisierung und Eschatologisierung der Schrift dient die Pescher-Methode, bei der der Text der Schrift in kleinste Einheiten zerlegt und diese als Aussagen über gegenwärtige oder zukünftige Ereignisse gedeutet werden.[3] Äußeres Charakteristikum ist die Verwendung von פשרו על (›seine Deutung bezieht sich auf...‹), פשרו אשר (›seine Deutung ist, daß...‹), פשר הדבר צל (›die Deutung des Wortes bezieht sich auf...‹) oder פשר הדבר אשר (›die Deutung des Wortes ist, daß...‹). Diese formelhaften Wendungen leiten in den Pescher-Kommentaren jeweils nach der Textanführung die Interpretation ein.[4] Dabei ist der aus der Traumdeutung stammende Terminus פשר (›Deutung, Auslegung‹) nicht zufällig gewählt. Der so interpretierte Schrifttext wird in Analogie zum Offenbarungstraum als zunächst rätselhafte Offenbarungsrede verstanden, die der Erklärung bedarf und deren Aufhellung jetzt aufgrund erneuter Offenbarung auch möglich ist.[5] Daneben begegnen –

164; OSSWALD, ZAW 68, 1956, 243–256; PATTE, Hermeneutic 299–308; HORGAN, Pesharim 229–259; zum Vergleich mit dem NT vgl. BRAUN, Qumran II 307f.

[2] Zum ›Lehrer der Gerechtigkeit‹ als Offenbarungsempfänger und Schriftinterpret vgl. G. JEREMIAS, Lehrer 140–142.166. Daß Offenbarung in Qumran von vornherein auf die Interpretation der Schrift bezogen ist, betont auch PATTE aaO 218: »Revelation occurred in an *inspired search of scripture*« (Hervorhebung i. O.). Zum Ziel der inspirierten Schrifterklärung, der Aufdeckung der in der Schrift enthaltenen ›verborgenen Dinge‹ (הנסתרות ; 1 QS 5,11) bzw. ›Geheimnisse‹ (רזים ; 1 QpHab 7,5) vgl. PATTE aaO 218–227.

[3] Vgl. die Charakterisierung des Auslegungsverfahrens von 1 QpHab durch ELLIGER aaO 163: »Einzelne Wörter, gewöhnlich nach ihrem Wortsinn genommen, genügen als Sprungbrett für die dem Ausleger wirklich wichtigen Gedanken, die sich ohne weitere Bindung an den übrigen Text frei entfalten und nicht auf den Text, sondern auf die dem Lehrer der Gerechtigkeit zuteilgewordene Offenbarung zurückgehen. Gewiß sucht der Ausleger diese Gedanken im Text zu verankern; aber das geschieht mit den alten, relativ einfachen Mitteln der Atomisierung des Textes und Allegorese oder Beiseitelassen des Unpassenden.«

[4] Zu den Interpretationsformeln in 1 QpHab vgl. ELLIGER aaO 123–127; einen Überblick für die Pescher-Kommentare insgesamt gibt HORGAN aaO 239–244. Gelegentlich wird auch פשרו absolut verwendet und der Deutung konstruktionslos vorangestellt, so CD 4,14; 1 QpHab 12,7; 4QpNah 2,2; 3,9.

[5] Zu ›פשר‹ vgl. ELLIGER aaO 156f; SILBERMAN, RdQ 3, 1962, 323–335; PATTE aaO 300–302; HORGAN aaO 230–237. In Dan 2; 4; 5 und 7 ist פשר fester Terminus der Traumdeutung und erscheint dort 32mal, davon 30mal als Nomen, in 5,26 sogar in der Verbindung פשר מלתא, was dem hebräischen פשר הדבר entspricht; vgl. ELLIGER aaO 157. Elliger verweist außerdem auf Dan 9 als der nächsten Parallele zur Schriftauslegung der Pescher-Kommentare: Auch dort wird ein vorgegebener Schrifttext, der zunächst unverständlich ist, durch eine erneute Offenbarung interpretiert und somit überhaupt erst verstehbar. Allerdings fehlt in diesem Zusammenhang das Stichwort פשר. – Zum

besonders in CD – auch Interpretationen eines Textes bzw. eines Textteils ohne die Verwendung einer ›Pescher‹-Formel, wobei z. T. das Stichwort des Textes wiederholt wird.[6] Neben Ausdeutungen, die auf der Einzeichnung aktueller Gegebenheiten in den vorgegebenen Text beruhen (z. B. Chaldäer = Kittäer)[7] und als Sachanalogien bzw. inhaltliche Assoziationen anzusehen sind,[8] werden gelegentlich auch allegorische Gleichsetzungen vorgenommen.[9] Aktualisierung und Eschatologisierung der Schrift, Atomisierung des Textes, Verwendung von Sachanalogien, Assoziationen und allegorischen Gleichsetzungen sind jedoch keine nur auf Qumran beschränkten Verstehensweisen bzw. Auslegungstechniken, sondern begegnen hier nur in einer spezifischen und in ihrer Weise besonders konsequenten Ausprägung.

Auch für Paulus kann man von einer aktualisierenden, auf die als eschatologisch verstandene Gegenwart bezogenen Schriftinterpretation sprechen, woraus sich durchaus aufschlußreiche Analogien zwischen dem Schriftverständnis in Qumran und bei Paulus ergeben.[10] Mit der Pescher-Kommentierung im Sinne eines Auslegungsverfahrens sind jedoch nur sehr begrenzte Übereinstimmungen feststellbar.

Eine schrittweise Kommentierung eines Zitats liegt in Röm 10,6–8 vor: Paulus zerlegt Dtn 30,12–14 in drei Einzelteile und fügt jedem Teil eine mit τοῦτ' ἔστιν eingeleitete Erläuterung an.

Doch ist das Verfahren der Kommentierung selbst weniger ›technisch‹ als in Qumran. Die Kommentierungen werden mit dem in der hellenistischen Exegese geläufigen τοῦτ' ἔστιν eingeleitet[11] und sind auch unterschiedlich gestaltet. Nur die dritte Kommentierung (Röm 10,8b) stellt eine echte Wortinterpretation mit Wiederholung des Stichwortes aus dem Zitat (τὸ ῥῆμα) dar. Dagegen erfolgt die Erläuterung der beiden ersten Textteile dadurch, daß die Konsequenzen des im Zitat beschriebenen Vorhabens (ἀναβαίνειν εἰς τὸν οὐρανόν / καταβαίνειν εἰς τὴν ἄβυσσον) benannt werden, um so dessen Unsinnig-

---

rabbinischen Gebrauch von פתר vgl. BACHER, Terminologie II 178–180; hier hat es die einfache Bedeutung von ›erklären‹.

[6] So das gängige Verfahren in CD, wo lediglich in 4,14 der Terminus פשר verwendet wird; vgl. z. B. CD 4,2–4; 6,4f. In 4QFlor begegnen auch Interpretationen, die ohne Wortwiederholung lediglich mit einem demonstrativen הואה (1,2.3.11) oder המה (1,17; ebenso 4QpPs37 3,12) einsetzen. In 4QFlor wird offenbar bewußt zwischen beiden Möglichkeiten der Interpretationseinleitung unterschieden; jedenfalls beginnt die Auslegung von Ps 1,1 und 2,1f jeweils mit פשר הדבר על (1,14.19), während diejenigen Zitate, die innerhalb der Auslegung zusätzlich herangezogen werden (ebenso wie der fortlaufend kommentierte Text 2 Sam 7,10–14 in 1,1–13), ohne eine פשר-Formel interpretiert werden.
[7] 1QpHab 2,1ff, vgl. 3,1–6.12.
[8] Vgl. z. B. die Interpretation von Hab 2,6b in 1QpHab 8,7–13.
[9] Eine Kette allegorischer Gleichsetzungen liegt in CD 7,14–20 vor.
[10] Vgl. die in der Sache analoge Schriftinterpretation in CD 1,13: היא העת אשר היה כתוב עליה (es folgt Hos 4,16) und 2 Kor 6,2 (nach der Anführung von Jes 49, 8a.b): ἰδοὺ νῦν καιρὸς εὐπρόσδεκτος, ἰδοὺ νῦν ἡμέρα σωτηρίας.
[11] Zur Verwendung von τοῦτ' ἔστιν in der hellenistischen Exegese s. o. S. 28 A 23. Daher ist eine einseitige Herleitung von τοῦτ' ἔστιν in Röm 10,6–8 vom demonstrativen הואה in der Qumran-Literatur unsachgemäß.

keit aufzuzeigen.[12] Inhaltlich wird dabei der so kommentierte Text in einen christologischen Bezugsrahmen gestellt, ohne daß dies zunächst eigens festgestellt wird.[13]

Dieses Verfahren der Zerlegung und schrittweisen Kommentierung eines Textes, das in der Tat mit der Pescher-Methode vergleichbar, in der Durchführung jedoch nicht identisch ist, begegnet allerdings nur in Röm 10,6–8. Zu berücksichtigen ist außerdem, daß Paulus die christologische Interpretation von Dtn 30,12f, die zur schrittweisen Kommentierung des Textes führt, nicht voraussetzungslos vornimmt. Er knüpft offenbar an eine Auslegung dieses Textes an, die das dem Menschen unmögliche ›Hinaufsteigen in den Himmel‹ (zur Einholung des Gesetzes) durch den Hinweis auf den Gesetzesüberbringer Mose ergänzte. Paulus ersetzt diese Verdeutlichung des Textes durch den Hinweis auf das Gekommensein des Präexistenten und die Auferstehung.[14] Das bei Paulus einmalige Auslegungsverfahren in Röm 10,6–8 ist also auf die Besonderheiten der vorauszusetzenden Auslegungstradition und deren Aneignung durch Paulus zurückzuführen. Eine besondere Nähe der paulinischen Schriftexegese insgesamt zur Technik der Pescher-Kommentierung ergibt sich von hier aus nicht.

Nicht zur Technik der Pescher-Kommentierung gehören die kettenartigen Zitatinterpretationen in 1 Kor 15,56 und 2 Kor 3,17, zumal auch Entsprechungen in den Pescher-Kommentaren fehlen. Vielmehr handelt es sich um die Anwendung der im Hellenismus allgemein verbreiteten rhetorischen Figur des Kettenschlusses,[15] der hier in einem Begriff des betreffenden Zitats seinen Ausgangspunkt hat und bei Pls mehrfach auch unabhängig von Schriftzitaten begegnet (Röm 5,3–5; 8,29f; 10,13–15).

g) Ergebnis

Der Vergleich der paulinischen Schriftauslegung mit der zeitgenössischen jüdischen Exegese zeigt hinsichtlich der Verwendung der exegetischen Methoden und Auslegungsregeln die Herkunft des Paulus aus einem durchschnittlichen hellenistischen Diasporajudentum. Als Vermittlungsort der von Paulus verwendeten exegetischen Methoden und Techniken ist die hellenistische Synagoge des kleinasiatisch-syrischen Raums anzunehmen, auch wenn deren Schriftexegese nur in Umrissen – und nicht zuletzt aus den Briefen des Paulus selbst – zu erheben ist.

So weist die mehrfache Anwendung der Allegorese als Methode der Schriftinterpretation auf die grundsätzlich hellenistisch-jüdische Provenienz seiner Schriftauslegung hin. Allerdings bestimmt auch die Allegorese keineswegs das

---

[12] S. o. S. 153–160.

[13] Dagegen wird in den Pescher-Kommentierungen zunächst immer erst die jeweilige Person (bzw. der jeweilige Sachverhalt) genannt, auf die der Text bezogen wird. Auch werden in den Pescher-Kommentaren im Zuge der Auslegung zwar Textteile übergangen (vgl. ELLIGER, Studien 133–135.144), jedoch nicht – wie in Röm 10,6–8 – in der Textanführung selbst gestrichen; zur verkürzten Textanführung in 4QFlor s. o. S. 195 A 29.

[14] S. o. S. 153ff.

[15] Dazu vgl. DIBELIUS, Jak 125–129 mit instruktiven Beispielen.

Gesamtbild der paulinischen Exegese, und sie wird von Paulus auch nicht in der hochentwickelten Form angewandt, in der sie bei Philo begegnet. Gleichzeitig fehlt der paulinischen Schriftauslegung aber auch ein spezifisch jüdisch-palästinisches Profil. Das gilt nicht nur für das Fehlen charakteristischer Midrasch-Formen, mit deren voller Ausbildung auch erst in späterer Zeit zu rechnen ist. Für Paulus sind eher weniger kunstvolle Grundmuster aus dem Bereich der jüdisch-hellenistischen Homilie als Hintergrund vorauszusetzen. Auch die Anwendung der 7 Middot, die traditionell mit Hillel verbunden werden, ist begrenzt und geht nicht über das hinaus, was man auch für die Schriftauslegung einer Diasporagemeinde Kleinasiens oder Syriens z. Zt. des Paulus voraussetzen kann – zumal die Auslegungsregeln Hillels ihrerseits der außerjüdischen hellenistischen Exegese verpflichtet sind.

Direkte Beziehungen zur Schriftauslegung von Qumran bestehen nicht, auch wenn der jeweilige eschatologische Interpretationshorizont deutliche Analogien im Schriftverständnis zur Folge hat. Eine mit der Technik der Pescher-Kommentierung vergleichbare Zerlegung und schrittweise Kommentierung eines Schrifttextes liegt nur in Röm 10,6–8 vor und ist dort durch spezifische Voraussetzungen in der Auslegungstradition bedingt.

Begrenzt ist ebenfalls der Bereich typologischer Schriftinterpretationen. Typologische Schriftauslegungen betreffen bei Paulus – wie auch andernorts – primär Überlieferungsinhalte (Adam, Bund, Jerusalem) und nicht einzelne Schrifttexte. Sofern Paulus vorgegebene typologische Gegenüberstellungen aufgreift, haben diese ihre Herkunft z. T. im zeitgenössischen Judentum (Adam; Jerusalem), wobei das zugrundeliegende Zeitverständnis deutlich apokalyptisch geprägt ist. Andere typologische Gegenüberstellungen weisen einen spezifisch christlichen Inhalt auf (alter/neuer Bund; Sakramentstypologie); d. h. hier überschneiden sich zeitgenössisch-jüdische und vorpaulinisch-frühchristliche Schriftinterpretation.

Nicht zu übersehen ist auch, daß die für Paulus als vorgegeben vorauszusetzenden Methoden der Schriftauslegung und das in ihnen jeweils implizierte Schriftverständnis bei ihm in charakteristischen Brechungen erscheinen. Während die Allegorese auch in ihrer jüdisch-hellenistischen Ausformung nach der zeitlos gültigen ὑπόνοια in den partikularen Aussagen eines Textes fragt, zielt Paulus in seinen allegorischen Schriftauslegungen auf geschichtliche Sachverhalte, so die Frage nach dem Verhältnis zwischen Sakrament und Versuchung in der gegenwärtigen eschatologischen Situation (1 Kor 10,1–13) bzw. die durch das Gegenüber von Israel (dem ›gegenwärtigen Jerusalem‹) und Gemeinde sich stellende Frage nach der wahren Abrahamssohnschaft (Gal 3,21–31). Der Bezugsrahmen, der für die Allegorese des Paulus leitend ist, hat sich also gegenüber der hellenistisch-jüdischen Exegese erheblich verändert.[1]

---

[1] Das gilt auch für 1 Kor 9,9. Dtn 25,4 ist zwar als (allegorisch gemeinte) zeitlose Maxime verstanden, wird aber auf einen geschichtlichen Sachverhalt, die Frage der Unterstützung des Apostels durch die Gemeinde, angewendet.

232   *IV. Die Bedeutung der zeitgenössischen Schriftexegese*

Ebenso aufschlußreich ist der Befund hinsichtlich der typologischen Gegenüberstellungen bei Paulus. Aufgenommen und weiterentwickelt bzw. neu konzipiert werden von Paulus lediglich solche typologischen Zuordnungen, in denen früheres Unheil und heutiges (bzw. künftiges) Heil antithetisch einander konfrontiert werden. Dagegen sind typologisch konzipierte Zuordnungen, die einen positiven Zusammenhang von alter und neuer Heilssetzung enthalten, ausschließlich vorgegeben, und der Zusammenhang von altem und neuem Heilsgeschehen wird von Paulus neutralisiert.

Mindestens ebenso groß ist der sachliche Abstand zu den inhaltlichen Voraussetzungen, die den rabbinischen Auslegungsregeln zugrunde liegen. Hauptanwendungsgebiet dieser Regeln ist die Ausbildung neuer oder die Begründung bereits bestehender Halachot. Hier wird die Schrift als zeitlos gültige Tora verstanden, deren materielle Insuffizienz oder innere Widersprüchlichkeit durch Auslegung ausgeglichen werden muß. Für Paulus ist dagegen die Schrift als Dokument des Gesetzes nicht Quelle neuer Halachot. Die Schrift gibt ihm vielmehr Auskunft über den Sinn des Νόμος als Ganzem.

2. Frühchristliche Schriftverwendung vor Paulus

Für die aus dem hellenistischen Judentum hervorgegangenen christlichen Gemeinden, durch die Paulus zuerst der christlichen Verkündigung begegnete und zu denen er dann selbst gehörte, ist es von vornherein wahrscheinlich, daß in ihnen die ›Schrift‹ weiterhin grundsätzlich in Geltung stand. Aussagen über Umfang und inhaltliche Ausrichtung des tatsächlichen Schriftgebrauchs im vorpaulinischen Christentum sind jedoch von der prinzipiellen Schwierigkeit begleitet, daß die ältesten literarischen Zeugnisse aus dem Bereich dieser frühen christlichen Gemeinden Syriens und Kleinasiens eben die Briefe des Paulus selbst sind. Rückschlüsse auf die Schriftverwendung vor Paulus sind daher fast ausschließlich aufgrund seiner Briefe selbst zu ziehen. Dies schränkt die Möglichkeiten, ein einigermaßen zutreffendes Bild zu gewinnen, erheblich ein.

a) Der Schriftbezug im vorpaulinischen Traditionsgut

Erste Hinweise auf eine frühchristliche Schriftverwendung und -aneignung gibt das vorpaulinische Traditionsgut, insofern es Inhalte alttestamentlich-jüdischer Überlieferung aufnimmt (so die Erwartung eines davidischen Messias in Röm 1,3), eine bestimmte Schriftaussage aufgreift (so Jes 45,23 in Phil 2,10f) oder ausdrücklich formuliert, daß die eigene Aussage sich in Übereinstimmung mit ›den Schriften‹ befindet (so die Formel von 1 Kor 15,3b–5 mit dem zweimaligen κατὰ τὰς γραφάς). Diese Rückbezüge machen deutlich: Das Bekenntnis zu Tod und Auferstehung Jesu bzw. die Proklamation seiner Erhöhung zum κύριος standen für die frühchristlichen Gemeinden nicht im Widerspruch zur Schrift, sondern waren Zeugnis von einem Geschehen, das sich in sachlicher Übereinstimmung mit der Schrift ereignet hatte und damit auch von der Schrift her verstehbar war. Im einzelnen sind die Schriftbezüge des vorpaulinischen Traditionsgutes allerdings nur schwer präzise zu erfassen und daher auch sehr umstritten.

Eine hinreichend deutliche Aufnahme einer einzelnen Schriftaussage liegt lediglich in Phil 2,10f vor, wo die Hoheitsaussagen von Jes 45,23c auf den erhöhten κύριος bezogen werden.[1] Auf der anderen Seite steht die Aussage von der Davidssohnschaft Jesu in Röm 1,3 im unmittelbaren Zusammenhang mit der – aus der Schrift gespeisten – jüdischen Messiaserwartung, ohne daß deren Aneignung ihrerseits die christologische Interpretation einer bestimmten Schriftstelle (z. B. Jes 11,10) voraussetzt. Vielmehr ist die Konzeption der Davidssohnschaft Jesu Voraussetzung für die christologische Aneignung einer einzelnen Schriftaussage wie der von Jes 11,10.[2]

Analoges gilt auch für das vielverhandelte Problem der Rolle von Jes 53 im frühen Christentum und der Bedeutung dieses Textes für die Entstehung und Ausformung der ntl. Sühneaussagen.[3] Auch hier ist es ausgesprochen unwahrscheinlich, daß Schriftlektüre die Sühneaussagen des vorpaulinischen Traditionsgutes ›produziert‹ hat. Erst aufgrund des bereits bestehenden Verständnisses des Todes Jesu als Sühnetod ist Jes 53 als ein – hierfür in der Tat einzigartig geeigneter – Schrifttext entdeckt worden. Diese Annahme wird durch die Tatsache unterstützt, daß die zeitgenössische jüdische Exegese von Jes 53 keine Voraussetzungen für eine derartige Aneignung dieses Textes bot. Die jüdische Exegese interpretierte zwar Jes 53 durchaus messianisch, aber sie nahm dabei nur die Hoheitsaussagen von Jes 53 auf.[4] Umgekehrt fehlt in den zeitgenössischen jüdisch-hellenistischen Texten, die von der sühnenden Kraft des Leidens einzelner (im Martyrium) reden,[5] jeder Bezug zu Jes 53.

Umstritten ist nun, auf welcher traditionsgeschichtlichen Stufe Jes 53 als christologisch einmalig fruchtbarer Text entdeckt und zur Interpretation der

---

[1] Vgl. KOCH, ZNW 71, 1980, 176–178.

[2] Charakteristisch ist, daß Röm 1,3 keinerlei Anklänge an Jes 11,10 aufweist, obwohl für dieses Zitat eine christologische Verwendung bereits vor Pls vermutet werden kann; s. u. S. 241 f.

[3] Die Geschichte der weitverzweigten Diskussion kann hier nicht dargestellt werden. Sie ist nach H. W. WOLFF, Jesaja 53 vor allem durch die Beiträge von JEREMIAS, ThWNT V, 1954, 676–713; ders., Aufs. 191–216; ZNW 57, 1966, 211–215 und Theologie 272–284 und HEGERMANN, Jesaja 53 sowie die von ihnen ausgelöste Kritik bestimmt. Als neuere Gesamtdarstellungen vgl. HOOKER, Jesus und HOFHEINZ, Analysis.

[4] Wichtigster Text ist die Fassung von Jes 53 in TgJon. Zu dem Versuch von HEGERMANN aaO 66–94.115–126 (aufgenommen von JEREMIAS, ThWNT V, 1954, 690–693; ders., Theologie 281 A 79), für TgJon eine Vorstufe nachzuweisen, die die Leidensaussagen von Jes 53 doch in die messianische Interpretation miteinbezog, vgl. die Skepsis von LOHSE, Märtyrer 108f A 4 und die Kritik durch RESE, ZThK 60, 1963, 36–39. Zu dem weiteren Material, das JEREMIAS, ThWNT V, 1954, 680–698 heranzieht, vgl. die kritische Entgegnung von RESE aaO 24–36.39–41.

[5] In Frage kommen die Martyriumsdarstellungen von 2 und 4 Makk; dazu vgl. LOHSE aaO 104–110 und WENGST, Formeln 68 f.

Passion Jesu und der sühnenden Kraft seines Todes herangezogen wurde. Dabei sind zu unterscheiden:

a) Anführungen aus Jes 53 ohne jeden christologischen Bezug: so in Röm 10,16 (Jes 53,1 a);

b) Anführungen aus Jes 53, die ein christologisches Verständnis aufweisen, jedoch nicht die Thematik von Passion und Tod Jesu betreffen: so in Röm 15,21 (Jes 52,15c.d); Mt 8,17 (Jes 53,4a)[6] und Joh 12,38 (Jes 53,1);

c) Anführungen aus Jes 53, die die Passion Jesu betreffen, ohne jedoch eine sühnende Wirkung dieses Geschehens damit auszusagen: so Lk 22,37 (Jes 53,12 b β)[7] und Act 8,32f (Jes 53,7b – 8c);[8]

d) Anführungen aus Jes 53, durch die Leiden und Tod Jesu als Sühnegeschehen interpretiert wird: so in 1 Petr 2,22 – 25 (Jes 53,9 b β.12 c α.5 b β.6 a α).[9]

Beschränkt man sich auf diese sicher bestimmbaren Anführungen (ausdrücklich eingeleitete Zitate und eindeutige Übernahmen ohne Zitateinleitung), ergibt sich, daß eine christologische Interpretation von Jes 53, die Passion und Tod Jesu betrifft, bei Paulus noch nicht vorliegt, sondern erst erheblich später einsetzt.

Dabei ist der Befund bei Paulus besonders aufschlußreich. Die christologische Verwendung von Jes 53,15c.d in Röm 15,21 enthält keinen Hinweis auf eine besondere, bereits traditionelle Rolle dieses Textes. Ein Bezug auf die Passion oder gar den Sühnetod Christi liegt völlig fern. Auch gibt es keine Anzeichen, daß Paulus ein derartiges Verständnis dieses Textes bereits voraussetzt. Voraussetzung für die Verwendung dieses Zitats ist lediglich das Verfahren als solches, Schriftstellen isolierend heranzuziehen und dabei personale Aussagen (messianische oder auch direkt auf Gott bezogene), soweit sie dazu geeignet waren, auf Christus zu beziehen. Daß Paulus Jes 53 als passionstheologisch fruchtbaren Text überhaupt noch nicht kennt, bestätigt sich in Röm 15,3. Dort will er das Leiden Christi mit Hilfe eines Schriftzitats interpretieren. Doch greift Paulus nicht zu Jes 53, sondern zu einer Leidensschilderung aus einem Klagepsalm

---

[6] Ein Reflexionszitat des Mt. Jes 53,4 bietet sich zwar für eine Anwendung auf das stellvertretende Leiden Jesu geradezu an, Mt verwendet das Zitat aber keineswegs in diesem Sinne, sondern als Nachweis, daß die *Machttaten* Jesu dem Willen Gottes entsprechen; vgl. HELD, in: Bornkamm-Barth-Held, Überlieferung 246–250.

[7] Zur lk Herkunft vgl. RESE, Motive 154–164.

[8] Mit AL. WEISER, Apg I 208–211 ist lk Herkunft des Zitats anzunehmen. Daß Lk eine sühnetheologische Deutung von Jes 53,8d kennt und daher V 8d bewußt streicht (so RESE, Motive 97–103), ist nicht zu erweisen. Eher ist anzunehmen, daß Lk lediglich die für ihn belanglose Fortsetzung des Zitats fortläßt; vgl. auch CONZELMANN, Apg 63.

[9] Zur Analyse des Traditionsstückes vgl. DEICHGRÄBER, Gotteshymnus 140–143; WENGST, Formeln 83–85 und GOPPELT, 1 Petr 204–207. Die Abgrenzung der Tradition ist in diesem Zusammenhang ohne Bedeutung. Dem Stil (Hymnus [so zumeist; dagegen WENGST: katechetisches Lehrstück]) entspricht es, daß nicht ausdrücklich zitiert wird. Doch ist die Aufnahme von Jes 53[LXX] eindeutig. Zum Alter der Tradition, das keine Rückschlüsse auf eine vorpln Verwendung von Jes 53 zuläßt, vgl. WENGST ebd.

(Ψ 68,10b)¹⁰ – und das, obwohl nach Röm 15,3a (vgl. auch 14,15: ὑπὲρ οὗ Χριστὸς ἀπέθανεν!) ein Zitat aus Jes 53, das den stellvertretenden Charakter des Todes Jesu formulieren würde, wesentlich geeigneter gewesen wäre.

Nun wird es allerdings immer wieder bestritten, daß es sachgemäß sei, in dieser Frage von den ausdrücklichen Zitierungen von Jes 53 auszugehen, da die Rückbezüge auf die Schrift im frühen Christentum wesentlich breiter seien. Das mag, so allgemein formuliert, richtig sein, doch ist zu fordern, daß dann geklärt wird, welcher Rückbezug gemeint ist – Zitat, Anspielung, Paraphrase, Verwendung biblischer Sprache oder traditionsgeschichtlicher Zusammenhang; außerdem ist dabei zwischen den verschiedenen Gattungen und Textarten (Hymnen, Formeln, Gleichnissen, Erzählungen, Brieftexten) zu unterscheiden. Vor allem aber müssen behauptete Rückbezüge auf die Schrift kontrollierbar sein und dürfen entgegenstehende Sachverhalte nicht durch unsichere Belege weginterpretiert werden. Methodisch heißt das:

1. Auszugehen ist von den sicheren Erkenntnissen, daß im Bereich der ausdrücklichen Schriftanführungen eine Verwendung von Jes 53 zur Interpretation des (stellvertretenden) Leidens und des (Sühne-)Todes Christi erst ausgesprochen spät einsetzt und daß die jüdische Exegese einer frühen Rezeption von Jes 53 im Sinne von 1 Petr 2,22–25 entgegenstand. Zu begründen ist daher nicht die Bestreitung von umstrittenen früheren Rückbezügen auf Jes 53, sondern nachzuweisen ist deren Behauptung.

2. Unsichere Rückbezüge können nur durch eindeutige Rückbezüge gesichert werden, und zwar durch solche, die sich a) auf der gleichen fixierbaren Traditionsstufe (Paulus, MtEv, LkEv usw.) nachweisen lassen, und die b) die gleiche inhaltliche Ausrichtung (allgemein christologisch, passionsbezogen oder sühnetodbezogen) aufweisen.

3. Wird angenommen, daß bereits vor Paulus Jes 53 längst als Schrifttext zur Interpretation des Sühnetodes Christi entdeckt und als solcher geläufig war, muß außerdem erklärt werden, warum Paulus in seinen 93 Schriftanführungen an keiner Stelle Jes 53 in diesem Sinne aufnimmt und sogar in Röm 15,3 nicht aus diesem Teil des (von ihm ansonsten intensiv ausgewerteten!) Jes-Buches zitiert.¹¹

Folgt man diesen Grundsätzen, ist es völlig sachgemäß, Lk 22,32f.39–43 als narrative Auswertungen von Jes 53,12bβ zu werten,¹² da Lk diese Schriftaussa-

---

¹⁰ Dies entspricht dem Bild in der Passionsdarstellung des MkEv und MtEv; s. u. A 13.

¹¹ Eine verblüffende Lösung bietet H. W. WOLFF aaO 88: »Die Erklärung, Jes. 53 fehle seltsamerweise bei Paulus, gründet lediglich in der Erwartung, Paulus müsse mit diesem Kapitel auch den Schriftbeweis geübt haben. Dazu hat es ihm aber zu nahe gelegen.« Auf diese Weise entzieht sich Wolff nicht nur der Notwendigkeit eines positiven Nachweises (den er bei umgekehrter Sachlage sicher nicht verschmäht hätte!), sondern zeigt auch ein unzureichendes Verständnis des pln ›Schriftbeweises‹. Zur Kritik vgl. auch die Rezension durch KÄSEMANN, VF [5,] 1949/50, 200–203.

¹² So RESE, Motive 155–158.

ge in Lk 22,27 selbst ausdrücklich zitiert.[13] Dagegen ist es fragwürdig, für Mk 10,45b eine bewußte Aufnahme von Jes 53 zu postulieren, obwohl eine Berührung mit dem Wortlaut auch von Jes 53,10–12^{LXX} nicht aufgezeigt werden kann[14] und ein weiterer sicherer Rückbezug auf Jes 53 im MkEv nicht vorliegt.[15] Damit soll ein (mittelbarer) traditionsgeschichtlicher Zusammenhang der λύτρον-Aussage von Mk 10,45b mit Jes 53 nicht von vornherein bestritten werden, aber ein Nachweis, daß auf dieser Traditionsstufe Jes 53 bereits als Schrifttext im Rahmen einer Sühnetodkonzeption gelesen und interpretiert wurde, ist aufgrund von Mk 10,45b nicht zu führen.

Erst recht problematisch ist es, für das vorpaulinische Traditionsgut, und zwar die Sterbens- und Dahingabeformeln, eine bewußte Aufnahme von Aussagen aus Jes 53 anzunehmen. Dabei ist natürlich zu berücksichtigen, daß in einer kerygmatischen oder katechetischen Formel kein ausdrückliches Zitat aufgenommen werden kann.[16] Aber auch formelhafte Aussagen bieten die Möglichkeit, sich des Sprachmaterials eines vorgegebenen Textes zu bedienen – wenn denn dieser tatsächlich der Hintergrund der betreffenden Formel ist. Doch gibt es in der Formulierung der vorpaulinischen Sterbens- und Dahingabeformeln keine Berührungen mit Jes 53^{LXX}, die über das hinausgehen, was sich aus der analogen Thematik ohnehin ergibt (αἱ ἁμαρτίαι in 1 Kor 15,3b; Gal 1,4 und Jes 53,3–6.11f; παραδοῦναι/-δοθῆναι in den Dahingabeformeln und Jes 53,12). Irgendein für Jes 53^{LXX} charakteristisches Sprachelement findet sich im vorpaulinischen Formelgut nicht wieder. Selbst in einem Teilaspekt, bei dem auch eine Übereinstimmung nur begrenzte Beweiskraft hätte, besteht eine Differenz: In den Sühneaussagen der Sterbens- und Dahingabeformeln dominiert ganz eindeutig ὑπέρ (bei persönlichem und sachlichem Objekt),[17] in Jes 53^{LXX} fehlt ὑπέρ dagegen völlig.

---

[13] Analog ist es berechtigt, in den synoptischen Passionserzählungen nach weiteren Rückbezügen auf den Psalter zu fragen, da mehrere Aufnahmen von Ps-Stellen eindeutig gesichert sind; dazu vgl. FLESSEMAN–VAN LEER, in: F. Viering (Hg.), Bedeutung 91–94; vgl. auch dies., aaO 88f zur begrenzten Rolle von Jes 53 in der Passionsdarstellung der Synoptiker.

[14] Der für Mk 10,45b zentrale Begriff des λύτρον fehlt in Jes 53^{LXX} völlig, und daß hier direkter Rückgriff auf den HT vorliegt (so LOHSE aaO 118f), ist nicht zu sichern; vgl. die knappe Zusammenfassung der Diskussion bei RESE, Motive 164 und als neueste (jeweils sehr vage) Äußerungen GNILKA, Mk II 104 (Mk 10,45b sei »ohne den Hintergrund [!] von Jes 53,10–12 nicht verstehbar«) und KERTELGE, EWNT II, 1981, 902 (›deutlicher Anklang an Jes 53,10–12‹).

[15] Charakteristisch ist, daß TÖDT, Menschensohn 189 Mk 10,45b als Stütze benutzt, um auch für Mk 14,24 einen Rückbezug auf Jes 53 zu begründen Doch braucht hier Mk 14,24 nicht diskutiert zu werden, da in 1 Kor 11,25 ὑπὲρ πολλῶν (als möglicher Reflex von Jes 53) ohnehin fehlt.

[16] Aus diesem Grunde räumt CONZELMANN, Aufs. 135; vgl. ders., 1 Kor 310 trotz des Fehlens greifbarer Bezüge ein, daß in 1 Kor 15,3b–5 Jes 53 als Schrifthintergrund vorauszusetzen ist.

[17] Vgl. KRAMER, Christos 22–24 und die Analyse der einzelnen Formeln bei WENGST aaO 55–104.

Dies läßt sich auch nicht dadurch erklären, daß man für die frühen christologischen Formeln eine ursprünglich semitische (sei es hebräische, sei es aramäische) Fassung postuliert, für diese Stufe einen Rückbezug auf die Targumfassung von Jes 53 annimmt und dann mit einer eigenständigen Übertragung ins Griechische rechnet.[18] Schon die Grundvoraussetzung dieser Hypothese, nämlich die Annahme einer semitischen Grundform der christologischen Formeln, ist reines Postulat: Mehr als ein semitisierendes Griechisch läßt sich nicht nachweisen.[19] Sodann beruht die Annahme einer Verwendung von Jes 53[Tg] auf einer äußerst fraglichen Auswertung des Targumtextes (gegen dessen eigenen eindeutigen Wortlaut!).[20] Schließlich müßte zusätzlich erklärt werden, warum bei der Übertragung aus dem Semitischen der griechische Wortlaut von Jes 53 keine Rolle spielte, der Rückbezug auf Jes 53 also bereits auf dieser Stufe offenbar wieder verloren gegangen war.

Allerdings gibt es innerhalb der Sterbens- und Dahingabeformeln mit Röm 4,25 einen Sonderfall, in dem sich doch stärkere Berührungen mit Jes 53[LXX] zu zeigen scheinen. In Betracht kommt Jes 53,12 b β:[21]

Jes 53,12 c β[MT]	Jes 53,12 c β[LXX]	Röm 4,25 a
ולפשעים [22]יפגיע	καὶ διὰ τὰς ἁμαρτίας[23] αὐτῶν παρεδόθη	παρεδόθη διὰ τὰ παραπτώματα ἡμῶν

Die Übereinstimmung besteht in der Verwendung von παρεδόθη, von διά und eines sachlichen Objekts. Im Vergleich zu den übrigen Dahingabeformeln sind dabei das passivische παρεδόθη sowie διά (nicht ὑπέρ!) auffällig. Andererseits ist das Objekt nicht übereinstimmend formuliert,[24] und παρεδόθη ist ohne Rückgriff auf Jes 53,12[LXX] erklärbar: Es entspricht dem ebenfalls passivischen ἠγέρθη der Auferstehungsaussage, mit der hier die Dahingabeformel verbun-

---

[18] So insbesondere JEREMIAS, Aufs. 200.206; ders., ZNW 57, 1966, 215; Abendmahlsworte 97; Theologie 281.
[19] Vgl. CONZELMANN, Aufs. 135f; ders., 1 Kor 307–309 und WENGST aaO 99–101.
[20] JEREMIAS (s. A 18) und KLAPPERT, NTS 13, 1967, 170 verweisen auf Jes 63,5[TgJon]: »Er aber wird das Heiligtum erbauen, das durch unsere Schulden entweiht worden war, preisgegeben durch unsere Sünden« (Übersetzung: JEREMIAS, ThWNT V, 1954, 692). Doch ist die Annahme einer Urfassung ohne die Umdeutung auf den Tempel nicht überzeugend. Daß TgJon den HT soweit wie möglich übernimmt und vor allem durch Ergänzungen den gewünschten Sinn herstellt, bedeutet noch nicht, daß es eine Tg-Fassung von Jes 52,15–53,12 ohne derartige Ergänzungen gab. S. auch o. A 4.
[21] PATSCH, ZNW 60, 277f verweist auf den HT von Jes 53,12bβ in 1QJes[a]: ולפשעיהמה יפגע und 1 QJes[b]: ולפשעיהם יפגיע (»und er trat für ihre Verfehlungen ein«) und vermutet, daß Röm 4,25 und Jes 53,12[LXX] zwei unabhängig voneinander entstandene Übersetzungsvarianten dieser Textform von Jes 53,12[HT] seien. Dagegen spricht jedoch die Beibehaltung von παρεδόθη; vgl. JEREMIAS, Theologie 281f A 80.
[22] »Und (er) trat für die Übeltäter ein« (WESTERMANN, Jes 206).
[23] S B Q[mg], hexaplarische, lukianische Texte und Catenen-Hss lesen ἀνομίας; παραπτώματα wird jedoch überhaupt nicht vertreten.
[24] Daß Pls τὰς ἁμαρτίας in τὰ παραπτώματα abgeändert haben soll (was WENGST aaO 102 A 44 und POPKES, Christus 221 A 612 für möglich halten), ist angesichts von 1 Kor 15,3b und Gal 1,4 wenig wahrscheinlich.

den ist. Zwar begegnet in den reinen Auferweckungsformeln (ὁ θεὸς αὐτὸν [sc. Ἰησοῦν] ἤγειρεν ἐκ νεκρῶν – so Röm 10,9) nicht das passivische ἠγέρθη,[25] doch ist zu beachten, daß a) die Verbindung von Dahingabe- und Auferweckungsformel ohnehin auf ein späteres Stadium verweist und daß b) eine sekundäre Umsetzung der Auferweckungs- und dann auch der Dahingabeaussage in eine Form mit Ἰησοῦς bzw. Χριστός als Subjekt (und den daraus sich ergebenden passivischen Verbformen) angesichts der dominierenden Rolle der Sterbensformeln nahelag. Dazu bedurfte es keines Anstoßes durch Jes 53. Somit verbleibt als Indiz lediglich die Verwendung von διά. Doch kann diese allein die Beweislast für eine ohnehin problematische Einwirkung von Jes 53[LXX] nicht tragen – διά begegnet ebenso in einer von Jes 53 völlig unabhängigen Sühneaussage, nämlich in 2 Makk 7,32: ἡμεῖς γὰρ διὰ τὰς ἑαυτῶν ἁμαρτίας πάσχομεν[26].

Von der Frage nach der Einwirkung von Jes 53[LXX] auf die Formulierung der vorpaulinischen Sterbens- und Dahingabeformeln zu unterscheiden ist die Frage, worauf sich das zweimalige κατὰ τὰς γραφάς in der Formel von 1 Kor 15,3b–5 bezieht. Hier scheint für κατὰ τὰς γραφάς in V 3b als konkreter Bezugspunkt in der Schrift kaum ein anderer Text als eben doch Jes 53 in Betracht zu kommen, besonders dann, wenn man κατὰ τὰς γραφάς auch auf ὑπὲρ τῶν ἁμαρτιῶν bezieht. Doch ist es prekär, allein aufgrund einer derart generellen Aussage doch annehmen zu müssen, eine Interpretation von Jes 53 als Schrifttext über das stellvertretende Leiden Jesu sei bereits vor Paulus geläufig gewesen, obwohl der Befund bei Paulus selbst genau das Gegenteil zeigt. Zu beachten ist, daß der Rückverweis auf die Schrift noch nicht einmal andeutungsweise präzisiert wird (etwa durch einen Verweis auf ›die Propheten‹), sondern so allgemein wie nur irgend möglich gehalten ist. Daher ist es angemessener, das zweimalige κατὰ τὰς γραφάς als eine umfassend gemeinte Aussage über die grundsätzliche Schriftgemäßheit von Kreuz und Auferstehung zu verstehen, bei der der Bezug auf eine (oder mehrere) Schriftstelle(n) nicht im Vordergrund steht. Der für das erste κατὰ τὰς γραφάς auf dieser Traditionsstufe natürlich mögliche Verweis auf Leidensaussagen aus den Psalmen hat dabei im Sinne der Formel höchstens exemplarische Bedeutung.[27] Ebenso wird auch der mögliche Rückbezug des zweiten κατὰ τὰς γραφάς auf Hos 6,2 zu beurteilen sein.[28]

Provozierend hat daher *M. Dibelius* formuliert, »daß der Schriftbeweis zunächst nur Postulat war, ein im Osterglauben wurzelndes Postulat. Der

---

[25] Daher rechnet WENGST aaO 101 f hier mit einer Veränderung der Auferweckungsformel aufgrund von Jes 53,12[LXX].

[26] Dazu vgl. WENGST aaO 69 und KELLERMANN, Auferstanden 12 A 16.

[27] Vgl. LOHSE, Aufs. 120: »mit den Worten ›nach den Schriften‹ soll keineswegs nur die eine oder andere Schriftstelle herangezogen werden, um durch sie das Kerygma vom Kreuz Christi zu erläutern. Es wird vielmehr der Anspruch erhoben, die ganze Schrift zum Zeugen für die Wahrheit des Kerygmas aufzubieten.«

[28] Zur Debatte über die Rolle von Hos 6,2 vgl. einerseits GRASS, Ostergeschehen 136f; CONZELMANN, 1 Kor 311; WENGST aaO 96 A 16 und andererseits LOHSE, Aufs. 120 und die dort jeweils genannte Lit.

Osterglaube aber barg die Gewißheit, daß auch das Leiden Jesu nach Gottes Willen geschehen sei; und Gottes Wille mußte in der Schrift zu finden sein. So mag man von dem Zeugnis der Schrift geredet haben, noch bevor man es wirklich darbieten konnte«.[29] Dies ist zwar mehrfach bestritten worden[30] und in der Tat auch unzutreffend, wenn damit eine mit der Traditionsbildung gleichzeitige Schriftverwendung überhaupt verneint werden soll. Aber es ist zu berücksichtigen, daß auch später die Behauptung der Schriftgemäßheit deutlich über das hinausgreift, was sich mit Hilfe konkreter Schriftaussagen tatsächlich nachweisen ließ (vgl. Mk 9,13, aber auch Lk 24,44–48).[31] Das verwundert nur, wenn man die Schriftverwendung primär als apologetischen Schriftbeweis versteht.[32] Vielmehr ist mit der Möglichkeit zu rechnen, daß die Entstehung der katechetischen Traditionen und die Verwendung und Aneignung konkreter Schriftstellen zwei Vorgänge waren, die sich eigenständig nebeneinander vollzogen, ohne daß dabei die Aneignung der Schrift der Traditionsbildung untergeordnet war.

b) Die Verwendung einzelner Schriftstellen vor Paulus

Fragt man für den Bereich des vorpaulinischen hellenistischen Christentums nach der Verwendung einzelner Schriftstellen, besonders auch in der Form selbständiger Zitate, ist man gezwungen, konkrete Einzelbeobachtungen und (möglichst plausible) Vermutungen miteinander zu kombinieren.

Eine relativ problemlose Fortgeltung der Schrift, die keinen längeren Prozeß einer Neuinterpretation erforderte, kann für die in der Paränese der hellenistischen Synagoge traditionell gewordenen paränetischen Schriftaussagen vorausgesetzt werden. Die hellenistisch-jüdische Paränese stand – soweit sie nicht spezifisch jüdisch-rituelle Inhalte hatte und diese von den christlichen Gemeinden als nicht mehr gültig angesehen wurden – einer Weiterführung grundsätzlich offen. Derart gängige Schriftworte wie der Dekalog oder auch Lev 19,18b (Röm 13,9a; Gal 5,14 bzw. Röm 13,9c) brauchten weder von Paulus noch vor ihm ›eingeführt‹ zu werden, weil sie von Anfang an präsent waren, worauf zusätzlich auch die von Paulus unabhängigen Anführungen in Mk 10,19 parr bzw. 12,31 parr hinweisen.[1]

---

[29] DIBELIUS, Formgeschichte 185; vgl. die Zustimmung bei SUHL, Zitate 39 und SCHRAGE, Verständnis, in: F. Viering (Hg.), Kreuz 71 A 63; vgl. auch HOLTZ, ThLZ 99, 1974, 22.

[30] So HAHN, Hoheitstitel 203; PATSCH, Abendmahl 163f.

[31] Zutreffend bemerkt SCHRAGE aaO 71 A 62: »Tatsächlich steht ja nirgendwo geschrieben, was Mk 9,13 behauptet, daß nämlich der Messias viel leiden und verachtet werden müsse wie Elias.« Auch Lk 24,46f greift über das hinaus, was aus der Schrift aufgezeigt werden kann; denn von οὕτως γέγραπται (V 46a) ist nicht nur V 46b (παθεῖν τὸν χριστὸν κτλ.), sondern darüber hinaus auch noch V 47a (καὶ κηρυχθῆναι ἐπὶ τῷ ὀνόματι αὐτοῦ μετάνοιαν εἰς ἄφεσιν ἁμαρτιῶν εἰς πάντα τὰ ἔθνη) abhängig.

[32] So deutlich HAHN aaO 201–203.

[1] Doch ist die bloße Tatsache einer nochmaligen Anführung des gleichen Zitats

Zwar ist die Annahme naheliegend, daß sich die paränetische Schriftverwendung in den vorpaulinischen Gemeinden nicht auf den Dekalog und Lev 19,18b beschränkte, doch ist die vorpaulinische Verwendung eines einzelnen paränetischen Schriftzitats aus den Briefen des Paulus zumeist nicht positiv zu sichern, da die Verwendung durch Paulus von dem möglichen vorpaulinischen Gebrauch nicht unterscheidbar ist. Auch abweichende Textfassungen ermöglichen nur indirekte Rückschlüsse. So weist die Textform von Dtn 19,15c (2 Kor 13,1; Mt 18,16) und 32,35a (Röm 12,19; Hebr 10,30) darauf hin, daß diese Schriftworte mündlich als selbständige Logien[2] – und zwar wohl schon im hellenistisch-jüdischen Bereich[3] – verwendet wurden, was einen breiteren Gebrauch voraussetzt. Und man kann vermuten, daß ein im jüdischen Raum weiter verbreitetes Logion auch in den frühchristlichen Gemeinden vor Paulus nicht unbekannt war, die voneinander unabhängigen Anführungen im NT also nicht als jeweils durch den Verfasser ad hoc erfolgte Rückgriffe auf die jüdische Verwendung zu erklären sind. Doch ist über den Aufweis einer relativen Wahrscheinlichkeit nicht hinauszugelangen. Umgekehrt zeigt sich an den Schwierigkeiten, paulinischen und vorpaulinischen Gebrauch paränetischer Schriftzitate voneinander abzuheben, die hier bestehende grundsätzliche Kontinuität zwischen Paulus und den vor ihm existierenden Gemeinden.

Einen weiteren Bereich der Schriftverwendung, für den mit einer allgemeinen Kontinuität zwischen der hellenistischen Synagoge, dem vorpaulinischen Christentum und Paulus zu rechnen ist, stellt die Aneignung der Geschichtsüberlieferungen der Schrift dar. Geschichtsrückblicke, die auf Belehrung und Warnung für die Gegenwart ausgerichtet sind, haben in der Schrift selbst bereits Tradition.[4] Im NT zeigt die ›Rede‹ des Stephanus in Act 7, für die mit einer – wenn auch nicht mehr sicher einzugrenzenden – hellenistisch-judenchristlichen Vorlage zu rechnen ist,[5] daß in den hellenistisch-judenchristlichen Gemeinden auch unabhängig von Paulus auf die Geschichtsüberlieferungen der Schrift zurückgegriffen wurde.

Die Analyse von Act 7 ist zwar im einzelnen umstritten, doch ist es am wahrscheinlichsten, daß der vorlk Bestand der Rede hellenistisch-judenchristlicher Überlieferung entstammt und nicht von Lk unmittelbar aus dem Judentum übernommen worden ist.

---

außerhalb der Pls-Briefe allein, falls nicht noch weitere Beobachtungen hinzukommen, noch kein ausreichendes Indiz für eine vorpln Verwendung, da die nochmalige Anführung in jedem Fall zeitlich erheblich später liegt.

[2] S. o. S. 77f.117f.

[3] Für Dtn 32,35a zeigen Σ, TgOnk und TgFrag, daß diese Textform bereits im Judentum verbreitet war. Gleiches kann aufgrund der häufigen Verwendung in jüdischer Literatur (s. o. S. 118 A 15) auch für Dtn 19,15c angenommen werden (so auch STENDAHL, School 139).

[4] Vgl. Ez 20; Neh 9; Ps 78; 106; vgl. auch das ›Lob der Väter‹ in Sir 44–50 (bes. das Schlußgebet 50,22–24, das die Zielrichtung des Geschichtsrückblicks markiert) und CD 1,3–11; 2,14–3,20.

[5] Vgl. CONZELMANN, Apg 57; SCHNEIDER, Apg I 446–452; WEISER, Apg I 180–182.

Dabei ist die Möglichkeit durchaus in Betracht zu ziehen, daß die von Lk verarbeitete Überlieferung jedenfalls mittelbar auf den Kreis der Hellenisten um Stephanus zurückgeht.

Man kann daher annehmen, daß die Aneignung der Väter- und der Exodusüberlieferung in Röm 9,6–18 und 1 Kor 10,1–13, die inhaltlich natürlich rein paulinische Gestaltungen sind, kein grundsätzliches Novum in der Schriftverwendung der hellenistisch-judenchristlichen Gemeinden darstellte.[6]

Ein weiterer Bereich, für den die bewußte Verwendung der Schrift bereits vor Paulus hinreichend deutlich erkennbar ist, stellt die Christologie dar. Hier sind es – abgesehen von dem umfassend gemeinten Schriftbezug der christologischen Formeln – mehrere Einzelzitate, für die sich eine christologische Verwendung bereits vor ihrer Anführung durch Paulus wahrscheinlich machen läßt. Es handelt sich dabei neben Jes 45,23c (Phil 2,10f) um Jes 11,10a–c (Röm 15,12); 28,16 (Röm 9,33; 1 Petr 2,6) und 59,20.21a (Röm 11,26f).[7] Diese Schriftanführungen weisen außerdem ein eigenständiges theologisches Profil auf: a) Jes 11,10; 28,16 und 59,20f sind von Hause aus messianische Aussagen bzw. wurden in der jüdischen Auslegungstradition messianisch interpretiert. Hier werden also messianische Aussagen der Schrift, die für das zeitgenössische Judentum noch ausstehende Erwartungen formulierten, für das Christusgeschehen in Anspruch genommen, auf das die Gemeinde, für die der ῥυόμενος (Jes 59,20f) bereits gekommen war, als verwirklichte Heilstaten zurückblicken konnte. Dabei wird Christus nicht nur als ῥυόμενος (Jes 59,20f) bzw. als λίθος ἀκρογωνιαῖος (Jes 28,16),[8] sondern mit Jes 11,10 auch ausdrücklich als Davidssohn verstanden, d. h. als Träger zentraler jüdischer Heilserwartung. Der bewußten Aufnahme eschatologischer Hoffnungen des Judentums entspricht der gleichzeitige Rückbezug auf Elemente der Zionstradition. Die auf den Zion ausgerichteten Heilsankündigungen von Jes 28,16 und 59,20f werden von der vorpaulinischen Christenheit im Lichte der Erfahrung gelesen, daß Jerusalem der Ort von Kreuzigung und Auferweckung Jesu war; d. h. auch diese Linie alttestamentlich-jüdischer Heilserwartung hat sich für diese vorpaulinischen Gemeinden in Christus verwirklicht.

---

[6] Derartige Geschichtsrückblicke erfolgen in erster Linie im Stil eines interpretierenden Referats, der Übergang zum ausdrücklichen Zitat an wichtigen Punkten der Darstellung ist jedoch jederzeit möglich (vgl. Act 7; 1 Kor 10,1–13; in Röm 9,6–18 dominieren sogar die Zitate gegenüber dem Referat. Dagegen werden in typologische Rückgriffe auf die Geschichtsüberlieferung keine Einzelzitate einbezogen (s. o. S. 219).

[7] Zur Einzelanalyse der Zitate und zum Nachweis der vorpln Herkunft, der hier nicht wiederholt werden soll, vgl. KOCH, ZNW 71, 1980, 174–191; zu Jes 28,16 s. auch o. S. 69ff; zu Jes 59,20f s. auch o. S. 175–178.

[8] 1 Petr 2,6 zeigt, daß ἀκρογωνιαῖος in Röm 9,33 erst durch die Einbeziehung von Jes 8,14b ausgefallen ist. Für die vorpln christologische Verwendung ist jedoch mit der Vorordnung (und d. h.: der besonderen Betonung) von ἀκρογωνιαῖος zu rechnen; s. o. S. 70 A 59.

b) In diesen Zitaten wird ansatzweise auch ein bestimmtes Bild der Ekklesiologie erkennbar: Die Gemeinden, die diese Schriftworte als für sie gültige und von ihnen geltende Aussagen aufnehmen, verstehen sich als ›Jakob‹ (Jes 59,20f), d. h. als das Volk, dem Gottes Verheißungen gelten. Das verheißene, jetzt erfolgte Kommen des ῥυόμενος zu ›Jakob‹ bedeutet Wegnahme der ἀσέβεια ›Jakobs‹ und ermöglicht so die (Neu-)Konstituierung des Verhältnisses zwischen Gott und seinem Volk als διαθήκη (Jes 59,20f).

Der andere Pol der vorpaulinischen Ekklesiologie neben dem Selbstverständnis als (dem wahren) ›Israel‹, die Öffnung der Gemeinde für die ἔθνη, wird ebenfalls in diesen Zitaten greifbar. Jedenfalls wird man Jes 11,10c (ἐπ' αὐτῷ ἔθνη ἐλπιοῦσιν) angesichts der längst bestehenden Missionspraxis nicht als bloß traditionelles Zitatelement ansehen können. Vielmehr ist davon auszugehen, daß diejenigen Gemeinden vor Paulus, die dieses Schriftwort aufnahmen, auch die Schlußaussage des Zitats im Licht ihrer eigenen Erfahrungen hörten. Dann besagt es, daß der Weg dieser Gemeinden zur Heidenmission schriftgemäß ist, und zwar deshalb, weil schon die Schrift den Davidssohn als Grund der Hoffnung – und damit auch des Heils – für die ἔθνη angekündigt hat.

c) Schließlich wird hier – im Medium der Schrift – auch der Zusammenhang von gegenwärtiger Existenz in der πίστις Ἰησοῦ Χριστοῦ und künftiger Bewahrung deutlich zum Ausdruck gebracht: ὁ πιστεύων ἐπ' αὐτῷ οὐ μὴ καταισχυνθῇ (Jes 28,16c).

Eine Sonderstellung nimmt demgegenüber die Aufnahme von Jes 45,23c im Hymnus von Phil 2,6–11 ein. Hier liegt zwar ebenfalls eine ausgesprochen christologische Schriftverwendung vor, doch knüpft sie nicht an ein vorgegebenes messianisches Verständnis dieser Schriftstelle an. Vielmehr wird hier ein explizit theo-logischer Text in einen Christushymnus integriert. Hoheitsaussagen, die in der Schrift exklusiv Gott vorbehalten waren, werden jetzt dazu verwendet, die einzigartige Würde des erhöhten Jesus auszusagen. Bemerkenswert ist, daß dieser Vorgang durch die Konzeption der Erhöhungschristologie selbst in Gang gesetzt wurde,[9] ohne daß ein ambivalentes Verständnis von κύριος, das im LXX-Text anstelle von יהוה gelesen worden wäre, als mögliche Brücke gedient hätte. In Jes 45,23^LXX ist κύριος (bzw. ursprünglich eher das Tetragramm) gerade nicht enthalten.[10]

Methodisch schwieriger zu beantworten ist die Frage, ob auch für diejenigen

---

[9] S. o. S. 87f. Traditionsgeschichtlich weist die Aufnahme von Jes 45,23c in Phil 2,10f deutlich in eine andere Richtung als die christologische Interpretation von Jes 11,10; 28,16 und 59,20f. Doch ist daraus kein schematisches Nacheinander in der Schriftverwendung abzuleiten. Weist man Phil 2,6–11 dem hellenistisch-heidenchristlichen Traditionsbereich zu (so WENGST, Formeln 149–156), gehört Phil 2,10f sicher nicht in die Frühphase der christologischen Schriftinterpretation. Andererseits ist zumindest z. Zt. des Pls mit einer gleichzeitigen Fortdauer auch hellenistisch-judenchristlicher Schriftauslegung zu rechnen.

[10] Und aufgrund von Jes 45,22c (ἐγώ εἰμι ὁ θεός, καὶ οὐκ ἔστιν ἄλλος) ist das Verständnis von V 23 als Selbstaussage Gottes eindeutig.

Zitate, die auch in einer anderen – d. h. aber: grundsätzlich späteren – Schrift des NT begegnen, eine vorpaulinische Verwendung wahrscheinlich gemacht werden kann.[11] Zu nennen sind hier außer den bereits behandelten Zitaten von Lev 19,18; Dtn 5,17–21; 19,15; 32,35; Jes 28,16 folgende 8 Schriftanführungen:[12]

Gen	2,24	(1 Kor 6,16; Mk 10,7f)
Gen	15,6	(Röm 4,3; Gal 3,6; Jak 2,23)
Gen	21,12	(Röm 9,7; Hebr 11,18)
Ψ	8,7	(1 Kor 15,27; Hebr 2,8)
Jes	8,14	(Röm 9,33; 1 Petr 2,8)
Jes	53,1	(Röm 10,16; Joh 12,38)
Joel	3,5	(Röm 10,13; Act 2,21)
Hab	2,4	(Röm 1,17; Gal 3,11; Hebr 10,38)

Neben der Annahme einer gemeinsamen vorpaulinischen Verwendungsgeschichte im Urchristentum sind jedoch folgende Möglichkeiten ebenfalls in Betracht zu ziehen:
a) der unabhängig von Paulus erfolgte direkte Rückgriff des späteren Verfassers auf die Schrift bzw. die Schriftverwendung der Synagoge;
b) die literarische Abhängigkeit von Paulus;
c) die Abhängigkeit von paulinischer Tradition.

Die Möglichkeit einer vorpaulinischen Verwendung im Urchristentum besteht am ehesten für die Anführung von Jes 53,1 und Joel 3,5. Diese Zitate spiegeln in ihrer christlichen Verwendung Grunderfahrungen der urchristlichen Mission wider (Jes 53,1) bzw. formulieren urchristliche Grundüberzeugungen (Joel 3,5). Einmal in dieser Verwendungsmöglichkeit ›entdeckt‹, sei es durch Paulus oder bereits vor ihm, konnten sie leicht zum selbstverständlichen Besitz der Urchristenheit werden. Aber positiv zu erweisen ist hier eine vorpaulinische Herkunft nicht.

Abhängigkeit von Paulus liegt dagegen in der Anführung von Gen 15,6 in Jak 2,23 vor. Jak setzt sich hier mit der paulinischen Interpretation der Abrahamüberlieferung auseinander,[13] setzt also die paulinische Verwendung von Gen 15,6 voraus. Dagegen ist das zweite Zitat aus der Väterüberlieferung, Gen 21,12 (Hebr 11,18) höchstens indirekt mit Paulus in Verbindung zu bringen. Einerseits war die Abrahamthematik der urchristlichen Theologie aus der Synagoge vorgegeben. Andererseits zeigt Jak 2,23, daß Paulus innerhalb des Urchristentums die Auseinandersetzung mit dieser Überlieferung stark geför-

---

[11] Zu den Übereinstimmungen mit den Schriftzitaten in den Schriften der sog. ›Apostolischen Väter‹ s. u. S. 248–251.
[12] Vgl. die Liste bei ELLIS, Use 187; allerdings geht er von der pln Herkunft von 2 Kor 6,14–7,1 und Eph aus.
[13] Vgl. DIBELIUS, Jak 220; LINDEMANN, Paulus 240–252 (mit weiterer Lit.).

dert hat.[14] Auswirkung paulinischer Theologie und Übernahme aus der Schriftverwendung der Synagoge sind hier also nicht unterscheidbar, sondern gleichzeitig in Rechnung zu stellen.[15]

Ebenfalls von paulinischer Überlieferung abhängig ist die Anführung von Jes 8,14b in 1 Petr 2,8.[16]

Analoges dürfte auch für die Anführungen von Ψ 8,7 und Hab 2,4 in Hebr 2,8 und 10,38 gelten. Daß zwei Verfasser jeweils völlig unabhängig voneinander auf diese beiden Zitate gestoßen sind, ist wenig wahrscheinlich.[17] Literarische Abhängigkeit des Hebr von Paulus liegt jedoch nicht vor, und eine vorpaulinisch-christliche Verwendung beider Zitate ist ebenfalls nicht aufzuzeigen.[18] Zwar wird besonders für Ψ 8,7 (und zwar in Verbindung mit Ψ 109,1) häufig eine bereits traditionelle christologische Interpretation angenommen, für die neben 1 Kor 15,25.27 auf Eph 1,20.22 und Hebr 1,13; 2,6–8 verwiesen wird.[19] Doch liegt in 1 Kor 15,25 überhaupt kein Zitat von Ψ 109,1b (und erst recht nicht von V 1a) vor,[20] noch enthält 1 Kor 15,25–27 ein vorpaulinisches Traditionsstück, zu dem dann auch bereits Ψ 8,7b gehört hätte.[21] Ebensowenig setzt die Anführung von Ψ 8,7b selbst in 1 Kor 15,27 voraus, daß Paulus bereits

---

[14] Eine weitere Berührung mit den von Pls bereits zitierten Schriftstellen kann man in Act 3,25 sehen. Hier wird die Segensverheißung von Gen 22,18 zitiert, die der Landverheißung von Gen 13,15 u. ö. (zitiert in Gal 3,16) benachbart ist.

[15] Wie ja auch Jak 2 inhaltlich sowohl die pln als auch die jüdische Interpretation der Abrahamüberlieferung voraussetzt; vgl. DIBELIUS, Jak 198–221.

[16] Zum Nachweis vgl. KOCH aaO 178–184; s. auch u. S. 249. Zum textgeschichtlichen Problem s. o. S. 58ff.

[17] Hebr zitiert jeweils einen größeren Textausschnitt als Pls. Dies zeigt zwar eine selbständige Benutzung des LXX-Textes, bedeutet aber noch nicht, daß diese Zitate ohne jede Voraussetzung in der vorausgegangenen christlichen Schriftverwendung herangezogen werden.

[18] Für die Verwendung von Hab 2,4b in Röm 1,17 (und Gal 3,11) ist eine bereits vorpln christliche Verwendung nicht nachweisbar; s. o. S. 128f.

[19] Die Lit. ist kaum zu überblicken. Eine Orientierung vermitteln neben den Kommentaren zu 1 Kor 15,25.27; Eph 1,20.22 und Hebr 1,13; 2,5–9 für die ältere Lit. F. W. MAIER, BZ 20, 1932, 139–156, für die neuere Lit. HAY, Glory passim und GOURGUES, A la droite passim; außerdem sind zu nennen LUZ, Geschichtsverständnis 332–358; LINDEMANN, Aufhebung 82f. 206–211; LOADER, NTS 24, 1978, 199–217 und ders., Sohn 15–21.29–38.

[20] S. o. S. 19f.

[21] Als vorpln kann 1 Kor 15,24b gelten, jedoch nicht V 24c und auch nicht V 25; s. o. S. 20 (mit A 38); d. h. ein weiterreichendes Traditionsstück wird hier nicht sichtbar. Auch LUZ aaO 343–352 zeigt nicht die Zugehörigkeit von V 25 und V 27a zu einer breiteren, zusammenhängenden Tradition auf, sondern geht – aufgrund von Eph 1,20.22 und Hebr 1,13; 2,6–8 – von einer vorpln Verknüpfung von Ψ 109,1 und Ψ 8,7 aus. – Nicht überzeugend ist der Versuch von LOADER, NTS 24, 1978, 209–217, in 1 Kor 15,20–28 ein vorpln Traditionsstück nachzuweisen: Die herangezogenen Parallelen (Röm 8,34–38; 1 Petr 3,18–22; Eph 1,20–23; 2,5f; Kol 2,10–3,1 und Hebr 1,3–2,10) sind viel zu divergierend, als daß sich aus ihnen ein gemeinsames traditionelles Schema erheben ließe.

von einer umfassenden und ihm vorgegebenen christologischen Interpretation von Ψ 8 ausgeht.[22]

Aus Eph 1,20.22 und Hebr 1,13; 2,6-8 ergeben sich keine zusätzlichen Rückschlüsse auf ein vorpln Überlieferungsstadium von Ψ 8,7. Eph 1,20-23 stellt ein Mosaik pln sowie vor- und nebenpln Topoi dar, das auf den Vf. des Eph selbst zurückzuführen ist.[23] Für die Zusammenordnung von Ψ 109,1 und Ψ 8,5-7 in Hebr 1,13; 2,6-8 ist dagegen nicht auszuschließen, daß der Vf. hier u. U. einer für seinen Traditionsbereich charakteristischen Überlieferung folgt. Doch hätte diese dann eine so spezifische Ausrichtung,[24] daß für sie eine erheblich frühere (oder gar vorpln) Entstehung und stärkere Verbreitung nicht angenommen werden kann.

Auch die jüdische Auslegungstradition von Ps 8 spricht gegen eine frühe christologische Interpretation dieses Textes: Eine messianische Auslegung von Ps 8 ist in der jüdischen Lit. bislang überhaupt nicht nachgewiesen; vgl. MTeh 8 §7: Ps 8,4-7 wird hier auf 10 Personen der Geschichte Israels gedeutet (von Abraham bis Jona), darunter in V 7b auf David. Messianisch ist diese Interpretation damit jedoch nicht.[25]

Da der Hebr eine gegenüber Paulus erheblich weiterentwickelte Stufe der frühchristlichen Schriftinterpretation repräsentiert, ist also eher damit zu rechnen, daß sowohl Hab 2,4 als auch Ψ 8,7 durch Paulus einen festen Platz in der christlichen Überlieferung erhalten haben und daß sie vom Vf. des Hebr (bzw. in der von ihm vorausgesetzten Tradition) aufgenommen und selbständig verarbeitet wurden.

Keine gegenseitige Abhängigkeit wird in der Anführung von Gen 2,24 in 1 Kor 6,16 und Mk 10,7f sichtbar. Angesichts eines derart bekannten Zitats ist die Annahme eines jeweils unmittelbaren Rückgriffs auf die Schrift (bzw. die Schriftverwendung der Synagoge) völlig ausreichend. Ein solcher Rückgriff war natürlich auch schon vor Paulus jederzeit möglich. Aber eine für Paulus und Mk 10,2-8 gemeinsam vorgegebene christliche Verwendungsgeschichte von Gen 2,24 wird nicht sichtbar.

---

[22] Anders CONZELMANN, 1 Kor 335 (bei gleichzeitiger Abgrenzung gegenüber weitergehenden Interpretationen): »Wegen der Selbstverständlichkeit, mit des Ps 8 messianisch gedeutet wird, kann man vermuten, daß diese Deutung dem Paulus bereits geläufig war.« Doch ist angesichts der isolierenden Zitierweise aus 1 Kor 15,27 über ein Gesamtverständnis von Ψ 8 nichts auszumachen, und die Selbstverständlichkeit der christologischen Verwendung des Zitats selbst ist nicht größer als in anderen vergleichbaren Fällen (vgl. Jes 8,14b in Röm 9,33 und Dtn 21,23 in Gal 3,13).
[23] Vgl. LINDEMANN, Aufhebung 204; anders SCHILLE, Hymnen 103 A 4; DEICHGRÄBER, Gotteshymnus 161-165 und FISCHER, Tendenz 118-120.
[24] Der Verknüpfungspunkt zwischen beiden Zitaten wird im Sinne des Vfs. in 2,5 sichtbar; vgl. LOADER, Sohn 27.30.
[25] MICHEL, Hebr 138 verweist zwar auf hebrHen 5,10 (ODEBERG, 3 Enoch II, 17). Doch wird dort Ps 8,5 nicht messianisch interpretiert, sondern ist Teil der Anklage der Engel gegen ›אנוש‹ als ›head of the idol worshippers‹. – Ebensowenig überzeugend ist übrigens der Verweis von MICHEL aaO 122 auf äthHen 45,3; 51,3; 55,4; 61,8; 62,3-5 und 69,27-29, um eine frühe messianische Interpretation von Ps 110,1 nachzuweisen: In äthHen sitzt der ›Auserwählte‹ als Richter *selbst* auf dem Thron. Ein Sitzen *zur Rechten* Gottes, also *neben* ihm, ist nirgends ausgesagt, und dementsprechend fehlt auch jeder Bezug zu Ps 110,1.

Auf einem anderen Wege hat *E. E. Ellis* versucht, eine begrenzte Anzahl traditioneller Schriftzitate auszusondern.[26] Er stellt 8 Schriftzitate aus den Paulusbriefen, Hebr und Act zusammen, die alle λέγει κύριος enthalten (z. T. in freier Zufügung), jeweils eine von der LXX und dem MT abweichende Textgestalt aufweisen und – nach *Ellis* – auch inhaltlich gewisse Gemeinsamkeiten enthalten.[27] Daraus erschließt *Ellis* eine gemeinsame Herkunft der Zitate, und zwar aus dem Bereich der urchristlichen Prophetie, die sich – auch in ihrem Umgang mit der Schrift – der Formensprache der atl. Prophetie bedient habe. Doch sind die von *Ellis* beigebrachten Argumente für den traditionellen Charakter dieser Zitate (insbesondere aus dem Corpus Paulinum)[28] nicht ausreichend.

So sind sämtliche Zufügungen von λέγει κύριος in den (echten) Paulusbriefen sehr wohl als paulinisch verständlich.[29] In Röm 12,19 trennt λέγει κύριος die Zitate von 32,35a und Prv 25,21f (Röm 12,20) voneinander und gibt dem kurzen Schriftwort in V 19b gegenüber dem wesentlich breiteren Zitat in V 20 ein stärkeres Gewicht.[30] In 1 Kor 14,21 entspricht die Zufügung von λέγει κύριος der Umsetzung von Jes 28,11f in direkte Gottesrede, die auf Paulus zurückzuführen ist.[31] Zugleich wird dadurch der Zitatschluß καὶ οὐδ' οὕτως εἰσακούσονταί μου,[32] auf dem für Paulus das Hauptinteresse bei der Anführung von Jes 28,11f liegt,[33] hervorgehoben. In Röm 14,11 ist λέγει κύριος überhaupt nicht frei hinzugefügt, sondern Teil des aus Jes 49,18 übernommenen Zitatausschnitts, der der Einleitung von Jes 45,23c dient.[34]

Unzutreffend ist außerdem die Annahme, die jeweiligen Abweichungen von der LXX und dem MT wiesen auf eine gemeinsame Herkunft dieser Zitate hin. Der Anführung von Jes 28,11f liegt eine (von Paulus seinerseits umgestaltete) LXX-Rezension zugrunde,[35] die Textform von Dtn 32,35a geht dagegen nicht

---

[26] ELLIS, Use 107–112; ders., Prophecy 182–187; Ellis setzt außerdem Dodds These von der Existenz einer ›bible of the early church‹ als weitgehend gesichert voraus (vgl. Use 104–107).

[27] Es sind dies die Zitate in Act 7,49; 15,16f; Röm 12,19; 14,11; 1 Kor 14,21; 2 Kor 6,16–18 (mit zweimaligem λέγει κύριος); Hebr 8,8–12 (λέγει κύριος begegnet dreimal); 10,16f. Ellis bezieht auch Hebr 10,30 mit ein, doch ist hier λέγει κύριος (bezeugt von ℵ[2] A D[2] K L 81 104 365 630 1175 2495 𝔐 b r vg[mss] sy[h] sa[mss] – fehlend in P[75vid] P[46] ℵ* D* P Ψ 6 33 629 1739 1881 pc lat sy[p] sa[mss] bo) als sekundäre Erweiterung (und zwar aufgrund von Röm 12,19) zu beurteilen.

[28] Diese sind auch für ELLIS, Prophecy 182 zentral, denn nur hier begegnen freie Zufügungen von λέγει κύριος.

[29] Anders ELLIS, Prophecy 186: Eine Zufügung durch Pls sei »apparently without any reason«, da jeweils eine ausdrückliche Zitateinleitung vorangeht.

[30] S. o. S. 139 A 36.

[31] S. o. S. 139.

[32] Zur pln Umgestaltung von Jes 28,12bβ s. o. S. 65.122f.151.

[33] S. u. S. 268f. Ob darüber hinaus die Zufügung von λέγει κύριος durch Jes 28,13a (καὶ ἔσται αὐτοῖς τὸ λόγιον τοῦ κυρίου κτλ.) angeregt wurde, ist fraglich.

[34] S. o. S. 184f.

[35] S. o. S. 63–66.

auf eine schriftliche Rezension von LXX^{Dtn}, sondern auf mündliche Verwendung dieses Schriftwortes zurück.[36] Schließlich setzt in Röm 14,11 Paulus den unveränderten LXX-Wortlaut von Jes 45,23c voraus.[37]

c) Zur Frage vorpaulinischer Anthologien und Florilegien von Schrifttexten

Ein immer wieder faszinierendes Erklärungsmodell für den Schriftgebrauch des frühen Christentums (und auch der Alten Kirche) hat R. *Harris* mit der Florilegienhypothese vorgelegt:[1] Grundlage der Schriftzitate nicht nur in der Literatur der Alten Kirche, sondern schon bei Paulus sei eine zusammenhängende schriftliche Sammlung von Schriftzitaten gewesen, die der Auseinandersetzung mit dem Judentum diente.[2]

Harris spricht nicht von der Existenz von ›Florilegien‹, sondern von ›Testimonies‹[3] bzw. (und dies trifft seine Sicht wesentlich genauer) von einem ›Testimony Book‹[4]. Für eine solche umfangreiche schriftliche Zitatensammlung ist jedoch die Bezeichnung ›Anthologie‹ angebrachter. Davon ließe sich auch der Begriff ›Florilegium‹ als Bezeichnung für eine traditionell gewordene Zusammenstellung mehrerer Zitate, die jedoch einen geringeren Umfang als eine Anthologie aufweist, unterscheiden. Umgekehrt sollte der Terminus ›Testimonium‹, der ursprünglich gar kein literarischer, sondern ein juristischer Begriff (›Zeugnis, Beweis‹) ist,[5] auf die Bezeichnung der Funktion eines Zitats beschränkt werden, sofern dessen Verwendung in bestimmten Argumentationszusammenhängen als Schriftbeweis traditionell geworden ist.[6]

Die Annahme einer umfangreichen Anthologie von Schrifttexten bzw. von mehreren, in ihrem Umfang begrenzteren Florilegien als Grundlage der frühchristlichen Schriftverwendung stützt sich auf folgende Beobachtungen:[7]

---

[36] S. o. S. 77f.
[37] Die Abänderung der Wortfolge, die auf Einwirkung von Phil 2,10f zurückgeht, ist auf Pls zurückzuführen; s. o. S. 108.
[1] HARRIS, Testimonies I.II (1916.1920); zu seinen Vorläufern vgl. HARRIS aaO I, 1–13; MICHEL, Paulus 37–43 und RESE, Motive 218–220.
[2] Zu Pls vgl. HARRIS aaO II, 12–21.32–37.
[3] Die Bezeichnung ist Cyprians Schrift »Ad Quirinum«, die den Untertitel »Testimoniorum libri tres« trägt (CChr.SL 3, 3–179), entnommen.
[4] So HARRIS aaO I, 4.
[5] Vgl. GEORGES, Handwörterbuch II, 3090 s. v.: »das (mündliche od[er] schriftliche) Zeugnis; ... üb[er]tr[agen] das Zeugnis = der Beweis«; vgl. auch HEUMANN-SECKEL, Handlexikon 585 s. v.; die juristische Grundbedeutung ist auch später nicht verlorengegangen, vgl. NIERMEYER, Lexicon 1027 s. v.
[6] Auch bei Cyprian wird nicht die Sammlung als Ganze als ›testimonium‹ bezeichnet, sondern der einzelne in ihr enthaltene Schriftbeleg. Die Notwendigkeit begrifflicher Klärung zeigt sich an den mit ›Testimonium‹ und ›Florilegium‹ bezeichneten Schriften aus Qumran. 4QTest ist eine Zusammenstellung mehrerer unkommentierter Schriftzitate, also ein Florilegium, 4QFlor dagegen keine Zitatzusammenstellung, sondern eine Kombination mehrerer Text*auslegungen;* s. u. S. 252 A 33.
[7] Vgl. die Zusammenstellung bei FITZMYER, Aufs. 60–70.

a) Die Anführung gleicher Schriftzitate in verschiedenen Schriften des NT;
b) übereinstimmende Textabweichungen gegenüber der LXX in mehrfach begegnenden Zitaten;
c) übereinstimmende Zusammenstellungen mehrerer Zitate;
d) das Vorkommen von Zitatkombinationen und Mischzitaten überhaupt;
e) das Vorkommen von falschen Angaben des Verfassers eines Schriftzitats.

Bei der Anwendung dieser Gesichtspunkte als Kriterien für den Nachweis einer größeren Anthologie bzw. kleinerer Florilegien ist jedoch zwischen den einzelnen Schriften bzw. Schriftengruppen des Neuen Testaments klar zu differenzieren: Beobachtungen, die bei Mt oder in den Act gemacht werden, können nicht ohne zusätzlichen Nachweis auf die Briefe des Paulus übertragen werden. Außerdem ist zwischen Argumenten zu unterscheiden, die sich auf Einzelzitate beziehen, und solchen, die Zitatzusammenstellungen betreffen.

Die Anzahl derjenigen Schriftzitate, die sowohl bei Paulus als auch in einer anderen ntl. Schrift begegnen, sind insgesamt ausgesprochen begrenzt,[8] selbst wenn man die Texte der übereinstimmenden Zitatzusammenstellungen einbezieht. Derartige gemeinsame Zitierungen liegen nur in 13 Fällen vor. Von diesen Schrifttexten ist jedoch nur für Jes 28,16 eine vorgegebene christliche Verwendung nachweisbar, bei zwei weiteren Zitaten (Jes 53,1 und Joel 3,5) ist eine bereits traditionelle christliche Verwendung denkbar, aber nicht positiv zu sichern. Die übrigen Zitate sind entweder (direkt oder indirekt) aus der Schriftverwendung der Synagoge übernommen bzw. von verschiedenen Verfassern unabhängig voneinander der Schrift entnommen worden, oder sie sind als Auswirkung paulinischer Überlieferung anzusehen.

Dieses Bild ändert sich auch dann nicht, wenn man den Vergleich auf den 1. Clemensbrief ausdehnt: 1 Clem kennt sowohl Röm als auch 1 Kor,[9] und auf diese beiden Briefe beschränken sich auch die mit Pls gemeinsamen Zitate. Keine literarische Abhängigkeit, aber Auswirkung pln geprägter Überlieferung ist für die wenigen mit Pls übereinstimmenden Zitate des Barn[10] anzunehmen, wie sich besonders deutlich in Barn 13,7 zeigt, wo Gen 17,5 mit einer Erweiterung zitiert wird, die die pln Interpretation Abrahams in Röm 4,11 als πατὴρ πάντων τῶν πιστευόντων δι' ἀκροβυστίας voraussetzt.[11] Von hier aus sind auch die mit Pls übereinstimmenden Anführungen von Gen 25,23 und Jes 65,2 in Barn zu beurteilen.[12]

Auch die Berücksichtigung gemeinsamer Textabweichungen führt zu keinem anderen Ergebnis. Deren Anzahl ist ja noch geringer als die Zahl der überhaupt

---

[8] S. o. S. 242f.
[9] Vgl. LINDEMANN, Paulus 189.
[10] Von den weit über 100 verschiedenen Texten, die in Barn herangezogen werden, haben lediglich vier eine Entsprechung bei Pls.
[11] So auch LINDEMANN aaO 278f; vgl. auch WENGST, Tradition 46.
[12] Zur Anführung von Jes 28,16 s. u. S. 249f; zu Justin s. u. S. 250f.

gemeinsamen Zitierungen.[13] Schließlich begegnen falsche Verfasserangaben bei keinem einzigen Schriftzitat des Paulus.[14]

Ein nennenswerter Zitatenschatz, der für Paulus bereits traditionell ist und der auch den Verfassern späterer ntl. Schriften präsent ist, ist somit nicht nachweisbar. Damit ist die Annahme einer umfangreichen Anthologie von Schriftzitaten (eines ›Testimony Book‹ im Sinne von *Harris*) als Voraussetzung der Schriftanführungen des Paulus ohne jede Grundlage.

Dagegen wird in der neueren Literatur häufig die Existenz einzelner kleinerer Florilegien für wahrscheinlich oder zumindest für möglich gehalten, zumal aus Qumran ein schriftliches Beispiel einer solchen Zitatensammlung bekannt geworden ist. Doch ist die bloße Tatsache von Zitatzusammenstellungen bei Paulus noch kein ausreichender Nachweis für deren vorpaulinische Herkunft, da sich gezeigt hat, daß die Zitatkombinationen und Mischzitate in den Paulusbriefen durchweg als paulinisch verständlich sind.[15]

Mit Paulus parallele Zitatzusammenstellungen liegen nur in zwei Fällen vor: die Zusammenstellung von Jes 28,16 und 8,14b in Röm 9,33, die in ähnlicher Form auch in 1 Petr 2,6.8 und Barn 6,2f begegnet, und die Zusammenordnung von Dtn 27,26 und 21,23c in Gal 3,10.13 und bei Justin, Dial 95f.

Besonderes Interesse verdient dabei die immer wieder als Angelpunkt der Florilegienhypothese hervorgehobene Zitatabfolge an vocem ›λίθος‹ in Röm 9,33 und 1 Petr 2,6–8,[16] bei deren Beurteilung außerdem Mk 12,10f parr und Barn 6,2–4 zu berücksichtigen sind. Die Gemeinsamkeiten sind auf den ersten Blick frappierend: Zitiert werden Jes 28,16 (Röm 9,33; 1 Petr 2,6; Barn 6,2f); Jes 8,14b (Röm 9,33; 1 Petr 2,8) und Ψ 117,22 (Mk 12,10 parr [+ Ψ 117,23 in V 11 par]; 1 Petr 2,7; Barn 6,4).[17] Hinzu kommen auffallende gemeinsame Abweichungen bei der Wiedergabe von Jes 28,16 und 8,14b in Röm 9,33 und 1 Petr 2,6.8. Doch zeigt sich, daß ein alle drei Texte umfassendes ›Florilegium‹ erst in 1 Petr 2,6–8 vorliegt. Paulus zeigt keine Kenntnis von Ψ 117,22(f) als einem traditionellen christologischen Zitat, Mk hat umgekehrt keine Kenntnis von Jes 8,14b und 28,16.[18] Postuliert man dennoch eine

---

[13] Es handelt sich um insgesamt nur vier Zitate: Dtn 19,15c (2 Kor 13,1; Mt 18,16); 32,35a (Röm 12,19; Hebr 10,30); Jes 8,14b und 28,16 (Röm 9,33; 1 Petr 2,6.8). Auch hier ist nur für Jes 28,16 eine vorpln-christliche Verwendung nachweisbar.

[14] Zwar führt Pls in 1 Kor 14,21 ein Zitat aus Jes mit ἐν τῷ νόμῳ γέγραπται ein (vgl. auch Röm 3,19 im Verhältnis zu Röm 3,10–18). Doch ist dies nicht als irrtümliche Verfasserangabe zu werten, sondern entspricht jüdischer Praxis, auch die Schrift als Ganze als ›Tora‹ zu bezeichnen; vgl. Bill II, 542f; III, 159. 462f; vgl. im NT: Joh 10,34; vgl. außerdem KÜMMEL, Aufs. I, 20.

[15] S. o. S. 160–186.

[16] So ist z. B. für LUZ, Geschichtsverständnis 96f Röm 9,33 der Ausgangspunkt, um für Pls – in durchaus vorsichtiger Weise – mit der Verwendung von Florilegien zu rechnen.

[17] Auch Barn 6,4 zitiert lediglich Ψ 117,22, fügt aber – allerdings mit einer neuen Zitateinleitung – V 24a an.

[18] Auch Lk 20,18 setzt nicht Jes 8,14b voraus; vgl. KOCH, ZNW 71, 1980, 184 A 42.

vorgegebene Zusammenstellung aller drei Zitate als Basis für Paulus und Mk, muß man erklären, warum jeweils nur ein Teil dieses Florilegiums zitiert wird, und zwar ohne irgendeine Überschneidung. Wesentlich näherliegend ist es dagegen, mit verschiedenen Traditionen zu rechnen, die erstmalig in 1 Petr 2,6 – 8 vereinigt worden sind.

Eine ebenfalls nachpln, aber wohl von 1 Petr 2,6 – 8 unabhängige Verbindung von Jes 28,16 und Ψ 117,22 liegt in Barn 6,2 – 4 vor, in der übrigens Jes 8,14b fehlt, andererseits Jes 50,7 aufgenommen ist. Der sekundäre Charakter dieser Zusammenstellung zeigt sich auch daran, daß die Anführung von Jes 28,16 ›berichtigt‹ ist: Zitiert wird der Wortlaut der LXX, d. h. nicht die abgeänderte Textfassung von 1 Petr 2,6 bzw. Röm 9,33.[19]

Aber auch die begrenztere Annahme, die Zusammenordnung lediglich von Jes 28,16 und 8,14b sei vorpaulinisch, ist nicht begründbar. Die Textfassung von Jes 28,16, die in 1 Petr 2,6 zitiert und in Röm 9,33 von Paulus vorausgesetzt wird, geht auf frühchristliche mündliche Schriftverwendung zurück, während die Fassung von Jes 8,14b, die in Röm 9,33 und 1 Petr 2,8 zitiert wird, das Ergebnis einer hebraisierenden Rezension des LXX^{Jes}-Textes ist. Diese Rezension, die auch andere Teile des LXX^{Jes}-Textes des Paulus betraf, ist jüdischen Ursprungs und als ein spezifisches Element der LXX^{Jes}-Vorlage des Paulus schriftlich vermittelt.[20] Damit ist eine gemeinsame mündliche Tradierung von Jes 28,16 und 8,14b – sei es im christlichen, sei es im jüdischen Bereich – vor Paulus auszuschließen. Zudem führt die Heranziehung von Jes 8,14b (und zwar in dem von Paulus vorausgesetzten Wortlaut) zu einer charakteristisch paulinischen Abänderung von Jes 28,16.[21] Die erneute Verwendung von Jes 8,14b in dem rezensierten Wortlaut von Röm 9,33 zeigt, daß dieses Zitat dann – jedenfalls im Bereich paulinischer Überlieferung – traditionell geworden ist,[22] während Jes 28,16 in 1 Petr 2,6 unabhängig von Paulus angeführt wird.[23]

Wesentlich engere Beziehungen bestehen dagegen zwischen den Schriftzitaten des Paulus und denen bei Justin. Dies zeigt sich schon daran, daß von den 93 Schriftstellen, die Paulus anführt, Justin immerhin 27 ebenfalls zitiert. Hinzu kommen die übereinstimmende Zitatabfolge von Gal 3,10.13 und Dial 95f sowie die Röm 3,10–18 analoge Zitatzusammenstellung in Dial 27,3. Damit stellt sich aber auch die Frage nach einer direkten literarischen Benutzung der

---

[19] Die Verwendung einer traditionellen Zitatzusammenstellung ist in Barn keineswegs ein Einzelfall, doch braucht dies hier nicht ausführlicher diskutiert zu werden, da weitere Berührungen mit Pls nicht vorliegen.
[20] S. o. S. 58–69.78–81.
[21] S. o. S. 161f.
[22] Entsprechend ist die Anspielung auf Hos 2,25 in 1 Petr 2,10 zu beurteilen; zu den Beziehungen des 1 Petr zum pln Traditionsbereich vgl. BROX, 1 Petr 47–51; GOPPELT, 1 Petr 48–51; LINDEMANN, Paulus 252–261.
[23] Vgl. DODD, Scriptures 43; eine literarische Verwendung des Röm im 1 Petr ist auch an anderen Stellen nicht nachweisbar, vgl. GOPPELT, 1 Petr 48–51 und LINDEMANN aaO 254–257.

Paulusbriefe durch Justin, die allerdings nur aufgrund der gemeinsamen Schriftanführungen selbst geklärt werden kann, da Justin an keiner Stelle eine eigene Aussage des Paulus zitiert.[24]

Dies spricht nicht von vornherein gegen eine Kenntnis des Corpus Paulinum auf Seiten Justins. Mindestens ebenso wahrscheinlich ist, daß Justin sich in seiner Argumentation contra Iudaeos bewußt darauf beschränkt, neben Jesus-Worten ausschließlich die Schrift (und d. h. das AT) zu verwenden.[25]

Doch erlauben gerade die beiden Fälle einer gemeinsamen Zitatabfolge bzw. analogen Zitatzusammenstellung ein hinreichend sicheres Urteil. In der mit Gal 3,10.13 übereinstimmenden Abfolge von Dtn 27,26 und 21,23c in Dial 95f folgt Justin zweifellos einer Vorlage,[26] doch scheidet ein (unkommentiertes!) Florilegium aus.[27] Die Übereinstimmung betrifft aber nicht nur Zitatauswahl und Zitatabfolge, sondern auch die Textform: Beide Zitate weisen bei Justin die gleichen Abänderungen auf, die auch in Gal 3,10.13 vorliegen und dort mit hinreichender Wahrscheinlichkeit auf Paulus selbst zurückzuführen sind.[28] Diese Beobachtungen lassen nur den Schluß zu, daß Justin hier in unmittelbarer Kenntnis von Gal 3,10.13 formuliert.[29] Dem entspricht, daß die mit Röm 3,10–18 weitgehend übereinstimmende Zitatkombination in Dial 27,3 unter der Voraussetzung einer literarischen Abhängigkeit Justins von Röm 3 vollständig erklärbar ist, während umgekehrt Anzeichen für die Benutzung einer von Paulus unabhängigen Quelle nicht vorhanden sind.[30] Somit ergeben auch die zwischen Justin und Paulus bestehenden Übereinstimmungen in der Schriftverwendung keine Hinweise auf die Existenz bereits vorpaulinischer Florilegien.

Nachdem die Florilegienhypothese, besonders in der von *Harris* vertretenen Form, zeitweilig in den Hintergrund getreten war,[31] wird sie seit der Entdeckung von 4QTest wieder stärker in Erwägung gezogen.[32] Auch wenn man dabei an einzelne, nur vier bis sechs Zitate umfassende Florilegien denkt, werden bei

---

[24] Vgl. die Darstellung des Problems bei LINDEMANN aaO 353–367.
[25] So LINDEMANN aaO 363f.367.
[26] Man sieht das an der Mühe, die Justin, Dial 96,1 hat, die Zitataussage nicht direkt auf Christus zu beziehen.
[27] Dies wird deutlich, wenn man Dtn 21,23c und 27,26 mit Jes 11,10 oder 28,16 vergleicht. Diese Jes-Zitate waren auch bei unkommentierter Anführung und Weitergabe als christologische Schriftaussagen voll verständlich. Dagegen ist eine unkommentierte Weitergabe von Dtn 21,23 als einem christologischen Schriftzitat oder die von Dtn 27,26 als Ausdruck eines kritischen Gesetzesverständnisses nicht möglich.
[28] S. o. S. 120f.165f.
[29] Mit literarischer Kenntnis von Röm, 1 Kor und Gal durch Justin rechnet auch LINDEMANN aaO 353–367.
[30] S. o. S. 180ff.
[31] Vgl. die negative Stellungnahme von MICHEL, Paulus 37–53; eine neuere entschiedene Kritik findet sich bei RESE, Motive 217–223. Auch DODD, Scriptures 23–27 lehnt die Testimonienbuch-Hypothese ab und versucht sie, durch seine These einer ›bible of the early church‹ zu ersetzen.
[32] Vgl. FITZMYER, Aufs. 59–89, dem sich BRAUN, Qumran II 304f anschließt.

dieser Annahme die ganz unterschiedlichen Bedingungen für die Abfassung derartiger Texte in Qumran einerseits und im vorpaulinischen Christentum andererseits außer Acht gelassen.

4QTest ist im Zusammenhang mit der breiten literarischen Produktion von Qumran, der die Existenz eines professionellen Scriptoriums entsprach, zu sehen und setzt nicht nur ein Interesse an der Sammlung von Schriftstellen als Belegen für bestimmte Themen voraus.[33] Erforderlich für die Zusammenstellung eines Florilegiums war auch die umfassende Kenntnis des Materials, dem die Belegstellen entnommen werden konnten. Diese Kenntnis war in Qumran durch die intensive Reproduktion der ›Schriften‹ gegeben. Ein derart hochentwickelter literarischer Betrieb, auf dessen Hintergrund die Entstehung eines Florilegiums voll verständlich ist,[34] kann für das frühe Christentum z. Zt. des Paulus – oder gar noch vor ihm – ausgeschlossen werden. Die Annahme von vorpaulinischen schriftlichen Zitatzusammenstellungen ist durch 4QTest keineswegs wahrscheinlicher geworden.[35]

---

[33] Als Beispiel für eine Sammlung von Zitaten kommt nur 4QTest in Frage; zum inneren Aufbau und den Fragen der inhaltlichen Kohärenz vgl. FITZMYER, Aufs. 59–89 und BROOKE, 4QFlorilegium 339–353. Die Handschrift besteht aus einem einzigen, nahezu vollständig erhaltenen Blatt (vgl. ALLEGRO, JBL 75, 1956, 182–187 und DJD V, 57–60), stellt also kein Fragment dar. 4QTest umfaßt 4 Zitate von jeweils 3 bis 4 Versen aus Dtn 5 und 18 (4QTest 1–8 ist als ein einziges Zitat zu werten, vgl. FITZMYER aaO 82f); Num 24; Dtn 33 und einem außerkanonischen Text (vgl. 4QPssJosh; s. ALLEGRO aaO 186f). Die Anzahl der hier zusammengestellten Zitate ist also durchaus begrenzt. – Dagegen liegt in 4QFlor keine Sammlung von Zitaten, sondern eine Zusammenstellung mehrerer Textauslegungen vor; vgl. LANE, JBL 78, 1959, 343–346. 4QFlor stellt also gerade kein Florilegium dar; so auch FITZMYER aaO 81f.

[34] Außerdem sollte die Bedeutung von 4QTest innerhalb der Qumranliteratur nicht überschätzt werden:
a) 4QTest ist das einzige bekannt gewordene Beispiel eines Florilegiums. Eine breitere Florilegienproduktion ist in Qumran nicht feststellbar;
b) 4QTest hat keineswegs traditionsbildend gewirkt. Zwar ist Num 24,15–17 ein in Qumran mehrfach zitierter Text (vgl. CD 7,19f; 1QM 11,6, vgl. auch TestJud 24,1). Doch wird an keiner dieser Stellen Num 24,15–17 mit den übrigen Texten von 4QTest verbunden; umgekehrt fehlen die weiteren Texte von CD 7,14–21 in 4QTest (und auch in 1QM 11).
Eine Funktion, wie sie für die frühchristlichen Florilegien postuliert wird, hat 4QTest offenbar nicht gehabt.

[35] Eine größere Bedeutung schreibt FITZMYER, Aufs. 88 der Entdeckung von 4QTest zu: »the text of 4QTestimonia furnishes pre-Christian evidence of a literary process that led to the use of composite quotations in the NT and thus supports the hypothesis of testimonia.« Doch liegt eine echte Zitatkombination nur in 4QTest 1–8 vor. Diese ist jedoch offenbar vorgegeben (s. o. S. 196 A 38), ist also nicht mit der Formung des Florilegiums selbst in Verbindung zu bringen. Die übrigen Zitate sind dagegen durch eine Einleitungsformel voneinander getrennt. Diese Zitateinleitungen sind zwar nicht vom Vf. selbst formuliert (abgesehen wohl von 4QTest 1), sondern mit dem folgenden Zitat dem jeweils verwendeten Text entnommen, markieren aber im jetzigen Zusammenhang deutlich genug den Beginn einer neuen Textanführung. Vergleichbar mit 4QTest sind also nur Zitatzusammenstellungen wie Röm 9,25–29; 10,18–20 und 15,9–12, nicht jedoch kombinierte

Insgesamt wird man urteilen müssen, daß die These von *R. Harris* ein Versuch war, mindestens zwei komplexe Probleme, die Beziehungen zwischen den Schriftanführungen bei verschiedenen neutestamentlichen Verfassern und die Frage der von der LXX abweichenden Zitatformen, durch eine literarische Generalhypothese zu lösen. Daß dieser Versuch scheitern mußte, ist angesichts der Komplexität jedes einzelnen dieser beiden Probleme nicht verwunderlich. Aber auch die Annahme, zumindest in einigen Fällen sei eine begrenzte Anzahl von Schriftzitaten bereits vor Paulus zu einem kürzeren Florilegium zusammengestellt worden, ist ohne ausreichende Grundlage.

Immerhin impliziert die ›Testimony-Book‹-Hypothese die Annahme, daß Paulus einen erheblichen Teil der von ihm angeführten Zitate nicht spontan aus dem Gedächtnis reproduziert hat und auch schwerlich für jedes einzelne Zitat von neuem die umfangreichen Rollen des Pentateuchs, der Propheten und der Hagiographen durchgemustert haben dürfte. Beide Schwierigkeiten verschwinden zwar mit einem Schlage, wenn man mit *Harris* von der Existenz einer relativ umfangreichen Anthologie von Schriftzitaten ausgeht, auf die sich Paulus bereits stützen konnte. Doch stellt sich dann sofort das mindestens ebenso große Problem, wie es zu erklären ist, daß trotz der Existenz einer derartigen Anthologie der Bereich der den Paulusbriefen und den übrigen neutestamentlichen Schriften gemeinsamen Schriftzitate derart schmal ist und eine Zunahme erst bei Justin festzustellen ist. Man wird aber diesen Problemen in der Zitierpraxis des Paulus viel eher durch die wesentlich einfachere Annahme gerecht, daß Paulus im Zuge seiner eigenen Schriftlektüre sich selbst geeignete Exzerpte von Schriftstellen angefertigt hat, auf die er dann bei der Abfassung der Briefe zurückgreifen konnte.[36] Die Annahme einer den Briefen des Paulus vorausliegenden Sammlung von Schriftzitaten ist also durchaus wahrscheinlich, doch führt sie gerade nicht in den Bereich der vorpaulinischen Schriftverwendung, sondern weist auf die literarischen Vorarbeiten von Paulus selbst hin.

Der geringen Wahrscheinlichkeit von umfangreicheren schriftlichen Zitatzusammenstellungen z. Zt. des Paulus (oder gar vor ihm) trägt *C. H. Dodd* durch seine These von einer ›bible of the early church‹ Rechnung:[37] Im Christentum des 1. Jh. sei eine größere Anzahl zusammenhängender Abschnitte aus der Schrift besonders häufig verwendet worden. Diese hätten faktisch die ›Bibel der frühen Kirche‹ dargestellt und als solche »the substructure of all Christian theology«[38] gebildet. *Dodd* rechnet also ebenfalls mit einer Anthologie von

---

Zitate wie Röm 11,26f (und auch nicht Röm 3,10–18) oder gar Mischzitate wie Röm 9,33 und Gal 3,10.

[36] S. o. S. 98f.

[37] DODD, Scriptures (zuerst 1952 veröffentlicht), vgl. bes. seine Aufstellung 107f und das Gesamtergebnis 126–138. Dodds These wird von LINDARS, Apologetic 13–31 und ELLIS, Use 104–107 aufgenommen.

[38] DODD aaO 127.

Schrifttexten, allerdings nicht mit einer Anthologie von Einzelzitaten, sondern von größeren Textblöcken. Dies würde bedeuten, daß die Schriftabschnitte, die diese ›Auswahlbibel‹ bildeten, in der frühen Kirche auch erheblich intensiver als andere Teile der Schrift benutzt wurden. *Dodd* setzt daher auch (ohne dies allerdings ausdrücklich zu formulieren) voraus, daß diese Schriftabschnitte jeweils in ihrem gesamten Umfang den Verfassern der ntl. Schriften (aber wohl auch den Lesern und Hörern) bekannt gewesen seien. Jedenfalls hält *Dodd* schriftliche Anführungen einzelner Zitate aus diesen Abschnitten für »pointers to the whole context«[39], der jeweils als Ganzer gemeint sei. Doch hält *Dodds* These, bei der er großzügig aus zeitlich sehr unterschiedlichen Schriften des NT ein Einheitsbild des ntl. Schriftgebrauchs entwirft, einer Überprüfung anhand der Zitierweise in den Briefen des Paulus[40] nicht stand.

Ausgehend von *Dodd* wäre zu erwarten, daß die weitaus überwiegende Zahl der Zitate des Paulus denjenigen Teilen der Schrift entnommen sind, die er der ›bible of the early church‹ zurechnet. Das ist jedoch nicht der Fall. Von den 93 verschiedenen Schrifttexten, die Paulus anführt, entfallen lediglich 15 auf Abschnitte, die *Dodd* für die ›bible of the early church‹ in Anspruch nimmt.[41] Also hat entweder *Dodd* die ›Bibel der frühen Kirche‹ selbst falsch bestimmt, oder Paulus hat sie ignoriert – oder sie ist überhaupt eine Fiktion.[42]

Aber auch die weitere Annahme von *Dodd*, die einzelnen Zitate aus den von ihm ausgegrenzten Teilen der Schrift seien als Verweise auf den jeweiligen Gesamtzusammenhang gemeint, ist unzutreffend. Dies zeigt schon der erste

---

[39] DODD aaO 126.
[40] Nach DODD aaO 108–110 ist mit einer bereits vorpln Existenz der ›bible of the early church‹ zu rechnen.
[41] Es handelt sich um:
Gen 12,3c (Gal 3,8)
Ψ 8,7b (1 Kor 15,27)
  68,23f (Röm 11,9f)
Hos 2,1 (Röm 9,25f.27)
  2,25b.c (Röm 9,25f)
  13,14b (1 Kor 15,55)
Joel 3,5a (Röm 10,13)
Hab 2,4b (Röm 1,17; Gal 3,11)
Jes 8,14b (Röm 9,33)
  11,10a-c (Röm 15,12)
  28,16 (Röm 9,33)
  29,14b (1 Kor 1,19)
  49,8a.b (2 Kor 6,2)
  52,15c.d (Röm 15,21)
  53,1a (Röm 10,16).
Auch von denjenigen Zitaten, die gleichzeitig in einer anderen ntl Schrift angeführt werden (s. o. S. 243), entfallen weniger als die Hälfte (6 von 13) auf die Abschnitte von Dodds ›bible of the early church‹, nämlich Ψ 8,7b; Joel 3,5a; Hab 2,4b; Jes 8,14b; 28,16; 53,1a.
[42] Vgl. auch die Kritik an Dodd durch SUNDBERG, NT 3, 1959, 268–281.

Text, den *Dodd* der ›bible of the early church‹ zuweist, nämlich Joel 2–4.[43] In diesen Abschnitt fällt von sämtlichen Schriftanführungen des Paulus nur das Zitat von Joel 3,5a in Röm 10,13, und Paulus verwendet ausschließlich diesen isolierten Textausschnitt. Schon Joel 3,5b, die Ankündigung einer künftigen Bewahrung ἐν τῷ ὄρει Σιὼν καὶ ἐν Ἱερουσαλήμ, spielt – auch implizit – im Zusammenhang von Röm 9,30–10,21 überhaupt keine Rolle und wird daher von Paulus auch nicht als bekannt vorausgesetzt. Natürlich ist davon auszugehen, daß Paulus den Kontext von Joel 3,5a gelesen hat,[44] aber für die Thematik von Röm 9,30ff (Christus als πέτρα σκανδάλου und τέλος τοῦ νόμου) war er irrelevant.[45] Und daß Paulus Joel 3,5a nur deswegen habe zitieren können, weil ihm Joel 2–4 insgesamt als Teil einer ›bible of the early church‹ bereits in besonderer Weise vorgegeben war, ist eine willkürliche Hypothese, die zusätzlich neue Fragen aufwirft. Denn wenn Joel 2–4 ein Text war, den die frühe Kirche sich bereits z. Zt. des Paulus bewußt angeeignet hatte (und zwar in seinem gesamten Umfang), dann bleibt es unverständlich, warum erst in Act 2,17–21 die Ankündigung des Geistes aus Joel 3,1ff aufgegriffen wird, während bei Paulus – auch in 1 Kor 2,10ff und Gal 3,1ff – dieser Text überhaupt keine Rolle spielt.[46]

d) Ergebnis

Für die vorpaulinischen Gemeinden war die Existenz der Schrift in selbstverständlicher Weise vorgegeben. Hinweise, daß ihre Geltung in Frage gestellt

---

[43] Vgl. DODD aaO 46–48.62–64.107; DODD aaO 62–64 verweist für die Bedeutung von Joel 2–4 für die ntl Schriften vor allem auf Act 2,17–21, sodann auf begriffliche Übereinstimmungen, und zwar a) auf die Verwendung von κηρύσσειν, das Bild von der Gerichtstrompete und das Stichwort ἐγγύς in Joel 2,1, wofür er jeweils zahlreiche ntl Entsprechungen anführt; b) auf Joel 2,26 (καὶ φάγεσθε ἐσθίοντες καὶ ἐμπλησθήσεσθε), was er mit Lk 6,21 und den Speisungswundern parallelisiert; c) auf Joel 4,2 im Vergleich mit Mt 25,32; d) auf die Verwendung von Joel 4,13 in Mk 4,29; dagegen fehlt ein Hinweis auf Röm 10,13! Doch sind – abgesehen von den ausdrücklichen Zitaten – die angeführten Entsprechungen entweder unspezifisch (so z. B. die Verwendung von κηρύσσειν), oder sie sind jeweils Teil einer wesentlich breiter anzusetzenden, traditionsgeschichtlichen Verankerung ntl Gerichts- und Theophanieschilderungen im atl-jüdischen Erbe.
[44] Das gilt auch dann, wenn man damit rechnet, daß die Verwendung von Joel 3,5a in Röm 10,13 nicht auf unmittelbar zuvor erfolgte Schriftlektüre zurückgeht, sondern auf die Benutzung eines (von Pls selbst angefertigten) Schriftexzerpts. Falls bereits das Röm 10,13 zugrundeliegende Exzerpt lediglich V 3a umfaßt hat, hat Pls bereits beim Exzerpieren den Kontext als für ihn unergiebig ausgeblendet.
[45] Gleiches gilt erst recht von Joel 2–4 insgesamt (Gerichtsankündigung an Israel, Bitte und Zusage der Bewahrung, Ankündigung des Geistes, Strafgericht über die Heiden). Irgendein nennenswerter Einfluß von Joel 2–4 auf die pln Theologie ist nicht nachweisbar und wird von Dodd auch nicht aufgezeigt – und das, obwohl dieser Text zur »substructure of all Christian theology« gehört haben soll (DODD aaO 127)!
[46] Analoges gilt für die Verwendung von Jes 52,13–53,12 (von DODD aaO 108 ebenfalls zur ›bible of the early church‹ gerechnet); s. o. S. 233–236.

wurde, sind nicht vorhanden. Damit ist jedoch noch nichts darüber ausgesagt, in welcher Weise sie auch aktiv weiterverwendet wurde – sei es in bruchloser Übernahme, sei es in bewußter Neuinterpretation.

Im vorpaulinischen christologischen Formelgut zeigt sich ein prinzipieller Rückbezug auf die Schrift, indem die grundsätzliche Schriftgemäßheit von Tod und Auferstehung Christi ausgesagt wird, ohne daß die Übereinstimmung dieses Geschehens mit der Schrift eine entsprechende christologische Interpretation einzelner Schriftworte zur Voraussetzung hat oder unmittelbar nach sich zieht.

Hinsichtlich der Aneignung einzelner Schriftaussagen, die sich offenbar parallel hierzu vollzog, ist die Entwicklung vor Paulus nur in Umrissen erkennbar. Feststellbar ist einerseits die Übernahme grundsätzlicher ethischer Weisungen (Dekalog, Liebesgebot), andererseits die christologische Neuinterpretation einzelner messianisch verstandener Schriftworte (besonders deutlich: Jes 28,16). Doch ist der Anteil derjenigen Schriftzitate, für deren Anführung bei Paulus schon eine traditionelle christliche Verwendung angenommen werden kann, begrenzt, und Versuche, bereits für Paulus die Benutzung einer ihm vorgegebenen Anthologie kürzerer Schriftzitate oder gar größerer Textblöcke nachzuweisen, sind nicht gelungen. Selbst für die Annahme von einzelnen Florilegien, die nur zwei oder drei Schriftzitate umfaßten, gibt es keine ausreichenden Anzeichen. Vielmehr ist die Aneignung einzelner Schriftworte als ein allmählicher Prozeß zu beurteilen, an dem Paulus offenbar einen erheblichen Anteil hatte.

V. Das Verständnis der Schrift (II): Literarische Funktion, thematische Zuordnung und zeitliches Verständnis der Schriftzitate in den Briefen des Paulus

Auf dem Hintergrund der – jedenfalls in Umrissen erkennbaren – zeitgenössischen Schriftauslegung sowohl im hellenistischen Judentum als auch in den vorpaulinischen frühchristlichen Gemeinden kann nun nach der inhaltlichen Verwendung der Schriftzitate durch Paulus selbst gefragt werden. Zu klären ist dabei, welche Bedeutung die ausdrücklichen Anführungen der Schrift für die Darstellung und Entfaltung der einzelnen Sachbereiche haben, in deren Zusammenhang Paulus die Schrift zitiert. Deshalb ist zunächst auf die literarische Funktion der Schriftzitate einzugehen, sodann auf ihre Zuordnung zu den einzelnen Themenbereichen der paulinischen Theologie. Schließlich stellt sich die Frage, in welcher Weise Paulus das Verhältnis zwischen dem in der Schrift längst ergangenen Wort Gottes und der gegenwärtigen eschatologischen Situation versteht.

1. Die literarische Funktion der Schriftzitate: Die Rolle der Schriftzitate in der Argumentation des Paulus und im Aufbau seiner Briefe

Die Analyse der Verteilung der Schriftzitate auf die einzelnen Briefe des Paulus ergab, daß das unterschiedliche Bild, das die verschiedenen Briefe hier bieten, keineswegs als rein zufällig zu bewerten ist – und das hieße: als unerklärbarer Sachverhalt stehenbleiben müßte. Vielmehr ist davon auszugehen, daß der überwiegenden Zahl der Schriftanführungen Vorarbeiten vorausgegangen sind, die das Auffinden, Auswählen und Exzerpieren geeigneter Schriftaussagen betrafen, wobei das Ausmaß derartiger Vorarbeiten – aus durchaus noch erkennbaren Gründen – bei den einzelnen Briefen erheblich differierte. Dem entspricht, daß ein Wechselverhältnis zwischen der Intensität der theologischen Reflexion, der literarischen Durchgestaltung der Briefe und der Häufigkeit der Schriftzitate festzustellen ist.[1] Diese Beobachtungen lassen es

---

[1] S. o. S. 92–101.

als sinnvoll erscheinen, im einzelnen nach der Bedeutung zu fragen, die die Schriftzitate für die literarische Gestaltung der paulinischen Briefe haben – und zwar sowohl hinsichtlich ihrer Funktion in begrenzteren Argumentationszusammenhängen als auch hinsichtlich ihrer Stellung in größeren kompositorischen Einheiten innerhalb der Briefe.

a) Die argumentative Funktion der Schriftzitate

Fragt man nach der Rolle, die die Schriftzitate für den Argumentationsgang in einzelnen, begrenzten Abschnitten der paulinischen Briefe haben, ist – bei aller unvermeidlichen Unschärfe derartiger Einteilungen[2] – zu unterscheiden, ob ein Zitat im jetzigen Zusammenhang eine primär illustrative oder eine bestätigende Funktion hat. In vielen Fällen geht jedoch die Bedeutung eines Zitats für den Fortgang der Darlegung über die rein illustrative oder nachträglich bestätigende Funktion hinaus: Das Zitat verstärkt oder verdeutlicht die vorangegangene Aussage des Paulus, führt die Argumentation weiter voran, ja in einer Reihe von Fällen ersetzt das Zitat völlig die eigene Formulierung eines Sachverhalts. Wird ein Schriftzitat zum Gegenstand der Interpretation, kehrt sich sogar das Verhältnis zwischen Zitat und Kontext um: Das Verständnis des übernommenen Textes gewinnt ein eigenständiges Interesse.

α) Schriftzitate mit illustrativer Funktion

Ein deutlicher Fall, in dem einem Schriftzitat lediglich eine illustrative Bedeutung zukommt, liegt in der Anführung von Ex 16,18a in 2 Kor 8,15 vor.

Im Kollektenbrief 2 Kor 8 wirbt Paulus für die Durchführung der Kollekte für die Gemeinde in Jerusalem. Um die Gemeinde in Korinth hierfür zu gewinnen, greift er in V 13–15 den traditionellen Leitgedanken der ἰσότης auf. Dabei verbinden sich zwei verschiedene Aspekte miteinander:[3] der Ausgleich zwischen gegenwärtigem Überfluß auf der einen und dem Mangel auf der anderen Seite sowie der Gedanke einer künftigen wechselseitigen Hilfe im Falle einer umgekehrten Notlage.[4] Angesichts der langen Tradition der ἰσότης als Voraussetzung und Zielvorstellung für das rechtliche und soziale Zusammenle-

---

[2] Die Übergänge können im Einzelfall fließend sein. Wichtig ist auch nicht eine formale Klassifizierung sämtlicher in Frage kommender Schriftanführungen, sondern die Unterscheidung zwischen unterschiedlichen argumentativen Funktionen und die Feststellung, welche Funktionstypen das Bild der paulinischen Schriftanführungen bestimmen. Daher wird im folgenden auch keine vollständige Auflistung der Schriftzitate hinsichtlich ihrer jeweiligen Funktion versucht, sondern eine Analyse charakteristischer Beispiele.

[3] Zur Interpretation vgl. WINDISCH, 2 Kor 257–260; LIETZMANN, 2 Kor 135 und GEORGI, Kollekte 62–67.

[4] Pls drückt sich bewußt vorsichtig aus, so daß seine Formulierung unbestimmt wirkt und dem ἐν τῷ νῦν καιρῷ kein ἐν τῷ ὑστέρῳ καιρῷ o. dgl. (vgl. 1 Tim 4,1) entspricht. GEORGI aaO 65.67 bestreitet daher, daß Pls hier überhaupt den Gedanken eines künftigen Ausgleichs im umgekehrten Sinne andeutet.

ben stellt der doppelte Hinweis auf die ἰσότης (V 13: ἐξ ἰσότητος, V 14: ὅπως γένηται ἰσότης) für den griechischen Hörer eine in sich bereits ausreichende Begründung für die Kollektenbitte dar.[5] Hierauf folgt dann in V 15 das ausdrücklich gekennzeichnete Zitat von Ex 16,18 a:

ὁ τὸ πολὺ οὐκ ἐπλεόνασεν,
καὶ ὁ τὸ ὀλίγον οὐκ ἠλαττόνησεν.[6]

Der ursprüngliche Zusammenhang der Schriftaussage fehlt,[7] doch ist auch ohne Kenntnis von Ex 16 insgesamt o. W. deutlich, daß sich das Zitat auf einen konkreten, in der Schrift zuvor dargestellten Vorgang bezieht. Aber der Vorgang selbst ist für die jetzige Verwendung ohne Bedeutung und wird deshalb auch von Paulus gar nicht in irgendeiner Form angedeutet.[8] Wichtig ist allein, daß durch das Zitat nochmals das Wesen der ἰσότης formuliert wird, und zwar als Ausgleich von einseitigem Mangel und Überfluß, und daß auch in der Schrift eine Begebenheit enthalten ist, deren Ergebnis sich unter dem Gesichtspunkt der ἰσότης mit dem Zustand vergleichen läßt, den Paulus im Verhältnis zwischen den Gemeinden von Korinth und Jerusalem verwirklicht sehen möchte. Zuvor hat Paulus bewußt darauf verzichtet, die Kollekte durch Befehl voranzutreiben, und statt dessen die Freiwilligkeit der Gabe betont (2 Kor 8,8–12). Dem entspricht, daß Paulus jeden Hinweis darauf unterläßt, daß die ἰσότης von Ex 16 auf göttlichen Befehl (und göttliches Eingreifen) zurückgeht. Was Paulus hervorhebt, ist allein die Analogie zwischen dem damals eingetretenen und dem jetzt erstrebten Zustand, und die Funktion des Zitats beschränkt sich darauf, die angestrebte ἰσότης zu illustrieren. Eine darüber hinausgehende Bedeutung hat das Zitat allenfalls indirekt, insofern das bloße Faktum eines Schriftzitats schon das Gewicht der so illustrierten eigenen Aussage verstärkt.[9]

---

[5] Zur Geschichte des Begriffs vgl. WINDISCH, 2 Kor 258; STÄHLIN, ThWNT III, 1938, 343–356; GEORGI aaO 63–65.97f; THRAEDE, RAC XI, 1981, 122–142; zu berücksichtigen ist insbesondere die Abhandlung über die ἰσότης bei Philo, Her 141–206 (dazu vgl. GEORGI aaO 97f), wo ebenfalls Ex 16,18 zitiert wird (Her 191). WINDISCH aaO 259: »Ein Traditionszusammenhang zwischen P[ls] und Philo ist mir hier sehr wahrscheinlich; P[ls] schöpft dann aus hellenistischer Thoraauslegung.«

[6] Zu den Veränderungen des Zitats, die diesem einen sentenzartigen Charakter geben, s. o. S. 108.142.

[7] Der Zusammenhang ist die Zuteilung des Manna-Brotes in Ex 16,16ff: (V 17) καὶ συνέλαξαν (sc. οἱ υἱοὶ Ἰσραήλ), ὁ τὸ πολὺ καὶ ὁ τὸ ἔλαττον. (V 18) καὶ μετρήσαντες τῷ γόμορ οὐκ ἐπλεόνασεν ὁ τὸ πολύ, καὶ ὁ τὸ ἔλαττον οὐκ ἠλαττόνησεν. Nach ὁ τὸ πολύ und ὁ τὸ ἔλαττον ist in V 18^{LXX} συλλέξας zu ergänzen, im Zusammenhang von 2 Kor 8,15 dagegen ἔχων (vgl. LIETZMANN, 2 Kor 135).

[8] LIETZMANN, 2 Kor 135: »Für die Anwendung ist wie gewöhnlich nur der Wortlaut, nicht der Zusammhang des Spruches maßgebend.« Anders HUGHES, 2 Kor 307f, der in der Auslegung von 2 Kor 8,14f das pln Zitat von Ex 16 her auffüllt. Doch war der Kontext des Zitats für Pls gar nicht verwendbar: Der Ausgleich in der Zuteilung des Mannas wird dort gerade nicht von den Empfängern selbst hergestellt!

[9] Vgl. BARRETT, 2 Kor 227 (zu 8,15): Pls »uses the Old Testament here rather to illustrate than to authorize his advice (verse 8), but the illustration has an authority of its own.«

Für eine lediglich illustrierende Funktion eines Schriftzitats stellt allerdings 2 Kor 8,15 das einzige hinreichend eindeutige Beispiel dar. Auch dann, wenn ein Zitat ausschließlich die vorangegangene Aussage des Paulus wiederholt, hat es in der Regel eine weitergehende Funktion, die der ausdrücklichen Bestätigung.

β) Schriftzitate mit rein bestätigender Funktion

Ein Schriftzitat, das ausschließlich der Bestätigung einer vorangegangenen Aussage des Paulus dient, begegnet in Röm 2,24, wo Paulus Jes 52,5c anführt.

In Röm 2,17–24 greift Paulus das Zentrum des religiösen Selbstverständnisses des Juden an, das er inhaltlich als ἐπαναπαύεσθαι νόμῳ und καυχᾶσθαι ἐν θεῷ (V 17) beschreibt.[1] Der Angriff erfolgt durch den auch rhetorisch sehr wirkungsvoll vorgetragenen Hinweis auf die Diskrepanz zwischen Anspruch und Wirklichkeit der Gesetzespraxis, und in V 23 formuliert Paulus in eigenen Worten das Ergebnis: ὃς ἐν νόμῳ καυχᾶσαι, διὰ τῆς παραβάσεως τοῦ νόμου τὸν θεὸν ἀτιμάζεις.[2] Auf diese radikale Schlußfolgerung, die Paulus aus dem Versagen Israels am Gesetz zieht, folgt unmittelbar das Zitat von Jes 52,5c.[3] Inhaltlich stellt das Zitat in Röm 2,24 lediglich eine variierende Wiederholung der eigenen Aussage des Paulus in V 23 dar: τὸν θεὸν ἀτιμάζεις und τὸ ὄνομα τοῦ θεοῦ δι' ὑμᾶς βλασφημεῖται sind sachlich gleichbedeutend. Auch mit ἐν τοῖς ἔθνεσιν kommt kein neuer Gedanke ins Spiel. Denn in V 19–21 hat Paulus selbst dargestellt, wie sich der Jude gerade im Gegenüber zum Heiden seines Vorzugs rühmt. In diesem Horizont ist – auch ohne V 24 – der Vorwurf des ἀτιμάζειν in V 23 zu verstehen, nämlich als Entehrung Gottes gerade auch vor denen, deren ὁδηγός, φῶς, παιδευτής und διδάσκαλος (V 19f) der Jude ja sein will. Mit dem Zitat in Röm 2,24 wird also der Gedankengang von 2,17–23 weder ergänzt oder gar weitergeführt.[4] Andererseits dient die Anführung von Jes 52,5c nicht der Illustration oder der bloßen Veranschaulichung, sondern hat deutlich die Funktion, die äußerst polemische Aussage des Paulus sogleich aus der Schrift zu bestätigen und abzusichern.[5] Gerade mit Hilfe der Schrift will Paulus

---

[1] Zur Interpretation von Röm 2,17–24 vgl. neben den Kommentaren BORNKAMM, Aufs. I 76–78 und ZELLER, Juden 155–157.

[2] Von untergeordneter Bedeutung ist es, ob man V 23 noch (wie V 21f) als Frage auffaßt (so MICHEL, Röm 43) oder bereits als Aussagesatz versteht (so LIETZMANN, Röm 43; KÄSEMANN, Röm 64f; WILCKENS, Röm I 146f). Da in V 23 eine abschließende Zusammenfassung vorliegt und auch ein Wechsel vom Partizipial- zum Relativstil (ὅς ... καυχᾶσαι) erfolgt, ist V 23 eher als eigenständiger Aussagesatz zu werten. Dafür spricht auch der unmittelbare Anschluß des Zitats in V 24.

[3] Der Anschluß ist so eng, daß lediglich ein γάρ eingeschoben ist und die Zitierformel ausnahmsweise erst nachträglich erscheint.

[4] Dies läßt sich daran prüfen, ob beim Fehlen des Zitats in der Argumentation eine inhaltliche Lücke entsteht, was hier nicht der Fall ist. Die Anklagen des Pls haben in V 23 ihren Schlußpunkt erreicht; andererseits greift V 25 auf V 23 zurück, und auch in V 26–29 ist das Zitat nicht vorausgesetzt.

[5] Die Parallelität zwischen Zitat und eigener Aussage verstärkt Pls durch die Auslassung von διὰ παντός (s. o. S. 116), die Abänderung der Wortfolge (s. o. S. 105) und die

bekräftigen, daß der Jude nach dem Maßstab des Gesetzes selbst keinen Vorzug, keinen Ruhm beanspruchen kann, vielmehr durch das, was er sich als Ruhm zurechnet, an Gott schuldig wird.

Schriftzitate, deren Funktion sich – wie im Falle von Röm 2,24 – auf die nachträgliche Bestätigung einer vorherigen Aussage beschränkt, begegnen bei Paulus relativ selten. Als rein bestätigend können z. B. auch die Zitate in Röm 4,17 (Gen 17,5c); 4,18 (Gen 15,5d); 10,13 (Joel 3,5a) und 10,16 (Jes 53,1a) gelten. Doch ist für Röm 4,17.18 und 10,13 unverkennbar, daß hier die vorangegangene Aussage schon in Blick auf das folgende Zitat formuliert ist. Häufig ist auch zu beobachten, daß bei einem Zitat die bestätigende Funktion zwar durchaus im Vordergrund steht, die zitierte Schriftaussage aber zugleich inhaltlich über die so bestätigte Aussage des Paulus hinausgeht; so z. B. in Röm 9,25f (Hos 2,25b.c; 2,1b)[6] und 10,11 (Jes 28,16c).[7]

Ein Grenzfall liegt in Röm 14,11 (Jes 45,23c) vor. Die Aussage von Röm 14,10c – πάντες γὰρ παραστησόμεθα τῷ βήματι τοῦ θεοῦ – wird von Pls mit dem im Zitat formulierten unbedingten Herrschaftsanspruch Gottes begründet (zum Zusammenhang von Herrschergewalt und Gerichtsgedanken vgl. Röm 3,4–6). Die Fortsetzung in V 12 zeigt, daß für Pls dieser Aspekt des Zitats – und damit die rein bestätigende Funktion – im Vordergrund steht. Die Aussage des Zitats geht jedoch über die reine Feststellung der Richtergewalt Gottes hinaus: Im Gericht erweist sich Gott nicht nur als Weltenherr, sondern sein Gericht zielt zugleich auch auf die umfassende Anerkennung und den universalen Lobpreis des Richters – eine Aussage, die Pls sicher geteilt hat, aber hier nicht auswertet.

γ) Schriftzitate als Verdeutlichung und Fortführung einer eigenen Aussage des Paulus

Als Beispiele für Zitate mit verdeutlichender bzw. fortführender Funktion seien die – durchaus unterschiedlich gelagerten – Fälle von 2 Kor 6,2 (Jes 49,8a.b) und Röm 8,36 (Ψ 43,23) genannt.

Änderung von μου in τοῦ θεοῦ (s. o. S. 87.116). Die entscheidende Voraussetzung für die hier vorliegende Verwendung von Jes 52,5c ist allerdings, daß Pls den Textausschnitt völlig aus dem Zusammenhang herauslöst. Der Kontext von Jes 52,5 zeigt auch für einen damaligen Leser, daß das βλασφημεῖν des Namens Gottes nicht durch Israels Taten erfolgt, sondern aufgrund der Bedrückung des Volkes Gottes durch andere Völker. So folgt auch ab Jes 52,6 kein Bußruf oder eine Gerichtsankündigung, sondern eine Verheißung göttlicher Hilfe (V 7f.9). Durch die isolierende Zitierweise und die Anführung nach Röm 2,23 erhalten δι' ὑμᾶς und βλασφημεῖν einen veränderten Sinn. Leitend für Pls ist der Gedanke, daß das positive Verhalten Israels Gottes Ruhm unter den Heiden erhöht (vgl. Bill III 118), den er hier umkehrt und gegen Israel wendet.

[6] Die bestätigende Funktion im Verhältnis zu 9,24 steht außer Frage. Die intensive pln Umgestaltung von Hos 2.25b.c und die Kombination mit Hos 2,1b (s. o. S. 173f) haben jedoch zur Folge, daß im Zitat die ἐξ ἐθνῶν Berufenen (V 24) ausdrücklich als λαός Gottes und υἱοὶ θεοῦ ζῶντος bezeichnet werden (und zwar in betonter Anfangs- und Schlußstellung!); d. h. hier werden – über V 24 hinausgehend – den Heidenchristen die für Israel reservierten Selbstprädikationen zuerkannt; s. o. S. 173.

[7] Jes 28,16c dient der Bestätigung von Röm 10,10, doch stellt die Einfügung von πᾶς gegenüber 10,10 eine Verdeutlichung dar, die zugleich nach vorn, auf das Zitat von Joel 3,5a in V 13, weist; s. o. S. 104f.

1. Für die Argumentation des Paulus in 2 Kor 5,11–6,10 ist charakteristisch,[1] daß er dem Vorwurf der Kraftlosigkeit als Apostel (5,12b) dadurch begegnet, daß er die Autorität des Apostelamtes als Amt der Verkündigung in der inhaltlichen Autorität der Verkündigung verankert. Angelpunkt seiner Darlegung ist dabei die Verknüpfung des Versöhnungshandelns Gottes[2] mit dem Dienst der Versöhnung, als der hier das Apostelamt interpretiert wird (5,18f). Die Versöhnung des κόσμος schließt die Gabe der διακονία τῆς καταλλαγῆς bzw. die Aufrichtung des λόγος τῆς καταλλαγῆς mit ein. Das Apostelamt ist Teil der der Welt als Ganzer geltenden καταλλαγή, da es die von Gott hergestellte Versöhnung der Welt proklamiert und so dieser zugänglich macht.[3] Der Akzent der hier aufgenommenen Traditionen – sowohl der von der weltweiten Versöhnung durch Gott als auch der von der Neuschöpfung (5,17) – liegt jeweils auf der bereits erfolgten Heilswende. Während dabei 5,18 und 5,19 in weitgehend parallelen Gedankengängen von der Versöhnungstat Gottes in Christus ausgehen und auf den Versöhnungsdienst des Apostelamtes zulaufen,[4] ist in 5,20f und 6,1f die umgekehrte Gedankenrichtung festzustellen. 5,20a setzt mit der Beschreibung des Versöhnungsdienstes ein, die in 5,20b in direkte Anrede umschlägt, welche ihrerseits in 5,21 mit dem Rückgriff auf die in Christus hergestellte Versöhnung begründet wird. Der mit 5,20 parallele Neueinsatz in 6,1 bezieht die bisherigen, prinzipiell formulierten Aussagen auf die gegenwärtige Situation der Gemeinde, die ja schon in der χάρις θεοῦ lebt, und mahnt sie, diese nicht ›vergeblich‹ empfangen zu haben. An diese Mahnung fügt Paulus das wörtlich wiedergegebene Zitat von Jes 49,8a.b an:

καιρῷ δεκτῷ ἐπήκουσά σου[5]
καὶ ἐν ἡμέρᾳ σωτηρίας ἐβοήθησά σοι.

---

[1] Zur Gliederung des Abschnitts vgl. BULTMANN, Aufs. 306–312; ders., 2 Kor 147; DINKLER, FS H. Schlier, 1970, 170. Der ›dogmatische‹ Teil 5,16–6,2 wird umschlossen von den aktuellen Ausführungen zur Frage der Amtsführung in 5,11–15 und dem Peristasenkatalog 6,3–10, der die paradoxe Herrlichkeit des Apostelamtes beschreibt. Unzutreffend ist die Auffassung von HOFIUS, ZNW 71, 1980, 9 A 31, 2 Kor 6,2 sei Parenthese zwischen 6,1 und 6,3.
[2] Zum traditionsgeschichtlichen Hintergrund von καταλλάσσειν / καταλλαγή vgl. KÄSEMANN, FS R. Bultmann, 1964, 47–59; LÜHRMANN, ZThK 67, 1970, 437–452; BRANDENBURGER, Frieden 52f; WOLTER, Rechtfertigung 35–89 und FRIEDRICH, Verkündigung 95–118; zum Hintergrund von ›καινὴ κτίσις‹ vgl. SCHWANTES, Schöpfung 26–31, zur Interpretation bei Pls auch STUHLMACHER, EvTh 27, 1967, 1–35.
[3] Zum Zusammenhang von ›Versöhnung‹ und Verkündigung der ›Versöhnung‹ vgl. CONZELMANN, Grundriß 231f; DINKLER aaO 177; WOLTER aaO 78–83. HOFIUS aaO 16 will dagegen zwischen dem λόγος τῆς καταλλαγῆς als ›Gottes eigenem Wort‹ und dessen ›Bezeugung durch die Apostel‹ unterscheiden. Dies geht jedoch an der pln Intention vorbei, wie 2 Kor 4,5 (vgl. 1 Kor 2,2) zeigt. Unhaltbar ist auch die Eintragung des lk Zeugenbegriffs (aaO 19 A 71). Ebenso ist die typologische Gegenüberstellung (so ausdrücklich aaO 16 A 63) des λόγος τῆς καταλλαγῆς und der Sinaioffenbarung (mit Hilfe von Ψ 77,5) Konstruktion.
[4] Vgl. HAHN, EvTh 33, 1973, 251.
[5] BARR, JThS NS 31, 1980, 67–72 zeigt, daß ἐπακούειν – als Wiedergabe von ענה – in

Diesem Zitat läßt Paulus sofort die Interpretation folgen:
ἰδοὺ νῦν καιρὸς εὐπρόσδεκτος,[6]
ἰδοὺ νῦν ἡμέρα σωτηρίας.

Zitat und Zitatinterpretation stehen also im Kontext der Mahnung, μὴ εἰς κενὸν τὴν χάριν τοῦ θεοῦ δέξασθαι ὑμᾶς (6,1 b), doch erläutern sie nicht, welches Verhalten der Gemeinde dieser Mahnung entsprechen würde. Vielmehr unterstreicht Paulus durch das Zitat und dessen Interpretation die Dringlichkeit der Mahnung, indem er den eschatologischen Charakter der Gegenwart aufzeigt, der in der gegenwärtigen Verkündigung der καταλλαγή begründet ist. Denn während das Zitat selbst zunächst allgemein – und zudem in aoristischer Aussage[7] – den καιρός bzw. die ἡμέρα, an der Gottes Hilfe sich ereignet(e), als ἡμέρα σωτηρίας bezeichnet, wendet Paulus dies dann mit dem zweimaligen ἰδοὺ νῦν auf das ›Jetzt‹ der gegenwärtigen Verkündigung an, in deren Proklamation der καταλλαγή des κόσμος die σωτηρία voll anwesend ist.[8] Mit dieser Hervorhebung der Gegenwärtigkeit des eschatologischen Heils entspricht das Schriftzitat – in seiner paulinischen Interpretation – der Aussage von 5,17 über die Gegenwärtigkeit der καινὴ κτίσις, was auch in der Aufnahme des ἰδού aus 5,17 in 6,2 deutlich wird. Doch ist zugleich unverkennbar, daß 6,2 über eine reine Wiederholung von 5,17 mit Worten der Schrift erheblich hinausgeht. In 5,17 liegt der Akzent ganz auf der eschatologischen Ablösung des Alten durch das Neue, in 6,2 wird dagegen die damit gegebene eschatologische Qualifizierung der Gegenwart zum selbständigen Thema und kommt hier – zugleich als Schlußaussage von 5,14–6,2 – zu einer auch rhetorisch eindrucksvollen Formulierung.[9]

2. An den Peristasenkatalog von Röm 8,35 fügt Paulus den wörtlich wiedergegebenen[10] Wortlaut von Ψ 43,23 als Zitat an:[11]

---

der LXX auch die Bedeutung von ἀποκρίνεσθαι annehmen kann. Doch ist das hier nicht der Fall: ἐπήκουσα steht parallel mit ἐβοήθησα.

[6] F G ›korrigieren‹ nach der LXX. Δεκτός im Sinne von ›angenehm, wohlgefällig, willkommen‹ begegnet außerhalb der LXX und der frühchristlichen Literatur selten und erst recht spät (vgl. LSJ, Wb. I 377 s. v.); in der LXX erscheint es vor allem in kultischen Zusammenhängen (vgl. GRUNDMANN, ThWNT II, 1935, 57f), vgl. das einzige weitere Vorkommen bei Pls in Phil 4,18. Das sinngleiche εὐπρόσδεκτος (so Hesych, vgl. BAUER, Wb. 346 s. v. δεκτός) fehlt dagegen in der LXX, während es in der Profangräzität durchaus geläufig ist (vgl. LSJ, Wb. I 728 s. v.); bei Pls: neben 2 Kor 6,2 auch Röm 15,16.31; 2 Kor 8,12.

[7] S. auch u. S. 318.

[8] Vgl. DINKLER aaO 182.

[9] Zugleich gehört 2 Kor 6,2 damit in die Reihe derjenigen Schriftzitate, mit denen Pls in sich relativ geschlossene Briefabschnitte abschließt; s. u. S. 277f.

[10] Zu ἕνεκεν s. o. S. 55 A 37.

[11] Zur Analyse und Interpretation von Röm 8,31–39 vgl. BALZ, Heilsvertrauen 116–123; VON DER OSTEN-SACKEN, Römer 8, 23–60. 309–319; PAULSEN, Überlieferung 161–175. 177; FIEDLER, ZNW 68, 1977, 23–34; DELLING, SNTU 4, 1979, 76–96; WOLTER 181–188. Auf die Frage nach vorpln Traditionen braucht hier nicht eingegangen zu werden, da weitgehend unumstritten ist, daß Pls ab V 35 selbständig formuliert. Zu MÜNDERLEIN,

ἕνεκεν σοῦ θανατούμεθα ὅλην τὴν ἡμέραν,
ἐλογίσθημεν ὡς πρόβατα σφαγῆς.

Das Zitat interpretiert zunächst die katalogartig aufgereihten Gefahren von V 35 als θανατοῦσθαι[12] und verstärkt den Katalog durch die Aussage, daß ›wir‹[13] als πρόβατα σφαγῆς gelten.[14] Mit dem gleich den Zitatbeginn bildenden ἕνεκεν σοῦ bringt das Zitat jedoch einen zusätzlichen Aspekt ein: Die Leiden, die die Glaubenden treffen, bedrängen sie nicht zufällig, sondern sind Leiden ›um Christi[15] willen‹. Gerade deswegen kann Paulus aber auch gewiß sein, daß sie – als Leiden um Christi willen – nicht von der ἀγάπη τοῦ Χριστοῦ trennen können (V 35), sondern daß ›wir‹ in ihnen διὰ τοῦ ἀγαπήσαντος ἡμᾶς siegreich bleiben.[16]

Mit ἕνεκεν σοῦ stellt das Zitat also nicht nur eine wiederholende Bestätigung von V 35 dar, sondern hier wird ein neuer und für den Fortgang notwendiger Gesichtspunkt eingeführt,[17] den Paulus, da er im Zitat ausreichend formuliert ist, nicht mehr selbst zur Sprache bringen muß.

δ) Schriftzitate als eigenständige Argumente

Charakteristisch für die paulinische Verwendung der Schriftzitate ist neben der verdeutlichenden und weiterführenden Funktion von Schriftworten, daß

KuD 11, 1965, 136–142, der V 35b direkt aus der LXX herleiten will, vgl. die Kritik bei PAULSEN aaO 172f. – Zur Gattung des Peristasenkatalogs und ihrer Verwendung bei Pls vgl. SCHRAGE, EvTh 34, 1974, 141–175.

[12] LUZ, Geschichtsverständnis 376: Das Zitat stellt klar, daß es sich bei den in V 35b aufgezählten Gefahren um reale Bedrohungen und nicht um ferne, zukünftige Möglichkeiten handelt. Das ist sicher die Wirkung der Zitatanführung. Doch wäre auch ohne V 36 ein Mißverständnis von V 35b kaum wahrscheinlich.

[13] Ursprünglich setzt Ps 44,23 die Situation des Exils voraus, vgl. BEYERLIN, ZThK 73, 1976, 456–458; ohne genauere historische Zuordnung: H.-J. KRAUS, Ps I 480f. In der rabbinischen Lit. wird dann Ps 44,23 hauptsächlich (aber nicht ausschließlich) auf das Leiden des Märtyrers in der jeweiligen Verfolgungssituation (z. B. Hadrian) angewandt (vgl. Bill III 259f). Doch ist für das vorpln-jüdische Verständnis von Ps 44,23 nicht eine lediglich auf den einzelnen bezogene Verwendung (etwa im Rahmen der Tradition vom leidenden Gerechten; so MÜNDERLEIN aaO 136–142) zu postulieren. Auch ein angefochtenes Kollektiv konnte diese Aussage aufnehmen.

[14] Ἐλογίσθημεν ist nach dem Präsens θανατούμεθα am ehesten als ingressiver Aorist aufzufassen.

[15] Da von V 34 an Χριστός Subjekt (bzw. Objekt) ist, ist ἕνεκεν σοῦ auf Χριστός zu beziehen, ebenso dann in V 37 τοῦ ἀγαπήσαντος ἡμᾶς. Der Übergang von der ἀγάπη Χριστοῦ zu ἡ ἀγάπη τοῦ θεοῦ ἡ ἐν Χριστῷ ’Ιησοῦ wird erst in V 39 vollzogen. So auch LIETZMANN, Röm 88; VON DER OSTEN-SACKEN aaO 314; KÄSEMANN, Röm 241; WILCKENS, Röm II 175; anders (jedoch ohne Begründung) MICHEL, Röm 283.

[16] Vgl. VON DER OSTEN-SACKEN aaO 316: »Darin daß es (sc. das Erleiden der Bedrängnisse von V 35b) Getötetwerden Christi wegen ist, ist bereits mitgesetzt, was Paulus in V. 37 den Widerfahrnissen entgegenstellt.«

[17] Daß das Erleiden der Gefahren ›um Christi willen‹ geschieht, begegnet auch als Aussage nach anderen Peristasenkatalogen, so 2 Kor 4,11 (nach 4,8f) und 12,10; dazu vgl. SCHRAGE aaO 161f.

Paulus auch Schriftzitate als völlig eigenständige Argumente einsetzt, auf denen er dann in der weiteren Argumentation aufbauen kann. Als Beispiele sollen zwei recht unterschiedliche Fälle dienen: die Argumentation des Paulus in Gal 3,10 – 13 mit Hilfe von Hab 2,4b (V 11b) und Lev 18,5c (V 12b), die auch inhaltlich stark umstritten ist, und die Verwendung von Jes 28,11f in 1 Kor 14,21.

1. Um die Zielrichtung des Argumentationsganges in Gal 3,10–13 und die Funktion der in V 11 und V 12 verwendeten Zitate zu klären, ist von den Eingangsaussagen auszugehen, die Paulus den Schriftzitaten in V 10 (Dtn 27,26a.b) und V 13 (Dtn 21,23c) voranschickt.[1] V 10a formuliert thetisch und generalisierend: ὅσοι γὰρ ἐξ ἔργων νόμου εἰσίν, ὑπὸ κατάραν εἰσίν. Dem korrespondiert V 13a: Χριστὸς ἡμᾶς ἐξηγόρασεν ἐκ τῆς κατάρας τοῦ νόμου. Beiden Aussagen ist zur Begründung jeweils ein Schriftzitat zugeordnet.[2] Während Dtn 21,23c, jedenfalls in der von Paulus verkürzten Form,[3] der provozierenden christologischen Aussage von V 13a voll entspricht, ist dies für das Zitat von Dtn 27,26a.b im Verhältnis zu Gal 3,10 nicht der Fall. Paulus zielt in V 10 auf die generell gemeinte Aussage, daß jeder,[4] der ὑπὸ νόμον (vgl. Gal 4,21) bzw. ἐξ ἔργων νόμου ist, damit auch grundsätzlich dem Fluch des Gesetzes ausgeliefert ist. Denn nur so, wenn die κατάρα τοῦ νόμου jeden, der ›unter dem Gesetz ist‹, trifft, ist die ebenfalls grundsätzlich gemeinte Aussage vom Loskauf von der κατάρα τοῦ νόμου in V 13 sinnvoll.

Eine derartig umfassende Aussage über den Fluchcharakter des Gesetzes, wie Paulus sie hier intendiert, stellt Dtn 27,26 jedoch nicht dar – und war auch andernorts nicht zu finden. Dtn 27,26 droht ja nur dem Gesetzes*übertreter* den Fluch an. Dieses Verständnis ist nicht nur aufgrund des Wortlauts das einzig naheliegende, es entsprach auch der jüdischen Sicht von der grundsätzlichen Erfüllbarkeit des Gesetzes – eine Sicht, die Paulus als Pharisäer auch geteilt hat, wie aus der (im Rückblick natürlich distanziert formulierten) Aussage in Phil 3,6 hervorgeht. Paulus weiß also durchaus, wie man ›normalerweise‹ eine derartige Schriftaussage versteht[5] und daß sie ohne zusätzliche Klärung als Begründung seiner eigenen Aussage unzureichend ist.

---

[1] Gal 3,10–13 ist Teil des umfassenderen Abschnitts 3,6–14. 3,10ff ist 3,6–9 antithetisch zugeordnet und dient dazu, im Anschluß an 3,8f das Gegenüber von ἀκοὴ πίστεως und ἔργα νόμου (vgl. 3,2.5) als das Gegenüber von Segen (vgl. 3,8f – und dann 3,14) und Fluch (3,10ff) zu interpretieren. D. h. 3,10–13 ist als eigenständiger Teilschritt im Gesamtzusammenhang von 3,6–14 zu werten, was auch aus dem eindeutigen Rückbezug von V 13a auf V 10a hervorgeht. Die Bedeutung des Gegenübers von Segen und Fluch für die Argumentation in 3,6–14 wird bes. von LÜHRMANN, Gal 53–59 hervorgehoben.

[2] Die gegenseitige Zuordnung von V 10 und V 13 wird auch dadurch verstärkt, daß Pls die Zitate in ihrem Wortlaut bewußt aneinander angleicht; s. o. S. 120.132.165f.

[3] Zur Auslassung von ὑπὸ θεοῦ s. o. S. 124ff.

[4] Zum generellen Sinn von ὅσος vgl. BDR § 293.1 und BAUER, Wb. 1162 s. v. ὅσος 2.

[5] Zur rabbinischen Auslegung von Dtn 27,26, die diesen Text häufig mit Prv 3,18 verbindet und damit die grundsätzliche Erfüllbarkeit der Tora voraussetzt, vgl. Bill III 541f. NOTH, Aufs. 155–171 ist der Ansicht, daß die Fluchandrohungen von Dtn 28 (und entsprechend auch von Dtn 27,26) nur noch formal als Ankündigungen formuliert sind:

Zunächst verändert Paulus den Wortlaut von Dtn 27,26 a.b durch Einbeziehung von Dtn 29,19 b, so daß das Zitat jetzt davon spricht, daß das Gesetz den Menschen auf τὰ γεγραμμένα τοῦ βιβλίου τοῦ νόμου verpflichtet, ihn an das γράμμα bindet.[6] Das zeigt die Richtung, die Paulus einschlagen will, ändert aber an der Tatsache, daß das Zitat nur von Fluch hinsichtlich der Gesetzesübertretung spricht, noch nichts. Paulus geht nun nicht den Weg, daß er die Allgemeinheit der Gesetzesübertretung aufweist, um so die Allgemeinheit der κατάρα τοῦ νόμου feststellen zu können.[7]

Während *A. Oepke* doch den Gedanken der faktischen Nichterfüllung des Gesetzes hier »stillschweigend« vorausgesetzt sieht,[8] interpretiert *H. Schlier* auf der Grundlage von Röm 7,7ff: »Der Fluch haftet ... für Paulus an dem ποιεῖν selbst.«[9] *H. D. Betz* bezieht dagegen Gal 3,19–22 mit ein: Pls gehe bereits in 3,10 davon aus, daß das Gesetz keineswegs gegeben war, »to be faithfully obeyed as the covenant, but for the purpose of breaking it and generating sin«.[10] Doch handelt es sich auch hier um Eintragungen, die eine vermeintliche Lücke in der Argumentation des Pls schließen sollen. Von der ἁμαρτία als Macht, die durch das Gesetz ihre Wirksamkeit erhält (Röm 7,9) und so sich nicht nur in den einzelnen Übertretungen auswirkt, sondern ihrerseits gerade auch das ποιεῖν des Gesetzes als solches depraviert (vgl. Röm 7,14b), ist in Gal 3,10–13 nicht die Rede. Auch die Verhältnisbestimmung von νόμος (bzw. γραφή) und ἁμαρτία, die Pls dann in Gal 3,19.22 vornimmt, ist hier noch nicht vorauszusetzen. Pls schlußfolgert ja nicht aus der Feststellung ὁ νόμος τῶν παραβάσεων χάριν προσετέθη die Allgemeingültigkeit der Fluchankündigung von Dtn 27,26, sondern setzt umgekehrt in Gal 3,19–22 die Interpretation von Dtn 27,26 in 3,10–12 voraus. Natürlich ist zuzugeben, daß mit Ergänzungen aufgrund von Röm 2,1–3,20 bzw. 7,7ff (oder auch Gal 3,19–22) die pln Beweisführung überzeugender wirken würde; und sowohl Röm 2,1–3,20 als 7,7ff sind auf dem Hintergrund von Gal 3,10ff als erneute Anläufe des Pls zu verstehen, die Gesetzesproblematik nochmals zu durchdenken.

»aus der geschichtlichen Situation der Abfassungszeit (des Dtn)« ist zu erschließen, »daß ... der Fluch nicht nur eine Möglichkeit, sondern bereits eine Wirklichkeit darstellt« (170). Das braucht hier nicht diskutiert zu werden. Auch Noth aaO 171 geht davon aus, daß später die Segens- und Fluchansagen von Dtn 28 (und 27,26) als für den jeweiligen Hörer offene Möglichkeiten verstanden wurden. Da für Pls nicht eine höchstens für das 7. Jh. v. Chr. in Frage kommende Funktion von Dtn 27,26 vorauszusetzen ist, ist auch die Einbeziehung der These von Noth in die Interpretation von Gal 3,10 (so Mussner, Gal 224f) unsachgemäß.

[6] Zu dieser Zitatumgestaltung s. o. S. 163ff. Es liegt keineswegs eine rein mechanische Kombination zweier verwandter Schriftstellen, sondern bewußte Interpretation von Dtn 27,26 vor, wie die nicht aus Dtn 29,19 b o. dgl. erklärbare Auslassung von τοῖς λόγοις und des Demonstrativpronomens nach τοῦ νόμου zeigt.

[7] Zutreffend weist Klein, FS E. Dinkler, 1979, 271 darauf hin, daß mit dem Zitat in V 11b *diese* Begründung für V 11a gerade nicht gegeben wird.

[8] Oepke, Gal 105: »Daß kein Mensch dem Gesetz vollkommen gerecht wird, setzt er (sc. Pls) stillschweigend (sic!) voraus.« Ebenso interpretieren Lietzmann, Gal 19; Luz, Geschichtsverständnis 149; Hübner, KuD 19, 1973, 215; ders., Gesetz 39; van Dülmen, Theologie 31 f; Lührmann, Gal 55; dagegen Becker, Gal 36: Pls setzt zwar den Gedanken der faktischen Nichterfüllung des Gesetzes voraus, zielt jedoch darüber hinaus.

[9] Schlier, Gal 134.

[10] Betz, Gal 145.

Für die Argumentation des Paulus in Gal 3,10 –13 ist charakteristisch, daß er in Gal V 11f wiederum auf Schriftworte zurückgreift,[11] um den Sinn des Zitats in V 10b zu sichern. Das erste Zitat, Hab 2,4b (V 11b) erweist für Paulus – allerdings erst in der von ihm abgeänderten Form![12] – die Zuordnung von πίστις und δικαιοσύνη. Diese Zuordnung versteht Paulus exklusiv: Die πίστις ist der einzige Weg, der die δικαιοσύνη zugänglich macht, und schließt ein gleichzeitiges δικαιοῦσθαι auf dem Wege des Gesetzes aus, wie Paulus schon vorweg formuliert hat (V 11a).[13] Dem positiven Zusammenhang von πίστις und δικαιοσύνη entspricht negativ der von νόμος und ποιεῖν. Diesen sieht er in Lev 18,5c ausgesagt. Dem Zitat selbst (V 12b), das er leicht verändert wiedergibt,[14] stellt Paulus jedoch die (im Zitat keineswegs enthaltene) Feststellung der Unvereinbarkeit von νόμος und πίστις voran: Das Gesetz schließt das ›ἐκ πίστεως‹[15] aus (V 12a), führt den Menschen damit nicht in die δικαιοσύνη (nur von der δικαιοσύνη kann Paulus sagen: ἐκ πίστεως εἰς πίστιν [Röm 1,16]), sondern verpflichtet den Menschen auf das ποιεῖν all dessen, ›was im Gesetzbuch geschrieben ist‹.[16] Während Hab 2,4b von δικαιοσύνη und πίστις unter völliger Absehung vom Gesetz sprach, führt Paulus hier ein Zitat an, das für ihn vollgültig den νόμος charakterisiert, indem es ausschließlich vom Tun, und zwar unter völliger Absehung von πίστις und δικαιοσύνη spricht.[17]

---

[11] Zum Zitatcharakter der Anführungen s. o. S. 15 A 16. Kurzschlüssig argumentiert ULONSKA, Paulus 55 A 50: Daß Hab 2,4b nicht als Zitat gekennzeichnet ist, zeigt, »daß es Paulus nicht um die Antwort eines Schriftwortes geht, sondern er legt den Ton besonders auf den Inhalt.« Diese Entgegensetzung von Zitatcharakter und inhaltlichem Interesse wäre allenfalls dann überzeugend, wenn Ulonska sie auch in umgekehrter Richtung bei ausdrücklich gekennzeichneten Zitaten durchführen würde, was er natürlich nicht tut.
[12] Zur pln Herkunft des absoluten ἐκ πίστεως anstelle von ἐκ πίστεώς μου (d. h. θεοῦ!) s. o. S.127ff.
[13] In V 11a ist das einleitende ὅτι von δῆλον abhängig; d. h. V 11a enthält die positive These, während das zweite ὅτι kausal aufzufassen ist; vgl. HANSE, ZNW 34, 1935, 299–303.
[14] Durch die Auslassung von ἄνθρωπος nach ποιήσας und die Abänderung des relativischen ἅ in den Artikel konzentriert Pls auch sprachlich das Zitat auf den Aspekt des ποιεῖν; s. o. S. 111.120.
[15] In V 12a ist ›ἐκ πίστεως‹ Aufnahme aus dem Zitat in V 11b (vgl. SCHLIER, Gal 134 A 1). Doch ist es fraglich, mit BETZ, Gal 147 A 90 οὐκ ἔστιν als »is not the equivalent of« zu interpretieren. Der Verweis auf BAUER, Wb. 443 s. v. εἰμί II 3, den Betz anfügt, ist nicht zutreffend. Jedenfalls führt Bauer dort für ἐστίν im erklärenden Sinne (»bedeuten«) Gal 3,12 nicht auf und enthält auch kein Vergleichsmaterial für einen derartigen Gebrauch von οὐκ ἔστιν.
[16] Im jetzigen Zusammenhang bezieht sich das aus Lev 18,5c unverändert übernommene αὐτά jedenfalls grammatikalisch nicht auf ὁ νόμος in V 12a, sondern weist auf τὰ γεγραμμένα im Zitat V 10b (dort von Pls eingefügt!) zurück.
[17] Auch das Zitat von Lev 18,5c gibt als solches keineswegs das her, was Pls ihm entnehmen will. Für sich genommen ist ein positives Verständnis wesentlich näherliegend: als Lebenszusage, die der Gesetzeserfüllung gilt. Ein Verständnis im Sinne des Pls ergibt sich erst durch die antithetische Gegenüberstellung zu Hab 2,4b (in der Fassung des Pls!). Auch hier zeigt sich also die Schwierigkeit, in der Pls sich bei dem Versuch befindet, aus dem νόμος selbst dessen Unheilscharakter aufzuzeigen.

Die Funktion der Zitate von Hab 2,4b und Lev 18,5c in Gal 3,11b.12b lediglich im Sinne der nachträglichen Begründung einer vorausgegangenen These zu verstehen, ist unzureichend. Denn zum einen sind die vorangestellten thetischen Aussagen bereits im Blick auf die folgenden Zitate formuliert und bilden mit diesen eine zusammenhängende Aussage. Sie geben an, in welchem Sinne die folgenden Zitate zu verstehen sind. Zum anderen ruht das Schwergewicht der Argumentation eindeutig auf den – vorweg bereits interpretierten – Zitaten selbst. Nach dem Eingangszitat von Dtn 27,26 in Gal 3,10b, das noch keine ausreichende Begründung für die Ausgangsthese von V 10a darstellt, können wiederum nur Schriftzitate die notwendige Klärung herbeiführen. Sie sind die entscheidenden Argumente, die Paulus hier einsetzt, um die Aussage von der umfassenden Geltung der κατάρα τοῦ νόμου zu sichern, so daß er dann die positive christologische Feststellung von V 13 treffen kann.

2. Ein Beispiel für die Verwendung eines Schriftzitats als Ausgangspunkt für einen neuen Argumentationsgang liegt in 1 Kor 14,21 vor.

In seiner kritischen Stellungnahme zur Glossolalie in 1 Kor 14, die nicht die pneumatischen Phänomene als solche negativ beurteilt, sondern sie dem Kriterium der οἰκοδομή unterwirft (V 3), bezieht sich Paulus in V 1–19 auf die innergemeindliche Wirkung des glossolalischen Redens.[18] Mit der allgemeinen Ermahnung von V 20 eröffnet Paulus offenkundig einen neuen Argumentationsgang, ohne daß dessen Richtung hier schon inhaltlich erkennbar wäre. Er setzt dann sofort mit einem Schriftzitat, Jes 28,11f, ein, mit dessen Hilfe Paulus ein zweites kritisches Moment in die Beurteilung der Glossolalie einbringt: ihre Unverständlichkeit für die ἄπιστοι.

Nach der Binnenwirkung diskutiert Paulus also jetzt die Außenwirkung. Daß Paulus hier, anders als in 14,1–19, auf die Schrift zurückgreift, wird man nicht als Zufall werten können, etwa weil ihm hier ein geeignet erscheinendes Schriftwort zur Verfügung stand, das er gern unterbringen wollte. Die Mühe, die er hat, um das Zitat soweit abzuändern, daß es seiner Absicht entspricht,[19] und die dennoch verbleibende Notwendigkeit, es in V 22 zusätzlich zu interpretieren, sprechen dagegen. Über die Gründe, die Paulus veranlaßt haben, hier ausdrücklich die Schrift aufzubieten, sind allerdings nur Vermutungen möglich. Immerhin ist es evident, daß Paulus hier gegenüber einer stark enthusiastisch bestimmten Gemeinde argumentiert; und man kann annehmen, daß für eine solche Gemeinde der bloße Hinweis auf die Wirkungslosigkeit ihres Enthusiasmus nach außen kein sehr überzeugendes Argument gewesen sein dürfte, zumal die Außenwirkung pneumatischer Phänomene sicher auch unterschiedlich beurteilt werden konnte.

---

[18] Zur Interpretation vgl. CONZELMANN, 1 Kor 284–292 sowie VIELHAUER, Oikodome (Aufs II) 85–88; zur Frage, ob Pls bereits in 14,16 andeutungsweise über die innergemeindliche Perspektive hinausgreift, vgl. CONZELMANN aaO 290f.

[19] S. o. S. 111f.122f.151.

Wenn Paulus seine kritische Besprechung der Wirkung der Glossolalie nach außen durch das (veränderte) Zitat von Jes 28,11f einleitet, hat er für seine Argumentation zweierlei gewonnen:

1. Kriterium für die (positive) Außenwirkung der Glossolalie ist das εἰσακούειν der ἄπιστοι. Gesichtspunkt ist also auch hier die Verständlichkeit der Glossolalie.

2. Daß die Glossolalie nach außen grundsätzlich unverständlich bleibt, ist ein in der Schrift von Gott selbst bereits angekündigter Vorgang.

Möglich ist dies jedoch nur dadurch, daß Pls diejenigen Textteile, die sich dieser Anwendung auf die Glossolalie entziehen, ersatzlos streicht und zusätzlich das Zitat in die 1. Pers. Sing. umsetzt, also zu einer direkten Gottesrede umformt.

Zusätzlich muß Paulus allerdings klarstellen, daß die Wirkungslosigkeit der Glossolalie nach außen nicht auf Verblendung oder Verstockung der ἄπιστοι zurückzuführen ist,[20] sondern im Phänomen der Glossolalie selbst begründet ist. Paulus bezeichnet daher zunächst die γλῶσσαι als σημεῖον für die ἄπιστοι (V 22), das – wie er in V 23 zeigt – nur Mißverständnisse hervorrufen kann.[21] Es führt – anders als die Prophetie – die ἄπιστοι nicht zu der Erkenntnis: ὄντως ὁ θεὸς ἐν ὑμῖν ἐστιν (V 25).

In 1 Kor 14,21 fungiert somit das Zitat von Jes 28,11 f als Anfangspunkt eines neuen Argumentationsganges. Es stellt jedoch keineswegs nur einen bloß äußerlichen Anknüpfungspunkt dar, sondern enthält – in der paulinischen Umgestaltung – bereits die wesentlichen Elemente der Argumentation des Paulus.

ε) Schriftzitate anstelle von eigenen Aussagen des Paulus

Von den bisher behandelten Funktionen der Schriftzitate sind diejenigen Fälle zu unterscheiden, in denen ein Zitat eine inhaltlich analoge Aussage des Paulus völlig ersetzt. Einer solchen Verwendung entspricht umgekehrt, daß Paulus

---

[20] Er hat deshalb bereits im Zitat ἠθέλησαν gestrichen; dies ist bei CONZELMANN, 1 Kor 294 nicht berücksichtigt, so daß er eine Spannung zwischen Zitatwortlaut und -verwendung sieht.

[21] CONZELMANN, 1 Kor 295 (in bezug auf V 22b): »Offenbar wirkt bei der Formulierung der Umstand mit, daß im Wort σημεῖον (ganz anders als in 1,22) das Moment der Unverständlichkeit empfunden wird«. Doch gilt dies in erster Linie für V 22a; die Umkehrung in V 22b ist aus rhetorischen Gründen überspitzt formuliert. – Vgl. auch STENDAHL, Paul 113–116; ders., FS N. A. Dahl, 1977, 124f und RENGSTORF, ThWNT VII, 1964, 258, der vor einer Überinterpretation von σημεῖον in 1 Kor 14,22 warnt. – SWEET, NTS 13, 1967, 240–257 vermutet, daß Pls mit V 22a eine korinthische Parole ⟩αἱ γλῶσσαι εἰς σημεῖόν εἰσιν τοῖς πιστεύουσιν⟨ aufgreift und umkehrt, und geht (im Anschluß an ELLIS, Use 107–113) davon aus, daß das Zitat in V 21 bereits vor Pls als Schriftbeleg zur Verteidigung der Glossolalie gegenüber dem Judentum verwendet wurde. Doch müßte dann Pls nicht nur die Parole umgekehrt, sondern auch σημεῖον entgegengesetzt verstanden haben. Ebenso bleibt die Annahme einer vorpln Verwendung von Jes 28,11f reine Hypothese (s. auch o. S. 78ff).

derartige Zitate häufig ohne Zitateinleitung anführt und sie so voll in den Gang der eigenen Darstellung integriert.[1]

1. Ein Beispiel, in dem die Funktion eines Zitats, die eigene Aussage des Paulus zu ersetzen, deutlich erkennbar ist, liegt im Hymnus Röm 11,33–36 vor, dessen Mittelteil (V 34f) aus Textausschnitten aus Jes 40,13 und Hi 41,3 besteht.[2] Anfang und Abschluß des Hymnus sind unter Aufnahme hellenistisch-weisheitlicher Traditionen von Paulus selbst formuliert.[3] Der Beginn preist die ›Tiefe‹ von Gottes πλοῦτος, σοφία und γνῶσις und fügt dem – immer noch im Stil des Lobpreises – den Hinweis auf die Unerforschlichkeit seiner ὁδοί an. In V 34 wechselt jedoch der Stil und die Perspektive, aus der gesprochen wird. Der Unermeßlichkeit der σοφία Gottes wird der Mensch gegenübergestellt, von dem – im Stil der rhetorischen Fragen der Weisheit[4] – festgestellt wird, daß er den νοῦς κυρίου nicht zu erkennen vermag, noch Gottes σύμβουλος sein kann und sich erst recht Gott auch in keiner Weise verpflichten kann.

Das dreigliedrige, aus Jes 40,13a.b und Hi 41,3a gebildete Zitat ist zwar bewußt auf den dreigliedrigen Hymnusbeginn in V 33a bezogen.[5] Es formuliert aus der Sicht des Menschen – und damit via negationis – nochmals die Unermeßlichkeit der göttlichen σοφία, stellt also ein negatives Spiegelbild des Lobpreises von V 33 dar. Doch handelt es sich in V 34f nicht um überflüssige hymnische Plerophorie, sondern dieses Mittelstück stellt einen notwendigen Teil des dreiteiligen Hymnus dar. Erst so – angesichts der Unerreichbarkeit der Weisheit Gottes für den Menschen – wird die Größe der σοφία voll sichtbar, und erst auf diesem Hintergrund erhält die Schlußaussage des Hymnus, daß die Schöpfung selbst als Gottes Werk auch auf ihn hingeordnet ist, ihr volles Gewicht. Damit vertritt die Zitatkombination in V 34f eine inhaltlich analoge, selbständige Formulierung des Paulus, die hier zwischen V 33 und V 36 zu erwarten wäre.

2. In die Kette der Mahnungen von Röm 12,9–21 fügt Paulus in V 19f zwei Zitate ein, Dtn 32,35a und Prv 25,21f.[6] Während die Anführung von Dtn 32,35a im Verhältnis zu V 19a eine deutlich begründende Funktion hat und zugleich eine ausdrückliche Einleitungsformulierung aufweist, fehlt vor der

---

[1] Damit wird zugleich im Einzelfall die Grenze zur bloßen Anspielung auf einen bestimmten Text und zur Verwendung biblischer Sprache fließend; dazu s. o. S. 17f.
[2] Zur Textvorlage von V 34 (Jes 40,13a.b) s. o. S. 49, zur Vorlage von V 35 (Hi 41,3a) s. o. S. 72f.
[3] Zur traditions- und religionsgeschichtlichen Analyse s. die o. S. 178 A 37 angegebene Lit.
[4] Vgl. Hi 38; Sir 1,2–6; Sap 9,13; 12,12; Bar 3,15. 29f (vgl. auch jeweils die Fortsetzung durch οὐδέ κτλ. in V 21ff bzw. οὐκ ἔστιν in V 31).
[5] S. o. S. 178f (mit A 38 zur Gliederung von V 34f).
[6] Beide Zitate sind im vorgegebenen Wortlaut angeführt; s. o. S. 77f (zu Dtn 32,35a) und S. 56 (zu Prv 25,21f). Lediglich zu Dtn 32,35a ist zur Verstärkung λέγει κύριος hinzugefügt; s. o. S. 139.

Wiedergabe von Prv 25,21 f eine Zitateinleitung,[7] und die Anführung dieses Zitats dient auch nicht der Begründung oder Entfaltung einer vorangegangenen Mahnung. Vielmehr setzt Paulus mit dem Zitat die Kette der Imperative (bzw. imperativischen Partizipien)[8] von V 9–19a fort, die bereits ab V 17 (vgl. auch schon V 14!) auf das Außenverhältnis der Gemeinde bezogen sind.

Auf diesem Hintergrund ist auch das Verständnis des umstrittenen τοῦτο γὰρ ποιῶν ἄνθρακας πυρὸς σωρεύσεις ἐπὶ τὴν κεφαλὴν αὐτοῦ (Prv 25,22a)[9] zu sehen: Schon mit V 19 ist ja festgestellt, daß Vergeltung ausschließlich Sache Gottes ist und daher noch nicht einmal mittelbar als Zweck des eigenen Handelns in Betracht kommt. Allerdings ist es ebenfalls unwahrscheinlich, daß hier der u. U. ursprüngliche Sinn von Prv 25,22a als Bußritus noch präsent ist und Pls damit für den ἐχθρός die Möglichkeit andeutet, dem Gericht von V 19 zu entkommen.[10] Das Schwergewicht des Zitats liegt im jetzigen Zusammenhang auf den beiden parallelen Aufforderungen zur Hilfe für den ἐχθρός, nicht auf dessen eigenem (weiteren) Geschick. Nicht uninteressant ist dagegen, daß Pls, dem bisherigen Duktus der Paränese von 12,9ff folgend, den Hinweis auf die positive Wiedervergeltung Gottes von Prv 25,22b nicht mehr übernimmt.

Das Zitat steht also gleichrangig neben den von Paulus selbst formulierten Aufforderungen von V 9–19a und vertritt eine analoge Aussage von Paulus selbst. Dem entspricht das Fehlen einer Einleitungsformulierung, die vor einer direkten Mahnung massiv gestört hätte.[11] Der Abstand zwischen eigener und übernommener Formulierung wird so nur indirekt, durch den Umfang und die stilistische Differenz zum Kontext, deutlich.[12]

ζ) Schriftzitate als Gegenstand der Interpretation

Auch dort, wo Paulus Schriftzitate durch kurze erläuternde Nachbemerkungen oder auch durch längere Auslegungen interpretiert, sind diese Schriftinterpretationen dem Briefzusammenhang, dem sie angehören, ganz eindeutig untergeordnet. Paulus schreibt, anders als die Schriftausleger der Gemeinde von Qumran, keine selbständigen Auslegungen einer biblischen Schrift oder auch nur eines Teils einer solchen. Dennoch verschiebt sich – insbesondere bei einer umfangreicheren Exegese – die Funktion des so interpretierten Zitats. Die Frage nach dem sachgemäßen Verständnis des so interpretierten Textes gewinnt eine eigenständige Bedeutung, während für die übrigen, unkommentierten Schriftzi-

---

[7] Die Einleitungsformulierung in V 19 bezieht sich nur auf Dtn 32,35a, da λέγει κύριος dieses Zitat abschließt und hier somit keine Zitatkombination vorliegt.
[8] Vgl. BDR § 468 A 5.
[9] Dazu vgl. KÄSEMANN, Röm 336f.
[10] Dies erwägt WILCKENS, Röm III 26, der aufgrund von ἀλλά (V 20) Prv 25,21f dem Zitat in V 19b gegenüberstellt. Doch ist das ἀλλά in V 20 wie das in V 19 (vor δότε κτλ.) in Entgegensetzung zu μὴ ἑαυτοὺς ἐκδικοῦντες (V 19a) gedacht.
[11] Ebenso fehlt vor dem Zitat von Dtn 17,7c u. ö. in 1 Kor 5,13 eine Einleitungsformulierung. Analog ist das Fehlen einer Zitierformel in 1 Kor 15,33 zu beurteilen. Die auf Menander zurückgehende Sentenz erhält durch μὴ πλανᾶσθε imperativischen Sinn; s. auch o. S. 43 A 35.
[12] S. o. S. 14.

tate das paulinische Verständnis des angeführten Schriftwortes als selbstverständlich vorausgesetzt wird.

1. Kürzere exegetische Nachbemerkungen, die den Sinn des zuvor angeführten Schrifttextes sicherstellen oder erläutern sollen, begegnen in Röm 9,7/8 (Gen 21,12c); 10,6–8 (Dtn 30,12–14); 1 Kor 15,27 (Ψ 8,7b); 15,54f/56 (Jes 25,8a; Hos 13,14b); 2 Kor 3,16/17 (Ex 34,34a) und 6,2 (Jes 49,8a.b). Das sachliche Verhältnis zwischen Zitat und Erläuterung kann dabei durchaus verschieden sein. Die unterschiedlichen Möglichkeiten, die hier bestehen, zeigt ein Vergleich von 1 Kor 15,27 mit 1 Kor 15,54f/56. Während sich die Interpretation von Ψ 8,7b in 1 Kor 15,27 darauf beschränkt, ein mögliches Mißverständnis des Zitats auszuschließen, umreißt 1 Kor 15,56 umfassend den Sachhorizont, in dem die Aussage des vorangegangenen Zitats verstanden werden soll.[1]

2. Dem stehen Gal 3,6–14 (bzw. 3,6–18) und besonders Röm 4 als breiter angelegte Exegesen eines Einzeltextes – jeweils ist es Gen 15,6 – gegenüber. Allerdings ist Gal 3,6ff nur mit Einschränkungen als tatsächliche Exegese von Gen 15,6 zu bezeichnen. Dies gilt auch dann, wenn man den mit Gal 3,6 einsetzenden Abschnitt bereits in 3,14 und nicht erst in 3,18 als beendet ansieht.[2]

In Gal 3,6ff scheint zunächst das Eingangszitat Gen 15,6 alleiniger Gegenstand der Interpretation zu sein: Die Schlußfolgerung, die Paulus in V 7 aus dem Schriftwort zieht (οἱ ἐκ πίστεως, οὗτοι υἱοί εἰσιν Ἀβραάμ), verschärft er in V 8 zur Aussage von der Rechtfertigung der ἔθνη, und diese ist bereits in der Schrift angekündigt,[3] wie Paulus durch die Anführung des – bewußt abgeänderten – Zitats von Gen 12,3c in V 8b zeigt.[4] Der weitere Fortgang der Darlegung wird jedoch nicht mehr vom Eingangszitat Gen 15,6, sondern von dem zunächst nur als Ergänzung hinzugezogenen Zitat Gen 12,3c bestimmt. Ausgehend von Gen 12,3c interpretiert Paulus die Antithese von νόμος und πίστις als Gegenüber von Segen und Fluch (3,9/10–12.13), und die Antwort, die er auf dem Hintergrund von 3,6–13 in 3,14 auf die Ausgangsfrage von 3,5 gibt, greift nicht auf Gen 15,6 zurück, sondern nimmt Gen 12,3c auf.

Anders als Gal 3,6–14 ist Röm 4 streng als Exegese von Gen 15,6 aufgebaut.[5] Hier bestimmt das Interesse an der Interpretation des Textes die gesamte

---

[1] S. o. S. 230 zum kettenartigen Stil von 1 Kor 15,56. Zwischen beiden Möglichkeiten steht z. B. 2 Kor 3,17; zunächst soll sichergestellt werden, daß mit dem κύριος des Zitats Christus gemeint ist, doch geht V 17b (οὗ τὸ πνεῦμα κυρίου, ἐλευθερία) darüber hinaus; s. auch u. S. 373f. – Den interpretierenden Erläuterungen eines Zitats benachbart, jedoch nicht mit ihnen gleichzusetzen sind inhaltliche Schlußfolgerungen, die nach einem Zitat begegnen; so z. B. in Röm 9,16.18 oder Gal 3,7.

[2] Für eine Abgrenzung 3,6–18 tritt mit Nachdruck BECKER, Gal 34 ein. Doch markiert 3,14b als Antwort auf die Ausgangsfrage von 3,5 zumindest einen vorläufigen Endpunkt in der Argumentation.

[3] Zu προευαγγελίζεσθαι (im NT nur hier, doch bei Philo belegt) vgl. FRIEDRICH, ThWNT II, 1935, 735. Analog führt Pls in Röm 9,29 das Zitat Jes 1,9 mit προείρηκεν Ἡσαΐας ein – allerdings dort unter Verwendung des neutralen εἰπεῖν, da von 9,27f (Jes 10,22f) her noch der Gerichtsgedanke präsent ist.

[4] Pls ändert unter Verwendung von Gen 18,18b ab, um eine Schriftaussage über die Geltung des Abrahamsegens für die ἔθνη zu erhalten; s. o. S.162f.

[5] Zur Gliederung von Röm 4 s. o. S. 225.

Darstellung. Nach der Hinführung (V 1f) und der Wiedergabe des Wortlauts (V 3)[6] wird zunächst das Zitat selbst – unter Anwendung der gängigen Auslegungsregeln[7] – exegesiert. Sodann weitet Paulus die Auslegung aus, indem er weitere Zitate aus der Abrahamüberlieferung (V 17: Gen 17,5c; V 18: Gen 15,5d) heranzieht. Doch bleibt der Rückbezug auf Gen 15,6 durchweg gewahrt. In V 9 paraphrasiert Paulus das Zitat mit eigenen Worten,[8] in V 11 und V 17 spielt er auf das Zitat an. Am Schluß der Auslegung, nach der Interpretation Abrahams als παρ' ἐλπίδα ἐπ' ἐλπίδι Glaubenden (V 17–21), führt Paulus das inhaltlich nunmehr geklärte Zitat nochmals an, und die in V 23ff sich anschließende ›Anwendung‹ der Exegese ›auf uns‹ setzt wiederum mit der Anführung eines Ausschnitts aus Gen 15,6 ein.

Daß hier die Exegese eines Einzeltextes eine eigenständige Bedeutung gewonnen hat, steht nicht im Widerspruch dazu, daß Paulus hier zugleich ganz von einem vorgegebenen und übergeordneten theologischen Interesse bestimmt ist. Das theologische Interesse des Paulus, das sich thetisch formuliert in 3,28 greifen läßt, beschränkt sich aber nicht auf Abraham als Modellfall des παρ' ἐλπίδα ἐπ' ἐλπίδι Glaubenden bzw. des χωρὶς ἔργων νόμου Gerechtfertigten. Abraham ist, wie in Röm 4 betont herausgestellt wird (vgl. V 11 f.16 f), zugleich Verheißungsträger für die ἔθνη. Er hat damit nicht nur eine exemplarische, sondern auch eine die gegenwärtige Existenz der Gemeinde begründende Bedeutung.[9] Das übergeordnete theologische Interesse selbst führt also hier dazu, daß die Auslegung von Gen 15,6 ein eigenständiges Interesse gewinnt. Oder anders gesagt: Paulus betreibt in Röm 4 Theologie *als* Exegese.

b) Schriftzitate mit einer besonderen kompositorischen Funktion

α) Schriftzitate mit Eröffnungs- oder Abschlußfunktion in ringförmigen Kompositionen

1. Mit 1 Kor 1,18 setzt eine ringförmige Komposition ein, die erst in 3,23 ihren Abschluß erreicht.[1] Paulus antwortet in diesem ersten großen Abschnitt des 1 Kor auf das in Korinth aufgebrochene Problem von Spaltung und Einheit der Gemeinde mit einer grundsätzlichen Rückbesinnung und Klärung der Grundlage, auf der die Gemeinde als Ganze beruht, dem pointiert als λόγος τοῦ σταυροῦ (1,18) bezeichneten Evangelium. Dabei werden die Äußerungen zu den konkreten Fragen (3,1–17) von den prinzipiell ausgerichteten Ausführungen in 1,18–25 (sowie 1,26–31; 2,1–5.6–16) und 3,18–23 umklammert. Die Ringkomposition ist also nicht nur formales Dispositionsschema, sondern adäquates Darstel-

---

[6] Pls fügt – bereits interpretierend – δέ ein; s.o. S. 132f.
[7] S.o. S. 221f.
[8] S.o. S. 15f.
[9] S.o. S. 307–315.
[1] Zum Aufbau von 1 Kor 1,18–3,23 vgl. CONZELMANN, 1 Kor 57f.

lungsmittel der Argumentationsweise des Paulus. Zu Beginn des Einleitungs- und des Abschlußteils (1,18 – 25; 3,18 – 23) verwendet Paulus jeweils Schriftzitate (1,19; 3,19 b.20), was die gegenseitige Entsprechung der beiden ›Rahmenstücke‹ verstärkt und den hier verwendeten Schriftzitaten ihrerseits ein besonderes Gewicht verleiht.

In 1 Kor 1,18 formuliert Paulus die Ausgangsthese: die doppelte Wirkung des λόγος τοῦ σταυροῦ für die ἀπολλύμενοι und die σῳζόμενοι als μωρία und δύναμις θεοῦ.[2] Dies entfaltet Paulus in V 20–25 durch die Darstellung der Umkehrung von Weisheit und Torheit, die sich in der Verkündigung des Gekreuzigten vollzieht. Das auf V 18 folgende Zitat von Jes 29,14b wird mit γέγραπται γάρ eingeleitet, was zunächst die Annahme einer auf V 18 bezogenen rein begründenden Funktion nahelegt. Doch bestätigt das Zitat nicht nur die Aussage von V 18, sondern führt zusätzlich einen wesentlichen Aspekt neu ein: Während V 18 zunächst die doppelte Wirkung des λόγος τοῦ σταυροῦ lediglich festgestellt hat, beschreibt das Zitat diese Wirkung (allerdings nur in Blick auf die ἀπολλύμενοι) als aktives Handeln Gottes.[3] Damit bestimmt das Zitat zugleich die Richtung der folgenden Darstellung. In V 20–22 fügt Paulus zwar keine Zitatauslegung an, aber er entfaltet hier – unter Verwendung biblischen Sprachmaterials (V 20)[4] und jüdischer Weisheitstraditionen (V 21 f)[5] – das im Zitat zuvor beschriebene Handeln Gottes angesichts der σοφία τῶν σοφῶν (V 19), bzw. der σοφία τοῦ κόσμου (V 20). Zudem ergeben erst V 18 und das Zitat in V 19 zusammen die für V 20–25 (und V 26 ff) tragende Gegenüberstellung von σοφία und μωρία. Das bedeutet natürlich nicht, daß Paulus erst durch Jes 29,14c diese Antithese ›gefunden‹ hat. Das Zitat ist für diese Verwendung bewußt ausgewählt. Aber es ist so verwendet, daß es ein notwendiger Bestandteil der Eröffnung von 1 Kor 1,18–25 – und damit von 1 Kor 1,18–3,23 insgesamt – ist.[6]

---

[2] Vgl. CONZELMANN, Aufs. 183; ders., 1 Kor 60 f.67.

[3] Dabei verstärkt Pls dieses Moment, indem er κρύψω durch ἀθετήσω ersetzt; s. o. S. 152 f.

[4] Die rhetorischen Fragen in V 20 stellen kein Zitat dar. Für den Leser von 1,19 f ist die syntaktische Einheit, die als Zitat gekennzeichnet ist und mit ἀπολῶ einsetzt, mit ἀθετήσω beendet. In V 20 liegt ein deutlicher Neueinsatz vor, und die Annahme, die Einleitungsformel von V 19 erstrecke sich auch auf V 20, ist unbegründet. Auch ist der sprachliche Bezug zu den in Frage kommenden Texten (Jes 19,11 f; 33,18) außerordentlich locker: Eine Abfolge σοφός – γραμματεύς – συζητῆς liegt jeweils nicht vor. Beide Stellen zeigen lediglich, daß Pls sich in V 20 a in vorgegebener Stiltradition bewegt.

[5] Vgl. WILCKENS, Weisheit 32–35. 209 f; CONZELMANN, Aufs. 182–184; ders., 1 Kor 64 f; K. MÜLLER, BZ NF 10, 1966, 246–272; BAUMANN, Mitte 144–146.

[6] ULONSKA, Paulus 96 versteht das Zitat (offenbar aufgrund der futurischen Formulierung) als lediglich aktuell gemeinte »Drohung Gottes«. Dagegen sprechen die Aoriste von 1,21.

Dagegen haben die Zitate in 3,19b (Hi 5,13a)[7] und 3,20 (Ψ 93,11),[8] der Schlußstellung von 3,18–23 entsprechend, eine zusammenfassende Funktion. In 3,18 lenkt Paulus von der Besprechung der konkreten Probleme auf 1,18–25, die Umkehrung von Weisheit und Torheit, zurück und wiederholt in 3,19a zusammengerafft das dort Dargelegte.[9] Diese ringförmige Rückführung des Gedankengangs auf 1,18–25 ergänzt Paulus durch zwei Schriftzitate, wobei hier – wie in 1,19 – im Medium der Schrift die aktive Vernichtung der σοφία τοῦ κόσμου durch Gott formuliert wird. Die Zitate in 1,19 und 3,19f entsprechen also inhaltlich einander und rahmen eröffnend und abschließend 1 Kor 1,18–3,23 insgesamt.

2. Mit der Funktion des Zitats in 1 Kor 1,19 für 1 Kor 1,18–3,23 vergleichbar ist die Bedeutung, die das Zitat von Hab 2,4b in Röm 1,17 für die Komposition von Röm 1,16–4,25 hat. Über die herausgehobene Stellung von Röm 1,16f im Gesamtaufbau des Röm besteht weithin Einigkeit, auch wenn die Gliederung dieses Briefes durchaus verschieden beurteilt wird.[10] Umstritten ist sowohl die Zuordnung von 1,16f als auch die von 5,1–11 bzw. von 5,1–21, d. h. Beginn und Ende der beiden einander antithetisch aufeinander bezogenen Abschnitte 1,18–3,20 und 3,21–31; 4,1–25 sind fraglich. Zunächst wirkt 1,16f als Abschluß des in 1,8 einsetzenden Proömiums. Zugleich hat aber 1,16f auch eine eindeutig vorwärtsweisende Funktion.[11] Hier wird in starker begrifflicher Verdichtung das für den Römerbrief als Ganzes zentrale und auch charakteristische Thema angegeben:[12] die παντὶ τῷ πιστεύοντι geltende Offenbarung der δικαιοσύνη θεοῦ im εὐαγγέλιον. Dieses Thema wird erst in 3,21–31 – allerdings in deutlicher Anknüpfung an 1,16f – wieder aufgenommen. In 1,18 setzt Paulus dann neu ein; Gegenstand ist hier die Offenbarung der ὀργὴ θεοῦ ἀπ' οὐρανοῦ.

---

[7] Pls verwendet hier eine hebraisierende LXX^Hi-Rezension (s. o. S. 71f), in 1,19 und 3,20 setzt er dagegen den unveränderten LXX-Wortlaut voraus (den er selbst abändert), während das Zitat in 1,31 mündlicher Schriftverwendung entnommen ist (s. o. S. 35f). Schon dies spricht gegen die Annahme von Cerfaux, Aufs. II 319–322, Pls greife in 1 Kor 1,19–3,20 ein jüdisches Florilegium von 9 (!) verschiedenen Schriftzitaten auf, in dem eine ›Vulgärform‹ der LXX verwandt sei. Zur Kritik vgl. Baumann aaO 141–144 und Conzelmann, 1 Kor 63.

[8] Wiederum verändert Pls den Zitatwortlaut (τῶν σοφῶν anstelle von τῶν ἀνθρώπων), um das Zitat hier verwenden zu können; s. o. S. 152f.

[9] Analog greift Pls dann in 3,21 (auf dem Hintergrund von 3,5–9) das Ergebnis von 1,26–31 auf. Zum Anschluß von 3,18 an 3,17 vgl. Conzelmann, 1 Kor 106, der auf die Fortsetzung des konditionalen Rechtsstils hinweist.

[10] Vgl. Michel, Röm 43–46; Wilckens, Röm I 15–22; Schlier, Röm 12–16 sowie Luz, ThZ 25, 1969, 161–181 und Paulsen, Überlieferung 5–21.

[11] Darin unterscheidet sich Röm 1,16f von den sonstigen Abschlüssen der pln Proömien (1 Kor 1,9; 2 Kor 1,11; Phil 1,10f; Phlm 7). Zwar stehen auch diese Proömien nicht zusammenhangslos vor dem dann folgenden Briefkorpus, so daß Stichworte des Briefes hier schon anklingen können. Aber die übrigen Proömienschlüsse weisen nicht den begrifflich-definitorischen Stil von Röm 1,16f auf, und in keinem anderen Brief bildet der Schluß des Proömiums gleichzeitig die Themenangabe des folgenden Briefteils.

[12] Zur Technik der ›Titelangabe‹ bei Pls vgl. Luz, ThZ 25, 1969, 166f.

Dieser bis 3,20 reichende Teil bildet damit eine große Parenthese, über die hinweg sich der kompositorische Bogen von 1,16f zu 3,21–31 spannt.[13] Diese Abfolge, in der erst nach der ersten, wenn auch nur thetischen Darstellung der δικαιοσύνη θεοῦ als *dem* Inhalt des εὐαγγέλιον die ὀργή Gottes zur Sprache kommt, ist als theologisch sachhaltige Disposition zu interpretieren: Erst die Offenbarung der δικαιοσύνη θεοῦ im εὐαγγέλιον enthüllt die Verlorenheit der Welt außerhalb der πίστις, wie Paulus sie ab 1,18 aufzeigt.[14] Da die Exegese von Gen 15,6 in Röm 4 inhaltlich auf 3,21–31 bezogen ist und gleichzeitig in Röm 5– 8 der zweite geschlossene Hauptteil innerhalb von Röm 1–11 vorliegt,[15] stellt 1,16f den kompositorisch stark herausgehobenen Einsatzpunkt für Röm 1,16– 4,25 insgesamt dar.[16]

Fraglich ist dagegen die Annahme, das Zitat in Röm 1,17b gebe das Thema sowohl für 1,18–4,25 (›ὁ δὲ δίκαιος ἐκ πίστεως‹) und 5–8 (›ζήσεται‹) an.[17] Röm 5,1ff greift nicht über 1,18–4,25 hinweg auf 1,17b (oder 1,16f) zurück, sondern setzt 1,16–4,25 insgesamt voraus und knüpft begrifflich an 4,24f an.

Die Funktion des als Abschluß von 1,16(f) in 1,17b angeführten Zitats Hab 2,4b besteht zunächst darin, die vorangegangene Aussage aus der Schrift zu bestätigen. Dies leistet das Zitat jedoch nur, wenn es – was Paulus selbstverständlich voraussetzt – inhaltlich voll von seinen eigenen Aussagen in 1,16.17a her verstanden wird. Dies zeigt sich besonders deutlich an dem absoluten Gebrauch von (ὁ δὲ δίκαιος) ἐκ πίστεως anstelle des ἐκ πίστεώς μου der LXX.[18] Diese im Umfang geringfügige, inhaltlich aber entscheidende Auslassung, die die Verwendung des Zitats in 1,16f überhaupt erst ermöglichte, zeigt, wie restlos Paulus die Zitataussage in die eigene theologische Gesamtkonzeption integriert. Dies gilt auch für die übrige Begrifflichkeit des Zitats, die jetzt im paulinischen Sinne zu interpretieren ist; d. h. ξήσεται ist im Sinne von ζωή als eschatologischer Heilsgabe zu verstehen, und ›ὁ δίκαιος‹ meint den ›δικαιωθεὶς ἐκ πίστεως‹ (vgl. Röm 5,1) – ὁ δὲ δίκαιος ἐκ πίστεως[19] nimmt damit πᾶς ὁ πιστεύων aus 1,16 auf.[20]

---

[13] Daher ist es unzureichend, in 1,16f lediglich einen ›Übergang‹ vom Proömium zum Briefkorpus zu sehen (so z. B. WILCKENS, Röm I 77).
[14] Analog *folgt* die Analyse des νόμος in Röm 7,7–25 auf das Einst-Jetzt-Schema in 7,5f. Zum inhaltlichen Verhältnis von Röm 1,18ff zu 1,16f vgl. auch BORNKAMM, Aufs. I 9–33.
[15] Dazu vgl. PAULSEN aaO 13–18.
[16] Da in Röm 4 Pls Gen 15,6 anführt, wird auch diese Ringkomposition durch Schriftzitate gerahmt. Allerdings ist das ›Schlußzitat‹ zu einer selbständigen Textexegese ausgestaltet, so daß Hab 2,4b und Gen 15,6 nicht in gleicher Weise einander korrespondieren wie die Zitate in 1 Kor 1,19 und 3,19f.
[17] So FEUILLET, NTS 6, 1960, 52–80; s. auch MICHEL, Röm 43; kritisch dazu: PAULSEN aaO 12.
[18] S. o. S. 127ff.
[19] Zur Zuordnung von ἐκ πίστεως zu ὁ δὲ δίκαιος s. u. S. 290f.
[20] Pointiert, aber zutreffend formuliert VIELHAUER, Aufs. II 214: »Paulus übernimmt aus Hab 2,4 nur die Vokabeln, füllt sie aber mit ganz anderem Sinn.«

Die Funktion von Hab 2,4b innerhalb von Röm 1,16f beschränkt sich aber nicht auf eine rein wiederholende Bestätigung. Vielmehr wird die Aussage von V 16.17a durch das Zitat in einer ganz bestimmten Richtung inhaltlich akzentuiert. Das Zitat formuliert die dem δίκαιος ἐκ πίστεως geltende Zusage der ζωή, greift also das εἰς σωτηρίαν und das παντὶ τῷ πιστεύοντι aus V 16 auf und interpretiert damit die δύναμις θεοῦ, die das εὐαγγέλιον darstellt, und damit auch die δικαιοσύνη θεοῦ als den zentralen Inhalt des εὐαγγέλιον betont als Heils- und Rettungsmacht. Schon 1,16 zeigt, daß die soteriologische Ausrichtung der δικαιοσύνη θεοῦ kein weiterer, erst nachträglich hinzutretender Aspekt ist, sondern ein wesenhafter Bestandteil derselben. Dennoch ist bemerkenswert, daß Paulus gerade dieses Moment abschließend nochmals – und zwar jetzt mit Hilfe der Schrift – formuliert und hervorhebt. Hab 2,4b ist hier zum vollgültigen Ausdruck der eigenen theologischen Aussage des Paulus geworden[21] und konnte so eine derart exponierte Stellung in 1,16f – und damit für 1,16–4,25 insgesamt – erlangen.

β) Einzeltitate, Zitatkombinationen und Zitatenketten als Abschluß nicht ringförmig komponierter Briefteile

Für Röm, 1 Kor, die ›Apologie‹ von 2 Kor 2,14–6,13; 7,2–4 und Gal ist eine – wenn auch jeweils durchaus eigenständig durchgeführte – sorgfältige Disposition erkennbar. Die Gliederungssignale, die Einschnitte, Übergänge oder Neueinsätze markieren, sind recht vielfältig. Mehrfach ist zu beobachten, daß Paulus auch außerhalb einer ringförmigen Komposition wie 1 Kor 1,18–3,23 einen als Einheit konzipierten Briefabschnitt durch die Anführung eines Einzelzitats, einer Zitatkombination oder sogar durch eine umfangreichere Zitatenkette abschließt. Diese Schriftanführungen, denen höchstens noch eine kurze interpretierende Nachbemerkung folgt, erhalten so – als abschließende Aussage des betreffenden Briefteils – eine hervorgehobene Stellung innerhalb des Briefes und damit auch ein besonderes inhaltliches Gewicht.

1. Die Verwendung eines Einzelzitats als Abschluß eines umfangmäßig begrenzten Briefteils begegnet in 1 Kor 1,26–31; 5,1–13 und 2 Kor 5,16–6,2. Jeweils setzt Paulus hier durch die Anführung eines Zitats den entscheidenden Schlußakzent seiner eigenen Darstellung: Die Kritik der καύχησις in 1 Kor 1,26–31 mündet in der Aufforderung zum καυχᾶσθαι ausschließlich ἐν

---

[21] Das sieht zutreffend ULONSKA, Paulus 162, doch versucht er, deshalb den Zitatcharakter von Hab 2,4b überhaupt zu bestreiten: »Das Zitat klingt an Hab 2,4 an (sic!), wird von Paulus aber so akzentuiert..., daß es einen Anspruch an den Hörer aus der zur Sache gemachten Aussage erhält. Das ›es steht geschrieben‹ macht auf ein weiteres (??) Beispiel aufmerksam, nicht aber auf die Autorität der Quelle.« Aber daß Pls am Inhalt des Zitats interessiert ist (wie sollte es anders möglich sein, zu zitieren!), hebt doch nicht auf, daß er eben – zitiert.

κυρίῳ,[1] die Auseinandersetzung mit einem Fall von πορνεία in der Gemeinde (1 Kor 5,1–13) in dem Befehl, τὸν πονηρόν aus der Gemeinde auszuschließen;[2] und in 2 Kor 5,16–6,2 schließt die Darlegung des Zusammenhangs der von Gott hergestellten καταλλαγή τοῦ κόσμου mit der Stiftung der διακονία τῆς καταλλαγῆς mit der Aussage, daß in der heutigen Verkündigung der καταλλαγή die ἡμέρα σωτηρίας Gegenwart geworden ist.[3]

2. Eine hervorgehobene Schlußstellung hat auch das aus Jes 25,8a und Hos 13,14b gebildete Zitat in 1 Kor 15,54b.55.[4] Beide Schriftworte sind von Paulus zu einem geschlossenen Zitat verbunden und in ihrer rhetorischen Wirkung bewußt gesteigert worden.[5] Die – durchaus als zukünftig festgehaltene[6] – Überwindung des Todes wird mit Hilfe der Schrift heute schon als Gewißheit im Glauben proklamiert.[7]

3. Mit der in ihrem Umfang bei Paulus singulären Zitatkombination Röm 3,10–18 setzt Paulus einen unübersehbaren Schlußakzent am Ende von Röm 1,18–3,20. Zunächst schließt sich das aus 6 verschiedenen Schriftstellen zusammengesetzte Zitat unmittelbar an 3,9 an. Aber die Aussage von 3,9 – Ἰουδαίους τε καὶ Ἕλληνας πάντας ὑφ' ἁμαρτίαν εἶναι – ist keine auf den engeren Kontext begrenzte Einzelthese, sondern formuliert das Fazit von 1,18–3,8 insgesamt,[8] wobei Paulus allerdings dieses Ergebnis bewußt verschärft, indem er jetzt nicht mehr von einer Vielzahl einzelner παραβάσεις (vgl. 2,23), sondern von der ἁμαρτία als den Menschen beherrschender Macht spricht. Diese eigene Schlußaussage wird durch die Schriftanführung in 3,10–18 fortgesetzt, die

---

[1] Zur Herkunft des Zitats in 1 Kor 1,31 s. o. S. 35f.
[2] Dtn 17,7c u. ö.; die Aufforderung zum Ausschluß steht neben der von Pls bereits beschlossenen Übergabe an den Satan (V 5). Ein Ausgleich wird von Pls nicht vorgenommen, offenbar weil er hier keinen Widerspruch empfand.
[3] Jes 49,8a.b (mit kurzer, aber prägnanter Interpretation; s. o. S. 262f). Formal analog schließt 1 Kor 2,6–16. Doch faßt hier Jes 40,13a.c nicht 2,6–16 abschließend zusammen, sondern die rhetorische Frage des Zitats dient der Vorbereitung der Schlußaussage V 16b, die Pls selbständig formuliert.
[4] Der Abschluß von 1 Kor 15 ist relativ breit und unter Verwendung unterschiedlicher Stilmittel gestaltet:
V 54b.55 Schriftzitat
V 56   kettenartige Interpretation des Zitats
V 57   Danksagung (vgl. Röm 7,25)
V 58   abschließende Mahnung.
[5] Vgl. bes. die Umstellung in Hos 13,14b (s. o. S. 107); auch die Angleichung des Wortbestandes von Hos 13,14b an Jes 25,8a (s. o. S. 168ff) führt zu einer Steigerung der rhetorischen Wirkung des jetzt völlig geschlossen wirkenden Zitats.
[6] Vgl. die nur hier vorliegende Zitateinleitung τότε γενήσεται ὁ λόγος ὁ γεγραμμένος.
[7] Inhaltlich analog hat Pls bereits in 1 Kor 15,27 die Schrift herangezogen, um die Erwartung der endgültigen Vernichtung des Todes durch Christus begründen zu können; zur Interpretation s. o. S. 244f.
[8] Pls weist selbst durch das ad hoc gebildete Kompositum προαιτιᾶσθαι (vgl. LSJ, Wb. II 1467 s. v.; MOULTON-MILLIGAN, Wb. 537 s. v.) auf den Rückbezug von 3,9 auf 1,18–3,8 hin.

aufgrund ihrer Breite, ihrer Bildhaftigkeit und ihrer rhetorischen Durchformung[9] die Aussage des Paulus nicht nur ergänzt, sondern in ihrer Wirkung auch eindeutig überbietet. Daß ausnahmslos alle ›unter‹ der ἁμαρτία stehen, wird hier nicht nur konstatiert, sondern kommt in der Sprache der Klagepsalmen und verwandter prophetischer Anklagen[10] in wirkungsvoller Weise direkt zur Darstellung. Wie in 1 Kor 15,54f/56 einen Bruch im Aussagestil bewußt in Kauf nehmend, fügt Paulus eine das Verständnis des Zitats sichernde Nachbemerkung an: hier die Feststellung, daß die Aussagen der Schrift (hier betont als νόμος bezeichnet) gerade τοῖς ἐν τῷ νόμῳ, also den Juden, gelten, so daß tatsächlich jeder Widerspruch gegen die Feststellung, πάντες ὑφ' ἁμαρτίαν εἶναι, unmöglich ist. Daraufhin kann Paulus dann die weitergehende Schlußfolgerung ziehen, daß der νόμος als Heilsweg ausgeschlossen ist, vielmehr in die ἐπίγνωσις ἁμαρτίας führt.[11]

4. Mit Röm 3,10–18 vergleichbar ist die kompositorische Stellung der Zitatenkette Röm 9,25–29. Die mit Röm 9,6 einsetzende Erörterung über die Freiheit des Erwählungs- und Verwerfungshandelns Gottes mündet in 9,24 in die Feststellung, daß Gott ›uns‹ berufen hat οὐ μόνον ἐξ 'Ιουδαίων ἀλλὰ καὶ ἐξ ἐθνῶν. Auf diese Aussage sind die Zitate in V 25f (Hos 2,25b.c; 2,1b) einerseits und V 27f (Jes 10,22f) und V 29 (Jes 1,9) andererseits chiastisch bezogen – und durch V 24 auf 9,6–24 insgesamt. Sie bilden so die Schlußaussage von Röm 9,6–29 überhaupt,[12] hier sogar ohne zusätzliche Interpretation. Doch summieren und bestätigen die Zitate in V 25–29 nicht nur das bisher Erreichte, sie führen auch inhaltlich weiter. Das gilt schon für die erste Anführung, das aus Hos 2,25b.c und 2,1b von Paulus geformte Zitat in V 25f.[13] Es stellt zwar – vor allem aufgrund des dominierenden καλέσω – zunächst eine wirkungsvolle Schriftbegründung für V 24 (οὓς ἐκάλεσεν [sc. ὁ θεὸς] ἡμᾶς ... ἐξ ἐθνῶν) dar. Doch Paulus geht mit diesem Zitat noch einen Schritt über V 24 hinaus: Die ἐξ ἐθνῶν Berufenen sind vom ›Nicht-Volk‹ zum λαός Gottes geworden, sind jetzt υἱοὶ θεοῦ ζῶντος. Für sie gelten jetzt die Selbstbezeichnungen, die nach

---

[9] Zur pln Herkunft der Zitatkombination und ihrer Komposition s. o. S. 179–184; zur rhetorischen Steigerung des aus Ψ 13,1–3 übernommenen Zitatbeginns s. o. S. 145.

[10] S. o. S. 179.

[11] Zum rein kognitiven Verständnis von ἐπίγνωσις ἁμαρτίας bei WILCKENS, Aufs. 84; ders., Röm I 175.177 vgl. die Kritik von KLEIN, FS E. Dinkler, 1979, 261–267. Gegen Wilckens spricht, daß Pls in 3,9–20 von ἁμαρτία als Macht spricht(ὑφ' ἁμαρτίαν εἶναι), was über die Summierung von einzelnen Tatsünden hinausgeht. Deshalb formuliert er auch (mit Hilfe der Schrift): οὐκ ἔστιν δίκαιος οὐδὲ εἷς – und nicht πάντες παραβάται νόμου εἰσίν!

[12] Zur Gliederung von Röm 9–11 vgl. die Übersicht bei LUZ, Geschichtsverständnis 25–37. Die Gliederung in Röm 9,1–29; 9,30–10,21; 11,1–36 ist weitgehend anerkannt (vgl. auch KÄSEMANN, Röm 250; WILCKENS, Röm II 183f), wobei die Frage, ob man 9,1–5 und 11,33–36 als Rahmung abtrennt, von untergeordneter Bedeutung ist.

[13] Zur pln Herkunft der Kombination von Hos 2,25b.c und Hos 2,1b sowie den tiefgreifenden Umgestaltungen von Hos 2,25b.c s. o. S.104f.166f.173f.

jüdischem Verständnis nur Israel selbst zustehen.[14] Dies entspricht zwar der Aussage von V 8, die einer Abstammung κατὰ σάρκα jede Bedeutung für das λογίζεσθαι εἰς σπέρμα abspricht, deren Konsequenz für die Gegenwart bisher jedoch noch offengeblieben ist.

Die gleiche Doppelfunktion weisen die Zitate in V 27f (Jes 10,22f) und V 29 (Jes 1,9) auf. Sie entfalten den ersten Teil der Doppelaussage von V 24, nämlich ›unsere‹ Berufung ἐξ 'Ιουδαίων, stellen aber inhaltlich einen wesentlichen Schritt über die bisherigen Ausführungen hinaus dar. Die neutral wirkende, aber inhaltlich eminent kritische Formulierung, mit der Paulus von der Berufung der Gemeinde ἐξ [!] 'Ιουδαίων spricht, ist zwar durch 9,6b (οὐ γὰρ πάντες οἱ ἐξ 'Ισραὴλ οὗτοι 'Ισραήλ) vorbereitet. Zudem hat Paulus in 9,7–18 zur Begründung dieser Aussage das grundsätzliche Recht des Erwählungs- und Verwerfungshandelns Gottes anhand der Geschichtsüberlieferung der Schrift aufgezeigt. Aber den Schritt, die gegenwärtige Situation, d. h. die weitgehende Ablehnung des Evangeliums durch die Juden, auf dieser Grundlage zu interpretieren, hat er – abgesehen von dem nicht zu Ende geführten Gedanken in V 22f[15] – bisher noch nicht getan. Dies geschieht hier am Schluß von 9,6–29. Die Berufung nur einer geringen Anzahl ›aus Israel‹ wird durch die Anführung von Jes 10,22f als richtendes Handeln Gottes interpretiert, der Israel auf einen nur geringen Rest reduziert.[16] In der Rettung dieses Restes ist zugleich eine partielle Bewahrung Israels mitgesetzt, wie das Zitat von Jes 1,9 deutlich macht. Daß die ab 9,6 offene Frage nach der bleibenden – weil von Gott ausgesprochenen – Erwählung Israels ausschließlich durch zwei kommentarlos angeführte Schriftzitate erfolgt,[17] ist nicht als Zufall zu bewerten. Auf diese Weise kann Paulus zeigen, daß die Schrift selbst dieses Geschehen angekündigt hat und somit das Wort Gottes tatsächlich nicht ›hingefallen‹ ist (vgl. 9,6a).

5. Den zusammenhängenden Abschnitt Röm 9,30–10,21, in dem er das Versagen Israels angesichts der δικαιοσύνη θεοῦ darstellt (vgl. 9,30–10,4), schließt Paulus in 10,18–21 durch eine Kette von vier Schriftanführungen (aus drei verschiedenen Schriftstellen) ab. Dabei setzt die Zitatenkette zu Beginn mit Ψ 18,5a.b noch unmittelbar das Thema von 10,14ff, die Frage, ob die

---

[14] Dem entspricht, daß Pls in 9,28 (Jes 10,22) dann für Israel im Sinne von ›πάντες οἱ ἐξ 'Ισραήλ‹ (vgl. 9,6) die Bezeichnung λαός bewußt umgeht; s. o. S. 167f.

[15] Zum Anakoluth in Röm 9,22–24 vgl. BORNKAMM, Aufs. I 90–92; LUZ aaO 241–250; ZELLER, Juden 203–208 und die Kommentare.

[16] Pls hat Jes 10,22f als Gerichtsankündigung verstanden und diesen Aspekt durch die Abänderung von ἐν τῇ οἰκουμένῃ ὅλῃ in ἐπὶ τῆς γῆς verstärkt; s. o. S. 145–149.

[17] Die einzigen zusätzlichen Interpretationen bestehen (abgesehen von den Veränderungen von Jes 10,22f) in den beiden frei gestalteten Zitateinleitungen. Mit 'Ησαΐας κράζει (V 27) charakterisiert Pls die Aussage von Jes 10,22f als inspiriertes Prophetenwort (vgl. zum inspirierten κράζειν Röm 8,15 und Gal 4,6; Parallelen zum prophetischen Reden als κράζειν: BAUER, Wb. 885 s. v. κράζω 2bα). Ebenso versteht er das Zitat Jes 1,9 trotz seiner aoristischen Aussage (zum Aorist im Irrealis der Vergangenheit vgl. BDR § 360 [mit A 4]) als Ankündigung eines künftigen – und jetzt eingetretenen – Geschehens, wie die Einleitung mit καθὼς προείρηκεν 'Ησαΐας zeigt.

Verkündigung der δικαιοσύνη θεοῦ Israel auch tatsächlich erreicht hat, fort. Mit Hilfe des Zitats wird festgestellt: Die Verkündigung ist εἰς πᾶσαν τὴν γῆν, ja εἰς τὰ πέρατα τῆς οἰκουμένης gelangt, also auch zu Israel.[18] Durch die Übergangsfrage in V 19a – μὴ 'Ισραὴλ οὐκ ἔγνω; – ist auch das folgende Zitat noch auf V 14ff bezogen. Nicht ganz einfach zu bestimmen ist der Sinn der Antwort, die Paulus doch offensichtlich mit der Anführung von Dtn 32,21c.d auf die von ihm selbst formulierte Frage geben will. Wenn das Zitat aufzeigen soll, daß Israel sehr wohl ›erkannt‹ hat,[19] dann muß für Paulus das ›Erkennen‹ Israels in seiner (von Gott angekündigten und bewirkten) ›Eifersucht‹ auf das ›Nicht-Volk‹ gegeben sein. Israels ›Eifersucht‹ zeigt also, daß es durchaus verstanden hat, was jetzt als Heil für Juden und Griechen verkündigt wird – und dies bewußt ablehnt.[20]

Mit der von Paulus in zwei einzelne Zitate aufgegliederten Anführung von Jes 65,1f in V 20f knüpft Paulus einerseits an V 19, der hier indirekt ausgesprochenen Erwählung des οὐκ ἔθνος an; andererseits beziehen sich beide Zitate auf den mit 9,30 einsetzenden Abschnitt insgesamt. Schon die Aufteilung in zwei einzelne Zitate ist bemerkenswert. Sie zeigt, daß Paulus in Jes 65,1f zwei unterschiedlich ausgerichtete Aussagen enthalten sieht, die er jeweils eigenständig zur Geltung kommen lassen will. Jes 65,1a.b (Röm 10,20) fügt sich einerseits bruchlos an das Zitat in 10,19 an, formuliert aber positiv, daß es gerade die ›Nicht-Suchenden‹ und ›Nicht-Fragenden‹ sind, die das Heil erlangt haben, was auf die Ausgangsfeststellung des gesamten Abschnitts in Röm 9,30f zurückverweist.[21] Ebenso hat das Zitat von Jes 65,2a in Röm 10,21 die Funktion, das Ergebnis von 9,30–10,19 – jetzt in bezug auf Israel – zu formulieren. Mit der Anführung von Jes 65,2a interpretiert Paulus die Ablehnung des εὐαγγέλιον (vgl. V 16) als Ungehorsam und Widerspruch gegen Gott, greift also die Argumentation von 10,3 und 10,14ff auf und setzt einen verstärkenden Schlußakzent.

6. Einen Sonderfall stellt die Zitatenkette Röm 15,9b–12 dar. Röm 15,7–12 bildet einen Anhang bzw. Nachtrag zu der mit 14,1 einsetzenden Erörterung des Verhältnisses zwischen Starken und Schwachen, die in 15,6 auch kompositorisch bereits ihren Schlußpunkt erreicht hat.[22] Das sachlich Neue, das Paulus hier

---

[18] Das Zitat steht damit anstelle eines empirischen Nachweises. Für den ehemaligen Diasporajuden Paulus schwingt sicher mit, daß ›Israel‹ keine lediglich auf Palästina begrenzte Größe ist.
[19] Dies ergibt sich eindeutig aus der Zitateinleitung. Deshalb trifft die Interpretation von KÄSEMANN, Röm 287 (»Israel hätte [!] erkennen können«, daß die Berufung der ἔθνη den »Anbruch der eschatologischen Zeit« bedeutet) nicht die pln Intention.
[20] Παραζηλεῖν wird hier (anders als in 11,11.14) nicht positiv ausgewertet; vgl. auch WILCKENS, Röm II 230.
[21] Auch die Zitateinleitung in 10,20 zeigt, daß Jes 65,1 nicht nur die positive Entsprechung zum Zitat in V 19 darstellt: Dem πρῶτος Μωϋσῆς λέγει entspricht kein δεύτερος 'Ησαΐας λέγει.
[22] Vgl. KÄSEMANN, Röm 370.

noch ergänzend anfügen will, wird in 15,8.9a sichtbar: Er begründet die Aufforderung zur gegenseitigen Annahme (15,7a, vgl. 14,1.3) mit dem Hinweis auf das Handeln Christi, der a) die Beschnittenen angenommen hat, indem er um der Wahrhaftigkeit Gottes willen zum ›Diener der Beschneidung‹ geworden ist, um so die den Vätern gegebenen Verheißungen zu bekräftigen, und der b) die Heiden aus Barmherzigkeit angenommen hat, damit diese Gott preisen können.[23] Dieser Schlußaussage über die Annahme der ›Heiden‹ ist die gesamte Zitatenkette V 9b–12 zugeordnet. V 9a ist also nicht eine in sich unproblematische christologische Begründung von V 7a, sondern bedarf, wie schon die Breite der Schriftanführung zeigt, selbst der Begründung.

In diese Richtung weist auch der sorgfältige Aufbau der Zitatenkette. Das Zitat von Ψ 17,50 in V 9b hat Eröffnungsfunktion:[24] Es beschreibt mit ἐν ἔθνεσιν den Bereich, in dem jetzt das Gotteslob ergeht.[25] V 10 (Dtn 32,43c) und V 11 (Ψ 116,1) formulieren direkt die an die Heiden gerichtete Aufforderung zur Freude und zum Loben – und zwar als Aufforderungen der Schrift selbst.[26] Der

---

[23] Zu den verschiedenen Versuchen, 15,9a syntaktisch zuzuordnen vgl. THÜSING, Christum 43f, ZELLER aaO 219 und die Kommentare. Vorgeschlagen werden a) die Zuordnung zu εἰς τὸ βεβαιῶσαι (V 8b), b) zu λέγω γάρ (V 8a). Beides führt zu keinem überzeugenden Ergebnis. Am ehesten dürfte τὰ δὲ ἔθνη als konstruktionslos angehängter Akkusativ zu verstehen sein, der sich inhaltlich auf V 7b (ὁ Χριστὸς προσελάβετο ὑμᾶς) bezieht und dem dann ein finaler Infinitiv folgt. Die Störung der Satzkonstruktion ist dabei auf inhaltliche Gründe zurückzuführen: Eine zu V 8 parallele Formulierung, also die Bezeichnung Christi als διάκονος ἀκροβυστίας war (zumal neben διάκονος περιτομῆς) der Sache nach nicht möglich.

[24] Umstritten ist, wer als Subjekt von ἐξομολογήσομαι im Zitat in V 9b vorauszusetzen ist. An (den erhöhten) Christus als Sprecher des Gotteslobes denken LAGRANGE, Röm 347; H. W. SCHMIDT, Röm 241 A 15; THÜSING aaO 42f; vgl. auch MICHEL, Röm 449. Zwar geschieht Christi Handeln zur Ehre Gottes (V 7b), aber daß der Erhöhte sich in das Gotteslob der Gemeinde (vgl. 15,5f.10f) einreiht, wäre bei Pls völlig singulär. Auch das Fehlen von κύριε im Zitat zeigt nicht, daß Christus selbst hier der Sprecher ist, sondern nur, daß sich das Lob an Gott richtet (s. auch o. S. 87). An David als den traditionellen Sprecher der Psalmen denkt MICHEL ebd. Doch wäre dann eine entsprechende Zitateinleitung zu erwarten (vgl. Röm 4,6; so auch KÄSEMANN, Röm 373). Eher ist schon – in Entsprechung zu V 8a (λέγω γάρ) – an Pls selbst und seine Funktion im Bereich der ἔθνη zu denken (so KÄSEMANN ebd.). Doch ist es überhaupt fraglich, ob Pls, der ja primär an der Feststellung des Bereichs des Gotteslobs interessiert ist, das Zitat darüber hinaus mit einer derart präzisen Interpretation verbunden hat.

[25] Dabei sollte nicht übersehen werden, daß das εὐφραίνεσθαι und (ἐπ)αινεῖν der ἔθνη einen neuen Sinn erhalten hat: Es ist nicht mehr auf eine Heilstat Gottes an Israel bezogen (vgl. dazu ZELLER aaO 221f), wobei Israels und Jahves Ruhm unter der Völkerwelt zusammenfallen. Vielmehr gründet es sich in dem ὑπὲρ ἐλέους erfolgten Heilshandeln zugunsten der ἔθνη.

[26] Der Sinn von Dtn 32,43c (V 10) innerhalb von 15,9–12 ist nicht überzustrapazieren. Der (vorgegebenen!) Formulierung ... μετὰ τοῦ λαοῦ αὐτοῦ ist nicht zu entnehmen, daß hier »das Verhältnis zwischen den ›Völkern‹ und Gottes Volk«, und zwar im Sinne einer »Hinführung der erretteten Heidenvölker zur Heilsgemeinde Israels« (so WILCKENS, Röm III 107), thematisiert wird. Μετά m. Gen. meint nicht nur ›inmitten von‹, sondern auch ›zusammen mit‹ (vgl. BAUER, Wb. 1007 s. v. μετά A II 2); und daß Pls selbst die ἐξ ἐθνῶν

Abschluß in V 12 setzt diese doxologische Struktur der Zitate nicht fort. Hier nennt Paulus mit Hilfe des bereits traditionellen Zitats Jes 11,10 die Voraussetzung, auf der das Loben der ἔθνη beruht:[27] Christus als Grund und Inhalt der Hoffnung – und damit auch der Rettung – gerade der ἔθνη.

Zentrales Thema der Zitatenkette ist also das Gotteslob der ›Heiden‹. Da 14,1–15,6 in 15,5f mit einer breiten Aufforderung an ›Starke‹ und ›Schwache‹ zum gemeinsamen Gotteslob schloß, wird man 15,9a und die anschließende Zitatenkette als Fortsetzung dieser Aufforderung von 15,5f zu verstehen haben: Nicht nur als ›Starke‹ und als ›Schwache‹ sollen die Gemeindeglieder gemeinsam das Gotteslob anstimmen, sondern auch als ›Juden‹ und als ›Heiden‹. Das ist am ehesten verständlich, wenn beide Differenzierungen innerhalb der Gemeinde (jedenfalls grob) die gleichen Gruppen meinen.[28] Offen ist dann allerdings noch, welche Zielrichtung Paulus mit den Zitaten in 15,9b–12 verfolgt. Wendet er sich a) unmittelbar an die ›Heiden‹, die er auffordert, sich am gemeinsamen Gotteslob zu beteiligen (so wie er in 14,1; 15,1 die ›Starken‹ zur Annahme der ›Schwachen‹ aufgefordert hat)? Oder wendet er sich b) an die ›Juden‹, gegenüber denen er das Recht der ›Heiden‹ zur Teilnahme am gemeinsamen Gotteslob begründet (so wie er die ›Starken‹ in 14,3 gegenüber Ablehnung und Verurteilung durch die ›Schwachen‹ ausdrücklich in Schutz nimmt[29])?

Beide Zielrichtungen brauchen sich nicht gegenseitig auszuschließen. Doch ist zu berücksichtigen, daß Paulus mit dem Eingangs- und Schlußzitat (V 9b.13) mehr bietet als eine (mit Worten der Schrift vorgetragene) Mahnung oder Aufforderung an die Adresse der ›Heiden‹. Vielmehr erweisen diese Zitate (und ebenso die von V 10.11) die Teilnahme der ›Heiden‹ am Gotteslob als schriftgemäß. Offenbar hielt es Paulus für erforderlich, gerade im Zusammenhang der Frage von ›Starken‹ und ›Schwachen‹ die Zugehörigkeit der ›Heiden‹ zu sichern und deren mögliche Ausgrenzung abzuwehren. Wenn Paulus sich hier inhaltlich also an die ›Juden‹ wendet, wird auch verständlich, warum dies mit Hilfe der Schrift erfolgt: Die ›Annahme‹ der ἔθνη ist, so zeigen die Zitate, genauso in der Schrift verankert wie die der ›Juden‹, in deren ›Annahme‹ sich ja die Bekräftigung der in der Schrift enthaltenen Väterverheißungen vollzieht.

Berufenen – wie die ἐξ 'Ιουδαίων – gleichermaßen als λαός Gottes bezeichnet, zeigt klar Röm 9,25f.

[27] Für Jes 11,10 ist schon mit einer vorpln christologischen Verwendung zu rechnen; s. o. S. 241f. Pls seinerseits hebt Jes 11,10 durch die Angabe des Verfassers deutlich von den übrigen Zitaten ab. Für eine vorpln Herkunft der Zitatenkette insgesamt gibt es jedoch keine Hinweise. Anders WILCKENS, Röm III 108 A 519, der jedoch eine inhaltliche Spannung zwischen V 7–9a und der Zitatenkette voraussetzt (vgl. aaO 107f).

[28] Vgl. MICHEL, Röm 419–421.442; KÄSEMANN, Röm 353–356; WILCKENS, Röm III 109–115; anders jüngst ZELLER aaO 218–222. Dabei ist zu unterscheiden zwischen der Sicht des Pls und der religionsgeschichtlichen Beurteilung der in Röm 14,1–15,6 genannten Phänomene. Für Pls ist jedenfalls mit dem Thema ›Starke – Schwache‹ auch das der ἔθνη berührt.

[29] Vgl. die Fortsetzung in 14,4; s. MICHEL, Röm 423; anders dagegen KÄSEMANN, Röm 357.

284 V. 1. Die literarische Funktion der Schriftzitate

Die Zitatenkette in Röm 15,9b-12 ist also durchaus mit der in 14,1 beginnenden Gesamtthematik verbunden. Doch läuft, anders als in Röm 9,6-20 oder 9,30-10,21, der gesamte Abschnitt nicht gradlinig auf diesen Abschluß zu. Vielmehr wird ab 15,7 ein für Paulus wichtiger Sachgesichtspunkt ergänzt, der aus inhaltlichen Gründen eine breite Heranziehung der Schrift erforderlich macht.

c) Ergebnis

Die Untersuchung der argumentativen und kompositorischen Verwendung der Schriftzitate durch Paulus hat ein sehr vielfältiges Bild von der Funktion der Zitate im Gang der Argumentation und im Aufbau einzelner Briefteile ergeben. Eine rein illustrative Funktion eines Schriftzitats begegnet äußerst selten, auch begründende Zitate, die lediglich aufweisen, daß das zuvor selbst Formulierte auch bereits in der Schrift ausgesagt ist, sind nicht sehr zahlreich. Natürlich hat ein Großteil der Schriftanführungen *auch* diese Funktion, was angesichts der unveränderten Geltung der Schrift als Dokument göttlicher Offenbarung im vorpaulinischen Christentum auch gar nicht verwunderlich ist. Für die Funktion der Schriftzitate in den Briefen des Paulus ist jedoch charakteristisch, daß diese in der Mehrzahl der Fälle die einer reinen Bestätigung überschreitet. Die Zitate dienen über die nachträgliche Bestätigung hinaus der Verdeutlichung oder Fortführung des selbst Formulierten, können als selbständiges, die Klärung des verhandelten Problems weiterführendes Argument verwendet werden, treten z. T. völlig an die Stelle einer eigenen Aussage des Paulus und sind in einigen Fällen selbst Gegenstand kürzerer oder längerer Interpretationen. Diese über die reine Begründung weit hinausgehende Funktion eines erheblichen Teils der paulinischen Schriftzitate wird mit der allgemein üblichen Kategorie des ›Schriftbeweises‹ nicht erfaßt, die zwar nicht falsch, aber in vielen Fällen völlig unzureichend ist.

Für die Mehrzahl der paulinischen Schriftzitate ist davon auszugehen, daß sie nicht ad hoc für die jetzige Verwendung herangezogen worden sind, sondern von Paulus in Blick auf ihren jetzigen thematischen und literarischen Zusammenhang ausgewählt wurden. Dies erklärt, daß sie oft so stark in den jetzigen Gedankengang einbezogen sind, daß sie zum unmittelbaren Ausdruck der eigenen theologischen Aussage des Paulus selbst werden können. Diese Schriftzitate sind damit ein konstitutiver Bestandteil der Argumentation des Paulus, die gar nicht unter Absehung von den Zitaten erfaßt werden kann. Besonders deutlich wird dies an denjenigen Schriftzitaten, denen im Aufbau der Briefe eine kompositorisch hervorgehobene Stellung zukommt. Die Verwendung von Schriftzitaten an zentralen Punkten einer Ringkomposition oder der Abschluß größerer thematisch und literarisch geschlossener Abschnitte durch Zitatkompositionen oder Zitatenketten zeigen, wie Schriftinterpretation und inhaltliche Durchklärung theologischer Sachprobleme zusammengehören. Die so für die eigene theologische Reflexion fruchtbar gemachten Schriftaussagen erhalten diese Bedeutung aber nur so, daß sie zugleich völlig in die eigene

Christologie 285

theologische Perspektive integriert, von der eigenen Begrifflichkeit absorbiert und häufig genug sogar im Wortlaut gravierend verändert werden. D. h. die hohe argumentative Bedeutung der Schriftzitate und der radikale Zugriff des Paulus auf Inhalt und oft auch Wortlaut der Schriftzitate bedingen einander gegenseitig.

2. Die thematische Zuordnung der Schriftzitate

Von besonderem Interesse ist, für welche Themenbereiche in seinen Briefen Paulus Schriftzitate heranzieht, hier also den Rückgriff auf die Schrift für sachgemäß hält, und für welche Sachgebiete er die Schrift wenig oder gar nicht fruchtbar macht.[1] Aufschlußreich ist dabei auch, welche Verschiebungen sich gegenüber dem frühchristlichen Schriftgebrauch vor Paulus feststellen lassen.

a) Christologie

Für die Schriftverwendung der vorpaulinischen Gemeinden ist erkennbar, daß hier die christologische Inanspruchnahme der Schrift einen wesentlichen Schwerpunkt bildete.[2] Dies geschah in doppelter Weise: zum einen im christologischen Formelgut durch die bewußte Aufnahme biblischer Sprachüberlieferung bzw. durch den umfassend gemeinten Rückbezug auf die Schrift als Ganzheit, zum anderen durch die christologische Interpretation einzelner, mehrheitlich bereits zuvor messianisch verstandener Schriftworte. Sie prädizieren – christologisch interpretiert – Jesus als Davidssohn (Jes 11,10 [Röm 15,12]), als den ῥυόμενος für ›Jakob‹ (Jes 59,20f [Röm 11,26f]), als den von Gott in Zion gelegten λίθος ἀκρογωνιαῖος (Jes 28,16 [1 Petr 2,6; Röm 9,33]) bzw. dienen der Proklamation des Erhöhten zum κύριος (Jes 45,23 [Phil 2,10f]).

Diese Linie findet bei Paulus keine Fortsetzung, und dort, wo er selbst Schriftzitate christologisch interpretiert, geht er deutlich eigene Wege. Schon die Verwendung der ihm in christologischer Interpretation vorgegebenen Zitate ist bemerkenswert. Für Jes 45,23 macht er das christologische Verständnis, das in

---

[1] Wichtig ist dabei schon, wie die einzelnen Themenbereiche bestimmt und abgegrenzt werden. ELLIS, Use 116 stellt insgesamt 20 Themen von »1. The Fall of Man and its Effects« (Röm 5,12ff) bis »20. The Final Overthrow of Death« (1 Kor 15,54ff) zusammen, denen jedoch z. T. überhaupt keine Schriftanführungen entsprechen (so gleich beim ersten Thema). Allerdings nimmt er später eine sachgemäßere Einteilung vor: Faith and Work; Jew and Gentile; Ethics; Wisdom; Eschatology (117–125). – CONZELMANN, Grundriß 190 nennt 7 Themen, die jedoch neben inhaltlichen Zuordnungen (z. B. »Die Berufung der Heiden und das Verhalten Israels: Röm 9–11«) auch Aspekte des Schriftverständnisses enthalten (»Das Alte Testament enthält Weissagung; es weist auf das Evangelium voraus: Röm 1,2; Gal 3,8«) und kaum eine sachliche Gewichtung erkennen lassen. Vgl. auch die Kritik von VIELHAUER, Aufs. II 206.
[2] S. o. S. 232–256.

Phil 2,10f vorliegt, in Röm 14,11 wieder rückgängig,[3] Jes 59,20f interpretiert er primär als Schriftaussage über die erwartete Errettung Israels[4] und Jes 11,10 als Ankündigung der Annahme der ἔθνη.[5] Lediglich Jes 28,16 behält bei Paulus einen zentralen christologischen Sinn – allerdings in einer durch Jes 8,14b entscheidend veränderten Weise.[6] Auch der Impuls, den das christologische Formelgut für eine christologische Schriftinterpretation hätte liefern können, wird von Paulus nicht aufgenommen. Nirgends sieht sich Paulus veranlaßt, das doppelte κατὰ τὰς γραφάς von 1 Kor 15,3b–5 in seinen Briefen durch die Anführung einzelner Zitate zu konkretisieren.[7] Die Schriftgemäßheit von Christi Tod und Auferstehung ist für Paulus selbstverständlich gegeben, wie aus einigen christologisch verstandenen Zitaten indirekt hervorgeht, aber ihr Aufweis ist nie selbst der Zweck einer Schriftanführung.[8]

Der Grund für beide Sachverhalte ist wohl ein doppelter: Zum einen hat offensichtlich bereits eine Verschiebung in der christologischen Thematik stattgefunden. Themen, die in einen spezifisch (hellenistisch-)judenchristlichen Raum weisen, wie Davidssohnschaft (Jes 11,10), Erfüllung der Zionsverheißungen (Jes 28,16; 59,20f), aber auch Bund (Jes 59,20f; in christologischem Zusammenhang in 1 Kor 11,23–25), spielen bei Paulus entweder keine Rolle mehr (Davidssohnschaft, Zionsverheißungen) oder erscheinen in transformierter Gestalt (Bund; vgl. 2 Kor 3!). Hier hat ein Umwandlungsprozeß stattgefunden (und Paulus ist an diesem selbst beteiligt), der sicher auch im Zusammenhang mit der Entstehung von mehrheitlich heidenchristlichen Gemeinden steht.[9]

Zum anderen waren die Sachaussagen des christologischen Traditionsgutes als solche zwischen Paulus und seinen Gemeinden offenbar nicht kontrovers. Fraglich war nicht die christologische Grundlage, strittig waren die Konsequenzen, die Paulus daraus in seiner Interpretation der δικαιοσύνη θεοῦ, in der Beurteilung des Gesetzes, in der Frage der Berufung der ἔθνη, in der Eschatologie (1 Kor 15!) oder für das Verständnis des Apostelamtes zog. Hier vollzieht Paulus immer wieder eine Rückbindung an die gemeinsame christolo-

---

[3] Anders BLACK, NTS 18, 1972, 8, der das von Pls vorangestellte ζῶ ἐγώ, λέγει κύριος als christologische Aussage wertet, was jedoch in 14,10 die sekundäre LA ... τῷ βήματι Χριστοῦ (א² C² L P Ψ 048 0209 33 81 104 365 1175 und die byzantinischen Minuskeln; zur Beurteilung vgl. METZGER, Commentary 531) voraussetzt.

[4] S. o. S. 175–178.

[5] S. o. S. 281–284.

[6] S. o. S. 161f.

[7] Vgl. auch VIELHAUER, Aufs. II 206.

[8] Das gilt nicht nur für Röm 10,6–8 (Dtn 30,12–14) und 15,3 (Ψ 68,10b), sondern auch für Gal 3,13 (Dtn 21,23c). Thema von Gal 3,13 ist nicht der Nachweis der Schriftgemäßheit der Kreuzigung (die übrigens in den Sterbensformeln keine Rolle spielt!), Zielpunkt ist vielmehr die Überwindung der Fluchwirklichkeit des Gesetzes durch Christus, der als Gekreuzigter zur κατάρα geworden ist.

[9] Signalwert hat hierfür der Übergang vom Titel ὁ χριστός zu Χριστός als Eigennamen; dazu vgl. KRAMER, Christos 38f; GRUNDMANN, ThWNT IX, 1973, 532–536; HAHN, EWNT III, 1983, 1147–1165.

gische Grundlage, und in diesen Zusammenhängen begegnen auch Schriftzitate, deren Verwendung eine christologische Interpretation als selbstverständlich impliziert (so Röm 15,21 [Jes 52,15c.d]) oder auf eine christologische Aussage selbst abzielt (so Röm 9,33 [Jes 28,16]). Derartige Schriftzitate, deren Anführung voraussetzt, daß die Schrift hier von Christus spricht, begegnen innerhalb folgender Themenbereiche:

a) Δικαιοσύνη θεοῦ und Gesetz: Röm 10,6-8 (Dtn 30,12-14); Gal 3,13 (Dtn 21,23c);

b) Israel und die Berufung der ἔθνη (z. T. in Überschneidung mit dem zuvor genannten Thema): Röm 9,33 (Jes 28,16 [+ 8,14b]); 10,11 (Jes 28,16c); 10,13 (Joel 3,5a); 11,26f (Jes 59,20f); 15,12 (Jes 11,10);

c) Die Vernichtung der σοφία und der eigenen καύχησις: 1 Kor 1,31; 2 Kor 10,17;[10]

d) Der Verkündigungsauftrag des Paulus: Röm 15,21 (Jes 52,15c.d);

e) Die οἰκοδομή der Gemeinde: Röm 15,3 (Ψ 68,10b);

f) Die Gegenwart der θλῖψις: Röm 8,36 (Ψ 68,23b);

g) Eschatologie: 1 Kor 15,27 (Ψ 8,7b); 15,45 (Gen 2,7c).

Auch für das Zitat von Ψ 23,1a in 1 Kor 10,26, das Paulus zur Klärung der Frage der εἰδωλόθυτα heranzieht, kommt ein christologisches Verständnis in Betracht.[11]

Auch im Bereich der Schriftzitate spiegelt sich damit ein Grundzug der paulinischen Christologie wider: Sie ist nicht so sehr ein eigenes Thema *neben* anderen, ebenfalls wichtigen Sachfragen, sondern ist in allen anderen Themen als Grundlage und Regulativ wirksam und entfaltet sich für Paulus im Durchdenken dieser Sachbereiche, wobei den Themen der δικαιοσύνη θεοῦ und des Gesetzes eine besondere Bedeutung zukommt. Aber gerade in solchen thematischen Verflechtungen begegnen Schriftzitate, die charakteristischer

---

[10] Zur Herkunft des Zitats s. o. S. 35f. Daß in 1 Kor 1,31 ›κύριος‹ christologischer Titel ist, geht aus dem Zusammenhang mit 1,30 eindeutig hervor. Gleiches ist auch für die zeitlich spätere Anführung in 2 Kor 10,17 anzunehmen. Umgekehrt formuliert Pls in Röm 2,17 im Blick auf den Juden ausdrücklich: εἰ δὲ σὺ ... καυχᾶσαι ἐν θεῷ.

[11] Zumeist wird unter dem ›κύριος‹ des Zitats (in Übereinstimmung mit der LXX) ganz selbstverständlich ›Gott‹ verstanden. Lediglich CERFAUX, Aufs. I 176 bietet eine Begründung: »Le ›Seigneur‹ qui a créé la terre et en est le maître, c'est Dieu. Paul ne peut pas penser autrement.« Doch spricht das Zitat (abgesehen davon, daß Pls auch von einer Schöpfungsmittlerschaft Christi reden kann; vgl. 1 Kor 8,6) in dem von Pls angeführten Umfang nicht von der Schöpfung der Welt, sondern von ihrer gegenwärtigen Zugehörigkeit zum ›κύριος‹, und zwar im Sinne ihrer Unterordnung unter ihn als ihren ›Herrn‹. Andererseits erscheint in 10,21f gleich dreimal κύριος als Christustitel. Da es in 10,25ff bei der Frage der ἱερόθυτα ebenfalls um den kultischen Charakter der Mahlzeiten geht (zur Einheitlichkeit von 1 Kor 8-10 vgl. zuletzt CONZELMANN, 169-172.215), der durch den Hinweis ›τοῦτο ἱερόθυτόν ἐστιν‹ (10,28) überhaupt erst konstituiert wird, liegt kein Grund vor, in 10,26 κύριος anders zu fassen als in 10,21f. Vielmehr wird bei gleichem Verständnis von κύριος die Argumentation des Pls wesentlich geschlossener.

Ausdruck der paulinischen Christologie sind (so Röm 9,33 [Jes 28,16 + 8,14b][12] und Gal 3,13 [Dtn 21,23c]).[13]

b) Δικαιοσύνη θεοῦ und Gesetz – die Berufung der Gemeinde aus Juden und Heiden und die Erwählung Israels

Der Schwerpunkt der paulinischen Schriftverwendung liegt eindeutig in den eng zusammengehörigen Fragenkreisen der δικαιοσύνη θεοῦ und des Gesetzes sowie der Berufung der Gemeinde aus Juden und Heiden und der Erwählung Israels.[1] Schon rein quantitativ stellen die diesem Themenbereich angehörenden Zitate die größte Gruppe dar. Zu nennen sind hier die Schriftzitate von Gal 3 und 4; Röm 1–3; 4; 9–11, außerdem Röm 7,7 sowie 15,9–12. Hier wendet Paulus auch die meiste Energie auf, um die sich ihm stellenden Fragen mit Hilfe der Schrift zu durchdenken.

Die Intensität, mit der Paulus in diesen Themenkreisen die Schrift heranzieht, zeigt sich schon an der gegenüber Gal 3 nochmaligen Erarbeitung der Abrahamtradition in Röm 4. Beide Texte stellen auch die einzigen umfangreicheren Exegesen eines Einzeltextes bei Paulus dar. Dem Thema des Gesetzes dient die breiteste Zitatkombination des Paulus (Röm 3,10–18), dem Fragenkreis ›Israel und die ἔθνη‹ die drei großen Zitatenketten Röm 9,25–29; 10,18–21 und 15,9–12. Der einzige Geschichtsrückblick, der auf eine längere Zeitstrecke aus der Geschichte Israels Bezug nimmt (Röm 9,6–18), ist der Frage nach der Erwählung und Verwerfung Israels zugeordnet, und in der ausführlichsten Allegorese des Paulus (Gal 4,21–31) wird das Nebeneinander von gegenwärtigem Israel (dem ›jetzigen Jerusalem‹) und der Gemeinde aus Juden und Heiden verhandelt.

Diese dominierende Rolle, die die Themenbereiche der δικαιοσύνη θεοῦ und des Gesetzes sowie die Erwählung der Gemeinde aus Juden und Heiden innerhalb der Gesamtheit der paulinischen Schriftzitate haben, bedarf einer Erklärung. Sie ist ja nicht allein dadurch bedingt, daß diese Themen strittig waren oder zumindest einer weiteren Klärung bedurften. Strittig war auch zwischen Paulus und seinen Gemeinden die Beurteilung des Apostelamtes, die Bewertung der Charismata (insbesondere die der Glossolalie) oder die Frage der εἰδωλόθυτα. Auch in der Behandlung dieser Fragen bringt Paulus Schriftworte in die Argumentation ein, aber bei weitem nicht im gleichen Umfang und mit der gleichen zentralen Bedeutung für die Klärung der kontroversen Sachverhalte.

---

[12] S. o. S. 161f.
[13] S. o. S. 124ff.165f.

[1] VIELHAUER, Aufs. II 206 besteht – in Blick auf die thematische Zuordnung der Schriftzitate – auf der Zusammengehörigkeit beider Themenbereiche. Die zentrale Rolle, die hier jeweils dem Gesetz zukommt, zeigt in der Tat deren inhaltliche Verschränkung. Gleichwohl fallen sie auch in ihrer theologischen Aufarbeitung bei Pls nicht einfach zusammen, sondern sind durchaus voneinander unterscheidbar, wie die in ihrer inhaltlichen Ausrichtung jeweils eindeutigen Zitatenketten Röm 9,25–29; 10,18–21; 15,9–12 einerseits und die Zitatkombination Röm 3,10–18 andererseits zeigen.

Hier dagegen ist es der Inhalt der zur Debatte stehenden Probleme selbst, der den intensiven Rückgriff auf die Schrift erforderlich macht.

Gottes Gerechtigkeit, die Rolle des Gesetzes als der für Israel verpflichtende Gotteswille und Israels Erwählung sind Themen, die Paulus aus der Schrift und ihrer jüdischen Auslegung vorgegeben waren. Indem Paulus sie auf der Grundlage des Kerygmas der hellenistischen christlichen Gemeinden aufnimmt, gelangt er zu einer fundamentalen Umwertung jüdischer Grundpositionen. Besonders in der Beurteilung des Gesetzes spitzte sich für Paulus, der sich selbst rückblickend als ζηλωτὴς τῶν πατρικῶν μου παραδόσεων beschreibt (Gal 1,14), die Auseinandersetzung zu.[2] Daher war er bei diesem Thema zu besonders gründlicher Argumentation gezwungen – und damit grundsätzlich an die Schrift verwiesen, insofern sich jüdische Theologie hier (wie auch hinsichtlich der Erwählung Israels, seiner Abrahamssohnschaft und seiner prinzipiellen Geschiedenheit von den ἔθνη) als in Kontinuität mit der Schrift stehend verstand.

Inhaltlich geht in diesen Themenbereichen die Bedeutung der herangezogenen Schriftzitate über die Funktion einer bloßen Bestätigung bereits vorhandener Lösungen erheblich hinaus. Vielmehr arbeitet Paulus die Antworten, die er hier sucht, in intensivem Rückgriff auf die Schrift aus. Besonders deutlich wird dies in Röm 9–11. Die Aussagen des Paulus über die Bewahrung eines (lediglich geringen) Restes von Israel erscheinen nur als Schriftzitate (9,27–29) oder in engem Zusammenhang mit solchen (11,3–5). Gleiches gilt von den Verstockungsaussagen in Röm 11,7–9. In der Schrift – und zwar vor allem in den an Israel gerichteten prophetischen Anklagen und Gerichtsankündigungen – fand Paulus die entscheidenden Hinweise, um die Ablehnung der im Evangelium offenbarten δικαιοσύνη θεοῦ durch Israel (vgl. Röm 9,30–10,13), jedenfalls in seiner übergroßen Mehrheit, bewältigen zu können. Deshalb läßt er hier die Schrift in einer bei ihm sonst nie begegnenden Breite selbst zu Wort kommen – allerdings nicht ohne die Zitate z. T. tiefgreifend zu verändern (vgl. Röm 9,25f!).

Ebenso setzt Paulus zur Interpretation der jetzt offenbarten δικαιοσύνη θεοῦ so gezielt Schriftzitate ein, daß sie – in ihrer paulinischen Gestalt – konstitutiver Bestandteil der Argumentation des Paulus sind und seine Aussagen gar nicht mehr unter Absehung von den in Röm 1,17; 4; 10,5–8 und Gal 3,10–13 angeführten und z. T. ausführlich interpretierten Schriftworten erhoben werden können.

Die programmatische Bedeutung, die das Zitat von Hab 2,4b für die Interpretation der δικαιοσύνη θεοῦ im Römerbrief hat, ergibt sich aus seiner Verwendung als Schlußaussage in der begrifflich verdichteten Themenangabe Röm 1,16f und aus der Stellung in der ringförmigen Komposition 1,16f/1,18–

---

[2] Ausgelöst ist die breite Behandlung der Frage des Gesetzes im Gal natürlich durch die aktuelle Krisensituation der Gemeinde. Aber daß Pls sich dadurch zu einer prinzipiellen theologischen Klärung herausgefordert sieht, ist charakteristisch.

3,20/3,21–4,25. Mit der Zitataussage, daß die Zusage des Lebens dem δίκαιος ἐκ πίστεως gilt, führt Paulus seine eigene Aussage von 1,16.17a fort, insofern die Zusage der ζήσεσθαι inhaltlich unmittelbar an εἰς σωτηρίαν in 1,16 anknüpft.[3] Damit unterstreicht er, daß das εὐαγγέλιον *als* Offenbarung der δικαιοσύνη θεοῦ auf ›Rettung‹ zielt.[4] Gleiches gilt auch von der δικαιοσύνη θεοῦ selbst als *dem* Inhalt des εὐαγγέλιον. Dies zeigt der Übergang von der δικαιοσύνη θεοῦ, die jetzt ἐκ πίστεως εἰς πίστιν offenbart ist, zur Aussage über den δίκαιος ἐκ πίστεως. Dieser Übergang ist wie die Anfügung des Zitats insgesamt als von Paulus bewußt vollzogen zu bewerten und für die Interpretation des paulinischen Verständnisses der δικαιοσύνη θεοῦ voll auszuwerten. Das heißt: Erst in dieser soteriologischen Zuspitzung ist – selbst in einer begrifflich derart gedrängten Beschreibung – für Paulus angemessen von der δικαιοσύνη θεοῦ zu reden.[5]

Bei der umstrittenen Frage, ob sich in dem von Pls verkürzten Wortlaut von Hab 2,4b ἐκ πίστεως auf ὁ δὲ δίκαιος oder auf ζήσεται bezieht, ist von der jeweiligen pln Verwendung des Zitats auszugehen. Schon in Gal 3,11b ist (nach V 11a und in Entgegensetzung zu V 12b) eine Zuordnung von ἐκ πίστεως und ζήσεται, d. h. die Abtrennung von ὁ δίκαιος, nicht möglich. Dem ›ποιήσας‹ von 3,12b (Lev 18,5c) steht positiv nicht allgemein der δίκαιος gegenüber, der dann aus einem zusätzlichen Grund, seiner πίστις, die Zusage des Lebens gilt. Vielmehr wird dem ποιήσας von vornherein der δίκαιος ἐκ πίστεως konfrontiert, da außerhalb der πίστις – und das hieße ja: ἐν νόμῳ – überhaupt nicht von δικαιοσύνη geredet werden kann (3,11a). Aber auch Röm 1,16f läßt kaum eine andere Zuordnung zu.[6] Dafür spricht nicht nur der unmittelbare Anschluß an ἐκ πίστεως εἰς πίστιν (V 17a), sondern auch der inhaltliche Rückbezug des Zitats auf V 16: Mit dem ζήσεται des Zitats wird das εἰς σωτηρίαν als die soteriologische

---

[3] Vorausgesetzt ist dabei der enge sachliche Zusammenhang von δικαιοσύνη und ζωή, wie er bei Pls bes. deutlich in Gal 3,21 vorliegt (s. auch Röm 8,10); dazu vgl. BULTMANN, Theologie 271f und BLANK, EKK.V 1, 1969, 86–88.
[4] Anders HEROLD, Zorn 142–147.288–260, der Hab 2,4HT als Urteil Gottes im Ablauf eines ›Rechtsprozesses‹ versteht (was hier nicht diskutiert zu werden braucht) und dies auch für Röm 1,17 voraussetzt, lediglich mit dem Unterschied: »Der עשׁפל, der stirbt, und der צדיק, der lebt, werden vor dem Kreuz im Glauben eins« (259). Aber abgesehen davon, daß für Pls weder Gott (so jedoch HEROLD aaO 258) noch das Kreuz tötet, sondern das γράμμα (2 Kor 3) bzw. in anderem Zusammenhang die σάρξ oder die ἁμαρτία (Röm 7,9f; 8,6) – Pls verwendet überhaupt nicht Hab 2,4a und schon gar nicht den HT (bereits die LXX formuliert einen Konditionalsatz, also keinen Urteilsspruch).
[5] Vgl. CONZELMANN, Grundriß 242, der das Zitat voll zur Interpretation von Röm 1,16f heranzieht. Dagegen ist für STUHLMACHER, Gerechtigkeit 83f das Zitat von ganz untergeordneter Bedeutung, und auch für KÄSEMANN, Röm 28f hat es lediglich bestätigende Funktion.
[6] Dagegen wendet MICHEL, Röm 91 ein, »daß Paulus *als Jude* das Schriftzitat auf jeden Fall anders verstehen mußte. Wollte er die alttestamentliche Tradition durchbrechen, dann hätte er die Worte umstellen müssen« (Hervorhebung im Original); vgl. seinen positiven Verweis auf SCHLATTER, Gerechtigkeit 43: »Es liegt kein Anzeichen vor, daß Paulus das Gefüge des semitischen (sic!) Satzes nicht mehr richtig empfunden habe«. Doch schreibt Paulus 1. nicht als Jude, sondern als Christ, und 2. schreibt er griechisch.

Zielbestimmung des εὐαγγέλιον aufgenommen, und dem παντὶ τῷ πιστεύοντι korrespondiert im Zitat ὁ δὲ δίκαιος ἐκ πίστεως.[7]

Eine ähnlich zentrale Bedeutung haben die beiden Schriftzitate in Röm 10,5 – 8 (Lev 18,5c und Dtn 30,12–14) für den Gedankengang in Röm 9,30–10,13.[8] Paulus interpretiert hier die Entgegensetzung von δικαιοσύνη θεοῦ und ἰδία δικαιοσύνη, indem er diese in die Antithese von δικαιοσύνη ἐκ νόμου und ἐκ πίστεως δικαιοσύνη überführt.[9] Beide ›Gerechtigkeiten‹ werden jeweils durch ein Zitat interpretiert, ja in ihrem ›Wesen‹ definiert. Allerdings leisten die Zitate dies nur in radikal umgestalteter Form (so im Falle von Dtn 30,12–14) und im Zusammenhang einer intensiven paulinischen Interpretation, die das Verständnis beider Zitate bestimmt. Für Dtn 30,12–14 ist dies aufgrund der schrittweisen Kommentierung unmittelbar evident,[10] es trifft aber genauso für die Verwendung von Lev 18,5c zu. Ab Röm 9,30 baut Paulus konsequent einen Verstehensrahmen auf, in dem Lev 18,5c erst zu der Aussage über die δικαιοσύνη ἐκ νόμου wird, auf die Paulus abzielt. Denn das Zitat selbst – ὁ ποιήσας αὐτὰ ἄνθρωπος ζήσεται ἐν αὐτοῖς[11] – besagt, daß der Täter des Gesetzes das Leben erlangen wird. Paulus aber will im Gegenteil zeigen, daß das Tun des Gesetzes gerade nicht Gerechtigkeit und Leben erwirkt. Häufig wird deshalb – wie in Gal 3,10– 12 – der Zwischengedanke ergänzt, daß in Röm 10,5 die faktische Nichterfüllung des Gesetzes (im Sinne einer quantitativ nicht vollständigen Durchführung) vorausgesetzt sei.[12] Doch ist dieser Zwischengedanke zuvor in Röm 9,30–10,4

---

[7] In die gleiche Richtung weist auch der enge terminologische Zusammenhang von δικαιοσύνη θεοῦ (bzw. δικαιοσύνη oder δικαιοῦσθαι) mit πίστις in Röm 3,21f; 10,6 und bes. in 5,1. In der neueren Lit. wird daher auch überwiegend die Zugehörigkeit von ἐκ πίστεως zu ὁ δὲ δίκαιος vertreten, so von LIETZMANN, Röm 31; KÄSEMANN, Röm 29; WILCKENS, Röm I 90; CRANFIELD, Röm I 101f (mit übersichtlicher Darstellung aller Argumente); anders dagegen neben MICHEL, Röm 91 auch SCHLIER, Röm 46; zu Gal 3,11 vgl. BECKER, Gal 36f; E. P. SANDERS, FS D. Daube, 1978, 106.

[8] Zur Stellung von Röm 9,30–10,13 als christologischem Mittelteil in Röm 9–11 vgl. LUZ, Geschichtsverständnis 30–33.

[9] Diese antithetische Zuordnung begegnet in dieser Form bei Pls nur hier; am nächsten kommt Phil 3,9, auch hinsichtlich des Begriffs der ἰδία δικαιοσύνη (vgl. 3,9a; μὴ ἔχων ἐμὴν δικαιοσύνην).

[10] Dazu s. o. S. 153–160.

[11] Zum textkritischen Problem von Röm 10,5, das auch den Wortlaut des Zitats betrifft, s. u. S. 293f.

[12] Die Diskussionslage entspricht inhaltlich der von Gal 3,10ff (s. o. S. 265ff), und zumeist dient das analoge Verständnis von Gal 3,10ff zur Begründung der entsprechenden Interpretation von Röm 10,5; vgl. LIETZMANN, Röm 96; LUZ aaO 149f A 56; VAN DÜLMEN, Theologie 127. Der Gesichtspunkt der faktischen Nichterfüllung (den Pls durchaus verwenden kann, vgl. Röm 2,17–24) wird bei WILCKENS, Aufs. 77–109; vgl. ders., Röm I 132f.173–180 u. a. (zusammen mit einem entsprechenden Verständnis von ἁμαρτία) zum Schlüssel für das pln Gesetzesverständnis überhaupt (dazu vgl. die Kritik von KLEIN, FS E. Dinkler, 1979, 249–282), während es sonst (so z. B. bei LUZ, Gesetz 93–96.99–104) nur als Teilaspekt gewertet wird.

nirgends angedeutet,[13] widerspricht vielmehr der Argumentation des Paulus ab 9,30.

Paulus setzt in Röm 9,30 mit der Feststellung ein, ὅτι ἔθνη τὰ μὴ διώκοντα δικαιοσύνην κατέλαβεν δικαιοσύνην. Vor diesem Hintergrund entfaltet Paulus die entgegengesetzte These über Israel, jedoch mit bemerkenswerten Variationen. In der rhetorisch zugespitzten Formulierung von V 31f kreuzen sich zwei Argumentationslinien:

1. Israel hat – anders als die ἔθνη – die δικαιοσύνη sehr wohl erstrebt, sie jedoch nicht erlangt. Die Begründung in V 32 lautet lapidar: ὅτι οὐκ ἐκ πίστεως ἀλλ' ὡς (!) ἐξ ἔργων. Israel hat also die δικαιοσύνη[14] verfehlt, weil es sie auf dem Wege der ἔργα – und d. h. auf dem Wege des Gesetzes – zu erlangen suchte.

2. Israel hat damit zugleich das Gesetz selbst verfehlt: εἰς νόμον οὐκ ἔφθασεν. Das Gesetz, als Weg zur Gerechtigkeit verstanden, führt also weder zur Gerechtigkeit noch zum Gesetz. Um diese Paradoxie scharf herauszustellen formuliert Paulus: 'Ισραὴλ δὲ διώκων νόμον (!) δικαιοσύνης εἰς νόμον οὐκ ἔφθασεν (V 31).

Die bei Pls nur hier begegnende Wendung νόμος δικαιοσύνης[15] ist aus dem Kontext von V 30–32, und zwar als Schnittpunkt beider Argumentationslinien zu interpretieren. Zwar wäre es ein durchaus pln Gedanke, wenn νόμος δικαιοσύνης meint, daß die ursprüngliche Intention des Gesetzes tatsächlich die δικαιοσύνη ist.[16] Doch führt dieses Verständnis von νόμος δικαιοσύνης in V 30–32 zu erheblichen Schwierigkeiten.[17] Denn

---

[13] Im übrigen wäre er, jedenfalls als grundlegender Argumentationsweg, auch gegenüber dem jüdischen Gesetzesverständnis keineswegs so stichhaltig, wie zumeist undiskutiert angenommen wird. Auch jüdische Theologie sieht sich mit dem Problem der unvollkommenen Gesetzeserfüllung konfrontiert, hat jedoch daraus keineswegs eine grundsätzliche Gesetzeskritik abgeleitet; dazu vgl. E. P. SANDERS, FS D. Daube, 1978, 108–123; ders., Paul 107–147; vgl. seine zusammenfassende Definition des ›Gerechten‹ im Sinne rabbinischer Theologie: »a righteous man in rabbinic Judaism is a man who intends (!) to obey the law, who obeys it as best he can, and who atones for transgression« (FS Daube 108).

[14] V 32 schließt zwar an εἰς νόμον οὐκ ἔφθασεν (V 31 b) an, aber V 31 ist im Gegenüber zu V 30 formuliert; d. h. V 32 bezieht sich auf die in V 31 vorausgesetzte Ausgangsfeststellung zurück, daß Israel die δικαιοσύνη nicht erlangt hat. Nur so ist die mit V 30 eröffnete Gegenüberstellung von ἔθνη und Israel in bezug auf das Erlangen bzw. Nichterlangen der δικαιοσύνη abgeschlossen.

[15] Die Wendung begegnet auch Sap 2,11: ἔστω δὲ ἡμῶν ἡ ἰσχὺς νόμος τῆς δικαιοσύνης. Sie ist dort allerdings Teil einer polemischen Formulierung, die die Hybris der Gegner des Gerechten und ihre Gesetzlosigkeit entlarven soll. Die Verwendung bei Pls ist davon erheblich verschieden, und ein fester, Pls vorgegebener Begriff von νόμος δικαιοσύνης ist Sap 2,11 kaum zu entnehmen.

[16] So HAHN, ZNW 67, 1976, 49f unter Verweis auf Röm 7,10 (vgl. auch LUZ, Gesetz 104). Aber die Aussagen von Röm 7,10.12 sind nicht von der Feststellung abzulösen, daß das Gesetz dem Menschen gar nicht anders denn als Instrument der ἁμαρτία begegnet, die ihre Macht aus dem νόμος bezieht (Röm 7,8f). Für die geschichtliche Situation des Menschen (und also auch für Röm 9,30–32) gilt Gal 3,21b: εἰ γὰρ ἐδόθη νόμος ὁ δυνάμενος ζῳοποιῆσαι, ὄντως ἐκ νόμου ἂν ἦν ἡ δικαιοσύνη.

[17] Wird der Genitiv δικαιοσύνης als Aussage über den Inhalt des νόμος verstanden,

wenn man hier die positive Beschreibung der eigentlichen Zielrichtung des Gesetzes voraussetzt, müßte man οὐκ ἐκ πίστεως ἀλλ' ὡς ἐξ ἔργων auf das διώκειν des νόμος δικαιοσύνης beziehen und erwarten, daß Pls dann aufzeigt, wie ἐκ πίστεως der νόμος (als νόμος δικαιοσύνης) tatsächlich erreichbar ist. Das ist jedoch nicht der Fall. Pls stellt im folgenden nicht – wie in Röm 8,2 – einen νόμος τοῦ πνεύματος und einen νόμος τῆς ἁμαρτίας καὶ τοῦ θανάτου gegenüber, sondern konfrontiert das – in Christus beendete – Gesetz[18] der πίστις (10,4.5 f).[19] Natürlich ist in der negativen Feststellung 'Ἰσραὴλ... εἰς νόμον οὐκ ἔφθασεν (V 31) und der folgenden Begründung (V 32a) indirekt enthalten, daß man nur ›ἐκ πίστεως‹ auch zum Gesetz ›gelangt‹ (vgl. schon 3,31!), doch wird dies hier nicht weiter entfaltet.

Wenn Israels Weg, ἐξ ἔργων die δικαιοσύνη zu erlangen, verfehlt ist, dann nicht weil es hinsichtlich der Vollständigkeit der Gesetzeserfüllung ein quantitatives Defizit aufzuweisen hätte, sondern weil ἔργα – und zwar die vollbrachten! (von anderen redet Paulus hier nicht) – und πίστις qualitativ geschieden sind. Daß πίστις hier nicht formal gemeint ist, macht Paulus durch das unmittelbar folgende christologische Schriftzitat in 9,33 deutlich, daß er so umgestaltet, daß es selbst die paradoxe Wirkung der Sendung Christi – den einen zum Unheil (d. h. für Israel zum πρόσκομμα und σκάνδαλον), den Glaubenden zur Rettung – beschreibt. Im Rahmen dieser Entgegensetzung von ἔργα und πίστις 'Ἰησοῦ Χριστοῦ erfolgt dann die Anführung von Lev 18,5c in Röm 10,5.

In Röm 10,5 stehen sich zwei Hauptlesarten gegenüber:
I: Μωϋσῆς γὰρ γράφει τὴν δικαιοσύνην τὴν ἐκ τοῦ[20] νόμου ὅτι ὁ ποιήσας αὐτὰ ἄνθρωπος[21] ζήσεται ἐν αὐτοῖς vertreten von P[46] (א[2]) D[2] (F) (G) K L P (Ψ) 104 365 1175 1241 2464 2495 𝔐 sy[(p)] [= NTGr[26]].

---

wird schon die unmittelbare Fortsetzung schwierig; vgl. die Ergänzungen in der Übersetzung von MICHEL, Röm 319: »Israel aber, das dem Gesetz nachjagt, das von dem Gesetz der Gerechtigkeit handelt, hat das Gesetz in Wirklichkeit [!] nicht erreicht«, und von KÄSEMANN, Röm 267: »Israel, das dem Gerechtigkeit (verheißenden) Gesetz nachlief, drang jedoch zu (solchem) [!] Gesetz nicht vor«. WILCKENS, Röm II 212 A 944 verteidigt das Verständnis von δικαιοσύνης als Angabe des Inhalts des νόμος: Dies sei »vom jüdischen Aspekt aus formuliert«. Aber V 31 ist genauso wenig aus jüdischer Sicht formuliert wie V 30 aus der Sicht der ἔθνη.
[18] So muß HAHN, ZNW 67, 1976, 50 ›τέλος τοῦ νόμου‹ ergänzend interpretieren als das Ende des Gesetzes, »sofern es um das Gesetz der Werke geht«. Gerade diese Aufspaltung des νόμος-Begriffs liegt hier jedoch nicht vor.
[19] Völlig anders interpretiert STUHLMACHER, Gerechtigkeit 92: Israel hat in der Entscheidung für die ἔργα »auch Gottes Weggeleit durch die Tora [sic! – Weggeleit wohin? in die ἐκ πίστεως δικαιοσύνη?] verfehlt. Der gen. qual. δικαιοσύνης bei νόμος besagt, daß die Tora eine zum Zwecke des göttlichen Rechtes und seiner Findung gestiftete Gebotsmanifestation ist. Paulus betrachtet hier also die Tora... als das für Gott zeugende Bundesrecht.« Doch setzt sich Pls ab 9,30 nicht mit dem Einwand μὴ ἀδικία παρὰ τῷ θεῷ; (9,14) auseinander, sondern fragt nach der Gerechtigkeit, die Israel, anders als die ἔθνη, zwar verfolgt, aber verfehlt hat. Der Gesichtspunkt ist also – horribile dictu! – durchaus anthropologisch; vgl. auch KLEIN, Aufs. 232f.
[20] א[2] Ψ lassen τοῦ aus.
[21] F G sy[p] lassen ἄνθρωπος aus (vgl. Gal 3,12; dazu s. o. S. 120).

II: Μωϋσῆς γὰρ γράφει ὅτι τὴν δικαιοσύνην τὴν ἐκ τοῦ²² νόμου²³ ὁ ποιήσας ἄνθρωπος ζήσεται ἐν αὐτῇ, vertreten von (ℵ*) (A) (33*) 81 630 1506 1739 (1881) pc co [= NTGr²⁵].

B und D* enthalten Elemente beider Lesarten, wobei B LA I, D* LA II nähersteht.²⁴

Für die Ursprünglichkeit von LA I sprechen nicht nur Alter und Verbreitung der Bezeugung,²⁵ sondern auch innere Gründe:

1. Gegenüber Μωϋσῆς γὰρ γράφει τὴν δικαιοσύνην... ὅτι (LA 1) stellt Μωϋσῆς γὰρ γράφει ὅτι τὴν δικαιοσύνην... (LA II) eine sprachliche Erleichterung dar.²⁶

2. LA II weist damit zugleich eine größere Parallelität zur Zitateinleitung in V 6 auf.

3. Auch das Fehlen von αὐτά²⁷ und die Verwendung von ἐν αὐτῇ anstelle von ἐν αὐτοῖς in LA II sind eher als sekundäre Angleichungen (an τὴν δικαιοσύνην) zu erklären. Diese Änderungen sind die notwendige Folge der Umstellung von ὅτι, durch die τὴν δικαιοσύνην Teil des Zitats geworden ist.

Gegen die umgekehrte Annahme, LA II sei ursprünglich und LA I sei auf Angleichung an Lev 18,5c^LXX zurückzuführen,²⁸ spricht, daß dann ein sprachlich unanstößiger Text zum Zweck der Verbesserung von – in ihrem Umfang recht geringfügigen – Änderungen des Zitats in doppelter Hinsicht gestört wurde:²⁹

a) durch ›Verbesserung‹ der einfacheren Konstruktion Μωϋσῆς γράφει ὅτι,

b) durch die Aufhebung des Rückbezugs des Zitats auf τὴν δικαιοσύνην infolge der Einfügung von αὐτά und der Abänderung von ἐν αὐτῇ in ἐν αὐτοῖς, die ja beide in LA I beziehungslos sind.

Ist von LA I auszugehen, dann besagt Röm 10,5 ausdrücklich, daß Mose mit Lev 18,5c eine Beschreibung, ja eine Definition der δικαιοσύνη ἐκ νόμου gibt. Daß Pls αὐτά (und ἐν αὐτοῖς) nicht angleicht, ist darauf zurückzuführen, daß ihm offenbar der ursprüngliche Rückbezug auf πάντα τὰ προστάγματά μου καὶ πάντα τὰ κρίματά μου (Lev 18,5b) noch bewußt ist. Das bedeutet zugleich: Pls spricht in 10,5 vom Tun des Gesetzes, bzw. seiner Vorschriften, und nicht vom Tun der ›δικαιοσύνη‹ ἐκ νόμου.³⁰

---

²² ℵ* läßt τοῦ aus.

²³ A liest τὴν δικαιοσύνην τὴν ἐκ πίστεως, setzt also LA II voraus und ›verbessert‹ sie.

²⁴ B: Μωϋσῆς γὰρ γράφει τὴν δικαιοσύνην τὴν ἐκ νόμου ὅτι ὁ ποιήσας αὐτὰ ἄνθρωπος ζήσεται ἐν αὐτῇ.
D*: Μωϋσῆς γὰρ γράφει ὅτι τὴν δικαιοσύνην τῆς [!] ἐκ τοῦ νόμου ὁ ποιήσας ἄνθρωπος ζήσεται ἐν αὐτοῖς (vgl. GNT).
Die Frage, ob hierin Vorstufen für LA II (so LINDEMANN, ZNW 73, 1982, 246 f in bezug auf die LA von B) zu sehen sind oder nicht vielmehr sekundäre Kombinationen, kann hier offenbleiben.

²⁵ So m. R. METZGER, Commentary 524.

²⁶ Gegenüber γράφειν ὅτι ist γράφειν mit dem Akk. der Sache (vgl. SCHRENK, ThWNT I, 1933, 746 A 19 und BAUER, Wb. s. v. γράφω 2c 331) bei Pls nur hier belegt und auch sonst ungewöhnlich.

²⁷ In Gal 3,12 ist αὐτά im Zitat von Lev 18,5c einheitlich überliefert. Zwar ist αὐτά in Lev 18,5c^LXX nicht als ursprünglich anzusehen, aber die breite Bezeugung in der LXX-Überlieferung einerseits und die Zusammenhangslosigkeit von αὐτά im Kontext von Gal 3,12 andererseits sprechen für eine vorpln Herkunft; s. auch o. S. 52 (mit A 20).

²⁸ Die Ursprünglichkeit von LA II wird (sicher unter dem Einfluß von NTGr²⁵) bislang kaum vertreten. Eine Ausnahme stellt H. W. SCHMIDT, Röm 175 dar, der jedoch nicht zwischen dem Text von P⁴⁶ etc. und dem von B unterscheidet und faktisch von B ausgeht. Aufgrund der genaueren Darstellung des Textbefundes in NTGr²⁶ tritt jetzt LINDEMANN, ZNW 73, 1982, 231–250 entschieden für die Ursprünglichkeit von LA I ein.

²⁹ Anders KÄSEMANN, Röm 275.

³⁰ Als Angleichung wäre daher eher αὐτόν (sc. τὸν νόμον) zu erwarten; vgl. auch

Mit der Entgegensetzung der δικαιοσύνη ἐκ νόμου und der ἐκ πίστεως δικαιοσύνη führt Paulus nicht nur die Gegenüberstellung von ἰδία δικαιοσύνη und δικαιοσύνη θεοῦ fort, sondern nimmt auch die Antithese von ἔργα und πίστις aus 9,32 auf. Erst in diesem doppelten Rückbezug – und in Konfrontation mit der Darstellung der ἐκ πίστεως δικαιοσύνη in 10,6–8 – wird das Zitat Lev 18,5c zur Beschreibung der δικαιοσύνη ἐκ νόμου, die Paulus hier – als Aussage der Schrift – geben will. Derart fest eingespannt in paulinische Interpretationsbezüge zeigt das Zitat, daß das Wesen des νόμος ausschließlich im ποιεῖν besteht,[31] also nur zur Aufrichtung der ἰδία δικαιοσύνη[32] führen kann. Von hier gibt es keine Brücke zur πίστις, die allein Gerechtigkeit und Leben erschließen kann. Ἔργα und πίστις, δικαιοσύνη ἐκ νόμου und ἐκ πίστεως δικαιοσύνη stehen – auch indirekt – nicht in einem komplementären Verhältnis zueinander, sondern in nicht miteinander vermittelbarer Antithese. In diesem Sinne führt Paulus anschließend Dtn 30,12–14 als Darstellung der ἐκ πίστεως δικαιοσύνη, die selbst als Sprecherin des Zitats auftritt, an. Die Umgestaltung und Interpretation dieses Zitats ist besonders intensiv.[33] Die Eliminierung sämtlicher Bezüge zum Gesetz und zu dessen Durchführung (Paulus streicht zweimal ποιήσομεν [τὴν ἐντολήν]!) bestätigt nochmals, daß Paulus in der Forderung des ποιεῖν in 10,5 das Wesen der δικαιοσύνη ἐκ νόμου überhaupt beschrieben sieht. Positiv stellt das Zitat von Dtn 30,12–14 in seiner paulinischen Umgestaltung fest, daß es in der ἐκ πίστεως δικαιοσύνη nicht um ein anderes – nun jedoch erfüllbares – Tun geht,[34] sondern um die πίστις als der radikalen Entgegensetzung zu jedem Tun des Menschen, das auf eine selbst hergestellte δικαιοσύνη abzielt. Wiederum spricht Paulus nicht formal von πίστις, sondern dezidiert christologisch. Aber gerade so kann er zeigen, daß die Zugänglichkeit der δικαιοσύνη nicht durch das Gesetz erschlossen wird, das nur in das ποιεῖν führt, sondern durch Christus, dessen Kommen und

---

Gal 3,12b, wo Pls nach V 12a (ὁ νόμος κτλ.) ebenfalls mit αὐτά fortfährt, doch ist dort angesichts von V 10b diese Fortsetzung nicht ganz so hart wie in Röm 10,5.

[31] HAHN, ZNW 67, 1976, 50f weist zutreffend auf die Gegenüberstellung von ἐργάζειν und πιστεύειν in Röm 4,3–6 hin. Dem widerspricht nicht, daß Pls in Röm 4 erst ab V 13 vom νόμος spricht; s. auch u. S. 307 A 1.

[32] Damit spricht Pls (wie in 9,30–32) ein objektiv gemeintes Urteil aus; WILCKENS, Röm II 221 verschiebt dagegen die Bedeutung von ἰδία δικαιοσύνη ins Subjektive (»eigenwillige« Gerechtigkeit).

[33] S. o. S. 129–132.153–160.185f.

[34] Dies wird in der Interpretation von Röm 10,5–8 bei VAN DÜLMEN, Theologie 127 verwischt: Das ποιεῖν von Lev 18,5 werde von Pls »als eine unerfüllbare Forderung verstanden, wie die folgenden Vergleiche 10,6f zeigen. Der unüberwindlichen Schwierigkeit des Tuns steht die Mühelosigkeit, der Geschenkcharakter der Pistis gegenüber.« Das ungeklärte Nebeneinander von ›Mühelosigkeit‹ der Pistis (!) und ihrem ›Geschenkcharakter‹ verdeckt, daß die δικαιοσύνη ἐκ νόμου und die ἐκ πίστεως δικαιοσύνη sich nicht in einem komparativischen Verhältnis von ›schwerer und leichter‹ gegenüberstehen, sondern in kontradiktorischem Gegensatz zueinander stehen. Von ›Mühelosigkeit‹ redet nicht Pls in Röm 10,6–8, sondern Dtn 30,11(!)–14 – und zwar in bezug auf die ἐντολή!

Auferweckung als von jedem menschlichen Tun schlechthin unabhängig die Zugänglichkeit des ῥῆμα τῆς πίστεως hergestellt hat.

Die zentrale Rolle der Schriftzitate für die Argumentation des Paulus einerseits und die radikale Adaption der Zitataussagen an die eigene theologische Fragestellung andererseits treten wie in Röm 1,17 so auch in Röm 10,5–8 besonders scharf hervor.[35] Dem entspricht, daß sich für Paulus im Zusammenhang des Problemfeldes von δικαιοσύνη θεοῦ und Gesetz auch die Frage nach dem Verständnis der Schrift als Ganzer stellt. Die beiden Aussagen des Paulus hierzu, die über die Ansätze der hellenistisch-(juden)christlichen Gemeinden vor ihm hinausgehen, Röm 3,21 und 2 Kor 3,12–17, sind entweder direkt mit der Thematik von δικαιοσύνη θεοῦ und Gesetz verbunden (Röm 3,21) oder stehen in deren Horizont (2 Kor 3,12–17).[36]

c) Paränese

Einen weiteren Themenbereich, dem eine größere Anzahl von Schriftzitaten zugeordnet ist, stellt die Paränese dar. Die Funktion einer direkten Weisung haben allerdings nur drei Zitate, die jeweils ohne Einleitungsformulierung angeführt werden: Prv 25,21f (Röm 12,20); Dtn 17,7c (u. ö.; 1 Kor 5,13) und das einzige nicht der Schrift entnommene Zitat, die auf Menander (Frgm. 187) zurückgehende Sentenz in 1 Kor 15,33.[1] Auch Lev 19,18b und Dtn 5,17–21 stellen für Paulus – und seine Leser – unbedingt gültige Gebote der Schrift dar. Dennoch ist ihre Verwendung gegenüber den Zitaten in Röm 12,20; 1 Kor 5,13 und 15,33 deutlich verschieden. Paulus führt Lev 19,18b und Dtn 5,17–21 in Röm 13,9 bzw. Gal 5,14 nicht anstelle einer eigenen paränetischen Weisung an, sondern sie folgen auf die von ihm selbst formulierte prinzipielle Aufforderung zum δουλεύειν διὰ τῆς ἀγάπης (Gal 5,13, vgl. Röm 13,8) und bestätigen nicht nur die eigene Aussage des Paulus, sondern dienen auch der Klärung des sachlichen Verhältnisses zwischen Dekalog, Gesetz als Ganzem und ἀγάπη.[2]

---

[35] Gegen WILCKENS, Röm II 234 befindet sich Pls nicht nur mit seiner Interpretation von Dtn 30,12–14, sondern auch mit der von Lev 18,5c in prinzipiellem Widerspruch zum jüdischen Verständnis dieses Textes, insofern rabbinische Theologie Lev 18,5c im Sinne der Erfüllbarkeit der Tora auslegt (s. o. S. 265 A 5), während Pls hier gar nicht mehr die Erfüllbarkeit selbst diskutiert, sondern vom Tun des Gesetzes überhaupt – als Verfehlung des Weges zu Gerechtigkeit und Leben – spricht.

[36] Vgl. den Übergang von 2 Kor 3,6 zu 3,7, wo Pls ›γράμμα‹ durch den Rückbezug auf die Sinaigesetzgebung interpretiert; s. u. S. 339.

[1] Zur Herkunft s. o. S. 42ff. Das Zitat selbst ist zwar nicht als Befehl formuliert, Pls leitet es aber durch das imperativische μὴ πλανᾶσθε ein, so daß es die Funktion einer direkten Warnung erhält. – Als Befehl formuliert ist auch Dtn 25,4 (1 Kor 9,9). Doch ergibt sich die Anwendung dieses Zitats für die Gegenwart erst aufgrund einer längeren Interpretation durch Pls.

[2] Dagegen hat das verkürzt angeführte Zitat von Dtn 5,21 in Röm 7,7 keine paränetische Funktion; οὐκ ἐπιθυμήσεις dient hier als die kürzestmögliche Zusammenfassung der Forderungen des νόμος überhaupt.

In der paränetischen Verwendung der Schrift steht Paulus in unmittelbarer Kontinuität mit dem hellenistischen Judentum und den christlichen Gemeinden jüdisch-hellenistischer Herkunft vor und neben ihm. Das spezifisch paulinische Verständnis der Ethik als Verwirklichung der in Christus eröffneten Freiheit (Gal 5,1.13), als Wandel im verliehenen (!) πνεῦμα (Gal 5,25), als Neuorientierung aufgrund der ἀνακαίνωσις τοῦ νοός (Röm 12,2) – dies kommt in den parānetisch verwendeten Zitaten selbst höchstens ansatzweise zum Ausdruck, so in der Rückführung des Dekalogs auf das Liebesgebot (Gal 5,14; Röm 13,8 – 10).[3] Daß Paulus mit den paränetischen Zitaten inhaltlich im Rahmen des Vorgegebenen bleibt, ist Ausdruck dafür, daß er materialiter keine neue Ethik verkünden will, sondern den Indikativ des Heils als Ermöglichung der ἀγάπη (Gal 5,6). Daher kann Paulus hier – aber eben nur hier – mit der Menander-Sentenz von 1 Kor 15,33 auch eine (ethische) Maxime, die außerhalb der Schrift formuliert ist, aufnehmen. Die hierin zum Ausdruck kommende Offenheit gegenüber dem, was allgemein als sittlich gut gilt, entspricht der prinzipiell formulierten Aufforderung: ὅσα ἐστὶν ἀληϑῆ, ὅσα σεμνά, ὅσα δίκαια, ... εἴ τις ἀρετὴ (sic!) καὶ εἴ τις ἔπαινος, ταῦτα λογίζεσϑε (Phil 4,8).

Neben diesen Zitaten, die bereits von Hause aus direkte Gebote bzw. Mahnungen sind, verwendet Paulus zur Begründung eigener ethischer Weisungen häufiger auch Schriftstellen, die als solche keine paränetischen Aussagen darstellen. Hier sind zu nennen: Röm 12,19 (Dtn 32,35a); 14,11 (Jes 45,23c); 15,3 (Ψ 68,10b); 1 Kor 6,16 (Gen 2,24c); 10,7 (Ex 32,6b); 2 Kor 8,15 (Ex 16,18a); 9,7 (Prv 22,8c^{LXX}); 9,9 (Ψ 111,9a.b); 9,10 (Jes 55,10c).

Die Zusammenstellung dieser Zitate zeigt: Auch hinsichtlich der Begründung des Handelns im Glauben entwirft Paulus kein geschlossenes System. Eschatologische[4] und christologische[5] Zitate, der (uneschatologische) Hinweis auf den Willen Gottes[6] und sein bewahrendes Handeln,[7] der Verweis auf die in der Schrift gültig beschriebene Ordnung der Schöpfung[8] und die warnende Erinne-

---

[3] Diese Zuordnung von Lev 19,18b (als Inbegriff des Gesetzes) zum Dekalog begegnet hier erstmalig; zur Unterscheidung zwischen der (rabbinischen) Fragestellung nach schwereren und leichteren Geboten und der (hellenistischen) Frage nach der Summe des Gesetzes vgl. BURCHARD, FS J. Jeremias, 1970, 52–55 und NISSEN, Gott 390–399 (zu Hillels Verwendung der Goldenen Regel [bSchab 31a]); zur jüdischen Auslegung des Zitats Lev 19,18b (das ausdrücklich nur selten angeführt wird) vgl. BERGER, Gesetzesauslegung 100–136 und NISSEN aaO 288–304; vgl. auch BERGER aaO 137–147 (zu den verschiedenen Zusammenfassungen des Gesetzes im Diasporajudentum). 258–277 (zur Rolle des Dekalogs).
[4] Jes 45,23c ist in Röm 14,11 eschatologisch verstanden (vgl. 14,10.12). Auch mit Dtn 32,35a (Röm 12,19; zur Textgestalt s. o. S. 77f) ist an die eschatologische ›Vergeltung‹ gedacht.
[5] Ψ 68,10b (Röm 15,3). Das Zitat dient der Entfaltung der christologischen Aussage von Röm 15,3a, die ihrerseits die Mahnung von 15,2 begründet; vgl. auch KÄSEMANN, Röm 369.
[6] Prv 22,8c^{LXX} (2 Kor 9,7); zur pln Umgestaltung s. o. S. 118.140.
[7] Jes 55,10c (2 Kor 9,10).
[8] Gen 2,24c (1 Kor 6,16).

rung an das Verhalten der ›Väter‹ in der Wüste⁹ stehen nebeneinander, ohne daß sie zu einem einheitlichen Begründungszusammenhang miteinander verbunden werden. Bemerkenswert ist auch, daß die Anzahl der begründenden Zitate diejenigen Schriftanführungen mit direkt autoritativem Charakter weit übersteigt. Paulus wendet sich mit den überwiegend argumentativ verwendeten Schriftzitaten bewußt an das Urteilsvermögen der Gemeinden,[10] das er dabei jedoch nicht als ›autonom‹, sondern als im Glauben eröffnet versteht (vgl. 1 Kor 5,6; 6,9.19) und für ihn das Wissen miteinschließt, das insbesondere die Schrift konkrete Orientierung ermöglicht. Aufgrund der überwiegend argumentativen Verwendung der Schriftzitate im Bereich der Paränese stellt sich für Paulus auch nicht die Frage, in welchem Umfang inhaltlich die ethischen Vorschriften der Schrift verbindlich sind. Grundlage dieses äußerlich gesehen eklektischen Umgangs mit der Schrift ist das Verständnis des neuen Wandels als Wandel im verliehenen πνεῦμα, das den so von πνεῦμα Geleiteten gar nicht in Widerspruch zu Gottes Willen bringen kann, ihn vielmehr von der Macht der ἁμαρτία befreit hat (vgl. Röm 8,2–11).[11] Damit zeigt auch die Verwendung der Schriftzitate den Charakter der paulinischen Ethik als Einweisung in das Handeln der freien Kinder Gottes (vgl. Röm 8,14f), die aufgrund der ἀνακαίνωσις τοῦ νοός selbst in der Lage sind, zu prüfen, τί τὸ θέλημα τοῦ θεοῦ, τὸ ἀγαθὸν καὶ εὐάρεστον καὶ τέλειον (Röm 12,2).

d) Weitere Themen

Die Schriftanführungen des Paulus sind jedoch nicht auf die bisher behandelten, relativ klar abgrenzbaren Themenbereiche beschränkt. Die verbleibenden Zitate bilden einen breit gestreuten Themenkatalog, in dem sich die Vielfalt der in den Briefen des Paulus verhandelten Fragen – wenn auch keineswegs gleichmäßig! – widerspiegelt. Versucht man, diese Schriftzitate nach ihrer thematischen Zugehörigkeit zu ordnen, ergeben sich folgende Gruppierungen:[1]

---

[9] Ex 32,6b (1 Kor 10,7); dagegen ist bei der Anführung von Ex 16,18a (2 Kor 8,15) der geschichtliche Zusammenhang ausgeblendet; s. o. S. 258f.

[10] Charakteristisch ist, daß Pls gerade in 1 Kor 5, dem einzigen Fall, in dem er eine sofort zu vollziehende Entscheidung als Befehl der Schrift vorträgt (V 13), es nicht bei der Übermittlung des Befehlswortes der Schrift (und der Mitteilung der eigenen Entscheidung; V 3–5) beläßt, sondern gleichzeitig zu einer umfassenden Begründung ansetzt, in der er auf christologische Überlieferung zurückgreift (V 6–8) und das hier zur Debatte stehende Problem (der πόρνος innerhalb der Gemeinde) gegenüber anderen Fragen (Umgang mit πόρνοι außerhalb der Gemeinde) abgrenzt (V 9–12).

[11] Dem widerspricht nicht, daß gleichwohl bei Pls – und auch schon vor ihm im hellenistischen Urchristentum – Auswahlkriterien in der Aufnahme (bzw. Nichtaufnahme) ethischer Normen der Schrift wirksam sind, auch wenn diese nicht ausdrücklich reflektiert werden; vgl. SCHRAGE, Einzelgebote 236–238.

[1] Angesichts der breiten inhaltlichen Streuung sind die Themengruppen bewußt weit gefaßt.

a) Weisheit und Torheit; Verborgenheit und Offenbarung Gottes: Röm 11,34f (Jes 40,13a.b; Hi 41,3a); 1 Kor 1,19 (Jes 29,14b); 1,31; 2,9; 2,16 (Jes 40,13a.c);

b) Die Gegenwart als Zeit des Heils und der θλῖψις: Röm 8,36 (Ψ 43,23); 2 Kor 6,2 (Jes 49,8a.b);

c) Apostelamt und Gemeinde: 1 Kor 9,9 (Dtn 25,4); 2 Kor 4,13 (Ψ 115,1a); 8,21 (Prv 3,4); 10,17; 13,1 (Dtn 19,15c); vgl. auch Röm 15,21 (Jes 52,15c.d);

d) Fragen des Gemeindelebens (Herrenmahl, Glossolalie): 1 Kor 10,26 (Ψ 23,1a);[2] 14,21 (Jes 28,11f);

e) Das Verstehen der Schrift: 2 Kor 3,16 (Ex 34,34a);

f) Der Sieg über den Tod und Gottes Gericht: Röm 2,6 (Ψ 61,13b); 14,11 (Jes 45,23c); 1 Kor 15,27 (Ψ 8,7b); 15,45 (Gen 2,7c); 15,54f (Jes 25,8a; Hos 13,14b) und als Entgegensetzung dazu 1 Kor 15,32 (Jes 22,13d).

Die deutlich unterschiedliche Häufigkeit der jeweils herangezogenen Schriftzitate entspricht z.T. dem unterschiedlichen Umfang, den die einzelnen Themenbereiche in den Briefen des Paulus einnehmen. So ist es nicht verwunderlich, daß den fünf Schriftzitaten, die Paulus im Sachbereich der Eschatologie anführt, nur ein Zitat gegenübersteht, das der Frage nach dem Verständnis der Schrift selbst zugeordnet ist. Andererseits ist die geringe Anzahl der Schriftzitate bemerkenswert, die die gegenwärtige eschatologische Existenz in der πίστις sowie Fragen des Gottesdienstes und die Beurteilung der Charismata betreffen. Greifbar wird dieser Sachverhalt in dem auffälligen Zurücktreten von Schriftzitaten in Röm 5–8 und 1 Kor 11–14. Offenbar boten diese Themen Paulus nur begrenzte Möglichkeiten, zur Klärung der hier anstehenden Probleme die Schrift fruchtbar zu machen. Denn es kann ausgeschlossen werden, daß er hier einen Rückgriff auf Aussagen der Schrift als grundsätzlich überflüssig oder gar hinderlich angesehen haben könnte. Die bewußt eingesetzten Zitate von Jes 49,8a.b und Ψ 43,23 in 2 Kor 6,2 und Röm 8,36, die die Gegenwart als ἡμέρα σωτηρίας bzw. das Leiden in den gegenwärtigen θλίψεις als Leiden um Christi willen interpretieren, sprechen eindeutig dagegen.[3]

e) Schlußfolgerungen

Im Gesamtvergleich zeigt sich, daß die Schriftverwendung des Paulus dort besonders dicht ist, wo er sich theologisch in direkten Widerspruch zur bisherigen (und d. h. im wesentlichen: jüdischen) Schriftauslegung begibt und

---

[2] Da Ps 24,1 in der rabbinischen Lit. mehrfach als Schriftbeleg für die Sitte der Tischbenediktion begegnet (vgl. LOHSE, Aufs. 245–248), kann man erwägen, ob Pls hier ein ihm in diesem Sinne bereits geläufiges Zitat anführt, wobei er es dann allerdings zur Begründung eines Verhaltens verwenden würde, das sich von jüdischen Speisevorschriften grundsätzlich unterscheidet. Daß darüber hinaus Ψ 23,1 in Korinth als Tischsegen üblich gewesen sei (so LIETZMANN, 1 Kor 51), ist dagegen ausgesprochen fraglich (vgl. KÜMMEL, 1 Kor 183).

[3] Vgl. auch die Verwendung von Jes 28,11f in 1 Kor 14,21; s. o. S. 268f.

dieser seine eigene Schriftinterpretation entgegenstellt. Dies tritt in besonderer Weise für die Themenbereiche des Gesetzes und der Erwählung Israels zu, denen für Paulus die der δικαιοσύνη θεοῦ und der Berufung der Gemeinde aus Juden und Heiden komplementär zugeordnet sind. Da es hier um das Verständnis wichtiger, ja zentraler Inhalte der Schrift selbst ging, war Paulus hier auch vom Gegenstand der Auseinandersetzung her an die Schrift verwiesen. Die Breite dieser Themen und die mit ihnen verbundene außerordentliche Dichte der Schriftzitate ist jedoch zumindest im Galaterbrief nicht allein dadurch bedingt, daß Paulus sich hier in sachlicher Auseinandersetzung mit der jüdischen Schriftauslegung befindet. Der Galaterbrief zeigt zugleich, daß diese Themen auch innerhalb der paulinischen Gemeinden äußerst kontrovers geworden waren. Beide Faktoren zusammen haben zu der außergewöhnlichen Dichte der Schriftzitate in Gal 3f geführt. Analoge Gründe sind dafür anzunehmen, daß Paulus in Röm 1-4 und 9-11 die kontroverse Thematik des Galaterbriefs erneut aufnimmt, sie ausweitet und daß hier die Häufigkeit der Schriftzitate nochmals zunimmt.

Warum im Röm die Anzahl der Schriftzitate innerhalb aller pln Briefe die größte Dichte erreicht, ist nicht von der Frage zu trennen, warum Pls gerade nach Rom einen Brief schreibt, der einerseits kompositorisch am stärksten durchgestaltet ist, andererseits keine Hinweise auf aktuelle Auseinandersetzungen enthält, die sich auch nur entfernt mit der Abfassungssituation des Gal vergleichen ließen.[1] Zugespitzt lautet die Frage: Welche Situation veranlaßte Pls, einen Brief zu schreiben, der (zumindest in seinem Hauptteil 1,16-11,36) so wenig aktuelle ›Situation‹ erkennen läßt?[2]

Für die Frage der Schriftverwendung im Röm genügt die Feststellung, daß die Themen, die Pls im Gal unter breitem Rückgriff auf die Schrift (und dort in aktueller Konfrontation) abhandelt, im Röm wiederum begegnen, und zwar ebenfalls unter intensiver Anführung der Schrift, z. T. sogar unter Verwendung der gleichen Zitate. Allerdings fehlt dabei im Röm die polemische Ausrichtung, andererseits hat Pls die Thematik des Gal nicht nur neu durchgearbeitet (vgl. Röm 4 mit Gal 3), sondern sie sogar ausgeweitet (Röm 9-11!). Es fehlt also die direkte Konfrontation, dennoch expliziert sich Pls noch umfassender als im Gal. Da kaum anzunehmen ist, daß die bisherigen Auseinandersetzungen, in die Pls verwickelt war, in Rom völlig unbekannt geblieben sind, hatte Pls offenbar Grund genug, mögliche Mißdeutungen seiner eigenen Position schon vor seinem Weg nach Rom (und darüber hinaus) so gründlich wie möglich auszuräumen. Für Pls blieben also die bisherigen Kontroversen auch auf seinem Weg nach Westen durchaus aktuell. Und die mit dem Gal identische Thematik verlangte eben von der Sache her in ungleich stärkerer Weise eine direkte Verwendung von Aussagen der Schrift, als dies z. B. im Bereich der Christologie, aber auch der Eschatologie der Fall war.

---

[1] Vorauszusetzen ist dabei, daß Pls z. Zt. der Abfassung des Röm in ganz anderer Weise in der Lage war, auf die Schrift zurückzugreifen, als z. Zt. des 1 Thess (s. o. S. 98 ff). Aber daß er diese größeren Möglichkeiten bewußt nutzt, ja sie sich selbst (auch im Blick auf den Röm) erst erarbeitet, bedarf der Erklärung.

[2] Zu den einzelnen Lösungsversuchen vgl. die Zusammenfassung der Diskussion bei KÜMMEL, Einleitung 272-274; VIELHAUER, Geschichte 185-187; MICHEL, Röm 27-34; WILCKENS, Röm I 33-48; SCHLIER, Röm 1-9; CRANFIELD, Röm I 22-24.

Von hier aus ergibt sich auch eine angemessene Beurteilung der begrenzteren (aber keineswegs geringen) Anzahl von christologischen, paränetischen und eschatologischen Schriftzitaten oder auch von denjenigen, die die Vernichtung der σοφία τοῦ κόσμου entfalten. Deren Häufigkeit unmittelbar an Gal 3f; Röm 1–4 oder 9–11 zu messen, wäre nicht sachgemäß. Auch in diesen Themenkreisen zieht Paulus die Schrift heran,[3] z. T. auch in einer für die Argumentation ganz zentralen Weise (so z. B. in 1 Kor 1,19; 3,19f oder 15,54f). Doch war hier kein derart expliziter Gegensatz zur jüdischen Schriftauslegung vorhanden wie hinsichtlich der Frage des Gesetzes oder der Berufung der ἔθνη. Und wo sich Paulus dabei von jüdischer Theologie unterschied, etwa in der christologischen Aufarbeitung der Weisheitsüberlieferung, befand er sich nicht in theologischem Widerspruch zu seinen Gemeinden (vgl. 1 Kor 1,30).[4]

Auf das jeweils unterschiedliche Zusammenwirken beider Faktoren, der vorgegebenen Schriftauslegung des Diasporajudentums und der aktuellen theologischen Diskussionslage in den paulinischen Gemeinden, ist daher das im einzelnen deutlich unterschiedliche Bild zurückzuführen, das sich hinsichtlich der thematischen Zuordnung der Schriftzitate in den paulinischen Briefen ergibt. Zugleich bedeutet dies, daß eine unmittelbare Rückführung der paulinischen Schriftverwendung auf antijüdische Apologetik der Aufnahme der Schrift durch Paulus nicht gerecht wird. Paulus schreibt nicht nur formal keine Apologie contra Iudaeos wie etwa Justin in seinem ›Dialog mit Tryphon‹. Dort treten dann auch inhaltlich ganz andere Themen in den Vordergrund. Paulus setzt sich mit Inhalten der jüdischen Schriftauslegung auseinander, insofern sie – wie in Galatien – als Positionen innerhalb der Gemeinde vertreten werden.

Als weiterer Faktor ist zu berücksichtigen, daß zwischen den Themen der paulinischen Briefe und den Aussagen der Schrift keineswegs eine jeweils gleich große inhaltliche Nähe besteht. Besonders aufschlußreich sind in dieser Hinsicht Röm 5,12–21 und 7,7-13. Paulus nimmt hier mit der Adam- und der Sündenfallüberlieferung bewußt Inhalte auf, die auf der Schrift beruhen. Ein Rückgriff auf den konkreten Wortlaut der Schrift fehlt jedoch völlig.[5] Der Abstand zwischen der paulinischen Aneignung der betreffenden Überlieferungen und den in Frage kommenden Schrifttexten ist allerdings auch derart groß, daß die Anführung eines geeigneten Zitats faktisch nicht möglich war.[6] Völlig

---

[3] Jedenfalls im 1 Kor; 2 Kor 2,14–6,13; 7,2–4; 8; 9; 10–13; Gal und Röm.
[4] Die Kritik des Pls an der ›Weisheit‹ der Korinther bestand ja nicht in der christologischen Aufarbeitung der Weisheitsüberlieferung als solcher, sondern in deren kritischer Durchführung und den Konsequenzen, die Pls daraus zog (vgl. z. B. 1 Kor 2,1–5 oder 8,1–3).
[5] Gleiches gilt für die Aussage von der Erschaffung des Lichtes ἐκ (!) σκότους in 2 Kor 4,6.
[6] Das Zitat von Gen 2,7c in 1 Kor 15,45 spricht nicht dagegen, sondern zeigt vielmehr die Schwierigkeit, in der sich Pls bei dem Versuch befand, seine Adam-Christus-Konzeption in der Schrift zu verankern. Möglich war dies nur durch eine Textergänzung, die auch im Rahmen der pln Zitierweise eine Ausnahme darstellt; s. o. S. 134–137.

ohne jeden Schriftbezug arbeitet Paulus schließlich die Themen von Röm 5,1–11; 6,1–23 und 8,1–17 aus, also die Interpretation der Taufe als Gestorbensein mit Christus und damit als Abgestorbensein der Sünde sowie der Existenz des Glaubenden ἐν πνεύματι. Auch hier waren die sachlichen Berührungen mit der Schrift gering – jedenfalls in der vorgegebenen Schriftauslegung, für die diese Fragen sicher kein Thema waren.[7] Dies bestätigt zum einen, daß Paulus in seiner eigenen Aufnahme der Schrift von den Voraussetzungen ausgeht, die ihm in der Schriftauslegung der hellenistischen Diasporasynagoge vermittelt worden waren, zeigt aber auch, daß bei ihm die Anführung der Schrift nicht zum Selbstzweck geworden ist, sondern dort erfolgt, wo sie ihm sachlich geboten und inhaltlich fruchtbar erscheint.

3. Das Zeitverständnis in der paulinischen Verwendung der Schriftzitate

Paulus qualifiziert in 2 Kor 6,2 die Gegenwart als Zeit der eschatologischen Heilswende: ›Jetzt‹, in der Verkündigung der von Gott selbst hergestellten καταλλαγὴ τοῦ κόσμου, ist die ἡμέρα σωτηρίας eingetroffen, von der das zuvor angeführte Schriftzitat (Jes 49,8 a.b) spricht. Allerdings ist in dem aoristisch formulierten Zitat (anders als etwa in Hos 2,25 und 2,1 [Röm 9,25f]) nicht von einem erst für die Zukunft zu erwartenden, sondern von einem längst erfolgten helfenden Handeln Gottes die Rede. Die zeitliche Ausrichtung des Schriftworts selbst wird also in seiner jetzigen Verwendung von einem deutlich anderen Zeitbezug überlagert und in diesen integriert.

Damit stellt sich die Frage, in welchem Verhältnis jeweils der zeitliche Horizont der paulinischen Zitatverwendung und der eigene zeitliche Bezug der zitierten Schriftaussagen zueinander stehen. Zwar impliziert der Vorgang des Zitierens der Schrift in den Briefen des Paulus prinzipiell, daß hier das längst ergangene Wort der Schrift zur Auslegung der im eschatologischen Sinn als ›neu‹ qualifizierten Situation der Gegenwart in Anspruch genommen wird. Doch bietet sich im einzelnen ein durchaus differenziertes Bild. Zum einen ist schon der zeitliche Bezug der zitierten Schriftworte selbst unterschiedlich, zum anderen ist auch deren Verwendung durch Paulus hinsichtlich des von ihm vorausgesetzten bzw. intendierten Zeithorizonts keineswegs durchgehend gleichartig.

a) Die Schrift bringt ein vergangenes Handeln Gottes zur Sprache, das heutiges Verstehen ermöglicht

Der Geschichtsrückblick von Röm 9,6–18 enthält in 9,7.12.13.15. und 17 jeweils Zitate, die Gottes freies Handeln in der Erwählungs- und Verwerfungs-

---

[7] Ebenso ist das Fehlen von Schriftzitaten in 1 Kor 11f zu beurteilen.

geschichte der ›Väter‹ zeigen.¹ Von der Struktur dieses Geschichtsrückblicks her steht von vornherein außer Frage, daß in diesen Schriftworten ein vergangenes Handeln Gottes zur Sprache kommt. Der Zielpunkt des Rückblicks insgesamt und der darin verwendeten Zitate ist in V 18 erreicht: ἄρα οὖν ὃν θέλει ἐλεεῖ, ὃν δὲ θέλει σκληρύνει. Damit hat Paulus die Voraussetzung geschaffen für die Klärung des gegenwärtig drängenden Problems, des Erwählungs- und Verwerfungshandelns Gottes an Israel, bzw. genauer: des freien Erwählungshandelns Gottes, der heute ἐξ (!) Ἰουδαίων καὶ ἐξ ἐθνῶν seinen λαός beruft (9,24.25f) und damit zugleich das erwählte Israel auf einen geringen Rest reduziert (9,27–29). Die Gegenwartsbedeutung des damaligen Geschehens ist dabei darin begründet, daß die Schriftworte vom damaligen Handeln Gottes dieses in heute ebenso gültiger Weise beschreiben. Die an der Erwählung und Verwerfung in der Väter- (und Exodus-)Geschichte sichtbar werdende Souveränität Gottes eignet seinem heutigen Handeln in gleicher Weise, ja Paulus spitzt die vorauslaufenden bzw. nachfolgenden Zitatinterpretationen so zu, daß in ihnen schon die heutige Situation erkennbar wird (vgl. schon 9,7a, sodann V 8.11f.16 und 18).² Paulus führt also die in 9,6–18 zitierten Schriftworte, die ein vergangenes Handeln Gottes zum Inhalt haben, an, weil sie heutige Erkenntnis ermöglichen.

Da Paulus mit den Zitaten in Röm 9,6–18 nicht isolierend ein einzelnes Handeln Gottes aus der Geschichtsüberlieferung der Schrift herausgreift, sondern auf eine Ereignisabfolge Bezug nimmt, ist zusätzlich zu fragen, ob er diese auch direkt mit der Gegenwart verbindet. Zunächst ist bemerkenswert, daß schon die Darstellung der Ereignisabfolge innerhalb der Väter- und Exodusgeschichte selbst nur bruchstückhaft erfolgt.³ In 9,6–12 beschränkt sich Paulus darauf, die Abfolge von Abraham zu Isaak und dann zu Jakob als jeweils freies Erwählungshandeln Gottes zu beschreiben. Sodann erfolgt ein zeitlicher Sprung. In V 14 formuliert Paulus mit einem deutlichen Neueinsatz das Sachproblem, das sich als Ergebnis von V 6–13 ergibt: μὴ ἀδικία παρὰ τῷ θεῷ; Die Antwort erfolgt durch zwei Schriftzitate, die Mose und Pharao betreffen. Paulus geht also sofort zur Exodusüberlieferung über. Eine geschichtliche Linie des Erwählungshandelns Gottes – mithin also eine Erwählungs*geschichte* – liegt damit hier nicht vor. Durch den Sprung von Jakob zu Mose ist das ausgefallen,

---

[1] Auch wenn eine »Interpretation der Zitat*abfolge* durch Pls fehlt« (Luz, Geschichtsverständnis 75 A 193; Hervorhebung vom Vf.), ist es nicht als Zufall zu bewerten, daß die von Pls herangezogenen Personen von Abraham bis Pharao in ihrer geschichtlichen Reihenfolge erscheinen.
[2] So mündet schon der erste Teil des Geschichtsrückblicks, der Isaak und Jakob betrifft, nicht zufällig in der Aussage: οὐκ ἐξ ἔργων ἀλλ' ἐκ τοῦ καλοῦντος (V 12), was direkt auf V 24.25f vorverweist.
[3] Diese Feststellung ist unabhängig von der Frage, ob Pls eine über die angeführten Texte sowie die eigenen Erläuterungen (V 10f) wesentlich hinausgehende Kenntnis von Gen 18;21;25 voraussetzt (so Luz aaO 64.70). Doch nennt Pls die für die eigene Argumentation wichtigen Sachverhalte selbst. Vorausgesetzt ist lediglich, daß dem jeweils erwählten υἱός ein anderer, nicht erwählter gegenübersteht.

was für eine erwählungsgeschichtlich orientierte Darstellung ja die notwendig an Jakob sich anschließende Phase sein müßte: die Ausweitung der Erwählung des einen Patriarchen zur Erwählung der 12 Stammväter und die von ihnen ausgehende Entstehung Israels als Volk. Auch mit den beiden Exodus-Zitaten in 9,15.17 kommt das Volk Israel nicht in den Blick; sie sind ganz auf die beiden Einzelpersonen, Mose als Adressat der Selbstoffenbarung Gottes und Pharao als Objekt seines Verwerfungshandeln,[4] begrenzt.

Beides, der Sprung von Jakob zu Mose und das Abbrechen des Geschichtsrückblicks mit Pharao, inhaltlich also: die völlige Ausblendung der Geschichte des *Volkes* Israel, wird von *U. Wilckens* übergangen, wenn er in einer die Texte nivellierenden Synthese von Röm 4 und Röm 9,4–13 eine verheißungsgeschichtliche Entwicklungslinie von Abraham zu seinem ›leiblichen [sic!] Sohn Isaak‹ und von dort zu den ›leiblichen Israeliten‹ herstellt.[5] Dies ist jedoch nur dadurch zu erreichen, daß a) die Abfolge von Röm 9,4f und 9,6–13 gegen Pls umgestellt und b) die pln Interpretation in 9,8 (οὐ [!] τὰ τέκνα τῆς σαρκός ...) völlig unberücksichtigt bleibt.[6]

Aufschlußreich ist schließlich auch, daß nach 9,17, dem Verweis auf Gottes Handeln an Pharao, die Aufnahme der Geschichtsüberlieferung überhaupt abbricht. Die wiederum als Einwand formulierte Frage von V 19 wird nicht mehr durch den Rückgriff auf ein weiteres geschichtliches Handeln Gottes beantwortet, sondern in der Anführung von Jes 29,16b durch das zeitlos konzipierte Töpfergleichnis.[7]

Was Paulus in Röm 9,6–18 aufzeigt, ist die Selbigkeit des Handelns Gottes, aber nicht so, daß er dieses durch die Geschichte des Volkes Israel hindurch auf die Gegenwart zulaufen läßt.[8] Vielmehr sind es einzelne Erwählungsakte Gottes, die – unter Aussparung der gesamten Geschichte des Volkes Israel – durchsichtig werden für die heutige Situation und so deren Erkenntnis als Folge des freien Erwählens Gottes ermöglichen. Dementsprechend haben die Personen selbst,

---

[4] Zu den pln Zitatabänderungen, die das aktive Verwerfen Gottes hervorheben, s. o. S. 112.141.150f.
[5] WILCKENS, Aufs. 45.
[6] Vgl. auch die unzutreffende Interpretation von Röm 9,8 bei WILCKENS, Röm II 192: »Nicht alle Kinder Abrahams, die es ›nach dem Fleisch‹, d. h. durch leibliche Abstammung von ihm sind, sind Kinder Gottes.« Aber Pls formuliert nicht: οὐ πάντα τὰ τέκνα τῆς σαρκὸς ταῦτα τέκνα τοῦ θεοῦ, variiert also nicht 9,6b, sondern geht mit der Entgegensetzung von τὰ τέκνα τῆς σαρκός und τὰ τέκνα τῆς ἐπαγγελίας einen entscheidenden Schritt über 9,6b hinaus. Daß diese Entgegensetzung weder hier noch in Gal 4,23 von der Schrift gedeckt ist, ist zutreffend; aber gerade dies zeigt, worauf Pls abzielt.
[7] Zur pln Umgestaltung, die die Aussage des Zitats zuspitzt, indem sie das ποιεῖν Gottes hervorhebt, s. o. S. 144. Das bedeutet inhaltlich: Pls geht vom geschichtlich handelnden Gott zum Schöpfergott über.
[8] Von der gegenwärtigen Wirklichkeit der Erwählung und Verwerfung spricht Pls dann in 9,22f zwar unter Anknüpfung an V 15–17, aber wiederum so, daß der Weg des Volkes Israel zwischen damals und heute völlig ausgespart bleibt; zu V 22f vgl. BORNKAMM, Aufs. I 90–92; LUZ aaO 241–250; ZELLER, Juden 203–208; gegen LUZ aaO 245 handelt V 22 bereits von der Gegenwart und ist nicht mehr Interpretation von V 17; vgl. auch WILCKENS, Röm II 203.

die Paulus in seinen Rückgriffen auf die Väter- und Exodusüberlieferung aufgreift, keine für die Gegenwart konstitutive Bedeutung. Anders als Abraham in Gal 3 und Röm 4 werden Isaak und Jakob – und erst recht Mose – nicht als Träger einer für die Gegenwart gültigen Verheißung verstanden;[9] der Bezug zur Gegenwart beruht ausschließlich in der an ihnen – und ebenso an Pharao – erkennbaren Selbigkeit des Handelns Gottes.[10]

Dem widerspricht nicht, daß Paulus Isaak als πατὴρ ἡμῶν bezeichnet. Dies weist zwar auf eine die rein exemplarische Funktion überschreitende Bedeutung der Väterüberlieferung hin,[11] aber diese Aussage bleibt eingebunden in die Darstellung des früheren Handelns Gottes, die ganz darauf ausgerichtet ist, an den ›Vätern‹ – aber ebenso an Mose und Pharao – die heutige Situation verständlich zu machen. So bleibt auch der Zusammenhang zwischen ›uns‹ und Isaak, d. h. die Frage, inwieweit ›wir‹ Isaak zum Vater haben – anders als in Röm 4 in bezug auf Abraham – unerörtert.[12]

Neben Röm 9,6–18 sind zwei weitere Fälle zu nennen, in denen Paulus ein in der Schrift enthaltenes vergangenes Geschehen heranzieht, um heutiges Verstehen zu erschließen, 1 Kor 10,1–13 und Röm 11,2–6.

Der Rückgriff auf das Ergehen der ›Väter‹ in der Wüste in 1 Kor 10,1–13 erfolgt, um der Gemeinde das damalige Geschehen als unabweisbare Mahnung vor Augen zu führen.[13] Die Gemeinde soll das Geschick der Väter als Warnung verstehen, d. h. aus dem damaligen Ereignis heutige Erkenntnis gewinnen. Um der Wirksamkeit der Mahnung willen stellt Paulus eine weitgehende Analogie

---

[9] Die Ankündigungen von Gen 21,12c (Röm 9,7) und 18,14b.c (Röm 9,9) werden hier nicht im Horizont von Gen 12,3c (Gal 3,8) oder Gen 17,5c (Röm 4,17) interpretiert. Mit der Gegenüberstellung der τέκνα τῆς σαρκός und der τέκνα τῆς ἐπαγγελίας interpretiert Pls zwar die Väterüberlieferung so, daß in ihr ein heute gültiger Sachverhalt sichtbar wird. Aber in 9,24.25f knüpft Pls nicht an die Aussage von 9,8, sondern an die Interpretation von Gen 25,23d in 9,12a an; d. h. nicht eine mit Isaak oder Jakob verknüpfte Verheißung legitimiert die Existenz der Gemeinde οὐ μόνον ἐξ Ἰουδαίων ἀλλὰ καὶ ἐξ ἐθνῶν, sondern das – mit dem Handeln Gottes an den Vätern übereinstimmende – καλεῖν Gottes. In 9,9 lenkt Pls dann auch nach der prinzipiellen Aussage von V 8 wieder zum damaligen Geschehen zurück, wobei der λόγος ἐπαγγελίας, als den Pls Gen 18,14b.c bezeichnet, inhaltlich auf die Ankündigung der Geburt Isaaks beschränkt bleibt.

[10] Vgl. LUZ aaO 70.

[11] Daß Pls hier unreflektiert in ›judenchristlichem‹ Sinne redet (so KÄSEMANN, Röm 254), ist eine unbefriedigende Auskunft. Anders als in Röm 4,1 fehlt der Zusatz κατὰ σάρκα (so m. R. WILCKENS, Röm II 194). Gerade nach 9,8 ist hier eine Ungenauigkeit kaum anzunehmen, wie umgekehrt ἡμᾶς in 9,24 dafür spricht, daß hier die von Gott berufene Gemeinde als Ganze es ist, die Isaak zum Vater hat. D. h. die in Gal 3,6–18; 4,21–31 und Röm 4 radikal durchgeführte Inanspruchnahme der Vätergeschichte durch die christliche Gemeinde ist hier durchaus sichtbar, aber sie ist *hier* nicht das Thema.

[12] Im übrigen ist festzuhalten, daß in Gal 4,21–31 ›wir‹ keineswegs als τέκνα Ἰσαάκ bezeichnet werden, sondern als τέκνα τῆς ἐλευθέρας und damit als κατὰ (!) Ἰσαάκ τέκνα ἐπαγγελίας (V 28). Das ist in der allegorischen Schriftauslegung in Gal 4,21–31 begründet, in der Isaak (und Ismael) überhaupt keine eigenständige Bedeutung haben (schon gar nicht als Personen der Vergangenheit), sondern bereits Sara allegorisch interpretiert wird – und ›wir‹ unmittelbar als *deren* τέκνα.

[13] S. o. S. 211ff.215f.

zwischen der damaligen und der heutigen Situation her, wobei er sogar bis zur allegorischen Identifikation der den Vätern in der Wüste nachfolgenden πνευματικὴ πέτρα mit Christus (10,4) geht. Doch bleibt hier – anders als in Gal 4,21–31 – die Allegorese auf diesen einen Punkt beschränkt und hebt nicht auf, daß von dem damaligen Ergehen der Väter geredet wird, die in der Wüste *waren* (10,1–4a).[14] Dabei ist Paulus keineswegs der Meinung, daß Gottes Strafhandeln an den ›Vätern‹ lediglich einen Sinn in bezug auf die Gegenwart hat. Es ist damals völlig zu Recht geschehen und hat gerade deshalb exemplarische Bedeutung für die Gegenwart.[15] Denn die Gemeinde ist heute mit demselben Gott konfrontiert wie damals die Väter in der Wüste.

In Röm 11,3f begegnet mit der Anführung von III Reg 19,10 und 19,18a.b der einzige Fall innerhalb der Briefe des Paulus, in dem eine Geschichtsüberlieferung aufgenommen wird, die zeitlich nach der Väter- und Exodusüberlieferung liegt. Für das paulinische Bild der Geschichte Israels ergibt sich daraus (und ebenso aus 1 Kor 10,1–13): Wenn überhaupt, dann erscheint sie bei ihm als die Geschichte des nahezu totalen Abfalls von Gott.[16] Alles übrige, was dem ehemaligen Pharisäer Paulus ja nicht unbekannt sein konnte, bleibt ausgespart.

Mit den beiden Zitaten aus III Reg 19 in Röm 11,3f stellt Paulus zunächst ein rein vergangenes Geschehen dar:[17] den – anscheinend totalen – Abfall des Volkes in der Klage des Elia von III Reg 19,10 und die Bewahrung eines geringen Restes, die in dem Gottesspruch[18] von III Reg 19,18a.b als Antwort ausgesagt wird. Einen Gegenwartsbezug hat dieses Geschehen aus der Geschichte des Volkes Israel als solches noch nicht. Daher formuliert Paulus in 11,5 ausdrücklich den Zusammenhang zwischen dem damaligen Vorgang und der gegenwärtigen Situation: οὕτως οὖν καὶ ἐν τῷ νῦν καιρῷ. Das gegenwärtige Geschehen, die ἐκλογή eines geringen λεῖμμα (11,5; vgl. 9,27–29) und der Ungehorsam (des größten Teils) Israels (vgl. 9,16.21 sowie dann 10,7) hat bereits eine Analogie in der früheren Geschichte des Volkes. Dieses analoge Geschehen in der Vergangenheit ermöglicht es, die gegenwärtig sich vollziehende Scheidung innerhalb Israels als Handeln Gottes zu begreifen, das in voller sachlicher Übereinstimmung mit seinem früheren, in der Schrift bezeugten Handeln steht. Damit hat

---

[14] Vgl. 1 Kor 10,4c; ἡ πέτρα δὲ ἦν (!) ὁ Χριστός.

[15] Pls unterscheidet auch zwischen dem Geschehen selbst (zu τυπικῶς in 1 Kor 10,11 s. o. S. 217 A 7) und dessen Aufzeichnung in der Schrift. Nur diese hat ihren alleinigen Zweck in der heutigen νουθεσία.

[16] Die übrigen Ex-Zitate bei Pls verändern dieses Bild nicht. Auch in der Anführung von Ex 16,18a in 2 Kor 8,15 ist das Volk ausgeblendet (schon der Geschehenszusammenhang des Mannawunders fehlt; s. o. S. 258f); und in 2 Kor 3,13f werden die υἱοὶ Ἰσραήλ als Objekt eines sie täuschenden und verstockenden Handelns des Mose geschildert (das Zitat in 2 Kor 3,17 bezieht sich dagegen nicht mehr auf die Vergangenheit, wie die Tempusänderungen zeigen; s. o. S. 114f).

[17] Zur Textvorlage beider Zitate, die von der LXX-Überlieferung abweicht, und den pln Abänderungen s. o. S. 74–77.104.116.139.

[18] Zu χρηματισμός als ›Gottesbescheid‹ vgl. REICKE, ThWNT IX, 1973, 471.

Paulus aus dem in der Geschichte Israels ergangenen Wort Gottes eine Antwort auf die Ausgangsfrage in 11,2 gefunden:[19] Die Reduktion Israels auf einen geringen Rest und die gleichzeitig weiterbestehende Zusage der Erwählung (V 2: οὐκ ἀπώσατο ὁ θεὸς τὸν λαὸν αὐτοῦ ὃν προέγνω) bringen Gottes Handeln nicht in das Zwielicht der Widersprüchlichkeit, sondern begegnen bereits in der zurückliegenden Geschichte des Volkes und erweisen sich als zusammengehörig, wenn sie als Hinweis darauf verstanden werden, daß gerade auch Gottes Erwählungshandeln Heil nur als χάρις gewährt (11,6).

In den bislang besprochenen Zitaten bringt die Schrift jeweils ein Ereignis zur Sprache, das Paulus heranzieht, um das Verstehen der gegenwärtigen Situation als Handeln Gottes zu ermöglichen bzw. um vor einem künftigen Strafhandeln Gottes zu warnen. Paulus durchdenkt hier die Gegenwart im Rückbezug auf die Schrift; d. h. die gegenwärtigen Fragen, insbesondere die nach dem Geschick Israels, weisen ihn an die Schrift, die ihm in der Tat – allerdings nur in einem bestimmten, sehr eng begrenzten Ausschnitt aus der Väter- und Prophetenüberlieferung – ein analoges Handeln Gottes in der Vergangenheit aufzeigt.

b) Die Schrift bringt ein vergangenes Handeln Gottes zur Sprache, das für die gegenwärtige Gemeinde begründende Funktion hat

Eine von Röm 9,6–18 deutlich verschiedene Weise des Rückbezugs auf ein in der Schrift enthaltenes vergangenes Geschehen begegnet in der Aufnahme der Abrahamüberlieferung, die zunächst in Gal 3,6–18 (sowie 4,21–31), sodann, in umfassend neuer Durcharbeitung, in Röm 4 vorliegt. Zunächst ist jedoch festzustellen, daß die Figur Abrahams von Paulus durchaus auch in exemplarischem Sinne interpretiert wird. In Röm 4,3–8 ist Abraham geschichtliches Exempel der Rechtfertigung χωρὶς ἔργων,[1] und in 4,18–22 dient er als Modell des πιστεύων, an dem Pls die Strukturen der πίστις entfalten kann.[2] Aus diesem

---

[19] Sie wird dann in 11,8–10 durch andere, nicht der Geschichtsüberlieferung entnommene Zitate abgestützt und weitergeführt.

[1] Die aus 3,28 vorgegebene Terminologie des δικαιοῦσθαι χωρὶς ἔργων νόμου ist in 4,1–8 durchaus präsent, obwohl sie von Pls nicht mechanisch weitergeführt wird. V 2 spricht vom δικαιοῦσθαι ἐξ ἔργων, allerdings unter Auslassung von νόμου; und in V 4f wird die Antithese von ἔργα und πίστις durch ἐργάζειν und πιστεύειν aufgenommen. Daß Pls hier zunächst unter Absehung von ›νόμος‹ argumentiert und daher die Wendung ἔργα νόμου bewußt vermeidet, ist darin begründet, daß er in 4,9–12.13ff gerade den zeitlichen und sachlichen Vorrang von πίστις und ἐπαγγελία vor περιτομή und νόμος aufzeigen will. Inhaltlich interpretiert Pls Abraham vollständig im Sinne des in 3,28 gewonnenen Urteils über Gottes rechtfertigendes Handeln ausschließlich aufgrund der πίστις; vgl. die verschärfende Paraphrase von Gen 15,6 in 4,9. Vgl. auch HAHN, FS G. v. Rad, 1971, 101f.

[2] Über die (auch) exemplarische Interpretation Abrahams besteht grundsätzlich Einigkeit, vgl. einerseits KLEIN, Aufs. 153.162f, andererseits WILCKENS, Aufs. 44.47; ders. aaO 60.

Grunde gleicht Paulus auch hier damalige und gegenwärtige Situation soweit wie möglich aneinander an.[3]

Doch hat der Rückgriff auf die Abrahamüberlieferung und die Verwendung der hier herangezogenen Schriftzitate für Paulus eine über die exemplarische Bedeutung hinausgehende Funktion. Das zeigt sich in Röm 4,11f, wo Paulus Abraham als πατὴρ πάντων τῶν πιστευόντων δι' ἀκροβυστίας bezeichnet – und gleichzeitig als πατὴρ περιτομῆς τοῖς οὐκ ἐκ περιτομῆς μόνον ἀλλὰ καὶ τοῖς στοιχοῦσιν τοῖς ἴχνεσιν τῆς ἐν ἀκροβυστίᾳ πίστεως τοῦ πατρὸς ἡμῶν Ἀβραάμ, wie Paulus etwas umständlich, aber sehr präzise formuliert.[4] Auf diese Funktion hin ist die Darstellung Abrahams als dem in exemplarischer Weise Glaubenden angelegt. Diese sachliche Übereinstimmung ist die notwendige Voraussetzung für die Interpretation Abrahams als dem Vater der heutigen πιστεύοντες, und zwar Juden wie Nichtjuden;[5] dies kann aber eine derartige Funktion Abrahams nicht begründen, da die πίστις Abrahams als solche lediglich einen geschichtlichen Analogiefall darstellt. Paulus verweist jedoch darüber hinaus auf eine Ereignisabfolge innerhalb der Geschichte Abrahams, die für ihn – da von Gott hergestellt – eine über Abraham hinausweisende Bedeutung hat: die zeitliche Vorordnung der Gerechtigkeitszusage vor der Beschneidung, die für Paulus einen sachlichen Sinn hat. Sie enthält für Paulus die Vorordnung der πίστις vor den ἔργα, zeigt damit, daß Abraham allein die πίστις zur Gerechtigkeit ›angerechnet‹ wurde, und weist so auf die heutige ›Anrechnung‹ des Glaubens ἐπὶ τὸν ἐγείραντα Ἰησοῦν τὸν κύριον ἡμῶν ἐκ νεκρῶν (4,24) zur Gerechtigkeit hin. Doch kann eine derartige Sachüberein-

---

[3] Vgl. Röm 4,17 mit 4,24 und 2 Kor 1,9 sowie 1 Kor 1,28; der Vergleich zeigt zugleich, wo die sachliche Grenze der Angleichung liegt: Von Abraham wird nur ein Glaube an den θεὸς ὁ ζῳοποιῶν (nicht: ὁ ἐγείρας) τοὺς νεκρούς ausgesagt; s. auch u. S. 323 A 10.

[4] Die Verordnung der Aussage in bezug auf die Nichtjuden ist zunächst durch die Ereignisabfolge im Leben Abrahams (zunächst Gerechtigkeitszusage ἐν ἀκροβυστίᾳ, sodann Beschneidung) bedingt. Aber gerade diese Abfolge wertet Pls sachlich aus; d. h. die Geltung der Abrahamssohnschaft für die Nichtjuden ist nicht der Vaterschaft Abrahams für die περιτομή nach- oder gar untergeordnet; vgl. KLEIN, Aufs. 155. – Fraglich ist, ob in V 12 mit πατέρα περιτομῆς τοῖς κτλ. Pls eine (für die Judenchristen geltende) Neubewertung der περιτομή vornehmen will (so KLEIN aaO 157). Eher dürfte Pls hier (wie in Röm 9,30) περιτομή als Sachbezeichnung für das Judentum verwenden, wobei er mit τοῖς οὐκ κτλ. sofort angibt, für welchen Teil des Judentums Abraham πατήρ ist. – Zur offenbar nachlässigen Wiederholung von τοῖς vor στοιχοῦσιν vgl. LIETZMANN, Röm 54.

[5] Die vielbesprochene Wendung ὁ προπάτωρ ἡμῶν κατὰ σάρκα beschreibt noch nicht die Bedeutung Abrahams, auf die es Pls in Röm 4 ankommt. Zu berücksichtigen ist, daß in προπάτωρ ein deutlich distanzierendes Moment enthalten ist, das im direkten πατήρ fehlt. Auch der Zusatz κατὰ σάρκα hat eine einschränkende Wirkung: ›κατὰ σάρκα‹ ist Abraham nur Ahnherr der Judenchristen – wie der Juden überhaupt. Die positive Bedeutung Abrahams als πατὴρ πάντων τῶν πιστευόντων δι' ἀκροβυστίας ist von hier aus nicht aufzuzeigen. Anders BERGER, MThZ 17, 1966, 66: In Röm 4,1 wird Abraham »bezeichnet als ›unser Vater [sic!] dem Fleische nach‹. Diese Tatsache ist der Grund für die große Bedeutung, die Abraham für den Weg zum Heil hat.« Nur: Pls argumentiert so gerade nicht.

stimmung auch durch eine Interpretation aufgezeigt werden, in der – und zwar auf dem Wege der Allegorese – die Zeitdifferenz völlig ausgeschaltet wird. Daß dies bei Paulus grundsätzlich möglich ist, zeigt Gal 4,21–31, wo die allegorische Interpretation von Hagar und Sara zum Ergebnis hat, daß Sara als ἐλευθέρα in zeitlos gültiger Weise ›unsere‹ Mutter *ist*. In Röm 4 erfolgt eine vergleichbare Aufhebung der Zeitdifferenz nicht, da Abraham in V 13–17 zusätzlich als Adressat einer über ihn selbst hinausweisenden Verheißung dargestellt wird. Damit ist das damalige Geschehen als ein vergangenes festgehalten, aber so, daß es als auf die Gegenwart vorausweisend verstanden wird.[6] Die von Paulus hervorgehobene Sachanalogie und der Rückgriff auf die Ereignisabfolge von Gerechtigkeitszusage und Beschneidung dienen dazu, die heutige Geltung der Abrahamverheißung zu klären: Die an Abraham gerichtete Verheißung kann heute dort mit sachlichem Recht in Anspruch genommen werden, wo in Übereinstimmung mit der ἐν ἀκροβυστίᾳ πίστις Abrahams (4,12) Gerechtigkeit nicht ἐξ ἔργων (4,2, vgl. 4,4–8) – und d. h. aufgrund des νόμος (vgl. 4,13–16) – erstrebt wird, sondern allein der Glaube ἐπὶ τὸν ἐγείραντα Ἰησοῦν τὸν κύριον ἡμῶν ἐκ νεκρῶν zur Gerechtigkeit ›angerechnet‹ wird (vgl. 4,24).[7]

Exkurs 1: Ἐπαγγελία bei Paulus

Ausgangspunkt der paulinischen Verwendung von ἐπαγγελία[8] ist das Verständnis von ›Verheißung‹ im Sinne der Ankündigung eines künftigen Geschehens durch Gott, der für dessen Verwirklichung einsteht. Daher ist die Ankündigung der Geburt Isaaks in Gen 18,14b.c ein λόγος ἐπαγγελίας (Röm 9,9).[9] Doch ist zu berücksichtigen, daß Paulus nirgends ausdrücklich ein Eintreffen der Ankündigung konstatiert. In Gal 3,6–14 und Röm 4,13–22 ist zwar vorausgesetzt, daß die heute eröffnete Berufung der ἔθνη als Verwirklichung der an Abraham ergangenen Verheißung zu verstehen ist. Dennoch spricht Paulus nicht von einer gegenwärtigen Erfüllung früherer Verheißungen, sondern von ihrer Bekräftigung bzw. In-Geltung-Setzung.[10]

Selbst innerhalb der Vätergeschichte ist Pls nicht an der Feststellung des Eintreffens der Ankündigungen interessiert. So fehlt in Röm 9,9(ff) jeder Hinweis auf das Eintreffen der

---

[6] Zwar fällt in Gal 4,21–31 auch das Stichwort ἐπαγγελία, doch ist Isaak dort nicht selbst Träger einer in die Zukunft weisenden Verheißung; s. auch u. S. 311.

[7] In Gal 3,6–18 ist das Moment der sachlichen Übereinstimmung zwischen der Anrechnung der πίστις Abrahams zur Gerechtigkeit und dem heutigen δικαιοῦσθαι ἐκ πίστεως ebenfalls vorhanden, wie V 8 und bes. V 9 zeigen, wo Pls das Ergebnis der Anführung von Gen 15,6 und Gen 12,3c formuliert: ὥστε οἱ ἐκ πίστεως εὐλογοῦνται σὺν [!] τῷ πιστῷ Ἀβραάμ.

[8] Dazu vgl. FRIEDRICH, ThWNT II, 1935, 578–580; DIETZFELBINGER, Paulus 7–13; LUZ, Geschichtsverständnis 66–69; ZELLER, Juden 81–108; SAND, EWNT II, 1981, 34–40.

[9] Vgl. auch Röm 4,20. Zum Wortlaut des Zitats in 9,9 (Vermischung mit Gen 18,10 sowie zusätzliche pln Verkürzung) s. o. S. 171f.

[10] Vgl. LUZ aaO 67.

ἐπαγγελία von Gen 18,14. In Röm 4,21 – ('Αβραάμ) πληροφορηθεὶς ὅτι ὃ ἐπήγγελται δυνατός ἐστιν καὶ ποιῆσαι – ist zwar das Eintreffen der Ankündigung als bekannt vorausgesetzt, aber Pls spricht nicht rückblickend (und auch nicht unter Verwendung von πληροῦν), sondern formuliert aus der Perspektive des Verheißungsempfängers, für den das ποιῆσαι Gottes noch aussteht, so daß auch hier nicht ein Faktum konstatiert, sondern Abraham als der παρ' ἐλπίδα ἐπ' ἐλπίδι Glaubende dargestellt wird.

Daher ist ἐπαγγελία bei Paulus eher als – auf Zukunft ausgerichtete – *Zusage*, deren Geltung bestätigt wird, zu verstehen denn als ›Verheißung‹ im Sinne von ›Ankündigung‹, deren Eintreffen bzw. Erfüllung als bereits erfolgt oder noch ausstehend zu diskutieren wäre.

Zugleich ist bei Paulus eine Reduktion der in der Schrift vorgegebenen Väterverheißungen festzustellen, und zwar a) hinsichtlich der Adressaten auf Abraham, und b) inhaltlich auf die Zusage einer πολλὰ ἔθνη (Gen 17,5c [Röm 4,17]) bzw. πάντα τὰ ἔθνη (Gen 12,3c [Gal 3,8])[11] umfassenden Nachkommenschaft, die ›in Abraham‹ Segen empfangen wird (Gal 3,8f).[12]

Sachlich die gleiche Bedeutung hat die in Röm 4,13 vorliegende Formulierung der Abrahamverheißung als τὸ κληρονόμον αὐτὸν εἶναι κόσμου. Diese universale Ausweitung der Landverheißung stellt zugleich die letztmögliche Steigerung der umfassend gedachten Nachkommenverheißung dar und begegnet auch in Sir 44,21; Jub 17,3; 19,21; 22,14 und 32,19.[13] Pls erläutert diese offensichtlich schon traditionelle Fassung der Abrahamverheißung nicht, sondern fragt sofort nach den Bedingungen, unter denen die Zusage dieser Erbschaft gültig ist (V 14: εἰ γὰρ οἱ ἐκ νόμου κληρονόμοι . . .). Doch zeigen die in 4,17.18 angeführten Zitate von Gen 17,5c und 15,5d, daß er sie im Sinne der Zusage universaler Nachkommenschaft versteht.[14]

---

[11] Im Zitat von Gen 12,3c ist das für die pln Verwendung entscheidende πάντα τὰ ἔθνη (der verwandten Stelle Gen 18,18b entnommen) von Pls selbst anstelle von πᾶσαι αἱ φυλαί – bei gleichzeitiger Auslassung von τῆς γῆς – eingesetzt worden; s. o. S. 124.162f.
[12] Charakteristisch ist, daß Pls in Gal 3,15 traditionell von αἱ ἐπαγγελίαι spricht (V 18 dann aber Sing.), dies aber inhaltlich nicht füllt. Der Inhalt ist nur indirekt im Rückgang über V 14a auf V 8 zu erschließen. Zur Reduktion der traditionellen Inhalte der Väterverheißungen auf Nachkommenschaft und Segen für πάντα τὰ ἔθνη vgl. DIETZFELBINGER aaO 7–9.
[13] Die Annahme einer pln Ausweitung von Gen 22,17 (so LIETZMANN, Röm 54) ist unzureichend. Zur Traditionsgeschichte der Aussage von Abraham als κληρονόμος κόσμου (so Philo, Vit Mos I 155) vgl. BERGER aaO 69; ZELLER aaO 103 A 90. Daß der Gedanke der ›universalen Vaterschaft‹ Abrahams im hellenistischen Diasporajudentum bes. ausgearbeitet worden ist, zeigt MAYER, EvTh 32, 1972, 121–123.
[14] WILCKENS, Röm I 269 interpretiert dagegen Röm 4,13 im Sinne der endzeitlichen Einsetzung der Gerechten als Herrscher der Welt. Er verweist dafür auf syrBar 14,13; 51,3 und 4 Esr 7,119. Dort wird zwar vom Empfangen der ›längst verheißenen Welt, der unsterblichen‹ (syrBar 51,3; 4 Esr 7,119 allgemein von ›Ewigkeit‹) geredet, aber nicht in Rückbezug auf die Abrahamverheißung. Endzeitlich orientiert ist lediglich MEx 14,31 (Bill III 200): Abraham hat durch das Verdienst des Glaubens »diese und [!] die zukünftige Welt« in Besitz genommen. Ein ausschließlich erst im kommenden Äon sich verwirklichender Besitz der ›Welt‹ ist auch hier nicht ausgesagt. Zutreffend ist, daß Pls das endzeitliche Gericht der Gerechten über die Ungerechten durchaus kennt (1 Kor 6,2). Doch besagt dies nicht, daß diese Vorstellung auch hier vorauszusetzen ist.

Für das paulinische Verständnis von ἐπαγγελία ist schließlich aufschlußreich, daß er ἐπαγγελία vorwiegend im Singular und häufig absolut gebraucht. Charakteristisch ist die Entgegensetzung von σάρξ und ἐπαγγελία in Gal 4,23 (vgl. 4,28 f) und Röm 9,8. Paulus stellt Ismael und Isaak als υἱὸς τῆς σαρκός und υἱὸς τῆς ἐπαγγελίας gegenüber, um so zu zeigen, daß schon innerhalb der Vätergeschichte legitime Nachkommenschaft nicht auf genealogischer Abstammung, sondern auf Gottes freier Zueignung des Rechts der Nachkommenschaft gründet. Ἐπαγγελία rückt damit in die Nähe des Begriffs der Erwählung. Dies wird durch den sachlichen Zusammenhang der beiden Zitatinterpretationen in Röm 9,8 und 9,11 bestätigt: In 9,11 führt Paulus die Entgegensetzung von σάρξ und ἐπαγγελία durch die Antithese ἐξ ἔργων – ἐκ τοῦ καλοῦντος (sc. θεοῦ) fort.[15]

Paulus diskutiert also unter dem Begriff der ἐπαγγελία nicht einzelne Verheißungen in Blick auf deren bereits erfolgte oder gegenwärtig sich vollziehende Erfüllung, sondern arbeitet mit diesem Begriff das Handeln Gottes als Zusage seiner freien Erwählung, gültig παντὶ τῷ πιστεύοντι, heraus.[16] D. h. mit Hilfe des Begriffs ἐπαγγελία reflektiert Paulus gerade nicht den Abstand zwischen dem längst ergangenen Schriftwort und der gegenwärtigen eschatologischen Situation; dieser ist vorausgesetzt, aber nicht Gegenstand des Interesses und kann sogar völlig in den Hintergrund treten. Der Begriff ἐπαγγελία dient vielmehr dazu, Gottes gegenwärtiges Handeln, dem sich die Gemeinde verdankt, mit seinem früheren, in der Schrift bezeugten Tun in Beziehung zu setzen, und zwar so, daß die Übereinstimmung im Handeln Gottes aufgewiesen wird, der sich schon in der Vätergeschichte als der frei Erwählende gezeigt hat und dessen Zusage umfassender Nachkommenschaft auf die Berufung der πιστεύοντες aus Juden *und* Heiden zielt.

Dem entspricht, daß die Zeitstrecke zwischen Abraham und der Gegenwart überhaupt nicht thematisiert wird. Ein Geschichtsablauf wird weder in Röm 4 noch in Gal 3,6–18 (auch in 3,15–18 nicht) dargestellt.[17] Abraham erscheint nur als ›unser‹ Vater, υἱοὶ Ἀβραάμ sind ausschließlich οἱ ἐκ πίστεως (Gal 3,7; vgl. Röm 4,9–12 und Gal 4,21–31).[18] Die Frage nach der Abrahamssohnschaft des

---

[15] Vgl. auch die Entgegensetzung von νόμος und ἐπαγγελία in Gal 3,18a (weitergeführt in Röm 4,13 f). »So entspricht ›Verheißung‹ dem ›Glauben‹ (R. 4,20; Gl. 3,14), schließt das ›Gesetz‹ aus (R. 4,13; Gl. 3,18.21)« (Luz aaO 67 f). Die hiermit verbundene Ausblendung des Zeitfaktors in der Verwendung von ἐπαγγελία zeigt sich bes. deutlich in Gal 4,28 f, wo ἐπαγγελία durch πνεῦμα aufgenommen und fortgeführt werden kann.
[16] Vgl. auch Dietzfelbinger aaO 11.
[17] Zu Röm 4,3–12 vgl. Luz aaO 182: »Die zeitliche Differenz zwischen der Verheißung an Abraham (Gn. 15,6; Ps 32,1 f) und der Beschneidung ist nicht als Bestandteil eines Geschichtsablaufs, sondern lediglich um der Ausarbeitung der sachlichen Priorität des Glaubens und um der rechten Interpretation der Beschneidung als ›semeion‹ willen aufgenommen.« Analoges gilt für Gal 3,15–18, vgl. Luz aaO 184 f.
[18] Dem widerspricht keineswegs, daß Pls in Röm 9,4 f von den Israeliten sagen kann: ὧν ἡ υἱοθεσία..., ὧν οἱ πατέρες. Sohnschaft (und damit legitime Berufung auf die ›Väter‹) gibt es nur in der in 9,12a formulierten Weise – und wie sich das καλεῖν Gottes geschichtlich verwirklicht, entfaltet Pls dann ab 9,24. Wie nach Pls die in 9,4 f aufgezählten

Volkes Israel zwischen Abraham und der Gegenwart ist in Röm 4; Gal 3,6–18 und 4,21–31 überhaupt nicht im Blick, während die Frage nach der heutigen Abrahamssohnschaft so präzise wie möglich beantwortet wird.

Exkurs 2: Zur Debatte zwischen U. Wilckens und G. Klein über Röm 4 und Gal 3

Um die Frage, wie weit die an Abraham ergangene und auf die gegenwärtige Berufung der πιστεύοντες aus Juden und Heiden zielende Verheißung auch die Geschichte Israels – und damit das Volk Israel zwischen Abraham und Christus – umgreift, geht der Streit zwischen *U. Wilckens* und *G. Klein*[19] in der Interpretation von Röm 4, wobei dieser Text jeweils als Exempel für die Notwendigkeit oder Unangemessenheit einer heilsgeschichtlichen Pls-Interpretation überhaupt dient.[20]

Für *Wilckens* stellt Israel aufgrund der Abrahamverheißung das heilsgeschichtliche Kontinuum dar. Die Rechtfertigung Abrahams ist für Pls ein »Geschehen *am Anfang* der Erwählungsgeschichte«.[21] »Es war dieser bestimmte Abraham, dem Gott die Verheißung zusprach, auf die hin er Gott als erster zu glauben hatte; es war dann sein leiblicher Sohn Isaak, auf den die Verheißung überging; und es waren leibliche Israeliten, ›denen die Sohnschaft und die Herrlichkeit und die Bundesschlüsse und die Gesetzgebung und der Tempelkult und die Verheißungen gegeben sind, denen die Väter zugehören und aus deren Mitte der Christus in fleischlicher Hinsicht hervorging‹ (R 9,4f)! ... Die Heidenchristen sind für Paulus wesenhaft die zu Israel Hinzugekommenen, denen die Erwählungsgeschichte Gottes, die mit Abraham und seinen leiblichen Nachkommen begonnen hat, durch das Christusgeschehen zur Teilhabe geöffnet worden ist (vgl. besonders R 11,13ff).«[22] »Diese Verheißung umfaßt von jenem Damals her die ganze Geschichte bis hin zum Christusgeschehen und der christlichen Gegenwart; sie bezieht nicht nur diese, sondern auch die von der Gottesgerechtigkeit zur Werkgerechtigkeit abgefallenen Juden in ihre Geltung ein.«[23]

χαρίσματα Gottes an Israel zu verstehen sind, klärt Pls selbst abschließend in 11,29 (+ V 32!).

[19] Den Beginn der Debatte bildet Wilckens (1961) Aufs. 33–49; hierauf bezieht sich Klein (1963) Aufs. 145–169; darauf antwortete Wilckens (1964) aaO 50–76, was die Replik von Klein (1964) aaO 170–177 ausgelöst hat; zu berücksichtigen ist auch die Analyse von Gal 2,15–3,31 durch Klein (1964) aaO 180–221. Auf Klein hat auch Berger, MThZ 17, 1966, 47–89 geantwortet; dazu nimmt Klein (1969) aaO 177–179.221–224 Stellung.

[20] Im Verlauf der Debatte hat sich gezeigt, daß beide Positionen zugleich mit einem grundsätzlich verschiedenen Gesetzesverständnis verbunden sind; vgl. Wilckens, Aufs. 52f und Klein, Aufs. 171; s. auch o. S. 291 A 12.

[21] Wilckens, Aufs. 45 (Hervorhebung im Original).

[22] Wilckens, Aufs. 45.

[23] Wilckens, Aufs. 69; er stützt sich dabei (in Übereinstimmung mit Klein, Aufs. 159–161!) auf eine Interpretation von Röm 4,16, die hier ein Juden und Christen umfassendes

Doch kann *Wilckens* dieses Bild nur gewinnen, indem er die für Röm 4 (und Gal 3) charakteristische Lücke zwischen Abraham und der Gegenwart mit Hilfe anderer Texte (Röm 9,4f.6–13; 11,13ff) auffüllt, die jedoch ihrerseits ebenfalls kein ›erwählungsgeschichtliches Kontinuum‹[24] zur Darstellung bringen.[25] Gegen die Annahme eines heils- bzw. erwählungsgeschichtlichen Kontinuums wendet *Klein* ein:»Denn da für Paulus in der Zeit des Gesetzes bis auf Christus jedermann unter dem Gesetz gefangen gehalten ist (Gal 3,23f), so sind in unserem die Partizipation an der Abrahamverheißung verhandelnden Zusammenhang [gemeint ist Röm 4,13–15] οἱ ἐκ νόμου die Glieder des Volkes Israel. Gerade auch der Plural zeigt ja, daß die Angehörigen einer bestimmten empirischen Gemeinschaft im Blick stehen. Das ganze Volk Israel ist es also, das in V. 14 mit aller Schärfe aus der Nachkommenschaft Abrahams eliminiert wird. Die chronologische Abfolge von der gesetzesfreien Zeit, da die Verheißung erging, zur Epoche des Gesetzes brachte mithin keine kontinuierliche Heilsvermittlung, sondern ist theologisch als schroffe Diskontinuität zu beurteilen.«[26] *Klein* gelangt zu dem Ergebnis: »Es gibt eine Kontinuität von Abraham als einer historischen Gestalt zu heutigem Glauben, aber sie ist nicht das Produkt einer geschichtlichen Entwicklung und in keiner Weise historisch aufweisbar. Vielmehr *entsteht* diese Kontinuität allererst dort, wo man wie Abraham glaubt. Das Kontinuum zwischen Abraham und dem Glaubenden ist also ein Rückentwurf heutigen Glaubens, als solcher unanschaulich und selber ganz und gar Gegenstand des Glaubens.«[27]

So begründet der Einspruch von *Klein* angesichts der völligen Isoliertheit Abrahams in Röm 4 (und auch in Gal 3) gegenüber jedem Zusammenhang mit irgendeinem geschichtlichen ›Danach‹ auch ist, so zieht er seinerseits in systematisierender Weise Konsequenzen, die bei Pls so nicht vorliegen. Die Einbeziehung von Gal 3,23f ist dafür symptomatisch.[28] Nur so ist der – bei *Klein* inhaltlich negativ ausfallende – Rückschluß auf die Geschichte Israels möglich. Natürlich ist nicht bestreitbar, daß »mit der konsequenten Vernachlässigung der empirischen Abstammungsverhältnisse ... eo ipso ein polemisches Urteil über den Anspruch der Juden gefällt (wird), ›als leibliche Nachkommen Abrahams auch Abrahamssöhne zu sein‹«,[29] was für *Klein* auch ein Urteil über

---

Verständnis von ›σπέρμα‹ annimmt (aaO 67). Diese Interpretation von Röm 4,16 hat WILCKENS, Röm I 272 (mit A 880) aufgegeben; sie ist in der Tat fraglich, vgl. auch ZELLER aaO 103 A 92.

[24] So die eigene Formulierung von WILCKENS, Aufs. 49 A 27.
[25] S. o. S. 303ff.
[26] KLEIN, Aufs. 159.
[27] KLEIN, Aufs. 157 (Hervorhebung im Original).
[28] Wiederholt in KLEIN, Aufs. 174; analog verläuft die Interpretation von Gal 3,6–9 bei KLEIN, aaO 203: »Da nun aber die πίστις eine erst mit dem Christusgeschehen eröffnete und nur in Einstellung darauf erschwingliche Existenzweise ist (vgl. V. 23ff.), so ist bereits damit festgestellt, daß es außerhalb der christlichen Gemeinde keine Abrahamssohnschaft gibt und es ante Christum eine solche überhaupt niemals gegeben hat.«
[29] So KLEIN, Aufs. 221f in Auseinandersetzung mit BERGER aaO 48, den er hier zitiert.

das sich auf die empirische Abrahamssohnschaft berufende und vom Gesetz her verstehende Israel in der Zeit des Gesetzes zwischen Mose und Christus darstellt.

Doch ist zu beachten, daß Pls diese in der Tat sich aufdrängende Konsequenz nicht zieht. Pls spricht (nicht nur in Gal 4,21-31) nicht über die Geschichte Israels, sondern im Gegenüber zur νῦν 'Ιερουσαλήμ vom Recht der Gemeinde aus Juden und Heiden, sich – exklusiv! – als υἱοί 'Αβραάμ zu verstehen. Wo Pls auf das Handeln Gottes in der Geschichte zu sprechen kommt, setzt er nicht axiomatisch bei der Unmöglichkeit der πίστις 'Ιησοῦ Χριστοῦ ›ante Christum‹ ein,[30] sondern verhandelt Israels Geschick in der Spannung von Gottes Treue zur Erwählung seines Volkes (Röm 11,2) und dem Abfall Israels (11,3f, vgl. zuvor 10,21) und dessen von Gott verhängter Verstockung (11,7-10).

Natürlich argumentiert Pls auch in Röm 9-11 dezidiert christologisch – aber in Blick auf das *gegenwärtige* Scheitern Israels an Christus als dem λίθος προσκόμματος und der πέτρα σκανδάλου (9,32f).

Paulus entwirft also weder in Röm noch in Gal 3,6-18 (und schon gar nicht in Gal 4,21-31) eine selbständige Geschichtstheologie, sondern fragt von der gegenwärtigen eschatologischen Situation, der Eröffnung der σωτηρία παντὶ τῷ πιστεύοντι in Christus (vgl. Röm 1,16f; 10,6-13), zurück nach dem in der Schrift bezeugten Handeln Gottes. Daher kann er die Zeiten überspringen und die Abraham geltende Zusage der Vaterschaft über ›viele Völker‹ bzw. die Zusage des in ihm wirksamen Segens für πάντα τὰ ἔθνη, und die heutige Berufung *aller* Glaubenden unmittelbar in Beziehung setzen. Der zeitliche Abstand als solcher wird dabei jedoch nicht aufgehoben, auch wenn die zwischen Vergangenheit und Gegenwart liegende Zeitstrecke in keiner Weise zur Darstellung kommt. Die Gleichheit des damaligen und jetzigen rechtfertigenden Handelns Gottes zeigt, daß in der eschatologischen Offenbarung der δικαιοσύνη θεοῦ Gottes immer schon auf die Erwählung der Glaubenden ausgerichtetes Handeln zum Zuge kommt. Gottes Handeln an Abraham ist nicht nur Modell eines künftigen Geschehens, sondern als in die Zukunft weisende ἐπαγγελία in sich auf die Heilstat in Christus ausgerichtet. Insofern hat das Handeln Gottes an Abraham eine auf die Existenz der heutigen Gemeinde vorausweisende, ja sie begründende Funktion, und kann sich die Gemeinde der οὐ μόνον ἐξ 'Ιουδαίων ἀλλὰ καὶ ἐξ ἐθνῶν Berufenen (Röm 9,24) als υἱοί 'Αβραάμ und damit als die legitime Abrahamsnachkommenschaft verstehen.

Versucht man – über Röm 4; Gal 3,6-18 und 4,21-31 hinausgehend – die hier jeweils ausgesparte Geschichte des Volkes Israel, die bei Paulus konkret nur als Ungehorsams- und Unheilsgeschichte zur Sprache kommt, mit einzubeziehen, kann man als Ergebnis formulieren: In Abraham beginnt die – dann unter dem

---

Zu dem Versuch von BERGER aaO 76, zwischen dem ›Sperma Abrahams‹ und den ›Kindern Abrahams‹ zu unterscheiden, wobei ›die Bedingung des Glaubens‹ »der Ausweitung der Kindschaft von Juden auf Andere« diene, vgl. die Kritik von KLEIN, aaO 177f.

[30] Vgl. KLEIN, Aufs. 203.

Ungehorsam Israels und der Verwerfung Gottes verborgene – Linie der Erwählung im Glauben, die die Gemeinde mit der Ursprungssituation Israels verbindet.

c) Die Worte der Schrift betreffen unmittelbar die Gegenwart oder die Zukunft

α) Eschatologische Schriftworte, die als Aussagen über ein künftiges Geschehen verwendet werden

Der Kreis dieser Schriftanführungen ist begrenzt. Zu nennen sind hier die Zitate in Röm 2,6 (Ψ 61,13b); 11,26f (Jes 59,20f; 27,9c); 12,19 (Dtn 32,35a); 14,11 (Jes 45,23c) und 1 Kor 15,54f (Jes 25,8a; Hos 13,14b). Diese Schriftaussagen betreffen zum einen Gottes künftiges Gerichtshandeln (Ψ 61,13b; Jes 45,23c und Dtn 32,35a),[1] andererseits die noch ausstehende Errettung von πᾶς Ἰσραήλ (Jes 59,20f; 27,9c) und die endzeitliche Überwindung des Todes (Jes 25,8a; Hos 13,14b). Eine grundsätzliche Verschiebung im Zeitverständnis liegt hier nicht vor, auch wenn durchaus aufschlußreiche inhaltliche Veränderungen in einigen Fällen festzustellen sind.

So ist Jes 45,23c, die Proklamation des unbedingten Herrschaftsanspruchs Gottes, der οἱ ἀπ' ἐσχάτου τῆς γῆς zur Umkehr ruft (V 22), in Röm 14,11 als Schriftbegründung für das künftige Sich-Verantworten eines jeden einzelnen vor dem βῆμα τοῦ θεοῦ verwendet. Noch stärker ist die inhaltliche Veränderung, die der Verwendung von Hos 13,14b zugrunde liegt: Aus der Gerichtsankündigung gegen Ephraim ist dieses Zitat völlig herausgelöst worden[2] und – in Verbindung mit Jes 25,8a – zur vorweggenommenen Proklamation der Entmächtigung des Todes geworden.

β) Zeitlos konzipierte Schriftworte, die als Gegenwartsaussagen verwendet werden

Ein erheblicher Teil der von Paulus aufgenommenen Schriftzitate ist bereits von Hause aus zeitlos konzipiert. Ihre Geltung für die Gegenwart ist daher unmittelbar gegeben und selbstverständlich. Dies gilt zunächst für die aus der Schrift angeführten Gebote und ethischen Weisungen (so Prv 25,21f [Röm 12,20]; Dtn 5,17–21; Lev 19,18b [Röm 13,9; Gal 5,14]; Dtn 17,7c u. ö. [1 Kor 5,13].[1] Ebenso weisen diejenigen Zitate eine zeitlose Struktur auf, die Gottes gleichbleibendes Handeln beschreiben (so Hi 5,13a [1 Kor 3,19];[2]

---

[1] Zur Textfassung von Dtn 32,35a, die Pls in Röm 12,19 voraussetzt, s. o. S. 77f.
[2] S. o. S. 175.
[1] Ebenso fehlt z. B. ein Zeitaspekt in dem Rechtsgrundsatz von Dtn 19,15c (2 Kor 13,1), der ethischen Maxime Prv 3,4 (2 Kor 8,21; zur pln Umgestaltung s. o. S. 138f; Pls macht sich die Aufforderung von Prv 3,4 zueigen und wendet sie auf seine Lage an) und der Aufforderung: ὁ καυχώμενος ἐν κυρίῳ καυχάσθω (1 Kor 1,31; 2 Kor 10,17; das christologische Verständnis von κύριος verändert nicht die unbeschränkte Gültigkeit der Aussage).
[2] In 1 Kor 3,19f insgesamt fehlt der zeitliche Aspekt der Vernichtung der σοφία, der in 1 Kor 1,20f vorausgesetzt ist.

Ψ 93,11 [1 Kor 3,20]; Prv 22,8c [2 Kor 9,7]) oder seine Unzugänglichkeit für den Menschen aussagen (so Jes 40,13 [Röm 11,34; 1 Kor 2,16]; Hi 41,3a [Röm 11,35]).[3]

Zeitlos gültig sind auch diejenigen Schriftzitate, die die universale Herrschaft der ἁμαρτία (so die Zitatkombination Röm 3,10-18, vgl. V 10: οὐκ ἔστιν δίκαιος οὐδὲ εἷς)[4] oder das Wesen des νόμος beschreiben (Dtn 27,26a.b [Gal 3,10]; Lev 18,5c [Röm 10,5; Gal 3,12]; Dtn 5,21a [Röm 7,7]). Das Gesetz ist zwar für Paulus eine geschichtlich gegebene Größe (vgl. allein Gal 3,17!), aber für die Analyse der Struktur des νόμος als der das ποιεῖν fordernden Macht, die in die Sünde führt und den Fluch nach sich zieht, ist dies unerheblich.[5]

γ) *Eschatologische Schriftworte, die auf die Gegenwart bezogen werden*

Die Inanspruchnahme prophetischer Ankündigungen für die Gegenwart ist schon für die frühchristlichen Gemeinden vor Paulus nachweisbar.[1] So wurden schon vor Paulus die messianischen (bzw. messianisch verstandenen) Ankündigungen von Jes 11,10; 28,16 und 59,20f christologisch interpretiert. Diese Verheißungen waren für die Gemeinde in Christus zu ihrer Verwirklichung gekommen, auf die sie im Glauben zurückblicken und von denen her sie ihre Gegenwart und Zukunft begreifen konnte. Dieses Verständnis der Schrift als Ankündigung des schon geschehenen christologischen Heilsereignisses wird von Paulus grundsätzlich geteilt, wie nicht nur aus Röm 1,2 hervorgeht,[2] sondern sich auch in der Verwendung von Jes 11,10a-c in Röm 15,12 und von Jes 28,16 in Röm 9,33 zeigt, die trotz inhaltlich neuer Akzentuierung[3] nicht mit einer Verschiebung der Zeitstruktur der Zitataussage verbunden ist.[4]

Paulus wendet auch selbständig Schriftzitate in dieser Weise an, und zwar ist es insbesondere die heute sich vollziehende Berufung der Gemeinde gerade auch

---

[3] Hierher gehören auch die Zitate, die die Ordnung der Schöpfung (Gen 2,24c [1 Kor 6,16]) bzw. ihre Zuordnung zum κύριος (Ψ 23,1a [1 Kor 10,26]) beschreiben.

[4] Zur pln Herkunft dieser tiefgreifenden pln Umgestaltung von Ψ 13,1c s. o. S. 145.

[5] In Röm 7,7-13 kann Pls sogar das Wirksamwerden des Gesetzes als Instrument der ἁμαρτία unter völliger Ausschaltung einer geschichtlich noch darstellbaren Zeitdifferenz in die jeweilige ›Urgeschichte des Ich‹ (vgl. BRANDENBURGER, Adam 206-219) hineinprojizieren und dort verankern. Dagegen wird das Zitat von Dtn 30,12-14, das Pls in Röm 10,6-8 der Beschreibung der δικαιοσύνη ἐκ τοῦ νόμου durch Lev 18,5c gegenübergestellt und das von Hause aus (als Aussage über die Erreichbarkeit der ἐντολή!) ebenfalls zeitlos konzipiert ist, von Pls durch die christologischen Interpretationen in den Zeithorizont des Christusgeschehens hineingestellt.

[1] S. o. S. 241f.

[2] Vgl. auch die Zitateinleitungen in Gal 3,8 und Röm 9,29; zu dem Problem, daß in Röm 9,29 eine aoristische Schriftaussage als Ankündigung verstanden ist, s. u. S. 318.

[3] Die inhaltliche Verschiebung in der Verwendung von Jes 28,16 zeigt sich in der Umgestaltung durch Jes 8,14b, die von Jes 11,10 an der Verwendung innerhalb der Zitatenkette Röm 15,9-12.

[4] Dagegen hat Pls das futurisch formulierte Zitat Jes 59,20f (Röm 11,26f) wieder auf ein zukünftiges Geschehen, die Errettung von ›ganz Israel‹ bezogen.

ἐξ ἐθνῶν, die Paulus in der Schrift angekündigt findet (so Röm 9,25f; 15,9–12; 15,21), sowie umgekehrt die Ablehnung des Evangeliums durch Israel (Röm 10,19)[5] und Israels Reduktion auf einen nur geringen Rest (Röm 9,27f),[6] ja seine von Gott bewirkte Verstockung (Röm 11,9f).[7] Aber auch die Wirkungslosigkeit der Glossolalie nach außen sieht Paulus in der Schrift angekündigt (1 Kor 14,21),[8] ebenso die Verwerfung der σοφία τοῦ κόσμου, die die Verkündigung des Χριστὸς ἐσταυρωμένος enthüllt (Jes 29,14b [1 Kor 1,19]).[9]

δ) Ursprünglich vergangenheitsbezogene Schriftworte, deren zeitliche Abständigkeit von Paulus ausgeblendet wird

Neben den bisher besprochenen Schriftworten, deren zeitliche Struktur bzw. zeitloser Charakter sich in der paulinischen Verwendung deutlich widerspiegelt, steht eine Reihe von Zitaten, die sich gegen eine derartige relativ eindeutige zeitliche Zuordnung sperren. Ein charakteristisches Beispiel hierfür ist die Anführung von Jes 65,1a.b in Röm 10,20:

εὑρέθην [ἐν] τοῖς ἐμὲ μὴ ζητοῦσιν,
ἐμφανὴς ἐγενόμην τοῖς ἐμὲ μὴ ἐπερωτῶσιν.[1]

Das Zitat selbst ist nicht als Ankündigung eines künftigen Geschehens formuliert, auch nicht als Beschreibung eines immerwährenden Handelns Gottes, sondern ist Feststellung eines bereits eingetretenen Vorgangs. Weder für Paulus noch für seine Leser kann ein Zweifel daran bestanden haben, daß diese Aussage eines schon zurückliegenden Vorgangs ihrerseits in der Vergangenheit erfolgte. Paulus nennt sogar ausdrücklich Jesaja als Sprecher des Schriftwortes. Dennoch verwendet er es als Schriftbeleg für die Berufung der ἔθνη, also als Darstellung eines Handelns Gottes, das erst in der vom εὐαγγέλιον bestimmten gegenwärtigen eschatologischen Situation sich ereignet.[2] Die Verwendung dieses Zitats ist also hinsichtlich der im jetzigen Zusammenhang vorausgesetzten zeitlichen Struktur keine andere als im Falle der ausdrücklich als Ankündigung

---

[5] Zur Interpretation von Dtn 32,21c.d durch Pls s. o. S. 110.
[6] Zur Textvorlage und pln Abänderung von Jes 10,22f s. o. S. 82f.145–149.167f.
[7] Zu den Abänderungen von Ψ 68,23f durch Pls s. o. S. 106.137f.
[8] Pls setzt zwar das Zitat in die 1. Pers. Sing. um (s. o. S. 111f), behält aber das Futur selbstverständlich bei.
[9] Das Zitat ist futurisch formuliert (auch in seiner pln Umgestaltung; s. o. S. 152f), die Verwerfungsaussage in 1 Kor 1,20b dagegen aoristisch (ἐμώρανεν, vgl. V 21b: εὐδόκησεν). Doch dient dieser zeitliche Aspekt nur der Darstellung des Sachverhalts, daß die gegenwärtige Verkündigung des Gekreuzigten als σοφία θεοῦ enthüllt, was die Welt und ihre ›Weisheit‹ schon immer ist. Zum traditionsgeschichtlichen Hintergrund (der einstigen Anwesenheit und jetzigen Verborgenheit der Weisheit) vgl. CONZELMANN, 1 Kor 64f.
[1] Zur Textvorlage s. o. S. 50f.
[2] Dagegen ist die Verwendung von Jes 65,2a in Röm 10,21 unproblematisch. Die hier im Rückblick formulierte Aussage über Israels Ungehorsam wird von Pls auch in diesem vorgegebenen Sinn angeführt, wenn er sie auch als Urteil über die Geschichte Israels schlechthin versteht. Pls bezieht also Jes 65,1a.b und 65,2a nicht nur auf zwei verschiedene Adressaten; der jetzt unterschiedlichen Zielrichtung beider (ursprünglich eine Sinneinheit bildenden) Schriftzitate entspricht auch eine unterschiedliche zeitliche Ausrichtung.

eines künftigen Geschehens formulierten Schriftaussage von Jes 52,15c.d, die Paulus in Röm 15,21 zitiert:

οἷς οὐκ ἀνηγγέλη περὶ αὐτοῦ ὄψονται,[3]
καὶ οἳ οὐκ ἀκηκόασιν συνήσουσιν.

Noch direkter greifbar wird dieser Vorgang, daß ein in der Vergangenheit formuliertes und auch auf die Vergangenheit bezogenes Zitat als Aussage über die Gegenwart verwendet wird, in Röm 9,27–29. Die jetzt erfolgende Reduktion Israels auf einen geringen Rest wird in Röm 9,27f durch ein Zitat ausgesagt, das eindeutig als Ankündigung eines künftigen Gerichtshandelns Gottes formuliert ist (Jes 10,22f – auch hier mit Nennung Jesajas als Sprecher). Das folgende Zitat (Jes 1,9) ist dagegen als Vergangenheitsaussage formuliert.[4] Paulus verwendet es jedoch als Beschreibung des gleichen, heute sich vollziehenden Vorgangs und führt es sogar ausdrücklich als Vorausankündigung Jesajas (καθὼς προείρηκεν Ἠσαΐας) ein. Während also im Falle von Jes 52,15 (Röm 15,21) und 10,22f (Röm 9,27f) der futurische Charakter der prophetischen Ankündigung voll gewahrt bleibt, werden die vergangenheitsbezogenen Aussagen von Jes 65,1 und 1,9 völlig aus ihrem vorgegebenen Zeitbezug herausgelöst und sind ebenfalls – ohne Umgestaltung des Wortlauts – als unmittelbar die Gegenwart betreffend verstanden. Der zeitliche Abstand, der zwischen dem früher ergangenen – und keineswegs zukunftsbezogenen – Wort der Schrift und der Gegenwart liegt, ist so stark zusammengezogen, daß das Zitat ausschließlich als heutige Aussage erscheint und eine mögliche frühere Funktion gar nicht mehr im Blick ist. Damit ist aber nicht die geschichtliche Dimension zugunsten einer immerwährenden Zeitlosigkeit aufgehoben. Vielmehr ist die damalige, auf die Vergangenheit bezogene Aussage vollständig in die gegenwärtige eschatologische Situation hineingenommen, von der sie völlig absorbiert wird.

Eine analoge Zitatverwendung liegt in 2 Kor 6,2 vor:

καιρῷ δεκτῷ ἐπήκουσά σου,
καὶ ἐν ἡμέρᾳ σωτηρίας ἐβοήθησά σοι (Jes 49,8 a.b).

Das Zitat selbst spricht rückblickend von bereits erfolgter Rettung durch Gott, Paulus dagegen interpretiert es als Aussage über den eschatologischen Charakter der Gegenwart: ἰδοὺ νῦν καιρὸς εὐπρόσδεκτος, ἰδοὺ νῦν ἡμέρα σωτηρίας. Das Zitat ist auch nicht zunächst als Verheißung bezeichnet, um es dann auf die Gegenwart zu beziehen, sondern es gilt unmittelbar ›jetzt‹, und zwar in durchaus exklusiver Weise, denn von σωτηρία kann im Zusammenhang von 2 Kor 5,17–6,2 nur dort geredet werden, wo sich diese in der Ausrichtung der von Gott hergestellten καταλλαγὴ τοῦ κόσμου ereignet.

Von hier fällt auch Licht auf die christologisch verwendeten Zitate in

---

[3] Die Vorordnung von ὄψονται, die noch von NTGr[25] (offenbar aufgrund der Differenz zur LXX) bevorzugt wurde, ist kaum ursprünglich. Sie wird lediglich von B pc vertreten und widerspricht außerdem der bei Pls sonst festzustellenden Tendenz, in zweigliedrigen Zitaten die Parallelität der Zitatzeilen eher zu verstärken; s. o. S. 107f.

[4] Zum Irrealis der Vergangenheit vgl. BDR § 360 (mit A 4).

Röm 15,3 (Ψ 68,10b) und 1 Kor 15,27 (Ψ 8,7b). Sie sind ja keineswegs als Verheißung oder Vorankündigung formuliert, werden von Paulus auch nicht als solche bezeichnet, sondern sie beschreiben unmittelbar das Leiden Christi bzw. die Herrschaftsübertragung an den Erhöhten, wobei eine mögliche frühere Geltung dieser Zitate ebenso wenig im Blick ist, wie im Falle des – allerdings präsentisch formulierten[5] – Zitats von Ψ 43,23, das von Paulus in Röm 8,36 als Aussage über das Leiden der (heutigen!) Gemeinde um Christi willen verstanden ist.

Aufschlußreich ist hier ein Blick auf die Schriftverwendung in Qumran. Auch dort begegnet ein Zugriff auf die Schrift, der ganz entschlossen das einzelne Schriftwort in die jetzige, eschatologisch verstandene Gegenwart hineinnimmt. Doch ist dort dieser Vorgang von einer hermeneutischen Reflexion begleitet, die dieses Vorgehen begründet und zugleich den Abstand zwischen dem in der Vergangenheit ergangenen Schriftwort und seinem heutigen Verständnis bedenkt. Am klarsten ist sie in 1 QpHab 7,1–5 formuliert:[6] »Und Gott sprach zu Habakuk, er solle aufschreiben, was kommen wird über das letzte Geschlecht. Aber die Vollendung der Zeit hat er ihm nicht kundgetan. Und wenn es heißt: ›Damit eilen kann, wer es liest‹ (Hab 2,2b), so bezieht sich seine Deutung auf den Lehrer der Gerechtigkeit, dem Gott kundgetan hat alle Geheimnisse der Worte seiner Knechte der Propheten.«[7] Das Prophetenwort ist damit

a) als vergangenes Wort bezeichnet, das direkt auf Offenbarung zurückgeht und das sich

b) auf das ›Ende der Zeit‹ bezieht, dessen Sinn also ausschließlich im Rahmen der Gegenwart, die als letzte Zeit verstanden ist, zu erfassen ist.

Die darin implizierte Verstehensdifferenz wird ausdrücklich thematisiert und durch eine zweite Aussagenreihe begründet:

a) Die Prophetenworte werden als ›Geheimnisse‹ charakterisiert, d. h. sie müssen entschlüsselt werden.

b) Die Vollmacht hierzu, d. h. zur sachgemäßen endzeitlichen Interpretation, wird für den ›Lehrer der Gerechtigkeit‹ beansprucht, der dazu ebenfalls aufgrund von Offenbarung legitimiert ist.

c) Da die ›Geheimnisse‹, die die Prophetenworte darstellen, erst jetzt enthüllt werden, ist es konsequent, wenn dem Propheten selbst das sachgemäße Verständnis der ihm mitgeteilten Offenbarung abgesprochen wird. Der Prophet hat zwar das Geschick des ›letzten Geschlechts‹ erfahren, aber nicht die ›Vollendung der Zeit‹ und damit das Ziel der ihm mitgeteilten Offenbarungen überhaupt, die so für ihn insgesamt unentschlüsselte ›Geheimnisse‹ geblieben sind.[8]

---

[5] Nach θανατούμεθα ist ἐλογίσθημεν in Ψ 43,23 als ingressiver Aorist (vgl. BDR § 331) aufzufassen.

[6] Zur Interpretation vgl. ELLIGER, Studien 190f; O. BETZ, Offenbarung 75–77; OSSWALD, ZAW 68, 1956, 248–255; G. JEREMIAS, Lehrer 140–142.

[7] Übersetzung: LOHSE, Texte 235.

[8] Vgl. auch die Fortsetzung in 1 QpHab 7,7f, wo eine ausdrückliche inhaltliche

320   V. 3. Das Zeitverständnis in der Verwendung der Schriftzitate

Eine derartige hermeneutische Reflexion, die ausdrücklich die Verstehensdifferenz zwischen dem überkommenen Schriftwort und seiner eschatologischen Interpretation thematisiert, begegnet bei Paulus nicht.

Der Abstand zeigt sich bei einem Vergleich mit 1 Kor 10,11, wo Pls – formal analog mit der Wendung von der ›Vollendung der Zeit‹ in 1 QpHab – auf τὰ τέλη τῶν αἰώνων verweist. Doch begründet Pls damit nicht eine bestimmte inhaltliche Interpretation der Schrift, sondern der Hinweis auf die eschatologische Situation unterstreicht die Dringlichkeit der Mahnungen, die Pls in V 6–10 im Rückgriff auf das Verhalten der ›Väter‹ ausgesprochen hat.[9]

Wo Pls nach den Voraussetzungen für das sachgemäße Verstehen der Schrift fragt (2 Kor 3,12–17), kommt nicht der mögliche Abstand zwischen damaliger Aussage und heutiger Aneignung des Schrifttextes in den Blick,[10] sondern die Tatsache, daß in der eigenen Gegenwart konträre Verstehensweisen der Schrift nebeneinander stehen und miteinander konkurrieren. Der Sachzusammenhang, in dem sich Paulus dieses Problem stellt, ist auch nicht die Frage der eschatologischen Schriftinterpretation,[11] sondern die Frage nach dem Gesetz als Heils- oder (so Pls) als Unheilsfaktor (vgl. den Zusammenhang von 2 Kor 3,12–17 mit 3,7–11 und damit mit 3,6).[12]

Bei Paulus ist dagegen eine Konzentration der Zeit zu beobachten,[13] zum einen im unmittelbaren Rückbezug des jetzigen eschatologischen Geschehens auf das erwählende und verheißende Handeln Gottes an den ›Vätern‹, und zwar unter völliger Ausblendung der dazwischenliegenden Zeitstrecke (was inhaltlich die Aussparung der gesamten Geschichte des Volkes Israel als Faktor der

---

Korrektur der prophetischen Ankündigungen vorgenommen wird: »Seine Deutung [sc. von Hab 2,3a] ist, daß sich die letzte Zeit in die Länge zieht, und zwar weit hinaus über alles, was die Propheten gesagt haben; denn die Geheimnisse Gottes sind wunderbar« (Übersetzung: LOHSE, Texte 235).

[9] S. auch o. S. 215.

[10] Erst recht beansprucht Pls nicht für seine Schriftauslegung eine auf Offenbarung zurückgehende Autorität, wie sie nach 1 QpHab 7 dem Lehrer der Gerechtigkeit zukommt (vgl. LUZ, Geschichtsverständnis 107). Die Pls zuteil gewordene Offenbarung betrifft den ›Sohn‹ selbst (Gal 1,16) und schließt den Auftrag des εὐαγγελίζεσθαι – und zwar ἐν τοῖς ἔθνεσιν – mit ein, aber erstreckt sich nicht auf eine spezifische Schriftinterpretation. Dies bestätigt sich auch in Röm 11,25–27 (vgl. die Analyse von ZELLER, Juden 245–253): Das μυστήριον umfaßt lediglich V 25b (vom ὅτι recitativum an). V 26a ist bereits Folgerung, und das Schriftzitat ist daran seinerseits locker angefügt (καθὼς γέγραπται ist nicht auf καὶ οὕτως zurückzubeziehen; so zutreffend ZELLER aaO 251; vgl. auch KOCH, ZNW 71, 1980, 186f A 53).

[11] Da diese bei Pls als solche ebenso gegeben ist wie in Qumran, sind natürlich sachliche Berührungen vorhanden. Doch ist die eschatologische Qualifizierung der Gegenwart hier und dort erheblich verschieden, was sich sofort in der Methode und im Inhalt der Schriftauslegung auswirkt. Vgl. LUZ aaO 105: Das Interesse an der Gegenwart richtet sich in Qumran auf die »Erfüllung des Planes Gottes« (ebd.). Hiernach wird gefragt, gerade auch in den zeitgeschichtlichen Abläufen. Den Plan Gottes und die Stellung des Menschen in ihm »lehrt ... die Schrift verstehen, und insofern schenkt ... die gedeutete Schrift Hoffnung, weil Einsicht in Gottes Plan« (aaO 105 A 334). Dem entspricht, daß die Schrift systematisch durchforscht und auch in fortlaufender Kommentierung ausgelegt wird.

[12] S. u. S. 339ff.

[13] So CONZELMANN, Grundriß 191 in bezug auf 2 Kor 6,2.

positiven Vermittlung der ἐπαγγελία bedeutet); und zum anderen im Zugriff auf die Schrift, bei dem die Zeitdifferenz völlig ausgeschaltet und das Schriftwort zur direkten Beschreibung der heutigen, eschatologisch bestimmten Gegenwart werden kann.[14]

---

[14] Diese Eliminierung des Zeitfaktors begegnet ebenso in der Darstellung der Verwerfung der σοφία τοῦ κόσμου in 1 Kor 1,20f, die als Epoche gar nicht mehr aufgezeigt werden kann (vgl. CONZELMANN, 1 Kor 64f), und noch weitergehend in der Interpretation des Sündenfalls in Röm 7,7–13.

VI. Die Schrift als Zeuge des εὐαγγέλιον

1. Die Schrift als an die Gegenwart gerichtetes Wort

Mit dem zeitgenössischen Judentum und den frühchristlichen Gemeinden vor und neben ihm geht Paulus davon aus, daß nicht nur die Gebote und ethischen Weisungen der Schrift für die Gegenwart fraglose Gültigkeit besitzen, sondern daß die Schrift insgesamt, also auch ihre geschichtlichen Überlieferungen und prophetischen Aussagen, auf die Gegenwart zielen. Dieser grundsätzliche Gegenwartsbezug der Schrift liegt den inhaltlich ausgesprochen unterschiedlichen Arten der Schriftverwendung von Qumran, im hellenistischen Diasporajudentum und im palästinisch-rabbinischen Judentum zugrunde,[1] insofern hier jeweils die Aussagen der Schrift aktualisiert werden, sei es daß in der Auslegung der Schrift der eschatologische Charakter der Gegenwart enthüllt,[2] sei es daß ›erbauliche‹ Exegese betrieben wird,[3] die dem Hörer religiöse und ethische Unterweisung vermitteln will.[4]

Bei Paulus begegnet zweimal – und geradezu als eine Art hermeneutischer Grundregel – die Aussage, daß die Schrift ›um unseretwillen‹ geschrieben worden ist (1 Kor 9,10; Röm 4,23f).

In 1 Kor 9,10 hat die Aussage, daß die Schrift durchweg[5] δι' ἡμᾶς spricht bzw.

---

[1] Vgl. die rabbinische Theorie, daß aus der ursprünglich wesentlich größeren Anzahl der Prophetien nur diejenigen aufgezeichnet worden sind, die für die folgenden Generationen nötig waren (vgl. das Material bei Bill III 12f), woraus unmittelbar folgt, daß die aufgezeichneten Prophetien grundsätzlich den folgenden Generationen – und damit auch der gegenwärtigen – gelten.

[2] So in Qumran; s. o. S. 319.

[3] Ein instruktives Beispiel für die erbauliche Exegese des hellenistischen Judentums bietet 4 Makk 18,11–19. Die in 18,11–13 angeführten Personen bzw. Ereignisse (Kain und Abel, die Opferung Isaaks, Josephs Gefangenschaft, der ›Eiferer‹ Pinhas, die drei Männer im Feuerofen, Daniel in der Löwengrube) sind als Vorbilder für Standhaftigkeit und Gottestreue – und Beispiele göttlicher Bewahrung – verstanden, während die folgenden Zitate die Gewißheit formulieren, ὅτι οἱ διὰ τὸν θεὸν ἀποθνήσκοντες ζῶσιν τῷ θεῷ (so 16,25).

[4] Zum erbaulichen Charakter der nichthalachischen Exegese des rabbinischen Judentums vgl. Mayer, RAC VI, 1966, 1202.

[5] Zu πάντως vgl. Bauer, Wb. 1208 s. v., der überhaupt keine lokale Verwendung anführt; dagegen vertritt Weiss, 1 Kor 237 für 1 Kor 9,10 die lokale Bedeutung. Conzelmann, 1 Kor 186 führt beide Möglichkeiten an: »überall« und »unter allen Umständen«. Der lokale Sinn steht jedoch in V 10 nicht im Vordergrund. Nicht der Bereich, für den dieser Grundsatz gilt, ist betont, sondern seine prinzipielle Geltung, die

geschrieben ist, die Funktion eines ›exegetischen Prinzips‹.[6] Die Berechtigung der allegorischen Auslegung von Dtn 25,4 begründet Paulus zunächst durch die rhetorische Frage: μὴ τῶν βοῶν μέλει τῷ θεῷ; d. h. mit der für die Allegorese charakteristischen Grundauffassung, daß Gott sich um das Höhere kümmert.[7] Diesem hier nur negativ formulierten Grundsatz fügt Paulus sofort als positive Ergänzung hinzu: ἢ δι' ἡμᾶς πάντως λέγει;[8] Beide – für Paulus eine Einheit bildende – Grundregeln der Auslegung ermöglichen es ihm, Dtn 25,4 allegorisch zu interpretieren, nämlich als Aussage über den Menschen, und zwar gezielt über ›uns‹, d. h. Gemeinde und Apostel. Den gleichen Auslegungsgrundsatz nimmt Paulus dann auch für das folgende Zitat (V 10b) in Anspruch, das das metaphorische Verständnis von ἀλοᾶν in Dtn 25,4 sichern soll,[9] und auf dieser Basis kann er dann in V 11 das Ergebnis seiner Exegese von Dtn 25,4 formulieren.

Die zweite Anwendung des Grundsatzes, daß die Schrift δι' ἡμᾶς geschrieben ist, liegt am Schluß der Auslegung von Gen 15,6 in Röm 4 vor (4,23f). In Röm 4,1–22 hat Paulus in seiner Auslegung von Gen 15,6 Abraham als den ἐκ πίστεως Gerechtfertigten und παρ' ἐλπίδα ἐπ' ἐλπίδι Glaubenden interpretiert, und gerade so ist Abraham, entsprechend den Verheißungen von Gen 17,5c und 15,5d (Röm 4,17f), ›Vater der Glaubenden‹, Juden wie ἔθνη, d. h. der heute ἐκ πίστεως Gerechtfertigten. Den Übergang von der Exegese des Textes Gen 15,6 als Aussage über Abraham als Gestalt der Vergangenheit zur Interpretation dieses Schriftzitats als Aussage über ›uns‹ formuliert Paulus ausdrücklich in V 23f: οὐκ ἐγράφη δὲ δι' αὐτὸν μόνον ὅτι ἐλογίσθη αὐτῷ ἀλλὰ καὶ δι' ἡμᾶς, οἷς μέλλει λογίζεσθαι. Die sachliche Übereinstimmung des ›Glaubens‹ (vgl. V 24b mit V 17b)[10] begründet, warum die damalige, ›unserem Vater‹ Abraham geltende Aussage von der ›Anrechnung‹ des Glaubens auch für die heutigen πιστεύοντες ἐπὶ τὸν ἐγείραντα Ἰησοῦν τὸν κύριον ἡμῶν ἐκ νεκρῶν gilt.[11]

---

daher auch hier vorauszusetzen ist und zur methodischen Grundlage der Auslegung gemacht werden kann.
[6] So LIETZMANN, 1 Kor 41 in bezug auf V 9c; die gleiche Funktion hat aber auch V 10a.
[7] S. o. S. 203.
[8] Mit ἢ κτλ. soll offensichtlich V 9c fortgesetzt werden; d. h. hier liegt ebenfalls eine rhetorische Frage vor (so auch die Übersetzungen von LIETZMANN, 1 Kor 40 und CONZELMANN, 1 Kor 186). Allerdings fehlt das zu erwartende οὐ (vgl. BDR § 427.2). WEISS, 1 Kor 236f will δι' ἡμᾶς πάντως λέγει als Aussagesatz auffassen, muß dann aber δι' ἡμᾶς κτλ. von ἢ abtrennen. BAUER, Wb. 678 s. v. ἢ erwägt, ἦ (›wahrhaftig‹) anstelle von ἢ zu lesen. LIETZMANN, 1 Kor 41 erklärt das Fehlen der Negation damit, daß Pls keine »ironisch-rhetorische Frage«, sondern »eine wirkliche, ernstgemeinte« formuliere.
[9] S. o. S. 203f; zur Herkunft des Zitats in 9,10b s. o. S. 41f.
[10] Dabei ist das Moment der Differenz durchaus gewahrt, vgl. die beiden unterschiedlichen Gottesprädikationen: ὁ ζῳοποιῶν τοὺς νεκρούς (V 17) und ὁ ἐγείρας Ἰησοῦν ... ἐκ νεκρῶν (V 24). Zum jüdisch-traditionellen Charakter der Gottesaussagen in V 17 vgl. WILCKENS, Röm I 274f.
[11] In V 24 ist μέλλει vom Standpunkt der Schrift aus futurisch gedacht (so LUZ, Geschichtsverständnis 113 A 367 unter zutreffendem Hinweis auf Gal 3,23). Gegen eine

Paulus argumentiert also nicht formal mit dem Grundsatz des ›δι' ἡμᾶς ἐγράφη‹, sondern so, daß die inhaltliche Berechtigung der Anwendung dieses Auslegungsprinzips verständlich wird. Zugleich zeigt sich in der ringförmigen Rückführung des Gedankengangs auf das Ausgangszitat (V 22) und dessen Hervorhebung durch die hermeneutische Aussage von V 23 f, daß die Auslegung von Gen 15,6 als Schriftaussage über das δικαιοῦσθαι πίστει ἄνθρωπον χωρὶς ἔργων (3,28) das Grundmotiv von Röm 4 darstellt.[12]

Die Überzeugung, daß die Schrift grundsätzlich auf die Gegenwart bezogen ist und sich daher unmittelbar an den heutigen Hörer richtet, kommt auch dort zum Ausdruck, wo Paulus zur Begründung einer bestimmten Schriftinterpretation darauf verweist, daß die Schrift zum Zweck heutiger διδασκαλία bzw. νουθεσία geschrieben worden ist (Röm 15,4 und 1 Kor 10,11).

In Röm 15,3b hat Paulus Ψ 68,10b als Schriftbeleg für V 3a – καὶ γὰρ ὁ Χριστὸς οὐχ ἑαυτῷ ἤρεσεν – angeführt; d. h. die Leidensaussage des Klagepsalms ist von ihm christologisch verwendet worden. Hieran fügt Paulus eine umfangreiche methodische Bemerkung an: ὅσα γὰρ προεγράφη,[13] εἰς τὴν ἡμετέραν διδασκαλίαν ἐγράφη, wobei die διδασκαλία, die – nach Paulus – das vorangegangene Zitat darstellt, darauf zielt, ἵνα διὰ τῆς ὑπομονῆς καὶ διὰ τῆς παρακλήσεως τῶν γραφῶν τὴν ἐλπίδα ἔχωμεν. Die Tatsache einer derart breiten methodischen Äußerung, zumal unmittelbar vor dem doxologischen Abschluß in V 5f, ist auffällig und bedarf einer Erklärung.

Die Stellung im unmittelbaren Anschluß an Röm 15,3 zeigt, daß zumindest V 4a dazu dient, die in V 3b vollzogene christologische Interpretation von Ψ 68,10b zu begründen, und zwar indem diese auf einen allgemeinen Auslegungsgrundsatz – die Schrift insgesamt ist auf heutige διδασκαλία ausgerichtet – zurückgeführt wird. Erklärbar wird die ausdrückliche methodische Begründung der vorangegangenen christologischen Schriftverwendung, wenn man berücksichtigt, daß es sich in der Anführung von Ψ 68,10b um das einzige Schriftzitat des Paulus handelt, das sich auf das Geschehen der Passion bezieht.[14]

---

eschatologische Interpretation (so MICHEL, Röm 174 A 11; KÄSEMANN, Röm 121) spricht auch Röm 5,1; so auch WILCKENS, Röm I 277 A 902.

[12] Zur Frage nach dem ›Thema‹ von Röm 4 vgl. einerseits LUZ, Geschichtsverständnis 173–177, andererseits WILCKENS, Röm I 280–284. Daß zum Thema des δικαιοῦσθαι χωρὶς ἔργων das der Zugänglichkeit der δικαιοσύνη θεοῦ gerade auch für πάντες οἱ πιστεύοντες δι' ἀκροβυστίας (vgl. 4,11) nicht als ein zweites, selbständiges Thema hinzutritt, sondern mit diesem immer schon mitgesetzt ist, zeigen Röm 1,16f; 3,21–24.28–30. Insofern gehört die Auslegung Abrahams als dem χωρὶς ἔργων Gerechtfertigten und als πατὴρ πολλῶν ἐθνῶν notwendig zusammen.

[13] Gegenüber ἐγράφη (B lat) ist προεγράφη sicher ursprünglich; umgekehrt ist προεγράφη nach διδασκαλίαν (A L P Ψ 048 33 104 365 1175 1241 2495 𝔐 sy^h; ἐγράφη lesen ℵ B C D F G 6 81 630 1506 1739 1881 pc latt sy^p) als sekundäre Angleichung zu beurteilen. B P Ψ 33 pc sy fügen vor εἰς verdeutlichend πάντα ein.

[14] Am nächsten kommt dem die Anführung von Dtn 21,23c in Gal 3,13. Doch ist der Unterschied nicht zu übersehen: Mit Dtn 21,23c wird ein zeitlos gültiger Rechtssatz aufgenommen (und auf die Kreuzigung bezogen), Ψ 68,10b bringt dagegen einen konkreten *Vorgang* zur Sprache.

Daß das Zitat (obwohl es im Aorist formuliert ist!) zuvor ein anderes Geschehen gemeint haben könnte, verschwindet völlig hinter der jetzigen Verwendung des Textes.[15] Dem widerspricht nicht, daß Pls das Zitat als ›zuvor geschrieben‹ bezeichnet. Denn der Zweck des ›zuvor Geschriebenen‹ ist ja ›unsere‹ διδασκαλία. Eine andere, davon unabhängige Funktion des Zitats kommt überhaupt nicht in den Blick.[16]

Die ausdrückliche Begründung der christologischen Verwendung von Ψ 68,10b spricht auch dagegen, daß eine passionstheologische Interpretation von Ψ 68 insgesamt z. Zt. des Pls bereits selbstverständlich war.[17]

Mit der bewußt allgemein formulierten Aussage, daß die Schrift zwar ›zuvor geschrieben‹ ist, aber auf heutige Belehrung abzielt – und daher auch entsprechend zu interpretieren ist –, begründet Paulus also hier die offensichtlich nicht selbstverständliche Inanspruchnahme von Ψ 68,10b als einer christologisch gemeinten Schriftaussage.[18] Daß er dennoch hierauf nicht verzichtet, zeigt die Bedeutung, die Paulus diesem Schriftzitat beimißt, und damit das Gewicht der Aussage von 15,3a, auf die das Zitat bezogen ist. Christus ist in der Abfolge von V 2/3a als das ›Vorbild und Urbild der Gemeinde‹[19] verstanden, der so auch die Existenzweise seiner Gemeinde bestimmt und daher auch in seinem ›Verhalten‹ die für die Gemeinde bestehende Notwendigkeit begründet, dem πλησίον zu ›gefallen‹ und so die οἰκοδομή der Gemeinde zu ermöglichen. Der Entfaltung der christologischen Aussage von V 3a dient das Schriftzitat in V 3b. Seine διδασκαλία besteht darin, die Passion Christi, auf die auch erst durch das Zitat selbst verwiesen wird, positiv zu begreifen als ein Geschehen, in dem sich Christi οὐκ ἑαυτῷ ἀρέσκειν manifestiert.

---

[15] Fraglich ist, welches Gewicht der Tatsache beizumessen ist, daß ἐπέπεσαν ἐπ' ἐμέ beibehalten und nicht in ἐπ' αὐτόν abgeändert ist; dazu vgl. MICHEL, Röm 444f; KÄSEMANN, Röm 369 und WILCKENS, Röm III 101. Zu berücksichtigen ist, daß eine Änderung in ἐπ' αὐτόν auch eine Umformulierung der ersten Zitathälfte (τῶν ὀνειδιζόντων)« erfordert hätte. Doch ist eindeutig, daß »mit σε Gott und mit ἐμέ Christus gemeint (ist)« (SCHLIER, Röm 420).

[16] Anders MICHEL, Röm 445, der (offenbar aufgrund von προεγράφη) davon ausgeht, daß Ψ 68,10b als Weissagung verstanden ist.

[17] Zur Rolle von Ψ 68 in der Passionsdarstellung der Evangelien vgl. FLESSEMAN-VAN LEER, Interpretation, in: F. Viering (Hg.), Bedeutung 91–94. Ausdrücklich zitiert wird Ψ 68 in christologischem Sinn nach Pls erstmals in Joh 2,17 (allerdings nicht V 10b, sondern V 10a). Pls selbst zitiert in Röm 11,9f Ψ 68,23f, jedoch hier als Ankündigung der Verstockung Israels. – VIELHAUER, Aufs. II 204 A 31 vermutet für Ψ 68, 10b eine vorpln christliche Verwendung. Doch besteht keine erkennbare Spannung zwischen Zitat und Kontext, da nicht das Zitat selbst paränetisch verwendet wird und lediglich auf V 3a und nicht auf V 1f bezogen ist.

[18] Damit ist jedoch keineswegs das Postulat einer umfassenden christologischen Schriftinterpretation formuliert, dem die eigene Schriftverwendung des Pls auch gar nicht entsprechen würde. Die prinzipiell gemeinte Aussage von V 4a bezieht sich nur auf die διδασκαλία als dem grundsätzlichen Zweck der Schrift, nicht auf deren spezifische Gestalt, die sie in 15,3 hat.

[19] Vgl. KÄSEMANN, Röm 369. Doch hat damit (gegen Käsemann) das Schriftwort selbst keineswegs eine paränetische Funktion (im Sinne einer Solidarität mit den ›Kraftlosen und Hilfsbedürftigen‹).

Umstritten ist, ob darüber hinaus das Leiden Christi hier auch positiv interpretiert wird. Nach *U. Wilckens* »setzt Paulus hier zweifellos das Sühneleiden Christi für uns voraus; nur so nämlich begründet V 3 die ›Pflicht‹ V 1 f.«[20] Doch enthält weder das Zitat selbst noch der engere Kontext einen Hinweis auf das Verständnis der Passion als Leiden ὑπὲρ ἡμῶν.[21] Deshalb bestreitet *E. Käsemann* das Vorliegen des Stellvertretungsgedankens. Dem Zitat gehe es »nicht um die Annahme menschlicher Schuld, sondern um das Erleiden rebellischer Lästerungen ..., das Jesu irdische Geschichte im ganzen bestimmte.«[22] Doch ist eine solche Sicht der ›irdischen Geschichte Jesu‹ sonst bei Pls nirgends nachweisbar.

Für den pln Zusammenhang ist daher eher anzunehmen, daß das Zitat nur um der mit V 3a unmittelbar übereinstimmenden Momente ausgewählt und angeführt worden ist, d. h. zum einen als Verweis auf die Passion überhaupt, die mit dem Zitat als solchem gegeben war, und zum anderen als Interpretation der Passion im Sinne des οὐκ ἑαυτῷ ἀρέσκειν.

In dieser christologischen Interpretation ist die Schrift direkte διδασκαλία; sie führt zur ὑπομονή und stellt selbst παράκλησις dar,[23] insofern ihr Inhalt der leidende Christus selbst ist, und erschließt so ἐλπίς. Derartig weitgehende Aussagen über die Tragweite der Schrift finden sich bei Paulus nur hier, und sie greifen auch über den Sachzusammenhang des Kontextes von Röm 15,3f erheblich hinaus. Paulus hat hier die offenbar schon traditionelle Auffassung von der Schrift als παράκλησις aufgenommen[24] und – von der christologisch verstandenen Schriftaussage in V 3a ausgehend – weitergeführt.

Mit Röm 15,4 verwandt ist die inhaltlich knappere Äußerung des Paulus in 1 Kor 10,11. Paulus unterscheidet hier, da er in 1 Kor 10,1–10 auf ein vergangenes Geschehen, das Verhalten der ›Väter‹ in der Wüste und Gottes Strafhandeln, Bezug genommen hat, zwischen den damaligen Ereignissen selbst und ihrer Aufzeichnung. Das damalige Geschehen hat exemplarische Bedeutung.[25] Doch sind dabei nicht die ›Väter‹ selbst der eigentliche Gegenstand des Interesses, sondern Gottes Gerichtshandeln an ihnen, das auch durch den Besitz der

---

[20] WILCKENS, Röm III 101 f.
[21] Immerhin argumentiert Pls in 14,15 mit der Heilsbedeutung des Todes Christi. Doch begründet in 14,15–20 nicht der Stellvertretungsgedanke ein analoges Verhalten innerhalb der Gemeinde, sondern Christi Tod ist Grundlage der Gemeinde, und dieses ἔργον τοῦ θεοῦ gilt es, nicht zu ›zerstören‹ (14,20).
[22] KÄSEMANN, Röm 369.
[23] Für παράκλησις ist in Röm 10,4 – in Übereinstimmung mit V 5 – die Bedeutung ›Trost‹ vorauszusetzen; so auch WILCKENS, Röm III 102 A 492. Das Moment der Mahnung und Belehrung ist schon vorweg in διδασκαλία enthalten.
[24] Vgl. 1 Makk 12,9: παράκλησιν ἔχοντες τὰ βιβλία τὰ ἅγια. Ungewöhnlich ist dagegen, daß Pls (anscheinend parallel dazu) auch von ὑπομονή spricht. Damit ist weder ein ›Begleitumstand‹ der παράκλησις angegeben (so KÄSEMANN, Röm 370) noch die Geduld Christi gemeint (so offenbar LUZ, Geschichtsverständnis 113 A 365). Andererseits bleibt auch der Zusammenhang mit διὰ τῆς παρακλήσεως τῶν γραφῶν in der Schwebe. Die Einbeziehung der ὑπομονή erklärt sich daher am ehesten aus der Fortsetzung in V 4 (ἵνα ... τὴν ἐλπίδα ἔχωμεν – vgl. Röm 5,4 zum Zusammenhang von ὑπομονή und ἐλπίς) und V 5. Beides, ὑπομονή und παράκλησις, sind dabei als Wirkung der διδασκαλία, die die Schrift vermittelt, verstanden.
[25] Zur Interpretation von 1 Kor 10,1–11 s. o. S. 211–216.305f.

Sakramente nicht außer Kraft gesetzt wurde (V 1–5). Die gegenwärtige Bedeutung des damaligen Geschehens beruht zum einen auf der Vergleichbarkeit der damaligen und der heutigen Situation, zum anderen darauf, daß die Schrift von dem gleichen Gott handelt, mit dem auch die Gemeinde konfrontiert ist. Deshalb kann Paulus die damaligen Ereignisse als τυπικῶς bezeichnen und ihre Aufzeichnung als heute gültige Ermahnung bewerten: ἐγράφη δὲ πρὸς νουθεσίαν ἡμῶν. Der Schrift wird hier eine eindeutig gegenwartsbezogene, ›erbauliche‹ Funktion zugewiesen. Dies entspricht der prinzipiellen Aussage von Röm 15,4 (ὅσα γὰρ προεγράφη κτλ.), wobei – dem Gegenstand von 1 Kor 10,1–10 entsprechend – die διδασκαλία der Schrift hier als νουθεσία bestimmt wird. Nicht den Inhalt der νουθεσία, wohl aber deren Dringlichkeit begründet Paulus dann durch die Feststellung, daß die Gegenwart qualifizierte Zeit ist – nämlich τὰ τέλη τῶν αἰώνων. Daß sie deshalb eine Zeit besonderer Gefährdung ist, ist vorausgesetzt und schwingt auch in V 13 mit.

In den methodischen Bemerkungen von 1 Kor 9,10; Röm 4,23f; 15,4 und 1 Kor 10,11, in denen Paulus jeweils eine bestimmte heutige Inanspruchnahme der Schrift mit dem Auslegungsgrundsatz der prinzipiellen Gegenwartsbezogenheit der Schrift begründet, erscheint die Schrift als ein die heutigen Hörer unmittelbar anredendes Wort.[26] Die Schrift ist ›um unseretwillen‹ geschrieben, spricht unmittelbar in die Gegenwart, gilt dem heutigen Hörer; und wo der Rückgriff auf ein als ein vergangenes Geschehen geschildertes Ereignis Einsicht und sachgemäßes Verhalten in der Gegenwart ermöglichen soll, unterscheidet Paulus zwischen dem damaligen Geschehen selbst und dessen Aufzeichnung in der Schrift, die um der heutigen νουθεσία willen erfolgte. In diesem Verständnis der Schrift unterscheidet sich Paulus grundsätzlich nicht von der hellenistischen Synagoge und den frühchristlichen Gemeinden vor ihm. Gerade weil die von ihm formulierten methodischen Erläuterungen ein allgemein anerkanntes Verständnis der Schrift enthielten, konnte er mit ihnen bestimmte, ihm wichtige Anwendungen einzelner Schriftaussagen begründen. In Röm 15,4 wird außerdem sichtbar, daß das vorgegebene Verständnis der Schrift als die Gegenwart anredendes Wort von Paulus nicht mechanisch übernommen wird, sondern im Zusammenhang mit der christologischen Interpretation eines einzelnen Zitats eine inhaltlich neue Ausprägung erlangt.

Ebenfalls grundsätzlich traditionell ist das Verständnis der Schrift als Ankündigung künftiger, insbesondere eschatologischer Ereignisse.[27] Dieses Verständnis der Schrift erhält bereits in den frühchristlichen Gemeinden vor Paulus eine inhaltlich spezifisch christliche Fassung, indem messianische Weissagungen der Schrift auf das christologische Heilsereignis bezogen werden, auf das die Gemeinde schon zurückblicken kann und dem sie ihre jetzige Existenz verdankt.[28]

---

[26] Dies betont besonders Luz aaO 83.134.
[27] Zum eschatologischen Schriftverständnis in der rabbinischen Überlieferung vgl. Bill III 14f.
[28] Vgl. die vorpln Verwendung von Jes 11,10; 28,16 und 59,20f; s. o. S. 241f.

Paulus teilt durchaus diese Sicht der Schrift, wie die Zitateinleitungen in Gal 3,8 und Röm 9,29 zeigen, obwohl zu beachten ist, daß er nirgends ausdrücklich eine bereits eingetretene Erfüllung einer Ankündigung der Schrift konstatiert.[29] Auch ist zu berücksichtigen, daß Paulus auch das inhaltliche Interesse, das sich in den vorpaulinischen Gemeinden mit diesem Schriftverständnis verbindet, nämlich das Interesse an der Ankündigung des christologischen Heilsgeschehens in der Schrift, das so seinerseits als schriftgemäß erwiesen wird, nicht in gleicher Weise teilt.[30]

Diesem Befund widerspricht anscheinend die grundsätzliche Aussage von Röm 1,2. In dem besonders breit angelegten Präskript Röm 1,1–7 beschreibt Paulus das εὐαγγέλιον, für das er ›ausgesondert‹ ist, in doppelter Weise: a) durch den Relativsatz ὃ προεπηγγείλατο διὰ τῶν προφητῶν αὐτοῦ ἐν γραφαῖς ἁγίαις (V 2), b) durch die mit περί angeschlossene Inhaltsangabe des so ›zuvor angekündigten‹[31] εὐαγγέλιον (V 3 f), die durch die Verwendung einer vorgegebenen christologischen Formel (V 3 b.4) ausgesprochen umfangreich ausfällt.

Durch die inhaltliche Bestimmung des εὐαγγέλιον in V 3 f erhält die Aussage von V 2 einen eindeutig christologischen Bezug. Was ›zuvor von den Propheten in heiligen Schriften angekündigt‹ worden ist, ist der υἱὸς θεοῦ (V 3 a) – γενόμενος ἐκ σπέρματος Δαυίδ κτλ. (V 3 b.4) – als Inhalt des εὐαγγέλιον.

H. Lietzmann spricht sich gegen eine Zusammengehörigkeit von Röm 1,2 und 1,3 aus: »περὶ τοῦ υἱοῦ αὐτοῦ gehört schwerlich zu προεπηγγείλατο, das ja schon in ὅ sein Objekt hat – man würde dann ἐν ᾧ erwarten – sondern nach Analogie von V 9 zu εὐαγγελίου«.[32] Zutreffend ist, daß V 3 nicht V 2 untergeordnet ist. Doch läuft das Aussagegefälle ab V 1 b (ἀπόστολος ἀφωρισμένος εἰς εὐαγγέλιον θεοῦ) auf V 3 f zu, und gerade Gal 1,7 (τὸ εὐαγγέλιον τοῦ Χριστοῦ) zeigt die feste Zusammengehörigkeit von εὐαγγέλιον und Χριστός als dessen Inhalt. D. h. V 3 ist zwar nicht von V 2 abhängig, aber V 2 bezieht sich auf das in V 3 f inhaltlich definierte εὐαγγέλιον und ist von dieser inhaltlichen Bestimmung nicht abzulösen.

Diese durchaus grundsätzlich gemeinte Aussage über den Sinn der Schrift, zumindest insofern in ihr οἱ προφῆται zu Wort kommen,[33] dient jedoch nicht

---

[29] S. o. S. 309 ff.

[30] Zum Fehlen des christologischen Schriftbeweises im engeren Sinne s. o. S. 285 ff. Charakteristisch ist auch, daß diejenigen Schriftzitate, die Pls in seinen Einleitungswendungen als Vorausankündigungen kennzeichnet (Gen 12,3 c [Gal 3,8]; Jes 1,9 [Röm 9,29]), keine christologischen Zitate sind.

[31] Προεπαγγέλλειν ist kein vorgeprägter religiöser Terminus, vgl. FRIEDRICH, ThWNT II, 1935, 582, und dürfte daher hier (wie in 2 Kor 9,5) in der normalen Wortbedeutung: ›im voraus ankündigen‹ (vgl. BAUER, Wb. 1398 s. v.) verwendet sein; vgl. auch WILCKENS, Röm I 64.

[32] LIETZMANN, Röm 25.

[33] STUHLMACHER, EvTh 27, 1967, 378 ist der Ansicht, daß mit οἱ προφῆται »nach paulinischer Sicht wohl das Zeugnis des Alten Testamentes im ganzen« gemeint sei. Dem widerspricht eindeutig Röm 3,21.

dazu, die Verwendung eines einzelnen Schriftzitats zu begründen. Vielmehr wird ausgesagt, daß das in V 3 f formulierte christologische Geschehen insgesamt den prophetischen Ankündigungen der Schrift entspricht, was ein christologisches Gesamtverständnis der Schrift hinsichtlich ihrer prophetischen Funktion impliziert. Röm 1,2 ist daher mit der ebenfalls prinzipiell gemeinten Feststellung, daß Tod und Auferweckung Christi κατὰ τὰς γραφάς erfolgten, vergleichbar, jedoch von den methodischen Erläuterungen in 1 Kor 9,10; Röm 4,23 f; 15,4 und 1 Kor 10,11 zu unterscheiden. Wie mit dem κατὰ τὰς γραφάς von 1 Kor 15,3b–5 wird in Röm 1,2 die grundsätzliche Übereinstimmung des Christusgeschehens mit der Schrift formuliert; und auch hier steht die Schriftgemäßheit als solche vor ihrem Nachweis mit Hilfe einzelner, christologisch interpretierter Schriftzitate fest.[34] In Röm 1,2 wird somit ein Schriftverständnis sichtbar, das der christologischen Aneignung der Schrift in den vorpaulinischen Gemeinden entspricht, die spezifischen Schwerpunkte der paulinischen Schriftverwendung jedoch nicht erkennen läßt. Hinzu kommt, daß Röm 1,2 auch hinsichtlich der Begrifflichkeit – offenbar bewußt – traditionell gehalten ist.[35]

Ist der inhaltlich und auch sprachlich traditionelle Charakter von Röm 1,2 erkannt, wird es fraglich, gerade diesen Text als Ausgangspunkt für Erwägungen über das Schriftverständnis des Paulus zu wählen. Dies geschieht jedoch in der – auch methodisch problematischen – Analyse durch *P. Stuhlmacher*.[36] Er trennt faktisch V 2 von V 3 ab und diskutiert losgelöst vom Kontext das Verhältnis von ›εὐαγγέλιον‹, das er als »endzeitliche und endgültige Ankunft Gottes in Jesus Christus«[37] – allerdings in proleptischer Form[38] – definiert, zu V 2. Die Aussage von V 2, daß das εὐαγγέλιον περὶ Ἰησοῦ Χριστοῦ von den Propheten ›in heiligen Schriften zuvor angekündigt‹ worden ist, weitet *Stuhlmacher* inhaltlich aus und versteht sie als »Rückverweis auf den nach dem Zeugnis des Alten Testaments seit Urzeit gnädig erwählenden Gott«.[39] Dieser ›erwählungsgeschichtlichen‹ Interpretation von V 2 entspricht die Sicht von V 3 f als Ausdruck einer »verheißungsgeschichtlich strukturierte(n) Christologie«.[40] Das Ergebnis ist eine umfassende verheißungsgeschichtliche Theorie: »Im Geschick des Christus wird die gesamte Verheißungsgeschichte Gottes noch einmal redupliziert, und zwar so redupliziert, daß der gnädige Wille Gottes nunmehr ganz mit Jesus Christus identisch geworden ist.«[41]

Methodische Gründe für dieses Verfahren, bei dem der in sich zusammenhängende Text aufgesplittert, die Einzelteile durch Gesamtthesen über ›das‹ εὐαγγέλιον, ›das‹ Alte

---

[34] Zur Bedeutung von κατὰ τὰς γραφάς in 1 Kor 15,3b–5 s. o. S. 238f.
[35] Pls hat sonst νόμος καὶ προφῆται als Bezeichnung für die Gesamtheit der Schrift (Röm 3,21), auch νόμος allein kann diese Funktion haben (vgl. 1 Kor 14,21), aber οἱ προφῆται allein begegnet bei Pls sonst nirgends. Auch (αἱ) γραφαὶ ἅγιαι ist unpln; schon der Plural liegt (abgesehen von 1 Kor 15,3b–5) nur noch Röm 15,4 vor, die Verbindung mit ἅγιος fehlt sonst völlig. Mit traditioneller Prägung von Röm 1,2 rechnen auch LUZ aaO 111; SCHLIER, Röm 22; WILCKENS, Röm I 56.
[36] STUHLMACHER, EvTh 27, 1967, 374–389.
[37] STUHLMACHER aaO 377.
[38] Vgl. STUHLMACHER ebd.
[39] STUHLMACHER aaO 379.
[40] STUHLMACHER aaO 385.
[41] STUHLMACHER ebd.

Testament[42] und ›Erwählungsgeschichte‹ aufgefüllt und dann auf höherer Ebene zu einer neuen Einheit zusammengefügt werden, nennt *Stuhlmacher* jedoch nicht.[43] Es verbleibt allerdings die Frage, ob nicht eine angemessenere, d. h. unspekulative und den literarischen Befund nicht überspringende Bestimmung des Verhältnisses zwischen Röm 1,2 und 1,3f möglich ist.

Ohne die Sonderstellung von Röm 1,1–7 innerhalb der paulinischen Präskripte insgesamt zu diskutieren, die der Sonderstellung des Römerbriefs innerhalb der paulinischen Briefe überhaupt entspricht und nur in diesem Sachzusammenhang zu klären ist, läßt sich feststellen:

1. Nicht nur die christologische Formel von 1,3b.4 stellt eine bewußte Aufnahme vorpaulinischer Tradition dar. Auch die in V 2 der christologischen Bestimmung des εὐαγγέλιον vorangestellte Aussage über die zeitlich zuvor erfolgte Ankündigung des ›Evangeliums‹ διὰ τῶν προφητῶν αὐτοῦ ἐν γραφαῖς ἁγίαις ist traditionell.

2. Während Paulus in 1,3f den Inhalt des εὐαγγέλιον mit Hilfe einer – allerdings durchaus interpretierten[44] – christologischen Tradition formuliert, folgt in 1,16f die eigene Bestimmung des εὐαγγέλιον als δύναμις θεοῦ εἰς σωτηρίαν παντὶ τῷ πιστεύοντι.[45] Paulus setzt also bei der gemeinsamen, die Gemeinden verbindenden Glaubensgrundlage ein, um von ihr ausgehend ›sein‹ Evangelium zu entfalten.

3. Gleiches gilt auch für 1,2. Dieser traditionellen Bestimmung der Schrift in ihrer prophetischen Funktion als Ankündigung des christologischen Heilsgeschehens entspricht in 3,21b die paulinische Aussage von der Funktion von νόμος καὶ προφῆται als Zeugen der δικαιοσύνη θεοῦ.[46]

4. Daß Paulus in 1,1b–4 zwischen τὸ εὐαγγέλιον θεοῦ und dessen inhaltlicher Bestimmung (περὶ κτλ.) den Hinweis auf dessen Vorausankündigung ›durch seine Propheten‹ einschiebt, hat für die dann folgende christologische

---

[42] Dabei sind auch die einzelnen Generalisierungen in sich z. T. ebenfalls problematisch, vgl. z. B. STUHLMACHER aaO 379: »Die Zeit des Alten Testaments wurde für ihn ... erst begrenzt und abgegrenzt durch die Gegenwart des Evangeliums«. Pls kennt jedoch keine ›Zeit der Schrift‹ (und schon gar nicht eine ›Zeit des Alten Testaments‹; die παλαιὰ διαθήκη von 2 Kor 3,14 wird heute verlesen!). Wenn Pls von der Epoche spricht, die vor dem Kommen der πίστις bzw. Christi liegt, dann von der ›Epoche‹ des νόμος (Gal 3,19.23–25). Die ›Schrift‹ ist dagegen gerade nicht von der Gegenwart abgegrenzt, sondern spricht in diese unmittelbar hinein.

[43] Zur Kritik vgl. auch SAUTER, EvTh 27, 1967, 393f und LUZ aaO 111f A 360.

[44] Zu der äußerst umstrittenen Frage nach pln Erweiterungen der Tradition vgl. KRAMER, Christos 105–108; WENGST, Formeln 112–117; WILCKENS, Röm I 56–58 (mit Lit.). Nicht zweifelhaft ist, daß der Sohnestitel in V 3a und der Kyrios-Titel in V 4c nicht mehr zur Formel gehören, sondern pln Interpretation darstellen.

[45] Die Korrespondenz von Röm 1,3f und 1,16f hebt BORNKAMM, Paulus 128f hervor. Bornkamm versteht dabei 1,3f nicht als bloße »Reverenz an die Überlieferung und eine Bekundung der eigenen Rechtgläubigkeit«, sondern als die notwendige christologische Grundlage der soteriologisch ausgerichteten Definition des εὐαγγέλιον in 1,16f.

[46] Dazu s. u. S. 342f.

Aussage die gleiche Wirkung wie das doppelte κατὰ τὰς γραφάς innerhalb der Tradition von 1 Kor 15,3 b–5: Es wird die Schriftgemäßheit des εὐαγγέλιον festgestellt. Paulus macht damit explizit, was in der Tradition von 1,3 b.4 selbst angelegt ist. Denn hier wird ja mit der durchaus als Hoheitsaussage gemeinten Formulierung γενόμενος ἐκ σπέρματος Δαυίδ nicht nur formal die Sprache alttestamentlich-jüdischer Heilserwartung aufgenommen, sondern Christus als die Verwirklichung zentraler jüdischer Hoffnungsinhalte begriffen, die ihrerseits in der Schrift gründen.

Die Grundüberzeugung, daß die Schrift auf zukünftiges Heilsgeschehen vorausschaut und den Menschen, den sie heute anredet, auf dieses Heil hin ausrichten will, teilt das Urchristentum mit dem zeitgenössischen Judentum. Indem jedoch schon die vorpaulinischen christlichen Gemeinden die Heilsankündigungen der Schrift auf das bereits erfolgte Heilsgeschehen in Christus deuteten, hat sich zugleich ein fundamentaler inhaltlicher Wandel vollzogen. Die Tatsache, daß dadurch die gleiche Schrift von prinzipiell anderen Voraussetzungen her gehört wird, ist damit Paulus schon vorgegeben. Er selbst bringt dieses Problem nur einmal thematisch zur Sprache, und zwar in 2 Kor 3,12–17.

2. Das εὐαγγέλιον als Voraussetzung für das Verstehen der Schrift (2 Kor 3,12–18)

Die Frage, ob die Ausführungen des Paulus über das κάλυμμα des Mose und die ἀνάγνωσις τῆς παλαιᾶς διαθήκης in 2 Kor 3,12–18 als Aussagen über das eigene Schriftverständnis auszuwerten sind, wird ausgesprochen unterschiedlich beantwortet: z. T. wird überhaupt bestritten, daß hier das Thema der ›Schrift‹ verhandelt wird,[1] aber auch dort, wo hierin grundsätzlich Übereinstimmung herrscht, gehen die Antworten, welche sachliche Tragweite die Aussagen des Paulus haben, erheblich auseinander.[2] Dies ist nicht zuletzt darin begründet, daß 2 Kor 3,12–18 eine Reihe von Problemen enthält, deren unterschiedliche Beantwortung jeweils das Gesamtergebnis erheblich verändert.

Zu klären ist zunächst die Stellung von 2 Kor 3,12–18 im Zusammenhang der Apologie des Apostelamtes, die Paulus in seinem in 2 Kor 2,14–6,13; 7,2–4 enthaltenen Brief an die Gemeinde in Korinth richtet. Mit dieser Klärung fällt zugleich eine Entscheidung über die Frage der thematischen Eigenständigkeit von 2 Kor 3,12–18.

Die Zuordnung von 2 Kor 3,12–18 zum Briefganzen der ›Apologie‹ bereitet deshalb Schwierigkeiten, weil dieser Abschnitt keinen evidenten Sachbezug zu der prinzipiellen Begründung des Apostelamtes, die Paulus in 2,14–4,6 gibt, aufweist. Nach der Eröffnung des Themas in 2,14–17 bringt 3,1–6 einerseits eine

---

[1] So BULTMANN, 2 Kor 87–101.
[2] Vgl. einerseits LUZ, Geschichtsverständnis 123–135, andererseits KÄSEMANN, Perspektiven 237–285.

sachliche Abgrenzung, nämlich die Ablehnung von Empfehlungsbriefen zum Nachweis der ἱκανότης als Apostel (3,1–3), andererseits eine positive Bestimmung des Apostels als διάκονος καινῆς διαθήκης (3,4–6). Während 3,7–11 zunächst noch als Erläuterung zu 3,6 verstehbar ist, verselbständigt sich der Gedankengang ab 3,12 endgültig: Thema ist nicht mehr die ἱκανότης des Apostels und die δόξα seines ›Dienstes‹, sondern das Verbleiben bzw. die Beseitigung der ›Decke‹ bei der ἀνάγνωσις der παλαιὰ διαθήκη bzw. von ›Mose‹.[3] Die Abhandlung über das κάλυμμα des Mose (3,13ff) ist zwar durch V 12 mit 3,7–11 verbunden, wird dann jedoch völlig selbständig durchgeführt, so daß ab V 13 das Problem des Apostelamtes überhaupt nicht mehr präsent ist. In V 18 schließt Paulus dann auch konsequent mit der Feststellung des Verwandeltwerdens von ἡμεῖς πάντες.[4] Diese Verselbständigung des Gedankengangs macht in 4,1f einen recht harten Neueinsatz erforderlich, um zum Thema der διακονία des Apostels zurückzukehren.[5]

Andererseits ist 3,12–18 mit 3,7–11 durch die Mosethematik verbunden, und 3,7–11 gewinnt von 3,12–18 eine neue Beleuchtung: Die Aussagen von V 7–11 charakterisieren ja nicht nur das Apostelamt selbst als διακονία τοῦ πνεύματος (V 8), sondern die Gabe des πνεῦμα eignet der Gemeinde als Ganzer, so daß die ὑπερβάλλουσα δόξα (V 10) kein auf das Amt des Apostels beschränktes Merkmal ist, sondern Kennzeichen von ›ἡμεῖς πάντες‹, die verwandelt werden ἀπὸ δόξης εἰς δόξαν (V 18).

Daß die Abhandlung über das κάλυμμα des Mose in V 12–18 gegenüber V 7–11 zwar relativ selbständig, aber zugleich auf V 7–11 bezogen ist, zeigt sich auch daran, daß sich 3,7–18 insgesamt auffällig von der scharfen Polemik in 3,4–6 und 4,1ff abhebt.[6] 2 Kor 3,7–18 stellt sich also als literarische ›Einlage‹ dar,[7] deren sachliche Verknüpfung mit dem übergeordneten Briefthema durchaus erkennbar ist (vgl. den Übergang von V 6 zu V 7), die sich aber schrittweise hiervon entfernt und in 3,12–18 ein eigenständiges Thema enthält. Dies legt die Annahme nahe, daß es sich in 3,7–18 um eine von Paulus selbst, in der Substanz jedoch unabhängig vom jetzigen literarischen Zusammenhang erarbeitete Interpretation von Ex 34,29–35 handelt, auf die er hier zurückgreift.[8]

---

[3] Schon die auffällige Doppelung von V 14b und V 15 weist auf den inhaltlichen Schwerpunkt von V 12–18 hin (vgl. auch LUZ, Geschichtsverständnis 128).
[4] Pls stellt hier also nicht den Apostel als Gegenbild zu Mose dar. Gegenübergestellt werden vielmehr οἱ υἱοὶ Ἰσραήλ (vgl. V 13) und die Gemeinde als Ganze.
[5] Anders BULTMANN, 2 Kor 87–101, der für 2 Kor 3,7–18 aufgrund von V 12 eine (auch relative) Eigenständigkeit gegenüber 2,14–4,6 bestreitet. Aber auch BULTMANN kann nicht umhin, mit einer recht lockeren Gedankenführung zu rechnen. So bezeichnet er V 16–18 als ›abschweifende Sätze über die allgemeine christliche Situation‹ (aaO 101). Dann ist jedoch V 13–18 insgesamt eine ›Abschweifung‹.
[6] Vgl. LUZ aaO 129.
[7] So schon WINDISCH, 2 Kor 112.
[8] So CONZELMANN, Aufs. 181f. Ein ähnlich lockeres Verhältnis wie zwischen 3,1–6 und 3,7–18 besteht auch zwischen den Aussagen über das Apostelamt in 4,13–18 und 5,1–10.

Eine weitergehende These hat *D. Georgi* vorgetragen: Grundlage von 2 Kor 3,7–18 sei ein Text der Gegner in Korinth gewesen, eine Auslegung von Ex 34,29 ff, in der Mose als θεῖος ἀνήρ interpretiert wurde, und zwar als Prototyp des eigenen Selbstverständnisses der Gegner als θεῖοι ἄνδρες.[9] Diesen Text habe Pls seinerseits durch kritische Zusätze im entgegengesetzten Sinne verwendet.[10] Sicher setzt Pls hier exegetische Traditionen voraus, in denen Mose als θεῖος ἀνήρ dargestellt wurde.[11] Aber der Text von 2 Kor 3,7–18 nötigt keineswegs zur Annahme einer schriftlichen Vorlage. Die durchaus vorhandenen Spannungen (vgl. das Verhältnis von 3,10 zu 3,7 a.8 a) resultieren daraus, daß Pls hier an das Bild von Mose als δόξα-Träger anknüpft und es gleichzeitig radikal uminterpretiert. Überdies wäre das postulierte Verfahren die denkbar schlechteste Gegenstrategie gewesen: Pls hätte auf eine explizit vorgetragene Gegenposition nicht argumentativ reagiert, sondern sie durch bloße Zusätze auf den Kopf gestellt.[12]

Die schrittweise Verselbständigung des Gedankengangs, die ab 3,12 offenkundig wird, führt zu der Frage, was das eigene Thema des Paulus ist, das er ab 3,12 in seinen Ausführungen über das κάλυμμα des Mose verhandeln will. Am ehesten faßbar wird dabei die Aussageabsicht des Paulus, wenn man fragt, welche Text- und Aussageelemente Paulus aus Ex 34 aufgreift und welche interpretierenden Umgestaltungen er hierbei vornimmt.

Im Anschluß an die Gegenüberstellung der jeweiligen δόξα der διακονία τοῦ γράμματος und der διακονία τοῦ πνεύματος in 3,7–11, in der Paulus aus Ex 34,29–35 lediglich das Moment der (nach Paulus: vergänglichen!) δόξα des Mose aufnimmt (vgl. Ex 34,30),[13] greift Paulus ab 3,12 nochmals auf Ex 34,29–

---

[9] GEORGI, Gegner 258–282; zuvor hatte bereits SCHULZ, ZNW 49, 1958, 1–30 eine gegnerische Vorlage rekonstruiert. Beide Analysen weichen jedoch erheblich voneinander ab.

[10] Nach der Rekonstruktion von GEORGI aaO 282 stammen u. a. V 13c (τοῦ καταργουμένου), 14a (ἀλλὰ ἐπωρώθη τὰ νοήματα αὐτῶν), 14c (μὴ ἀνακαλυπτόμενον κτλ.), das distanzierende ἐπὶ τὴν καρδίαν αὐτῶν in V 15 und πάντες in V 18 von Pls, d. h. die Entgegensetzung von υἱοὶ Ἰσραήλ und Gemeinde, der Gedanke der Verstockung und die nur ἐν Χριστῷ mögliche (dann aber uneingeschränkt gültige) Wegnahme des κάλυμμα, während die Vorlage in V 16 von der unverhüllten Schau des Mose (als Prototyp des θεῖος ἀνήρ) sprach.

[11] Vgl. dazu LUZ aaO 128–130.

[12] Vgl. auch die Kritik bei LUZ, EvTh 27, 1967, 324 und ders., Geschichtsverständnis 129. – In 3,12–17 hätte z. B. die gegnerische Vorlage die eigene Methode pneumatischer Schriftauslegung legitimiert, und zwar im Gegenüber zu unpneumatischer Schriftauslegung – Pls hätte dies ›widerlegt‹, indem er die ἀνάγνωσις τῆς παλαιᾶς διαθήκης auf die Schriftlesung in der Synagoge bezogen und inhaltlich unter dem Vorzeichen der Verstockung interpretiert hätte. Wie auf diese Weise die Position der Gegner getroffen werden sollte, bleibt unklar.

[13] Die Charakterisierung der δόξα des Mose als καταργουμένη (V 7) ist nicht mehr Ex 34 entnommen und auch nicht aus jüdischer Auslegungstradition abzuleiten. Dort wird eher die entgegengesetzte Position vertreten: Die δόξα überdauerte sogar den Tod des Mose; vgl. Bill III 515. VAN UNNIK, Aufs. I 203 meint zwar, Pls könne durchaus aufgrund von Ex 34 ff zu dieser Aussage gekommen sein, da die δόξα des Mose im gesamten Pentateuch nicht mehr erwähnt werde. Doch gelangt man zu einer derartigen Schlußfolgerung nur, wenn man bereits von der Inferiorität der διακονία des Mose und deren δόξα ausgeht.

35 zurück, nämlich in 3,13 auf Ex 34,33b (vgl. 34,35b) und in 3,16 auf 34,34a. Nach der Verklammerung mit dem Gesamtzusammenhang (3,12) bietet Paulus in 3,13 zunächst ein zitatähnliches Referat von Ex 34,33b (vgl. V 35b),[14] wobei er – anders als in Ex 34 selbst – die Verwendung des κάλυμμα durch Mose negativ interpretiert, als Maßnahme, um das Ende ›des Vergänglichen‹ vor den υἱοὶ 'Ισραήλ zu verbergen.[15] Dabei bleibt Paulus in 3,13 noch völlig in der Schilderung des damaligen Geschehens. Der Überstieg in die Gegenwart erfolgt erst in V 14b mit ἄχρι γὰρ τῆς σήμερον ἡμέρας. Dazwischen steht die Aussage von V 14a: ἀλλὰ ἐπωρώθη τὰ νοήματα αὐτῶν, mit der Paulus zwar noch nicht die Zeitebene der Vergangenheit verlassen hat, aber inhaltlich eine für die Fortsetzung wichtige Wende vollzieht: Der ›Decke‹, die das Ende ›des Vergänglichen‹ verschleiert, entspricht die Verstockung der Israeliten.

Schwierig ist in V 13 der inhaltliche Bezug des unbestimmten τοῦ καταργουμένου. Als Gegenstand des Verbergens kommt aufgrund von V 7 nur die δόξα des Mose in Betracht.[16] Auch der V 13 zugrundeliegende Text von Ex 34,33 bezieht sich auf die δόξα des Mose (vgl. Ex 34,30.35). Um so bemerkenswerter ist es, daß Pls nicht τὸ τέλος τῆς καταργουμένης δόξης formuliert, sondern an die neutrische Ausdrucksweise von V 10f anknüpft. Ab V 12 steht damit nicht mehr die δόξα des Mose im Vordergrund, deren Vergehen verborgen wird. Der Gegenstand des Verbergens tritt zurück, und die δόξα des Mose wird ab V 12 überhaupt nicht mehr erwähnt; statt dessen gewinnt das κάλυμμα – und d. h. der Vorgang des Verbergens selbst und dessen Resultat, die heutige Verborgenheit – selbständige Bedeutung.

Die Verstockung wird in V 14 zwar nicht als Folge der Maßnahme des Mose dargestellt, aber der inhaltliche Zusammenhang zwischen beiden Aussagen ist offenkundig. Aus V 13 wäre lediglich zu folgern gewesen: Sie wurden getäuscht. Daß Pls hier über die Textbasis von Ex 34,33 hinausgreift, wird aus der Fortsetzung verständlich, wie der doppelte Gebrauch von κάλυμμα in V 14b (ἐπὶ τῇ ἀναγνώσει τῆς παλαιᾶς διαθήκης) und V 15 (ἐπὶ τὴν καρδίαν αὐτῶν) zeigt. D. h. schon in V 13f ist die Korrespondenz der Verhüllung des Gegenstandes und der Verblendung der Schauenden bzw. Verstehenden leitend.[17]

---

[14] 2 Kor 3,13 stellt einen Grenzfall zwischen der Paraphrase eines Textes in einem nicht eingeleiteten Zitat dar; s. o. S. 16f. Als zugrundeliegender Text kommt sowohl Ex 34,33b als auch 34,35b in Betracht. Da Pls in V 7ff Ex 34,30 aufnimmt und in V 16 Ex 34,34a zitiert, ist anzunehmen, daß er in V 13 Ex 34,33b paraphrasiert, also schrittweise die ihm wichtigen Momente des Textes aufgreift.

[15] Daß Pls von einer Absicht des Mose spricht, ist nicht zu bestreiten; vgl. WINDISCH, 2 Kor 119f; zu finalem πρὸς τό s. auch 1 Thess 2,9; vgl. BDR § 402.4.

[16] So WINDISCH, 2 Kor 119f; LIETZMANN, 2 Kor 112; BULTMANN, 2 Kor 88. Anders BARRETT, 2 Kor 119, der hierin eine Aussage über das Gesetz sieht. Doch ist der Gedanke vom Ende des Gesetzes hier nicht vorhanden (vgl. auch die Kritik von KÜMMEL, 2 Kor 199f an dieser Auffassung). Vor allem widerspräche dies der Fortsetzung in V 14: Die παλαιὰ διαθήκη ist ja eine gegenwärtige Größe, sie wird ἄχρι τῆς σήμερον ἡμέρας verlesen.

[17] Vgl. auch BULTMANN, 2 Kor 89. Anders LIETZMANN, 2 Kor 112: »Mose hätte diese Vorsicht aber gar nicht nötig gehabt, denn ihr Sinn ist so verstockt, daß sie bis zum heutigen Tage noch nicht die Wahrheit schauen können.« Aber daß das κάλυμμα als Mittel der Verhüllung an sich überflüssig war, ist in V 14b–16 gerade nicht vorausgesetzt.

In V 14b und V 15 folgt dann die Anwendung auf die Gegenwart. Zunächst setzt Paulus das κάλυμμα des Mose mit dem κάλυμμα auf der Verlesung der παλαιὰ διαθήκη gleich (V 14b), sodann bezieht er die Aussage über die Verstockung der Israeliten mit ein und gelangt zu dem (völlig unanschaulichen) Bild von der Decke auf den Herzen der Israeliten während der Verlesung von ›Mose‹ (V 15).

Schon die Interpretation des κάλυμμα von Ex 34 als dem κάλυμμα auf[18] der heutigen Verlesung des ›alten Bundes‹ ist äußerst gewaltsam. Die ›Hülle‹ liegt ja nicht auf der ›Verlesung‹, sondern höchstens auf der παλαιὰ διαθήκη (als Buch) selbst, und sie wird vor der Verlesung natürlich abgenommen.[19] Pls behauptet hier offensichtlich das Gegenteil: In der Synagoge *bleibe* die Hülle gerade auch bei der Verlesung. Aber der zweimalige Hinweis auf die ἀνάγνωσις zeigt eindeutig, daß sich Pls auf den Synagogengottesdienst als *den* Ort der Schriftlesung bezieht, so daß doch die Assoziation an die Torahüllen vorauszusetzen ist. Die Unstimmigkeit, die Pls damit in Kauf nimmt, läßt erkennen, worauf er inhaltlich abzielt.

Daraus ergibt sich:
1. Thema des Paulus ist hier tatsächlich die Verlesung der Schrift, wie die Wiederaufnahme von ἀνάγνωσις τῆς παλαιᾶς διαθήκης (V 14) durch ἡνίκα ἂν ἀναγινώσκηται Μωϋσῆς (V 15) zeigt.
2. Durch die Bezeichnung der in der Synagoge verlesenen Schrift als παλαιὰ διαθήκη[20] steht diese in indirekter Antithese zur καινὴ διαθήκη von 3,6. Eine direkte Antithese kann Paulus nicht bilden, da die ›καινὴ διαθήκη‹ kein Gegenstand der ἀνάγνωσις ist. Inhaltlich ist aber durch diese indirekte Gegenüberstellung a) der Vergangenheitscharakter der Schrift – jedenfalls in bezug auf ihre Verlesung in der Synagoge – hervorgehoben,[21] und b) die Schrift

---

[18] Grammatisch ist für ἐπί nach μένειν die lokale Bedeutung die nächstliegende. Ein temporales Verständnis von ἐπί (›dieselbe Decke verbleibt während der Verlesung des alten Bundes‹) stellt keine echte Erleichterung dar, es sei denn, man geht bereits für V 14b von einem rein metaphorischen Gebrauch von κάλυμμα aus, der aber einerseits nicht ausreichend vorbereitet wäre, andererseits im Verhältnis zum metaphorischen Verständnis von κάλυμμα in V 15 verfrüht wäre.
[19] Vgl. SCHMIEDEL, 2 Kor 299; skeptisch hinsichtlich der Assoziation an die Torahüllen ist daher WINDISCH, 2 Kor 121; ablehnend BULTMANN, 2 Kor 89.
[20] Der Begriff παλαιὰ διαθήκη begegnet hier zum ersten Mal (vgl. WINDISCH, 2 Kor 121; LOHMEYER, Diatheke 129f) und ist in Antithese zum vorpln Begriff der καινὴ διαθήκη gebildet (vgl. SEESEMANN, ThWNT V, 1954, 716 A 13). Daher liegt es – zumal nach 3,6 – nahe, ἡ παλαιὰ διαθήκη in 3,14 als den ›alten Bundesschluß‹ zu verstehen (vgl. Gal 4,24: δύο διαθῆκαι), der der καινὴ διαθήκη qualitativ völlig unterlegen ist; so BEHM, Begriff 52–55: Ἡ παλαιὰ διαθήκη meine »die alte Ordnung der Beziehung zwischen Gott und Mensch« (aaO 54; anders ders., ThWNT II, 1935, 133: »Inbegriff und Urkunde [!] der alten Religion«). Doch ist zu berücksichtigen, daß Pls weder in 3,6 noch in 3,14 eine direkte Antithese von παλαιὰ und καινὴ διαθήκη bildet. Außerdem ist in 3,14 von der ἀνάγνωσις der παλαιὰ διαθήκη die Rede, d. h. sie ist als schriftlicher Text verstanden. Daß καινὴ und παλαιὰ διαθήκη in V 6 / 14 keinen »reinen Gegensatz« bilden, hat LOHMEYER aaO 130 richtig gesehen.
[21] In diese Richtung weist auch die Verwendung von παλαιός. Anders als ἀρχαῖος hat

als Dokument des ›alten Bundesschlusses‹, d. h. des Sinaibundes verstanden (vgl. auch die Gegenüberstellung der δύο διαθῆκαι in Gal 4,24).[22] Dem entspricht, daß Paulus in V 15 ἡ παλαιὰ διαθήκη durch Μωϋσῆς fortführt.[23] D. h. es ist die Schrift als νόμος im Blick.

3. Das κάλυμμα des Mose ist bei Paulus völlig aus dem ursprünglichen Erzähl- und Geschehenszusammenhang von Ex 34 herausgelöst und zur Metapher für einen heutigen Sachverhalt geworden. Dabei meint das κάλυμμα auf der παλαιὰ διαθήκη während ihrer Verlesung das gleiche wie das κάλυμμα auf den Herzen der Israeliten bei der Verlesung von ›Mose‹: die Verhüllung des Sinns der Schrift für die ihrer Verlesung beiwohnenden Israeliten.[24]

Für diese Verschiebung im Verständnis von κάλυμμα rechnet *R. Hanhart* mit Einwirkung von Jes 25,7,[25] und zwar unter der Voraussetzung, daß die hier völlig selbständig verfahrende LXX-Übersetzung an den HT angenähert worden ist:
»Und er vernichtet auf diesem Berge
das Angesicht (?) der Hülle, mit der alle Nationen umhüllt sind,
und die Decke, die über alle Völker gedeckt ist.«[26]
Zwar ist für den LXX[Jes]-Text des Pls auch im Falle von Jes 25,7 grundsätzlich mit der Möglichkeit einer hebraisierenden Rezension zu rechnen,[27] doch käme auch eine derartige rezensierte Textfassung als Hintergrund von 2 Kor 3,13–15 nicht in Betracht:
1. Die Übersetzung von Σ zeigt, daß für eine hebraisierende Überarbeitung von Jes 25,7[LXX] die Verwendung von κάλυμμα keineswegs als gesichert gelten kann.[28]
2. Aber auch wenn der LXX-Text des Pls in Jes 25,7c κάλυμμα enthielt, ist es unwahrscheinlich, daß damit »die Hülle der Erkenntnislosigkeit, die über der Schöpfung liegt«,[29] gemeint gewesen ist.

παλαιός häufig einen negativ-abwertenden Sinn, vgl. SEESEMANN, ThWNT V, 1954, 714. Pls verwendet παλαιός und παλαιότης ausschließlich abwertend, so Röm 6,6 (ὁ παλαιὸς ἄνθρωπος); 1 Kor 5,7f (ἡ παλαιὰ ζύμη); Röm 7,6 (ἡ παλαιότης γράμματος!); vgl. SEESEMANN aaO 715f.

[22] Schon in 3,7 hat Pls auf die Sinaigesetzgebung angespielt.
[23] Zugleich entspricht dies der Praxis der Toralesung im Gottesdienst der Synagoge.
[24] Damit rückt die Verwendung von κάλυμμα in die Nähe der Allegorese. Doch bleibt es bei dem metaphorischen Gebrauch. Eine begriffliche Gleichsetzung mit einem anderen Sachverhalt (etwa: τὸ δὲ κάλυμμα ἡ πώρωσίς ἐστιν) erfolgt nicht.
[25] HANHART, TU 125, 1981, 300–302; ders. ZThK 81, 1984, 408f.
[26] Zur Übersetzung und den Problemen des MT vgl. WILDBERGER, Jes II 959f.
[27] Zumal Jes 25,8a von Pls in rezensierter Form zitiert wird (1 Kor 15,54); s. o. S. 61ff.
[28] Σ: καὶ καταποντιεῖ ἐν τῷ ὄρει τούτῳ πρόσωπον τοῦ ἐξουσιαστοῦ τοῦ ἐξουσιάζοντος πάντων τῶν ἐθνῶν, καὶ ἡ χρίσις ἡ κεχρισμένη κατὰ πάντων τῶν ἐθνῶν καταποθῆναι ποιήσας τὸν θάνατον εἰς τέλος (Jes 25,7.8a; Euseb, Comm in Is I 85 [zu 25,6–8; GCS [59], 163, 33–36). Σ geht für נסך (V 7c) von יוס (›salben‹) aus. מסכה als ›Decke‹ begegnet nur noch Jes 28,20. Dort ist die LXX wiederum sehr frei, Σ hat σκήνη, Θ: δίασις (dazu vgl. FIELD, Hexapla II z. St.), Vg: pallium (Jes 25,7: tela – 2 Kor 3 dagegen: velamen!). Für das sinngleiche הסכ verwendet die LXX gelegentlich auch κάλυμμα, häufiger jedoch ἐπικάλυμμα, κατακάλυμμα und καταπέτασμα. Wie פני הלוט (V 7b – wörtlich: ›Angesicht der Hülle‹) in einem rezensierten Text wiedergegeben worden sein könnte, ist vollends unsicher, da der Text offenbar verdorben und לוט Hapaxlegomenon ist.
[29] HANHART, TU 125, 1981, 301. Jes 25,7c ist nur für Σ überliefert. Dort ist der

3. Und selbst dies noch vorausgesetzt, wäre keineswegs von einer Erkenntnislosigkeit (oder gar Verstockung) Israels die Rede, sondern von einer »Decke, die über alle Völker (כל הגוים, also: πάντα τὰ ἔθνη) gedeckt ist«.

Die positive Gegenthese zu den Aussagen von V 14b.15 wird von Paulus vorweg in V 14c kurz markiert und in V 16(f) durch ein Schriftzitat entfaltet. In V 14c formuliert Paulus zunächst nur thetisch – und auch nur in negativer Form – die Möglichkeit der Wegnahme des ›κάλυμμα‹: μὴ ἀνακαλυπτόμενον ὅτι ἐν Χριστῷ καταργεῖται.[30] Unmetaphorisch gesprochen: Die Verhüllung der Schrift, die deren Verstehen verhindert, wird nur ἐν Χριστῷ aufgehoben.[31] Diese in den paulinischen Briefen nur hier begegnende Spitzenaussage über das Verstehen der Schrift sichert Paulus dann in V 16 durch ein Schriftzitat, das zugleich die These von V 14c inhaltlich präzisiert. Dabei haben die weitreichenden Eingriffe des Paulus in den Zitatwortlaut[32] eine gemeinsame Zielrichtung: Aus der Beschreibung des damaligen Tuns von Mose wird eine – auf Israel bezogene[33] – Aussage über die heutige Möglichkeit der Wegnahme des κάλυμμα. Die Möglichkeit des Verstehens der Schrift, so will Paulus gerade mit Hilfe des Schriftzitats sagen, ist nur in der Umkehr zum κύριος gegeben. Dies ist, wie die Erläuterung in V 17 zeigt, jedoch nicht nur eine formale Behauptung, die das Recht des eigenen Schriftverständnisses lediglich postuliert. V 17 hat zwischen dem Zitat in V 16 und dem Abschluß von 3,7ff in V 18 eine das Zitat interpretierende Funktion.[34] Schon aus der Parallelität des Zitats – in dem von Paulus umgestalteten Wortlaut! – und V 14c (τὸ κάλυμμα ... ἐν Χριστῷ καταργεῖται) geht hervor, daß ›κύριος‹ im Zitat christologisch zu verstehen ist. Dies bestätigt V 17a, indem hier der κύριος des Zitats als πνεῦμα interpretiert wird.[35] Doch geht die inhaltliche Bedeutung von V 17 über die einer reinen Absicherung des bisher Erreichten erheblich hinaus. Wenn hier Christus, durch

---

Sachzusammenhang eindeutig die Beseitigung des Todes. Gleiches ist auch (aufgrund von Euseb, Comm in Is 25,6–8; aaO 164,4) für 'Α und Θ anzunehmen.

[30] In V 14c ist μὴ ἀνακαλυπτόμενον als auf μένει bezogenes Part. conj. und ὅτι kausal aufzufassen (also: ›die nicht aufgedeckt wird, weil sie in Christus abgetan wird‹), vgl. die ausführliche Begründung bei WINDISCH, 2 Kor 122. Nicht überzeugend PRÜMM, Diakonia I 142, der das Partizip als Akk. abs. und ὅτι κτλ. als Aussagesatz verstehen will (»Denn es kommt nicht zur Enthüllung der Tatsache, daß es [gemeint sei: das AT!] in Christus erledigt ist« aaO 132).

[31] Anders LIETZMANN, 2 Kor 113 und BULTMANN, 2 Kor 89f, die für ὅτι κτλ. als Subjekt ἡ παλαιὰ διαθήκη voraussetzen. Doch spricht die Parallelität mit V 16b (... περιαιρεῖται τὸ κάλυμμα) dagegen; vgl. auch schon WINDISCH, 2 Kor 122.

[32] S. o. S. 114f.126f.151f.

[33] Zum Subjekt des Zitats in 2 Kor 3,16 s. o. S. 126.

[34] Vgl. die Stellung von 1 Kor 15,56 zwischen 15,54f und 15,57.

[35] Diese Bestätigung ergibt sich eher beiläufig, und zwar aus der bei Pls außerhalb von Schriftzitaten durchgehend christologischen Verwendung von κύριος (s. o. S. 85) und aus der für Pls selbstverständlichen Unterordnung des πνεῦμα unter Gott (vgl. 1 Kor 2,12, wo τὸ πνεῦμα τοῦ θεοῦ ausdrücklich als τὸ πνεῦμα τὸ ἐκ [!] τοῦ θεοῦ interpretiert wird), die eine Formulierung ὁ δὲ θεὸς τὸ πνεῦμά ἐστιν bei Pls ausschließt.

den allein das κάλυμμα auf der παλαιὰ διαθήκη beseitigt werden kann (V 14c), als πνεῦμα (und damit als das Gegenteil des γράμμα, vgl. 3,6 f)[36] und das πνεῦμα κυρίου als der Bereich der ἐλευθερία[37] (und damit als das Gegenteil von δουλεία, und d. h. des νόμος! – vgl. Gal 4,21–31) bestimmt wird, dann zeigt sich: Die Beseitigung der ›Decke‹, unmetaphorisch: die Aufhebung der das Verstehen der Schrift verhindernden Verstockung, die nur in Christus möglich ist, ist zugleich mit einem fundamentalen inhaltlichen Wandel der Voraussetzungen verbunden, von denen her und auf die hin jetzt die Schrift aufgrund der Hinwendung zum κύριος gelesen wird.[38]

Mit V 18 wird abschließend nochmals die Bedeutung der Hinwendung zum Herrn, von der das Zitat in V 16 sprach, unterstrichen. Diese Hinwendung wird hier als vom κύριος τοῦ πνεύματος selbst gewirkte Verwandlung interpretiert.[39] In dieser Verwandlung sehen ›wir alle‹ die δόξα des Herrn mit ›unverhülltem Angesicht‹, ist also die ›Decke auf den Herzen‹ (V 15 b) tatsächlich beseitigt.[40] V 18 bestätigt also, daß Verstehen und Nichtverstehen der Schrift mit der Zugehörigkeit bzw. Nichtzugehörigkeit zum κύριος zusammenfallen.

Daß Paulus seinen Exkurs über das nur ›in Christus‹ gegebene sachgemäße Verstehen der Schrift so gestaltet, daß die Spitzenaussage selbst ein Zitat der Schrift ist, ist nicht nur eine darstellerische Geschicklichkeit, sondern entspricht dem von Paulus hier dargelegten Sachverhalt: Mit der von Paulus behaupteten Verstehensmöglichkeit ἐν Χριστῷ ist für ihn kein fremder Sachgesichtspunkt an die Schrift herangetragen, sondern dies ist in der Schrift selbst vorgegeben. Zugleich ist nicht zu übersehen, daß sich Paulus mit der Verwendung des Zitats

---

[36] Zur Geschichte der Auslegung von 2 Kor 3,17 (einer Kernstelle der mystischen Pls-Interpretation, vgl. BOUSSET, Kyrios 112f.120) vgl. PRÜMM, Diakonia I 414–419; aus der neueren Lit. vgl. SCHWEIZER, ThWNT VI, 1959, 415f; LUCK, ThLZ 85, 1960, 845–848; HERMANN, Kyrios passim; DUNN, JThS NS 21, 1970, 309–320.

[37] Zum festen Zusammenhang von πνεῦμα und ἐλευθερία bei Pls vgl. Röm 8,2 und die Abfolge von Gal 5,13–15 / 16–18; vgl. auch Röm 8,15: οὐ γὰρ ἐλάβετε πνεῦμα δουλείας.

[38] Unzureichend ist die Interpretation von V 16f bei BULTMANN, 2 Kor 92: Das Zitat besage, daß »Paulus... in dem Verfahren des Mose Ex 34 die Vorausdarstellung der neuen Möglichkeit, die dann V. 18 geschildert wird, (sieht)«. Und V 17 antworte auf die in V 6.8 offengebliebene Frage, ob »die christliche Verkündigung des κύριος als die διακονία τοῦ πνεύματος bezeichnet werden (darf)«. Dabei ist vernachlässigt, daß bereits in V 15 ›Mose‹ nicht mehr eine Gestalt der Vergangenheit, sondern heute verlesener schriftlicher Text ist. Ebenso ist der Rückbezug auf V 6.8 (an V 14f vorbei!) gekünstelt. Das Thema der διακονία ist mit V 11 abgeschlossen.

[39] Zur Mysteriensprache in V 18 vgl. WINDISCH, 2 Kor 127–131; BULTMANN, 2 Kor 93–99; sie wird (ohne ausreichende Diskussion) bestritten von VAN UNNIK, Aufs. I 208f; vgl. außerdem LAMBRECHT, Bib. 64, 1983, 243–254.

[40] Mit V 18 setzt Pls zwar V 12–17 fort, aber so, daß auch V 7–11 miteinbezogen wird. Durch diesen doppelten Rückbezug entstehen gewisse Unstimmigkeiten. Leitend ist der Gegensatz zu V 15 b (eine Entgegensetzung zum Verhalten des Mose [V 13] liegt nicht vor). Daneben will Pls (in Entgegensetzung zu V 7b) einen weiteren Gedanken zur Geltung bringen: ›Wir‹ können, als vom ›Herrn des Geistes‹ τὴν αὐτὴν εἰκόνα Verwandelte tatsächlich die (wahre) δόξα schauen.

von Ex 34,34 a in einem hermeneutischen Zirkel bewegt: Die Anführung dieses Zitats für die von Paulus vorgetragene These von dem nur ἐν Χριστῷ gegebenen sachgemäßen Verstehen der Schrift ist nur möglich, weil er das Zitat seinerseits bereits ›ἐν Χριστῷ‹ interpretiert hat. Der Wandel im Verständnis des Zitats zeigt sich unmittelbar in den weitreichenden Umgestaltungen seines Wortlauts, so daß das Zitat die Aussage des Paulus nicht nur entfaltet, sondern zugleich auch selbst widerspiegelt.

Zu fragen ist abschließend nach dem Zusammenhang von 2 Kor 3,12–18 mit 3,7–11 und damit auch mit 3,6, d. h. nach dem Verhältnis von παλαιὰ διαθήκη zu γράμμα. In 3,6 hat Paulus die Antithese von γράμμα und πνεῦμα verwendet, um den (typologisch konzipierten) Begriff der καινὴ διαθήκη zu erläutern. Dabei ist γράμμα Machtbegriff, wie die Zuordnung von γράμμα und θάνατος zeigt.[41] Woher dem γράμμα diese tötende Macht zukommt, wird von Paulus nicht begründet. Aber die Bemerkung über die διακονία τοῦ θανάτου in 3,7 – ἐν γράμμασιν ἐντετυπωμένη λίθοις – stellt eine deutliche Anspielung auf die mosaischen Gesetzestafeln dar.[42] Γράμμα ist somit der Inbegriff des Gesetzes als verurteilender und tötender Macht (vgl. V 9: ἡ διακονία τῆς κατακρίσεως).[43] Eine Identifizierung von γράμμα und ›Schrift‹ liegt dagegen weder in 3,6f noch in 3,12–17 vor, obwohl ›γράμμα‹ in 3,6f im Sinne des Sinai-Nomos zu verstehen ist und die (schriftliche!) παλαιὰ διαθήκη in 3,14f – zumal in der Gleichsetzung mit ›Mose‹ – sich ebenfalls auf die Sinai-Diatheke bezieht. Zu berücksichtigen ist auch, daß Paulus sowohl die direkte Antithese von παλαιὰ und καινὴ διαθήκη vermeidet als auch in 3,12–17 den Begriff der γραφή offenbar sorgsam umgeht.[44]

Auf der anderen Seite erfolgt in 3,12–17 ebensowenig eine Identifizierung der ›Schrift‹ – auch nicht in ihrem ἐν Χριστῷ eröffneten Verständnis – mit dem πνεῦμα. Πνεῦμα, als Präzisierung von κύριος, meint vielmehr den gewandelten Verstehenshorizont, der der jetzt praktizierten Auslegung und Aneignung der Schrift vorausliegt.[45] Die Antithese von γράμμα und πνεῦμα markiert somit den

---

[41] Vgl. KAMLAH, EvTh 14, 1954, 278; LUZ, Geschichtsverständnis 123–126; KÄSEMANN, Perspektiven 253; zur Antithese γράμμα – πνεῦμα vgl. außerdem SCHRENK, ThWNT I, 1933, 765–769.
[42] S. o. S. 17.
[43] Dazu vgl. KAMLAH aaO 276–282: Γράμμα »tritt für νόμος ein und will die Thora nach ihrer schriftlich fixierten Gestalt charakterisieren« (277); es »nimmt ausschließlich die negative Seite des νόμος auf« (ebd.). Dabei geht es nicht darum, »was jüdische Interpretation und Tradition aus dem göttlichen Willen in seiner anders ausgerichteten Intention gemacht haben« (so KÄSEMANN aaO 252). Das Gesetz tötet nicht, weil es mißverstanden wird, sondern weil es dem Menschen, πεπραμένος ὑπὸ τὴν ἁμαρτίαν, immer schon als Instrument der ἁμαρτία begegnet (Röm 7,7–14).
[44] D. h. die unter dem κάλυμμα verborgene Schrift ist gar nicht ›Schrift‹, sondern lediglich παλαιὰ διαθήκη bzw. ›Mose‹.
[45] Pls spricht also in 2 Kor 3,7–18 nicht von γράμμα und πνεῦμα als Größen oder Sachverhalten *innerhalb* der Schrift, so daß *in* ihr zwischen beiden unterschieden werden könnte. Anders offenbar KÄSEMANN aaO 267: »Wo ... im Geist der erhöhte Christus

fundamentalen Verstehensunterschied, der mit der christlichen Verwendung der Schrift gegeben ist. Das πνεῦμα – als christologische Bestimmung verstanden und inhaltlich interpretiert als ἐλευθερία, d. h. im Sinne des Paulus: als das Heilshandeln Christi in seiner den Menschen vom Gesetz befreienden Wirkung – eröffnet das Verstehen der Schrift. Somit erweist sich für Paulus das εὐαγγέλιον περὶ Ἰησοῦ Χριστοῦ (vgl. Röm 1,1 ff) als die sachgemäße Verstehensvoraussetzung der Schrift.

Daß in 2 Kor 3,6.7–18 die Bezüge von γράμμα und παλαιὰ διαθήκη in der Schwebe bleiben und mit ›παλαιὰ διαθήκη‹ und ›Μωϋσῆς‹ der Begriff der γραφή zwar umkreist, aber eben doch nicht verwendet wird, widerspricht nicht der Interpretation dieses Textes als einer grundsätzlichen Reflexion des Paulus über das Verstehen der Schrift ἐν Χριστῷ. Die schwebende Begrifflichkeit kann man zunächst darauf zurückführen, daß Paulus hier – auch im Vergleich zu den sonstigen Aussagen in seinen eigenen Briefen – am weitesten über die vorgegebenen Ansätze eines eigenen christlichen Schriftverständnisses hinausgeht. Dabei will er es offenbar vermeiden, die unter der ›Decke‹ verborgene, d. h. unmetaphorisch: die aufgrund der Verstockung in ihrem Verständnis verschlossene – Schrift überhaupt als ›Schrift‹ zu bezeichnen. Zugleich ist erkennbar, daß Paulus keine Theorie über die Schrift als solche entwickeln will. Die Schrift erscheint nur in einer bestimmten Perspektive, als Grunddokument der παλαιὰ διαθήκη, wie auch der νόμος ausschließlich in der Perspektive des γράμμα gesehen ist. Der Ansatzpunkt der Reflexion ist dabei durchaus konkret. V 14f zeigt, daß Paulus sich an der Situation der Verlesung der Schrift im Synagogengottesdienst orientiert, d. h. an der Tatsache der prinzipiell divergierenden Schriftauslegung in Synagoge und christlicher Gemeinde. Während die Aussagen des Paulus über die Schrift selbst einen insgesamt etwas schwebenden Charakter aufweisen, sind seine Aussagen über das Verstehen der Schrift von eindeutiger Klarheit. Zugleich ist charakteristisch, daß der Sachhorizont, in dem sich für ihn das Problem der prinzipiell voneinander abweichenden Schriftauslegung in Synagoge und christlicher Gemeinde stellt, der des Gesetzes ist.[46]

Man wird hier – anders als *U. Luz* – doch von einer grundsätzlichen hermeneutischen Reflexion des Pls reden können.[47] Natürlich ist zu berücksichtigen, daß Pls hier von der Schrift nur in einer bestimmten Perspektive handelt, von ›Mose‹, dem Grunddokument des ›alten Bundes‹, das als γράμμα nicht lebensschaffende, sondern tötende Wirkung hat.

---

irdisch auf den Plan tritt, erfolgt die Unterscheidung der Geister selbst der Schrift gegenüber.« Aber: Außerhalb von Christus ist die Schrift als Ganze unter dem κάλυμμα verborgen, und durch Christus ist das κάλυμμα vollständig beseitigt.

[46] Dies zeigt nochmals, daß die pln Schriftverwendung nicht aus Motiven der Apologetik erklärbar ist. Für eine apologetische Schriftverwendung wäre das zentrale Problemfeld eher das der Messianologie bzw. Christologie gewesen.

[47] Luz, Geschichtsverständnis 133–135; er verweist darauf, daß Pls weder eine neue Methode der Schriftauslegung entwickelt noch ein Interesse daran zeigt, die einzelnen »alttestamentlichen Geschichtsepisoden ... in so etwas wie eine lineare Gesamtschau der alttestamentlichen Geschichte einzubauen« (aaO 135).

Doch ist das Thema des Gesetzes für Pls einer der zentralen Sachbereiche, für die er die Schrift heranzieht. Daher hat das, was Pls in 2 Kor 3,7–18 vom Verstehen von ›Mose‹ sagt, exemplarische Bedeutung für das pln Schriftverständnis überhaupt.[48] Daß das εὐαγγέλιον Grundlage und Regulativ des Verstehens der Schrift ist, gilt ebenso für die Sachbereiche der Christologie, der Eschatologie oder der Paränese, für deren Darstellung er die Schrift anführt. Daß die hermeneutische Reflexion von 2 Kor 3,7–18 erst nachträglich auf den Begriff bringt, was Pls längst praktiziert, hebt ihre grundsätzliche Bedeutung keineswegs auf, sondern zeigt, daß sie von Pls nicht abstrakt entworfen worden ist.

3. Die Schrift als Zeuge des εὐαγγέλιον

Die Analyse der Themenbereiche, in deren Zusammenhang Paulus besonders häufig die Schrift heranzieht, hat gezeigt, daß der Schwerpunkt seiner Schriftverwendung in zwei sachlich eng miteinander verknüpften Problemkreisen liegt, dem der δικαιοσύνη θεοῦ und des Gesetzes einerseits und andererseits in dem der gemeinsamen Berufung von Juden und Heiden und der sich damit stellenden Frage nach der bleibenden Erwählung Israels.[1] Hier ist die Schriftverwendung schon rein quantitativ, aber auch hinsichtlich der von Paulus eingesetzten Auslegungsmethoden und kompositorischen Mittel besonders intensiv. In diesen Bereichen geht Paulus auch besonders deutlich über den ihm schon vorausliegenden Schriftgebrauch der frühchristlichen Gemeinden hinaus. Daß Paulus gerade in diesen beiden Fragenkreisen derart intensiv die Schrift heranzieht, beruht nicht auf einer beliebigen Entscheidung, sondern ist von der Sache, die Paulus verhandelt, geboten. Mit der völligen Umwertung des Gesetzes und der Verkündigung einer neuen eschatologischen Situation, die Juden und Heiden gleichermaßen Zugang zum Heil eröffnet, begibt sich Paulus in einen fundamentalen Gegensatz zur Predigt der Synagoge und ihrer Schriftauslegung. Wollte er diese Botschaft, die er als zwingende Konsequenz des λόγος τοῦ σταυροῦ verstand, theologisch durchdenken und auch argumentativ vertreten, war er gezwungen, sich zugleich der Frage nach dem angemessenen Verständnis der Schrift zu stellen. Paulus tut dies nicht defensiv, in Abwehr der entgegenstehenden Schriftauslegung der Synagoge,[2] sondern offensiv,

---

[48] Ob damit (in negativem Sinne) »eine bestimmte Hermeneutik zur Bedingung des Verstehens« wird (so LUZ aaO 135), hängt davon ab, wie man die Verstehensvoraussetzungen, die Pls in 3,16f aufzeigt, bestimmt. Das πνεῦμα, auf das Pls verweist, ist ja nicht handhabbarer Besitz oder exegetisches Prinzip, sondern als πνεῦμα κυρίου dem Verstehen grundsätzlich vorgeordnet und auch nicht in eine bestimmte Auslegungsmethodik umsetzbar.

[1] S. o. S. 288–296.

[2] Eine Ausnahme liegt höchstens in Röm 4 vor, wo Pls in V 2a (zum textkritischen und syntaktischen Problem von V 1f vgl. LIETZMANN, Röm 52f; MICHEL, Röm 161f; LUZ, Geschichtsverständnis 174; ZELLER, Juden 99; WILCKENS, Röm I 260f) – allerdings aus der eigenen Perspektive – die jüdische Abrahaminterpretation anklingen läßt. Die Hervorhebung der ἔργα ist dabei durchaus sachgemäß. Abraham war das Urbild des Gehorsams

indem er die Schrift positiv als Zeuge des εὐαγγέλιον, das als Offenbarung der δικαιοσύνη θεοῦ das Heil παντὶ τῷ πιστεύοντι eröffnet (Röm 1,16f), aufbietet. Ausdrücklich formuliert wird diese Inanspruchnahme der Schrift von Paulus in Röm 3,21, einer Aussage, die auch durch ihre Stellung in der Ringkomposition von Röm 1,16f/1,18–3,20/3,21–31; 4,1–25 hervorgehoben ist: Νυνὶ δὲ χωρὶς νόμου δικαιοσύνη θεοῦ πεφανέρωται μαρτυρουμένη ὑπὸ τοῦ νόμου καὶ τῶν προφητῶν. Die Offenbarung von Gottes δικαιοσύνη, verstanden als Gottes δικαιοῦν τὸν ἐκ πίστεως ʼΙησοῦ (3,26d), ereignet sich in der Proklamation des εὐαγγέλιον, das παντὶ τῷ πιστεύοντι das Heil erschließt.[3] In klarer Unterscheidung von dem εὐαγγέλιον und seiner Offenbarungsfunktion – bei gleichzeitig eindeutiger Zuordnung zu ihm – bestimmt Paulus die Funktion der Schrift: Sie ist Zeuge der im εὐαγγέλιον offenbarten δικαιοσύνη θεοῦ. Diese Funktionsbestimmung ist als das paulinische Gegenstück zu der traditionellen Formulierung von Röm 1,2 zu verstehen.[4] Beim Vergleich mit 1,2 zeigen sich für 3,21 b folgende Unterschiede:

1. Paulus spricht in 3,21b nicht von der Schrift hinsichtlich ihrer prophetischen Funktion, sondern von νόμος καὶ προφῆται, d. h. von der Schrift als Ganzer.[5] Dies ist dadurch bedingt, daß

2. sich der Gegenstand, für den die Schrift in Anspruch genommen wird, verändert hat. In Röm 1,2 wird das prophetische Zeugnis der Schrift als Vorausankündigung auf das εὐαγγέλιον περὶ ʼΙησοῦ Χριστοῦ bezogen, d. h. es kommt dort das für das vorpaulinische Christentum charakteristische christologische Schriftverständnis zum Ausdruck. In 3,21 sind dagegen νόμος καὶ προφῆται Zeugen der jetzt offenbarten δικαιοσύνη θεοῦ. Paulus bezieht damit die Schrift auf die für ihn spezifische soteriologische Interpretation des εὐαγγέλιον in 1,16f und 3,21a. Die damit verbundene Ausweitung der ›Propheten‹ auf νόμος καὶ προφῆται stellt nicht nur eine quantitative Erweite-

---

(Gen 22!) und »war dem Herrn gegenüber in all seinen Werken vollkommen« (Jub 23,10); vgl. auch Sir 44,19f sowie die rabbinische These, daß Abraham die ganze Tora gehalten hat (Material: Bill III 186). Daß daneben gesagt werden kann, daß »selbst (!) Abraham« ›der göttlichen Gnade bedurfte‹ (GenR 60,2 zu 24,12), ist kein Widerspruch, sondern zeigt nur, daß die pln *Entgegensetzung* von ἔργα und πίστις bzw. einer ›Anrechnung‹ κατὰ χάριν / κατὰ ὀφείλημα (Röm 4,4) rabbinischer Theologie nicht entspricht; d. h. Pls hat auch in Röm 4,2 weniger referiert als bereits inhaltlich interpretiert, um auf diesem Hintergrund seine eigene Abrahaminterpretation zu entwickeln.

[3] Mit δικαιοσύνη θεοῦ πεφανέρωται (3,21) greift Pls auf δικαιοσύνη γὰρ θεοῦ ἐν αὐτῷ (sc. ἐν τῷ εὐαγγελίῳ) ἀποκαλύπτεται (1,17) zurück.

[4] S. o. S. 328–331.

[5] Die Wendung ›νόμος καὶ προφῆται‹ begegnet bei Pls nur hier, außerhalb von Pls in 4 Makk 18,10 und Mt 5,17. In der rabbinischen Literatur ist sie selten, dort wird meist die vollständige Form ›Tora, Nebiim und Ketubim‹ verwendet (vgl. Bill I 240). Doch schließen ›νόμος καὶ προφῆται‹ die Hagiographen durchaus ein, wie 4 Makk 18,10 (vgl. 18,15f) zeigt. Eingetragen ist der Gedanke von WILCKENS, Röm I 186: »Die Offenbarung der Gottesgerechtigkeit ›ohne Gesetz‹ wird als eschatologischer Rechtsakt durch zwei Zeugen bestätigt (vgl. Dtn 19,15)«.

rung der Textbasis dar. Die inhaltliche Pointe liegt darin, daß gerade auch der νόμος als Zeuge der Offenbarung der δικαιοσύνη θεοῦ χωρὶς νόμου in Anspruch genommen wird.

3. Während in Röm 1,2 die ›Propheten‹ das christologische Geschehen von 1,3f ›im voraus angekündigt‹ haben, fehlt in 3,21 dieses Moment der zeitlichen Differenzierung zwischen früherer Ankündigung und gegenwärtiger Erfüllung. Die Schrift ist nicht als Ankündigung eines künftigen Geschehens verstanden, sondern sie ist *jetzt* Zeuge der Offenbarung der δικαιοσύνη θεοῦ. Dabei ist nicht bestritten, sondern vorausgesetzt, daß das Wort der Schrift längst ergangen ist. Aber das Interesse liegt allein auf dem, was sie *heute* bezeugt.[6] Das Moment der ›Vorausankündigung‹ ist mit dem gegenüber Röm 1,2 gewandelten inhaltlichen Bezug entfallen.[7]

Wie sich für Paulus diese Funktion von νόμος καὶ προφῆται im Umgang mit konkreten Texten der Schrift darstellt, geht aus der Auslegung von Gen 15,6 in Röm 4 sowie der Schriftverwendung in Röm 1,16–4,25 insgesamt hervor.

Röm 4 ist gegen *U. Wilckens* nicht als Entfaltung von Röm 3,31 aufzufassen.[8] Röm 3,31 fragt nach der Geltung des νόμος unter der Voraussetzung der Aussage von 3,28, δικαιοῦσθαι πίστει ἄνθρωπον χωρὶς ἔργων νόμου. Hierauf gibt Röm 4 keineswegs eine Antwort, denn hinsichtlich der Beurteilung des Gesetzes wird in Röm 4 sachlich noch nicht über 3,28 hinausgegangen (vgl. 4,13–15). Nach *Wilckens* ist die Frage von 3,31 jedoch bereits durch 3,21b beantwortet: Das Gesetz werde dadurch ›aufgerichtet‹, daß es »Zeuge des Christusgeschehens und der Glaubensgerechtigkeit« ist.[9] Dann würde sich zwar Röm 4 tatsächlich unmittelbar auf die Aussage von 3,31 als deren Entfaltung zurückbeziehen, aber die Frage nach der Geltung des Gesetzes wäre damit nicht beantwortet, sondern lediglich umgangen.[10] Daher ist Röm 4 als Konkretion der thetischen Aussage von 3,21b – inhaltlich auf dem Hintergrund der Auslegung der δικαιοσύνη θεοῦ in 3,27–30 – zu verstehen.

Ein weiteres – und für seinen Umgang mit der Schrift sehr aufschlußreiches – Beispiel für die Verwendung der Schrift als Zeuge des εὐαγγέλιον begegnet dann in Röm 10,5–8. Hier ist die Funktion der Schrift sogar noch gesteigert: Sie beschreibt nicht nur zutreffend das Wesen der δικαιοσύνη ἐκ νόμου (Röm 10,5), sondern ist – in der von Paulus tiefgreifend veränderten Gestalt –

---

[6] Μαρτυρεῖν begegnet (allerdings nicht bei Pls) auch in Einleitungen für einzelne Schriftzitate, so Philo, Somn II 172;222; Congr 62; Barn 15,4 (vgl. WOLTER, Rechtfertigung 25 A 64). Auch dabei steht jeweils das Interesse an der gegenwärtigen Aussage der Schrift im Vordergrund.

[7] Das übersieht WILCKENS, Röm I 250, der Röm 3,21b und 3,31 aufeinander bezieht (dazu s. gleich) und darin die Aussage sieht, »daß durch das neue Ereignis der πίστις sich das Geschehen erfüllt hat, das im Gesetz im voraus [sic!] bezeugt ist.«

[8] So WILCKENS, Aufs. 41–44.

[9] WILCKENS, Aufs. 44; vgl. aaO 42f: »Insofern nun die Tora von Anfang an ›Schrift‹ ist, ist die [richtig wohl: sie] durch das Christusgeschehen zum notwendigen Zeugnis und Ausweis des Christusgeschehens ›aufgerichtet‹ worden, indem sie diese als Erfüllung der Erwählungsgeschichte Gottes aufzeigt.«

[10] Was im Blick auf den Röm insgesamt eine abwegige Konsequenz wäre (vgl. Röm 7f!); vgl. auch die Kritik bei KLEIN, Aufs. 165–167.

unmittelbare Selbstaussage der heute den Menschen anredenden ἐκ πίστεως δικαιοσύνη, die selbst als Sprecherin des Schriftwortes erscheint (Röm 10,6–8).

Was Paulus in Röm 3,21 b zunächst nur im Sachzusammenhang des Themas der δικαιοσύνη θεοῦ formuliert, hat jedoch grundsätzliche Bedeutung für sein Verständnis der Schrift überhaupt, insofern hier der Schwerpunkt seiner Schriftverwendung insgesamt liegt. Die Schrift ist – von Röm 3,21 her geurteilt – für Paulus Zeuge des εὐαγγέλιον schlechthin, das innerhalb der paulinischen Theologie in der Rechtfertigungslehre zu seiner klarsten begrifflichen Explikation gelangt.

Möglich ist diese Inanspruchnahme der Schrift als Zeuge des εὐαγγέλιον nur

a) aufgrund eines grundsätzlich veränderten Verstehensrahmens

Die Veränderung des Verstehensrahmens ist schon für die Schriftverwendung in den vorpaulinischen christlichen Gemeinden festzustellen, insofern hier messianische Ankündigungen der Schrift als in Christus erfüllt verstanden werden. Bei Paulus tritt der grundsätzliche Wandel der Voraussetzungen, von denen her die Schrift verstanden wird, im Sachbereich von δικαιοσύνη θεοῦ und Gesetz besonders scharf hervor. Charakteristisch hierfür ist die Verwendung des Zitats Hab 2,4b in Röm 1,17b: Es dient als Schlußaussage der paulinischen Definition des εὐαγγέλιον in Röm 1,16f, erfüllt diese Funktion jedoch nur dadurch, daß es – neben der Veränderung des Wortlauts – inhaltlich völlig von der zuvor in V 16.17a verwendeten Begrifflichkeit her interpretiert wird.[11] Analog ist auch die auf Röm 3,21b folgende Interpretation des Zitats Gen 15,6 in Röm 4, das dort Gegenstand der umfangreichsten Schriftexegese des Paulus ist, zu beurteilen. Die Entgegensetzung von πιστεύειν und ἐργάζειν (Röm 4,4f), mit deren Hilfe Paulus die im Zitat ausgesagte ›Anrechnung‹ der πίστις zur Gerechtigkeit als Gottes δικαιοῦν τὸν ἀσεβῆ interpretiert, ist nicht aus Gen 15,6 gewonnen, sondern unmittelbarer Bestandteil seiner Interpretation der δικαιοσύνη θεοῦ (vgl. 3,21–23.27–30). In diesen Interpretationsrahmen wird Gen 15,6 eingespannt.[12]

---

[11] S. o. S. 276.

[12] Folgt man der Interpretation von H. H. SCHMID, EvTh 40, 1980, 396–420, so liegt schon Gen 15,6 selbst die Einsicht zugrunde, »daß jede Basierung der Gerechtigkeit auf dem menschlichen Verhalten sich als unmöglich erwiesen hat. Darum wird Abraham die Gerechtigkeit in einem unvermittelten deklaratorischen Akt durch Gott zugesprochen« (aaO 408). Dies kann (einschließlich der Spätdatierung von Gen 15,1–6) hier unerörtert bleiben. Entscheidend ist die Frage, in welcher Auslegungstradition Gen 15,6 Pls vorgegeben war. SCHMID aaO 413 postuliert zwar neben der Interpretation Abrahams als des paradigmatisch Gerechten (als Erfüller des Gesetzes) einen weiteren »Strang der Abrahaminterpretation«; für diesen gelte: »Erst aus der Verheißung gewinnt das Gesetz seinen Ort im Heilsvorgang« (aaO 413). Doch geben das die von SCHMID aaO 413 A 69 angeführten Texte nicht her. Schon der erste der genannten Texte, Jub 1,7, enthält keine Reflexion über das Verhältnis von Verheißung und Gesetz, sondern stellt die Landverheißung an die Väter und die Halsstarrigkeit des Volkes gegenüber. »Vor allem aber kennt keiner dieser Texte die von Paulus vorgenommene *Trennung* von Glaube und Werken des Gesetzes« (GRÄSSER, SBS 100, 1981, 193 A 49; Hervorhebung im Original).

Dieser Vorgang der grundlegenden Veränderung des Verstehenshorizontes ist Paulus auch durchaus bewußt, wie seine Reflexion auf diesen Sachverhalt in 2 Kor 3,12–17 zeigt, die nicht zufällig auf die Interpretation der Sinaigesetzgebung als tötendes γράμμα bezogen ist (3,6f): Außerhalb von ›Χριστός‹ ist die Schrift grundsätzlich verhüllt, ist ihr Verstehen verschlossen, so daß Paulus die in der Synagoge verlesene Schrift lediglich als ›παλαιὰ διαθήκη‹ bzw. ›Mose‹ bezeichnet. Verstehen der Schrift wird nur ἐν Χριστῷ eröffnet, d. h. sachlich: im εὐαγγέλιον, das den κύριος verkündigt und ihn als πνεῦμα und ἐλευθερία – und nicht als γράμμα und δουλεία – auslegt;

b) durch eine ausgesprochen selektive Verwendung der Schrift
Die selektive Aufnahme der Schrift entspricht z. T. den Schwerpunkten der zeitgenössischen Exegese,[13] ist z. T. aber auch direkte Folge der veränderten Perspektive, in der Paulus die Schrift liest. Dies gilt nicht nur für das weitgehende Fehlen von Zitaten aus Lev und Num, sondern auch für den Bereich der Geschichtsüberlieferung Israels: Eine die Existenz der Gemeinde begründende Bedeutung hat nur die Vätergeschichte. Erwählung, in deren inhaltlicher Kontinuität sich die Gemeinde heute verstehen kann, macht Paulus nur von Abraham bis Jakob namhaft. Schon die Landnahme und erst recht die staatliche Zeit Israels fallen in dieser Perspektive aus. Die beiden einzigen Zitate aus den Büchern Jos bis IV Reg (sowie I. II Chr) in Röm 11,3f greifen lediglich das Moment des Ungehorsams Israels heraus. Gleiches gilt aber auch schon für das Zitat von Ex 32,6b in 1 Kor 10,7, dem einzigen Ex-Zitat, das sich auf einen geschichtlichen Vorgang bezieht.[14]

Aber auch innerhalb der Väterüberlieferung ist das Vorgehen des Paulus äußerst selektiv. So nimmt er in Röm 4 und Gal 3 aus der Abrahamüberlieferung lediglich die Gerechtigkeitszusage von Gen 15,6, die Verheißungen von Gen 12,3; 15,5 und 17,5 sowie die Ereignisabfolge von Gen 15,6 (Gerechtigkeitszusage) und Gen 17 (Beschneidung) auf. Dagegen fehlt Gen 22,1–14 bei Paulus völlig. Daß die Überlieferung von Isaaks Opferung Paulus unbekannt gewesen sein könnte, ist angesichts der zentralen Rolle, die dieser Text für das jüdische Abrahambild und damit für die jüdische Frömmigkeit überhaupt spielte, auszuschließen.[15] Gen 22 war vielmehr die Basis für die jüdische Interpretation Abrahams als πιστός[16] und als φίλος θεοῦ.[17] Aber eben deshalb konnte Paulus

---

[13] Dies gilt für das Fehlen von Jer- und Ez-Zitaten; s. o. S. 45ff.
[14] S. o. S. 215f.
[15] So fehlt im ›Preis der Väter‹ in Sir 44–50 in dem Abschnitt über Abraham natürlich nicht der Hinweis auf Abrahams πειρασμός (44,20d), und in 4 Makk 18,11–13 der Aufzählung wichtiger Gestalten der Vergangenheit von Kain und Abel bis Daniel, wird nicht Abraham selbst, aber ὁ ὁλοκαρπούμενος Ἰσαάκ genannt.
[16] Sir 44,20 ist hier repräsentativ: συνετήρησεν νόμον ὑψίστου ... καὶ ἐν πειρασμῷ εὑρέθη πιστός.
[17] Zur Bezeichnung Abrahams als φίλος θεοῦ und zur Bedeutung von Gen 22 für die jüdische Abrahaminterpretation vgl. DIBELIUS, Jak 206–208.211f.

Gen 22 nicht positiv aufnehmen,[18] sondern mußte diesen Text ausblenden. Die Interpretation Abrahams als dem ἐκ πίστεως (und d. h. nicht ἐξ ἔργων) Gerechtfertigten und als Vater der πιστεύοντες ἐπὶ τὸν ἐγείραντα 'Ιησοῦν τὸν κύριον ἡμῶν ἐκ νεκρῶν (vgl. Röm 4,24) war nur unter völliger Ausklammerung von Gen 22 möglich;[19]

c) *durch z. T. massive Eingriffe in den Wortlaut der Schriftzitate*

Die Analyse der Zitatveränderungen hat gezeigt, daß diese in der überwiegenden Anzahl der Fälle inhaltlich bedingt sind und häufig überhaupt erst die Voraussetzung für ihre Verwendung durch Paulus darstellen.[20] Dieses Vorgehen ist auch im Rahmen der damaligen Exegese keineswegs unproblematisch gewesen, und insbesondere das Verfahren, aus mehreren verschiedenen Schrifttexten durch Kombination oder Austausch von Zitatteilen das gewünschte Zitat überhaupt erst herzustellen, ist ohne ausreichende Analogien.

Die Zitatabänderungen durch Paulus sind auch nicht als Zeichen einer vom πνεῦμα ermöglichten ›exegetischen Freiheit‹ gegenüber der »tyranny of the words« zu erklären.[21] Abgesehen davon, daß die Antithese von γράμμα und πνεῦμα in 2 Kor 3 nicht die Unterscheidung zwischen ›formalem Wortlaut‹ und ›eigentlichem Sinn‹ meint, sind auch die Zitatabänderungen selbst so nicht erklärbar. Denn mit den Wortlautänderungen greift Paulus ja häufig genug entscheidend in den Inhalt der Zitate ein. Angesichts von Röm 10,6–8; 2 Kor 3,16 oder auch Röm 9,33 wird man nicht behaupten können, daß Paulus sich dessen nicht bewußt gewesen sei. Es ist nicht die Freiheit gegenüber dem ›bloßen Buchstaben‹, die sich in den Wortlautänderungen zeigt, denn der Wortlaut der Zitate ist – gerade in seiner veränderten Gestalt – für Paulus von unmittelbarer Bedeutung. In der weitaus überwiegenden Zahl der Fälle folgt ja auch nicht auf ein Zitat eine längere Auslegung, in der dann der gemeinte Sinn dargelegt werden könnte.[22] Vielmehr enthält der Wortlaut eines Zitats selbst

---

[18] Anders dagegen Jak 2,21!

[19] Umstritten ist, ob in Röm 8,32a – ὅς γε τοῦ ἰδίου υἱοῦ οὐκ ἐφείσατο – Einwirkung von Gen 22,16c – οὐκ ἐφείσω τοῦ υἱοῦ σου τοῦ ἀγαπητοῦ δι' ἐμέ – vorliegt; vgl. neben der positiven Stellungnahme von WILCKENS, Röm II 173 (mit A 772); CRANFIELD, Röm I 436 und der ablehnenden Haltung von SCHLIER, Röm 277 die ausführliche Diskussion bei BLANK, Paulus 294–298 und PAULSEN, Überlieferung 164–168, der auch zur These von DAHL, FS M. Black, 1969, 15–29 Stellung nimmt. Auch wenn man hier mit Einwirkung von Gen 22,16c rechnet und diese nicht für vorpln hält, bestätigt sich hier das Verschweigen von Gen 22 als Teil der Abrahamüberlieferung: Als ein die Treue *Abrahams* erweisender Text ist Gen 22 gerade nicht aufgenommen.

[20] S. o. S. 187ff.196f.

[21] So GRANT, Letter 51 (in bezug auf 2 Kor 3,17): »This Spirit gives exegetical freedom. He destroys the tyranny of the words. He makes possible a Christian exegesis of the Old Testament, intuitive rather than based on words.«

[22] Und auch die in ihrer Anzahl insgesamt begrenzten Zitatkommentierungen (s. o. S. 272) beschränken sich in der Regel auf kurze Erläuterungen, die vorhergehende Textänderungen keineswegs überflüssig machen, sondern mehrfach voraussetzen (so 1 Kor 15,54f / 56 und 2 Kor 3,16 / 17). Der einzige Text, der von Pls umfangreicher interpretiert wird, ist Gen 15,6 (Röm 4; Gal 3,6–14).

jeweils die von Paulus intendierte Aussage, wobei charakteristisch ist, daß die Mehrzahl der Zitate nicht nur eine rein bestätigende, sondern eine weiterführende Funktion hat, und häufig ein Zitat sogar völlig an die Stelle einer eigenen Aussage des Paulus treten kann.[23] Man wird also umgekehrt feststellen müssen: Gerade weil der Wortlaut der Zitate selbst für Paulus eine so große Bedeutung hat, verändert er ihn z. T. massiv.

Die Zitatveränderungen durch Paulus weisen damit auf die hohe Bedeutung hin, die die Schrift für ihn hat. Gerade auch die so veränderten Zitate sind konstitutiver Bestandteil seiner inhaltlichen Argumentation und notwendiges Element für die Durchklärung theologisch zentraler Sachprobleme, wie der von δικαιοσύνη θεοῦ und Gesetz und der Berufung von Juden und Heiden. Zugleich zeigen die Zitatveränderungen aber auch die Mühe, die Paulus hatte, gerade diese Themenbereiche im Horizont der Schrift zu durchdenken. Die für Paulus unumgänglichen Eingriffe in die Zitate von Gen 12,3c (Gal 3,8); Dtn 21,23c (Gal 3,13); 27,26a.b (Gal 3,10); 30,12-14 (Röm 10,6-8); Hos 2,25b.c; 2,1b (Röm 9,25f); Hab 2,4b (Röm 1,17); Gal 3,12); Jes 28,16 (Röm 9,33; 10,11) sind hierfür eindeutige Beispiele;

d) durch eine mehrfach zu beobachtende eigentümlich distanzlose Verwendung der Schrift

Schon die methodischen Bemerkungen über die gegenwärtige Bedeutung der Schrift, mit denen Paulus durchaus noch im Rahmen des Schriftverständnisses der Synagoge und des hellenistischen Urchristentums bleibt, zeigen, daß für ihn die Schrift primär der Gegenwart geltendes und sie betreffendes Wort ist.[24] Sie ist δι' ἡμᾶς geschrieben, ihre Funktion besteht in heutiger διδασκαλία bzw. νουθεσία. Darüber hinaus ist in einer Reihe von Zitaten, die sich von Hause aus auf vergangenes Geschehen beziehen, zu beobachten, wie Paulus sie als Aussagen verwendet, die ausschließlich der Gegenwart gelten.[25] Die Zeitdifferenz wird in diesen Fällen völlig ausgeschaltet, die Schriftaussage gilt jetzt, wird zum heute ergehenden und lediglich die Gegenwart betreffenden Wort, und eine mögliche frühere Geltung ist ausgeblendet. D. h. die Schrift spricht unmittelbar von der gegenwärtigen eschatologischen Situation und in diese hinein. Nur so kann Paulus das an sich längst schon ergangene Schriftwort dazu verwenden, um mit seiner Hilfe den eschatologischen Charakter der Gegenwart, in der die von Gott hergestellte καταλλαγὴ τοῦ κόσμου verkündigt wird, zu formulieren (2 Kor 6,2).

Dies alles zeigt: Paulus liest die Schrift im Wissen um und in Blick auf die gegenwärtige Offenbarung Gottes, sein den Gottlosen freisprechendes Handeln in Christus. Er kann dies tun, weil er von der Selbigkeit Gottes ausgeht (bzw. an

---

[23] S. o. S. 258-271.
[24] S. o. S. 322-331.
[25] S. o. S. 317-321; vgl. auch die pln Verwendung von ἐπαγγελία; auch hier steht nicht das Moment der früher ergangenen Ankündigung, der heutige Erfüllung entspricht, im Vordergrund; s. o. S. 309 ff.

ihr festhält), und zwar von der Selbigkeit Gottes im Sinne der Selbigkeit seines frei erwählenden und rechtfertigenden Handelns. Weil Gott in seiner Offenbarung in Christus nicht mit sich selbst in Widerspruch geraten ist, sondern sich hier endgültig und vollgültig gezeigt hat, kann Paulus von der im εὐαγγέλιον zugänglichen Offenbarung her die Schrift neu lesen und neu gewinnen.

Allerdings wäre es ein Mißverständnis, wenn man diese theo-logische Grundvoraussetzung der paulinischen Schriftverwendung gleichsam als einen neutralen Punkt betrachten würde, der jenseits der Spannung zwischen den aufgenommenen Texten und ihrer paulinischen Interpretation stehen würde. Die Spannungen zeigen sich sofort, wenn gefragt wird, wie Gott geglaubt und in seinem Handeln an Mensch und Welt ausgelegt wird.[26]

Für Paulus ist festzustellen, daß er einerseits die Selbigkeit Gottes als offenbar selbstverständlich und fraglos gültig voraussetzt,[27] andererseits nicht nur von einem neuen eschatologischen Handeln Gottes spricht, sondern auch zu einer Neubewertung des in der Schrift bezeugten Handelns Gottes gelangt, wie schon aus der Tatsache hervorgeht, daß er ein rettendes und erwählendes Handeln Gottes zwischen Abraham und den Vätern einerseits und der Gegenwart andererseits nicht aufzeigen kann.[28]

In den paulinischen Gottesaussagen dominieren zwei partizipiale Prädikationen: ὁ θεὸς ὁ ἐγείρας Ἰησοῦν [τὸν κύριον ἡμῶν] ἐκ νεκρῶν (Röm 4,24; 8,11; 2 Kor 4,14; vgl. Gal 1,1 sowie Kol 2,12; 1 Petr 1,21) und ὁ καλέσας [bzw. ὁ καλῶν] ὑμᾶς (Gal 1,6; 5,8; 1 Thess 5,24; vgl. Röm 9,12),[29] die bereits vorpaulinisch geprägt sind, aber von Paulus bewußt aufgenommen und weitergeführt

---

[26] Die Frage des ›Gottesbegriffs‹ bei Pls ist ein bislang kaum untersuchtes Problemfeld. Aus der recht begrenzten Lit. sind hervorzuheben: THÜSING, Christum (zum Verhältnis von Christologie und Gotteslehre); DELLING, StTh 17, 1963, 1–59 (vgl. ders. [1970] Aufs. 401–416; jeweils zu den partizipialen Gottesprädikationen in den ntl. Briefen); SCHRAGE, EvTh 36, 1976, 121–154; DEMKE, EvTh 36, 1976, 473–484; GRÄSSER, SBS 100, 1981, 177–205; zur übrigen insgesamt geringen Lit. zu diesem Thema vgl. ders. aaO 180 A 6; zu ergänzen ist LINDEMANN, ThGl 69, 1979, 357–376.

[27] Diese scheinbare Selbstverständlichkeit der pln Rede von Gott ist der Grund dafür, daß dieses Thema in der Pls-Forschung weitgehend am Rande steht; vgl. LINDEMANN aaO 357–361; GRÄSSER aaO 179f.

[28] Pls spricht also nicht nur *anders* vom gleichen Handeln Gottes, sondern sagt auch ein *anderes* Handeln Gottes aus.

[29] Zur Analyse der partizipialen Gottesprädikationen bei Pls und in den übrigen ntl. Briefen sowie zur Stiltradition in der LXX vgl. DELLING, StTh 17, 1963, 1–59, der wahrscheinlich gemacht hat, daß es sich bei diesen beiden Wendungen um ›fixierte partizipiale Gottesbezeichnungen‹ (aaO 52; zur Einzelanalyse vgl. 28–35) handelt. DELLING weist daneben noch auf die Prädikation Gottes als ὁ κτίσας hin (aaO 21–26), doch ist diese bei Pls nicht als selbständige Prädikation neben den beiden genannten vertreten. Fraglich ist jedoch m. E. der Zusammenhang, den DELLING zwischen der ntl. Prädikation ὁ καλέσας ὑμᾶς und der Prädikation ὁ ἁγιάζων ὑμᾶς von Lev 20,8 u. ö. sieht (aaO 17f. 31). Eher wäre ὁ καλέσας ὑμᾶς mit der Prädikation ὁ ἐξαγαγὼν ὑμᾶς ἐκ γῆς Αἰγύπτου (Lev 19,36 u. ö., vgl. Dtn 5,6) zu vergleichen, da hier jeweils das geschichtliche Ereignis genannt ist, das die Existenz der angeredeten Gemeinde begründet.

werden. Ausgangspunkt der paulinischen Aussagen über das Handeln Gottes ist das gegenwärtige eschatologische Geschehen. Von hier aus ›definiert‹ sich für Paulus Gott, und es ist darüber hinaus charakteristisch, daß er beide grundlegenden Gottesaussagen, sein Heilshandeln in der Auferweckung des κύριος Ἰησοῦς und in ›unserer‹ Berufung mit Hilfe von Schöpfungskategorien interpretiert.[30] Die Auferweckung des κύριος Ἰησοῦς ist Tat des Gottes ὁ ζῳοποιῶν τοὺς νεκρούς (vgl. die gegenseitige Beziehung zwischen Röm 4,17 und 4,14), und sein gegenwärtiges καλεῖν der Gemeinde οὐ μόνον ἐξ Ἰουδαίων ἀλλὰ καὶ ἐξ ἐθνῶν (vgl. Röm 9,24) ist das Handeln des Schöpfers ὁ καλῶν τὸ μὴ ὄντα ὡς ὄντα (Röm 4,17).[31] Da es der Schöpfer ist, der ἐν Χριστῷ den κόσμος mit sich versöhnte, gilt aufgrund dieser Versöhnung: εἴ τις ἐν Χριστῷ, καινὴ κτίσις (2 Kor 5,17a).[32]

Damit wird den auf das eschatologische Heilshandeln in Christus bezogenen Gottesaussagen kein zweiter, davon unabhängiger ›Aspekt‹ im ›Gottesbegriff‹ hinzugefügt. Die Schöpfungsaussagen werden vielmehr von Gottes Handeln in Christus her aufgenommen und interpretiert;[33] d. h. die Identität Gottes wird in seinem Handeln in Christus verankert.

Analoges gilt von der Selbigkeit des geschichtlichen Handelns Gottes. Für Paulus ergibt sie sich nicht aus einem objektivierenden Vergleich zwischen den Aussagen der Schrift und dem christologischen Kerygma, sondern sie ist ihm in diesem vorgegeben (und auch nur von dorther zu gewinnen),[34] insofern im Kerygma selbst das Heilshandeln Gottes in Christus als Erfüllung und Überbietung alttestamentlich-jüdischer Heilserwartungen verstanden (Röm 1,3f) und ausdrücklich als κατὰ τὰς γραφάς geschehen bezeichnet wird (1 Kor 15,3b−5). Allerdings setzt Paulus inhaltlich diese Linie nicht gradlinig fort. Schwerpunkte der Schriftverwendung gerade auch hinsichtlich der Ge-

---

[30] Vgl. DELLING, StTh 17, 1963, 31f; SCHRAGE aaO 132; GRÄSSER aaO 190−196.201.
[31] Vgl. auch 1 Kor 1,28, wo Pls in bezug auf die κλῆσις der Gemeinde erklärt, daß in ihr Gott τὰ μὴ ὄντα ›erwählte‹.
[32] Vgl. die Interpretation des φωτισμὸς τοῦ εὐαγγελίου (2 Kor 4,4) als Tat des Schöpfers ὁ εἰπών· ἐκ σκότους φῶς λάμψει (4,6); dazu vgl. CONZELMANN, ThWNT IX, 1973, 337f; GRÄSSER aaO 190−193.
[33] Vgl. DELLING, StTh 17, 1963, 58 (unter Hinweis auf die veränderten inhaltlichen Bezüge der Schöpferaussagen): »Wenn im Neuen Testament Gott des öfteren in geläufigen partizipialen Wendungen als der Schöpfer bezeichnet wird, ist damit nicht nur einfach eine alttestamentliche Wendung aufgenommen.«
[34] Vgl. CONZELMANN, EvTh 24, 1964, 124: In den Glaubensformeln des NT ist als wichtigste unausgesprochene Voraussetzung enthalten, »daß der Gott, der Jesus erweckte, der Gott Israels, des AT ist.« Weil »die Selbigkeit des handelnden Gottes ... unter Juden selbstverständlich ist, ... wird nicht verkündigt, daß ein Gott ist oder, daß *ein* Gott ist, sondern: was Gott, der aus dem AT bekannte Gott, *jetzt* getan hat« (Hervorhebung im Original). In bezug auf Pls stellt dazu VIELHAUER, Aufs. II 227 fest: »Man kann m. E. noch einen Schritt weiterkommen, wenn man diese Selbigkeit in ihrer paulinischen Auslegung versteht als die Selbigkeit Gottes, der den Gottlosen gerecht spricht.«

schichtsüberlieferung sind bei ihm die Themenkreise der δικαιοσύνη θεοῦ und der gemeinsamen Berufung von Juden und Heiden.

Auf dieses gegenwärtige Handeln Gottes wird das in der Schrift bezeugte Handeln Gottes bezogen. Gottes gegenwärtiges Handeln, sein δικαιοῦν τὸν ἐκ πίστεως 'Ιησοῦ (Röm 3,26), das die Grundlage ›unserer‹ Berufung οὐ μόνον ἐξ 'Ιουδαίων ἀλλὰ καὶ ἐξ ἐθνῶν darstellt und sich hierin manifestiert, läßt erkennen, wie Gott auch schon zuvor gehandelt hat: Er ist, gerade auch in seinem geschichtlichen Handeln, wie Paulus anhand der Väterüberlieferung deutlich macht, ὁ καλῶν (Röm 9,12) und ὁ δικαιῶν τὸν ἀσεβῆ (Röm 4,5). Die ›Geschichte‹ aus dem Handeln Gottes auszuklammern, ist schon deshalb nicht möglich, wenn tatsächlich gilt, ὅτι ἐξ αὐτοῦ καὶ δι' αὐτοῦ καὶ εἰς αὐτὸν τὰ πάντα (Röm 11,36).[35] Aber die Kontinuität des Handelns Gottes wird nicht als innergeschichtliches Kontinuum aufgewiesen, als Linie, die im Christusgeschehen kulminiert, und Paulus fragt auch nicht von der Schrift ausgehend nach der Sachübereinstimmung zwischen dem Handeln Gottes im Zeugnis der Schrift und im Zeugnis des christologischen Kerygmas. Vielmehr fragt er von dem heutigen geschichtlichen Handeln Gottes im εὐαγγέλιον, das παντὶ τῷ πιστεύοντι das Heil eröffnet, zurück,[36] und es ist das εὐαγγέλιον, das ihn anleitet, Gottes Handeln in der Schrift zu entdecken. Da Christus die εἰκὼν τοῦ θεοῦ ist (2 Kor 4,4), d. h. Gott nur von ihm her zu erkennen ist,[37] ist auch von Christus her – und nur von ihm her – erkennbar, wer Gott schon immer war: ὁ δικαιῶν τὸν ἀσεβῆ.[38]

Wenn so die Selbigkeit des Handelns Gottes nicht erst nachträglich aus der Schrift aufgewiesen werden muß, sondern im christologischen Bekenntnis und dessen theologischer Explikation, wie sie Pls in der Rechtfertigungslehre vornimmt, schon immer mitgesetzt ist, erübrigen sich die Versuche, die theologische Legitimität der pln Schriftverwendung durch die weitgehende Bestreitung der vorhandenen Diskrepanzen zu beweisen – oder sie umgekehrt mit Hinweis auf die Differenzen in Abrede zu stellen.[39]

---

[35] Röm 11,36 ist Abschluß von Röm 9–11! Der Übergang von ›geschichtlichen‹ Kategorien (τὰ κρίματα, αἱ ὁδοὶ αὐτοῦ, V 33 b) zu Schöpfungsaussagen in 11,33–36 hat seine Entsprechung in Röm 9,6–21 (s. o. S. 304).

[36] Richtig ist, daß die ›Bekehrung‹ des Pls keine Bekehrung »von einem falschen zum wahren Gott« gewesen ist und Pls insofern »nicht den Glauben der Väter gewechselt« (GRÄSSER aaO 187) und auch nicht »den Gott der Väter durch den Vater Jesu Christi ersetzt« hat (ders. aaO 188). Dennoch ist es aufschlußreich, daß die Prädikation ›der Gott Abrahams, Isaaks und Jakobs‹ bei Pls eben nicht begegnet. Dies zeigt den veränderten Ausgangspunkt, von dem her Pls die Selbigkeit Gottes denkt.

[37] Vgl. SCHRAGE aaO 125f: »Die Frage, wer oder was Gott ist, wird gerade bei Paulus allein von seinem Handeln in Jesus Christus her beantwortet. . . . Niemand anders als der Christus ist darum die εἰκὼν θεοῦ, das Bild, in dem Gott sich sehen und erkennen läßt (2 Kor 4,4).«

[38] Vgl. auch LINDEMANN aaO 375f.

[39] Vgl. BRAUN, ZThK 59, 1962, 16–31, der die Diskrepanzen zwischen AT und NT im Bereich der ntl. Schriftverwendung scharf herausarbeitet (vgl. das Fazit aaO 30) und die »Selbigkeit Gottes für beide Testamente« »in der Art, wie Gott und Mensch verstanden sind«, begründet sieht (ebd.); er fragt jedoch nicht, warum das NT – und hier bes. Pls – die

Von hier aus wird verständlich, wie Paulus trotz offenkundiger Spannungen – nicht nur mit der jüdischen Schriftauslegung, sondern mit der Schrift selbst – an ihr als dem der Gegenwart geltenden Wort Gottes festhalten und sie positiv als Zeuge des εὐαγγέλιον in Anspruch nehmen kann. Als Zeuge des εὐαγγέλιον hat die Schrift eine notwendige Funktion in der inhaltlichen Entfaltung und theologischen Durchklärung des εὐαγγέλιον. Als Zeuge des εὐαγγέλιον zeigt die Schrift – natürlich in einer notwendigerweise nur selektiven Aufnahme und mit z. T. massiven Eingriffen in den Wortlaut einzelner Schriftaussagen –, daß in Christus der Fluch des Gesetzes aufgehoben ist (Gal 3,10–13) und die eschatologische Offenbarung der δικαιοσύνη θεοῦ das Handeln des Gottes ist, den die Schrift bezeugt (vgl. einerseits Röm 1,16.17a/17b, andererseits Röm 4 im Verhältnis zu 3,21–31). Das Ineinander einer ganz neuen Inanspruchnahme der Schrift und des gleichzeitig damit verbundenen Bruchs, der in der grundsätzlichen Umwertung des Gesetzes vorliegt, wird am deutlichsten in Röm 10,6–8 sichtbar, wo Paulus die für das Gesetzesverständnis des Dtn charakteristische Aussage von Dtn 30,11–14 über die Nähe und Erfüllbarkeit der ›ἐντολὴ αὕτη, ἣν ἐγὼ ἐντέλλομαί σοι σήμερον‹ aufnimmt und radikal uminterpretiert: ›Nahe‹ ist das ›ῥῆμα τῆς πίστεως ὃ κηρύσσομεν‹, und hergestellt ist dessen Nähe in Christus, von dem jetzt die Zitataussage gilt: οὐκ ἐν τῷ οὐρανῷ ἄνω ἐστίν. In dieser Uminterpretation, die mit einer konsequenten Ausschaltung aller Bezüge zur Gesetzesthematik verbunden ist,[40] wird das Zitat zur vollgültigen Aussage der der δικαιοσύνη ἐκ νόμου antithetisch gegenüberstehenden ἐκ πίστεως δικαιοσύνη, die hier als selbst redend eingeführt wird und im heute verkündigten ῥῆμα τῆς πίστεως zugänglich ist.

Der gleiche Vorgang einer grundsätzlichen Umwertung von Schriftaussagen, die jedoch nicht zu deren Eliminierung, sondern zu ihrer völlig neuen Inanspruchnahme führt,[41] ist für den Bereich der Geschichtsüberlieferungen der Schrift festzustellen. Ausgangspunkt und Verstehenshorizont ist hier die gemeinsame Berufung von Juden und Heiden, die Paulus als unmittelbare Konsequenz des δικαιοῦσθαι πίστει – und d. h. für Paulus: χωρὶς ἔργων νόμου (Röm 3,28) – begreift (vgl. 3,29f). Dieses gegenwärtige Handeln Gottes verbindet die Gemeinde aus Juden und Heiden mit den ›Vätern‹, insofern Gottes

---

Selbigkeit des Handelns Gottes in der eschatologischen Heilstat in Christus verankert sieht und von hier aus aussagen kann. Der gängige Hinweis auf die Schutzfunktion des atl. Erbes gegenüber der Gefahr des Versinkens des hellenistischen Christentums »in Ekstase und Mystik« (BRAUN ebd.) ist noch keine ausreichende theologische Funktionsbestimmung der Schrift.

[40] S. o. S. 129–132.
[41] Dies übersieht v. CAMPENHAUSEN, Begründung 39 f, der die Funktion der Schrift bei Pls lediglich darin sieht, ihre eigene Überholtheit bleibend – festzuhalten. Doch wird für Pls mit der Wegnahme des κάλυμμα, das auf der ἀνάγνωσις τῆς παλαιᾶς διαθήκης in der Synagoge liegt, nicht die Schrift selbst als überholt entlarvt, sondern im Gegenteil ihr sachgemäßes Verstehen eröffnet (2 Kor 3,12–17); s. o. S. 331–341; vgl. zur Kritik an v. Campenhausen auch LUZ, Geschichtsverständnis 225 A 371.

Handeln an ihnen die gleiche Struktur des freien Erwählens aufweist (Röm 9,6 – 13) und die Abraham geltende Verheißung schon immer die Berufung der πιστεύοντες aus Juden und Heiden zum Volk Gottes meinte (vgl. Gal 3,6 – 9).[42] Diese Inanspruchnahme der Vätergeschichte für die heutige Existenz der Gemeinde ist aber nur so möglich, daß zugleich die gesamte Geschichte des Volkes Israel, die ja seit Mose vom Gesetz bestimmt ist, aus dem Zusammenhang von Väterverheißung und heutiger Berufung der πιστεύοντες ausgeschaltet wird. Nicht nur die Haltung des heutigen Israels, dem Christus zum λίθος προσκόμματος und zur πέτρα σκανδάλου geworden ist (Röm 9,33), wird – mit Hilfe der Schrift! – als Ungehorsam qualifiziert (Röm 9,16.18.21). Dieses Urteil gilt auch für die Geschichte des Volkes Israel, die – wenn überhaupt – nur als Geschichte des Ungehorsams erscheint (1 Kor 10,1-10; Röm 11,3 – 5). Zugleich kann Paulus anhand der Schrift zeigen, daß damit Gottes Wort nicht ›hingefallen‹ ist (Röm 9,6) und er das Volk, das er erwählte, nicht verstoßen hat (Röm 11,1 f). Daß sich heute die Erwählung Israels so vollzieht, daß sie dessen Reduktion auf einen nur geringen Rest bedeutet, ist bereits von der Schrift angekündigt (Röm 9,27-29) und in der Schrift als bereits früher geschehenes Handeln Gottes bezeugt (Röm 11,3 – 5). Darüber hinaus kann Paulus – nicht zuletzt auch mit Hilfe der Schrift – die Hoffnung auf eine zukünftige Rettung von πᾶς 'Ισραήλ formulieren (Röm 11,26 f).[43] Dies hebt jedoch nicht auf, daß der Rückbezug der gegenwärtigen Gemeinde auf die den Vätern gegebene Verheißung mit einem fundamentalen Bruch verbunden ist, der sich auf literarischer bzw. historischer Ebene in der Ausblendung der gesamten Geschichte des Volkes Israel als positivem Faktor der Vermittlung zwischen Vätergeschichte und Gegenwart, theologisch in der Abtrennung der Verheißung vom Gesetz (Röm 4; Gal 3,6-18; 4,21-31) zeigt.

An diesen beiden für die Schriftverwendung des Paulus zentralen Themenbereichen, dem der δικαιοσύνη θεοῦ und des Gesetzes sowie dem der gemeinsamen Berufung von Juden und Heiden, wird deutlich, in welcher Weise die Schrift für Paulus relevant ist, besser: erneut relevant wird. Ausgehend von dem grundsätzlich veränderten Verstehenshorizont aufgrund des eschatologischen Handelns Gottes in Christus, gewinnt Paulus die Schrift neu als Zeugnis des εὐαγγέλιον, das als δύναμις θεοῦ die σωτηρία παντὶ τῷ πιστεύοντι eröffnet. Damit ist die Schrift nicht mehr die gleiche wie vorher (und außerhalb!), und Paulus ist dies durchaus bewußt, wie in 2 Kor 3,7-18 deutlich wird. Die Schrift ist damit jedoch nicht abgetan oder überholt, sondern hat erneut Relevanz

---

[42] Zur Verwendung des λαός-Titels gerade auch für die ἐξ ἐθνῶν Berufenen vgl. Röm 9,25 f, wo die Übertragung der Selbstbezeichnung Israels als Gottes λαός und als υἱοὶ θεοῦ mit Hilfe eines Zitats erfolgt; s. o. S. 104.

[43] Wobei nicht zu übersehen ist, daß Pls auch hier – wie in Röm 9-11 insgesamt – nicht isoliert von Israel spricht, sondern zugleich auch immer von der Berufung der ἔθνη: Der Rettung von πᾶς 'Ισραήλ korrespondiert das ›Eingehen‹ des πλήρωμα τῶν ἐθνῶν; vgl. auch die laufende Verschränkung von Israel und ἔθνη in 11,30-32.

Die Schrift als Zeuge des εὐαγγέλιον 353

gewonnen, wenn auch durch einen fundamentalen Bruch hindurch. So neu gewonnen, bezeugt die Schrift, daß die im εὐαγγέλιον offenbarte δικαιοσύνη θεοῦ, verstanden als Gottes δικαιοῦν τὸν ἐκ πίστεως Ἰησοῦ, das Handeln des Gottes ist, der auch schon an den Vätern als ὁ καλῶν und ὁ δικαιῶν τὸν ἀσεβῆ gehandelt hat, dessen Verheißung an die Väter auf die Gegenwart als dem καιρὸς εὐπρόσδεκτος und der ἡμέρα σωτηρίας (2 Kor 6,2) zielt und von dessen endzeitlichem Handeln in Christus die Gemeinde die endgültige Vernichtung des Todes erhoffen und heute schon – wiederum in Worten der Schrift – aussagen kann (1 Kor 15,54f).

Literaturverzeichnis

I Quellen

1. Biblia Hebraica

KITTEL, R., Biblia Hebraica, Stuttgart (1937) ¹²1961.
ELLIGER, K. - RUDOLPH, W., Biblia Hebraica Stuttgartensia, Stuttgart 1977.

2. Septuaginta

a) Gesamt- und Teilausgaben

HOLMES, R. - PARSONS, J., Vetus Testamentum Graecum cum variis lectionibus. I-V, Oxford 1798-1827.
SWETE, H. B., The Old Testament in Greek According to the Septuagint. I-III, London, I ²1895, II 1891, III 1894.
BROOKE, A. E. - MCLEAN, N., The Old Testament in Greek. I-III, Cambridge 1906-1940.
RAHLFS, A., Septuaginta. Id est Vetus Testamentum graece iuxta LXX interpretes. I-II, Stuttgart ⁷1962.
Academia Scientiarum Gottingensis, Septuaginta. Vetus Testamentum Graecum, Göttingen 1931 ff.
   Vol. I: WEVERS, J. W., Genesis, 1974.
   Vol. III/1: WEVERS, J. W., Numeri, 1982.
   Vol. III/2: WEVERS, J. W., Deuteronomium, 1977.
   Vol. X: RAHLFS, A., Psalmi cum Odis, ³1979.
   Vol. XI/4: ZIEGLER, J., Iob, 1982.
   Vol. XIII: ZIEGLER, J., Duodecim prophetae, 1943.
   Vol. XIV: ZIEGLER, J., Isaias, 1939.
   Vol. XV: ZIEGLER, J., Ieremias. Baruch. Threni. Epistula Ieremiae, 1957.
KOSACK, W., Proverbia Salomonis achmimisch, sahidisch, bohairisch und arabisch, Vetus Testamentum Coptice 1, Bonn 1973.

b) Ausgaben einzelner Handschriften

ALY, Z. - KOENEN, L., Three Rolls of the Early Septuagint: Genesis and Deuteronomy, Bonn 1980.
BARTHÉLEMY, D., Les devanciers d'Aquila. Première publication intégrale du text des fragments du Dodécaprophéton trouvés dans le Désert de Juda, VT. S 10, Leiden 1963.
DEISSMANN, A., Die Septuaginta-Papyri und andere altchristliche Texte der Heidelberger Papyrus-Sammlung, Veröffentlichungen der Heidelberger Papyrus-Sammlung 1, Heidelberg 1905.

c) Hexapla

FIELD, F., Origenis Hexaplorum quae supersunt; sive veterum interpretum Graecorum in totum Vetus Testamentum fragmenta. I-II, Oxford 1875.
SCHENKER, A., Hexaplarische Psalmenbruchstücke, OBO 8, Freiburg/CH 1975.

3. Targumim

WALTON, B., Biblia Sacra Polyglotta. VI, London 1657 (Nachdruck: Graz 1965).
SPERBER, A., The Bible in Aramaic Based on Old Manuscripts and Printed Texts. I: The Pentateuch According to Targum Onkelos, Leiden 1959. III: The Latter Prophets According to Targum Jonathan, Leiden 1962.
GINSBURGER, M., Das Fragmententhargum (Thargum jeruschalmi zum Pentateuch), Berlin 1899.
KLEIN, M. L., The Fragment-Targums of the Pentateuch According to their Extant Sources, I–II, AnBib 76, Rom 1980.
DÍEZ MACHO, A., Neophyti 1. Targum Palestinense MS de la Biblioteca Vaticana. V, Madrid 1978.

4. Jüdische Literatur aus hellenistischer Zeit (ohne Qumran)

a) Textsammlungen

KAUTZSCH, E., Die Apokryphen und Pseudepigraphen des Alten Testaments. I–II, Tübingen 1900.
RIESSLER, P., Altjüdisches Schrifttum außerhalb der Bibel, Heidelberg ⁴1979.
KÜMMEL, W. G. (Hg.), Jüdische Schriften aus hellenistisch-römischer Zeit, Gütersloh 1973 ff.

Bd. I/2: WALTER, N., Fragmente jüdisch-hellenistischer Historiker, 1976, 89–163.
Bd. II/1: HAMMERSHAIMB, E., Das Martyrium Jesajas, 1973, 15–34.
Bd. II/2: DIETZFELBINGER, CH., Pseudo-Philo: Antiquitates Biblicae (Liber Antiquitatum Biblicarum), 1975, 89–271.
Bd. II/3: BERGER, K., Das Buch der Jubiläen, 1981, 273–575.
Bd. III/2: JANSSEN, E., Das Testament Abrahams, 1975, 193–256.
Bd. III/2: WALTER, N., Fragmente jüdisch-hellenistischer Exegeten: Aristobulos, Demetrios, Aristeas, 1975, 257–299.
Bd. III/3: SCHALLER, B., Das Testament Hiobs, 1979, 301–387.
Bd. V/3: SCHRAGE, W., Die Elia-Apokalypse, 1980, 193–288.

b) Einzelne Schriften bzw. Schriftsteller

BURCHARD, Ch., Ein vorläufiger griechischer Text von Joseph und Aseneth, DBAT 14, 1979, 2–53.
COHN, L. – WENDLAND, P. (Hg.), Philonis Alexandrini opera quae supersunt. I–VII, Berlin 1896–1915 (VII 1/2: LEISEGANG, J., Indices, 1926/1930).
DELCOR, M., Le Testament d'Abraham, SVTP 2, Leiden 1973.
HARRINGTON, D. J. – CAZEAUX, J., Pseudo-Philon. Les Antiquités Bibliques. I: Introduction et texte critique, SC 229, Paris 1976.
ODEBERG, H., 3 Enoch or the Hebrew Book of Enoch, Cambridge 1928.
PHILONENKO, M., Joseph et Aséneth. Introduction, Texte critique, Traduction et Notes, StPB 13, Leiden 1968.
TISSERANT, E., Ascension d'Isaie. Traduction de la version Ethiopienne avec les principales variantes des versions Grecque, Latines et Slave, Paris 1909.

5. Qumran

a) Textsammlungen

ALLEGRO, J. M., Qumrân Cave 4, DJD V, Oxford 1968.
CARMIGNAC, J. – COTHENET, E. – LIGNÉE, H., Les Textes de Qumran (II), Paris 1963.
LOHSE, E., Die Texte aus Qumran. Hebräisch und deutsch, Darmstadt 1964.

b) Einzelschriften

ALLEGRO, J. M., Further Light on the History of the Qumran Sect, JBL 75, 1956, 89–95.
–, Further Messianic References in Qumran Literature, JBL 75, 1956, 174–187.
CARMIGNAC, J., La Règle de la Guerre des Fils de Lumière contre les Fils de Ténèbres, Paris 1958.
FITZMYER, J. A., The Genesis Apocryphon of Qumran Cave I, BibOr 18 A, Rom ²1971.
MAIER, J., Die Tempelrolle vom Toten Meer, UTB 829, München 1978.
RABIN, Ch., The Zadokite Documents, Oxford ²1958.
YADIN, Y., The Scroll of the War of the Sons of Light against the Sons of Darkness, Oxford 1962.
–, The Temple Scroll. I–III, Jerusalem 1977/1983.

6. Rabbinische Literatur

BILLERBECK, P. (STRACK, H. L. – BILLERBECK, P.), Kommentar zum Neuen Testament aus Talmud und Midrasch. I–IV (ab V hg. von J. JEREMIAS), München 1922–1961.
BEER, G. – HOLTZMANN, O. (Hg.), Die Mischna. Text, Übersetzung und ausführliche Erklärung, Gießen 1912 ff.
    Bd. IV/4.5: KRAUSS, S., Sanhedrin (Hoher Rat). Makkot (Prügelstrafe), 1933.
    Bd. IV/9:   MARTI, K. – BEER, G., Abot (Väter), 1927.
    Bd. V/10:   HOLTZMANN, O., Middot (Von den Maßen des Tempels), 1913.
KUHN, K. G., Der tannaitische Midrasch Sifre zu Numeri, RT II Bd. 3, Stuttgart 1959.

7. Neues Testament

WETTSTEIN, J. J., Ἡ ΚΑΙΝΗ ΔΙΑΘΗΚΗ. Novum Testamentum Graecum. I–II, Amsterdam 1751. 1752 (Nachdruck: Graz 1962).
NESTLE, E. – ALAND, K., Novum Testamentum Graece, Stuttgart ²⁵1963.
ALAND, K. u. a., Novum Testamentum Graece, Stuttgart ²⁶1979 (7. Abdruck 1983).
HORNER, G., The Coptic Version of the New Testament in the Northern Dialect, otherwise called Memphitic and Bohairic. III, Oxford 1905 (Nachdruck: Osnabrück 1969).
–, The Coptic Version of the New Testament in the Southern Dialect, otherwise called Sahidic and Thebaic. IV–V, Oxford 1920 (Nachdruck: Osnabrück 1969).

8. Neutestamentliche Apokryphen

LIPSIUS, R. A. – BONNET, M., Acta Apostolorum Apocrypha. I–II 1/2, Leipzig 1891/1898 (Nachdruck: Darmstadt 1959).
(HENNECKE, R. –) SCHNEEMELCHER, W., Neutestamentliche Apokryphen in deutscher Übersetzung. I–II, Tübingen ⁴1968/1971.

9 Apostolische Väter und frühe Apologeten

(FUNK, F. X. –) BIHLMEYER, K. – SCHNEEMELCHER, W., Die Apostolischen Väter I, SQS II 1,1, Tübingen ²1956.
FISCHER, J. A., Die Apostolischen Väter, SUC 1, Darmstadt ⁸1981.
WENGST, K., Didache (Apostellehre). Barnabasbrief. Zweiter Klemensbrief. Schrift an Diognet, SUC 2, Darmstadt 1984.
GOODSPEED, E. J., Die ältesten Apologeten, Göttingen 1914.
OTTO, J. C. Th. v., Iustini Philosophi et Martyris Opera quae feruntur omnia. I/1.2. II, Jena, 3. Aufl. 1876. 1877. 1879.

10. Kirchenväter

Clemens Alexandrinus, Protrepticus und Paedagogus, hg. von STÄHLIN, O./TREU, U., GCS 55 (12), Clemens Alexandrinus [Werke] I, Berlin ³1972.
–, Stromata I–VI, hg. von STÄHLIN, O./FRÜCHTEL, L., GCS 52 (15), Clemens Alexandrinus [Werke] II, Berlin ³1960.
Cyprian, Ad Quirinum (Testimoniorum libri tres), hg. von WEBER, R., CChr. SL 3, Sancti Cypriani Episcopi Opera Pars I, Turnholt 1972, 3–179.
Eusebius, Demonstratio Evangelica, hg. von HEIKEL, I.A., GCS 23, Eusebius Werke VI, Leipzig 1913.
–, Der Jesajakommentar, hg. von ZIEGLER, J., GCS [59], Eusebius Werke IX, Berlin 1975.
–, Praeparatio Evangelica I–X/XI–XV, hg. von MRAS, K., GCS 43, 1/2, Eusebius Werke VIII, Berlin 1954/1956.
Euthalius, Editio Epistolarum Pauli, MPG 85, Turnholt, o. J., 693–790.
Hieronymus, Commentarioli in Psalmos, hg. von MORIN, G., CChr. SL 72, S. Hieronymi Presbyteri Opera Pars I, 1, Turnholt 1959, 1977–245.
–, Commentariorum in Esaiam Libri I–XVIII, hg. von ADRIAEN, M., CChr.SL 73/73A, S. Hieronymi Presbyteri Opera Pars I, 2, Turnholt 1963, 465–799.
–, Commentariorum in Epistolam ad Galatas libri tres, MPL 26, Paris 1845, 307–438.
–, Commentariorum in Epistolam ad Ephesios libri tres, MPL 26, Paris 1845, 439–554.
–, Commentariorum in Epistolam ad Titus liber unus, MPL 26, Paris 1845, 555–600.
–, Epistulae I–LXX, hg. von HILBERG, I., CSEL 54, Wien/Leipzig 1910.
Hippolytus, Refutatio omnium haeresium, hg. von WENDLAND, P., GCS 26, Hippolytus Werke III, Leipzig 1916.
Origenes, Matthäuserklärung II. Die lateinische Übersetzung der Commentariorum Series, hg. von KLOSTERMANN, E., GCS 38, Origenes Werke XI, Leipzig 1933.
–, Philocalia I–XX, in: HARL, M. – DE LANGE, N. (Ed.), Origène. Philocalie, 1–20. Sur les Ecritures – La lettre à Africanus sur l'histoire de Suzanne, SC 302, Paris 1983, 163–468.
Photius, Ad Amphilochium Quaestiones, MPG 101, Turnholt, o. J. [1860], 45–1187.
Sokrates Scholasticus, Historia Ecclesiastica, MPG 67, Paris 1864, 29–842.
Constitutiones Apostolorum, in: FUNK, F.X. (Hg.), Didascalia et Constitutiones Apostolorum. I–II, Paderborn 1905

11. Profanhellenistische Literatur

Eine Anführung erfolgt nur, falls die Verwendung einer bestimmten Ausgabe von Belang ist bzw. sich nicht von selbst versteht.

a) Inschriften und Papyri

DITTENBERGER, W., Sylloge inscriptionum Graecarum. I–IV, Leipzig ³1915–1924 (Nachdruck: Hildesheim 1960).
GRENFELL, B.P. – HUNT, A.S., The Hibeh Papyri. I, London (1906) 1978.
PREISENDANZ, K., Papyri Graecae Magicae. Die griechischen Zauberpapyri. I–II, Berlin 1928. 1931.

b) Schriftsteller

KOCK, Th., Comicorum Atticorum Fragmenta. III, Leipzig 1888.
KOERTE, A. – THIERFELDER, A., Menandri quae supersunt. II, Leipzig 1959.
NAUCK, A., Euripidis Tragodiae. III, Leipzig 1912.

12. Gnostische Literatur

BÖHLING, A. – LABIB, P., Koptisch-Gnostische Apokalypsen aus Codex V von Nag Hammadi im Koptischen Museum zu Alt-Kairo, WZ(H) Sonderband 1963.

GUILLOMONT, H. - PUECH, H.-CH. - QUISPEL, G. - TILL, W. - ABD AL MASIH, Y., Evangelium nach Thomas, Leiden 1959.
KASSER, R. - MALININE, M. - PUECH, H.-Ch. - QUISPEL, G. - ZANDEE, J. - VYCICHL, W. - WILSON, R. Mcl., Tractatus Tripartitus. Pars II. III/Oratio Pauli, Bern 1975.

II Hilfsmittel

1. Konkordanzen

HATCH, E. - REDPATH, H. A., A Concordance to the Septuagint and the other Greek Versions of the Old Testament (Including the Apocryphal Books). I-II. Supplement, Oxford, I-II 1897, Supplement 1906.
REIDER, J. - TURNER, N., An Index to Aquila, VT.S 12, Leiden 1966.

2. Wörterbücher

BAUER, W., Griechisch-Deutsches Wörterbuch zu den Schriften des Neuen Testaments und der übrigen urchristlichen Literatur, Berlin [5]1958.
(GESENIUS, W. -) BUHL, F., Hebräisches und Aramäisches Handwörterbuch über das Alte Testament, Berlin [17](1915) 1962.
GEORGES, K. E., Ausführliches Lateinisch-Deutsches Handwörterbuch. I-II, Hannover [11]1962.
HEUMANN, H. - SECKEL, E., Handlexikon zu den Quellen des römischen Rechts, Graz [10]1958.
KÖHLER, L. - BAUMGARTNER, W., Lexicon in Veteris Testamenti libros, Leiden 1953; Supplementum, Leiden 1958.
-, Hebräisches und Aramäisches Lexikon zum Alten Testament, 3. Aufl., Leiden, Lfg. I 1967, II 1974, III 1983.
LAMPE, G. W. H., A Patristic Greek Lexicon, Oxford 1961.
LEVY, J., Chaldäisches Wörterbuch über die Targumim. I-II, Köln [3]1959.
LIDDELL, H.G. - SCOTT, R. - JONES, H.S., A Greek-English Lexicon, I-II, Supplement, Oxford [9](1940) 1948. 1968.
MOULTON, J. H. - MILLIGAN, G., The Vocabulary of the Greek Testament. Illustrated from the Papyri and other Non-Literary Sources, (1930) Grand Rapids, Michigan 1976.
NIERMEYER, J. F. - VAN DE KIEFT, C., Mediae Latinitatis Lexicon Minus, Leiden 1976.
STEPHANUS, H. - HASE, C. B. - DINDORF, W. - DINDORF, L., Thesaurus Graecae Linguae. I-IX, 1831-1865 (Nachdruck: Graz 1954).

3. Grammatiken

BLASS, F. - DEBRUNNER, A. - REHKOPF, F., Grammatik des neutestamentlichen Griechisch, Göttingen [15]1979.
HELBING, R., Grammatik der Septuaginta. Laut- und Wortlehre, Göttingen 1907.
-, Die Kasussyntax der Verba bei den Septuaginta, Göttingen 1928.
THACKERAY, H. St. J., A Grammar of the Old Testament in Greek According to the Septuagint. I, Cambridge 1909.

III Sekundärliteratur

AICHER, G., Das Alte Testament in der Mischna, BSt(F) 11/4, Freiburg/Br. 1906.
ALLO, E.-B., Saint Paul. Seconde Épître aux Corinthiens, EtB, Paris [2]1956.

AMSLER, S., L'Ancien Testament dans l'église. Essai d'herméneutique chrétienne, BT(N), Neuchâtel/Ch 1960.
APTOWITZER, V., Das Schriftwort in der rabbinischen Literatur 1–5, Wien 1906–1915; 1: SAWW. Phil.-hist. Kl. 153, 1906; 2: SAWW. Phil.-hist. Kl. 160, 1908; 3.4: JITL 18, 1911; 5: JITL 22, 1915.
BACHER, W., Die exegetische Terminologie der jüdischen Traditionsliteratur. I: Die bibelexegetische Terminologie der Tannaiten; II: Die bibel- und traditionsexegetische Terminologie der Amoräer, Leipzig 1899. 1905 (Nachdruck: Darmstadt 1965).
–, Die Proömien der alten jüdischen Homilien. Beitrag zur Geschichte der jüdischen Schriftauslegung und Homiletik, BWAT 12, Leipzig 1913.
BACHMANN, Ph., Der erste Brief des Paulus an die Korinther, KNT 7, Leipzig 1905.
BALZ, H. R., Heilsvertrauen und Welterfahrung. Strukturen der paulinischen Eschatologie nach Römer 8,18–39, BEvTh 59, München 1971.
BARR, J., The Meaning of ΕΠΑΚΟΥΩ and Cognates in the LXX, JThS NS 31, 1980, 67–72.
BARRETT, C. K., A Commentary on the Epistle to the Romans, BNTC, London (1957) 1962.
–, A Commentary on the First Epistle to the Corinthians, BNTC, London 1968.
–, A Commentary on the Second Epistle to the Corinthians, BNTC, London (1973) 1982.
–, The Allegory of Abraham, Sarah, and Hagar in the Argument of Galatians, in: Friedrich, J. – Pöhlmann, W. – Stuhlmacher, P. (Hg.), Rechtfertigung. Festschrift für Ernst Käsemann zum 70. Geburtstag, Tübingen 1976, 1–16.
BARTHÉLEMY, D., Devanciers: s. o. S. 354.
–, Les Tiqquné Sopherim et la critique textuelle de l'Ancien Testament, in: ders., Études d'histoire du texte de l'Ancien Testament, OBO 21, Fribourg/Ch 1978, 91–110 (zuerst: VT.S 9, 1963, 285–304).
BAUER, J. B., »... ΤΟΙΣ ΑΓΑΠΩΣΙΝ ΤΟΝ ΘΕΟΝ«. Rm 8$_{28}$ (I Cor 2$_9$, I Cor 8$_3$), ZNW 50, 1959, 106–112.
BAUMANN, R., Mitte und Norm des Christlichen. Eine Auslegung von 1 Korinther 1,1–3,4, NTA NF 5, Münster 1968.
BECKER, J., Das Heil Gottes. Heils- und Sündenbegriffe in den Qumrantexten und im Neuen Testament, StUNT 3, Göttingen 1964.
–, Der Brief an die Galater, in: Becker, J. – Conzelmann, H. – Friedrich, G., Die Briefe an die Galater, Epheser, Philipper, Kolosser, Thessalonicher und Philemon, NTD 8, Göttingen 1(14)1976.
BEHM, J., Der Begriff ΔΙΑΘΗΚΗ im Neuen Testament, Leipzig 1912.
BEHM, J. – QUELL, G., Art. διατίϑημι κτλ., ThWNT II, Stuttgart 1935, 105–137.
BENGEL, J. A., Gnomon Novi Testamenti, Berlin 1860 (= ³1773).
BERGER, K., Abraham in den paulinischen Hauptbriefen, MThZ 17, 1966, 47–89.
–, Die Gesetzesauslegung Jesu. Ihr historischer Hintergrund im Judentum und im Alten Testament. Teil I: Markus und Parallelen, WMANT 40, Neukirchen-Vluyn 1972.
–, Zur Diskussion über die Herkunft von I Kor II. 9, NTS 24, 1978, 270–283.
BERTRAM, G., Art. ἔϑνος κτλ. A. Volk und Völker in der Septuaginta, ThWNT II, Stuttgart 1935, 362–366.
–, Art. κρεμάννυμι κτλ., ThWNT III, Stuttgart 1938, 915–920.
–, Art. στρέφω κτλ., ThWNT VII, Stuttgart 1964, 714–729.
BETZ, H. D., Galatians. A Commentary on Paul's Letter to the Churches in Galatia, Hermeneia, Philadelphia 1979.
BETZ, O., Offenbarung und Schriftforschung in der Qumransekte, WUNT 6, Tübingen 1960.
BEYERLIN, W., Innerbiblische Aktualisierungsversuche: Schichten im 44. Psalm, ZThK 73, 1976, 446–460.
BIEDER, W., Die Vorstellung von der Höllenfahrt Jesu Christi. Beitrag zur Entstehungsgeschichte der Vorstellung vom sog. Descensus ad inferos, AThANT 19, Zürich 1949.

BIETENHARD, H., Die himmlische Welt im Urchristentum und Spätjudentum, WUNT 2, Tübingen 1951.
BIRT, Th., Das antike Buchwesen in seinem Verhältniss zur Litteratur, Berlin 1882 (Nachdruck: Aalen 1959).
BLACK, M., The Christological Use of the Old Testament in the New Testament, NTS 18, 1972, 1–14.
BLANK, J., Paulus und Jesus. Eine theologische Grundlegung, StANT 18, München 1968.
–, Warum sagt Paulus: »Aus Werken des Gesetzes wird niemand gerecht«?, EKK.V 1, Zürich 1969, 79–95.
–, Erwägungen zum Schriftverständnis des Paulus, in: Friedrich, J. - Pöhlmann, W. - Stuhlmacher, P. (Hg.), Rechtfertigung. Festschrift für Ernst Käsemann zum 70. Geburtstag, Tübingen 1976, 37–56.
BLAU, L., Studien zum althebräischen Buchwesen und zur biblischen Litteraturgeschichte. 25. Jahresbericht der Landes-Rabbinerschule in Budapest für das Schuljahr 1901–1902, Budapest 1902.
BLOCH, R., Art. Midrash, DBS 5, Paris 1957, 1263–1281.
BÖCHER, O., Art. ᾅδης, EWNT I, Stuttgart 1980, 72f.
BÖHL, F., Aufbau und literarische Formen des aggadischen Teils im Jelamdenu-Midrasch, Wiesbaden 1977.
BONSIRVEN, J., Exégèse rabbinique et exégèse paulinienne, BTH, Paris 1939.
BORGEN, P., Bread from Heaven. An Exegetical Study of the Concept of Manna in the Gospel of John and the Writings of Philo, NT. S 10, Leiden 1965.
BORNKAMM, G., Die Offenbarung des Zornes Gottes, in: ders., Das Ende des Gesetzes. Paulusstudien. Gesammelte Aufsätze Band I, BEvTh 16, München ⁴1963, 9–33 (zuerst: ZNW 34, 1935, 239–262).
–, Der Lobpreis Gottes. Röm 11,33–36, in: ders., Aufs. I [s. o.], München ⁴1963, 70–75 (zuerst: FAB 5, 1951, 178ff. [?]).
–, Paulinische Anakoluthe, in: ders., Aufs. I [s. o.], München (1952) ⁴1963, 76–92.
–, Die Vorgeschichte des sogenannten Zweiten Korintherbriefes, in: ders., Geschichte und Glaube. Zweiter Teil. Gesammelte Aufsätze Band IV, BEvTh 53, München 1971, 162–194 (zuerst SHAW.PH 1961/2).
–, Der Philipperbrief als paulinische Briefsammlung, in: ders., Aufs. IV [s. o.], München 1971, 195–205 (zuerst: Neotestamentica et Patristica. Eine Freundesgabe, Herrn Professor Dr. Oscar Cullmann zu seinem 60. Geburtstag, NT.S 6, Leiden 1962, 192–202).
–, Paulus, Stuttgart 1969.
BOUSSET, W., Kyrios Christos. Geschichte des Christusglaubens von den Anfängen des Christentums bis Irenaeus (FRLANT 21, Göttingen ¹1913; ²1921), Göttingen ⁵1965 (= ²1921).
BRANDENBURGER, E., Adam und Christus. Exegetisch-religionsgeschichtliche Untersuchung zu Röm. 5₁₂₋₂₁ (1.Kor. 15), WMANT 7, Neukirchen-Vluyn 1962.
–, Fleisch und Geist. Paulus und die dualistische Weisheit, WMANT 29, Neukirchen-Vluyn 1968.
–, Frieden im Neuen Testament. Grundlinien urchristlichen Friedensverständnisses, Gütersloh 1973.
–, Das Recht des Weltenrichters. Untersuchung zu Matthäus 25,31–46, SBS 99, Stuttgart 1980.
–, Die Verborgenheit Gottes im Weltgeschehen. Das literarische und theologische Problem des 4. Esrabuches, AThANT 68, Zürich 1981.
BRAUN, H., Art. πλάσσω κτλ., ThWNT VI, Stuttgart 1959, 254–263.
–, Art. ποιέω κτλ., ThWNT VI, Stuttgart 1959, 456–483.
–, Das Alte Testament im Neuen Testament, ZThK 59, 1962, 16–31.
–, Qumran und das Neue Testament. I–II, Tübingen 1966.

BROCK, S. P., Art. Bibelübersetzungen. I. Die alten Übersetzungen des Alten und Neuen Testaments. 1.2 Die Übersetzungen des Alten Testaments ins Griechische, TRE VI, Berlin 1980, 163–172.
BROOKE, G.J., 4 Q Florilegium in the Context of Early Jewish Exegetical Method, Diss. Claremont 1978.
BROWNLEE, W. H., Biblical Interpretation among the Sectaries of the Dead Sea Scrolls, BA 14, 1951, 54–76.
–, The Text of Habakkuk in the Ancient Commentary from Qumran, JBL.MS 11, Philadelphia 1959.
BROX, N., Der erste Petrusbrief, EKK 21, Zürich 1979.
BÜCHSEL, F., Art. ἀλληγορέω, ThWNT I, Stuttgart 1933, 260–264.
BULTMANN, R., Der Stil der paulinischen Predigt und die kynisch-stoische Diatribe, FRLANT 13, Göttingen 1910.
–, Art. γινώσκω κτλ., ThWNT I, Stuttgart 1933, 688–719.
–, Art. ἐλπίς κτλ. B. Der at.liche Hoffnungsbegriff. D. Die Hoffnung des hellenistischen Judentums. E. Der urchristliche Hoffnungsbegriff, ThWNT II, Stuttgart 1935, 518–520. 525–530.
–, Art. καυχάομαι κτλ., ThWNT III, Stuttgart 1938, 646–654.
–, Glossen im Römerbrief, in: ders., Exegetica. Aufsätze zur Erforschung des Neuen Testaments, Tübingen 1967, 278–284 (zuerst: ThLZ 72, 1947, 197–202).
–, Exegetische Probleme des zweiten Korintherbriefes, in: ders., Aufs. [s. o.], Tübingen 1967, 298–322 (zuerst: SyBU 9, Uppsala 1947, 3–31).
–, Ursprung und Sinn der Typologie als Hermeneutischer Methode, in: ders., Aufs. [s. o.], Tübingen 1967, 369–380 (zuerst: ThLZ 75, 1950, 205–212).
–, Art. πιστεύω κτλ. D. Die Begriffsgruppe πίστις im NT, ThWNT VI, Stuttgart 1959, 203–230.
–, Der zweite Brief an die Korinther, KEK (Sonderband), Göttingen 1976.
–, Theologie des Neuen Testaments, Tübingen ⁸1980 (hg. von Merk, O.).
BURCHARD, Ch., Bibliographie zu den Handschriften vom Toten Meer II, BZAW 89, Berlin 1965.
–, Der dreizehnte Zeuge. Traditions- und kompositionsgeschichtliche Untersuchungen zu Lukas' Darstellung der Frühzeit des Paulus, FRLANT 103, Göttingen 1970.
–, Das doppelte Liebesgebot in der frühen christlichen Überlieferung, in: Lohse, E. (Hg.), Der Ruf Jesu und die Antwort der Gemeinde. Exegetische Untersuchungen Joachim Jeremias zum 70. Geburtstag gewidmet, Göttingen 1970, 39–62.
–, Zu Jakobus 2$_{14-26}$, ZNW 71, 1980, 27–45.
BURTON, E. de W., A Critical and Exegetical Commentary on the Epistle to the Galatians, ICC, Edinburgh (1921) 1968.
CAIRD, G. B., Towards a Lexicon of the Septuagint. I.II, in: Kraft, R. A. (Ed.), Septuagintal Lexicography, SCSt 1, Missoula (Montana) 1972, 110–152 (zuerst: JThS NS 19, 1968, 453–475; 20, 1969, 21–40).
CAMPENHAUSEN, H. v., Die Begründung kirchlicher Entscheidungen beim Apostel Paulus. Zur Grundlegung des Kirchenrechts, SHAW.PH 1957/2, Heidelberg ²1965.
–, Die Entstehung der christlichen Bibel, BHTh 39, Tübingen 1968.
CAPELLE, W., Art. Diatribe. A. Nichtchristlich, RAC III, Stuttgart 1957, 990–997.
CARMIGNAC, J., Les citations de l'Ancien Testament dans »La Guerre des Fils de Lumière contre les Fils de Ténèbres«, RB 63, 1956, 234–260. 375–390.
CERFAUX, L., Vestiges d'un florilège dans I Cor., I, 18–III, 23?, in: [ders.,] Recueil Lucien Cerfaux. Études d'Exégèse et d'Histoire Religieuse. II, BEThL 7, Gembloux 1954, 319–332 (zuerst: RHE 27, 1931, 521–534).
–, »Kyrios« dans les citations pauliniennes de l'Ancien Testament, in: [ders.,] Recueil Lucien Cerfaux. Études d'Exégèse et d'Histoire Religieuse. I, BEThL 6, Gembloux 1954, 173–188 (zuerst: EThL 20, 1943, 5–17).

CHRISTIANSEN, I., Die Technik der allegorischen Auslegungswissenschaft bei Philon von Alexandrien, BGBH 7, Tübingen 1969.
COHEN, N. G., Josephus and Scripture: Is Josephus' Treatment of the Scriptural Narrative Similar throughout the Antiquities I–XI?, JQR NS 54, 1963/64, 311–332.
CONZELMANN, H., Fragen an Gerhard von Rad, EvTh 24, 1964, 113–125.
–, Die Mutter der Weisheit, in: ders., Theologie als Schriftauslegung. Aufsätze zum Neuen Testament, BEvTh 65, München 1974, 167–176 (zuerst: Dinkler, E. [Hg.], Zeit und Geschichte. Dankesgabe an Rudolf Bultmann zum 80. Geburtstag, Tübingen 1964, 225–234).
–, Zur Analyse der Bekenntnisformel 1. Kor 15,3–5, in: ders., Aufs. [s. o.], München 1974, 131–141 (zuerst: EvTh 25, 1965, 1–11).
–, Paulus und die Weisheit, in: ders., Aufs. [s. o.], München 1974, 177–190 (zuerst: NTS 12, 1965/66, 231–244).
–, Geschichte des Urchristentums, GNT 5, Göttingen ²1971.
–, Die Apostelgeschichte, HNT 7, Tübingen ²1972.
–, Art. φῶς κτλ., ThWNT IX, Stuttgart 1973, 302–349.
–, Grundriß der Theologie des Neuen Testaments, München ³1976.
–, Der erste Brief an die Korinther, KEK 5, Göttingen ²⁽¹²⁾1981.
CRANFIELD, C. E. B., A Critical and Exegetical Commentary on the Epistle to the Romans. I–II, ICC, Edinburgh 1975. (1979) 1981.
DAHL, N. A., The Atonement – An Adequate Reward for the Akedah? (Ro 8:32), in: Ellis, E. E. – Wilcox, M. (Ed.), Neotestamentica et Semitica. Studies in Honour of Matthew Black, Edinburgh 1969, 15–29.
DAUBE, D., Rabbinic Methods of Interpretation and Hellenistic Rhetoric, HUCA 22, 1949, 239–264.
–, The New Testament and Rabbinic Judaism, London 1956.
DAVIES, G. I., Hagar, El-Hegra and the Location of Mount Sinai, VT 22, 1972, 152–163.
DEICHGRÄBER, R., Gotteshymnus und Christushymnus in der frühen Christenheit. Untersuchungen zu Form, Sprache und Stil der frühchristlichen Hymnen, StUNT 5, Göttingen 1967.
DEISSMANN, A., Bibelstudien. Beiträge, zumeist aus den Papyri und Inschriften, zur Geschichte der Sprache, des Schrifttums und der Religion des hellenistischen Judentums und des Urchristentums, Marburg 1895.
–, Neue Bibelstudien. Sprachgeschichtliche Beiträge, zumeist aus den Papyri und Inschriften, zur Erklärung des Neuen Testaments, Marburg 1897.
–, Licht vom Osten. Das Neue Testament und die neuentdeckten Texte der hellenistisch-römischen Welt, Tübingen ⁴1923.
DELLING, G., Partizipiale Gottesprädikationen in den Briefen des Neuen Testaments, StTh 17, 1963, 1–59.
–, Art. στοιχέω κτλ., ThWNT VII, Stuttgart 1964, 666–687.
–, Art. τέλος κτλ., ThWNT VIII, Stuttgart 1969, 50–88.
–, Geprägte partizipiale Gottesaussagen in der urchristlichen Verkündigung, in: ders., Studien zum Neuen Testament und zum hellenistischen Judentum (hg. von Hahn, F. – Holtz, T. – Walter, N.), Göttingen 1970, 401–416.
–, Art. ὥρα, ThWNT IX, Stuttgart 1973, 675–681.
–, Die Entfaltung des ›Deus pro nobis‹ in Röm 8,31–39, SNTU(A) 4, 1979, 76–96.
DEMKE, Ch., »Ein Gott und viele Herren«. Die Verkündigung des einen Gottes in den Briefen des Paulus, EvTh 36, 1976, 473–484.
DENIS, A.-M., Introduction aux Pseudépigraphes grecs d'Ancien Testament, SVTP (1), Leiden 1970.
DIBELIUS, M., An die Thessalonicher I.II. An die Philipper, HNT 11, Tübingen ³1937.
–, Der Brief des Jakobus, KEK 15, Göttingen ⁵⁽¹¹⁾1964.
–, Die Formgeschichte des Evangeliums, Tübingen ⁵1966 (hg. von Bornkamm, G.; mit einem Nachtrag von Iber, G.).

DIBELIUS, M. - CONZELMANN, H., Die Pastoralbriefe, HNT 13, Tübingen ⁴1966.
DIETZFELBINGER, Ch., Paulus und das Alte Testament. Die Hermeneutik des Paulus, untersucht an seiner Deutung der Gestalt Abrahams, TEH NF 95, München 1961.
DILLMANN, A., Über Baal mit dem weiblichen Artikel (ἡ Βάαλ), MPAW 1881, 601–620.
DINKLER, E., Die Verkündigung als eschatologisch-sakramentales Geschehen. Auslegung von 2 Kor 5,14–6,2, in: Bornkamm, G. – Rahner, K. (Hg.), Die Zeit Jesu. Festschrift für Heinrich Schlier, Freiburg 1970, 169–189.
DITTMAR, W., Vetus Testamentum in Novo. I–II, Göttingen 1899. 1903.
DOBSCHÜTZ, E. v., Zum paulinischen Schriftbeweis, ZNW 24, 1925, 306f.
DODD, C. H., According to the Scriptures. The Sub-structure of New Testament Theology, London (1952) 1965.
DOEVE, J. W., Jewish Hermeneutics in the Synoptic Gospels and Acts, GTB 24, Assen 1954.
DRIVER, S. R., A Critical and Exegetical Commentary on Deuteronomy, ICC, New York 1902.
VAN DÜLMEN, A., Die Theologie des Gesetzes bei Paulus, SBM 5, Stuttgart 1968.
DUHM, B., Das Buch Jesaja, HK 3/1, Göttingen ⁴1922.
DUNN, J. D. G., 2 Corinthians III.17 – ›The Lord is the Spirit‹, JTS NS 21, 1970, 309–320.
ECKERT, J., Die urchristliche Verkündigung im Streit zwischen Paulus und seinen Gegnern nach dem Galaterbrief, BU [6], Regensburg 1971.
ELLIGER, K., Studien zum Habakuk-Kommentar vom Toten Meer, BHTh 15, Tübingen 1953.
ELLIS, E. E., Paul's Use of the Old Testament, Edinburgh 1957.
–, Prophecy and Hermeneutic in Early Christianity. New Testament Essays, WUNT 18, Tübingen 1978.
FEINE, P., Das gesetzesfreie Evangelium des Paulus nach seinem Werdegang dargestellt, Leipzig 1899.
FEUILLET, A., La Citation d'Habacuc II.4 et les huit premiers Chapitres de l'Épître aux Romains, NTS 6, 1960, 52–80.
–, Le Christ. Sagesse de Dieu d'après les Épîtres Pauliniennes, EtB, Paris 1966.
FIEDLER, P., Röm 8₃₁₋₃₉ als Brennpunkt paulinischer Frohbotschaft, ZNW 68, 1977, 23–34.
FISCHER, K. M., Tendenz und Absicht des Epheserbriefes, FRLANT 111, Göttingen 1973.
FISCHER, U., Eschatologie und Jenseitserwartung im hellenistischen Diasporajudentum, BZNW 44, Berlin 1978.
FITZMYER, J. A., ›4QTestimonia‹ and the New Testament, in: ders., Essays on the Semitic Background of the New Testament, Missoula (Montana) 1974, 59–89 (zuerst: TS 18, 1957, 513–537).
–, The use of explicit Old Testament quotations in Qumran literature and in the New Testament, in: ders., Essays on the Semitic Background of the New Testament, SBibSt 5, Missoula (Montana) 1974, 3–58 (zuerst: NTS 7, 1961, 297–333).
–, Rezension von: M. McNamara, The New Testament and the Palestinian Targum to the Pentateuch, AnBib 27, Rom 1966, TS 29, 1968, 322–326.
–, Genesis Apocryphon: s. o. S. 356.
–, Der semitische Hintergrund des neutestamentlichen Kyriostitels, in: Strecker, G. (Hg.), Jesus Christus in Historie und Theologie. Neutestamentliche Festschrift für Hans Conzelmann zum 60. Geburtstag, Tübingen 1975, 267–298.
FLESSEMAN-VAN LEER, E., Die Interpretation der Passionsgeschichte vom Alten Testament aus, in: Viering, F. (Hg.), Zur Bedeutung des Todes Jesu. Exegetische Beiträge, Gütersloh 1967, 79–96.
FOERSTER, W., Art. κύριος κτλ. E. κύριος im NT, ThWNT III, Stuttgart 1938, 1085–1094.
–, Art. σέβομαι κτλ., ThWNT VII, Stuttgart 1964, 168–195.
FOHRER, G., Das Buch Hiob, KAT 16, Gütersloh 1963.
–, Art. υἱός κτλ., B. Altes Testament, ThWNT VIII, Stuttgart 1969, 340–354.

FRIEDRICH, G. (SCHNIEWIND, J. - FRIEDRICH, G.), Art. ἐπαγγέλλω κτλ., ThWNT II, Stuttgart 1935, 573-583.
FRIEDRICH, G., Art. εὐαγγελίζομαι κτλ., ThWNT II, Stuttgart 1935, 705-735.
-, Die Verkündigung des Todes Jesu im Neuen Testament, Biblisch-Theologische Studien 6, Neukirchen-Vluyn ²1984.
GÄRTNER, B., The Habakkuk Commentary (DSH) and the Gospel of Matthew, StTh 8, 1955, 1-24.
GALLEY, K., Altes und neues Heilsgeschehen bei Paulus, AzTh I/22, Stuttgart 1965.
GEORGI, D., Die Gegner des Paulus im 2. Korintherbrief, WMANT 11, Neukirchen-Vluyn 1964.
-, Die Geschichte der Kollekte des Paulus für Jerusalem, ThF 38, Hamburg 1965.
GERSTENBERGER, E. S., Der bittende Mensch. Bittritual und Klagelied des Einzelnen im Alten Testament, WMANT 51, Neukirchen-Vluyn 1980.
GESE, H., Τὸ δὲ Ἁγὰρ Σινὰ ὄρος ἐστὶν ἐν τῇ Ἀραβίᾳ (Gal 4,25), in: ders., Vom Sinai zum Zion. Alttestamentliche Beiträge zur biblischen Theologie, BEvTh 64, München 1974, 49-62 (zuerst: Maaß, F. [Hg.], Das ferne und das nahe Wort. Festschrift Leonhard Rost zur Vollendung seines 70. Lebensjahres, BZAW 105, Berlin 1967, 81-94).
GNILKA, J., Das Evangelium nach Markus. I-II, EKK 2/1-2, Zürich/Neukirchen-Vluyn 1978/79.
GOLDBERG, A. M., Torah aus der Unterwelt? Eine Bemerkung zu Röm 10,6-7, BZ NF 14, 1970, 127-131.
GOPPELT, L., Typos. Die typologische Deutung des Alten Testaments im Neuen, BFChTh.M 43, Gütersloh 1939 (Nachdruck: Darmstadt 1969).
-, Art. πίνω κτλ., ThWNT VI, Stuttgart 1959, 135-160.
-, Apokalyptik und Typologie bei Paulus, in: ders., Typos, [Nachdruck] Darmstadt 1969, 257-299 (zuerst: ThLZ 89, 1964, 321-344).
-, Art. τύπος κτλ., ThWNT VIII, Stuttgart 1969, 246-260.
-, Der Erste Petrusbrief, KEK 12/1, Göttingen 1(8)1978.
GOURGUES, M., A la Droite de Dieu. Résurrection de Jésus et actualisation du Psalm 110:1 dans le Nouveau Testament, EtB, Paris 1978.
GRÄSSER, E., Der Glaube im Hebräerbrief, MThSt 2, Marburg 1965.
-, Rechtfertigung im Hebräerbrief, in: Friedrich, J. - Pöhlmann, W. - Stuhlmacher, P. (Hg.), Rechtfertigung. Festschrift für Ernst Käsemann zum 70. Geburtstag, Tübingen 1976, 79-93.
-, »Ein einziger Gott« (Röm 3,30). Zum christologischen Gottesverständnis bei Paulus, in: Merklein, H. - Zenger, E. (Hg.), »Ich will euer Gott werden«. Beispiele biblischen Redens von Gott, SBS 100, Stuttgart 1981, 177-205.
GRANT, R. M., The Letter and the Spirit, London 1957.
GRASS, H., Ostergeschehen und Osterberichte, Göttingen ⁴1970.
GRAY, G. B. (DRIVER, S. R. - GRAY, G. B.), A Critical and Exegetical Commentary on the Book of Job. I-II, ICC, New York 1921.
GREGORY, C. R., Prolegomena, Novum Testamentum Graece (ed. Tischendorf, C.), Editio octava critica maior. Vol. III, Leipzig 1894.
GROTIUS, H., Annotationes in Novum Testamentum. Tomi II. Pars I. Acta Apostolorum, et Paulli [sic!] epistolas ad Romanos, Corinthios, Galatas, Ephesios, Philippenses, et Colossenses complectens. Editio nova, quam recensuit Christ. Ern. de Windheim, Erlangen 1756.
GRUNDMANN, W., Art. δέχομαι κτλ., ThWNT II, Stuttgart 1935, 49-59.
-, Art. δύναμαι κτλ., ThWNT II, Stuttgart 1935, 286-318.
-, Art. ἕτοιμος κτλ., ThWNT II, Stuttgart 1935, 702-704.
-, Art. ἰσχύω κτλ., ThWNT III, Stuttgart 1938, 400-405.
-, Art. χρίω κτλ. D. Die Christus-Aussagen des Neuen Testaments, ThWNT IX, Stuttgart 1973, 518-570.

GUNDRY, R. H., The Use of the Old Testament in St. Matthew's Gospel, NT.S 18, Leiden 1967.
GUNKEL, H., Schöpfung und Chaos in Urzeit und Endzeit. Eine religionsgeschichtliche Untersuchung über Gen 1 und Ap Joh 12, Göttingen ²1921.
HAENCHEN, E., Die Apostelgeschichte, KEK 3, Göttingen [6(15)] 1968.
HAGNER, D. A., The Use of the Old and New Testament in Clement of Rome, NT.S 34, Leiden 1973.
HAHN, F., Christologische Hoheitstitel. Ihre Geschichte im frühen Christentum, FRLANT 83, Göttingen ³1966.
–, Genesis 15$_6$ im Neuen Testament, in: Wolff, H. W. (Hg.), Probleme biblischer Theologie. Gerhard von Rad zum 70. Geburtstag, München 1971, 90–107.
–, »Siehe, jetzt ist der Tag des Heils«. Neuschöpfung und Versöhnung nach 2. Korinther 5,14–6,2, EvTh 33, 1973, 244–253.
–, Das Gesetzesverständnis im Römer- und Galaterbrief, ZNW 67, 1976, 29–63.
–, Art. Χριστός, EWNT III, Stuttgart 1983, 1147–1165.
HANHART, R., Das Neue Testament und die griechische Überlieferung des Judentums, in: Paschke, F. (Hg.), Überlieferungsgeschichtliche Untersuchungen, TU 125, Berlin 1981, 293–303.
–, Die Bedeutung der Septuaginta in neutestamentlicher Zeit, ZThK 81, 1984, 395–416.
HANSE, H., ΔΗΛΟΝ (Zu Gal 3$_{11}$), ZNW 34, 1935, 299–303.
HANSON, A. T., Studies in Paul's Technique and Theology, London 1974.
–, The New Testament Interpretation of Scripture, London 1980.
HARDER, G., Paulus und das Gebet, NTF I/10, Gütersloh 1936.
HARNACK, A. v., Der kirchengeschichtliche Ertrag der exegetischen Arbeiten des Origenes II, TU 42/4, Leipzig 1919.
–, Das Alte Testament in den Paulinischen Briefen und in den Paulinischen Gemeinden, SPAW.PH 1928/XII, 124–141.
HARRIS, R., Testimonies. I–II, Cambridge 1916. 1920.
HAUCK, F., Art. μένω κτλ., ThWNT IV, Stuttgart 1942, 578–593.
HAY, D. M., Glory at the Right Hand. Psalm 110 in Early Christianity, SBL.MS 18, Nashville (Tennessee) 1973.
HEGERMANN, H., Jesaja 53 in Hexapla, Targum und Peschitta, BFChTh.M 56, Gütersloh 1954.
–, Art. διαθήκη, EWNT I, Stuttgart 1980, 718–725.
HEINEMANN, I., Altjüdische Allegoristik, Bericht des jüdisch-theologischen Seminars (Fraenckelsche Stiftung). Hochschule für jüdische Theologie für das Jahr 1935, o. O. [Breslau] o. J. [1936].
HEINRICI, C. F. G., Der erste Brief an die Korinther, KEK 5, Göttingen ⁸1896.
–, Der zweite Brief an die Korinther, KEK 6, Göttingen ⁸1900.
HELD, H. J., Matthäus als Interpret der Wundergeschichten, in: Bornkamm, G. – Barth, G. – Held, H. J., Überlieferung und Auslegung im Matthäusevangelium, WMANT I, Neukirchen-Vluyn, ⁷1975, 155–287.
HÉRING, J., La première épître de Saint Paul aux Corinthiens, CNT(N) 7, Neuchâtel/Ch 1949.
HERMANN, I., Kyrios und Pneuma. Studien zur Christologie der paulinischen Hauptbriefe, StANT 2, München 1961.
HEROLD, G., Zorn und Gerechtigkeit Gottes bei Paulus. Eine Untersuchung zu Röm. 1,16–18, EHS.T 14, Bern 1973.
HÖLSCHER, G., Das Buch Hiob, HAT 1/17, Tübingen ²1952.
HOFHEINZ, W. C., An Analysis of the Usage and Influence of Isaiah Chapters 40–66 in the New Testament, Diss. Columbia 1964.
HOFIUS, O., Das Zitat 1 Kor 2$_9$ und das koptische Testament des Jakob, ZNW 66, 1975, 140–142.

–, »Gott hat unter uns aufgerichtet das Wort von der Versöhnung« (2 Kor 5$_{19}$), ZNW 71, 1980, 3–20.
HOLTZ, T., Zum Selbstverständnis des Apostels Paulus, ThLZ 91, 1966, 322–330.
–, Zur Interpretation des Alten Testaments im Neuen Testament, ThLZ 99, 1974, 21–31.
HOOKER, M. D., Jesus and the Servant. The Influence of the Servant Concept of Deutero-Isaiah in the New Testament, London 1959.
HORGAN, M. P., Pesharim: Qumran Interpretations of Biblical Books, CBQ. Monograph Series 8, Washington (DC) 1979.
HÜBNER, H., Gal 3,10 und die Herkunft des Paulus, KuD 19, 1973, 215–231.
–, Das Gesetz bei Paulus. Ein Beitrag zum Werden der paulinischen Theologie, FRLANT 119, Göttingen ²1980.
–, Gottes Ich und Israel. Zum Schriftgebrauch des Paulus in Römer 9–11, FRLANT 136, Göttingen 1984.
HÜTTENMEISTER, F. (in Zusammenarbeit mit Hengel, M.), Art. Synagoge, BRL (= HAT I/1), Tübingen ²1977, 327–332.
HUGHES, Ph. E., Paul's Second Epistle to the Corinthians, NIC, Grand Rapids (Michigan) ⁶1977.
HUNTER, A. M., Paul and his Predecessors, London ²1961.
IN DER SMITTEN, W. Th., Habakuk 2,4 als prophetische Definition des Gerechten, in: Fabry, H.-J. (Hg.), Bausteine Biblischer Theologie. Festgabe für G. Johannes Botterweck zum 60. Geburtstag, BBB 50, Köln 1977, 291–300.
JELLICOE, S., The Septuagint and Modern Study, Oxford 1968.
JEREMIAS, G., Der Lehrer der Gerechtigkeit, StUNT 2, Göttingen 1963.
JEREMIAS, Joachim, Der Ursprung der Johannestaufe, ZNW 28, 1929, 312–320.
–, Art. ἄβυσσος, ThWNT I, Stuttgart 1933, 9.
–, Art. ᾅδης, ThWNT I, Stuttgart 1933, 146–150.
–, Art. γωνία κτλ., ThWNT I, Stuttgart 1933, 792f.
–, Art. λίθος κτλ., ThWNT IV, Stuttgart 1942, 272–283.
–, Zur Gedankenführung in den paulinischen Briefen, in: ders., Abba. Studien zur neutestamentlichen Theologie und Zeitgeschichte, Göttingen 1966, 269–276 (zuerst: Studia Paulina in honorem Johannis de Zwaan septuagenarii, Haarlem 1953, 146–154).
–, Art. παῖς θεοῦ. C. παῖς θεοῦ im Spätjudentum in der Zeit nach der Entstehung der LXX. D. παῖς θεοῦ im Neuen Testament, ThWNT V, Stuttgart 1954, 676–713.
–, παῖς (θεοῦ) im Neuen Testament, in: ders., Aufs. [s. o.], Göttingen 1966, 191–216.
–, Die Abendmahlsworte Jesu, Göttingen ³1960. ⁴1967.
–, Artikelloses Χριστός. Zur Ursprache von I Cor 15$_{3b-5}$, ZNW 57, 1966, 211–215.
–, Paulus als Hillelit, in: Ellis, E. E. – Wilcox, M. (Ed.), Neotestamentica et Semitica. Studies in Honour of Matthew Black, Edinburgh 1969, 88–94.
–, Neutestamentliche Theologie. Erster Teil. Die Verkündigung Jesu, Gütersloh ³1979.
JEREMIAS, Jörg, Kultprophetie und Gerichtsverkündigung in der späten Königszeit Israels, WMANT 35, Neukirchen-Vluyn 1970.
JOOSEN, J. C. – WASZINK, J. H., Art. Allegorese, RAC I, Stuttgart 1950, 283–293.
KÄSEMANN, E., Anliegen und Eigenart der paulinischen Abendmahlslehre, in: ders., Exegetische Versuche und Besinnungen. I, Göttingen ⁵1967, 11–34 (zuerst: EvTh 7, 1947/48, 263–283).
–, Ein neutestamentlicher Überblick [Sammelrezension], VF [5], 1949/50, 191–218.
–, Erwägungen zum Stichwort »Versöhnungslehre im Neuen Testament«, in: Dinkler, E. (Hg.), Zeit und Geschichte. Dankesgabe an Rudolf Bultmann zum 80. Geburtstag, Tübingen 1964, 47–59.
–, Paulinische Perspektiven, Tübingen 1969.
–, An die Römer, HNT 8a, Tübingen ³1974.
KAHLE, P. E., Die Kairoer Genisa. Untersuchungen zur Geschichte des hebräischen Bibeltextes und seiner Übersetzungen, Berlin 1962.

Kaiser, O., Der Prophet Jesaja. Kapitel 1-12, ATD 17, Göttingen ²1963.
-, Der Prophet Jesaja. Kapitel 13-39, ATD 18, Göttingen 1973.
Kamlah, E., Buchstabe und Geist. Die Bedeutung dieser Antithese für die alttestamentliche Exegese des Apostels Paulus, EvTh 14, 1954, 276-282.
-, Traditionsgeschichtliche Untersuchungen zur Schlußdoxologie des Römerbriefes, Diss. Tübingen 1955.
Katz, P., Philo's Bible. The Aberrant Text of Bible Quotations in some Philonic Writings and its Place in the Textual History of the Greek Bible, Cambridge 1950.
-, Οὐ μή σε ἀνῶ, οὐδ' οὐ μή σε ἐγκαταλίπω. Hebr. XIII 5. The Biblical Source of the Quotation, Bib. 33, 1952, 523-525.
-, The Old Testament Canon in Palestine and Alexandria, ZNW 47, 1956, 191-217.
-, The Quotations from Deuteronomy in Hebrews, ZNW 49, 1958, 213-223.
Kautzsch, E., De Veteris Testamenti locis a Paulo Apostolo allegatis, Diss. Leipzig 1869, Leipzig o. J. (1869).
Keck, L.A. [sic!, recte: E.], The Function of Rom 3:10-18. Observations and Suggestions, in: Jervel, J. - Meeks, W.A. (Ed.), God's Christ and His People. Studies in Honour of Nils Alstrup Dahl, Oslo 1977, 141-157.
Kellermann, U., Auferstanden in den Himmel. 2 Makkabäer 7 und die Auferstehung der Märtyrer, SBS 95, Stuttgart 1979.
Kenyon, F. G., Books and Readers in Ancient Greece and Rome, Oxford ²1951.
Kertelge, K., »Rechtfertigung« bei Paulus. Studien zur Struktur und zum Bedeutungsgehalt des paulinischen Rechtfertigungsbegriffs, NTA NF 3, Münster 1967.
-, Art. λύτρον, EWNT II, Stuttgart 1981, 901-905.
Kittel, G., Art. λέγω κτλ. D. »Wort« und »Reden« im NT, ThWNT IV, Stuttgart 1942, 100-140.
Klappert, B., Zur Frage des semitischen oder griechischen Urtextes von I. Kor. XV. 3-5, NTS 13, 1967, 168-173.
Klauck, H. J., Allegorie und Allegorese in synoptischen Gleichnistexten, NTA NF 13, Münster 1978.
Klein, G., Römer 4 und die Idee der Heilsgeschichte, in: ders., Rekonstruktion und Interpretation. Gesammelte Aufsätze zum Neuen Testament, BEvTh 50, München 1969, 145-169 (zuerst: EvTh 23, 1963, 424-447).
-, Individualgeschichte und Weltgeschichte bei Paulus. Eine Interpretation ihres Verhältnisses im Galaterbrief, in: ders., Aufs. [s. o.], München 1969, 180-221; Nachtrag (1969): 221-224 (zuerst: EvTh 24, 1964, 126-165).
-, Exegetische Probleme in Röm 3,21-4,25. Antwort an Ulrich Wilckens, in: ders., Aufs. [s. o.], München 1969, 170-177; Nachtrag (1969): 177-179 (zuerst: EvTh 24, 1964, 676-683).
-, Gottes Gerechtigkeit als Thema der neuesten Paulus-Forschung, in: ders., Aufs. [s. o.], München 1969, 225-236 (zuerst: VF 12/2, 1967, 1-11).
-, Sündenverständnis und theologia crucis bei Paulus, in: Andresen, C. - Klein, G. (Hg.), Theologia crucis - Signum crucis. Festschrift für Erich Dinkler zum 70. Geburtstag, Tübingen 1979, 249-282.
Klinzig, G., Die Umdeutung des Kultes in der Qumrangemeinde und im Neuen Testament, StUNT 7, Göttingen 1971.
Koch, D.-A., Die Bedeutung der Wundererzählungen für die Christologie des Markusevangeliums, BZNW 42, Berlin 1975.
-, Beobachtungen zum christologischen Schriftgebrauch in den vorpaulinischen Gemeinden, ZNW 71, 1980, 174-191.
-, Der Text von Hab 2$_{4b}$ in der Septuaginta und im Neuen Testament, ZNW 76, 1985, 68-85.
König, E., Das Deuteronomium, KAT 3, Leipzig 1917.
Köster, H., Art. τόπος, ThWNT VIII, Stuttgart 1969, 187-208.

KRAABEL, A. Th., The Diaspora Synagogue: Archaeological and Epigraphic Evidence since Sukenik, ANRW II 19/1, Berlin 1979, 477–510.
KRAFT, R. A., EIS NIKOS = Permanently/Successfully: 1 Kor 15.54, Matt 21.20, in: Kraft, R. A. (Ed.), Septuagintal Lexicography, SCSt 1, Missoula (Montana) 1972, 153–156.
KRAMER, W., Christos. Kyrios. Gottessohn. Untersuchungen zu Gebrauch und Bedeutung der christologischen Bezeichnungen bei Paulus und den vorpaulinischen Gemeinden, AThANT 44, Zürich 1963.
KRAUS, H.-J., Der lebendige Gott. Ein Kapitel biblischer Theologie, in: ders., Biblisch-theologische Aufsätze, Neukirchen-Vluyn 1972, 1–36 (zuerst: EvTh 27, 1967, 169–200).
–, Die Biblische Theologie. Ihre Geschichte und Problematik, Neukirchen-Vluyn 1970.
–, Psalmen. I.II, BK.AT 15/1.2, Neukirchen-Vluyn [5]1978.
KRAUS, W., Art. Komödie. I., KP III, Stuttgart 1969, 281–287.
–, Art. Menandros. 9., KP III, Stuttgart 1969, 1199–1202.
KREUZER, S., Der lebendige Gott. Bedeutung, Herkunft und Entwicklung einer alttestamentlichen Gottesbezeichnung, BWANT 116, Stuttgart 1983.
KÜHL, E., Der Brief des Paulus an die Römer, Leipzig 1913.
KÜMMEL, W. G., Jesus und der jüdische Traditionsgedanke, in: ders., Heilsgeschehen und Geschichte [I]. Gesammelte Aufsätze 1933–1964, MThSt 3, Marburg 1965, 15–35 (zuerst: KBRS 89, 1933, 214–217. 225–230).
–, 1 Kor/2 Kor: s. Lietzmann, H., An die Korinther I.II.
–, Das literarische und geschichtliche Problem des Ersten Thessalonicherbriefes, in: ders., Aufs. I [s. o.], Marburg 1965, 406–417 (zuerst: Neotestamentica et Patristica. Eine Freundesgabe, Herrn Professor Dr. Oscar Cullmann zu seinem 60. Geburtstag, NT.S 6, Leiden 1962, 213–227).
–, Einleitung in das Neue Testament, Heidelberg [20]1980.
KUHN, H.-W., Jesus als Gekreuzigter in der frühchristlichen Verkündigung bis zur Mitte des 2. Jahrhunderts, ZThK 72, 1975, 1–46.
KUHN, K. G. – STEGEMANN, H., Art. Proselyten, PRE.Suppl. IX, Stuttgart 1962, 1248–1283.
KUHN, K. H., The Sahidic Version of the Testament of Isaac, JThS NS 8, 1957, 225–239.
KUTSCH, E., Neues Testament – Neuer Bund? Eine Fehlübersetzung wird korrigiert, Neukirchen-Vluyn 1978.
LAGRANGE, M.-J., Saint Paul. Épître aux Romains, EtB, Paris (1915) 1950.
–, Saint Paul. Épître aux Galates, EtB, Paris (1918; [2]1925) 1950.
LAMBRECHT, J., Transformation in 2 Cor 3,18, Bib. 64, 1983, 243–254.
LANE, W. R., A New Commentary Structure in 4QFlorilegium, JBL 78, 1959, 343–346.
LEDÉAUT, R., A propos d'une définition du midrash, Bib. 50, 1969, 395–413.
LEENHARDT, F.-J., L'Épître de Saint Paul aux Romains, CNT(N) 6, Neuchâtel/Ch 1957.
LIETZMANN, H., Einführung in die Textgeschichte der Paulusbriefe. An die Römer, HNT 8, Tübingen [4]1933.
–, An die Korinther I.II, HNT 9, Tübingen [4]1949 (ergänzt von Kümmel, W. G.).
–, An die Galater, HNT 10, Tübingen [4]1971.
LINDARS, B., New Testament Apologetic. The Doctrinal Significance of the Old Testament Quotations, London 1961.
LINDEMANN, A., Die Aufhebung der Zeit. Geschichtsverständnis und Eschatologie im Epheserbrief, StNT 12, Gütersloh 1975.
–, Paulus im ältesten Christentum. Das Bild des Apostels und die Rezeption der paulinischen Theologie in der frühchristlichen Literatur bis Marcion, BHTh 58, 1979.
–, Die Rede von Gott in der paulinischen Theologie, ThGl 69, 1979, 357–376.
–, Die Gerechtigkeit aus dem Gesetz. Erwägungen zur Auslegung und zur Textgeschichte von Römer 10_5, ZNW 73, 1982, 231–250.
LOADER, W. R. G., Christ at the Right Hand – Ps. CX. 1 in the New Testament, NTS 24, 1978, 199–217.

–, Sohn und Hoherpriester. Eine traditionsgeschichtliche Untersuchung zur Christologie des Hebräerbriefes, WMANT 53, Neukirchen-Vluyn 1981.
LOHFINK, N., Isaias 8,12–14, BZ NF 7, 1963, 98–104.
LOHMEYER, E., Diatheke. Ein Beitrag zur Erklärung des neutestamentlichen Begriffs, UNT 2, Leipzig 1913.
LOHSE, E., Zu 1.Korinther 10,26.31, in: ders., Die Einheit des Neuen Testaments. Exegetische Studien zur Theologie des Neuen Testaments, Göttingen 1973, 245–248 (zuerst: ZNW 47, 1956, 277–280).
–, Märtyrer und Gottesknecht. Untersuchungen zur urchristlichen Verkündigung vom Sühntod Jesu Christi, FRLANT 64, Göttingen ²1963.
–, Art. Σιών κτλ. B. Zion-Jerusalem im nachbiblischen Judentum. C. Zion-Jerusalem im Neuen Testament, ThWNT VII, Stuttgart 1964, 318–337.
–, Die alttestamentlichen Bezüge im neutestamentlichen Zeugnis vom Tode Jesu Christi, in: ders., Die Einheit des Neuen Testaments. Exegetische Studien zur Theologie des Neuen Testaments, Göttingen 1973, 111–124 (zuerst: Viering, F. [Hg.], Zur Bedeutung des Todes Jesu. Exegetische Beiträge, Gütersloh 1967, 97–112).
–, Art. υἱός κτλ., C.II. Palästinisches Judentum, ThWNT VIII, Stuttgart 1969, 358–363.
LUCK, U., Historische Fragen zum Verhältnis von Kyrios und Pneuma bei Paulus, ThLZ 85, 1960, 845–848.
LÜHRMANN, D., Das Offenbarungsverständnis bei Paulus und in den paulinischen Gemeinden, WMANT 16, Neukirchen-Vluyn 1965.
–, Rechtfertigung und Versöhnung. Zur Geschichte der paulinischen Tradition, ZThK 67, 1970, 437–452.
–, Glaube im frühen Christentum, Gütersloh 1976.
–, Der Brief an die Galater, Zürcher Bibelkommentare NT 7, Zürich 1978.
–, Art. Glaube, RAC XI, Stuttgart 1981, 48–122.
LUNDBERG, P., La typologie baptismale dans l'Ancienne Église, ASNU 10, Uppsala 1942.
LUZ, U., Der alte und der neue Bund bei Paulus und im Hebräerbrief, EvTh 27, 1967, 318–336.
–, Das Geschichtsverständnis bei Paulus, BEvTh 49, München 1968.
–, Zum Aufbau von Röm. 1–8, ThZ 25, 1969, 161–181.
–, in: Smend, R. – Luz, U., Gesetz, Stuttgart 1981, 45–139.
LYONNET, S., Saint Paul et l'exégèse juive de son temps, in: Mélanges bibliques rédigés en l'honneur de André Robert, TICP 4, o. O. [Paris] o. J. [1957], 494–506.
MCCARTHY, C., The Tiqqune Sopherim and other Theological Corrections in the Masoretic Text of the Old Testament, OBO 36, Freiburg (Schweiz) 1981.
MACK, B. L., Logos und Sophia. Untersuchungen zur Weisheitstheologie im hellenistischen Judentum, StUNT 10, Göttingen 1973.
MCNAMARA, M., The New Testament and the Palestinian Targum to the Pentateuch, AnBib 27A, Rom ²1978.
MAIER, F. W., Israel und die Heilsgeschichte nach Röm. 9–11, BZfr XII, 11/12, Münster 1929.
–, Ps. 110,1 (LXX 109,1) im Zusammenhang von 1 Kor. 15,24–26, BZ 20, 1932, 139–156.
MAIER, J., Geschichte der jüdischen Religion, Berlin 1972.
MARTI, K., Das Buch Jesaja, KHC 10, Tübingen 1900.
MARXSEN, W., Der erste Brief an die Thessalonicher, ZBK.NT 11.1, Zürich 1979.
MAYER, G., Art. Exegese II (Judentum), RAC VI, Stuttgart 1966, 1194–1211.
–, Aspekte des Abrahambildes in der hellenistisch-jüdischen Literatur, EvTh 32, 1972, 118–127.
–, Art. דבר, ThWAT II, Stuttgart 1977, 133–135.
–, Rezension von: F. Böhl, Aufbau und literarische Formen des aggadischen Teils im Jelamdenu-Midrasch (Wiesbaden 1977), WO 11, 1980, 174f.
MÉNARD, J.-É., L'Évangile selon Thomas, NHS 5, Leiden 1975.

METZGER, B. M., The Formulas Introducing Quotations of Scripture in the New Testament and the Mishnah, in: ders., Historical and Literary Studies. Pagan, Jewish, and Christian, NTTS 8, Leiden 1968, 52–63 (zuerst: JBL 70, 1951, 297–307).
–, A Textual Commentary on the Greek New Testament. A Companion Volume to the United Bible Societies' Greek New Testament (third edition), London 1975.
MEYERS, E. M., Ancient Synagogues in Galilee: Their Religious and Cultural Setting, BA 43, 1980, 97–108.
MICHEL, O., Paulus und seine Bibel, BFChTh.M 18, Gütersloh 1929 (Nachdruck: Darmstadt 1972 [Nachtrag: 213–221]).
–, Der Brief an die Römer, KEK 4, Göttingen $^{1(10)}$1955; $^{5(14)}$1978.
–, Der Brief an die Hebräer, KEK 13, Göttingen $^{7(13)}$1975.
MILLER, M. P., Targum, Midrash and the Use of the Old Testament in the New Testament, JSJ 2, 1971, 29–82.
VAN DER MINDE, H.-J., Schrift und Tradition bei Paulus. Ihre Bedeutung und Funktion im Römerbrief, Paderborner Theologische Studien 3, Paderborn 1976.
MORISSETTE, R., Un midrash sur la mort (I Cor., XV,54c à 57), RB 79, 1972, 161–188.
MÜLLER, Ch., Gottes Gerechtigkeit und Gottes Volk. Eine Untersuchung zu Römer 9–11, FRLANT 86, Göttingen 1964.
MÜLLER, K., 1 Kor 1,18–25. Die eschatologisch-kritische Funktion der Verkündigung des Kreuzes, BZ NF 10, 1966, 246–272.
–, Anstoß und Gericht. Eine Studie zum jüdischen Hintergrund des paulinischen Skandalon-Begriffs, StANT 19, München 1969.
MÜNDERLEIN, G., Interpretation einer Tradition. Bemerkungen zu Röm 8,35f., KuD 11, 1965, 136–142.
MUNCK, J., Christus und Israel. Eine Auslegung von Röm 9–11, AJut.T 7, Aarhus 1956.
MUSSNER, F., Der Galaterbrief, HThK 9, Freiburg 1974.
NEUENZEIT, P., Das Herrenmahl. Studien zur paulinischen Eucharistieauffassung, StANT 1, München 1960.
NEUSNER, J., The Rabbinic Traditions about the Pharisees before 70. I–III, Leiden 1971.
–, The Use of the Later Rabbinic Evidence for the Study of First-Century Pharisaism, in: Green, W. S. (Ed.), Approaches to Ancient Judaism, Brown Judaic Studies 1, Missoula (Montana) 1978, 215–228.
–, From Politics to Piety. The Emergence of Pharisaic Judaism, New York ²1979.
–, Die Verwendung des späteren rabbinischen Materials für die Erforschung des Pharisäismus im 1. Jahrhundert n. Chr., ZThK 76, 1979, 292–309.
NISSEN, A., Gott und der Nächste im antiken Judentum. Untersuchungen zum Doppelgebot der Liebe, WUNT 15, Tübingen 1974.
NORDEN, E., Agnostos Theos. Untersuchungen zur Formengeschichte religiöser Rede, Darmstadt ⁴1956.
–, Die antike Kunstprosa vom VI. Jahrhundert v. Chr. bis in die Zeit der Renaissance. I-II, Darmstadt ⁷1974.
NORDHEIM, E. v., Das Zitat des Paulus in 1 Kor 2₉ und seine Beziehung zum koptischen Testament Jakobs, ZNW 65, 1974, 112–120.
NOTH, M., »Die mit des Gesetzes Werken umgehen, die sind unter dem Fluch«, in: ders., Gesammelte Studien zum Alten Testament, TB 6, München ³1966, 155–171 (zuerst: In piam memoriam Alexander von Bulmerincq. Abhandlungen der Herder-Gesellschaft und des Herder-Instituts zu Riga VI/3, Riga 1938, 127–145).
NYBERG, H. S., Studien zum Hoseabuche. Zugleich ein Beitrag zur Klärung des Problems der alttestamentlichen Textkritik, UUA 1935/6, Uppsala 1935.
OEPKE, A., Art κρύπτω κτλ. C. Beilage: Kanonisch und apokryph. II. Βίβλοι ἀπόκρυφοι im Christentum, ThWNT III, Stuttgart 1938, 987–999.
–, Der Brief an die Galater, ThHK 9, Berlin ³1973 (bearbeitet von Rohde, J.).
ORTKEMPER, F.-J., Das Kreuz in der Verkündigung des Apostels Paulus, SBS 24, Stuttgart ²1968.

OSBORN, E. F., Justin Martyr, BHTh 47, Tübingen 1973.
OSBURN, C. D., The Text of I Corinthians 10:9, in: Epp, E. J. – Fee, G. D. (Ed.), New Testament Textual Criticism. Its Significance for Exegesis. Essays in Honour of Bruce M. Metzger, Oxford 1981, 201–212.
OSSWALD, E., Zur Hermeneutik des Habakkuk-Kommentars, ZAW 68, 1956, 243–256.
VON DER OSTEN-SACKEN, P., Römer 8 als Beispiel paulinischer Soteriologie, FRLANT 112, Göttingen 1975.
PATSCH, H., Zum alttestamentlichen Hintergrund von Röm 4_{25} und I. Petrus 2_{24}, ZNW 60, 1969, 273–281.
–, Abendmahl und historischer Jesus, CThM A/1, Stuttgart 1972.
PATTE, D., Early Jewish Hermeneutic in Palestine, Society of Biblical Literature. Dissertation Series 22, Missoula (Montana) 1975.
PAULSEN, H., Überlieferung und Auslegung in Römer 8, WMANT 43, Neukirchen-Vluyn 1974.
PFEIFFER, R., Geschichte der Klassischen Philologie, München ²1978.
PLAG, Ch., Israels Wege zum Heil. Eine Untersuchung zu Römer 9 bis 11, AzTh I/40, Stuttgart 1969.
PLÜMACHER, E., Lukas als hellenistischer Schriftsteller. Studien zur Apostelgeschichte, StUNT 9, Göttingen 1972.
–, Art. Bibel. II. Die Heiligen Schriften des Judentums im Urchristentum, TRE VI, Berlin 1980, 8–22.
PLUMMER, A., A Critical and Exegetical Commentary on the Second Epistle of St Paul to the Corinthians, ICC, Edinburgh (1915) 1951.
POPKES, W., Christus traditus. Eine Untersuchung zum Begriff der Dahingabe im Neuen Testament, AThANT 49, Zürich 1967.
PORTON, G., Midrash: Palestinian Jews and the Hebrew Bible in the Greco-Roman Period, ANRW II 19/2, Berlin 1979, 103–138.
PRIGENT, P., Ce que l'œil n'a pas vu, I Cor 2,9. Histoire et préhistoire d'une citation, ThZ 14, 1958, 416–429.
PROKSCH, O., Jesaja I, KAT 9, Leipzig 1930.
PRÜMM, K., Diakonia Pneumatos. Der Zweite Korintherbrief als Zugang zur apostolischen Botschaft. Auslegung und Theologie. I–II 1/2, Rom/Freiburg 1967. 1960. 1962.
QUELL, G., Art. θεός κτλ. B. El und Elohim im AT, ThWNT III, Stuttgart 1938, 79–90.
– Art. κύριος κτλ. C. Der at. liche Gottesname, ThWNT III, Stuttgart 1938, 1056–1080.
RAD, G. v., Das fünfte Buch Mose. Deuteronomium, ATD 9, Göttingen 1964.
RAHLFS, A., Der Text des Septuaginta-Psalters, SeptSt 2, Göttingen 1907.
–, Verzeichnis der griechischen Handschriften des Alten Testaments, MSU 2, Berlin 1914.
–, Über Theodotion-Lesarten im Neuen Testament und Aquila-Lesarten bei Justin, ZNW 20, 1921, 182–199.
REICKE, B., Art. χρῆμα κτλ., ThWNT IX, Stuttgart 1973, 468–471.
REITZENSTEIN, R. (– Schaeder, H. H.), Studien zum antiken Synkretismus aus Iran und Griechenland. I. Griechische Lehren, SBW 7, Leipzig 1926 (Nachdruck: Darmstadt 1965).
RENGSTORF, K. H., Art. σημεῖον κτλ., ThWNT VII, Stuttgart 1964, 199–268.
RESE, M., Überprüfung einiger Thesen von Joachim Jeremias zum Thema des Gottesknechtes im Judentum, ZThK 60, 1963, 21–41.
–, Die Rolle des Alten Testaments im Neuen Testament, VF 12/2, 1967, 87–97.
–, Alttestamentliche Motive in der Christologie des Lukas, StNT 1, Gütersloh 1969.
RIVKIN, E., A Hidden Revolution, Nashville (Tennessee) 1978.
ROBERTSON, A. – PLUMMER, A., A Critical and Exegetical Commentary on the First Epistle of St Paul to the Corinthians, ICC, Edinburgh ²(1914) 1929.
SAFRAI, S., Relations between the Diaspora and the Land of Israel, in: Safrai, S. – Stern, M. (Ed.), The Jewish People in the First Century. I, CRINT I/1, Assen 1974, 184–215.

–, The Synagogue, in: Safrai, S. – Stern, M. (Ed.), The Jewish People in the First Century. II, CRINT I/2, Assen 1976, 908–944.
SAND, A., Art. ἐπαγγελία κτλ., EWNT II, Stuttgart 1981, 34–40.
SANDAY, W. – HEADLAM, A. C., A Critical and Exegetical Commentary on the Epistle to the Romans, ICC, Edinburgh ⁵(1902) 1964.
SANDERS, E. P., Paul and Palestinian Judaism. A Comparison of Patterns of Religion, London 1977.
–, On the Question of Fulfilling the Law in Paul and Rabbinic Judaism, in: Bammel, E. – Barrett, C. K. – Davies, W. D. (Ed.), Donum Gentilicium. New Testament Studies in Honour of David Daube, Oxford 1978, 103–126.
SANDERS, J. A., Text and Canon: Concepts and Method, JBL 98, 1979, 5–29.
SAUTER, G., Josefstal 1966, EvTh 27, 1967, 390–397.
SCHÄFER, P., Die Peticha – ein Proömium? Kairos NF 12, 1970, 216–219.
–, Der synagogale Gottesdienst, in: Maier, J. – Schreiner, J. (Hg.), Literatur und Religion des Frühjudentums, Würzburg 1973, 391–413.
SCHALLER, B., Zum Textcharakter der Hiobzitate im paulinischen Schrifttum, ZNW 71, 1980, 21–26.
–, Das Testament Hiobs und die Septuaginta-Übersetzung des Buches Hiob, Bib. 61, 1980, 377–406.
–, ΗΞΕΙ ΕΚ ΣΙΩΝ Ο ΡΥΟΜΕΝΟΣ. Zur Textgestalt von Jes 59:20f. in Röm 11:26f., in: Pietersma, A. – Cox, C. (Ed.), De Septuaginta. Studies in Honour of John William Wevers on his sixty-fifth birthday, Mississauga (Ontario) 1984, 201–206.
SCHENKE, H.-M., Der Gott »Mensch« in der Gnosis. Ein religionsgeschichtlicher Beitrag zur Diskussion über die paulinische Anschauung von der Kirche als Leib Christi, Göttingen 1962.
–, Aporien im Römerbrief, ThLZ 92, 1967, 881–888.
SCHILLE, G., Frühchristliche Hymnen, Berlin 1965.
SCHLATTER, A., Die Theologie des Judentums nach dem Bericht des Josefus, BFChTh.M 26, Gütersloh 1932.
–, Gottes Gerechtigkeit. Ein Kommentar zum Römerbrief, Stuttgart 1935.
SCHLIER, H., Der Brief an die Galater, KEK 7, Göttingen ³⁽¹²⁾1962.
–, Der Römerbrief, HThK 6, Freiburg 1977.
SCHMID, H. H., Gerechtigkeit und Glaube. Genesis 15,1–6 und sein biblisch-theologischer Kontext, EvTh 40, 1980, 396–420.
SCHMID, W. – STÄHLIN, O., Wilhelm von Christs Geschichte der griechischen Litteratur. II/1, HKAW VII/2,1, München 1911.
SCHMIDT, H. W., Der Brief des Paulus an die Römer, ThHK 6, Berlin ³1972.
SCHMIDT, K. L., Art. ἔθνος κτλ. B. ἔθνος im NT, ThWNT II, Stuttgart 1935, 366–369.
–, Jerusalem als Urbild und Abbild, ErJb 18, 1950, 207–248.
SCHMIEDEL, P. W., Der zweite Brief an die Korinther, in: ders., Die Briefe an die Thessalonicher und an die Korinther, HC II/1, Freiburg ²1892, 210–306.
SCHMITHALS, W., Die Gnosis in Korinth. Eine Untersuchung zu den Korintherbriefen, FRLANT 66, Göttingen ³1969.
–, Der Römerbrief als historisches Problem, StNT 9, Gütersloh 1975.
SCHNEIDER, G., Die Apostelgeschichte. I–II, HThK V, Freiburg 1980–1982.
SCHOTTROFF, L., Der Glaubende und die feindliche Welt. Betrachtungen zum gnostischen Dualismus und seiner Bedeutung für Paulus und das Johannesevangelium, WMANT 37, Neukirchen-Vluyn 1970.
SCHOTTROFF, W., Der altisraelitische Fluchspruch, WMANT 30, Neukirchen-Vluyn 1969.
SCHRAGE, W., Die konkreten Einzelgebote in der paulinischen Paränese. Ein Beitrag zur neutestamentlichen Ethik, Gütersloh 1961.
–, Art. συναγωγή κτλ., ThWNT VII, Stuttgart 1964, 798–850.
–, Das Verständnis des Todes Jesu im Neuen Testament, in: Viering, F. (Hg.), Das Kreuz Jesu Christi als Grund des Heils, Gütersloh 1967, 49–89.

–, Leid, Kreuz und Eschaton. Die Peristasenkataloge als Merkmale paulinischer theologia crucis und Eschatologie, EvTh 34, 1974, 141–175.
–, Theologie und Christologie bei Paulus und Jesus auf dem Hintergrund der modernen Gottesfrage, EvTh 36, 1976, 121–154.
SCHRENK, G., Art. βίβλος κτλ., ThWNT I, Stuttgart 1933, 613–620.
–, Art. γράφω κτλ., ThWNT I, Stuttgart 1933, 742–773.
–, Art. λεῖμμα κτλ. A. Der griechische Sprachgebrauch. C. Der Restgedanke bei Paulus, verglichen mit seinem Vorkommen in der Apokalyptik und im Rabbinentum, ThWNT IV, Stuttgart 1942, 198–201. 215–221.
SCHRÖGER, F., Der Verfasser des Hebräerbriefes als Schriftausleger, BU 4, Regensburg 1968.
SCHUBART, W., Art. Alexandria, RAC I, Stuttgart 1950, 271–283.
SCHÜRER, E., Geschichte des Jüdischen Volkes im Zeitalter Jesu Christi. I–III, Leipzig ⁴1901–1909.
SCHULZ, S., Die Decke des Moses. Untersuchungen zu einer vorpaulinischen Überlieferung in II Cor 3_{7-18}, ZNW 49, 1958, 1–30.
–, Zur Rechtfertigung aus Gnaden in Qumran und bei Paulus. Zugleich ein Beitrag zur Form- und Überlieferungsgeschichte der Qumrantexte, ZThK 56, 1959, 155–185.
–, Maranatha und Kyrios Jesus, ZNW 53, 1962, 125–144.
SCHWANTES, H., Schöpfung der Endzeit. Ein Beitrag zum Verständnis der Auferweckung bei Paulus, AzTh I/12, Stuttgart 1963.
SCHWEIZER, E., Art. πνεῦμα κτλ. E. Das Neue Testament, ThWNT VI, Stuttgart 1959, 394–449.
–, Zur Herkunft der Präexistenzvorstellung bei Paulus, in: ders., Neotestamentica. Deutsche und englische Aufsätze 1951–1963, Zürich 1963, 105–109 (zuerst EvTh 19, 1959, 65–70).
–, Art. υἱός κτλ. C. Judentum. I. Hellenistisches Judentum, 1. Septuaginta. c., ThWNT VIII, Stuttgart 1969, 355,27–44.
SEESEMANN, H., Art. οἶδα, ThWNT V, Stuttgart 1954, 120–122.
–, Art. πάλαι κτλ., ThWNT V, Stuttgart 1954, 713–717.
SIBINGA, J. S., The Old Testament Text of Justin Martyr. I. The Pentateuch, Leiden 1963.
SIEGERT, F., Gottesfürchtige und Symphatisanten, JSJ 4, 1973, 109–164.
SIEGFRIED, C., Philo von Alexandria als Ausleger des Alten Testaments, Jena 1875 (Nachdruck: Amsterdam 1970).
SILBERMAN, L. H., Unriddling the Riddle. A Study in the Structure and Language of the Habakkuk Pesher (I Q p Hab.), RdQ 3, 1962, 323–364.
SIMON, M., Art. Gottesfürchtiger, RAC XI, Stuttgart 1981, 1060–1070.
SKEHAN, P. W., The Qumran Manuscripts and Textual Criticism, in: Cross, F. M. – Talmon, S. (Ed.), Qumran and the History of the Biblical Text, Cambridge (Massachusetts) ²1976, 212–225 (zuerst: Volume du Congrès Strasbourg 1956, VT.S 4, Leiden 1957, 148–160).
–, The Divine Name at Qumran, in the Masada Scroll, and in the Septuagint, PIOSCS 13, 1980, 14–44.
SMITS, C., Oud-Testamentische Citaten in het Nieuwe Testament. I–IV, CFN 8/1–4, 's-Hertogenbosch 1952–1963.
SPARKS, H. F. D., 1 Kor 2_9 a Quotation from the Coptic Testament of Jacob? ZNW 67, 1976, 269–276.
SPICQ, C., Saint Paul. Les Épîtres Pastorales, EtB, Paris 1947.
STÄHLIN, G., Art. ἴσος κτλ., ThWNT III, Stuttgart 1938, 343–356.
STECK, O. H., Israel und das gewaltsame Geschick der Propheten. Untersuchungen zur Überlieferung des deuteronomistischen Geschichtsbildes im Alten Testament, Spätjudentum und Urchristentum, WMANT 23, Neukirchen-Vluyn 1967.
STEGEMANN, H., Religionsgeschichtliche Erwägungen zu den Gottesbezeichnungen in den Qumrantexten, in: Delcor, M. (Ed.), Qumrân. Sa piété, sa théologie et son milieu, BEThL 46, Leuven 1978, 195–217.

STEIN, E., Art. Allegorische Auslegung, EJ(D) II, Berlin 1928, 338-351.
-, Die allegorische Exegese des Philo aus Alexandria, BZAW 51, Gießen 1929.
(Strack, H. L. -) STEMBERGER, G., Einleitung in Talmud und Midrasch, München ⁷1982.
STENDAHL, K., The School of St. Matthew and its Use of the Old Testament, ASNU 20, Lund, 2. Aufl., o. J. (1967).
-, Glossolalia and the Charismatic Movement, in: Jervell, J. - Meeks, W. A. (Ed.), God's Christ and His People. Studies in Honour of Nils Alstrup Dahl, Oslo 1977, 122-131.
-, Paul among Jews and Gentiles and other Essays, Philadelphia ²1978.
STERN, M., The Jewish Diaspora, in: Safrai, S. - Stern, M. (Ed.), The Jewish People in the First Century. I, CRINT I/1, Assen 1974, 117-183.
STEUERNAGEL, C., Das Deuteronomium, HK I/3,1 Göttingen ²1923.
STRACK, H. L., Einleitung in Talmud und Midrasch, München ⁶1976.
STRANGE, J. F., Archaeology and the Religion of Judaism in Palestine, ANRW II 19/1, Berlin 1979, 646-685.
STRATHMANN, H., Art. λαός. A. λαός im außerbiblischen Griechisch. B. λαός in LXX. C. λαός im außerbiblischen hellenistischen Judentum. E. λαός im NT, ThWNT IV, Stuttgart 1942, 29-39. 49-57.
STROBEL, A., Untersuchungen zum eschatologischen Verzögerungsproblem auf Grund der spätjüdisch-urchristlichen Geschichte von Habakuk 2,2ff., NT.S 2, Leiden 1961.
STUHLMACHER, P., Gerechtigkeit Gottes bei Paulus, FRLANT 87, Göttingen ²1966.
-, Erwägungen zum ontologischen Charakter der καινὴ κτίσις bei Paulus, EvTh 27, 1967, 1-35.
-, Theologische Probleme des Römerbriefpräskripts, EvTh 27, 1967, 374-389.
-, Zur Interpretation von Römer 11$_{25-32}$, in: Wolff, H. W. (Hg.), Probleme biblischer Theologie. Gerhard von Rad zum 70. Geburtstag, München 1971, 555-570.
-, Jesus als Versöhner. Überlegungen zum Problem der Darstellung Jesu im Rahmen einer biblischen Theologie des Neuen Testaments, in: ders., Versöhnung, Gesetz und Gerechtigkeit. Aufsätze zur biblischen Theologie, Göttingen 1981, 9-26 (zuerst: Strecker, G. [Hg.], Jesus Christus in Historie und Theologie. Neutestamentliche Festschrift für Hans Conzelmann zum 60. Geburtstag, Tübingen 1975, 87-104).
-, »Das Ende des Gesetzes«. Über Ursprung und Ansatz der paulinischen Theologie, in: ders., Aufs. [s. o.], Göttingen 1981, 166-191 (zuerst: ZThK 74, 1977, 449-463).
SUGGS, M. J., ›The Word is Near You‹: Romans 10:6-10 within the Purpose of the Letter, in: Farmer, W. R. - Moule, C. F. D. - Niebuhr, R. R. (Ed.), Christian History and Interpretation: Studies presented to John Knox, Cambridge 1967, 289-312.
SUHL, A., Die Funktion der alttestamentlichen Zitate und Anspielungen im Markusevangelium, Gütersloh 1965.
SUKENIK, E. L., Ancient Synagogues in Palestine and Greece, SchL 1930, London 1934.
SUNDBERG, A. C. jr., On Testimonies, NT 3, 1959, 268-281.
SWEET, J. P. M., A Sign for Unbelievers: Paul's Attitude to Glossolalia, NTS 13, 1967, 240-257.
THACKERAY, H. St. J., The Greek Translators of the Four Books of Kings, JThS 8, 1907, 262-278.
-, The Septuagint and Jewish Worship, SchL 1920, London 1921.
THRAEDE, K., Art. Gleichheit, RAC XI, Stuttgart 1981, 122-164.
THÜSING, W., Per Christum in Deum. Studien zum Verhältnis von Christozentrik und Theozentrik in den paulinischen Hauptbriefen, NTA NF 1, Münster ²1969.
THYEN, H., Der Stil der jüdisch-hellenistischen Homilie, FRLANT 65, Göttingen 1955.
TKAČ, J., Art. Egra. 2, PRE V/2, Stuttgart 1905, 2006.
TÖDT, H. E., Der Menschensohn in der synoptischen Überlieferung, Gütersloh ²1963.
TRUMMER, P., »Mantel und Schriften« (2 Tim 4,13). Zur Interpretation einer persönlichen Notiz in den Pastoralbriefen, BZ NF 18, 1974, 193-207.
ULONSKA, H., Paulus und das Alte Testament, o. O. (Brackwede) o. J. (1964).

VAN UNNIK, W. C., Tarsus or Jerusalem. The City of Paul's Youth, in: ders., Sparsa Collecta. The Collected Essays of W. C. van Unnik. I, NT.S 29, Leiden 1973, 259–320 (zuerst: Amsterdam 1952 [holländisch]).
–, »With Unveiled Face«. An Exegesis of 2 Corinthians III 12–18, in: ders., Aufs. I [s. o.], Leiden 1973, 194–210 (zuerst: NT 6, 1963, 153–169).
URBACH, E. E., The Sages. Their Concepts and Beliefs. I–II, Jerusalem 1975.
VENARD, L., Art. Citations de l'Ancien Testament dans le Nouveau Testament, DBS II, Paris 1934, 23–51.
VERMES, G., Bible and Midrash: Early Old Testament Exegesis, in: ders., Post-Biblical Studies, SJLA 8, Leiden 1975, 59–91 (zuerst: CHB I, Cambridge 1970, 199–231. 532).
VIELHAUER, Ph., Oikodome. Das Bild vom Bau in der christlichen Literatur vom Neuen Testament bis Clemens Alexandrinus (Diss. Heidelberg 1939), in: ders., Oikodome. Aufsätze zum Neuen Testament. Band 2, TB 65, München 1979, 1–168.
–, Jesus und der Menschensohn. Zur Diskussion mit Heinz Eduard Tödt und Eduard Schweizer, in: ders., Aufsätze zum Neuen Testament, TB 31, München 1965, 92–137 [Nachtrag: 138–140] (zuerst: ZThK 60, 1963, 133–177).
–, Ein Weg zur neutestamentlichen Christologie? Prüfung der Thesen von Ferdinand Hahn, in: ders., Aufs. [I. (s. o.)], München 1965, 141–198 (zuerst: EvTh 25, 1965, 24–72).
–, Paulus und das Alte Testament, in: ders., Aufs. II [s. o.], München 1979, 196–228 (zuerst: Abramowski, L. – Goeters, J. F. G. [Hg.], Studien zur Geschichte und Theologie der Reformation. Festschrift für Ernst Bizer, Neukirchen-Vluyn 1969, 33–62).
–, Geschichte der urchristlichen Literatur, Berlin (1975) 1978.
VOLLMER, H., Die Alttestamentlichen Citate bei Paulus textkritisch und biblisch-theologisch gewürdigt nebst einem Anhang über das Verhältnis des Apostels zu Philo, Freiburg 1895.
VOLZ, P., Jesaja II, KAT 9/2, Leipzig 1932.
DE WAARD, J., A Comparative Study of the Old Testament Text in the Dead Sea Scrolls and in the New Testament, STDJ 4, Leiden 1965.
WADDELL, W. G., The Tetragrammaton in the LXX, JThS 45, 1944, 158–161.
WALTER, N., Der Thoraausleger Aristobulos. Untersuchungen zu seinen Fragmenten und zu pseudepigraphischen Resten der jüdisch-hellenistischen Literatur, TU 86, Berlin 1964.
–, Art. ἔθνος, EWNT I, Stuttgart 1980, 925–929.
WALTERS (früher: KATZ), P., The Text of the Septuagint. Its Corruptions and their Emendation (ed. Gooding, D. W.), Cambridge 1973.
WANKE, G., Art. Bibel. I. Die Entstehung des Alten Testaments als Kanon, TRE VI, Berlin 1980, 1–8.
WEDER, H., Das Kreuz Jesu bei Paulus. Ein Versuch, über den Geschichtsbezug des christlichen Glaubens nachzudenken, FRLANT 125, Göttingen 1981.
WEISER, A., Die Apostelgeschichte, Kapitel 1–12, ÖTK V/1, Gütersloh/Würzburg 1981.
WEISS, J., Der erste Korintherbrief, KEK 5, Göttingen 1(9)1910 (Nachdruck: 1970).
WEISS, K., Art. χρηστός κτλ., ThWNT IX, Stuttgart 1973, 472–481.
WENGST, K., Christologische Formeln und Lieder des Urchristentums, StNT 7, Gütersloh 1972.
–, Tradition und Theologie des Barnabasbriefes, AKG 42, Berlin 1971.
WESTERMANN, C., Der Aufbau des Buches Hiob, BHTh 23, Tübingen 1956.
–, Das Buch Jesaja. Kapitel 40–66, ATD 19, Göttingen 1966.
–, Genesis 12–50, EdF 48, Darmstadt 1975.
–, Lob und Klage in den Psalmen, Göttingen 1977 (= 5. Aufl. von: ders., Das Loben Gottes in den Psalmen, Göttingen 1954).
–, Genesis. I–III, BK.AT 1/1–3, Neukirchen-Vluyn 1974–1982.

WEVERS, J. W., Septuaginta-Forschungen, ThR NF 22, 1954, 85–138. 171–190.
–, Septuaginta. Forschungen seit 1954, ThR NF 33, 1968, 18–76.
–, Text History of the Greek Genesis, MSU 11, Göttingen 1974.
–, Text History of the Greek Deuteronomy, MSU 13, Göttingen 1978.
WILCKE, H.-A., Das Problem eines messianischen Zwischenreichs bei Paulus, AThANT 51, Zürich 1967.
WILCKENS, U., Weisheit und Torheit. Eine exegetisch-religionsgeschichtliche Untersuchung zu 1.Kor. 1 und 2, BHTh 26, Tübingen 1959.
–, Die Rechtfertigung Abrahams nach Römer 4, in: ders., Rechtfertigung als Freiheit. Paulusstudien, Neukirchen-Vluyn 1974, 33–49 (zuerst: Rendtorff, R. – Koch, K. [Hg.]), Studien zur Theologie der alttestamentlichen Überlieferung [Festschrift für Gerhard von Rad], Neukirchen 1961, 111–127).
–, Zu Römer 3,21–4,25. Antwort an G. Klein, in: ders., Aufs. [s. o.], Neukirchen-Vluyn 1974, 50–76 (zuerst: EvTh 24, 1964, 586–610).
–, Was heißt bei Paulus: »Aus Werken des Gesetzes wird kein Mensch gerecht«?, in: ders., Aufs. [s. o.], Neukirchen-Vluyn 1974, 77–109 (zuerst: EKK.V 1, Zürich 1969, 51–77).
–, An die Römer. I–III, EKK 6/1–3, Zürich/Neukirchen-Vluyn 1978–1982.
WILDBERGER, H., »Glauben« im Alten Testament, ZThK 65, 1968, 129–159.
–, Jesaja. I–III, BK.AT 10/1–3, Neukirchen-Vluyn 1972–1982.
WINDISCH, H., Die göttliche Weisheit der Juden und die paulinische Christologie, in: Neutestamentliche Studien. Georg Heinrici zu seinem 70. Geburtstag dargebracht (hg. von Deißmann, A. und Windisch, H.), UNT 6, Leipzig 1914, 220–234.
–, Der zweite Korintherbrief, KEK 6, Göttingen 1(9)1924 (Nachdruck: 1970).
WOLFF, Ch., Jeremia im Frühjudentum und Urchristentum, TU 119, Berlin 1976.
WOLFF, H. W., Jesaja 53 im Urchristentum. Die Geschichte der Prophetie »Siehe, es siegt mein Knecht« bis zu Justin, Bethel 1942.
–, Dodekapropheton 1. Hosea, BK.AT 16/1, Neukirchen-Vluyn ²1965.
WOLTER, M., Rechtfertigung und zukünftiges Heil. Untersuchungen zu Röm 5,1–11, BZNW 43, Berlin 1978.
VAN DER WOUDE, A. S., Die messianischen Vorstellungen der Gemeinde von Qumrân, SSN 3, Assen 1957.
WRIGHT, A. G., The Literary Genre of Midrash, CBQ 28, 1966, 105–138. 417–457.
ZAHN, Th., Geschichte des Neutestamentlichen Kanons. II/2, Erlangen 1892.
–, Der Brief des Paulus an die Römer, KNT 6, Leipzig 1910.
ZEHRER, F., Die Psalmenzitate in den Briefen des Hl. Paulus, HabSchr. masch. Graz 1951.
ZELLER, D., Juden und Heiden in der Mission des Paulus. Studien zum Römerbrief, FzB 1, Stuttgart 1973.
ZIEGLER, J., Untersuchungen zur Septuaginta des Buches Isaias, ATA 12/3, Münster 1934.
–, Die Septuaginta Hieronymi im Buch des Propheten Jeremias, in: ders., Sylloge. Gesammelte Aufsätze zur Septuaginta, MSU 10, Göttingen 1971, 345–356 (zuerst: Colligere Fragmenta. Festschrift A. Dold, Beuron 1952, 13–24).
ZIMMERLI, W., Ezechiel. 1. Teilband. Ezechiel 1–24, BK.AT 13/1, Neukirchen-Vluyn 1969.

Register

Stellen

Auf Anmerkungen wird pauschal mit „A" verwiesen, und auch nur dann, wenn die betreffende Stelle auf der angegebenen Seite ausschließlich im Anmerkungsteil genannt ist.

1. Altes Testament (MT, LXX, 'A, Σ, Θ, Targumim)

Genesis

1f	135f
1,3	16, 191A
1,6	191A
1,26f	136
2,7	22, *134–137*, 219, 299, 301A
2,24	22, 102, 243, 245, 297, 316A
3,1	12A
12,3	22, 52, 97A, *124*, 140, *162f*, 222, 254A, 272, 305A, 309A, 310, 328A, 345, 347
13,15	22, 97A, 102, 222, 224, 244A
15–17	97f, 101
15,1–6	344A
15,5	21, 97A, 102, 255, 261, 273, 310, 323, 345
15,6	13A, 15f, 21ff, 33A, 54, 86A, 97, *106, 132f*, 187, *221–226, 243f, 272f*, 276, 307A, 309A, 323f, 343ff, 346A
15,17–21	205A
16	16, 209
17	16, 205A, 222, 345
17,5	13A, 15f, 21, 97A, 102, 225, 248, 261, 273, 305A, 310, 323, 345
17,8	22, 222, 224
17,10	16
17,17	16
18	116A, 303A
18,10	21, 116, *141f, 171f*, 189A, 309A
18,11	100A
18,14	21, 100A, 116, *141f, 171f*, 187, 189A, 305A, 309, 310
18,18	22, 97A, 124, *162f*, 272A, 310A
18,19	100A
18,22f	12A
21	16, 121, 150, *204f*, 209f, 218, 303A
21,10	16, 22, 52, 54, *121, 149f*, 196A, 204, *211*
21,12	13A, 23, 102, 243, 272, 305A
21,23	97A
22	342A, 345f
22,1–14	345
22,16	346A
22,17	310A
22,18	162A, 163A, 222, 243A
24,7	22, 222, 224
24,12	342A
25	303A
25,12–18	207A
25,23	21, 102, 108A, 248, 305A
26,4	162A, 163A, 222
27,26	97A
28,14	162, 163A
49,7	191A
49,15	12A

Exodus

3,20	191A
9,3	191A
9,16	21, 54, *112, 141, 150f*, 187
9,18^Σ	70A
12,40	222
13f	16A
13,9.16	191A
13,20f^{TgJerI}	212A
14,15–31	212A

16f	16A	24,17–19	194
16	212, 259	25	16A
16,16ff	259A	30,17	194A
16,18	22, *108,* 142, 187, *258f,* 297, 298A, 306A	31,36.43	76A

Deuteronomium

17,1–7	*212f*	3,26	40
20,6	39A	4,11	191A
20,13–15	21, *34*	5	252A
20,17	21, 191A	5,17–21	95, 116A, 189, 243, 296, 315
20,21	196A		
23,7	194A	5,17–19	21, *34,* 52, 117
31,18	17, 45	5,20	116f
32	16A	5,21	21, 33A, 34A, 117, 191A, 296A, 316
32,6	16A, 22, 102, *215f,* 297, 298A, 345		
		5,23	191A
33,7	127	5,28	196A
33,19	21, 93A, 102, 150	7,8	194, 195A
34	17, 152, 220A, 333–336, 338A	7,21f	194
		8,4	102
34,1	17, 45	8,17	21, 102, 130f, *185f,* 187A
34,29–35	332–341	9,4	21, 130f, *185f,* 187A
34,30	333f	9,5	194, 195A
34,33	*16f,* 114A, 334	9,15	191A
34,34	6A, 13A, 22, 86A, *114f, 126f, 151f,* 187, 188A, 272, 299, 334, *337ff,*	12,28	149A
		17,7	13A, 18, 23, 102, 188A, 271A, 278A, 296, 315
34,35	*16f,* 114A, 333f	17,19	18
35,1	149A	18	252A
		18,18f	196A
Leviticus		19,15	18, 23, 52, 54, 95, *117f,* 186, 187A, 240, 243, 249A, 299, 315A, 342A
8,36	149A		
18,5	7A, 12A, 14A, 21, 33A, 47, 52, 54, 93, 97A, *120,* 128, 131A, 142, 166A, 187A, 265, *267f,* 290, *291–296,* 316	21,21	18
		21,23	22, 54, *120, 124ff,* 132, *165f,* 187, 245A, 249, 251, 265, 286A, 287f, 324A, 347
19,18	22, 33A, 47, 95, 102, 239f, 243, 296, 297A, 315	21,23′ᴬ,Θ	125A, 166
		21,23Σ	125
22,22	147A	22,24	18
23,38	194	24,7	18
		24,16	30A
Numeri		25,4	22, 41f, 54A, 142, 186, 189A, *203f,* 221, 222A, 231A, 296A, 299, 323
3,22	76A		
14	16A		
14,28	185A	25,10	*203f*
20f	16A	27,15–25	163A
20,7–13	212	27,16	121
21	16A	27,26	22, 24A, 33A, 52, 54A, 97A, 111, *120f,* 131A, 132A, *163–166,* 187, 249, 251, *265f,* 268, 316, 347
21,18	12A, 213A		
24	252A		
24,15–17	252A		

Stellen

28–30	121 A, 163 A, 165, 171 A
28	265 A, 266 A
28,58	24 A, 164, 165 A
28,61	164
28,65	146 A
29	171
29,3	21, 86 A, 87, 106 A, *111*, 121, 138, 140, *170f*, 187, 223 A
29,5.9	171 A
29,10	170 f
29,19	22, 24 A, *164f*, 266
29,20.26	164
30,10	24 A, 164
30,11–14	*129–132*, 154–160, 165 A, *185f*, *197f*, 295 A, 351
30,11	107
30,12–14	4 A, 21, 24 A, *153–160*, 187, *229f*, 272, 286 A, 287, 291, *295f*, 296 A, 316 A, 347
30, 12–14^{TgFrag/TgCN}	*158f*, 198
30,12–14^{TgOnk}	158 A
30,12–14^{TgPsJon}	158 A, 198
30,12	54
30,13	54, 153, 160
30,14	52, *107*, 117
30,19f	191 A
32,21	21, 52, *110*, 187, 281, 317
32,35	14, 21, 77ff, 85 A, 95, 139, 187, 189, 240, 246, 249 A, 270, 271 A, 297, 315
32,35^Σ	77, 240 A
32,35^{TgFrag}	77, 240 A
32,35^{TgOnk}	77, 240 A
32,39	191 A
32,43	22, 102, 282
33	252 A
33,3	191 A

Judicum

8,27^Θ	60 A
18,7.10.27	42 A

I Reg (MT: I Sam)

2,10	22f, 24 A, *35f*, 45, 85
12,22	*18*
14,39.45	184 A
19,6	184 A

II Reg (MT: II Sam)

2,26	62 A
7,10–14	195 A, 229 A
15,25	68 A
22,29	16 A
22,50	22, *34*

III Reg (MT: I Reg)

8,54	75 A
11,41	30 A
14,29	30 A
15,7.23	30 A
19	76, 306
19,10	21, 31 A, *74f*, 77, 87, *104*, 116, 139, 187, 189, 306
19,14	21, 74 A
19,18	21, *75–77*, 116, 139, 187, 189, 306

IV Reg (MT: II Reg)

10,6	30 A
12,5	40 A
14,6	27 A, 29
20,9	149 A
24,16	76 A

I Paralipomenon (I Chr)

15,21	61 A
29,4	76 A
29,11	62 A
29,14	27 A

II Paralipomenon (II Chr)

23,18	30 A

II Esdras (MT: Esr+Neh)

3,4 (MT: Esr 3,4)	30 A
18 (MT: Neh 8), 15	30 A
19 (MT: Neh 9)	215, 240 A
20 (MT: Neh 10), 35.37	30 A

Hiob

5,9	14A
5,12f	24A
5,13	22, 24A, *71f,* 80A, 132A, 153A, 188f, 195, 275, 315
9,4	73A
9,10	14A
21,19.31	73A
22,21.27	73A
28,14	158
34,11	73A
38–41	178A
38	270A
40,25ff	178A
41,2	72A, 178A
41,3	14, 23, 51, *72f, 111,* 139, 166, *178f,* 188f, *270,* 299, 316
41,22	147A

Psalmen (Zählung nach LXX)

1,1	229A
2,1f	229A
4,1$^\Sigma$	63A
4,1$^\Theta$	62A
4,9	42A
5	179
5,10	21, 56, 93A, 94A, 102, 116A, 179, 181, 182A, 187A
8	245
8,2	84A
8,4–7	245
8,7	13A, 19A, 20, 22, *111, 140,* 187, 243, *244f,* 272, 287, 299, 315
9	179, 188A
9,25	179A
9,28	21, 94A, *109,* 112, 116, 179, 181, 182A, 188A
12,2	62A
13	77A
13,1–3	21, *56,* 76A, *118f, 132,* 145, *179–182,* 187, 279A, 316A
13,2	86A
13,3	55
13,9.10	42A
17,50	22, *34f,* 87, 121, 143A, 187, 282
18,5	13A, 23, 93A, 102, 106A, 110A, 122, 149A, 188A, 280
23,1	14, 23, 86A, 102, 188A, 287, 299, 316A
24,7	55
31,1f	21, 93A, 97A, 102, 221–223, 225, 311A
31,1	55A
31,2	86A
31,8	49A
32,1	68A
33,20	191A
34,8	137A
35	112, 179
35,2	21, 86A, *112,* 179, 181, 188A
35,4	179A
43,23	21, 55A, 93A, 102, 261, *263f,* 299, 319
48,10$^\Sigma$	63A
48,10$^\Theta$	62A
50,6	21, 93A, 102, 111A
52,2–4	118A
52,4	55
61,13	18, 23, 111, 188, 299, 315
64,13	68A
67,17$^\Sigma$	63A
67,19	156A
68	325
68,10	22, 55A, 102, 235, 286A, 287, 297, 319, *324f*
68,23f	111A, 254A, 317A, 325A
68,23	21, 56, *106,* 117, 137f, 142, 171A, 189A, 287
68,23$^\Theta$	60A
73,1$^\Theta$	62A
77	16A, 215, 240A
77,5	262A
88,47$^\Sigma$	63A
92,2	40A
92,5	68A
93,11	22, 86A, 132A, *152f,* 275, 316
93,14	*18*
96,10	39A
102,19	40A
104,39	212A
105	16A, 240A
105,37	181A
106,26	24A, 154, *160*
109,1	*19f,* 140A, 244f

111,4	16A	*Jesaja*	
111,9	22, 116, 188, 297		
113,1'ᴬ	64A	1,9	21, 49A, 86A, 93A, 102,
115,1	22, 102, 299		148, 272A, 280, 318, 328A
116,1	22, 86A, *109*, 111A, 124,	1,15.23	181A
	188, 282	3,16	181A
117,22f	249f	6,9f	40A
118,32	23	7,17	194A
124,2	122A	8,8	147A
139	179	8,13f	58ff, 161
139,4	21, 102, 179, 181, 182A,	8,13fᴬ, Σ, Θ	58ff
	187A	8,14	1A, 4A, 21, 57A, *58ff*, 69,
142,2	18		78, 80, 95, 138A, 142,
144,20	39A		*161f*, 186, 241A, 243f,
146,1	39A, 114A		245A, 249f, 254A, 286ff,
			316A
Proverbia		8,14'ᴬ, Σ, Θ	58ff, 161
1,16	23	9,1	16A
3,4	15A, *18*, 23, 86A, 115,	10,20–23	146
	138f, 299, 315A	10,20	77, 147A
3,7	18	10,22f	21, 49ff, 77f, *82f*, 86A, 94,
3,16	14A		96, 142, *145–149, 167f*,
3,18	191A, 265		189, 272A, 280, 317A,
8,18	14A		318
8,27	40A	11,10	22, 78A, 95, 117, 176A,
10,25^{Σ, Θ}	70A		177A, 186, 233, *241f*,
11,8f	137A		251A, 254A, 283, 285ff,
13,14^{Σ, Θ}	60A		316, 327A
14,27^{Σ, Θ}	60A	13,20	61A
15,8	194	13,20'ᴬ, Θ	62A
17,7	68A	13,20^Σ	63A
19,10	68A	14,22.30	142A
21,28^Σ	63A	19,11f	274A
21,28^Θ	62A	22,13	14, 23, 43A, 102, 188A,
22,8	15A, 23, 57, 86A, *118*,		299
	140, 188, 297, 316	24,21–23	61A
22,25^Σ	60A	25	61A, 78
24,12	18, 24A	25,7	336f
25,12f	13, 23, 93A, 139A, 186,	25,7'ᴬ, Θ	337A
	188A, 246, *270f*, 296, 315	25,7f^Σ	336A
25,21	56	25,8	22, 57A, *61ff*, 78A, *168ff*,
29,6^Σ	60A		*175*, 186, 187A, 188A, 272,
			278, 299, 315, 336A
Canticum		25,8'ᴬ	61ff, 80A
1,5.10	68A	25,8^Σ	62f, 80A
2,14	68A	25,8^Θ	57A, 62f, 80A, 168
4,3	68A	25,14	132A
6,4	68A	26,20	129
		27,9	21, *109*, 113, *175ff*, 315
Ecclesiastes (Kohelet)		28	78
7,20	24A	28,1	147A
		28,7	64, 123

28,9–13	63ff	45,22	242A, 315
28,11f	22, 57A, *63–66*, 78, 80A, 85A, *111f*, 115, *122f*, 139, *151*, 187, 189, 195, 246, 265, *268f*, 299	45,23	11A, 22, 49, 88, 95A, *108*, *184f*, 188, 232, *241f*, 246f, 261, 285, 297, 299, 315
28,11'A, Σ, Θ	65	49,8	22, 93A, 102, 229A, 254A, *261ff*, 272, 278A, 299, 302, *318*
28,13	123A, 246		
28,16	4A, 21, 33A, 49, 52A, *69–71*, 80, 93, 95, 115, *133f*, 138A, *161f*, 176A, 187A, 189, 226A, *241f*, 243, 248–251, 254A, 256, 261, 285–288, 316, 327A, 347	49,18	22, 85A, 86, 102, *184f*, 187, 246
		50,7	250
		51,16^Σ	70A
		52	78, 143A
		52,5–9	261A
		52,5	21, 49, 87, *105*, 116, 143, 187, *260f*
28,16'A, Σ, Θ	69A	52,6f	66f
28,20	336A	52,6f'A, Σ	66f
28,20^Σ, Θ, Vg	336A	52,7–10	113
28,22	146A, 147, 148A, 149A	52,7	14A, 21, 57A, *66–69*, 78, *81ff*, 96, *113f*, *122*, 176A, 188A, 189
28,23	147		
28,24	42A		
28,27	147A	52,7'A, Σ	66–69, 82
28,28	61A	52,7^TgJon	114A
28,28^Σ, Θ	42A, 63A	52,9	122, 261A
28,28^Θ	62A	52,11	176A
29,9f	171A	52,13–53,12	255A
29,10	21, 86A, 106A, *111*, *170f*, 172A, 223A	52,15	22, 93A, 102, 234, 254A, 287, 299, 318
29,14	22, 49, *152f*, 176A, 254A, 274, 299, 317	53	*233–239*
29,16	18, 23, 49, *144*, 176A, 304	53^TgJon	237
		53,1	14A, 21, 82, 86A, 87, 102, 139, 234, *243*, 248, 254A, 261
33,18	274A		
33,19^Θ	64A		
33,20	61A	53,12	234f, *237f*
33,20'A, Θ	62A	53,12^1QJes a/b	237A
34,10^Σ	63A	54,1	22, 49, 93, 102, *204*, *209*
34,10	63A	54,1^TgJon	209
35,5	11A	55,10	23, 142, 186, 189A, 297
40,12f	178A	57,16'A	62A
40,13	14, 15A, 23, 33A, 49, 51, 86A, *115f*, *166*, 176A, *178f*, 187A, 188, *270*, 278A, 299, 316	57,16^Σ	63A
		58,9	66A
		59,7f	21, 49, 56, *106*, 116, *118f*, *143f*, 179ff, 182A, 187, 189
40,14	51, 146A	59,20f	21, 78A, 95, 113, 142A, 172A, *175–178*, 186, 187A, 195, *241f*, 285ff, 315f, 327A
40,20–25	184A		
41,15	147A		
43,2	191A		
44,28^Σ	70A	63,5^TgJon	237A
45,9	42A, 144A	63,6^Σ	63A
45,14	18	63,6^Θ	62A
45,20–25	184	64,3	1A, 22, 36, 37A, 38, *39ff*

Stellen

65,1f	21, 24A, 33A, 49
65,1	*50f*, 108, *317f*
65,2	50, *105f*, 248, 317A
65,16	36A, 40A
66,12	147A

Jeremia (Zählung nach LXX)

3,5	62A
3,16	40A
4–7	46A
9,22f	22ff, *35f*, 45, 85A
15,18	61A
18,6	18
22,24	24A, 185A
26 (MT: 46),18	185
27 (MT: 50),39$^\Sigma$	63A
27 (MT: 50),39$^\Theta$	62A
28 (MT: 51),39	40A
27–40 (MT: 30–33)	46A
38 (MT: 31), 31–34	17A, *45f*, 206A
39 (MT: 32),35	40A
51 (MT: 44),21	40A

Threni

2,2	68A
3,18	62A
5,20	62A

Ezechiel

3,20$^{\Sigma,\Theta}$	60A
5,22	24A
7,19$^\Sigma$	60A
11,19	17A, 45
14,16.18	185A
20–24	46A
20	215, 240A
36,26	17A, 45
37,2	191A
38,10	40A
44,15	194A

Daniel

2;4	228A
4,32	56A
5	228A
5,26	228A
5,27	149A

7,9	228A
9,13$^\Theta$	30A
9,24$^\Theta$	149A
9,26	147A

Hosea

2	173
2,1	21, 33A, 54, 86A, 93A, *94*, 105A, *167f*, *173f*, 186, 187A, 188A, 195, 254A, 279, 302, 347
2,2	173A, 174A
2,24	261A
2,25	21, 55, 94, *104f*, 121, *166f*, *173f*, 187, 188A, 250A, 254A, 261, 279, 302, 347
3,4	194
4,16	229A
6,2	238A
13,12–14,1	175
13,14	22, *107*, *168ff*, *175*, 188A, 254A, 272, 278, 299, 315

Amos

1,3	147A
1,11	62A
2,15	144A
5,26f	194
8,7	62A
9,10	72A
9,11	194A

Micha

2,6	194
4,7	142A
5,7f	142A

Joel

1,19f	68A
2–4	255
2,1.26	255A
3,1ff	255
3,5	15A, 23, 54, 86A, 87, 102, 134, 188A, *243*, 248, 254A, *255*, 261, 287
4,2	255A
4,13	11A, 255A

Nahum

2,1	24A

Habakuk

1,8	144 A
1,13'ᴬ	61 A
2,2	319
2,3	129, 320 A
2,4	12 A, 21, 23, 33 A, 55 A, 97 A, *127ff*, 187 A, 243, 244f, 254, 265, 267f, *275ff*, *289ff*, 344, 347
2,5	195 A
2,6	229 A

Zephanja

1,3$^\Sigma$	60 A
1,6	191 A
2,9	185
2,15	42 A

Maleachi

1,2f	21, *107f*
1,2	54, 141 A

2. Altes Testament – Zusätzliche Bestandteile der LXX

1. Makkabäer

8,31	30 A
11,57	30 A
12,9	326 A

2. Makkabäer

1,7	30 A
7,32	238
9,18	30 A

4. Makkabäer

1,35	142 A
2,5	191 A
2,19	191 A
16,25	322 A
17,19	191 A
18,10–19	99, 322 A
18,10	342 A
18,11–13	345 A
18,14–19	26 A, 191 A, 223, 226 A
18,14	30 A
18,15f	342 A

Sapientia

2,11	292 A
8,9	179 A
9,13	270 A
10,7	212 A
12,12	270 A
14,14	148 A
19,7	212 A

Sirach

1,2–6	270 A
1,3	158
1,10	39 A
14,3	68 A
15,9	68 A
24,5	158
44–50	240 A, 345 A
44,19f	342 A
44,20	345 A
44,21	310
49,10	34 A
50,22–24	240 A

Psalmen Salomos

4,25	39 A
6,6	39 A
10,3	39 A
14,1	39 A

Baruch

2,2	27 A, 30 A
3,9–4,4	157 A
3,15.21–23	270 A
3,29–31	*156f*
3,29f	198, 270 A
3,31	270 A

Susanna

61	142 A

3. LXX-Handschriften

P.Fouad.Inv. 266	84, 85 A	4 QLXXLev^b	82 A, 84, 100 A
8 Hev XIIgr	34 A, 59 A, 80, 82 A, 84 A, 85, 100 A, 127 A	4 QLXXNum	82 A, 100 A
		Chester Beatty Papyri IV–X	84 A

4. Weitere außerkanonische Schriften neben dem Alten Testament

Syrische Baruch-Apokalypse

4,2–6	218 A
14,13	310 A
51,3	310 A

Elia-Apokalypse 24 A, 36 f

IV Esra

7,119	310 A
9,38–10,49	208 A

Äthiopisches Henochbuch

45,3	245 A
51,3	245 A
55,4	245 A
61,8	245 A
62,3–5	245 A
69,27–29	245 A

Hebräisches Henochbuch

5,10	245 A

Joseph und Aseneth

15,7	208 A
49,21–50,3	218 A, 219 A
61,4 f	219 A

Jubiläenbuch

1,7	344 A
17,3	310
19,21	310
22,14	310
23,10	342 A
32,19	310

Ps-Philo, LAB

10,7	213 A
11,15	213 A
26,13 f	37 f

Testament Jakobs 38

5. Weitere hellenistisch-jüdische Literatur

Aristeasbrief

144	203 A
155.168	30 A
176	100 A

Aristobul

Frgm. 2.4	191 A
Frgm. 5	28 A

Josephus

Antiquitates Judaicae

I 220 f	207 A
III 74	30 A
IV 326	30 A
VIII 129	30 A
IX 28	30 A
X 271	30 A
XI 99	30 A

Contra Apionem

I 74	30 A
I 112.117	30 A

De bello Judaico

I 16	142 A
I 436	142 A

Philo

De Abrahamo

131	30 A
236	30 A

De Agricultura

51	32 A

De Congressu Eruditionis Gratia

62	343 A
86	120 A
126.137	30 A

De Confusione Linguarum

52	27 A

Quod Deus sit Immutabilis

74	32 A
82	26 A
99	27 A

De Decalogo

47	30 A

Quod Deterius Potiori insidiari soleat

118	213 A

De Ebrietate

56.61	32 A
143	27 A

De Gigantibus

17	27 A

Quis Rerum Divinarum Heres sit

90	133 A
102.106	30 A

141–206	259 A
159	27 A, 30 A
266.277.286	30 A

Legum Allegoriae

I 6	32 A
I 7	27 A, 32 A
I 8	12 A
I 16.20.27	28 A
I 31 f	135 A, 136 A
I 51.52	28 A
I 64	27 A
I 67.98	28 A
II 4	28 A
II 24	26 A
II 35.55	28 A
II 78	27 A, 32 A
II 81	32 A
II 86	213 A
II 89	26 A
II 106	12 A
III 9	12 A
III 174	27 A

De Mutatione Nominum

48	26 A
177	133

De Migratione Abrahami

44	133 A

De Opificio Mundi

32	32 A
134	135 A

De Plantatione

90	32 A
108	30 A

De Posteritate Caini

24.102	30 A
176.179	30 A

Quaestiones in Genesin

I 8	135 A, 136

De Sacrificiis Abelis et Caini

60	30 A

Stellen

De Sobrietate

68	30 A

De Somniis

II 172.222	343 A

De Specialibus Legibus

I 214	30 A
I 260	203 A
IV 53	118 A

De Vita Mosis

I 155	310 A
II 84	30 A

6. Qumran

Damaskusschrift (CD)

1,3–11	240 A
1,13f	194 A
1,13	28 A, 30 A, 229 A
2,14–3,20	240 A
3,7	194 A
3,21–4,2	194
3,21	26 A, 27 A, 28 A
4,2–4	229 A
4,2	28 A
4,13f	26 A
4,14	27 A, 28 A, 194 A, 228 A, 229 A
4,16	194 A
4,20	194, 197 A
4,21	194 A
5,1	30 A, 194 A
5,2	194 A
5,8	26 A, 194 A
6,3f	194 A
6,3	12 A
6,4–11	12 A
6,4–9	28 A
6,4f	229 A
6,4	194 A, 213 A
6,7f	26 A
6,8	194 A
6,13	26 A, 194 A
6,19	46 A
7,8f	194 A
7,8	27 A
7,10	27 A, 28 A, 30 A
7,11f	194 A
7,14–21	252 A
7,14–20	229 A
7,14f	194
7,15–20	28 A
7,16	194 A
7,19f	194 A
7,19	30 A
8,9f	194 A
8,9	26 A
8,14f	26 A, 194, 195 A, 196 A, 197 A
8,21	46 A
9,2	194 A
9,5	30 A, 194 A
9,7f.9.16f	194 A
11,18	30 A, 194, 197 A
11,20f	194, 197 A
11,20	30 A
14,1	194 A
16,6f.10.15	194 A
19,1f	194 A
19,1	30 A
19,5.7–9	194 A
19,7	27 A, 30 A
19,12	27 A, 194 A
19,15f.22	194 A
19,26f	27 A, 194 A
19,27f	194, 196 A
19,33	46 A
20,12	46 A
20,16f	194, 197 A

Florilegium (4QFlor)

1,1–13	229 A
1,2–11	195 A
1,2	30 A
1,7	27 A
1,12	30 A, 194 A
1,14	229 A
1,15	30 A
1,17.19	229 A

Gemeinderegel (1QS)

5,11	228 A
5,15.17	30 A, 194 A

8,14	30A, 194A		11,6–8	194
8,15	28A		11,6	252A
			11,11f	28A, 191A

Habakuk-Midrasch (1QpHab)

Midrasch zu Psalm 37 (1QpPs 37)

2,1ff	229A		3,12	229A
2,3	46A			
3,1–6,12	229A			
7	128A, 320A		*Nahum-Midrasch (1QpNah)*	
7,1–5	228, *319f*		1,8	125
7,7f	319A		2,2	228A
8,1–3	128f		3,9	228A
8,7–13	229A			
11,2	195A		*Tempelrolle (TR)*	
12,7	228A		61,6f	118

Kriegsrolle (1QM)

10,1f	28A, 194A		64,12	124A, 125
10,2–5	194A			
10,2f	12A		*Testimonia (4QTest)*	
10,6–8	194A		1–8	196A, 252A
10,6	27A		9–13	194A
11	252A			

7. Rabbinische Literatur

Mischna und Talmud

Avot

3,7	27A		Mekhilta (= MekhY)	
4,7ff	27A		13,21	212A
			14,31	310A
Middot			23,19	206A
4,2	27A			
			Midrash Tehillim	
Sanhedrin			8 § 7	245
6,2	27A		147 § 2	114A
6,6	125			
			Pesiqta deRav Kahana	
Shabbat			141ª,3	209A
31a	297A			

Midraschim

Genesis Rabba (= BerR)

Sifre Numeri (= SifBam)

60,2	342A		27,12	40

8. Neues Testament

Matthäus

5,17	342 A
8,17	234
18,16	18, *117f*, 240, 249 A
22,12.34	142 A
22,44	20 A, 140 A
23,27–39	37 A
24,9	124 A
25,32	124 A, 255 A
25,34.41	40 A
26,64	19 A
27,9f	37 A
28,19	124 A

Markus

1,25	142 A
4,26–29	11 A
4,39	142 A
7,31–37	11 A
9,13	239
10,2–12	11 A
10,2–8	245
10,7f	243, 245
10,17–22	11 A
10,19	117, 239
10,45	236
12,10f	249
12,18–37	11 A
12,31	239
12,36	20 A, 140 A
14,24	236 A
14,62	19 A

Lukas

2,16	61 A
6,21	255 A
13,7	20 A
19,6	61 A
20,18	249 A
20,42f	20 A
22,32f	235
22,37	234
22,39–43	235
22,69	19 A
24,44–48	239

Johannes

1,51	156 A
2,10.17	325 A
3,13	155, 156 A
10,34	249 A
12,38	234, 243

Apostelgeschichte

2,17–21	255
2,21	243
2,34f	20 A
3,25	244 A
7	240 f
7,49	246 A
7,58	92 A
8,1.3	92 A
8,32f	234
9,20–30	92 A
13,13–52	89 A
15,16	194 A, 246 A
22,3	92 f
26,4	92 A

Römer

1,1–7	328, 330, 340
1,2	5, 10, 285 A, 316, *328–331*, 342 f
1,3f	156 A, 232 f, 328–331
1,5	124
1,6–3,31	94
1,6	55 A
1,8	55 A, 275
1,9	328
1,13f	124
1,16–11,36	300
1,16–4,25	227 A, 275 ff, 289 f, 343
1,16–3, 31	91 A, 94
1,16f	128, 129 A, *275ff, 289ff*, 314, 324 A, 330, 342, 344, 351
1,16	124, 173, 267
1,17	6 A, 12 A, 21, 25 A, 33 A, *127–129*, 187 A, 243 f, 254 A, *275ff, 290f*, 296, *344*, 347
1,18–3,20	278, 342
1,18–3,9	182 f
1,18–31	47 A, 98

1,18	177A	3,27–30	343f
1,26–31	275A	3,28–30	134A, 173, 324A
1,26	141A	3,28	273, 307A, 324, 343, 351
2,1–3,20	266	3,29f	133A, 315
2,3	55A	3,31	5, 8, 10, 293, 343
2,6	18, 23f, *111*, 188, 299, 315	4	9, 97f, 133A, 204A, 219A, 221, *224–226*, 227A, *272f*, 276, 288f, 295A, 300, 304f, *307ff*, 311, *312–315*, 323f, 341A, 343ff, 346A, 351f
2,17–24	260f, 291A		
2,17	105		
2,21–24	182		
2,21f	183		
2,23	105, 143, 278	4,1–25	91A, 226, 275, 342
2,24	15A, 21, 25A, 46A, 49, 87, *105*, 116, 130A, *143*, 187, *260f*	4,1–22	323
		4,1–8	307A
		4,1–5	225
2,25	55A	4,1f	221, 273, 341A
2,26–29	260A	4,1	209, 305A, 308A
3	251	4,2	133, 309, 341A, 342A
3,4–8	83	4,3–12	311A
3,4–6	261	4,3–6	295A
3,4	21, 25A, 93A, 102, 111A	4,3	13A, 15, 21f, 25A, 33A, 54, 86A, 106, *132f*, 187A, 221, 223, 225, *243f*, 273
3,9–20	279A		
3,9	112, 119, 145, 183, 278		
3,10–12,18	179	4,4–8	309
3,10–18	21, 24A, 46A, 56A, 76A, 94A, 98A, 112, *118f*, 143, 145, 172, *179–184*, 224A, 249A, *250f*, 253A, *278f*, 288, 316	4,4f	221, 344
		4,4	225, 342A
		4,5	350
		4,6–8	225
		4,6	25A, 26A
3,10–12	76A, 187	4,7f	21, 93, 97A, 102, 221ff, 225, 226A
3,10f	*145*		
3,10	25A	4,7	55A
3,11f	*132*	4,8	86A, 115A
3,11	86A	4,9–21	225
3,12	55	4,9–12	97, 307A, 311
3,13–18	56	4,9	13A, *15f*, 222A, 273
3,13	93A, 102, 187A	4,10f	222
3,14	*109*, 112, 116, 188A	4,10	133A, 222A
3,15–19	*119, 143f*, 187	4,11f	273, 307
3,15	23A, 49, *106*, 189A	4,11	16, 248, 308, 324A
3,17	49A	4,12	308A, 309
3,18	86A, *112*, 188A	4,13–22	309
3,19	143A, 183, 249A	4,13–17	307A, 309
3,20	18, 145, 275f	4,13–15	313, 343
3,21–4,25	289f	4,13f	311A
3,21–31	275f, 342, 351	4,13	295A, 310
3,21–24	324	4,14	310, 349
3,21–23	344	4,16f	273
3,21f	291A	4,16	141A, 312A, 313A
3,21	296, 328A, 329A, 330, *342–344*	4,17f	97A, 310, 323
		4,17	13A, 16, 21, 25A, 31, 102, 261, 273, 305A, 308A, 310, 349
3,22	173		
3,26	342, 350		

Stellen

4,18–22	307	8,2	19A, 293, 338A
4,18	13A, 15f, 21, 25A, 26A, 31 102, 261, 310	8,6.10	290A
		8,12	261
4,19–21	97	8,14f	298
4,19f	16	8,15	87A, 280A, 338A
4,20	311A	8,28	39
4,21–31	312	8,29f	230
4,21	310	8,31–39	263A, 264A
4,22–25	225	8,32	346
4,22	13, 22f, 86A, 227A, 324	8,34–38	244A
4,23–25	273	8,34	19
4,23f	5, 10, 21, 25A, *322–324*, 327, 329	8,35	141A, 263f
		8,36	21, 25A, 55A, 93A, 102, 261, *263f*, 287, 299, 319
4,23	33A, 86A		
4,24f	276	8,37	141A
4,24	225, 308f, 323, 346	8,38f	20A
4,25	97A, 225, *237f*	8,39	141A
5–8	276, 299	9–11	9, 14, 46A, 77A, 98A, 173, 227A, 279A, 285A, 288f, 291, 300f, 314, 350A, 352A
5,1–21	275		
5,1–11	302		
5,1ff	276	9,1–29	279A
5,1f	82A	9,4–13	304, 313
5,1	291A, 324A	9,4f	311A, 312
5,3–5	230	9,4	148, 173
5,4	326A	9,6–29	77A, 148A, *173f*, 227A, 279f
5,5	141A, 326A		
5,8	141A	9,6–24	148A, 279
5,12–21	218f, 285A, 301	9,6–21	350A
5,12	20A	9,6–20	284
5,14	20A, 216	9,6–18	31A, 241, 288, *302–305*, 307
5,15	222		
5,17	20A, 222	9,6–13	313, 352
6	212	9,6	149, 168, 173
6,1–23	302	9,7–18	280
6,9	19	9,7–13	226A
6,17	216	9,7–9	204A
7f	343A	9,7	13, 15A, 23, 28A, 102, 110A, 243, 272
7,5f	276A		
7,6	336A	9,8	28A, 272, 280, 311
7,7–25	266, 276A	9,9	21, 26A, 31, 116, *141f*, *171f*, 187, 189A, 305A, 309
7,7–14	339A		
7,7–13	301, 316A, 321A	9,11	311
7,7	21, 25A, 27A, 33A, 34A, 117, 288, 296A, 316	9,12f	223
		9,12	21, 25A, 27A, 31, 102, 108, 311A, 350
7,8f	292A		
7,9f	266, 290A	9,13	21, 25A, 31, 54, 55A, *107f*, 140
7,10	292A		
7,12	8A, 292A	9,14–29	49A
7,14	266	9,14–18	144
7,25	278A	9,14	150, 293A
8,1–17	302	9,15–17	309A
8,2–11	298	9,15f	150A

9,15	21, 25A, 27A, 31, 55A, 93A, 102, 131A, 150	10,1–10	226A
		10,2f	138A, 173
9,16	272A, 306A, 352	10,2	161, 177A
9,17f	150A	10,3	281
9,17	21, 25A, 27A, 31, 54, 112, *141, 150f*	10,4	8, 198, 293, 326A
		10,5–8	289, *291–296,* 343
9,18	55A, 150, 272A, 352	10,5	12A, 21, 25A, 26A, 33A, 52, 54, 93, 121A, 130f, 142, 157, 187A, 226, *291–296,* 316, 326A
9,19–24	105		
9,20	18, 23, 49, *144,* 176A		
9,21	306A, 352		
9,22–24	280A	10,6–13	223A, 314
9,22f	304A	10,6–8	21, 24A, 28A, 107, *129–132, 153–160,* 165A, 172, *185f,* 187A, *197f,* 226, *229f,* 231, 272, 286A, 287, 316A, 344, 346f, 351
9,23	55A		
9,24	149A, 167, 173, 261A, 279, 303, 305A, 311A, 314, 349		
9,25–29	148A, 168A, 184, 224, 252A, *279f,* 288		
		10,6	25A, 27A, 54, 102, 187, 294
9,25–27	254A		
9,25f	21, 25A, 31, 77, 94, *166f,* 168, 172, *173f,* 188A, 254A, 261, 283, 289, 302f, 305A, 317, 347, 352	10,7	54, 170A, 306
		10,8	52, 54A, *107,* 117
		10,9	134A, 154, 238
		10,10–13	134A
9,25	27A, 31, 55, 98A, *104f,* 121, 141A, 187	10,10	133, 261A
		10,11	21, 25A, 33A, 49, 93ff, 115, *133f,* 176A, 187A, 226, 287, 347
9,26	33A, 54, 86A, 93A, 105A, 167, 174, 186, 187A, 195		
9,27–29	173, 289, 303, 306, 318, 352	10,12f	133
9,27f	21, 33A, 81, *82f,* 94, 96, *145–149,* 272A, 317	10,12	134
		10,13–15	230
9,27	26A, 33A, 49, 51, 77, 94, 142, 148, *167f,* 189, 254	10,13	15A, 23, 54, 86A, 87, 102, 134, 188A, *243,* 254A, 255, 261, 287
9,28	49f, 86A, 280		
9,29	21, 26A, 49A, 86A, 93A, 102, 227A, 272A, 316A, 328	10,14–18	14, 122, 226A, 280f
		10,14f	81, 113
		10,15	14A, 21, 24A, 25A, 66–69, *81f,* 96, *113f, 122,* 176A, 188A, 189
9,30–10,21	77A, 148A, 255, 279A, 280f, 284		
9,30–10,13	289, *291–296*		
9,30–10,4	152A, 280	10,16	14A, 21, 25, 86A, 87, 102, 139, 234, *243,* 254A, 261, 281
9,30–32	161f, 292f, 295A	10,18–21	184, 223, *280f,* 288
9,30	308A	10,18–20	252A
9,31	138A	10,18	*13f,* 15A, 23, 93A, 102, 106A, 110, 188
9,32f	314		
9,33–10,13	226A	10,19	21, 25A, 31, 26A, 52, *110,* 131A, 187, 281, 317
9,33	1A, 4A, 21, 25A, 31, 33A, 49, 52A, *58–60, 69–71,* 80, 93, 94A, 95, 115, 133, 138, 142, *161f,* 176A, 186, 187A, 189, *241f,* 243, 245A, *249f,* 253A, 254A, 285, 287f, 293, 316, 346f, 350A, 352		
		10,20f	25, 33A, 281
		10,20	21, 25A, 31, 26A, 49, *50f,* 108, 281, *317f*
		10,21	21, 27, 31, 33A, 49, *105f,* 168, 226A, 281, 314, 317A
		11,1–36	279A
		11,1–13	111

Stellen

11,1f	77A, 130A, 168, 352	12,1	218A
11,1	92	12,2	297f
11,2−6	*305−307*	12,9−21	14, 270f
11,2−4	18	12,16	18
11,2	*18,* 23A, 25A, 26A, 27A, 31A, 87A, 98A, 314	12,17	*18*
		12,19f	223, 246
11,3−5	289, 352	12,19	21, 25A, 31, *77f,* 79, 85A, 95, 139, 187, 189, 240, 249A, 270, 297, 315
11,3f	23A, 48, 306, 314, 345		
11,3	21, 31A, *74f,* 87, *104,* 116, 139, 187, 189		
11,4f	218A	12,20	13A, *14,* 15A, 23, 56, 93, 139A, 186, 188A, *270f,* 296, 315
11,4	21, 24A, 25A, 27A, 31, *75−77,* 116, 139, 187, 189		
11,5	306	13,6	141
11,6	307	13,8−10	297
11,7−10	314	13,8	296
11,7−9	289	13,9	21f, 26A, 33A, *34,* 52, 95, 102, *116f,* 189, 239, 296, 315
11,7	106A, 138, 171		
11,8−10	223, 307A		
11,8	21, 25A, 86A, 87, 106, *111, 121,* 138, 140, *170f,* 187	13,13	116A
		14,1−15,6	283
11,9f	21, 26A, 111A, 171, 254A, 317, 325A	14,1	281−284
		14,3	282
11,9	25, 56, *106,* 117, *137f,* 142, 171A, 189A	14,9	141A
		14,10	86, 184, 261, 286A, 297A
11,11	138A, 281A	14,11	22, 24A, 25A, 31, 49, 85A, 86, 95A, 102, *108,* 172, *184f,* 187A, 188, 246f, 261, 286, 297, 299, 315
11,12	222		
11,13−24	312f		
11,14	281A		
11,17	111A		
11,18	149A	14,12	261, 297A
11,25−27	176f, 320	14,13	60A
11,25	20A	14,15−20	326A
11,26f	21, 24A, 46A, 95, 172, *175−177,* 186, 187A, 195, *241f,* 253A, 285, 287, 315, 316A, 352	14,15	235
		15,1−5	327
		15,1	283, 325A, 326
		15,2	297A, 325f
11,26	25A, 142A, 174A	15,3	22, 25A, 55A, 102, 234f, 286A, 287, 297, 319, *324ff*
11,27	*109, 113*		
11,28−31	177	15,4	5, 10, *324ff,* 327, 329
11,29	312A	15,5f	282A, 283A, 324
11,30−32	352A	15,6	281
11,32	312A	15,7−12	281−284
11,33−36	14, 178f, 270, 279A, 350A	15,9−12	24A, 28A, 98A, 184, 223, 252A, *281−284,* 288, 316A, 317
11,34f	15A, 23, 73, 166, 172, 176A, *178f,* 188, 299		
11,34	*14,* 33A, 49, 86A, 116, 130, *166,* 176A, 187A, 188, *270,* 316	15,9	22, 25A, 33A, *34f,* 87, *121,* 143A, 187, 241
		15,10	22, 25A, 26A, 102, 111A, 168
11,35	51, 57A, *72f, 111,* 139, 176A, 188f, 316	15,11	22, 26A, 86A, *109,* 111A, 124, 188
11,36	350		

15,12	22, 25A, 26A, 46A, 78, 95, 117, 176A, 177A, 186, *241f*, 254A, 285, 287, 316	3,20	22, 26A, 72A, 86A, 132A, *152f*, 316
		3,23	273
15,16	263A	5	277f, 298A
15,21	22, 25A, 93A, 102, 234, 254A, 287, 299, 317, 318	5,7f	336A
		5,13	13A, 18, 23, 102, 188A, 271A, 277f, 296, 298A
15,31	263A	6,2	310A
16,25–27	24A, 124A	6,9	298
		6,16	22, 25A, 32, 102, 243, 245, 297, 316A

1. Korinther

1,5	278A		
1,9	275A	6,19	298
1,18–3,23	91A, 152, *273–277*	8–10	287A
1,18–3,20	227A	8,1–4	143A
1,18–31	36, 227A	8,1–3	301A
1,18–25	98, *273–275*	8,6	88A, 287A
1,18	72A	8,13	52A, 115A
1,19	22, 25A, 31, 49, 132A, *152f*, 176A, 254A, *274f*, 276A, 299, 301, 317	9	203
		9,4–8	203
		9,9–11	41f
1,20–25	274	9,9f	221, 222A, 223
1,20f	315A, 317A, 321A	9,9	22, 25A, 27A, 54A, 142, 186, 189A, *203f*, 231A, 296A, 299, 323A
1,22	269A		
1,23f	138, 162		
1,23	60	9,10	5, 10, 22, 25A, *41f*, 47, 95, 186, 203f, *322f*, 327, 329
1,24	157		
1,26–31	273, 275A, 277	9,11	323
1,26	36A	10,1–13	98, *211–216*, 224, 231, 240, *305–307*
1,28	308A, 349A		
1,30	157, 287A, 301	10,1–10	16A, 17A, *326f*, 352
1,31	12A, 15A, 22, 24A, 25A, *35f*, *42*, 45, 47, 85A, 86A, 95, 186, 275A, 277f, 287, 299, 315A	10,1–5	217A, 218, 220
		10,4	203
		10,6–10	320
		10,6	216f
2,1–5	273, 301A	10,7–10	226A
2,6–16	98, 227A, 273, 278A	10,7	22, 25A, 102, 168, *215f*, 297, 298A, 345
2,9	1A, 22, 24A, 25A, *36–41*, 42, 47, 95, 137A, 176A, 186, 299		
		10,9	85A
		10,11	5, 10, 217A, 306A, 320, 324, *326f*, 329
2,10–16	39A, 255		
2,12	337A	10,13	327
2,16	15A, 22, 33A, 49, 86A, 115, 178A, 187A, 188A, 299, 316	10,14	216
		10,21f	287A
		10,21	138
3,1–17	273	10,25–28	287A
3,5–9	275A	10,26	14, 15A, 23, 86A, 102, 188A, 287, 299, 316A
3,18–23	*273–275*		
3,19f	24A, 98A, 224, 274f, 276A, 301, 315A	11–14	299
		11f	302A
3,19	22, 25A, 57A, *71f*, 73A, 80A, 132A, 153A, 188f, 195	11,2–16	98
		11,23–25	205, 286
		11,25	46, 176A, 218, 236A

11,26	20 A	2,9	141 A
12,10	123	2,13–18	115
13	98	2,14–6,13	90, 96, 97 A, 277, 301 A, 331
13,3	56		
14,1–25	123, 268f	2,14–4,6	331, 332 A
14,21	22, 25 A, 27 A, 31, *63–66*, 80 A, 85 A, *111f,* 115, *122f,* 139, *151,* 168, 187, 189, 195, 246, 249 A, 265, *268f,* 299, 317, 329 A	2,14–17	331
		3	5, 8ff, 220 A, 286, 290 A, 346
		3,1–6	331f
		3,3	*17, 45*
14,25	18, 23, 269	3,6f	17, 220 A, 296 A, 338, 345
15	89, 107, 169, 286	3,6	*45f,* 46 A, 165, 320, 332, 335, 339f
15,3–5	89 A, 232, 236 A, *238,* 286, 329, 331, 349		
		3,7–18	98, 224, *331–341,* 352
15,3	113 A, 236, 237 A	3,7–11	218, *219f,* 222, 320, 332ff, 338 A, 339 A
15,17	113 A		
15,20–28	244 A	3,7	17, 296 A, 336 A
15,21f	218f	3,8	114 A
15,24	20, 244 A	3,10f	334
15,25–27	244f	3,12–18	115, *331–341*
15,25	18, *19f,* 23 A	3,12–17	296, 320, 331, 345, 351 A
15,26	20, 170	3,13	*16f,* 25 A, 126 A, 306 A
15,27	13, 15 A, 19 A, 20, 22, 111, 140, 187, 243, *244f,* 254 A, 272, 278 A, 287, 299, 319	3,14f	114 A, 126 A, 152
		3,14	126, 140 A, 220 A, 306 A, 330
15,32f	*14*	3,16	6 A, 13, 22, 86 A, *114f,* *126f, 151f,* 187, 188 A, 272, 299, 346 A
15,32	23, 43 A, 102, 188 A, 299		
15,33	23, *42–44,* 271 A, 296f		
15,35–49	135 A	3,17	13, 152, 230, 272, 306 A, 346 A, 373f
15,44–49	134–137		
15,45–49	209 A	4,1f	332
15,45–47	218f, 220 A	4,4	349 A, 350
15,45	22, 25 A, *134–137,* 287, 299, 301 A	4,5	362 A
		4,6	16, 301 A
15,54f	20 A, 22 A, 62 A, 168ff, 172, *175,* 188 A, 224 A, 272, 278f, 285, 299, 301, 315, 337 A, 346 A, 353	4,8f	264 A
		4,11	264 A
		4,13–18	332 A
		4,13	22, 102, 299
15,54	25 A, 26 A, 27 A, 57 A, *61ff,* 78 A, 80 A, 98 A, 186, 187 A, 336 A	5,1–10	332 A
		5,5	141
		5,10	184 A
15,55	62 A, *107,* 254 A	5,11–6,10	262f
15,56	169 A, 170, 230, 272, 278 A, 279, 285, 337 A, 346 A	5,14–6,2	263, 277f, 318, 348
		5,17	218 A, 349
15,57	62 A, 170, 278 A, 337 A	5,21	125 A
15,58	278 A	6,1	262f
		6,2	22, 25 A, 31, 93 A, 102, 220, 229 A, 254 A, *261ff,* 272, 277f, 299, 302, *318,* 320 A, 347, 353

2. Korinther

1,1–2,13	90, 97		
1,9	308 A	6,11	23 A
1,11	275 A	6,14–7,1	24 A, 45, 46 A, 243 A

6,14–18	172 A	2,15–3,31	312 A
6,16–18	246 A	2,16	18
6,17	176 A	2,20	141 A
7,2–4	90, 96, 97 A, 277, 301 A, 331	2,21	153 A
		3f	300 f
7,5–16	90, 97	3	9, 97, 121, 165 A, 288, 305, 313, 345
7,11	141 A		
7,15	90 A	3,1–5	127, 255
8	90, 96 A, 99, 139, 258 ff, 301 A	3,2	265 A
		3,5	265 A, 272
8,12	263 A	3,6–18	98 A, 272, 305 A, *307–312*, 314, 352
8,13–15	258 f		
8,14	108 A	3,6–14	125 A, 224 ff, 265 A, *272*, 309, 346 A
8,15	22, 25 A, *108*, 142, 187, *258ff*, 297, 298 A, 306 A	3,6–9	313 A, 352
8,20	139	3,6	13, 14 A, 15 A, 23, 33 A, 86 A, *106*, 127, 133, 187 A, *243f*
8,21	15 A, *18,* 23, 86 A, 115, *138f*, 299, 315 A		
8,23	90 A	3,7	14 A, 106, 311, 336 A
9	90, 96 A, 99, 301 A	3,8f	310
9,5	328 A	3,8	15 A, 22, 26 A, 27 A, 31 A, 52, 97 A, *124*, 140, *162f*, 165, 222, 254 A, 285 A, 305 A, 310, 316 A, 328, 347
9,7	15 A, 23, 57, 86 A, *118, 140*, 188, 297, 316		
9,8	86 A		
9,9	22, 25 A, 116, 188, 297	3,9	127, 140, 165
9,10	*14,* 23, 142, 186, 189 A, 297	3,10–14	12 A, 129 A
		3,10–13	*120*, 128, *265–269*, 289, 351
10,1–13,10	90, 97		
10,17	12 A, 15 A, 23, 24 A, *35*, 45, 47, 85 A, 95, 97, 186, 287, 299, 301 A, 315 A	3,10–12	97 A, 125, 291
		3,10	14 A, 15 A, 22, 24 A, 25 A, 33 A, 52, 54 A, 111, *120f*, 127, 131 A, 132 A, 140, *163–165*, 166, 187, 188 A, 249 ff, 253 A, 295 A, 316, 347
11,20	72 A		
11,22	92		
11,24	89 A		
12,10	264 A		
12,16	72 A	3,11	12 A, 15 A, 23, 33 A, 93, *127ff*, 165, 187 A, 243, 244 A, 254 A, 290
13,1	18, 23, 52, 54, 95, 97, *117f*, 186, 188 A, 240, 249 A, 299, 315 A		
		3,12	7 A, 12 A, 13, 14 A, 15 A, 23, 33 A, 52, 54, 93 A, 110 A, *120*, 142, 165, 166 A, 187 A, 188 A, 290, 293 A, 294 A, 295 A, 316, 347
13,10	42		
13,11–13	90		
13,13	141 A		
		3,13	22, 25 A, 33 A, 54, 97 A, 120, *124ff*, 132, *165f*, 187, 188 A, 245 A, 249 f, 286 A, 287 f, 324 A, 347
Galater			
1,4	113 A, 236, 237 A		
1,5	116 A		
1,7	328	3,14	124, 165, 310 A
1,14	289	3,15–18	226 A, 311 A
1,15–24	92 A	3,15	153 A, 310 A
1,16	320 A	3,16	22, 25 A, 26 A, 31 A, 97 A, 102, 222, 224, 226 A, 244 A
2,10	141 A		

Stellen

3,17	222, 316	*Philipper*	
3,18	310A, 311A	1,1–3,1	96
3,19–25	226A, 330A	1,6	141A
3,19–22	266	1,10f	275A
3,19f	125	2,6–11	11A, 96, 156, 184, 242
3,19	20A, 97	2,9–11	19A
3,21–31	231	2,10f	14, 88, 95A, 108, 178A,
3,21	290A, 292A, 311A		232f, *241f,* 247A, 285f
3,22	30A	2,17f	218A
3,23f	313	3,1	90A
3,23	323A	3,2–4,3	97
4,6	280A	3,2	90A
4,9–12	311	3,5–7	197A
4,9	152A	3,5	92f
4,21–31	121A, 150, *204–211,* 224,	3,6	93, 265
	227A, 288, 305A, 306f,	3,9	291A
	309, 311f, *314,* 338, 352	3,17	216
4,21–27	121	4,4–23	96
4,21	265	4,8	44A, 297
4,22	16	4,10–20	91A, 97A
4,23	304A, 311	4,18	263A
4,24–26	121, 150	4,20	116A
4,24	43A, 218, 335A, 336		
4,25f	218	*Kolosser*	
4,27–30	223A	2,10–31	244A
4,27	22, 25A, 49, 93, 102, *209*	3,1	19A
4,28f	311		
4,29	121, 218A	*1. Thessalonicher*	
4,30	16A, 22, 25A, 52, 54, 115A,		
	116, *121, 149f,* 196A, *211*	1–3	91A
4,31	22, 121	1,4	141A
5,1	297	1,7	216
5,6	297	1,9	152A
5,11	60	2,9	334A
5,13–18	338A	2,13–16	74A
5,13	296f	2,16	89A, 113A
5,14	22, 26A, 33A, 95, 102, 239,	3,3	141A
	296f, 315	4,5	177A
5,16	52A, 115A	4,8	153A
5,25	297	4,13–18	89f
6,15	218A	4,15	52A, 115A
		5,3	52, 115A
Epheser		5,21	43A
1,20–23	244f		
1,20	19A	*1. Timotheus*	
1,22	140A	4,1	258A
2,5f	244A		
2,17	82A	*2. Timotheus*	
2,20	71A	4,13	100
4,8–10	155, 156A		
5,14	37A, 43A		

Titus

| 1,12ff | 43A, 44A |

Philemon

| 7 | 275A |

Hebräer

1,1	20A
1,3–2,10	244A
1,3	19A
1,13	20A, 244f
2,5–9	244A
2,5	245A
2,6–8	*244f*
2,8	140A, 243
8,1	19A
8,8–12	246A
10,12f	20A
10,16f	246A
10,30	77, 79, 139, 240, 246A, 249A
10,32.36	129
10,37f	129A
10,38	127ff, 244
11,18	243

Jakobus

2	244A
2,21	346A
2,23	133, *243*

1. Petrus

2,6–8	*249f*
2,6	59A, *69ff, 161f,* 176A, 241, 285
2,8	162, 243f
2,10	250A
2,15	142A
2,22–25	234f
3,18–22	155A, 244A
3,22	20A

Johannes-Apokalypse

| 21,2.9f | 208A |

9. Neutestamentliche Apokryphen

Ascensio Isaiae

| 11,34[lat] | 37 |

Acta Petri

| 39 | 38 |

10. Apostolische Väter und frühe Apologeten

Barnabas

–	46A
6,2–4	*249f*
7f	218A
13,7	248
15,4	343A

1. Clemens

–	46A
13,1	35A
34,8	38

2. Clemens

| 11,7 | 38 |
| 14,5 | 38 |

Didache

| 10,3 | 212A |

Justin

Apologie

| 52,3.6 | 108A |

Stellen

Dialog

27,2f	181 A, 182
27,3	*180ff*
46,6	76 A
92,2	133
95f	249 ff

95,1	120 A, 165 A
96,1	165 A, 166 A, 251 A

Martyrium des Polykarp

2,3	38

11. Gnostische Literatur

Thomas-Akten

36	38

Adam-Apokalypse

–	136 A

Thomas-Evangelium

3	38 A
17	38

Oratio Pauli (NHC I/1)

A[=143],23–31	38

12. Kirchenväter

Clemens Alexandrinus

Protrepticus

X 94,4	38
XII 118,4	38

Stromata

I Cap. XIV 38,3f	43 A
I Cap. XIV 59,4	43 A

Cyprian

Ad Quirinum

–	3 A, 247 A

Euseb

Commentarii in Isaiam

I 85	336 A, 337 A
II 41	66 A

Demonstratio Evangelica

VI 24,4	66 A

Praeparatio Evangelica

VIII 10,8.13	191 A
XIII 10,8	191 A
XIII 12,3	191 A
XIII 12,13–16	28 A

Theophania

VI 67	60 A

Euthalius

Editio Epistularum Pauli

–	43

Hieronymus

Commentarioli in Psalmos

–	84 A

Commentarii in Isaiam

IX	65 A
XVII	37

Commentarii in Epistulas Pauli

Gal	43 A
Eph	43 A
Tit	43 A, 44 A

Epistulae

LVII	1 A, 37 A
LXX 2,3	43 A

Hippolyt

Refutatio

V 6–11	136 A

Origenes

Commentariorum Series

28	37 A
117	37 A

Philocalia

9,2	65 A

Photius

Ad Amphilochium Quaestiones

151	43 A

Prokop v. Gaza

Commentarii in Isaiam

135f	60 A

Sokrates Scholasticus

Historia Ecclesiastica

III 64f.66	43 A

Constitutiones Apostolorum

VII 32,5	38

13. Hellenistische Literatur

Aristophanes

Nubes

592	142 A

Cicero

De inventione

II 40,117	222 A

Topica

4,23	222 A

Diodor v. Sizilien

I 94,2	84 A
XVI 54,4	44 A

Diogenes Laertius

I 23	27 A
51	29 A
62	27 A
VI 78	29 A

Epiktet

Dissertationes

I 4,24	12 A
I 17,12	29 A

I 28,4	26 A
I 29,18	28 A
II 17,6	32 A
II 18,32	32 A
III 1,38	26 A
III 10,4	26 A
III 22,108	27 A
IV 1,173	26 A
IV 5,37	27 A
IV 6,32	28 A

Euripides

Frgm. 1013	43 A

Herodot

II 28.43.96	76 A

Lukian

Dialogi Mortuorum

27,4	75 A

Hermotimus

56	76 A

Menander

Frgm. 187	14, 23, 42–45, 271 A, 296f

Stellen

Plato
Critias
119 B — 76 A

Crito
43 D — 12 A

Res Publica
IV 441 B — 28 A

Plinius (d.J.)
Epistulae
III 5,10 f — 99 f

Plutarch
Moralia
1 B; 3 F	32 A
9 E	32 A
12 E/F	28 A
14 A – 37 C	28 A
17 C	29 A
18 D/E; 19 C	28 A
20 D; 21 A	28 A
21 F	29 A
25 A	32 A
28 F	27 A
32 D	29 A
36 A/B	28 A
75 F	32 A
139 B	75 A
155 F; 174 E	29 A
191 B; 206 E	29 A
219 D	29 A
320 D	75 A

Pollux
VI 33 — 56 A

Polybius
III 33,10 — 76 A

Ptolemaeus
Geographia
IV 5 — 208 A
V 16 — 208 A

Thukydides
II 80 — 76 A

Xenophon
De Equitandi Ratione
5,3 — 142 A
11,3 — 75 A

Memorabilia
IV 6,1 — 29 A

14. Hellenistische Inschriften und Papyri

Ditt Syll³
I 340,40	29 A
II 578, 38 f	29 A
736, 43 f.58 f. 81 f	29 A
III 1016,6 f	29 A

P. Hibeh (ed. Grenfell-Hunt)
7,10–22.91–93 — 43 A

PGM (ed. Preisendanz)
VII 966	142 A
IX 4	142 A
XXXI 164	142 A

Verfasser

Aicher, G. 26, 31
Allegro, J. M. 125, 196, 252
Allo, E.-B. 126
Amsler, S. 6
Aptowitzer, V. 192

Bacher, W. 16, 26f, 30f, 202, 221ff, 226f 229
Bachmann, Ph. 36, 41
Balz, H. R. 263
Barr, J. 262
Barrett, C. K. 41, 155, 204, 259, 334
Barthélemy, D. 59, 74, 82, 84, 192
Bauer, J. B. 39
Baumann, R. 274f
Becker, J. 129, 266, 272, 291
Behm, J. 45, 206, 335
Bengel, J. A. 130
Berger, K. 38f, 116f, 163, 193, 211, 297, 308, 310, 312ff
Bertram, G. 124, 152, 163
Betz, H. D. 125, 163, 206, 222, 266f
Betz, O. 319
Beyerlin, W. 264
Bieder, W. 154f
Bietenhard, H. 210
Birt, Th. 100
Black, M. 159, 286
Blank, J. 8, 290, 346
Bloch, R. 225
Böcher, O. 170
Böhl, F. 227
Bonsirven, J. 2, 12, 26, 93, 192
Borgen, P. 225
Bornkamm, G. 14, 90, 178f, 260, 276, 280, 304, 330
Bousset, W. 338
Brandenburger, E. 20, 40, 134ff, 170, 209, 219f, 262, 316
Braun, H. 3f, 129, 144, 228, 251, 350f
Brock, S. P. 2, 59
Brooke, A. E. – McLean, N. 34, 51f, 74, 120

Brooke, G. J. 195, 252
Brownlee, W. H. 195, 227
Brox, N. 20, 71, 155, 250
Büchsel, F. 205
Bultmann, R. 6, 11, 26, 35, 42, 45, 126f, 143, 216, 262, 290, 331f, 334f, 337f
Burchard, Ch. 47, 93, 100, 133, 208, 297
Burton, E. de W. 124f, 163

Caird, G. B. 62
Campenhausen, H. v. 1, 351
Capelle, W. 11
Carmignac, J. 194ff
Cerfaux, L. 85f, 275, 287
Christiansen, I. 202, 206
Cohen, N. G. 15
Conzelmann, H. 7f, 16, 20, 35f, 40f, 44, 56, 63, 65f, 86, 88, 92, 98, 100f, 112f, 123, 127, 134ff, 138, 157, 169, 203, 211–215, 234, 236ff, 240, 245, 262, 268f, 273ff, 285, 287, 290, 317, 320–323, 332, 349
Cranfield, C. E. B. 291, 300, 346

Dahl, N. A. 346
Daube, D. 201, 221ff
Davies, G. 208
Deichgräber, R. 155, 178, 234, 245
Deissmann, A. 29, 59, 165, 191
Delcor, M. 38
Delling, G. 68, 148, 205, 263, 348f
Demke, Ch. 348
Denis, A.-M. 38
Dibelius, M. 91, 100, 133, 230, 239, 243f, 345
Dietzfelbinger, Ch. 4, 37, 309ff
Dillmann, A. 75
Dinkler, E. 262f
Dittmar, W. 2
Dobschütz, E. v. 171
Dodd, C. H. 3, 162, 250f, 253ff
Doeve, J. W. 208

Driver, S. R. 77
van Dülmen, A. 266, 291, 295
Duhm, B. 39, 59, 66
Dunn, J. D. G. 338

Eckert, J. 163
Elliger, K. 195, 227f, 230, 319
Ellis, E. E. 1, 3f, 6, 19, 23, 32, 36, 48, 57, 72, 80, 92f, 126f, 139, 193, 195, 213, 226f, 243, 246, 253, 269

Feine, P. 126
Feuillet, A. 40, 157, 213, 276
Fiedler, P. 263
Fischer, K. M. 245
Fischer, U. 208
Fitzmyer, J. A. 3, 26, 28, 84ff, 159, 193f, 247, 251f
Flessman-van Leer, E. 236, 325
Foerster, W. 85, 177
Fohrer, G. 72f, 173, 178
Friedrich, G. 262, 272, 309, 328

Gärtner, B. 195
Galley, K. 6, 45, 209, 216f, 219f
Georgi, D. 258f, 333
Gerstenberger, E. S. 179
Gese, H. 208
Gnilka, J. 236
Goldberg, A. M. 159
Goppelt, L. 5f, 20, 71, 155, 212, 216ff, 234, 250
Gourgues, M. 19, 244
Grässer, E. 129, 344, 348ff
Grant, R. M. 346
Grass, H. 238
Gray, G. B. 72f
Gregory, C. R. 45
Grenfell, B. P. − Hunt, A. S. 43
Grotius, H. 66
Grundmann, W. 40, 141, 263, 286
Gundry, R. H. 117
Gunkel, H. 219

Haenchen, E. 92
Hagner, D. A. 35, 38
Hahn, F. 19, 88, 239, 262, 286, 292f, 295, 307
Hammershaimb, E. 37
Hanhart, R. 2, 56, 81, 169, 336
Hanse, H. 267
Hanson, A. T. 36f, 159, 179

Harder, G. 178
Harnack, A. v. 4f, 37, 88ff, 99
Harris, R. 3, 247, 251, 253
Hauck, F. 164
Hay, D. M. 19, 244
Hegermann, H. 45, 233
Heinemann, I. 202
Heinrici, C. F. G. 41, 43, 126, 213
Helbing, R. 49, 170
Held, H. J. 234
Héring, J. 41
Hermann, I. 338
Herold, G. 128, 290
Hölscher, G. 178
Hofheinz, W. C. 233
Hofius, O. 38, 262
Holmes, R. − Parsons, J. 56f
Holtz, T. 36, 239
Holtzmann, O. 27
Hooker, M. D. 233
Horgan, M. P. 228
Hübner, H. 31f, 125, 130, 266
Hüttenmeister, F. 199
Hughes, Ph. 126, 259
Hunter, A. M. 3

In der Smitten, W. Th. 127

Janssen, E. 38
Jellicoe, S. 2, 51, 72
Jeremias, G. 124ff, 129, 228, 319
Jeremias, Jo. 2, 71, 160, 170, 212, 221f, 233, 237
Jeremias, Jö. 179
Joosen, J. C. − Waszink, J. H. 202

Käsemann, E. 8, 77, 82f, 105, 112ff, 122, 128, 131, 138, 147ff, 150, 155ff, 159f, 167f, 174, 177, 179f, 198, 212, 216, 219, 235, 260, 262, 264, 271, 279, 281ff, 290f, 293f, 297, 305, 324ff, 331, 339
Kahle, P. E. 59, 84f
Kaiser, O. 59, 70, 123, 146, 171, 175
Kamlah, E. 124, 339
Katz, P. 77f, 191
Kautzsch, E. 2, 50, 57, 60, 64, 66, 68, 72f, 112
Keck, L. E. 179f, 182
Kellermann, U. 238, 282
Kenyon, F. G. 82, 100
Kertelge, K. 129, 236
Kittel, G. 26

Klappert, B. 237
Klauck, H. J. 202f, 205, 208, 211, 217
Klein, G. 131, 266, 279, 291, 293, 307f, 312ff, 343
Klein, M. L. 77, 158
Klinzig, G. 195
Koch, D.-A. 4, 11, 52, 59, 69f, 78, 95, 117, 127, 129, 142, 176f, 233, 241, 244, 249, 320
Kock, Th. 43f
König, E. 77, 203
Koerte, A. – Thierfelder, A. 43f
Köster, H. 174
Kraabel, A. Th. 199
Kraft, R. A. 62
Kramer, W. 86, 156, 236, 286, 330
Kraus, H.-J. 10, 184, 264
Kraus, W. 43f, 112
Kreuzer, S. 184
Kühl, E. 83
Kümmel, W. G. 45, 74, 114, 126, 212, 249, 299f, 334
Kuhn, H.-W. 124ff
Kuhn, K. G. 40, 89
Kuhn, K. H. 38
Kutsch, E. 46, 206

Lagrange, M.-J. 206f, 282
Lambrecht, J. 338
Lane, W. R. 252
LeDéaut, R. 225
Leenhardt, F.-J. 155
Lietzmann, H. 2, 35f, 41, 45, 47, 86, 106, 112–114, 126, 148, 155, 160, 163, 169, 205ff, 210, 258ff, 264, 266, 291, 299, 308, 310, 323, 328, 334, 337, 341
Lindars, B. 3, 253
Lindemann, A. 35, 38f, 71, 131, 133, 156, 243ff, 248, 250f, 294, 348, 350
Loader, W. R. G. 19, 244f
Lohfink, N. 59
Lohmeyer, E. 335
Lohse, E. 46, 173, 210, 233, 236, 238, 299, 319f
Luck, U. 338
Lührmann, D. 124, 127ff, 262, 265f
Lundberg, P. 212
Luz, U. 3, 5–7, 19f, 45, 77, 83, 89, 112, 124, 129, 131, 138, 151, 157, 159, 167, 174, 176f, 180, 206, 213f, 216f, 219, 244, 249, 264, 266, 275, 280, 291f, 303ff, 309, 311, 320, 323f, 326f, 329–333, 339ff

Lyonnet, S. 159

McCarthy, C. 192
Mack, B. L. 157
McNamara, M. 159
Maier, F. W. 105, 244
Maier, J. 125, 193, 200
Marti, K. 39, 59
Marxsen, W. 91
Mayer, G. 114, 169, 200ff, 221ff, 227, 310, 322
Ménard, J.-É. 38
Metzger, B. M. 26–28, 31, 86, 169, 206, 286, 294
Meyers, E. M. 201
Michel, O. 1–5, 16, 23, 26, 28, 31f, 36, 39, 48, 88ff, 92, 94, 99, 104f, 112, 127, 131, 138, 142, 148, 151, 155, 166, 168, 173f, 179f, 183, 223, 245, 247, 251, 260, 264, 275f, 282f, 290f, 293, 300, 324f, 341
Miller, M. P. 225
van der Minde, H.-J. 180
Morissette, R. 62
Müller, Ch. 176
Müller, K. 59, 137f, 171, 274
Münderlein, G. 263f
Munck, J. 155, 174
Mussner, F. 106, 125, 163, 206f, 211, 266

Nauck, A. 43f
Neuenzeit, P. 213, 215
Neusner, J. 200f
Nissen, A. 297
Norden, E. 11, 178
Nordheim, E. v. 38
Noth, M. 265f
Nyberg, H. S. 169

Oepke, A. 36f, 125, 163, 206f, 209f, 266
Ortkemper, F.-J. 125
Osborn, E. F. 165
Osburn, C. D. 86
Osswald, E. 228, 319
von der Osten-Sacken, P. 39, 263f

Patsch, H. 237, 239
Patte, D. 228
Paulsen, H. 39, 263f, 275f, 346
Pfeiffer, R. 190
Plag, Ch. 154, 176
Plümacher, E. 1, 92
Plummer, A. 126

Verfasser

Popkes, W. 237
Porton, G. 201, 225
Prigent, P. 36f
Proksch, O. 59, 61
Prümm, K. 337f

Quell, G. 45, 84

Rabin, Ch. 194
Rad, G. v. 77, 203
Rahlfs, A. 2, 24, 33, 35, 52, 54—57, 61ff, 74, 111, 132, 164
Reicke, B. 306
Reitzenstein, R. 136
Rengstorf, K. H. 269
Rese, M. 3, 7, 233—236, 247, 251
Rivkin, E. 200
Robertson, A. — Plummer, A. 41

Safrai, S. 199f
Sand, A. 309
Sanday, W. — Headlam, A. C. 130
Sanders, E. P. 291f
Sanders, J. A. 192f
Sauter, G. 330
Schäfer, P. 199, 226f
Schaller, B. 71ff, 176
Schenke, H.-M. 135f, 183
Schenker, A. 68
Schille, G. 245
Schlatter, A. 15, 290
Schlier, H. 148, 155, 160, 162, 166, 174, 179f, 205ff, 210, 266f, 275, 291, 300, 329, 346
Schmid, H. H. 344
Schmid, W. — Stählin, O. 11, 190
Schmidt, H. W. 148, 179, 282, 294
Schmidt, K. L. 163, 210
Schmiedel, P. W. 335
Schmithals, W. 134
Schneider, G. 240
Schottroff, L. 40, 135f
Schottroff, W. 163
Schrage, W. 37, 199, 239, 264, 298, 348ff
Schrenk, G. 26, 30f, 142, 294, 339
Schröger, F. 127
Schubart, W. 200
Schürer, E. 36f
Schulz, S. 85f, 129, 333
Schwantes, H. 16, 219, 262
Schweizer, E. 134, 155f, 173, 213, 338
Seesemann, H. 143, 335f

Sibinga, J. S. 120, 165
Siegert, F. 89
Siegfried, C. 202
Silberman, L. H. 228
Simon, M. 89
Skehan, P. W. 82, 84f
Smits, C. 82, 112
Sparks, H. F. D. 38
Spicq, C. 100
Stählin, G. 259
Steck, O. H. 74, 104
Stegemann, H. 84, 86, 89
Stein, E. 202
Stemberger, G. 200ff, 221f, 225ff
Stendahl, K. 2, 117, 195, 240, 269
Stephanus, H. 44
Stern, M. 200
Steuernagel, C. 77
Strack, H. L. 221
Strange, J. F. 201
Strathmann, H. 169
Strobel, A. 128f
Stuhlmacher, P. 126, 129, 176f, 262, 290, 293, 328ff
Suggs, M. J. 157
Suhl, A. 239
Sukenik, E. L. 199
Sundberg, A. C. jr. 254
Sweet, J. P. M. 269
Swete, H. B. 56f, 164

Thackeray, H. St. J. 49, 74, 181, 185
Thraede, K. 259
Thüsing, W. 282, 348
Thyen, H. 26, 28, 202, 224
Tkač, J. 208
Tödt, H. E. 236
Trummer, P. 100

Ulonska, H. 6f, 126, 130, 267, 274, 277
van Unnik, W. C. 92, 333, 338
Urbach, E. E. 200

Venard, L. 130
Vermes, G. 225
Vielhauer, Ph. 8, 19, 45, 85, 88, 91, 180, 215, 268, 276, 285f, 288, 300, 325, 349
Vollmer, H. 1f, 36, 48, 50, 53, 63f, 66, 72f, 79f, 166, 180, 223
Volz, P. 39

de Waard, J. 194

Waddell, W. G. 85
Walter, N. 163, 169, 191, 200, 202
Walters (früher: Katz), P. 62
Wanke, G. 47
Weder, H. 125
Weiser, A. 234, 240
Weiss, J. 36, 39, 41, 66, 134, 169, 212, 322f
Weiss, K. 119
Wengst, K. 11, 155, 233f, 236ff, 242, 248, 330
Westermann, C. 39, 73, 113, 122, 163, 175, 178f, 183f, 209, 237
Wettstein, J. J. 44f
Wevers, J. W. 2, 24, 34, 51ff, 57, 71, 84, 135, 164, 171
Wilcke, H.-A. 19f
Wilckens, U. 36, 39f, 47, 77, 82f, 105, 131, 138, 148f, 155f, 174, 180, 183, 198, 216, 260, 264, 271, 274ff, 279, 281ff, 291, 293, 295f, 300, 304f, 307, 310, 312f, 323–326, 328ff, 341ff, 346

Wildberger, H. 59, 61, 70, 123, 146, 148, 171, 175, 336
Windisch, H. 114, 126f, 152, 157, 213, 258f, 332, 334f, 337f
Wolff, Ch. 46
Wolff, H. W. 169, 173, 175, 233, 235
Wolter, M. 218, 262f, 343
van der Woude, A. S. 194
Wright, A. G. 225

Yadin, Y. 124f, 194

Zahn, Th. 37, 83, 130, 179
Zehrer, F. 145, 153
Zeller, D. 148, 163, 174, 176f, 260, 280, 282f, 304, 309f, 320, 341
Ziegler, J. 24, 48f, 54, 59f, 62, 64, 66, 69f, 72, 143, 147
Zimmerli, W. 185

Beiträge zur historischen Theologie

Herausgegeben von Johannes Wallmann

70 Christoph Burger
Aedificatio, Fructus, Utilitas
1986. XII, 226 Seiten. Ln.

68 Friedhelm Krüger
Humanistische Evangelienauslegung
1986. IX, 260 Seiten. Ln.

67 Richard Schröder
Johann Gerhards lutherische Christologie und die aristotelische Metaphysik
1983. VI, 257 Seiten. Ln.

66 Oswald Bayer / Christian Knudsen
Kreuz und Kritik
1983. X, 174 Seiten. Br.

65 Berndt Hamm
Frömmigkeitstheologie am Anfang des 16. Jahrhunderts
1982. XV, 378 Seiten. Ln.

64 Andreas G. Hyperius
Briefe 1530–1563
1981. XIV, 288 Seiten. Ln.

63 Hans H. Holfelder
Solus Christus
1981. VII, 127 Seiten. Br.

62 Hans Conzelmann
Heiden – Juden – Christen
1981. VIII, 351 Seiten Ln.

61 Ulrich Köpf
Religiöse Erfahrung in der Theologie Bernhards von Clairvaux
1980. IX, 247 Seiten. Ln.

60 Erich Gräßer
Albert Schweitzer als Theologe
1979. X, 279 Seiten. Br. Ln.

59 Karl H. zur Mühlen
Reformatorische Vernunft und neuzeitliches Denken
1980. IX, 337 Seiten. Ln.

58 Andreas Lindemann
Paulus im ältesten Christentum
1979. X, 449 Seiten. Ln.

57 Walter Mostert
Menschwerdung
1978. V, 189 Seiten. Ln.

56 Gerhard Krause
Andreas Gerhard Hyperius
1977. VIII, 175 Seiten. Br.

55 Reinhard Schwarz
Die apokalyptische Theologie Thomas Müntzers und der Taboriten
1977. VII, 142 Seiten. Br.

54 Berndt Hamm
Promissio, Pactum, Ordinatio
1977. XVI, 527 Seiten. Ln.

53 Theodor H. Jorgensen
Das religionsphilosophische Offenbarungsverständnis des späteren Schleiermacher
1977. X, 382 Seiten. Ln.

52 Christof Gestrich
Neuzeitliches Denken und die Spaltung der dialektischen Theologie
1977. XII, 409 Seiten. Ln.

51 Siegfried Raeder
Grammatica Theologica
1977. VII, 372 Seiten. Ln.

50 Jürgen Hübner
Die Theologie Johannes Keplers zwischen Orthodoxie und Naturwissenschaft
1975. VIII, 334 Seiten. Ln.

49 Ulrich Köpf
Die Anfänge der theologischen Wissenschaftstheorie im 13. Jahrhundert
1974. XII, 310 Seiten. Ln.

48 Henneke Gülzow
Cyprian und Novatian
1975. IX, 167 Seiten. Br.

47 Eric F. Osborn
Justin Martyr
1973. XI, 228 Seiten. Br. Ln.

46 Karl H. zur Mühlen
Nos extra nos
1972. IX, 298 Seiten. Br. Ln.

45 Hans D. Betz
Der Apostel und die sokratische Tradition
1972. IV, 157 Seiten. Br.

44 Manfred Hoffmann
Erkenntnis und Verwirklichung der wahren Theologie nach Erasmus von Rotterdam
1972. XIV, 294 Seiten. Br. Ln.

43 Ulrich Mauser
Gottesbild und Menschwerdung
1971. VII, 211 Seiten. Br. Ln.

42 Johannes Wallmann
Philipp Jakob Spener und die Anfänge des Pietismus
2. Aufl. 1986. XIII, 384 Seiten. Br. Ln.

41 Rolf Schäfer
Ritschl
1968. VIII, 220 Seiten. Br. Ln.

40 Hans H. Schmid
Gerechtigkeit als Weltordnung
1968. VII, 203 Seiten. Br. Ln.

39 Hans Frhr. von Campenhausen
Die Entstehung der christlichen Bibel
1968. VII, 393 Seiten. Ln.

38 Siegfried Raeder
Die Benutzung des masoretischen Textes bei Luther in der Zeit zwischen der ersten und zweiten Psalmenvorlesung (1515–1518)
1967. VIII, 117 Seiten. Br.

37 Hans D. Betz
Nachfolge und Nachahmung Jesu Christi im Neuen Testament
1967. VII, 237 Seiten. Br.

36 Martin Brecht
Die frühe Theologie des Johannes Brenz
1966. VIII, 331 Seiten. Ln.

35 Karlmann Beyschlag
Clemens Romanus und der Frühkatholizismus
1966. VII, 396 Seiten. Br. Ln.

34 Wilhelm F. Kasch
Die Sozialphilosophie von Ernst Troeltsch
1963. IX, 283 Seiten. Br.

33 Gerhard Krause
Studien zu Luthers Auslegung der Kleinen Propheten
1962. IX, 417 Seiten. Br. Ln.

32 Thomas Bonhoeffer
Die Gotteslehre des Thomas von Aquin als Sprachproblem
1961. III, 142 Seiten. Br. Ln.

31 Siegfried Raeder
Das Hebräische bei Luther, untersucht bis zum Ende der ersten Psalmenvorlesung
1961. VII, 406 Seiten. Br. Ln.

30 Johannes Wallmann
Der Theologiebegriff bei Johann Gerhard und Georg Calixt
1961. VII, 165 Seiten. Br.

29 Rolf Schäfer
Christologie und Sittlichkeit in Melanchthons frühen Loci
1961. VIII, 171 Seiten. Br.

28 Wilfrid Werbeck
Jakobus Perez von Valencia
1959. 273 Seiten. Br.

27 Gerhard Koch
Die Auferstehung Jesu Christi
2. Aufl. 1965. V, 338 Seiten. Br.

25 Hartmut Gese
Der Verfassungsentwurf des Ezechiel (Kapitel 40–48) traditionsgeschichtlich untersucht
1957. VIII, 192 Seiten. Br.

22 Christoph Senft
Wahrhaftigkeit und Wahrheit
1956. XII, 171 Seiten. Br.

20 Heinz Kraft
Kaiser Konstantins religiöse Entwicklung
1955. X, 289 Seiten. Br.

18 Werner Jetter
Die Taufe beim jungen Luther
1954. X, 372 Seiten. Br.

17 Hans Conzelmann
Die Mitte der Zeit
6. Aufl. 1977. VIII, 242 Seiten. Ln.

15 Karl Elliger
Studien zum Habakuk-Kommentar vom Toten Meer
1953. XIII, 203 Seiten. Br.

14 Hans Frhr. von Campenhausen
Kirchliches Amt und geistliche Vollmacht in den ersten drei Jahrhunderten
2. Aufl. 1963. X, 339 Seiten. Ln.

12 David Lerch
Isaaks Opferung, christlich gedeutet
1950. XVII, 290 Seiten. Br.

10 Walter Bauer
Rechtgläubigkeit und Ketzerei im ältesten Christentum
2. Aufl. 1964. IX, 314 Seiten. Br. Ln.

J.C.B. Mohr (Paul Siebeck) Tübingen